U0720462

西方哲学史

叶秀山 / 王树人
——— 总主编

学/术/版

中世纪哲学

黄裕生　主编

江苏人民出版社

图书在版编目(CIP)数据

西方哲学史：学术版. 中世纪哲学 / 叶秀山，王树
人主编；黄裕生分册主编. -- 2版. -- 南京：江苏人
民出版社，2023.4
ISBN 978 - 7 - 214 - 24264 - 8

Ⅰ. ①西… Ⅱ. ①叶… ②王… ③黄… Ⅲ. ①西方哲
学-哲学史②中世纪哲学 Ⅳ. ①B5②B13

中国版本图书馆 CIP 数据核字(2019)第 270788 号

西方哲学史(学术版)

叶秀山　　王树人　　总主编

书　　　名	中世纪哲学	
主　　　编	黄裕生	
责 任 编 辑	王保顶　汪意云　陈　颖	
装 帧 设 计	刘葶葶	
责 任 监 制	王　娟	
出 版 发 行	江苏人民出版社	
地　　　址	南京市湖南路 1 号 A 楼，邮编:210009	
照　　　排	江苏凤凰制版有限公司	
印　　　刷	苏州市越洋印刷有限公司	
开　　　本	652 毫米×960 毫米　1/16	
印　　　张	48　插页 4	
字　　　数	640 千字	
版　　　次	2023 年 4 月第 1 版	
印　　　次	2023 年 4 月第 1 次印刷	
标 准 书 号	ISBN 978 - 7 - 214 - 24264 - 8	
定　　　价	240.00 元(精装)	

(江苏人民出版社图书凡印装错误可向承印厂调换)

目　录

下 篇

绪论 信仰的理性化与哲学的神圣化

在人们流行的观念里,欧洲"中世纪哲学"就是在神权统治笼罩下的烦琐哲学,"神学的婢女"曾经被广泛用来描述这个时期的哲学。哲学与其说是一种理性的独立活动,不如说是信仰的工具与附庸。因此,如果说"中世纪"有哲学,那么,也只是一种缺少理性光芒的黑暗时期的哲学。如果有人想从中世纪哲学中寻找哲学的独创与富有,那么,他即便不被嘲笑,也会被轻视。这种观点在中国和东亚的思想世界里尤显突出。

对中世纪哲学的这种片面的甚至是浅薄的想象,首先是在一些近代欧洲哲学家们的影响下形成的。黑格尔在其皇皇四卷本的《哲学史讲演录》里,用不到 100 页的篇幅就把 1000 多年的中世纪哲学草草打发了,并声称"我们打算穿七里靴尽速跨过这个时期"①。黑格尔之所以要人们尽快跨过长达 1000 多年的中世纪,无非是因为从他的角度看来,整个中世纪哲学没有多少值得人们逗留的东西。

不过,就中国而言,近代中国学者的宗教观对于形成关于欧洲中世纪哲学的那种片面性想象负有更直接的责任。近代主流的中国学者(不管是左翼如陈独秀,还是右翼如胡适,抑或国粹派如梁漱溟)对于宗教信

---

① 黑格尔:《哲学史讲演录》第 3 卷,贺麟、王太庆译,第 233 页,商务印书馆,1996。

仰多取漠视、消极甚至否定的态度,以至于他们为中国传统文化不是一种宗教性文化而感到庆幸。因此,像蔡元培这样具有伟大胸襟和先知视野的学者也试图倡导以美育代替宗教。中国学者的这种宗教观使他们在理解和接受西方文化的过程中,基督教信仰及其在西方文化中的核心作用常常被掩盖于他们的视野之外,西方文化的精髓被简化为观念层面上的"科学"与制度层面上的"民主",而几乎完全没有意识到近现代的科学和民主在深度的精神层面上与基督教信仰有着极为密切的关联。他们以一个轴心文化民族固有的伟大胸怀大胆地理解、接受近代欧洲启蒙思想家们有关自由、民主、理性的思想——正是这些思想构成了欧洲近现代社会改造运动的根据与尺度,并且最后成了构建国际法则和国际秩序的根据——然而,他们没有想到的是,欧洲启蒙思想家们借以批判世俗专制与教会专制的那些核心思想恰恰是从基督教信仰中培育、化解出来的。这使中国近代学者们自觉不自觉地更侧重于从被欧洲启蒙思想家们所批判的制度层面上去看待基督教信仰和整个中世纪。结果是什么呢? 结果就是:神权统治与教会专制理所当然地被视为整个中世纪的全部内容,或者说,基督教信仰居支配地位的中世纪理所当然地**仅仅**被视为神权统治和教会专制;因此,中世纪当然是一个黑暗的时代。在这样的黑暗时代里,人们对于哲学和思想又能期待些什么呢?

在对西方文化核心的理解与接受上的这种偏差使我们关于西方中世纪哲学的那种片面性想象得以长久地流传下去,而这种片面性想象的流传又反过来阻止我们去纠正理解上的偏差。① 那么,基督教信仰究竟

---

① 在中国主流学者对基督教信仰及其在西方文化和社会中的作用持消极、轻视态度的同时,也陆续有一些学者试图纠正这种偏差,比如,杨昌栋先生在完成于 20 世纪 30 年代的《基督教在中古欧洲的贡献》一书中做出了可贵的努力;叶秀山先生从 20 世纪 80 年代中后期始在有关西方哲学特别是德国哲学的一系列研究中,开始从学理上揭示了基督教信仰对哲学的积极意义;赵敦华教授的《基督教哲学 1500 年》则是 1949 年之后一部试图以较公正、客观和正面的立场理解、评价欧洲中世纪哲学的专著。在西学东渐至今天,始有越来越多的中国学者怀着谦逊和虔诚去理解基督教信仰及其对欧洲乃至人类的意义,就像他们怀着同样的谦逊与虔诚面对自己的传统一样。

如何构成了西方文化的核心？更具体地问：在基督教信仰统治下的中世纪，基督教对哲学产生什么样的影响，从而使哲学做出了不可替代的贡献？从理论上看，也许我们不能断然地说，如果没有基督教，哲学就不可能提出它在中世纪提出的那些影响深远且改变了哲学方向的问题和相关思想；但是，从历史事实上看，恰恰只是在与基督教信仰的相遇、碰撞过程中，哲学才提出了一系列新的问题，打开了新的维度。本卷的主要任务就在于深入分析哲学在基督教信仰的影响、逼迫下如何开启出规定哲学后续发展的新问题与新观念，以期能以更客观的立场展现西方中世纪哲学的真实性，并有助于我们这个拥有本原性文化的民族深入另一种本原性文化的核心。不过，在进入对历史材料的分析之前，有必要先行阐明我们据以分析史料的先导性观念与先导性问题。

"基督教哲学"概念与问题视野

作为整部《西方哲学史》(学术版)的第三卷，本卷被称为"中世纪哲学"。但是，其中涉及的内容在时间跨度上却超出了一般意义上的"中世纪"。就历史学的分期而言，一般说来，欧洲的"中世纪"或"中古时期"就指公元6世纪至16世纪这段历史。不过，作为本卷讨论的主要内容之一的教父哲学则属于6世纪之前的思想，而本卷的文艺复兴部分则涉及晚于16世纪的内容。我们这样做的理由不仅在于教父时期的哲学是一般意义上的"中世纪"时期哲学的直接源头，而且还在于其处在完全一样的精神境遇。这就是：哲学遭遇着信仰，信仰遭遇着哲学。这种境遇使教父哲学的努力既可以被看做信仰寻求哲学的理解，也可以被看做哲学寻求信仰的提升。因此，我们没有理由像黑格尔那样在论述"中世纪哲学"时把教父哲学排除出去。实际上，一般意义上"中世纪"时期的哲学所讨论的核心问题都是由教父哲学开辟出来的。就精神境遇及其深度展开的历程而言，我们有理由把教父哲学归在"中世纪哲学"之下。我们也可以把这种精神-思想史意义上的"中世纪"称为广义的中世纪，以区别于一般意义上的中世纪。

如果说教父哲学的出现意味着西方哲学进入了第二个时期，那么，文艺复兴时期的哲学则意味着西方哲学经过基督教的千年洗礼之后即将进入一个新的时期。也就是说，在本卷里，文艺复兴时期的哲学是作为哲学进入近代形态之前的一种新尝试而被归在"中世纪哲学"之下的。这意味着我们也没有理由把本卷归在"中世纪基督教哲学"这一概念之下，虽然我们并不拒绝"基督教哲学"这个概念，相反，我们也使用了这个概念，并且我们对这一概念的理解还构成了本书主要章节的解释背景。因此，接下来有必要首先对这一概念作出说明。

"基督教哲学"这个概念是由著名的中世纪哲学研究专家吉尔松(Etienne Henri Gilson，1884—1978)在 20 世纪 30 年代初提出来的。它首先是被用来表达西方哲学的一种历史形态，即中世纪时期的欧洲哲学，托马斯·阿奎那哲学是其典范。哲学有不同的历史形态，因而也就是说，有各种形态的理性真理体系。吉尔松把哲学在中世纪的现实形态称为"基督教哲学"，也就意味着在他看来，有一种哲学，或者说有一种理性真理的体系以"基督教哲学"这种形态存在。它之所以是哲学，是因为它是理性的；而它之所以是基督教的，则是因为如果没有基督教，那么它的出现与存在就是不可理解的。[①] 也就是说，对于"基督教哲学"来说，基督教具有内在的构成意义，而不只是哲学与基督教达成某种外在的相容或一致。

但是，基督教如何内在地构成哲学而使之成为一种"基督教哲学"呢？基督教是否可以保持为一种信仰而内在地构成哲学呢？如果基督教是作为信仰本身而内在构成基督教哲学的基本要素，那么，"基督教哲学"这个概念的确就会如海德格尔所说的那样，是"一种木制铁器和误解"[②]。因为基督教作为一种信仰启示真理的宗教，如果它仍保持为一种

[①] 参见吉尔松《中世纪哲学精神》，第 2 章"基督教哲学概念的澄清"，唐斯英译，伦敦，1936。
[②] 海德格尔：《形而上学导论》，第 6 页，马克斯·尼迈尔出版社，1958。

信仰而构成哲学的基本要素,那么,这种哲学就不再是哲学。因为它不再只是一个论证真理的体系,而成了包含着启示真理的体系。这个意义上的"基督教哲学"概念就如"启示的论证真理"概念一样荒谬。

这意味着,如果说基督教的确能构成某种哲学的内在要素,使这种哲学的出现与存在成为可理解的,那么,它就不能保持为一种信仰。也就是说,在使一种哲学成为"基督教哲学"时,基督教并不是作为一种纯粹启示的真理体系构成这种哲学的基本要素,而只能作为非启示的真理体系内在地构成基督教哲学。如果没有作为启示真理的基督教向非启示真理的转化,那么,基督教哲学就是不可理解的。在这个意义上,我们也可以说,所谓基督教哲学也就是把基督教的启示真理转化为非启示真理的哲学。虽然对基督教教义的信仰是这种哲学的内在动力,因而这种哲学首先不违背基督教教义,但它也并不直接把教义当做自己论证的出发点,而是从教义中化解出哲学单凭自己没有觉悟到或者觉悟不到的真理;或者说,这种哲学从基督教信仰中开辟出哲学单凭自己没有意识到或意识不到的新问题与新维度,从而深化了对人及世界的洞察与理解,并因此影响与改变了哲学的进程。

当基督教哲学把基督教的启示真理化解为非启示真理时,并非意味着这种哲学否定了启示真理,或者要取代启示真理;相反,这种哲学之所以能够从启示真理中化解出非启示真理,恰恰因为它是建立在对启示真理坚定信仰的基础之上。因此,这种哲学一方面是在启示真理的光照下通过拓展人类有限理性的深度与广度,使人类理性能够以反思和自觉的方式去追问、理解教义系统,或者说,使教义系统所隐含的绝对原则与绝对理念能被理性所反思与觉悟,启示真理由此被理性的反思和觉悟展现为一系列绝对原则或绝对理念而被化解为非启示真理。但是,另一方面,理性的反思和自觉不可能穷尽启示真理,因为理性虽然是在坚定信仰启示真理的基础上去反思、理解教义系统,从而展示出一系列所理解的绝对原则的,但是,作为启示真理的教义系统并非仅仅是理性所反思与理解到的绝对原则;启示真理永远要比理性从中所反思到与理解到的原则更多。正如哲学从其诞生起就以追问世界之本原为使命,但是它从来就不可能直接把握这个本原一样,理性也不可能在**反思的理解**中完全把握那个绝对本原传达给人类的启示真理。

人们通过哲学(思想)追问本原而向本原返回,在这种返回中觉悟和守护自己的自由,并在这种自由中保持与那绝对自由者的真实关系。但是,由于人的有限性,首先是人的理性的有限性,使人不可能完全理解自己的自由存在及其与那绝对自由者的关系。因为所谓"理解",就是在反思中的把握活动,而**反思则是这样一种觉悟,即对有所意识的意识,或者说,是一种意识着自己有所意识的觉悟活动。**"理解"就在这种觉悟中有所把握、有所确定。但是,反思意识与直接意识一样,都是有界限的,因为不管意识前进多远,被意识所关涉的存在者就会退多远,并因而永远不被意识所完全显现、照亮。虽然意识会随着自我反思而不断开显自己,从而以更广阔的视野去显现、接近存在者,但是,意识并不由此而对视野之后的他者有丝毫触动。这也就是说,理解活动——反思意识的觉悟活动——与把握活动永远是有界限的。

正如意识视野之后(外)的那个绝对他者永远对意识敞开而意识却永远也难以将它完全穿越和照亮一样,教义系统作为启示真理也就是永远向人类敞开的真理。但是,这并非意味着人能完全理解这些启示真理;相反,意识的有限性使理解永远处在朝向启示真理的途中。在这个意义上,同时诉诸信仰与理解的"基督教哲学"是一种化解启示真理而朝向启示真理的哲学。

这一方面是说,基督教哲学在借助理解活动去阐明启示真理时,实际上是在把启示真理转化为一种可以通过反思活动加以说明和论证的非启示真理,也即一个可以在反思活动中确立起来的原则体系;但是,由于理解活动的有限性,这种原则体系绝不可能穷尽启示真理,更不可能替代启示真理。因此,相对于启示真理,这种原则(真理)体系永远是未完成的:它永远是有待于进一步接近启示真理的未完成体系。当人们试图通过反思意识去理解启示真理时,也就意味着人们走在朝向启示真理的道路上，而不可能完成任何真理体系。

另一方面是说，通过对启示真理的理解，人们在反思意识中确立起原则体系，也就意味着人们在自己的理性中开显出原则体系，使原则体系成了理性自身的自我觉悟，从而把理性本身提高到了通向启示真理的原则。通过对启示真理的理解，反思意识从中确立起来的原则体系虽然不是启示真理，但也并非单纯是一种论证的概念体系，而首先是一种理性的自我觉悟境界——它是现量的、当下的活生生的意识现实。但是，这种觉悟并不是人的一种完成或成圣，而只是一种自觉层面上的自我敞开，即在自觉层面上向启示真理敞开，向绝对的他者敞开。人永远不可能把握绝对的他者，永远不可能成为大全，因而永远不可能完成自己或使自己成圣。理性的这种自我觉悟境界只不过表明，它觉悟到自身的原则体系是与启示真理相一致的，是指向不可被反思意识所照亮的绝对他者。

因此，对启示真理的理解将把理性提高到以自觉的方式走向启示真理和绝对他者，即上帝。在这个意义上，对启示真理的理解，或者说哲学与基督教信仰的结合，将使哲学走向神圣化道路：不仅使理性自觉到自己的原则及其绝对性，而且使理性觉悟到自己的绝对原则指向一个绝对他者。哲学由此自觉地走上了维护理性本身的绝对性，并向一个绝对他者跳跃的道路。哲学将意识到，它对本原的追问本身就是对作为唯一本原的绝对他者的信念，而对唯一他者的信仰在根本上则意味着是对绝对原则的觉悟。也就是说，哲学将意识到自己作为一种理性的独立活动与对唯一的绝对他者的信仰在根本上是一致的。

但是，对于（基督教）信仰来说，把理性提高到以自觉的方式走向启示真理也就意味着，理性在自我觉悟中确立起来的原则体系虽然并不是启示真理本身，因为启示真理永远要比理性的原则体系高和多，但是，理性的原则体系却成了我们走向启示真理而向启示真理敞开的方式与尺度。也就是说，我们将沿着理性的原则体系自觉走向对启示与启示者的信仰；或者说，对启示和启示者的信仰是通过理性的原则体系来达到的。

因此,教义体系中那些与理性原则不一致的内容将被掩盖而退出信仰活动。在这个意义上,我们也可以说,理性通过哲学去理解启示真理而把理性提高到以自觉方式走向启示真理,既是使理性神圣化,也是使信仰理性化。

因此,宗教与哲学的相遇、结合,这里就是基督教与哲学的相遇、结合,它不仅改变了哲学,也改变了宗教。这种改变在使它们相互接近的同时,也使它们各自更加接近自己。所以,这种结合与相遇不仅对于哲学,而且对于宗教,都是一个重大事件。从哲学方面说,就基督教与哲学在历史上的相遇、结合而产生的哲学形态而言,我们可以把这种哲学形态称为"基督教哲学";但是,就这种相遇、结合使哲学更接近自己而言,我们恰恰更应将经受过这种相遇、结合洗礼之后的哲学称为"哲学本身"或"成熟的哲学"。也就是说,"基督教哲学"这个概念被用来说明哲学的一种具体的历史形态是它最恰当的用法。离开哲学的这种特定历史形态,"基督教哲学"这个概念完全是多余的、不必要的,尽管在这种形态之后的哲学(可能)同样与基督教的启示真理密切相关。基督教与哲学的结合产生了"基督教哲学",而就这种"基督教哲学"将使哲学更接近自己而言,它将使自己消失于更成熟的普遍哲学当中。

上面我们不只是在阐明"基督教哲学"这个概念,更重要的是要澄清,当基督教与哲学相遇时,它们是如何结合的? 这种结合对于双方意味着什么? 最后则是要探究哲学与宗教、理性与信仰之间可能具有的内在关联。这是我们理解和分析整个中世纪哲学的问题视野。也就是说,我们将带着对这些问题的关切意识去理解中世纪哲学家们的作品。

当我们说理性的神圣化将使哲学意识到自己作为理性的一种独立活动与对唯一的绝对他者的信仰相一致时,并非说,哲学与宗教(信仰)将失去界限,最后甚至像黑格尔那样,以哲学超越和取代宗教。这种"一致"只是表明,哲学在根本上并不反对宗教,更强一点说,成熟的哲学将引领人们对独一的他者的信仰。因此,成熟的哲学将不是要取代宗教,而是要朝向宗教。那么,哲学与宗教有什么样的界限足以把它们区分开来而又不使它们割断开来呢？

当基督教信仰寻求哲学的理解，以便使自己成为有理有据的真理时，它实际上也就是通过反思意识去开启理性本身的原则体系。所谓"信仰寻求理解"，并不是说信仰离不开理解，也并非仅仅是说信仰可以成为有理有据的真理，更重要的是说信仰通过逼迫与引导反思意识而促使理性觉悟到自己朝向信仰的原则体系。那么，在中世纪，基督教在寻求哲学的理解过程中，它将促使理性自觉到哪些原则呢？或者问：哲学从基督教信仰中化解出了什么样的原则？下面我们将分别讨论这两个问题。

哲学与宗教的界限：什么是哲学？

哲学与宗教的界限问题首先涉及"什么是哲学"的问题，而这个问题又是个常常让人无从下手的问题。如果问：什么是物理学？什么是法学？或者什么是政治学？那么，人们可以有很明确的答案，因为这些学科的对象和界限很明确。但是，如果问"什么是哲学"，那么答案就不那么简单。在不同哲学家那里，对这个问题的回答常常各不相同。这里我们暂且从哲学的历史源头出发来讨论这个问题。

就哲学（Philosophie）这个西语词来说，它是来自古希腊语 φιλοσοφια，原初意思就是"热爱、追求智慧"。作为一种活动而言，Philosophie 就是一种通过追问智慧的问题而使人变得有智慧的精神活动；作为学科而言，Philosophie 就是一门通过追问智慧的问题来使人能够智慧地生活的学问。

那么，什么样的问题是智慧的问题？对于古希腊人来说，智慧的首要问题就是追问世界的"始基"问题或"本原"问题。而追问世界的本原问题，也就是追问变动世界中可靠的根基的问题。在这个变幻不定的世界里，我们在什么地方才能立定脚跟？或者问：把惶惑的心灵安放在什么地方，我们才能从大地上站立起来，并且顶天立地地撑开一个可以安居的天地？寻得心灵上立定脚跟的问题，也就是寻找能够把我们的生命或生活担当起来、支撑起来的可靠根基的问题。因它可靠，我们可以生活得安然和踏实；因它可靠，我们可以坚定地打开我们的希望和未来，因而可以生活得有信心、有力量。简单地说，因它可靠，我们的生活既能经受起苦难的重压，也能经受起幸福的诱惑。

我们知道，在这之前，希腊人与其他古代民族一样，都生活在神话世界或原始宗教里，人与他人、他物都是处在一种不确定的梦幻般的关系中。也就是说，人的生活与存在是不确定的，处在隐身与现身、转化与变换之中。在神话或原始宗教里，不仅个人，甚至作为类存在的人，都没有自我同一性的身份，也没有对自我同一性身份的意识与要求——人与神甚至与动、植物没有明确的界限。世界的本原问题的提出，就像一道光芒从人类的心灵世界划过，照亮了人与他物的明确界限，从而召唤了人类对自身身份的意识与追问——人在这个世界上究竟处在什么位置上？扮演着什么样的角色？人与变幻不定的万事万物有什么关系？从根本上说，本原问题的提出意味着人类试图透过变幻不定的现象事物去寻找可以立定自身的确定性与可靠性。也就是说，在本原问题里，一方面表明，人类对纷繁变幻的现象事物持不信任、不满足的态度；另一方面表明，人类相信透过这些现象事物可以找到使自身能够立于其上的确定性与可靠性。追问世界的本原也就是要在这个世界寻找可以立定的根基。

本原问题所追问的"世界的确定性与可靠性"，也就是绝对性。因为从根本上说，只有绝对的或绝对的存在者，才能够是可靠的和确定的。所以，我们可以进一步说，追问世界的本原问题，也就是探究绝对性的问题，本原问题的提出意味着开始了对绝对的意识与觉悟。而对本原的追问，实际上也隐含着对人自身的身份的觉悟与确认。因为人类之所以会去追问世界的本原问题，在根本上是为了人本身的生活与存在寻找可以立身其上的可靠根基，以免在变幻不定的宇宙面前茫然失措或惶惶不可终日。不管是作为古希腊第一个哲学家的泰勒斯把世界的本原归为"水"，还是苏格拉底、柏拉图把"理念"当做世界的原型，都既是为世界寻找确定性的本原,也是为人自身的存在与生活寻找绝对性的根据。实际上,对本原的觉悟——不管这种觉悟是以思想的追问方式,还是以宗教的启示方式来达成——同时隐含着对人自身身份的追问。回到本原而与本原共在,也就是人回到自身,即回到自己本来在的位置上。因而,回到自身,在根本上也就是回到自在的自由存在:在自己的位置上持守着一切可能性。在这个意义上,对本原的追问与觉悟都或强或弱地召唤着对人的自由的觉悟。对本原的守护在根底上也是对自由的守护。因此,对本原,从而对绝对的追问和觉悟,在人类史上是一次最伟大的事件。因为它在根本上意味着人类开始了依靠一种自觉的精神(灵性)力量寻求自立与自由的漫长历程。

但是,上面的讨论已暗示,哲学是以不同于宗教的方式去追寻本原问题。宗教是以启示的方式直接领悟绝对的本原而信任这个本原,并且由对这一本原的觉悟与信任而肯定这个世界的真实性;而哲学则是出于对这个世界不满足、不信任也即有所怀疑而去追问这个世界的本原。也就是说,哲学是从"不满足"和"怀疑(不信任)"开始的。人们之所以对这个世界的事物不满足,是因为事物是有限的,而事物之所以是有限的,恰恰是人们已对事物作出某种规(限)定,也即把显现给我们的相遇者规定为某物。不管人们说出来还是没说出来,任何有限物实际上都已是被自觉不自觉地规定为"是什么"的事物。而人们之所以对事物不信任而怀疑之,首先则是因为事物会失去自身,也即所谓"变异"。而人们之所以会发现事物失去自身,则是因为人们已经把事物向我们的显现当做这一事物自身,也即把事物在意识中的显现规定为这一事物自身,或者说,这一事物被直接等同于它在意识中的显现。这种规定活动或等同活动也就是给出自身同一物(Identität)的构造活动。当我们把被命名为"树"的相遇者在我们意识中的显现当做"树"本身的时候,我们就在给出一个树的自身同一物:树的如此这般的显现就是树本身(全部);或者说,树本身仅仅就是它的如此这般的显现。正因为事物获得了自身同一性,它才会失去自身,因而才会有变化与变异;否则,事物就只是在现象(显现)之流中不断隐身的独一的自在之物,或者说,只是通过显现表明其隐身在自己位置上的独一物,而无所谓变异与变化。

实际上,把相遇者规定为某物,也即规定为"是什么",从而使之成为"有限物",同样也必须以将相遇者构造为"自身同一物"为前提。因为任何事物必须首先是它自己,才能够进一步是其他的"什么"。这也就是说,对这个世界的事物不满足、不信任恰恰是以将这个世界的事物构造为自身同一物为前提。在这个意义上,哲学对本原的追问是从一个由自身同一物构成的世界开始的。而这在根本上意味着,哲学是从概念物出发的。因为所谓自身同一物必定是在质、量、关系这类概念意识中被构造出来的。没有这些概念意识,我们就不可能给出以"A 是 A"这一同一律形式表达出来的自身同一物。

自身同一物必定是存在于质、量、关系这类概念意识中的存在物。它的关系性存在首先就是与自己的关系。任何相遇物只有当它在质、量意识中被显现和综合,并且它的这种显现被把握、被意识为就是它自身,即与它自己的显现处在等同关系中,它才不再是自己位置上的自在相遇物,而成为仅仅等同于其显现的自身同一物——换言之,自在相遇物才被掩盖而成为单纯的显现物,并且也才能进一步成为各种关系物。也就是说,任何事物只有首先成为自身同一物,即与自身处于等同关系中,才能进一步进入与其他自身同一物的各种关系中,从而成为各门具体科学的对象。从根本上说,各门科学,首先是以数学为基础和榜样的各种具体科学——我们权且称之为数理科学,实际上都是以自身同一物及其关系为对象的。因为任何事物只有当它作为自身同一物被构造出来,它才能进一步得到逻辑的和经验的规定。如果一事物是否它自身都没有得到确定,那么,对它的一切其他规定都是不可能的,也是没有意义的,因为我们无法断定对它的规定是否就是对它的规定。在这个意义上,一切科学都是以自身同一物为前提,或者更确切地说,一切科学都是建立在构造自身同一物的意识活动之上。正因为如此,康德把量、质、关系这类据以构造自身同一物的范畴意识与时-空形式一起当做一切科学知识之所以可能的先验要素。

这里，我们可以首先看出哲学与数理科学的区别。如果说数理科学是以自身同一物为前提，并且也只以自身同一物及其关系为对象，因而永远停留在自身同一物与关系物领域，那么，哲学虽从自身同一物出发，但是它并不以自身同一物为对象，而恰恰是要摆脱、离开自身同一物，去追寻自身同一物从中显现出来的本原。因此，哲学并不停留在自身同一物领域。从思想-意志的方向而言，数理科学是从自身同一物出发进入经验-关系世界，而哲学则是从自身同一物出发摆脱一切关系物而返回本原处所。这恰好是两个相反的努力方向。

这并非说，哲学与科学是无关的两极。不管是从历史事实还是理论基础来看，科学从来就不可能离开哲学。虽然哲学家可以不理睬科学家，科学家也可以不理会哲学家，甚至嘲笑哲学家（这通常是那些无知和浅薄的科学家对哲学或宗教惯有的态度），但是，科学历来就运行在哲学所提供的基础上。这不仅是说，科学迄今仍运行在古希腊哲学所确立起来的思想方式和基本观念之内，更重要的是指，"构成一切科学之基础与起点的自身同一物是如何可能的"这一问题只有通过哲学的反思才能得到解答。科学是否建立在坚实可靠的基础之上取决于哲学是否解决了"自身同一物是如何给出来的"这一问题。如果离开哲学的反思而任科学自行其是，那么科学不仅将忘却自己的基础，而且本质上也越来越远离本原。其结果不仅将使科学走向自我瓦解，而且把人类带向片面化——因为远离本原也就意味着关闭了其他可能性，而把科学打开的可能性当做唯一的可能性。

实际上，自身同一物构成了哲学与数理科学之间最直接的联系点。哲学对自身同一物之所以可能的追问和回答为科学奠定了可靠的基础，科学由此获得了强有力的论证和推动。不过，正如自身同一物只是科学的基础，而不是科学的核心一样，对自身同一物的追问和回答只是哲学的一个步骤，而不是哲学的归宿。因为哲学对自身同一物的追问恰恰是出于对自身同一物的怀疑和不满足。对自身同一物的怀疑并不是要放弃它或否定它,而是要追问它之所以如此这般的根据。如果没有或不能找到这种根据,那么,人们对关于它如此这般的断定就是可疑的,也就是说,人们可以终止对一物之为这一物的判断。确立自身同一物的根据,也就是确立了一个世界的真实性和可判定性。对于科学而言,这意味着对事物的一切科学陈述(判断)获得了可靠的标准物,也即以"A 是 A"形式表达出来的第一定义物;而对哲学来说,则意味着它所追寻和迈向的本原是一个真实世界的本原,也即是一个从有根有据、可在概念中被确立起来的自身同一物的世界中显现出来的本原,而不会是一个梦幻世界的梦幻本原。

自身同一物作为一切(数理)科学的基础恰恰是科学所不关心的,但是,对自身同一物的追问却是哲学的一个起始步骤。在这个意义上,哲学开始于科学终止的地方。这使哲学与科学在这一点上是一致的,即都要借助于概念体系来完成自己的任务:科学是在由概念构造出来的自身同一物基础上提供一套与经验相关的概念体系来达到对事物的认识,而哲学则必须演绎出一套先于经验的概念体系,否则,它就无法说明自身同一物是如何可能的。不过,哲学借助于先验概念体系并不仅仅是为了说明自身同一物的可能性问题,或者说,并不只是为了说明"这个世界"是如何可能的,更重要的还在于展现如何确实可靠地退出这个世界而迈向从这个世界中显现出来的本原。哲学完成的严格的概念演绎体系既要为这个世界之所以这样而不是别样奠定基础,从而为一切科学奠定基础,而且同时要打开一条由这个世界通向其本原的道路。显而易见的是,如果说由自身同一物构成的"这个世界"是一个显现的、可由概念完全把握的在场者,那么,从这个世界中显现出来的本原则不仅仅是这样一个在场者,它同时是一个不显现的、不可由概念加以把握的不在场者,也即一个隐蔽者。

所以,哲学一方面要借助于概念体系;另一方面,它通过概念体系所要寻求的恰恰是非概念的隐蔽者。这意味着,哲学从其出发的地方到其归宿之间存在着一个断裂。哲学并不能通过概念体系的演绎直接通达所追寻的本原,因为本原永远在概念之外,否则它就不会是真正的本原。对于哲学来说,概念的严密演绎是一条把人们引到离本原尽可能近的地方的可靠道路,以便人们能够从这个最近的地方跨越过去,达到与本原的共在而终止一切概念。因此,与科学不同,如果说科学研究是通过概念知识体系来展现一个关系世界而深入这个世界,那么,哲学进行概念演绎则是为了摆脱这个关系世界而迈向非概念物。哲学的概念演绎活动是一种摆脱关系世界的活动:不仅要脱离一切经验的关系,而且要脱离构成这一切经验关系之基础的自身同一性关系。在这个意义上,哲学的概念演绎是这样一种解放活动:把人从关系世界中解放出来,使之朝向绝对者,向绝对者敞开自己。

把人从关系世界中解放出来,也就是让他从关系中退身出来而回到不受制于关系的自由-自在的存在,而这从根本上说,也就是在自己位置上向他者敞开自己的存在;在人的这种自在地向他者敞开自己的存在中,他者也在自己的位置上来与我们相遇,并且也才在自己的位置上来相遇。人只有在自己的位置上,因而也就是只有在自由中,才能跨越概念物与非概念物之间的鸿沟,才能与作为自在的他者的本原相遇。

因此,哲学确立起来的概念体系必须是一个自由体系,也即一个摆脱关系世界而向自在的他者敞开自己的体系。简单地说,自由体系就是一个向绝对他者敞开自己的体系。开放体系与封闭体系之别就是哲学与科学之别。作为科学的概念体系都封闭于概念物,或者说以概念物为界限,而不寻求概念物以外的东西;对于科学来说,不存在概念物之外的东西,也就是说,在科学看来,一切存在的事物都可在概念中被把握。因此,科学不承认概念之外而不可被概念所规定的存在物;一切都可在概念中被陈述。所以,每个科学体系都试图充当一个"大全",至少是某个方面的大全。因为它把自己的陈述当做关于一切可能事物的陈述,而忘却了自己的陈述永远只是关于关系物的知识,而完全不可触及自在物。因此,科学体系的变化通常不是一个体系融合另一个体系,而是一个体系被另一个体系所突破,被取而代之。因此,科学知识体系的变化通常是革命性的,总是体现为一个体系取代另一个体系。在这个意义上,我们也可以说,科学是一种建构体系的活动,科学史是一个建构体系的历史。相比之下,作为自由-开放的体系,哲学体系的变化并不是通过一个体系取代另一个体系来体现,而是通过创造出足以更进一步摆脱关系世界而迈向绝对本原的新概念来完成的。由于新概念能够进一步摆脱关系世界,也就意味着它能够打开一个更开阔的视野(Horizont),使整个体系能够更开放地朝向本原。在这里,体系的变化更多体现为对原有体系的融合,而不是取代和放弃。这也是为什么今人虽有今人的哲学,但是却不能放弃古代哲学的原因。哲学概念一旦被创造出来,它就改变了体系的视野而构成哲学的一个环节。与科学相比,我们可以说,哲学是一种创造概念的活动,通过创造概念建立向绝对者开放的自由体系。如果说科学体系中的概念是从经验关系中建构起来的,因而科学是通过建构概念来建构体系的,那么,哲学体系里的概念则是自由理性从对自己的自由反思中开显出来的。这种从自由反思中开显出概念,是真正意义上的创造概念的活动。创造就是从自由中开显与给出的活动。在这个意义上,哲学是通过创造概念来演绎自由体系。

　　这里,我们要进一步澄清的是,为什么哲学概念是从理性的反思中开显出来的?在前面的讨论中我们一再指出,哲学开始于对"这个世界"的怀疑与不满足。这种怀疑引导了哲学去追问"这个世界"的根据:如果这个世界就是它显现的这样,那么,它为什么是这样而不是别样?如果这个世界并不一定是它显现的这样,那么它为什么会显现为这样,而不显现为别样?这也就是这个世界的根据问题。但是,这个世界之所以显现为这样而不是别样,是也只能是因为我们的理性本身,或者说,是也只能是我们的理性使这个世界显现为这样而不是别样。因为这个世界只能在我们的理性意识中向我们显现,并因而是"这个世界"。因此,对这个世界的根据的追问,在根本上就是对理性本身的追问,因而也就是对理性本身的反思。通过追问这个世界的根据,理性以反思的方式返回自身。

正如前面所说,自身同一物是"这个世界"的基础,而自身同一物又是在理性的先验概念(诸如量、质、关系)中被构造出来的。这意味着,"这个世界"首先是建立在量、质、关系这些由理性提供出来的概念之上。但是,这些概念却是在对"这个世界"之所以是这样而不是别样的反思中才被理性本身所觉悟而开显出来。因此,如果说哲学开始于对"这个世界"的怀疑,因而开始于对"这个世界"的根据的追问,那么,也就是说,哲学开始于对理性本身的反思,并且在这种反思中开显-创造出理性自身的概念。

不过,对"这个世界"的根据的追问,也就是理性的反思活动,并不止于"这个世界"的直接根据,也即不会止于使自身同一物成为可能的那些概念。这些概念虽然出自自由的理性本身,但是,作为这个世界的直接根据却是远离这个世界的本原的。对"这个世界"的根据的追问只会止于"这个世界"的再无根据的本原。离"这个世界"的本原越近,也就离"这个世界"越远。所以,追问"这个世界"之根据这种反思活动实质上也是离开、摆脱"这个世界"的活动。这种离开或摆脱就是一种解放。

那么,为什么哲学对"这个世界"的根据的追问只会止于"这个世界"的本原呢?因为只有本原才是再无根据可寻的唯一者,它是一个无根无据的深渊,却又是给出一切的唯一来源。那么,理性在追问根据的反思活动中如何回到这个本原呢?在追问根据的活动中,理性首先是从自身中找到"这个世界"之所以这样而不是别样的根据,也即诸如量、质、关系这类先验概念。但是,理性在自身的反思中同时发现:自身并不仅仅是这些概念,因为自身也有其来源——对"自身有来源"这一点的觉悟也就是理性的源头意识,人们通常称之为时间-历史性意识。由于发现自身并不仅仅是如此这般的概念,因此,理性会进一步追寻自身,这种追寻自身也就是试图回到自身;同时由于觉识到自身是有来源的,因此,理性会不懈地追寻那个源头。对这个源头的追寻也就是对"这个世界"之本原的追寻,因为既然它是理性的源头,当然也就是理性构成其根据的"这个世界"的源头。但是,既然理性来自"这个世界"的本原,那么,显而易见的是,理性只有回到自身,也即回到自己的位置上而自在地存在,理性才能与本原共在。所以,理性追寻本原与追寻自身是同一回事;或者更确切地说,理性是通过追寻自身、返回自身而回到本原的。

问题是,如何返回自身? 自身也就是在自己位置上的自己,而不是在关系中的角色。角色也是一种自己,一种关系中的自己,它总是受制于关系项和关系因缘。随着关系项和关系因缘的变化,这种作为角色的自己或者丧失,或者发生变换。只有退出一切关系而回到自己的位置上,自己才成为真正的自己。而所谓"自己的位置",也就是自性物的天然位置,或者说,是被造物从"深渊"被抛出的位置。自性物总是守于天道之中,是为天然之物,正如被造物总守于"深渊"之旁,是为在整体之中的存在者(das Seinde im Ganze)一样。正因为如此,我们上面说,理性(作为一种被造物)回到自己的位置才能与作为本原的深渊共在。就事物在自己位置上的存在是不可替代的、独一的而言,在自己位置上的存在就是它的绝对存在,不会因任何关系因素的变化而改变;就事物(作为被造物)在自己位置上的存在不依附于任何其他事物(被造物)而言,它的这种存在是独立的、无关系的存在——它与其本原或造物主的关系是一种无关系的关系:它或者是被从"无"中创造出来,或者是被从深渊中抛出来,在这个意义上,它与本原的关系也就是与"无"的关系,因而是一种自由的、不对称的关系。这种关系除了能担保自性物(被造物)获得自己的位置之外,没有任何其他意义。也就是说,这是一种只具有单向度效应的关系(任何存在物都不可能对"无"有任何效应,但它们却都是从"无"中来),因而是一种无双向效应关系的关系。而一般意义上的关系是也总是具有双向效应的关系。所以,我们称在自己位置上的存在者与其本原的关系为无关系的关系。

就自身是在自己位置上的自己,因而是一种独立的、无关系的存在而言,回到自身也就是退出一切关系而回到自由-自在的存在。这意味着,理性必须通过退出一切关系才能回到自身而与本原共在。于是,进一步的问题是:理性如何才能退出一切关系? 这里我们倒是要先问:理性是如何进入关系而忘却(掩盖)自身的？通过概念,确切地说是通过具有构造、组建功能的概念来把事物置放入各种关系中,并因而使自己进入各种关系。事物间各种相互依存的关系以及理性(人)与事物的各种关系,都是建立在这种具有构造-组建功能的概念基础之上,首先是建立在使自身同一物成为可能的那些先验概念基础之上。这意味着,理性必须退出一切构造性的概念才能退出一切关系而回到自身。哲学作为理性以反思的方式返回自身的活动,它与理性的其他返回活动(比如信仰)的根本不同就在于,它不是通过直接拒斥概念或切断概念的方式退出概念,而恰恰是通过概念来摆脱概念。当然,哲学不可能通过构造性概念来退出这类概念本身,而是通过创造出另一类概念来摆脱构造性概念。

相对于构造性概念,这另一类概念并不具有构造功能,不能像构造性概念那样通过构造出某种关系而构造出可被我们抓住-把握的事物,因而也就是说,这类概念并不能使……成为可被限定的对象。比如"自由因"这样的概念,它并不能给出一个可被我们把握、限定的对象。但是,这种概念却能够把一切可被限定的事物,因而把一切具有限定功能的构造性概念引向整体或完整。任何可被限定的事物都是不完整的,或者说,任何构造性概念都不是对整体的把握。原因在于,概念可以构造出各种具体的因果关系,但是,它给出的任何因果关系都是有限的,而不是完整的;只有自由因这样的概念才能把所有的因果关系引向一个完整的因果链条,从而使构成这个完整链条中的每一个具体的因果关系都是可靠的和牢固的。在一个没有自由因的、不完整的因果链条中,任何因果关系的可靠性都无法得到保障。就此而言,自由因恰恰构成了一切因果关系的可靠性的前提。因此,这类概念虽然不具有构造功能,但是它们却具有把构造性概念引向完整或整体,从而使构造性概念获得可靠性的功能。在这个意义上,我们把这类概念称为引导性概念。如果说构成"这个世界"之根据的那些概念是最基本的构造性概念,那么,对于理性存在者来说,引导性概念则是"这个世界"通向其本原的最后根据,然而也是最遥远的根据。问题是,理性究竟从什么地方获得引导性概念?

　　正如理性通过哲学的反思发现,理性是从自身中给出那些先验的构造性概念并使之成为"这个世界"之所以这样而不是别样的直接根据一样,理性也是通过哲学这种反思活动而从自身中给出引导性概念,以便把一切构造性概念的使用引向完整与整体。因为只有对理性来说,才有对整体(Ganze)或完整(Vollständigkeit)的诉求。对整体或完整的诉求是理性内在固有的一种能力。因有这种诉求,理性才会不满足于自己的构造性概念的使用,因为构造性概念的使用永远只是触及部分,而无法给出整体;永远只是一种限定,而不可能达到完整。面对自己的构造性概念的使用,理性必定要在反思中给出把这种使用引向整体或完整的引导性概念。对于具有整体性或完整性诉求的理性来说,给出引导性概念是它的一种必然而自由的演绎活动:因为只要是理性存在者,它就必定要求给出引导性概念,以使构造性概念的使用走向完整,所以,构造性概念的使用必定要给出引导性概念,在这个意义上,这种给出是必然的;但是,理性是出于自身的需要而从自身中给出引导性概念,而不是从任何其他地方,所以,这种给出又是自由的。

　　这里要特别强调的是,面对自己的构造性概念的使用,理性必定要给出引导性概念,但是,这绝对不意味着理性是从构造性概念中演算出引导性概念。不是构造性概念使引导性概念成为可能,而是引导性概念使构造性概念的使用的可靠性成为可能。从概念的逻辑演算角度看,构造性概念与引导性概念之间永远存在不可逾越的鸿沟。因为从构造性概念及其运用中无论如何也不能直接演算出引导性概念,比如从因果概念及其确立起来的任何因果关系中都不能演算出自由因。这里,只有借助于理性追求整体与完整的跨越(超越)能力,才能给出(也才有必要给出)引导性概念,并使从构造性概念到引导性概念成为"合理的"。所以,哲学意义上的概念演绎并不是概念的逻辑演算,而是一种概念的跳跃活动。这也就是我们上面所说的自由演绎:理性从自身中给出概念并使之通向整体。

　　就理性本身角度看,理性内在地具有引导性概念,才会去运用其构造性概念;只是在哲学的反思活动中,理性才会以构造性概念为线索去回溯自己所止息的引导性概念。理性之所以会止于引导性概念,正是因为这种概念完成和满足了理性对完整性和整体性的诉求。这并不是说,引导性概念使理性把握-抓住了整体,整体是不可能被我们的理性抓住的。理性所能达到的只是在反思中借助于引导性概念觉悟整体而向整体敞开自己。理性从构造性概念到引导性概念,再到向整体存在者敞开自己,存在两个自由的跨越。理性借助于哲学的自由演绎可以完成第一个跨越,但并不必定能完成第二个跨越,而只是为第二个跨越提供最充分的准备。这就如我们前面说过,哲学是一种借助于概念演绎进行追本溯源的方式,但是,本原并不是概念所能把握的,因而哲学的概念演绎所能做到的只是把人们带到离本原尽可能近的地方,以便人们跨越过去而与本原共在。在这个意义上,人们可以说,彻底的哲学都会导向宗教(信仰),但并不必然使个人皈依宗教。只是由于哲学的宗教导向必定有助于人们走向宗教信仰,或者有助于坚定、巩固其宗教信仰。

　　理性以构造性概念为线索回到引导性概念,实际上是理性以反思的方式从自身中给出概念,也就是以哲学方式自由地创造概念。这种自由创造概念的活动一方面是严格的演绎,因为引导性概念与构造性概念必须处在这样一种关系中,即前者能够把后者的使用引向完整或整体,并因而构成后者使用的可靠性的前提;另一方面是一种摆脱-解放,因为理性通过哲学创造概念的最终目的就是回到与本原的共在,而本原不可能被任何概念所限定,因此,哲学创造概念的目的恰恰是为了摆脱概念,也即摆脱组建各种关系的构造性概念。引导性概念要把构造性概念的使用引向完整或整体,必须从构造性概念的具体运用中跳跃出来,因而也就是必须从各种关系中摆脱出来,因为任何构造性概念的使用都只能涉及部分,它的构造活动都是对整体的零碎抢夺,给出的永远只是整体的碎片。但是,引导性概念既然构成了构造性概念使用的可靠性的前提,它又如何能摆脱构造性概念的使用及其确立起来的关系呢?

　　作为理性自身给出来的最高概念,引导性概念把构造性概念所能给出来的一切现实的、具体的关系都作为**可能性**包含在自身之中。因为它包含着一切关系于自身,因此,一切构成它之部分的具体关系才是在一个完整关系中的关系,因而才是可靠的;同时,由于它只是把一切关系作为**可能性**包含于自身,因此,它不是任何具体而现实的关系,也即说它是对构造性概念所能给出的一切现实关系的否定,因而是对一切现实关系的摆脱。正因为引导性概念是对一切现实关系的摆脱,它才能使理性回到自身,即回到自在-自由的存在。

上面我们讨论了哲学作为人这种理性存在者追寻本原的一种方式是如何通过创造概念和摆脱概念来完成自己的使命。就哲学与数理科学而言,"自身同一物"成了它们的分界线:哲学通过创造概念来摆脱以"自身同一物"为基础的"这个世界",而(数理)科学则是通过构造概念进入"这个世界"。如果说哲学的目的是从"这个世界"摆脱出来,回到自在-自由的自身,以便从另一个维度来看待"这个世界",那么,科学的目的恰恰是要进入和把握"这个世界",它是也只能是从"这个世界"的维度去看待"这个世界"。在这个意义上,科学永远停留在概念之内。

而就哲学与宗教信仰而言,"概念"成了它们之间的分界线。虽然哲学和宗教都要回到本原和守护本原,但是,哲学是通过在反思中的概念演绎来摆脱"这个世界"而走向本原,也就是说,哲学是在追问"这个世界"为什么这样而不是别样的根据而走向再无根据的本原,因此,哲学需要完成从概念存在者到非概念存在者的跳跃——如果它要完成自己的使命的话。因为一切构成"这个世界"之根据的事物一定是可被概念所把握-概观的存在者,它们总在概念中,而再无根据的事物则意味着它永远不可被概念所把握-概观,因而它不会仅仅是概念存在者。但是,宗教信仰则与概念演绎无关,因而与反思无关,因为任何概念演绎都是在反思中进行的。宗教对本原的觉悟和守护不借助于对"这个世界"的根据的追问,而是通过对一系列法则、仪式的直接践行来进行,而这些法则、仪式则来自既定的启示或习俗。不管人们是从某种历史事件或者自然天象,还是从神秘体验中确立起这些法则、仪式,人们都有理由把它们看做直接来自某种不可被把握-抓住的他者的指示。因此,对这些法则、仪式的遵循和践行就能保障人们回到隐蔽的启示-指示者身旁而与他共在,从而获得某种力量。

如果说"这个世界"是一个以"自身同一物"为基础的领域,那么,"这个世界"就是一个概念世界,因而我们也可以说,"这个世界"是哲学与宗教的分界限。虽然哲学和宗教都是从"另一个世界"来看待、理解"这个世界",但是,它们进入"另一个世界"的路径却完全相反:哲学是从反思"这个世界"之根据而返回"另一个世界",而宗教则是直接进入"另一个世界",再到"这个世界"。在这个意义上,我们也可以说,哲学是从下到上,而宗教则是从上到下。如果说前者可以被视为一种解放,那么后者则可以被视为一种救赎。而从历史效应的角度言,它们都展现为对"这个世界"的改善和提升。历史是一个解放过程,也是一个救赎的过程。

不过,从最根本上说,反思是哲学与宗教之间的分水岭。哲学是出于怀疑的反思而去追寻"这个世界"的根据和本原。正如我们前面指出过,所谓反思也就是对有所意识的意识活动的意识或思考、追问。"这个世界"是在我们有所意识的意识活动中开显为这样而不是别样的,因此,对"这个世界"之所以这样而不是别样之根据的追问必定就是一种反思活动。这种反思活动在根本上说来既是从理性自身中去追寻和开显"这个世界"之所以这样而不是别样的最后根据,也是理性向自在-自由的自身返回。理性只有从关系世界中返回自在-自由的自身,才能向绝对的他者或本原敞开自己而与之共在。在这个意义上,我们可以说,哲学是以反思的方式,因而也就是以从理性自身中追寻"这个世界"之根据的方式去追寻本原。因此,对于哲学来说,一切法则,不管这些法则来自什么地方,只要它们是我们在"这个世界"生活、行动的法则,它们就都可以从能够返回自在-自由的自身而与本原共在的理性中找到根据,也就是说,它们都可以被觉悟、意识为理性的法则。就此而言,哲学的反思活动就是从理性自身中寻求一切法则之根据的活动。因此,理性通过哲学给出的法则是自觉的法则。

而宗教信仰给出的一切法则则是直接的法则,也即说是非反思的法则。因为宗教不是靠理性的反思,而是靠理性直觉达到本原(绝对的他者)而与之共在。所谓理性直觉,也就是理性的直接意识。正如理性是在直接意识中开显"这个世界"一样,理性也是在直接意识中觉悟最高本原而与之共在。如果说"这个世界"是在意识之中,那么本原则不仅仅在意识之中,它同时隐蔽在意识之外。因此,反思——对有所意识的意识开显活动的意识——永远不可能触及本原。理性在直接意识的觉悟中,既意识到最高本原的存在,又意识到这个最高本原并不能像"这个世界"那样在意识中给予我们,它永远比"这个世界""大",比我们的意识"多"。因此,它与"这个世界"、与我们这些理性存在者之间的关系是不对称的。① 理性在直接意识中觉悟到本原而与之共在,也就是觉悟到这种不对称关系而守护这种关系。由于在这种不对称关系中,本原是一个隐藏自己而高于我们的绝对他者,因此,理性直觉在这种关系中确立起来的一切法则、仪式都可以被视为来自那绝对他者对理性的启示,因而都是神圣的和绝对的。

实际上,宗教信仰寻求哲学的理解,并非信仰需要理解,而只不过是寻求对理性在那种不对称关系中给出的那些法则、仪式的反思,以便使两个同是由理性确立起来的领域即本原与"这个世界"在理性范围里相互协调,不致相互矛盾,从而使神圣的更神圣、合理的更合理。

基督教信仰的内在原则

这里所谓基督教信仰的内在原则,也就是指那些借助于哲学可被理性所理解因而内在于理性而可以从理性自身开显出来的原则。我们在开头曾设问:基督教在寻求哲学的理解过程中,它将促使理性自觉到哪些原则? 或者说,哲学从基督教信仰中化解出了什么样的原则? 这一设

① 这种不对称的关系也就是我们前面所说的那种无关系的关系,因为在这里,本原就是一个"无"。

问所要追寻的就是这里所说的内在原则。对基督教信仰的内在原则的分析将表明,真正的宗教信仰与哲学这个被视为理性之典范的科学之间有着比人们想像的要复杂得多的关系:它们之间一致的地方并不少于矛盾的地方。

一 一神教与绝对性原则

在公元前 1000 多年前①,当世界各民族都还普遍陷于泛神论或者信奉多神教乃至图腾偶像时,犹太民族却确立起了独特的"一神教"信仰。这是犹太民族区别于其他民族的地方所在,也是犹太民族拥有忍耐人间屈辱而穿越千年苦难的伟大力量之所在。

在 3000 多年的历史里,犹太民族即便在它鼎盛时期也是处在列强环伺之中,因此,犹太人在其历史上所经受的更多不是安宁与和平,而是一再丧国失地的屈辱与被迫流徙异国他乡的悲惨;随着罗马士兵于公元 70 年焚毁犹太人的耶路撒冷圣殿,犹太民族更是开始了千年的苦难漂泊,他们所到之处,遭逢更多的不是善意和机会,而是驱逐、蔑视,乃至迫害和屠杀。可以说,犹太民族在其 3000 多年历史中经受了人世间所有的苦难。不少远比犹太民族强大的民族在遭受其中的某些苦难与不幸之后就永远消失了,中断了自己的历史,以至于它们不再具有开创的历史,而只可能具有被解释的历史,因此对于后人而言只具有历史-考古学的意义,而不再具有开创历史的力量。但是,犹太民族在经受其他民族强加给它的、足以使许许多多民族消灭的无数苦难的过程中,不仅没有

---

① 关于犹太民族创立一神教的时间和过程,可以参见英国人塞西尔·罗斯(Cecil Roth)著《简明犹太民族史》(黄福武、王丽丽等译,山东大学出版社,1997)。另可参见心理学家弗洛伊德《摩西与一神教》(李展开译,生活·读书·新知三联书店,1989)。弗洛伊德认为一神教信仰源于埃及的阿顿(Aton/Atun)神教,阿顿神是排斥其他神的宇宙之神,而且摩西是埃及人。不过,摩西确立的一神教显然要比阿顿神教彻底和纯洁,因为后者还崇拜太阳神,而前者则彻底放弃了对一切有形物的崇拜。从起源上看,不管一神教是否为犹太人首创,它显然是在犹太人中得到成熟和纯粹化,并因而得到贯彻和坚持。因此,我们这里仍然把犹太教视为最早的一神教的代表。

消失于那些加害于它的强大民族中,而且始终保持了其民族的同一性,使犹太人作为一个民族遍及他们漂泊到的每个角落,并且在这种自我认同与自我坚守中创造出了影响全人类的辉煌文化。

人们不禁要问:一个如此弱小的民族为什么具有如此伟大的力量,以至于它在人类各种苦难的重压下仍能坚定地站立起来,迈过漫长的黑暗? 它既没有罗马帝国式的强大武力,也没有中华帝国般的强盛国力,有的只是不堪一击的弱小和备受歧视的卑贱。那么它靠的是什么呢? 它之别于其他民族的根本地方是什么呢? 在基督教产生和传播至外族人之前,犹太民族区别于其他民族的根本地方就在于它的"一神教"信仰。因此,犹太民族所具有的那种伟大力量即便不能全部归因于它的一神教信仰,至少也与一神教信仰有根本性关联。于是,值得人们进一步追问的是:一神教信仰的产生意味着什么? 或者更确切地问:对一神教的信仰意味着什么?

我们曾论述说,宗教与哲学是理性追寻本原的两种方式,前者以直觉-启示的方式追寻本原,后者则以反思的方式返回本原。由于它们都是出于理性本身,因此,宗教信仰确立起来的观念与原则可以得到哲学的理解,而哲学确立起来的观念和原则则可以引向宗教。那么,从哲学反思的角度看,上面的问题实际上也就是:一神教隐含着什么可由哲学加以理解的原则?

作为一种脱胎于犹太教的宗教,基督教在信仰和维护上帝的唯一性与绝对性上同样是坚定不移的。因此,它首先是一种一神教信仰。一神教信仰所隐含的原则也是基督教首先隐含的原则;一神教所具有的力量也是基督教所拥有的力量。

这里,我们首先要澄清,从信仰本身的角度看,有两个基本信念构成了一神教与多神教之间的根本性区别:第一,前者承认并确信只存在一个神,他是世间万物的创造者,除他之外的一切存在者都是被造的,因此,他是独一的和全能的;后者则相信存在许多神,不同的神具有不同的权能,他们之间或者相生相克、相辅相成,或者上下隶属、等级森严,因此,没有一个神是全能的。第二,前者反对和摈弃一切偶像崇拜与通灵巫术,后者则总是与偶像崇拜和通灵巫术相关,至少不反对偶像崇拜和巫术。

从哲学的角度看来,一神教的这两个基本信念意味着对绝对性的意识,也即对绝对的一与绝对的原则的觉悟和遵从;它区别于多神教之处就在于,多神教和一切偶像崇拜都没有达到对绝对的意识,因而,在多神教和偶像崇拜的精神世界里,不确认也不遵循绝对的原则。

在多神教信仰里,绝对的权能被分化给了诸神,所以每个神都是有限的和相对的:他们所拥有的权能和所维护的原则各不相同,每个神所拥有的权能是其他神所不具备的,他所维护的原则也并不对别的神有效。因此,多神教的权能必定是有限的权能,多神教的原则必定只是相对性原则。原则的相对性和权能的有限性使多神教信仰不可避免地沦为一种功利主义实践,即人与神之间的一种交易行为:人向这个神或那个神献祭,或者向他表示虔诚与敬畏,该神则利用其特有的权能给此人以特殊照顾;而一旦人们不再需要这种特殊照顾,他们就会置该神于不顾而转向祭祀其他神祇。因此,在多神教里,献祭人间美物一直是崇拜活动的核心,因为这是人神交易的实质性内容。而人们向什么神献祭,遵从什么原则,则取决于崇拜者希望得到什么。这意味着,在多神教信仰里,一切原则都不具备绝对性,因而都是可以灵活的。原则的这种相对性和可灵活性使他们不具备真正的原则性力量:他们承担不起任何苦难和失败。崇拜者如果一再得不到他们所希望的,他们就会怀疑他们所信仰的神祇,并动摇对这些神祇的原则的遵守;而当崇拜者不仅不能从所崇拜的神祇那里得到该神的权能所能给予的好处,而且还遭受各种不幸和苦难,那么崇拜者通常就可能毫不犹豫地放弃该神和他的原则,而转向对其他神祇的崇拜。换个角度说,这意味着信仰者不可能从多神教中获取绝对的力量,以承受和忍耐在人世间可能遭受到的一切不幸和苦难。

实际上,在多神教里,诸神的权能不仅是有限的、局部的,而且常常是相互矛盾的;权能的有限性甚至还不可避免地使诸神陷入维护乃至扩大各自权能与地盘的利益纷争。因此,在多神教里,一些神祇之间发生争斗,或者一些神祇消失另一些神祇产生,是司空见惯的事情。多神教里的这种矛盾与分裂实质上表明,人类的理性还没有成熟到足以穿透和克服这些分裂的程度,以致常常陷于自相矛盾和相对性原则之中。但是,那些自身陷于纷争的神祇又如何能够给人类以安宁的保障呢? 那些连自身的"生命"和稳定性都难以自保的神祇又如何能够给人类以承受深重苦难而坚守原则的伟大力量呢? 只有当人类理性达到对绝对性的觉悟,才有可能消除多神教里的那些矛盾,并确立起必须被无条件遵循的绝对原则。理性以一神教或绝对哲学(第一哲学)的方式达到对绝对性的觉悟。这意味着,在信仰领域,人们只能从一神教里获得那种足以承受一切可能的不幸和苦难的绝对力量。因为在一神教里,上帝是全能的,所以,人们可以把一切希望和要求寄托在他身上;同时上帝是独一的,所以,人们也只能把一切希望和要求寄托在他身上。不管上帝是否对人们所寄托的希望作出人们所期待的回应,人们都永远只能向上帝祈求所要祈求的一切,而没有别的选择。这也就是说,无论人们处在什么样的艰难困苦当中,也不管上帝对在这种艰难困苦当中挣扎的人们的呼求是否作出了现实的回应,人们都只能继续向他呼求,并坚信他对我们的爱和正义,从而坚守出自上帝的那些原则。这是一神教确立起来的那些原则具有忍耐和担当人世间一切不幸与艰难的力量之所在。

试想,一个外邦人走在一个完全陌生的国度里,周围遍布怀疑、冷淡、歧视的目光,所到之处少有友爱和尊重,而多是屈辱、蔑视、驱逐,他如何能坦然地生活于他们当中? 他又如何仍能自信地行走在这个大地上? 只有他心中那唯一的神圣存在者才能使这个外邦人在心里承担起他所遭遇到的一切不幸、苦难,而永远顶天立地地面对他人,面对这个乍暖还寒的人世间。因为对于这个孤独的外邦人来说,那唯一的神圣者不仅是全能的创世者,而且是普遍的仁爱施为者。因其是全能的创世者,因此,他是唯一的,他所维护的原则是绝对性原则;因其是普遍的仁爱施为者,因此,他对所有遵从其原则的人都会给予同样的关爱,而不会因他们之间的任何差别(比如,祭祀的多寡)而采取"爱有等差"的施为。在一神教信仰里,献祭不构成信仰活动的核心。因为在这里,人与神不是一种交易的关系,而是一种契约的关系:要么遵从绝对原则,使你生活得公正和崇高,以展现唯一者的荣耀和伟大;要么背弃绝对原则,远离唯一者,以人自己的荣耀为荣耀,以人自己的伟大为伟大,而这同时也使你自己生活在没有公正、没有信心的黑暗里。在一神教这种人-神的契约关系里,人首先是从唯一者及其绝对原则那里获取生存的力量和勇气:那遵从绝对原则的生活,也即那展现唯一者之荣耀与伟大的生活,就是每个人最荣耀的生活,就是其具有绝对价值的生活。相对于这种最高的荣耀,生活中所遇到的一切都是次要的,一切屈辱、蔑视和失败都无损于这种绝对的荣耀。生活在这种荣耀中的人,他任何时候都能坦然地面对他人的任何眼光和任何施为。

实际上,在一神教信仰里,人被从与他人的关系中解放出来,人首先处在与神的关系中,即孤独的个人与唯一的神之间的契约关系,然后才是人与人之间的关系。人首先要履行的是人对上帝的责任:遵从绝对原则,以便获得生活的绝对荣耀与绝对价值。人对他人的责任必是出自人对上帝的责任。也就是说,我与他人的关系是以我与上帝的关系为前提,上帝在我与他人之间。我与他人的关系要以我与上帝之间的关系原则为尺度。因此,在我与他人之间永远有距离,永远存在着中间者。我对他人的施为都隐含着我对上帝的态度。所以,耶稣基督说:"我实在告诉你们,你们这样待我最小的弟兄中的一位,就等于这样待我了。……你们没有这样待我最小的弟兄中的一位,就等于没这样待我。"[1]作为道成肉身,耶稣基督就是上帝的化身,并且就在人们当中。因此,人们怎样对待他人,也就等于怎样对待耶稣基督。如果我们真正看到这一点,那么,我既不可真正伤害他人,他人也不可伤害我。因为人们伤害的首先

---

① 参见《新约·马太福音》25:36—45。

29

是上帝。

因此,在一神教信仰里,人们对侮辱、迫害、不公的忍耐绝不是一种对正义的麻木不仁而自甘被损害,也绝不是因为懦弱而没有反抗不公的勇气。相反,这种忍耐不仅深切懂得一切侮辱、迫害、不公都是一种背离上帝的犯罪行为,而且坚信正义终将战胜种种不义。所以,这种忍耐恰恰是一种决断:以一种最彻底的大无畏精神决定担当起绝对的正义,坚守贯穿于人-神之间因而也贯穿于人-人之间的正义原则,而置一切不幸遭际于不顾。就此而言,一神教信仰里的忍耐全然不同于那种丧失了是非识别能力的逆来顺受,而是在觉悟了绝对的正义原则的同时坚守这种绝对原则。

二 原罪信念与个人自由的原则

在犹太-基督教信仰里,"原罪"是一个基本信念。因这种原罪,人人生而有罪;并且也因这原罪,人才开始了尘世的生活和尘世的历史。也就是说,我们的尘世生活与尘世历史是原罪的结果。这意味着,尘世生活是一种惩罚,但也是一个悔改的机会,尘世历史将在人们的悔改中迎来终结。因此,原罪与悔改构成了人类的尘世生活与尘世历史的基本前提。虽然只要有伦理与法则存在的地方就会有罪的观念,但是,没有哪个文化系统像犹太教与基督教那样把罪提高到如此高的地位,以至于罪成了理解人类的尘世生活与尘世历史的起点。从哲学角度看,这意味着,在犹太-基督教的罪的观念里,罪是每个人内在的一种可能性存在,因此,是一种存在论意义的存在,而不是存在学意义上的存在。

这里我们首先要问:什么是犹太-基督教的"原罪"? 原罪即人类的第一罪,也就是人类的共同祖先亚当与夏娃犯下的罪。根据《圣经》的记载,这个第一罪就是亚当与夏娃接受了蛇的引诱而吃了"辨识善恶树"上的果子,而这是上帝所禁止的。[①] 一个行为被判有罪,也就必遭惩罚。所

---

① 见《旧约·创世记》3:1以下。

以，因偷吃禁果这个第一罪，作为惩罚，人类始祖被逐出了乐园，开始了艰难的尘世生活。但是，"有罪当罚"只是"原罪说"的一个方面；人类被惩以逐出乐园，并非意味着人类失去了希望，人们仍可以通过在尘世的善行来实现与上帝的和解而回到上帝身旁，从而获得可靠的幸福。如果说被逐出乐园是一种惩罚，那么，与上帝实现和解则是一种救恩和奖赏。也就是说，人类在因犯罪而被惩罚的同时，也意味着他有新生的可能，这就是通过自己的善举来求得上帝的救恩。因此，原罪说实际上包含着这样一个观念，即惩罪酬善是天经地义的，或者说，惩罪酬善是正义的。

但是，从哲学反思的角度出发，我们要进一步问：为什么惩罪酬善是正义的？首先要问：为什么亚当与夏娃吃了禁果就是有罪的？上帝凭什么理由来判定亚当与夏娃吃了禁果就是有罪的？显而易见，亚当和夏娃之所以被判有罪，最直接的原因就是他们听从了蛇的引诱而背离了上帝的吩咐-禁令。那么，为什么违背了上帝的禁令或吩咐就是有罪的呢？

单从信仰角度，人们可以回答说：因为人是上帝创造的，所以人必须服从上帝的禁令或吩咐，违背了上帝的禁令就是犯上作乱，视为有罪。问题是，既然人被创造为必须服从上帝的旨意，他又如何能够背离上帝的意旨呢？更具体地问，他如何**能够不愿意服从**上帝的旨意呢？如果他没有能力拒绝服从上帝的旨意或说没有能力**不愿意服从**上帝的旨意，那么他也就不会背离上帝的旨意，因为他是按"必须服从上帝的旨意"这个目的被造的。但是，现在"原罪"发生了，这一确凿的事实表明，人有"不愿意服从"的能力。所以，如果确信人类始祖的原罪，也即把原罪当做真的事实，那么，就必须确认，人有"不（去）愿意"服从的能力。简单地说，人"能够不（去）愿意"服从。

这里还要追问的是：我们知道，人背弃上帝的吩咐是受了他者的诱惑，那么我们要问，人是否被造得有能力足以抵抗他者的诱惑？如果在被造的时候，人并没有被赋予一种足以抵抗他者诱惑的能力，那么，这也就意味着人接受他者诱惑而背弃上帝的吩咐是不可避免的，是必然的，就好像石头被放到水里就会往下沉一样。但是，谁会因石头往水里沉而谴责并惩罚石头呢？因此，如果人因没有能抵抗住诱惑而违背上帝旨意就是犯罪，并且对此的惩罚是正义的，那么这意味着原罪说及其正义观本身隐含着这样一种观念，即人在被造时被赋予了一种能力足以抵抗他者的诱惑。也就是说，人有一种能力足以使自己**"能够不去愿意(不去想要)"**诱惑物。换言之，人被赋予了一种**"能够不去愿意一切诱惑物"**的能力，因而人能抵抗住任何诱惑。这一观念在《新约》里有更明确的表达："上帝是信实的，必不让你们受的引诱超过你们能忍受的。"①正是因为人被赋予了"能够不去愿意一切诱惑物"的能力，一切诱惑物对人的诱惑才都是人所能忍受的，而没有一种诱惑会超出人所能忍受的。

因为人有"能不去愿意"服从的能力，他才有可能听从诱惑者而背离上帝；同时因为人也有能力足以使他"能不去愿意"诱惑物，而他却去愿意、追求诱惑物，从而背离上帝，所以他是有罪的。

于是，一个关键性问题是："能不去愿意"是一种什么能力？不管是"能不去愿意"服从，还是"能不去愿意"诱惑物，它指的就是人自己能够支配、主宰、决断自己的意志(愿)的能力，而这在根本上就是说，人的意志是自由的，人有意志自由，或说有自由意志。也可以反过来说，人有自由意志，人置身于自由意志之中，首先就是指人能够把自己的意志完全置于自己的决断之下。人的自由意志这种能力是如此之大，以至于它能够决断不去听从它的创造者的旨意。既然对它的创造者可以说"不"，那对什么还不可以说"不"呢！这是人的全部伟大品性之所在。上帝创造人与创造万物的根本区别就在于，上帝赋予了人以自由意志。这也就是人的位格存在(Persen)：每个人都是一自由而独立的个体，因而是绝对的和不可替代的。这意味着，上帝给人颁布了禁令，同时也给人以遵循和不遵循的权利。如果人愿意接受惩罚，那么他在意志上可以下决断，突破上帝的禁令；相反，如果他不愿意被惩罚，那么，他在意志上也能够下决断，拒绝一切诱惑而忍受住一切诱惑，从而坚守上帝的吩咐。

---

① 《新约·哥林多前书》10：13。

正因为上帝赋予了人以自由意志,使人完全可以(能够)从自己的意志出发决断自己的行动,因而对于人来说,除了他不得不自由地去行动外,没有任何行动是非如此不可的,也就是说,没有任何行动是不由他自己的意志本身的决断而必然要发生的。所以,对于人违背上帝禁令的行动,上帝才有理由判他有罪并加以惩罚——他本可以不违背上帝的禁令,因为没有任何外在的因素足以使他做出违背上帝禁令的行动,如果不通过他自己的意志决断。但是,他现在却做出了违背上帝禁令的事,这表明他完全是出于自己的意志的决断去做这件事,所以他是有罪的和当罚的;同时,也正是因为人有自由意志,因而人的意志完全能够自己决定愿意什么和不愿意什么,因而人坚守上帝禁令而拒绝诱惑的善行才是值得酬偿的,因为他本来可以去意愿诱惑物而干坏事,但是他却毅然地切断对诱惑物的意愿而坚守原则,因而是值得赞扬和奖赏的。

这也就是说,只是由于上帝分别赋予了亚当和夏娃以自由意志,上帝才有理由判定他们偷吃禁果是有罪的,并且"惩罪酬善原则"才是合理而正义的。在这个意义上,我们可以说,在基督教的"原罪说"里隐含着一个基本原则,就是人类的每个个体都是自由的,也即每个人都有自由意志,或者说,每个人都完全能够从自己的意志出发决定自己的行动。实际上,当上帝吩咐亚当说,"园子里各种树上的果子,你都可以吃,吃到满足。只是辨识善恶树上的果子,你不可(不应当[soll nicht])吃"①时,也就表明,亚当被赋予了自由意志。因为如果他不是自由的,那么,上帝给他颁布的这个禁令就是毫无意义的。对于不自由的存在者来说,不存在应当不应当的问题;一切禁令和劝告对它都是没有意义的。禁令或劝告所针对的存在者一定是完全能够从自己的意志出发决定自己行动的自由存在者。

在基督教的原罪信念里,人首先是处在与上帝的关系中,然后才有与他人的关系。而人与上帝的关系,首先就是自由者与自由者之间的关

---

① 《旧约·创世记》2:16—17。

系,不过不是对称的自由者之间的关系,而是不对称的自由者之间的关系,也即作为创造者的自由者与作为被造物的自由者之间的关系。前一种自由者拥有无限自由,因为他是至善的,因而他的一切自由行动都是善的,也就是说上帝不会滥用自由,所以他的自由没有限制,也无须限制;而人这种自由者的自由则是有限制的,因为他会滥用自由。上帝赋予人自由意志是为了人过正当的生活,但是,人却会利用自由意志追求不正当的生活,做出违背他被赋予自由意志的目的的行动。因此,上帝一方面赋予人自由意志,一方面向人颁布了法则,以防止人滥用他的自由。上帝向人颁布法则并没有减少人的自由,而只是向人显明人的自由的限度,而对限度的显明也并没有取消人突破限度的自由,只是人必须为这种突破付出代价,承担起突破限度带来的一切后果。上帝向人颁布的法则,也就是上帝与人之间的契约法则。而上帝之所以向人颁布法则,则是因为人是自由的。这意味着,上帝与人的关系法则是以人是自由的为基础的,或者更确切地说,是以人被赋予自由为基础的。因此,有些人之所以会认为"既肯定人是自由的又承认一个至高无上的上帝存在"是自相矛盾的,显然是因为他们没有达到对人的真正自由的觉悟。持这种想法的人根本没有想明白,为什么人的真正自由恰恰是有法则、有限度的自由,而绝对不是恣意妄为的轻狂之举,或者为所欲为的横行霸道。

从上面的讨论中,我们可以进一步看到,人是作为一个自由者来到这个世界上的。这意味着,在对他人的关系中,每个人的第一个身份不是别的,就是自由存在者。自由者是每个人最本原的身份。因此,人与人之间的关系,首先是自由者之间的关系。因此,人与人之间的一切关系法则都必须建立在人的自由者身份这一基础之上。也就是说,人与人之间的一切关系法则都必须以"每个人都是自由的"这一最高原则为基础。从这一最高原则可以推演出那些构成一切人间关系准则的基础与尺度的基本原则:人的绝对权利的原则、人的绝对尊严的原则和人的绝对责任的原则。简单地说,由于每个人都是自由的,因此,每个人在与他人发生关系时都拥有这样的权利属性,即每个人都必须被允许按自己的意志行动、生活,并且有权强制要求他人尊重自己可以普遍化而不自相矛盾的意志行为。这也就是我们所说的个人的绝对权利。同时,也由于每个人都是自由的,因此,每个人就是他自己的存在的目的本身,而绝对不是他自己存在之外的某种目的的纯粹工具或手段。因此,每个人的存在都是不可替代的;或者说,每个人的存在都是独一无二的,具有绝对的价值。个人的这种目的性存在也就是他的绝对尊严。而绝对责任的法则也同样出于个人的自由:由于每个人都有自由意志也就意味着每个人的行动都是出于他自己的意志决断,因此,也就是说,他自己是他的一切行动的唯一肇事者。既然每个人就是他自己的行动的唯一肇事者,那么,他就必须承担起自己的行动的后果;就像他不可能在自己的意志之外找到自己的行动的原因一样,他也没有任何理由在自己之外找到其行动的承担者。①

就这些绝对原则来自个人的自由意志而言,这也就意味着我们每个人都是从自己的自由者身份获得绝对权利、绝对尊严和绝对责任。而从信仰的角度看,如果说我们的自由意志是上帝赋予的,那么,我们也可以说,我们是从与上帝的关系那里获得了这些绝对性的东西。不管从什么角度看,我们都可以说,我们每个人都是携带着绝对权利、绝对尊严和绝对责任进入与他人的关系中,而不是相反。人的社会之所以是一个老幼相扶、强弱互持的有序共同体(至少是不断向这样一个有序的共同体迈进),而不是弱肉强食的生物链,就在于其成员都是带着不可替代、不可抹杀的绝对性进入共同体的。人类历史的进步就展现为对人自身的这种绝对性的不断觉悟,以及由此带来的对社会共同体的不断改善。

近代启蒙运动的伟大和力量所在,就在于它以哲学的方式达到了对"每个人都有自由意志,因而每个人都能够完全从自己的意志出发决断

---

① 从"每个人都是自由的"这一最高原则如何推演出其他绝对原则,以及对这些绝对原则的阐述,可详见黄裕生《本相与角色的存在论区分——普遍伦理学的起点》,载《复旦哲学评论》第一辑,上海辞书出版社,2004。

自己的行动"的觉悟,这也就是对所谓"个人自由的原则"的觉悟。正是启蒙运动对这个最高原则的自觉,使这个原则构成了近现代一切人文科学和主流社会的最高原则。然而,这个原则首先却不是来自哲学,而是来自基督教信仰,更确切地说,来自哲学对基督教信仰的理解。正是哲学对基督教信仰的理解使"个人自由的原则"成了一种内在原则,最终在康德哲学那里成了可加以学理论证的绝对原则。也就是说,它成了理性本身开显出来的一条原则。这非常典范地体现了信仰与哲学之间的深度关系。也许我们可以说,以确立个人自由的原则为其核心的启蒙运动之所以首先在欧洲思想中展开,因而个人的绝对权利、绝对尊严和绝对责任这些基本原则之所以首先在欧洲哲学中得到自觉,首先就是因为基督教信仰(特别是其原罪信念)在寻求哲学的理解过程中促进了欧洲哲学对个人自由的自觉。如果没有基督教信仰,因而如果没有奥古斯丁为了理解原罪学说而提出的自由意志论,我们就很难想象自由问题会成为西方哲学的核心问题,因而也就难以想象启蒙运动会首先在欧洲大地上展开。就自由意志问题而言,我们甚至可以说,正是中世纪的基督教哲学(首先是奥古斯丁有关自由意志的思想)为近代启蒙运动准备了条件。

三　复活信念与历史原则:绝对的未来和历史的终结

在基督教成为罗马世界的主流信仰之前,欧洲人还在"历史"之外,而尚不在"历史"之中。虽然古希腊人和罗马人都有很成熟的历史学,但是,他们的历史也只是他们历史学里的故事,而并不构成他们理解生活与理解这个世界的维度。对于他们来说,意义不在历史当中,而在宇宙里面。所以,宇宙论-存在论成了人们理解自己在这个世界上的位置和意义的根据,从而构成了人们的思想中心,历史则被排除在人的自我理解的"世界图景"之外,或者只是作为一种模糊不清的轮回而处在世界图景的边缘。因此,历史并没有进入古希腊-罗马哲学的问题视野里。换言之,在古希腊-罗马哲学里,历史尚没有成为一个问题。在这个意义上,我们可以说,古希腊-罗马哲学尚没有历史意识,因而尚没有"历史原则"。我们这里的所谓历史原则也就是指把历史当做人类自我理解的一个基本维度的原则。这种历史原则与相对主义原则毫无关系，与所谓"要以历史的、发展的和变化的眼光看问题"这种陈词滥调的诡辩毫无关系——这种诡辩可以以历史和所谓历史的积淀为借口否定任何原则的在先性与绝对性，因而可以借口某种历史的原因或理由而牺牲多数个人的利益和尊严。

我们如何有历史？我们在历史的什么地方（什么时段）？历史是否有目的？历史是否有终结？历史是如何展开的？或者说，它是自由的还是必然的？这些问题自近代以来被归在了历史哲学名下而成了系统化哲学讨论的基本课题。虽然这些问题就像其他哲学问题一样，永远不会有定于一尊的答案，但是，它们无疑已成了哲学不能回避的问题，因为历史已成了人类自我理解不可或缺的一个维度。特别是近代，历史甚至进入了"世界图景"的中心位置而成了人类行进的坐标，对历史的理解因而构成了人类改造社会的最强大、最直接的推动力。然而，西方精神世界对历史的这种意识，对历史原则的这种自觉，首先是由基督教信仰开启的。

实际上，在前面分析过的原罪说里，已包含着对历史和人类在其中的位置的理解。《创世记》首先确立了从无到有的历史开端，打破了从有到有的一切循环观念。不过，在人类始祖犯罪之前的这段历史并不构成人类的尘世史本身，而是上帝的创世历程。因而，这段"历史"首先是"宇宙史"，人类始祖的产生，或叫被抛出，也是宇宙史的一部分，它构成了宇宙史的终结。宇宙史与人类尘世史之间存在着一个断裂。因为宇宙史是上帝的意志事件，而人类尘世史则开始于人类始祖的意志事件。因为正如我们前面曾经说过，人类尘世史开始于始祖的犯罪，罪是人类尘世史的开端。这意味着，人类始祖在作出突破上帝禁令的决断之后开始的历史是一个在罪里的历史，一个带罪的历史。我们在历史的什么位置上？在罪的尘世史里，也可以说是在一个因罪而被惩罚的历史时段里。在它之前是宇宙史和人类始祖在乐园里的自由生活，那么，在它之后呢？

有"之后"吗？还是人们永远就处在尘世这种被罚的境地里？如果是后者，那么，对于整个人类来说，也就意味着人类彻底没有了希望，没有了未来；而对于每个个体来说，则意味着他的一切希望都仅仅限于他短暂的有生之年，他的尘世生命一结束，也就一了百了，彻底关闭了他的未来，而不管其一生是作恶多端，还是积善行德。

但是，如此一来，人类历史也就是一个没有任何公正（正义）的历史。对于任何一个人而言，只要他能确保在他有生之年不被发现而遭惩罚，他就可以不择手段地为自己牟取最大的好处，也"应当"以一切手段为自己的今生今世牟取最大的好处——因为除了今生今世的好处外，人们也就没有任何其他好处，因此，错过了就永远错过。于是，如果历史仅仅是今生今世的历史，那么，盗贼肆虐，暴政流行，腐败成风，也就很难避免不成为现实生活中的常态。同时，人们也没有任何理由来承受和忍耐这个世界的不公和罪恶，也没有任何力量和信念足以使人们去忍耐这个短暂人生所遭受到的不公和罪恶。因为对一个人不公或犯罪，也就是侵占他的好处，如果他不想方设法夺回来，他也就没有机会弥补，也没有机会得到某种补偿。于是，如果仅仅只有一次人生一个世界，那么，以恶制恶，以牙还牙，冤冤相报，富而不仁，同样难以避免地会成为我们生活中的常态。结果会是什么样子呢？结果就是：像伯夷、叔齐这样积仁洁行者饿死，好学乐道如颜回者无寿；而日杀无辜、暴虐一方如盗跖者竟得以寿终，至于操行不轨、专坏风规却终身逸乐且富厚累世不绝者更是数不胜数。

在由这样的生活世界的延续构成的尘世历史里，人们不可能寻得可靠的正义。在尘世生活里，正义对邪恶的胜利都很可能转瞬即逝，完全消失在邪恶的黑暗里。因此，如果生活仅仅是尘世的生活，因而历史仅仅就是尘世史，那么，人们就没有理由确信正义能战胜邪恶，当然也就没有理由相信会有光明的未来。而这在根本上意味着，人们没有理由相信有一个绝对的正义者在，至少它的存在令人怀疑。从伯夷、叔齐的命运，司马迁对"天道无亲，常与善人"的困惑表达的实际上就是对"正义的天道"的怀疑,对一个绝对正义者的怀疑。[①] 因为如果一个统驭着世界而且喜欢善行的绝对正义者在的话,他就不应容忍善行得恶报,恶行却得善报。即便他不给行善者以福,也不应当给恶行者以善报,更不应当报行善者以祸。

但是,如果没有一个绝对的正义者在,或者它的在是令人怀疑的,因而,人们不得不把生活仅仅限于尘世生活,不得不仅仅把尘世生活当做自己的全部生活,那么,人们也就不可能确信正义对邪恶的优越性。简单地说,人们不可能有对正义的坚定信念。因为在没有绝对正义者在的情况下,在构成人们全部生活的尘世世界里,不公、罪恶永远不绝如缕。而在人们不能确信正义能战胜邪恶的情况下,还有什么理由去劝勉别人坚守正义而抵御通过作恶给自己带来好处的诱惑呢? 更重要的是,在缺乏对正义的坚定信念的情况下,每个人又如何有力量坚守正义而忍耐这个世界的不公呢? 又如何有充分的理由和坚定的力量让自己经受得住通过犯罪给自己争取各种好处的诱惑呢? 要知道,在只有尘世生活的人生里,一切好处如果错过了,就永远错过了,就永远没了机会。

这意味着,一个绝对正义者的存在是人们获得坚定的正义信念的前提。但是,如果存在着一个绝对的正义者,那么,对于行恶者,这个绝对正义者即便不在此人的今生今世惩罚他,也应在其他地方以其他方式追究他——因为他是自由的,因而他本来可以不作恶;而对于行善者,这个绝对正义者即便没有在此人的今生今世给予他任何好处,也会在其他地方以其他方式追补他——因为他本来也可以选择作恶以求得现世的好处,但他没有,而是坚守绝对正义者的法则。这个"其他地方"就是不同于尘世史的"另一个时段",不同于尘世生活的"另一种生活"。

因此,如果绝对的正义者存在,那么,我们就不仅生活于尘世,而且生活在"别处"。也就是说,我们不仅仅生活于生养我们、埋葬我们的大地上,我们在别处还有希望。因而,我们的历史不仅仅限于尘世史。如

---

① 参见司马迁《史记·伯夷列传》。

果说尘世史与"宇宙史"之间存在断裂的话,那么,同样也存在着尘世史与"另一个时段"之间的断裂。就基督教信仰来说,每个人的这个"另一个时段"就开始于他的复活与尘世史的终结的交叉点上。

基督教通过复活和审判这两个连带环节来安排人类的另一时段与另一种生活。如果说人类的尘世生活与尘世史是开始于人类自己的意志事件,那么,终结人类的这种生活和历史而开始他的另一种前程,则不是人自己的意志事件,而是上帝的意志事件。复活是针对每个人的灵与肉的新生,而审判则既是对每个人的前程的判定,也是对整个人类尘世生活与尘世史的终结。但是,他们何时来临?也就是说,睡去了的人何时被重新唤醒?对作恶多端却终身享尽人间福乐者的罪责何时加以追究?同样,对处处行仁积善却一生频遭不幸者的善报何时得以追补?这些都不是人自己所能回答的问题,因为复活和审判完全操之在"他",而不在"我"。对于这两件与每个人息息相关的关联事件,每个人所能做的就是守望。

实际上,原罪说本身必定要导向救赎的希望,导向一种出路。因为尘世生活及其历史作为对人类的一种惩罚,如果它没有出路,没有新的希望,那么,它对于人来说,就完全是一种封闭的、令人无法忍受的可怕生活,而对于上帝来说,则是一种毫无意义的安排。因为惩罚并不是放弃,恰是仍寄予某种希望,那就是悔改。也就是说,惩罚并不仅仅是所施予的惩罚,惩罚本身还意味着给予悔改的机会,给予出路的希望。而基督教通过复活观念和正义王国临近了的福音进一步强化了人类悔改的希望,更明确、更切近地把这个尘世生活的出路,也即不同于这个尘世生活的另一种生活摆到人们的面前,既显明了尘世史与"新时段"的断裂,也拉近了这两个不同历史时段之间的距离。

比较地说,基督教的福音说,特别是其复活说,以最明确、最决然的态度确定了这个尘世世界及其历史终结的方式,同时也以最直接、最实证的方式表明每个人类个体的"另一种生活"的真实性与绝对性。

对于个人来说,这意味着为每个人打开了一个绝对的未来,一种绝对的可能性生活,即与每个人之全部尘世行为密切相关的未来生活。也就是说,每个人的未来生活在这一点上是绝对的:上帝会应许给每个人根据其行为而应得的前程(这决不是说,人的行动决定了上帝会给予什么样的应许;对于人的行动的评判以及给予什么样的相应前程,这完全取决于上帝的意志和恩典。人所能决定的仅仅是:由于上帝是至高至善的,所以上帝一定喜爱一切善行,而厌恶一切恶事,因此,人们必须确信,上帝给予行善者的前程一定会好于给予作恶者的前程;而不能指望以我们自己的行动来决定、影响上帝的意志)。一个人即使他在尘世的一切机会都已错过,一切可能性都已关闭,因而他在尘世的一切希望都已渺如烟海,但是,他仍有一个绝对的机会,仍能打开一个绝对的希望,因而仍有一个绝对的未来——这就是复活与全新的前程。当人们把这个由基督教福音说打开的绝对希望当做理解和设置自己的一切尘世希望的参照尺度时,他们也就获得了理解今生今世之生活的一个更深远、更广阔的视野。这个视野在人们的精神世界里打开了一个足以使人们从一切尘世希望中退身出来的自由空间,从而使人们得以从一切尘世执著中摆脱出来。这种退身和摆脱并不是放弃或拒绝,而是一种解放。所以,它并不是导向对尘世生活本身的否定,而是导向对尘世生活作为唯一中心的否定。在绝对希望这一视野下,人们将发现,尘世生活并不是生活的唯一焦点,也不应成为唯一焦点。因此,不管一个人在尘世生活里是多么卑微和不幸,以至于他一生除了遭遇失败、不公外,别无他物,他也无须绝望,也不应绝望。因为他虽然没有尘世的成功与荣耀,但他能够有别处的成功与荣耀。同样,不管一个人在这个世界里获得了多么辉煌的成功和崇高的荣耀,他也不能忘记,也不应忘记,这一切并不是他的生活的全部或唯一。因为他还生活在别处,还有比他的这一切荣耀更高的荣耀,还有比他的这一切成功更重要的前程。

而从人类整体来说,基督教的福音说从根本上表明,我们不仅生活在历史当中,而且是生活在有终结、有目的、有最后出路的历史当中。也就是说,人类历史是有方向、有目的、有终结的历史,这就是朝向悔改而走向与上帝的和解。实际上,这也就是人类自我提升而朝向至善的方向。不过,这种有终结、有目的、有出路的历史并不是一种可以用概念加以演绎、因而具有抹去一切个人意志自由的必然性的历史,相反,这种历史总是与个人的自由意志相关。如果说我们的尘世史开始于人类的自由意志的事件,那么它的终结以及每个人在这个终结处所会有的出路也与每个人的意志事件相关。因为虽然尘世史的终结和每个人将得的相应前程并不取决于人们的意志决断,但是,每个人又都是也必定是在自己的自由决断中为此终结作准备,在自己的自由决断中迎候自己的前程。复活使所有个体之人都将站在历史的终结点上领受被判定的前程。也就是说,历史的终结与其后的别样生活绝对不是只与未来人相关,而与历史中的人无关。任何时代的人们不仅是作为类存在者,而且也是作为个体存在者,存在于历史的终结点上。因此,每个人之今生今世的生活及其意义都与历史的终结和此后的别样生活直接相关,而无人能够代理他人在历史的终结点上的身份,因而也无人能够为历史中的他人设置生活的意义和目标。

基督教复活信念的确立,实际上给出了一个明确而完整的历史图景,以安置人生的意义和希望。这从根本上促使了历史进入世界图景的中心位置,从而使历史成为人们理解自身及其与他者关系的维度,这也就是我们所谓的"历史原则"的确立。历史原则的确立在根本上意味着人们对自身的历史性存在的觉悟。不过,从作为宗教信仰借以安置人生意义与希望的历史图景到历史原则在思想领域的确立,并非仅仅靠信仰的实践就能完成、得到的。它同样是由信仰实践与哲学反思的沟通来完成的。对信仰确立的历史图景的反思,使人自身(理性)的历史性存在得到了自觉,从而确立起自我理解的历史原则。

上面我们讨论了哲学的反思活动在与基督教的信仰实践的相遇、会通的历程中开显出来的基本原则。哲学的反思活动所开显出来的原则也就是理性自身的原则。而由于这些原则是在理解基督教信仰的反思活动中被开展出来的,所以,我们这里把它们看做基督教的内在原则,也就是内在于理性因而符合理性的原则。这里要指出的是，基督教绝非只有上面所讨论的那些内在原则，或者说，哲学只能从基督教信仰中理解、开显出那些原则。对于哲学来说，基督教永远是一个有待进一步理解的信仰系统，就如哲学本身永远是一个开放的自由体系一样。我们这里之所以特别讨论上面的三大原则，只是因为在我们看来，它们在哲学中的确立对于塑造哲学本身来说具有深远的意义。正是这三大原则的确立使哲学走上了维护历史中的绝对原则，维护历史中的人的绝对自由，从而维护历史中的人的绝对权利、绝对尊严与绝对责任的神圣道路。在这个意义上，信仰的理性（思想）化，同时也就意味着哲学的神圣化。因此，哲学与基督教信仰的相遇，不管是对基督教来说，还是对于哲学本身来说，都是一个重大事件。从早期教父哲学到整个中世纪基督教哲学，都可以被看做这个重大事件的展开。

上　篇

第一章　教父哲学

第一节　伊里奈乌与基督教面临的挑战

里昂的圣伊里奈乌(Irenaeus,约 120—202),我国港台地区也译作爱任纽,出身于士买那(Smyrna)的基督徒之家。他生活的年代相当于中国东汉末年,在其出生前大约 30 年里,蔡伦改进造纸术,许慎撰成中国第一部字书《说文解字》,《九章算术》问世;在其十几岁的时候,张衡造出候风地动仪。伊里奈乌去世前两年,汉代经学大师郑玄去世。

在青年时代,伊里奈乌经常拜访波利卡普(Polycarpus,约 69—约 155)。波利卡普与认识基督的人有直接关系,是使徒约翰的学生,被称做"全亚细亚基督教的领袖"。"波利卡普不仅受到使徒们的培养,不仅同见过基督的许多人谈过话,而且正是使徒使他成为士买那教会主教。"[①]这样,波利卡普力图保存教会传统。"他常常教授他从使徒那里得知的东西,把这些东西传授给教会。"[②]伊里奈乌在一封信里说,他可以准确地描述出谈话时波利卡普喜欢坐的位置、他进门和出门时的做派、他的生活方式、他的外表和言谈、他所讲述的自己和使徒以及其他见过

---

①② 吉尔松:《中世纪哲学:从教父学源头到 14 世纪》,第 31 页,莫斯科,共和国出版社,2004。

基督的人的关系。伊里奈乌认识见过耶稣基督的人，这正是伊里奈乌维护教会传统学说的内在精神源泉。伊里奈乌确切是什么时候从小亚细亚来到高卢(Gallia)的尚不清楚，但知道他曾被派到那里做神父。177年，当里昂主教波提努斯(Pothinus)受迫害遇难后，伊里奈乌正在里昂并被推选为波提努斯主教的继承人，做了里昂主教。他在公元3世纪初的行踪不得而知，是不是殉道而死也不得而知。后来他被封为圣徒，所以被尊称为里昂的圣伊里奈乌。

殉教者查士丁(Justin Martyr，约100—约165)以及与他作品相关的公元2世纪基督教著作家的活动，主要是维护早期教会的护教活动，反对来自基督教会的外部敌人的攻击和迫害，包括不信基督教的犹太教徒，特别是多神教徒，还有罗马国家政权。伊里奈乌则具有另一种特点，他的著作主要涉及的是教会生活深层的、内在的方面。基督教会的外部处境并没有好转，迫害没有终止和减少，而是更普遍和剧烈了。然而，外部斗争和护教活动逐步让位于教会生活的内部任务——反对异端和维护基督教信仰的纯洁性。

伊里奈乌作为反对诺斯替主义(gnosticism)的主要代表，他的著作为研究诺斯替主义这一神秘的宗教哲学体系保留了重要资料。他在反对异端的同时，为基督教学说体系的建立奠定了最早的基础，提出了基督教神学的一系列基本原理。

一 《反异端》与诺斯替主义

《反异端》(*Against Heresies*)是伊里奈乌最重要的著作。该书的希腊文全名叫做《叙述和批驳伪知识(gnosis)》，显然是批判诺斯替主义的。和他的其他著作一样，他写这部著作是为了当时教会的需要，也是为了这位里昂主教所管辖的教民的需要。当时诺斯替主义者瓦伦廷(Valentine)的追随者来到高卢，他们的学说吸引了许多容易轻信的人，特别是妇女。这使伊里奈乌产生反驳这些伪学说、揭露其错误和危害的愿望。从该书第1卷的前言中可以看出，本来的写作意图是简要叙说诺斯替主义体系,然后对其主要观点加以反驳。但后来在写作过程中,随着材料的增加,全书扩展成了对诺斯替主义的全面批判和对正确信仰的解释,最终使该书篇幅较大。

全书分5卷,不具有连贯性,是伊里奈乌在不同时期写成的。第1卷从瓦伦廷开始,叙述了诺斯替主义学说的各种形式。具体地说,第1—23章,以瓦伦廷分子和他们的对话为根据,叙述了塞昆德(Секунд)、埃皮封(Епифан)、托勒密(Птолемей)、马尔克(Марк)等各派的观点;第24—31章,为了解释这些学派的起源,伊里奈乌论及了其他异端体系,并追溯了它们的鼻祖——使徒时代的西蒙·沃尔弗(Симон Волхв)。在第10章中,他把异端分子的不合理、自相矛盾的观点与从使徒那里流传和保留下来、全世界统一的教会信仰对立起来。第2卷是对异端分子的反驳,以辩论的方式开始,指出了诺斯替主义者关于上帝、时代、世界起源、人的灵魂等的观点的荒谬性,揭露了诺斯替主义者对《圣经》的运用和解释的不正确性。后3卷是以新约和旧约《圣经》为根据对伪学说的正面反驳,同时揭示了教会所坚持的《圣经》教义体系。第3卷,为了证明《圣经》的权威性和揭露异端分子的错误,伊里奈乌首先指出了教会所保持的使徒传统(第1—5章);然后,为反驳诺斯替主义者而维护了关于独一上帝是世界创造者的学说(第6—11章)、关于道成肉身来拯救世人的独一主耶稣基督的学说(第16—25章)。第4卷反驳了否定旧约与新约的联系和统一性的马基昂(Marcion)的观点,揭示了关于独一上帝的独一启示和独一拯救的不同阶段的思想。第5卷论述了世界的终极命运和未来生命的学说,涉及肉体复活、敌基督(Antichrist)的出现和未来审判等,以及关于基督的千年王国的思想。

二 反驳灵知论

伊里奈乌站在基督教立场上,把反对者的伪知识和真知识对立起来,真知识就是使徒学说和普世教会传统。这样,关于神的真理不是个人所能认知的,而是在非个人的统一信仰中向每个具体个人的理性开启的。因此,只有在保持节制的前提下才能力图认识神。既然我们不知道这样一些永远重复的现象的原因,比如尼罗河的泛滥或大海的潮起潮落,那么我们怎么能知晓关于神的一切呢? 神在创世之前做了什么,只有他自己知道答案。道是怎样发生的? 生命是怎么发生的? 如果像诺斯替派那样认为自己知道这些问题的答案,那么就意味着不承认人的理性的界限。最好的做法是,提出这些问题之后,把它们交给神来回答。做基督徒不是为了成为全知的人,而是为了得救。这些基督教思想的论题在整个教父时代和中世纪一再重复。

伊里奈乌坚持认为只有一个神,而不是像诺斯替派说的那样除了神之外还有一个巨匠造物主。虽然诺斯替主义者也承认巨匠造物主的存在依赖于神,但无论如何它增加了中介者的数量,而归根结底只有神才是真正的世界创造者。如果增加中介者的数量,那么可以增加到无数个,瓦西里德(Василид)说有365重天,这还太少了,因为真正的问题是解释"第一重天"的存在。这样,必须马上承认(因为这是真理)神是世界的创造者,只有一个神而无其他神,神从自身中取得了他所造之物的形象和样式——承认这一真理要比精心于亵渎的思考更加可靠和明智。伊里奈乌表达了早期基督教思想家的一个活的感觉:理性在信仰一边。在诺斯替主义者的"知识"中,理性表现得远比启示(《圣经》)低级,启示只是信仰的对象。有什么理由不承认《圣经》与世界景观的惊人一致呢?

> 当全部圣经、先知和福音书公开地、意义明确地、明白易懂地(虽然不是所有人都相信)宣布,只有一个神,没有别的神,神以自己的道创造万物,正如我们通过圣经的话所见证的,神创造了一切有形和无形的、天上的、地上的、水里的、地下的万物;当受造物(我们也是其中的一部分)本身也证明它们只有一个创造者和主宰者的时候——这样一些人有多么愚蠢和迟钝,他们对这一鲜明的事实视而不见,不愿看到明显的真理,强暴自己的良知,认为每个人借助于模

糊的思考就能找到自己的神。①

三 基督教人论

伊里奈乌在《反异端》第5章中讨论复活问题的时候，反对诺斯替派只相信灵魂复活，而认为复活是灵魂和身体的整体复活。这样，伊里奈乌坚持了基督教的人论。它包括两个基本原理。

第一，伊里奈乌反对诺斯替主义者对身体的否定，主张人是精神与肉体的整体。

> 通过父的手即通过子和灵、照神的样式所造的，是完全的人，而不是人的一部分。心灵和精神可以成为人的一部分，但无论如何不是人的全部；完全的人是获得了父之灵的心灵和照神的形象受造的肉体的统一和结合。②

只有"完整的"人才能"加入"神，如果没有身体就谈不上"加入"。人具有神的"形象和样式"，不是说人只是人的外部反映或图形，而是说人与神具有统一性、共同生命，人可以与神交流，"加入"神。

当伊里奈乌谈论精神（灵）的时候，他没有区分人的灵和神的灵。这也许是故意取"灵"这个词的两个含义，没有划分界限。因为在他看来，人身上的灵不是别的，正是神的灵。通过神和人共有的灵而把人和神紧密联系起来，这种对人的理解在现代神学中叫做"神中心论的人学"。其基本原则是：神的灵是人"本性上"所固有的，因为人的生命是神的灵气所造，正因为有神的灵或神性，人才成其为人，没有神的灵人就成了动物。这种对人的理解在根本上不同于西方流行的人论——人是自主存在物，神的恩典与人的自然本性相对立。按此观点，人的救赎必须有某

---

① 伊里奈乌：《反异端》，转引自吉尔松《中世纪哲学：从教父学源头到14世纪》，第32页，莫斯科，共和国出版社，2004（以下所引此书均为此版本）。
② 伊里奈乌：《反异端》5，6，1，转引自梅延多夫《教父神学导论》，第37页，克林，"基督生活"基金会，2001（以下所引此书均为此版本）。

种外部力量的加入，即恩典，人在本性上是没有的，只有上帝才能赋予。

第二，伊里奈乌坚持基督教人论的另一个基本原理，即把完整的人的存在分为三个要素：精神、心灵、身体。这种三分法是基督教人类学所特有的，在新约《圣经》保罗书信中已表达了"体""魂""灵"三分法的思想。这种三分法不同于柏拉图主义的二分法：灵魂与肉体。这种二分法把灵魂与肉体对立起来，并把二者分别与两种不同的伦理因素联系起来：灵魂与善相关，可得救；肉体与恶相关，注定灭亡。基督教人类学不存在灵与肉之间的伦理对立：人是作为灵魂与肉体的统一体而被造的，两者同样作为上帝的造物，原本都是善的。伊里奈乌在《反异端》第 5 章第 9 节第 1 题中写道：

> 完善的人——由三要素组成——精神、心灵和身体；在这三者中的一个，也就是精神，起拯救和构造他者的作用；另一个，也就是身体，自我结合和自我形成为一体。而处于这两者中间状态的心灵，当它遵循精神的时候，就被精神所提升；当它迎合身体的时候，则堕落为低级欲望。[①]

在伊里奈乌的精神-心灵-身体的结构中，每个因素都有自己的特定功能。精神管制身体，心灵在精神与身体之间运动不定：心灵"上升"得离精神越近，人就越接近神；心灵"下降"得越低，人就越接近动物。

第二节　德尔图良的信仰主义：因荒谬而可信

拉丁教父德尔图良（Tertullian，145—220）对基督教教会传统的确立、基督教神学发展起了重要作用，对基督教哲学的信仰主义产生了很大影响。他生活的年代相当于中国东汉末年至曹丕称帝建魏之间，该时期中国古代文学、医学等方面都取得了较高成就。

德尔图良一生留下著作 40 余部，其中保存下来的有 31 部。后人常

---

① 伊里奈乌：《反异端》，转引自梅延多夫《教父神学导论》，第 36 页。

常援引德尔图良的两句名言：一句是"雅典与耶路撒冷有什么共同之处"，以此表示基督教信仰与哲学理性的根本对立；另一句是"因荒谬而可信"，此言往往被用做对信仰主义的讽刺。然而，如果结合德尔图良这两句话的具体语境和全部思想作具体分析，我们可以看到，德尔图良反对的是异端分子运用希腊哲学对基督教的曲解，为的是维护《圣经》和教会传统。在通常观念中，似乎信仰主义就是完全否定理性，但在德尔图良那里，信仰与理性并非外在地直接对立，他也没有一般地否定人的理性，而且提出了"自然理性"的哲学问题。

一 雅典与耶路撒冷

德尔图良的著作语言非常尖锐、激烈，富有论战性。他对希腊哲学的批判和攻击包含在他的许多著作中，特别集中表现在他的《论异端无权成立》(*De Praescriptione Haereiicorum*)①第7章中。

> 这一切（异端学说——引者）都是尊奉传闻的俗人的、魔鬼的学说②，它们由异教智慧的发明而生，主把这种异教智慧称做愚拙：主拣选世上的愚拙③甚至是为了羞辱哲学本身。这种哲学当然是异教智慧的素材，是神的本质和法规的轻率解释者。异端本身也正是从哲学中得到教唆的。……可怜的亚里士多德！他为这些异端分子制造了辩证法——建设和破坏的艺术，这种辩证法的判断是虚假的，前提是诡辩的，论证是肤浅的，它积极进行争辩，甚至对自己都是麻烦，它解释一切，却什么也弄不清楚。由此产生了异端分子的

---

① 又译《驳异端分子》《反异教的信条》。按俄国研究者对此篇名的解释，德尔图良本是律师，他在此借用了罗马诉讼程序法的概念。拉丁文 Praescriptio 是指这样一些反驳原告的证据或理由，出示了这些证据之后法官就可以终止进一步的诉讼程序。就是说，德尔图良试图在《论异端无权成立》中提供这样一些反驳异端的证据，这些证据的存在使得与异端分子的进一步争论成为无意义的、无对象的。
②《新约·提摩太前书》4：1。
③《新约·哥林多前书》1：27。

无穷纷争和家谱、无结果的问题和如毒疮一样越烂越大的虚谈。①
使徒(保罗)在劝止我们远避异端分子的时候特别指出,应当警惕哲
学。……这样,雅典与耶路撒冷有什么共同之处?学园与教会有什
么共同之处?异端分子与基督徒有什么共同之处?我们的教派是
从索罗门王的柱廊下产生的,他自己教导我们"应当以诚朴的心寻
求上主"②。③

在此,德尔图良对希腊哲学的批判主要有三个方面:第一是指责希
腊哲学学说对上帝的本质进行了歪曲的解释,因此是一切异端的源泉;
第二是对哲学的方法——辩证法的攻击,认为这种方法不能导致唯一的
可靠的真理;第三是把《圣经》的终极真理和希腊哲学的无止境的空谈对
立起来。应当注意的是,德尔图良的这些批判是有特定思想背景、特定
立场和特定范围的。他所面对的是希腊哲学与基督教的冲突,而站在基
督教经典的立场上,在基督教思想范围内来批判希腊哲学,并不是站在
中立立场上对哲学本身和理性本身的一般否定。德尔图良的批判对基
督教来说具有历史必要性和积极意义。

在犹太-基督教思想与希腊哲学相遇之初,吸收、改造和利用希腊哲
学来论证基督教的融合观念曾经是早期基督教辩护士的主导思想。基
督教哲学的先驱、虔诚的犹太哲学家亚历山大里亚的菲洛(Philo of
Alexandria,约前13—54)曾用希腊哲学思想和概念来解释《圣经》。此
后,早期教父查士丁(Justin)力图找到基督教与希腊哲学的相似之处。
与德尔图良同时代的克莱门特(Clement)要在知识与信仰之间寻求和
谐,认为提供知识的哲学是基督教的入门。他的学生奥利金(Origen)也
认为基督教是希腊哲学的完善形式,要求神学家研究哲学著作,从中寻
找符合基督教观点的正确思想。这种情况反映了教父利用希腊哲学为

---

① 《新约·提摩太前书》4:1。
② 德尔图良:《智慧篇》1:1。
③ 德尔图良:《论异端无权成立》,译自 http://www.biblicalstudies.ru/Lib/Father2/
　Tertulian4.html。以下德尔图良著作均译自相关俄文网站。

基督教辩护所作的努力,而且为基督教哲学的诞生和进一步发展奠定了基础。但这种主导思潮中隐藏着只注重两者的相似性和简单将之混合的倾向,忽视了差别和对立的因素。在当时的情况下,这对于尚未完全确立教会教义的基督教思想本身构成了严重威胁。德尔图良在批判异端学说的同时,第一次对神学家们过分信任异教的希腊哲学的思想倾向提出了严肃反抗,强调基督教信仰与希腊哲学的根本对立。他以信仰反抗理性的声音在几个世纪之后依然回响,甚至不仅体现在神学家思想中,而且体现在某些现代哲学家思想中。

其实,德尔图良的这一思想不完全是他自己的独创,而是在重申和论证《圣经》思想和使徒学说。在上述引文中,可以看到他的许多话都借用了《圣经》中的语句。他在另一部著作中也表达了雅典与耶路撒冷的对立:

> 哲学家和基督徒有什么共同之处? 希腊的信徒和上天的信徒有什么共同之处? 追求名声的人和寻求拯救的人有什么共同之处? 只限于言辞者和行为高尚者之间,建设者和破坏者之间,引进错误者和支持真理者之间,真理的掠夺者和它的保护者之间有什么共同之处?[①]

德尔图良这种"对立"的表达方法显然来自《圣经》。保罗(Paul,? —约62)在《哥林多后书》第6章第14—16节中说:"义和不义有什么相交呢? 光明和黑暗有什么相通呢? 基督和比列(撒旦)有什么相和呢? 信主的和不信主的有什么相干呢? 神的殿和偶像有什么相同呢?"

那句"因荒谬而可信"也是保罗思想的另一种表述。此句名言是后人的概括,原话出自德尔图良的《论基督的肉身》(*Оплоти хрнста*)。这篇著作也是为反驳异端而作。马基昂、瓦伦廷等人否定基督复活,为此

---

① 德尔图良:《护教篇》46。

否定基督的肉身性。德尔图良在该篇中批驳了这一异端思想,阐述了如下问题:基督有没有肉身(有而不是没有);它是从哪里来的(诞生的而不是从天上来的);它是怎样的肉身(是人的而不是神的)。

德尔图良依据使徒保罗关于神的智慧与人的智慧彼此对立的观点,亦即《圣经》启示的超自然性的思想进行论证:"就如经上所记:'我要灭绝智慧人的智慧,废弃聪明人的聪明。'智慧人在哪里? 文士在哪里? 这世上的辩士在哪里? 神岂不是叫这世上的智慧变成愚拙吗? 世人凭自己的智慧,既不认识神,神就乐意用人所当做愚拙的道理拯救那些信的人,这就是神的智慧了。……因神的愚拙总比人智慧,神的软弱总比人强壮。……神却拣选了世上愚拙的,叫有智慧的羞愧。"[1]马基昂认为基督的诞生是不可能的,德尔图良驳斥说,《圣经》认为,对神来说没有任何事情是不可能的,除非他不愿意做;马基昂又说:"那个无所不能的人必须是不变的,他要变成某种东西(神变成人,道成肉身——引者)就是改变了原来的状态,因此我反对神真的变成了人。"的确,按照自然规律确实如此,但神不是自然物,神的本性与任何受造物都完全不同,而且恰恰相反。[2] 德尔图良问道:如何理解使徒的"神却拣选了世上愚拙的,叫有智慧的羞愧"这句话呢? 什么是"愚拙"? 人崇拜真神是愚拙吗? 拒绝谬误是愚拙吗? 正义、羞耻感、宽容、仁慈、贞洁的学说是愚拙吗? 显然都不是愚拙,正如相信诞生于童贞女的具有肉身的神不是愚拙一样。这些完全不是愚拙,而是神用来令此世的智慧羞愧的。[3]

马基昂否认基督肉身的另一个理由是,基督的肉身受难和死亡对神是耻辱,是与基督的神子身份不相配的。德尔图良反驳说:

> 一切对神来说是不体面的东西,对我都是有益的。如果我不为我的主感到羞耻,我就能得救。基督说,谁为我感到羞耻,我也为他

---

① 《新约·哥林多前书》1:19—21、25、27。
② 德尔图良:《论基督的肉身》3。
③ 同上书,4。

羞耻。除此之外,我没有找到羞耻的理由,这些理由表明,因为我鄙视羞耻,所以我的无羞是幸福的,我的愚蠢是得救的。神子被钉十字架,我不感到羞耻,因为这是值得羞耻的,神子死了,这是可信的,因为这是荒谬的,他被埋葬又复活了,这是无可置疑的,因为是不可能的。①

这仍然是强调基督教信仰与希腊理性的对立:不应当用希腊哲学理性的真理标准来评断《圣经》信仰和基督教真理。按照通常的理性判断,基督在十字架上的屈辱之死是令人羞耻的;他既是神,就不会死,说他死了,就是不合理的、荒谬的;他既然已死且被埋葬,就不可能复活。异端分子试图通过这种对立,用理性标准来检验《圣经》信仰。但德尔图良站在《圣经》一边,认为这种不合理、荒谬和不可能仅仅证明了理性的局限性,而基督教信仰真理是超出理性之上的。

按照德尔图良的观点,哲学方法之所以不可取,主要因为它并不导致确定的知识和可靠的信仰,而是导致意见分歧,产生许多学派纷争。但基督教是唯一真理,因此不能把这样一些方法运用于它,这些方法会把基督教变成斯多亚派(Stoa,又称斯多葛派、画廊派)的或柏拉图主义的基督教。而基督教的真理是统一的,是通过神的启示,通过耶稣基督一脉相承的。

二 自然理性

在否定了希腊哲学和世俗理性的同时,德尔图良实际上是在用另外的方法、证据来对信仰真理进行证明。第一个证据是《圣经》和教会的权威性。那么,这种权威性从何而来?《圣经》与哲学著作又有什么不同?德尔图良回答说,《圣经》不是书本,它之所以具有确定无疑的真理性,是因为它是神的默示,传达基督和使徒学说。使徒学说直接来自基督,基督直接来自上帝。最初的教会是使徒为了传布、确证上帝真理所建立,

---

① 德尔图良:《论基督的肉身》5。

后来的教会是使徒教会的传承。"一切与这些最初的、与信仰一样古老的使徒教会的学说相符合的学说,都是无可争辩的真理学说,因为它是教会从使徒那里接受的,而使徒学说来自耶稣基督,耶稣基督学说来自上帝,因此一切其他学说都必定是错误的,是与真理相矛盾的。……我们只与使徒教会相一致,因此我们的学说与他们的学说没有任何区别:这是真理的证明。"[1]

德尔图良用来证明信仰真理的第二个证据是"自然理性",他称为"灵魂的见证"。

> 有谁希望从那些广泛流行的哲学家、诗人和异教学说、智慧的教导者的著作里吸收借鉴来证明基督教真理,以便借助于这些著作来揭露基督教真理的敌人和迫害者自身的错误和对我们的不公——那么,他为此需要有很强的求知欲和很好的记忆力,……但人们所具有的不可想象的固执心理却拒绝信任那些哪怕是在其他方面最优秀的教导者,而只是要从中找到维护基督徒的证据。当诗人把人的激情和谈话强加给诸神的时候,他们是空谈;当哲学家敲真理之门的时候,他们是愚蠢的……

> 我诉诸一个新的证据,它比所有著作都更为广为人知,比任何学说更有效,比任何书籍更易懂。它比整个人要大,虽然它构成了整个人。向我们敞开吧,灵魂![2]

德尔图良把灵魂作为不同于哲学和书本的新证据,用它来作如下见证:上帝的存在和唯一性,没有希腊、罗马诸神;上帝是善,上帝赐福;人是恶,因背离上帝而恶;上帝是监护者、支配者和审判者;人的死后状况:复活和末日审判。[3]

---

[1] 德尔图良:《论异端无权成立》21。
[2] 德尔图良:《论灵魂的见证》1。
[3] 同上书,2—4。

　　但德尔图良所说的灵魂具有特定含义。首先,它不同于希腊哲学中的灵魂,而是淳朴的灵魂。它"不是在希腊学园中培育起来的智慧所说的那个灵魂。我所诉诸的是淳朴的、未受教育的灵魂,人们所拥有的就是这样的灵魂,而且人们也只有这样一种灵魂"①。其次,这是自然理性的灵魂。"人是这样一种唯一的理性存在物,他最有能力并且注定拥有灵魂,灵魂使他成为理性存在物,因为灵魂本身首先是理性的。其次,如果灵魂在使人成为理性存在物的时候不知道理性(ratio)本身和不知道自己,那么灵魂怎么能成为理性的呢? 但灵魂知道这些是因为它知道它的创造者、审判者和自己的地位。"②再次,这是来自上帝的灵魂。"灵魂虽然有肉体的监狱,但它——仍然不自觉地呼唤独一上帝,高声呼喊,伟大的上帝,至善的上帝,万能的上帝! ——让灵魂,本性是基督徒的灵魂,来见证吧! 当灵魂这样呼喊的时候,它不是把目光投向卡匹托尔山③,而是投向上天,知道天上有神的殿,灵魂就来自那里,因为灵魂来自上帝本身。"④德尔图良的那句名言"灵魂在本性上是基督徒"便出自这里。

　　这样的灵魂之所以能够成为上帝和信仰真理的见证,也正是因为它是自然理性的,而自然理性来自上帝。这里表现出了德尔图良关于"自然理性"观点的前后矛盾。他在前面讲到基督教信仰与希腊哲学理性对立的时候极力贬低自然理性,而现在又以自然理性证明上帝和信仰。为什么会出现这种矛盾? 从基督教思想史的背景考察,这并非德尔图良本身的思想混乱和自相矛盾,而是与基督教思想本身的二重性或二元论相联系的。早期基督教的"自然"概念与我们通常所理解的自然概念不同,它不是中性的、在上帝之外的、自然科学的自然,而是有两个层次或两种含义:一种是在上帝之中的、具有神性本质的自然,其本性为善;另一种是在上帝之外的、背离上帝的自然,它已相当于罪。同样,基督教对人的

---

① ② 德尔图良:《论基督的肉身》12。
③ 罗马帝国宫殿所在地。
④ 德尔图良:《护教篇》17。

认识也有两种观点：一种主要把人看做具有"神的形象和样式"的、被神所爱和赐福的人；另一种主要把人看做具有原罪的人。当然，后一种自然是能够和应当被提升和改造的，是可以得到拯救的，因此这种二重性或二元论最终又达到或回到了统一。但这只是终极结果，而二重性、二元论、矛盾性贯穿基督教思想的整个过程。从前一种观点出发后来形成了基督教的神秘主义派。在奥古斯丁之后，后一种观点占据了基督教思想的主导地位，并形成了基督教的禁欲主义派。可见，在早期基督教中，自然理性与上帝、人与上帝的关系在根本上不是外在关系。这里的自然理性与经院哲学家托马斯·阿奎那的"自然理性之光"有很大不同，后者把自然理性与上帝启示分割开来、并列起来。

这样，当德尔图良从后一种含义和观点上看待自然和人的时候，他就对希腊哲学、世俗智慧加以否定："世界来自上帝，而世俗之物来自魔鬼"；而当他把自然的灵魂作为上帝和信仰真理的见证的时候，他显然是从前一种含义上来理解自然理性和灵魂的。从前一种含义上，他把自然理性看做来自上帝，是人的似神性的一部分。"理性是神的事业，因为神是所有存在物的创造者"，"上帝依照理性来创造、支配、预见万物"。[1] 因此，德尔图良认为，在启示之外对上帝进行认识时，本性上的、自然的理性高于受教育的理性的证明。因为在后一种情况下理性不能达到真理，而是被人的谬误或片面的推理之网所束缚。因为"真理是原初的，错误是派生的"；"只有最开始接受的东西才是来自主的和真的，而后来夹杂进来的东西则是异己的和错误的"。[2]

> 这些心灵的见证愈真实，就愈简单，愈简单，就愈易懂，愈易懂，就愈自然，愈自然，就愈神圣。……因为无疑，灵魂先于词句，语言先于书本，感觉先于文体，而人本身先于哲学家和诗人。[3]

这样，有两种东西证明上帝：自然和心灵。而且这两个证据是相互

---

[1][2][3] 德尔图良：《论灵魂的见证》5。

联系的,因为"自然是教师,心灵是学生。教师所教的一切和学生所学的一切,都是上帝告知的,上帝是教师的领导者"。人的这种自然理性也就是他的"健全理智","为了判断上帝的行为只要自然的健全理智就足够了——但只是为了证明真理,而不是帮助错误"。①

　　我们在看到德尔图良学说的神学思想价值及其在基督教教义形成和维护过程中的重要历史作用的时候,完全不应忘记其非现实性和局限性。首先,他的学说囿于《圣经》词句的原教旨主义不利于宗教发展。而且,当《圣经》权威被解释为绝对标准、理性的参与被完全贬低的时候,可能导致把词句绝对化而损害整个学说的意义。其次,这种根本拒绝理性的极端信仰主义无助于基督教的现实生活,不能成为过世俗生活方式的基督教居民的指导,不能促进基督徒的教会生活的发展。过分强调信仰中的神秘主义,完全拒绝理性认识,也使得德尔图良自己后来走向了迷狂的孟他努派(Montanists)。在保持信仰的前提下,教会在现实生活中没有遵循极端信仰主义,而是采取了理性辩护主义,这是一条更可行的道路。其实,无论是早期基督教思想家还是经院哲学家,他们运用希腊哲学并非是接受了其世界观,而是在新的强势文明下不得不将之拿来为基督教服务,菲洛和托马斯·阿奎那都面临这种处境。在许多人热衷于希腊哲学和亚里士多德主义的时候,如果断然拒绝它,固守纯粹的原教旨,反而会使基督教失去更多民众,不利于基督教的确立和发展。但这种吸收和利用的过程中也隐藏着使原初的信仰被同化和丧失的危险。有些基督教思想史家就认为当初的犹太-基督教在中世纪早期就已被希腊化,以认知扼杀了信仰。因此,德尔图良式的反抗对于保护基督教信仰具有不可缺少的警示作用。正是由于基督教思想的确立,也才有它对哲学发展的积极作用。

---

① 德尔图良:《论肉身复活》3。

第三节　奥利金的基督教哲学

一　一位典型的基督教哲学家：著述与影响

奥利金（Origen）大约生活于 212—253 年间，大致相当于中国的三国时期。以王弼、何晏、郭象为代表的玄学，以及以曹氏父子为代表的"建安文学"是其间的重要文化成就。

奥利金无疑是一位典型的基督教哲学家，他试图在希腊化思想范畴下对基督教进行系统解释。在他之前的菲洛、亚历山大的克莱门特已经这样做过。在谈论奥利金是对后来基督教思想发展具有重大影响的伟大神学家（后来产生的奥利金主义在基督教思想界有很大争议）时，也应看到，他的学说在许多点上是与基督教启示的基本含义相背离的。"奥利金主义"也曾成为不符合东正教思想的各种流派的开端。

奥利金在生活上尊奉基督教禁欲主义，赤足、少眠、持斋，严格限制自己的物质需要，甚至践行了福音书中"为天国的缘故自阉"[1]的说法。他少年时代曾对哲学持否定态度，但后来这种态度逐渐发生改变。在他的影响下，亚历山大里亚的教理学校大大扩展了教学范围，在宗教学科外新开了许多世俗课程。"也有另一些学人来到奥利金这里，他们从各处慕名而来，希望从他丰富的精神学识中得到满足。许多异端分子和不少著名哲学家也热心地来听他的课，在他这里不仅学习神的智慧，也学习神之外的智慧。对那些天赋很好的学生，奥利金就把他们带入哲学的天地，教他们几何学、算数学和其他一些预先准备好的课程，让他们了解各种哲学体系，给他们讲解哲学家们的著作以及自己对每部著作的评论和观点，因此他被异教者认为是哲学家。相反，对那些普通的和文化程度不高的学生，奥利金让他们研究通常教育范围内的科学，说这些知识

---

[1]《新约·马太福音》19：12。

能帮他们更容易地理解和解释圣经。"①

奥利金的人格和著作无论在生前还是在死后都深受尊重。他的思想既成为正统基督教学说的根据,也成为某些异端学说的根据。一方面,他的学说在公元4世纪影响非常广泛,这是基督教神学的繁荣时期,许多基督教思想家都援引他的作品;另一方面,对教会来说,他的学说也造成了消极影响,产生了"奥利金主义"异端形式。在奥利金去世近300年之后,在543年君士坦丁堡地方会议上他被判为异端分子而被开除教籍,10年后这一判决得到了第5次大公会议的确认,他的著作被宣布销毁。然而,奥利金学说的影响在基督教思想家中并没有因此而完全消失,在晚近时期的某些西方基督教神学家和东正教思想家身上都可以看到奥利金思想的遗迹,19世纪俄罗斯宗教哲学家索洛维约夫(Вл. Соловьев)被称做"俄国的奥利金"。

奥利金的主要著作可分为解经、护教、神学和灵修四类。

《圣经》注解是奥利金思想遗产的重要组成部分。他的评注几乎涉及《圣经》各卷,可以分成三类:一是页边批注,二是布道文,三是学术注解(对《雅歌》《马太福音》《约翰福音》《罗马书》等的注解)。奥利金在《圣经》注解方面的著作首先是《六卷经文》(Hexapla),即他收录的旧约手抄本,共6卷,故此得名。第一卷是希伯来文的《圣经》手抄本(马索拉抄本,Masora),第2卷是《圣经》的希腊文译本。其余四卷是《圣经》的希腊文翻译。有的希腊文译本很少有人用,教会史家优西比乌(Eusebius)说,奥利金从"黑暗角落里发现了它们"。第5卷是对七十子译本的注解,奥利金明确认为这个译本不是唯一权威的译本,所以作了许多注解,指出了它与希伯来文《圣经》的区别。奥利金的解经工作是历史上对《圣经》进行批判研究的最早尝试。《六卷经文》在几个世纪里都作为东方神学家的旧约百科辞典。奥利金对《圣经》的解释利用了传统的亚历山大里亚方法——寓意解经法。

---

① 优西比乌:《教会史》第6卷,第18章,转引自梅延多夫《教父神学导论》,第105—106页。

奥利金的主要护教著作是《反塞尔修斯》(*Against Celsus*)。异教哲学家塞尔修斯(Celsus)著有反驳基督教的《真逻各斯》(*Истинное Слово*),但没有保存下来,其全部内容现在已不得而知。奥利金这篇著作具有特殊价值,因为其中保存了许多塞尔修斯著作的引文,我们可以从中看到3世纪基督徒与异教徒之相互关系的生动图景。更有意思的是,塞尔修斯是一位严谨的非基督徒思想家,但熟知基督教,对《圣经》深有研究,奥利金对他的反驳代表了有学问的基督徒与异教学者之间最初的重大争论。

塞尔修斯的基本观点可以归结为以下两方面:第一,基督徒在礼拜和哲学方面不如异教徒,因为基督徒在礼拜和哲学上的根据是犹太教经典,塞尔修斯认为这一经典不具有普遍意义,是地方性的、蛮族的、非哲学的;第二,塞尔修斯指责基督徒的大众性,认为基督徒的学说是每个人和所有人都能达到的,然而真正的哲学是一个贵族学科,只有少数被拣选的人才能掌握。当然,塞尔修斯也赞同基督教的逻各斯学说和基督教伦理学,他号召基督徒在保持对耶稣基督信仰的同时融入罗马的多元化社会,他把耶稣基督看做行了许多完全令人信服的神迹的魔法师。

二人争论的核心问题是偶像崇拜和对形象的敬拜问题。塞尔修斯写道,虽然基督徒指责异教徒是粗俗的唯物主义,但他们自己则更糟糕,因为他们崇拜妇女所生的、以人的形象显现于世界的神。异教徒在给自己的诸神做雕像的时候,他们的这些雕像不是神,而只是神像。这是历史上最早关于形象崇拜和宗教艺术的争论。

奥利金对基督教信仰、基督教教义和思想的系统论述集中在他的大部头著作《论原理》(*О начале*)一书中,这也是他最主要的神学作品。此书是奥利金220—230年间在亚历山大里亚写成的,此时他已是一位思想成熟的学者。《论原理》是给两类读者写的:第一类是信教的人,他们希望深化自己关于基督教《圣经》和圣传的知识;第二类是不信教的哲学家、异端分子甚至信仰的公开敌人。奥利金所论述的原理,是指基督教的基本原理:上帝、世界、人和启示。该书的全文只留下了卢廷(Руфин)

翻译的拉丁文译本,希腊文原文本只保留了少部分片段。卢廷翻译《论原理》的时候正值有些神学家已对奥利金观点的正统性产生严重怀疑的时代,因此他的翻译并不完全可信,他在许多地方弱化甚至有意曲解了奥利金的思想。《论原理》一书包括四部:第一部论述关于神的学说;第二部是宇宙论,是关于世界构成的学说;第三部是关于人的学说;第四部论述基督教启示,包括《圣经》的哲学、《圣经》解释原则等。

此外,奥利金关于三位一体的学说主要体现在《与赫拉克利特的对话》(*The Dialogue with Heraclides*)一文中。此文也具有上述双重意义,在后来关于阿里乌派(Arians)的争论中,无论是异端分子,还是支持尼西亚会议(Councils of Nicaea)的正教神父,都援引此书。奥利金的《论祈祷》(*On Prayer*)和《主祷文注释》(*Комментарий на Малитву Господню*)属于灵修类作品。《论祈祷》成为在修道院范围内广泛流传的经典文献,用新柏拉图主义范畴讨论了走向与神合一的道路问题。

二　宇宙论还是世界观?

奥利金的《论原理》是论述基督教世界观的,但又不是完全重复《圣经》学说。从书名上("原理""本原"是希腊哲学概念,不是《圣经》概念)也可以看出这部书的意图具有双重性:既是建立自己的宇宙论哲学体系,又是对《圣经》创世观的理论论证。

问题在于,希腊哲学宇宙论与《圣经》世界观并不一致,甚至有很大不同,如何加以调和呢? 这正是奥利金所要解决的难题。奥利金在哲学上是新柏拉图主义者。对于柏拉图哲学来说,只有理念具有永恒性和实在性,它不关心在时间中、历史中发生的东西,这类东西不具有永恒性和终极实在性,因为时间只是永恒的影子。世界分为两个部分,永恒的、实在的理念世界和暂时的、虚幻的经验世界。两者的关系仿佛是二元的,一个是真的,一个是虚幻的,而且是断裂的,没有中间的过渡,如果说有也只是实物和影子的关系。当然,新柏拉图主义者也认为从最高理念"太一"流溢出经验世界。但在《圣经》世界观中,首先,上帝不是理念,而是活的人格神;其次,上帝和世界虽然也有本质区别,但不是理念与现实的区别,二者的关系不是绝对断裂的,为什么呢? 因为二者之间首先是创造和受造的关系,世界和历史是上帝的创造;其次,人和世界通过救赎而能与神重新合一。

那么,怎样调和希腊哲学宇宙观与《圣经》世界观的矛盾呢? 奥利金无疑是想为《圣经》作解释和证明的,但他的体系仍然具有很强的哲学意味。上帝是永恒存在,不是任何时候"成为"创造者的,而是从来就是创造者。造物世界在自己的观念存在上也是永恒的,没有开端,但在其经验存在上不是永恒的。这与《圣经》上简单地说世界和历史有开端已经不同。世界是如何被创造的呢? 上帝是绝对正义,正义的上帝起初创造了平等的、完善的"理性造物",按照柏拉图思想,完善性是与灵性相联系的,所以这些起初的完善造物是一些灵性的存在物,其生命在于直观上帝的本质和享受上帝的爱。但逐渐地,这些灵性造物**厌烦了**对上帝本质的直观,具有了自由,于是开始脱离上帝而堕落。它们越是脱离对上帝的直观,就越具有肉体性。结果是理性造物失去了自己的灵性,具有了肉体性和各自不同的名字。这样就产生了多样性的、不平等的物理世界。

这里也涉及了神义论问题。可见的、不平等的经验世界不是上帝创造的,上帝没有把人、动物和其他东西创造成有些是善的有些是恶的,有些是美的有些是丑的,有些是有益的有些是完全无用的。上帝是绝对正义的,不可能成为不平等的根源。多样性、世界之恶和不平等的根源不在于上帝,不在于被造物的原初本性,而在于被造物的自由。这里,这个自由概念与现代使用的有所不同,似乎是贬义的,接近于"自以为是""为所欲为"的含义。

这样,在奥利金体系中,创世可以分为两个层次:第一个是永恒的层次,在这一层次上物质还不存在,或者说它们还不具有独立的实在性,是弥散的、看不见的,有的只是灵性的实在;第二层次,发生了灵性的"堕落",物质是灵性存在物堕落的结果,仿佛是灵的凝聚、浓缩。第一个基本的创世活动是在时间之外、在永恒性中进行的。上帝永远在创造，他在本性上是创造者，他不能不创造，在这个意义上也可以说他不能脱离受造物，不先验于受造物。第二个"创造"是堕落（与前面似乎矛盾，堕落是脱离上帝，是自由造成的，不应是上帝创造），是在时间中进行的。

上帝创造的众灵，作为受造物，从上帝那里获得了开端，因此也像一切有始有终的东西一样，按其本性来说是可变的。它们可以接近神也可以远离神，众灵远离神或发生堕落，是它们走向多样化的开始。对创造之初的统一性与一致性的脱离，是"我们世界的多样性"的原因。但这不是上帝的错，因为上帝所造的众灵是自己脱离的，也就是自己选择了不同程度的堕落。在有多样性的地方，也就有了物质。众灵是无身体的，但"世界的多样性不可能没有身体而存在"。只有圣父、圣子、圣灵可以无身体而存在。物质是上帝从虚无中创造出来的，这样就形成了统一世界的多样状态。

三 三位一体与拯救论

奥利金已经提出了神的统一性和神的三个位格之间的关系问题。他第一个使用了圣父与圣子具有"同一本质"（homoousia）这个非《圣经》的术语。这个概念后来被写进了《尼西亚-君士坦丁堡信经》（*Nicene-Constantinople Creed*）中。

神是一种内在力量、潜在能量，就像火内部的光。从这一内在力量或万物的潜能中出现了某种另外的东西，就像火向外发出的光。这样，内在能量成为客观的能量，"第一力量"变成"第二力量"。更简单地说，圣父是完全不可分的、绝对统一的能量或潜能，圣子是神的能量所造成的现实。如何理解圣子既是圣父所"诞生"的又是永恒的神呢？奥利金认为，圣父诞生圣子不是在时间中，诞生的含义"不是如此，仿佛圣子从前不存在一样"，而是这样：圣父是圣子的本原和源泉。圣父不是在某个时候"诞生"了圣子，而是永远诞生着，圣子与圣父一样是永恒的。奥利金说出了那句名言："从来没有过没有他（基督）的时候。""但在把圣父称做圣子的源泉的时候,不能理解为圣子是圣父的某种物质的流溢,像诺斯替主义者那样;也不能理解为物质-空间上的分解,像德尔图良那样。"①神的本质是不可分的、非物质的。"神的本质是一,而我们的救主则是为了多而成为多"。神通过圣子创造世界。圣子在本质上高于全部受造物,圣子不是神"从虚无中"创造的。在这个意义上圣子不是受造物。但有时奥利金也把圣子说成是从属于圣父的受造物,在受造物的意义上说明圣子的作用。显然,奥利金没有像后来的基督教创世论那样严格划分"诞生"和"受造"之间的界限。总之,奥利金"在神的位格之间的关系问题面前停留在犹豫不决状态"②,这为后来的争论留下许多问题和隐患。

拯救论在奥利金体系中占重要地位。基督教人论的基本思想是原罪-赎罪-拯救的过程。但在基督教思想史上对拯救的理解颇有不同。经院哲学家安瑟伦(Anselm)曾写过《神为何化身为人》(*Cur Deus Homo*),论述了拯救是通过基督的十字架之死而赎了人类的罪。从此拯救和赎罪相联系甚至被等同起来,有时简称"救赎",于是拯救具有法律性、消极性。但在早期教父那里,拯救不完全等于赎罪,教父的人论不是从原罪开始的,而是从堕落前的亚当开始的。人的原初本质也是无罪状态,人和神是一种内在关系,人可以直接观照神,与神合一。奥利金对拯救的理解就是人复归于直观上帝的原初状态。这个状态是基督教信仰的目的,也是苦修生活的目的。

拯救是如何实现的呢? 按照奥利金的观点,有一个"理性的受造物",他没有厌烦对上帝的直观,因此没有发生堕落和遭到堕落的后果,这个人就是耶稣基督。我们注意到,这里基督被说成"理性受造物"是与基督教教义有矛盾的,教义里明确地说基督是受生而非被造。但如前文所述,在论及神的三位一体关系时,奥利金也强调基督是"诞生"的,不是

---

① 参见列夫·卡尔萨文《教父与教会圣师》,第68页,莫斯科,莫斯科大学出版社,1994。
② 参见吉尔松《中世纪哲学:从教父学源头到14世纪》,第43页。

受造物。基督没有像其他理性受造物那样滥用自己的自由，他完全献身于对上帝的爱，保持了自己原初的统一，作为上帝之道的造物代表。他首先的存在方式是人的灵魂，然后，神之子在这一灵魂里，在指定的时间成为世间肉身。在奥利金体系里道成肉身是间接的。基督的拯救作用主要不是代为赎罪的作用，而是教育作用。通过教导使造物不滥用自由，逐步使这个世界恢复与至善的原初统一，回归对神的本质的直接观照。

奥利金拯救论中包含着人的最终拯救和人的自由的矛盾。他一方面确认理性造物最终将回到与创造者的统一，这样人似乎应该没有自由；但另一方面，他又维护理性造物的自由。这样造成的结果是历史过程的循环往复：理性造物滥用自由，导致堕落，然后通过基督教导限制自由，然后得救，但他们仍有自由。自由必然带来新的堕落，然后是新一轮的拯救，如此循环往复。

> 理性造物犯罪，按照自己犯罪的大小而程度不同地从自己原初的状态堕落，他们必受身体的惩罚；但当他们得到净化，他们又重新上升到了原初的状态，完全摆脱了罪和身体。然后是第二次、第三次，或很多次的身体受罚。①

第四节　大巴西尔的创世论与三位一体说

大巴西尔（St. Basil, the Great，329—379）是卡帕多奇亚（Cappadocia）三教父之一，另外两位即尼斯的格列高利（Gregory of Nyssa）和纳西昂的格列高利（Gregory of Nazianzus，约329—390），前者是他的弟弟，后者是他的好友。大巴西尔生于小亚细亚东北部卡帕多奇亚的该撒利亚（Caesarea），在今土耳其境内。父母属于富裕家庭，父亲是律师。因此大巴西尔兄弟从小受到良好教育。他18岁以后先后来到君

---

① 奥利金：《论原理》第2卷，第8章，第3节，转引自梅延多夫《教父神学导论》，第119页。

士坦丁堡和雅典学习希腊哲学,在雅典结识了未来的教父纳西昂的格列高利和未来的罗马皇帝朱利安(Julianus Apostata,331—363)(叛教者)。当时的朱利安也是雅典学园的学生。虽然父母都是基督徒,但大巴西尔在 25 岁的时候即 354 年才正式受洗入教。他曾迷恋于禁欲主义宗教生活理想,约 355 年,他与纳西昂的格列高利以及其他几个朋友创立了"贵族"基督教社,其成员过着半修道院式的生活,共同祈祷和阅读哲学和神学著作,特别是奥利金的著作。360 年,大巴西尔做了诵经士,364 年成为执事,370 年当选为该撒利亚大主教。此间他做了大量教会事务工作,积极进行反对阿里乌主义的斗争,并写了许多著作。大巴西尔的长期苦修生活影响了他的身体健康,于 379 年 1 月病逝,年仅 49 岁。他生活、活动的时期相当于中国的东晋,当时陶渊明、谢灵运的山水诗开一代风气,而王羲之的书法则是这一历史时期重要的文化成果。

大巴西尔的主要著作有以下 5 种:(1)《驳优诺米》(*Against Eunomius*)。优诺米是极端阿里乌主义的代表,他确认圣子的本质与圣父的本质不仅不等同,而且不相似,还认为我们的理性可以拥有关于神的本质的正确的理性观念。大巴西尔在著作中反驳优诺米,维护关于三位一体的正信教义。(2)《论圣灵》(*The Holy Spirit*)。以通俗易懂的语言写成,论证了圣灵的神性本质。(3) 各类谈话或讲道。其中包括:《六天创世》(*На Шестоднев*),是对《创世记》第一章的注解(9 篇谈话);关于圣经诗篇的 16 篇谈话;对先知《以赛亚书》(*Book of Isaiah*)的完全注解;21 篇讲道。(4) 写给多人的 365 封书信,其中包含许多神学论述,特别是关于三位一体的论述。365 这个数字不是偶然的,象征一年的365 天。这些书信不全是真正书信,有的是从他的著作里摘录的,有的不是他本人所写,而是他的朋友和弟弟尼斯的格列高利写的。(5)《修道规范》(*Two Monastic Rules*),其基本思想是要避免对修道生活的个人主义理解。如果一个人决定修道,他就已经不能任意而行了,正如过世俗生活也必须服从人类社会生活规范一样。

一 创世与世界的结构

大巴西尔在对《创世记》第 1 章的注解中叙述了关于世界构造的学说,即创世论。这些注解非常有代表性地反映了有学识的神学家是如何利用当时的人类知识来维护和宣扬基督教的。大巴西尔的目的是用希腊的概念和范畴来解释基督教,以便使其为受希腊化教育的人所理解。希腊世界观总是以永恒性来定义真理,大巴西尔则维护万物皆非永恒存有而是上帝创造的《圣经》思想。他说,天和地不是自然发生的,并非像某些人所认为的那样,而是有原因的,这就是上帝的创造。世界是有开端的,虽然天体做圆周运动,而"在圆周运动里我们的感觉找不到开端"①,但是,不能因此断定圆周运动的本质是无开端,圆周运动也是从圆周上的某个点开始的,只不过我们不知道这个点在哪里。世界在时间中存在,由有生有灭的存在物构成。时间也是上帝创造的,上帝在时间的开端创造世界。但时间的开端还不是时间,"正如道路的开端还不是道路,房屋的开端还不是房屋一样,时间的开端还不是时间,甚至不是时间的最小部分"②。开端是最简单的、无长度的。《创世记》开篇中说"起初(在时间的开端)神造天地"③,意思是说,创造活动是在瞬间进行的,不是在时间中,时间是和世界一道开始的,"时间是世界的延续状态"。大巴西尔还讨论了"开端"($\alpha\rho\chi\eta$)这个词在希腊语中的两种不同含义:一个含义是"时间的开始",另一个含义是"基本原理"。因此,"神在'时间的开端'创造世界"也可以理解为神"在基本原理上"创造了世界。万事万物的后来发展和"演化"都是自己发生的,《创世记》的前几章就用象征的方式告知了这些演化是如何发生的。④ 在创造有形的物质世界之前,上帝先造了天使。这也是在时间之外,因为天使的存在是不要求时间的。天

---

①② 转引自弗洛罗夫斯基《东方教父》,莫斯科,ACT 出版社,2003(以下所引此书均为此版本)。
③《旧约·创世记》1∶1。
④ 转引自梅延多夫《教父神学导论》,第 178 页。

使是因神的话而进入存在的,天使被造时不是婴儿,以便无须训练和完善就能领受圣灵。天使是不变的,一开始就被赋予了神圣性,他们之间没有老少之分,被造时是什么样就永远是什么样了。有形世界不是神一下子造成的,世界的形态和结构不是立刻实现的。在创世的第一天神通过自己的话或指令把恩典赋予世界,但这第一天不仅仅是创造的开始,而仿佛是永恒的、不断循环往复的一天。神的创造的话或指令"仿佛成为某种自然律,在以后的时代仍然留在世上,给世界以生育和结果的力量"[①]。大巴西尔将此比做陀螺,抽打的力量使其后来能够自我旋转。"自然过程的连续性也是这样,在因第一命令而开始之后,就延伸到以后所有时代,直到宇宙的全部终结。"[②]

世界结构是分等级的,最高等级是人。但人的被造与低级世界不同,人是按照神的形象被造的,具有灵性生命。人在本来意义上是灵魂。人是这样一个心智,它与适合于它的肉体紧密地结合在一起。肉体在本性上是"不断流动和消散的"。虽然作为灵魂之适当居所的肉体也是神依靠伟大智慧所造,但肉体常常成为灵魂的牢狱。大巴西尔几乎是在重复柏拉图的思想:"愤怒、愿望、怯懦、嫉妒都会导致对灵魂洞察力的干扰。正如从模糊的窗看不见有形物体一样,带着愤怒的心也无法达到对真理的认知。所以应当远离世俗事务,不让不相干的意念进入灵魂。"[③]肉体更需要克制,首先是严守斋戒。只有纯洁的、平和的心智才能认识或洞见真理。灵魂的完整性是通过在神之中和在爱中与神交流而实现的。罪在于远离神,最初的罪是使感性之物高于精神之物。

在解释创世的时候,大巴西尔还利用了希腊人常用的数字象征方法。《创世记》里说,神在 7 天里创造了世界。大巴西尔认为数字"7"在《圣经》中象征"这个世界",即我们的现实造物世界。数字"8"象征未来世界。礼拜天——这是旧世界的最后一天和新造物的第一天。"7"的数

---

①② 转引自弗洛罗夫斯基《东方教父》,第 110 页。
③ 转引自同上书,第 112 页。

字象征我们在《圣经》最后一卷《启示录》中也可以找到:七教会[①]、七印[②]等。礼拜天也是主日和审判日。基督在礼拜日从死里复活。《启示录》中的另一个数字象征是"三天半",它象征敌基督(撒旦),也就是杀死了基督见证人的野兽。"三天半"是七天的一半,而七天是"这个世界"的象征。撒旦毁坏了"这个世界",带给世界分裂和死亡,因此他的数字是"三天半"。[③]

二　三位一体与圣灵学说

关于三位一体问题的讨论是由对神的本质的认识问题开始的。大巴西尔在《驳优诺米》中反驳了优诺米的神知论观点。作为阿里乌派代表人物的优诺米,其神学深受希腊哲学影响。他认为,我们能够直接认知神,因为人的理性具有神的起源,它经过净化和提升后就可以直观神的本质。通过对神的直观,我们就有可能只用"非受生"这一个词来定义神。神(这里他指的是圣父)与他所造世界的区别仅仅在于神没有来源。圣父不是受生的,这是他与其他一切受造物的区别,包括圣子。优诺米认为圣子是受造物。大巴西尔与优诺米的分歧是:第一,虽然人的理性是神所造,但它不能认识神的本质,理性的局限性使其不能认识超验的东西。只有神在造物世界中的表现(或"能量")是人所能达到的,而神的本质是超验的,超出了人的全部思想。第二,大巴西尔反对优诺米用"非受生"来定义神(圣父),这样的话,从父所生的圣子就只能是受造物了。大巴西尔说,虽然圣子是从父所生,但他不是"生成",即不是从非存在到存在,像其他受造世界那样,圣子是永恒地为父所生。

这样,在与优诺米的争论中产生了对圣父与圣子的关系、神的三位一体作进一步解释的必要性。公元 3—4 世纪早期神学家对关于圣父、

---

① 《新约·启示录》1:20。
② 同上书,5:1。
③ 同上书,11:9。

圣子、圣灵的关系问题存在不同观点。奥利金说神存在于三个"本体"（hypostasis）中，但希腊文的 hypostasis 一词在亚里士多德那里接近于"本质"（ousia），这样，关于神的三个本体的说法就具有三神论或从属论（subordinationonsm）①的倾向。由此，325 年的尼西亚会议，就把当年奥利金提出的圣子与圣父"同一本质"（homoousia）正式写进了《尼西亚信经》（*Nicene Creed*）。但这个规定受到许多东方主教的反对，因为它容易导致另一个极端的问题：只强调本质同一，仿佛三个"本体"只具有相对不同的意义，只是同一个本质的不同表现形态。但认为圣三位一体中三个位格或三个"本体"之间没有真实差别的观点，被作为形态论（modalism）②而受到谴责。这样，在这个问题上教会内部就产生了很大的分歧。一些主教反对尼西亚会议的"同一本质"的规定，支持"三个本体"的观点，有的主教支持"同一本质"，反对"三个本体"。

卡帕多奇亚教父（大巴西尔和纳西昂的格列高利）主张必须既接受"同一本质"的规定，又接受"三个本体"的学说。为此，他们对"本质"和"本体"这两个术语在希腊哲学中的含义作重新解释。在亚里士多德那里有两种本质：第一本质和第二本质。第一本质叫做"本体"，亚里士多德只相信具体的、现实的对象的存在，因此在他那里只有"本体"或第一本质才具有现实存在。第二本质只是一种抽象物，是只可以想象但不具有现实存在的东西。而卡帕多奇亚教父认为，第二本质也是一种真实存在，虽然是超验的存在；第一本质，即作为具体存在的"本体"概念，是与"位格"概念相联系的，这是希腊哲学里所没有的。在卡帕多奇亚教父神学中，圣父、圣子、圣灵是三个神性"本体"、三个第一本质，其中每一个都是单独的、个体"位格"的存在。它们的第二本质，即三者的"同一本质"，也具有真实存在的性质，在这个意义上三者可以说是同一个神。三位格的区别不在本质上，而在本体上，它们的本质是同一个。这样，卡帕多奇

---

① 从属论：主张圣父、圣子、圣灵之间是从属关系，圣子属于圣父，圣灵属于圣子。否定三者的同一本质。

② 形态论：认为神的三位格只是同一个神的三种形态，否定三者的真实差别。

亚教父神学既避免了阿里乌主义的从属论，也避免了形态论。大巴西尔的三一论（Trinilarianism）神学得到了关于第二次大公会议（381）的确认，成为东正教三一论教义的基础。

在三位一体问题上，如何理解圣灵是一个焦点。在《论圣灵》中，大巴西尔反驳否定圣灵位格本质的异端，论证了圣灵的真实存在及其在礼拜和拯救中的作用。异端把圣灵看做神的恩赐，但不是主体，不是圣三位一体的一位。这与教会"以圣父、圣子、圣灵的名义"所行的祈祷和洗礼以及教会对圣灵赋予的荣耀相矛盾。大巴西尔论述了圣灵的位格性，圣灵也是神，它在本质上不低于圣父和圣子，当然也不能把圣灵直接叫做"神"。我们关于圣灵所说的一切，都与信仰有直接联系，因而与洗礼和拯救紧密相关。"正如我们信圣父、圣子、圣灵一样，我们也以圣父、圣子、圣灵的名义受洗"①。在洗礼中水是与圣灵相联系的。当人浸入水中的时候，旧的有罪的人被淹死了，圣水盘里的水仿佛是杀死罪孽的武器。但当受洗者从水里出来的时候，他又复活，获得了新生命，而这个复活是依靠圣灵的真实到场而实现的。

> 因为在洗礼中提出两个目的，消灭罪孽的肉体以便使其不带来死的结果，和借圣灵使其复活以便具有神圣的结果，因此，水就表现了死，仿佛使肉体进入坟墓，而圣灵宣告了赋予生命的力量，使我们的灵魂得到更新，从有罪的死进入原初的生。这就意味着"从水和圣灵而生"②，因为我们的死是通过水进行的，而我们身上的生命则是圣灵创造的。③

圣亚大纳西（St. Athanasius，约300—373）曾经说假如基督不是神，那么我们就不能得救，亦即不能成神。大巴西尔也是这样来说圣灵的。既然圣灵是"生命的赐予者"，那么它就不能不是神，我们正是通过圣灵

---

① 大巴西尔：《论圣灵》第12章，转引自梅延多夫《教父神学导论》，第185页。
②《新约·启示录》3：5。
③ 大巴西尔：《论圣灵》第15章，转引自梅延多夫《教父神学导论》，第186页。

才可能得以成神。大巴西尔还通过《圣经》中的具体例证①指出,如果认真阅读《圣经》,我们就会发现,基督所做的一切都是在圣灵中和通过圣灵而做的。圣灵是与基督的人格、生活和行为不可分割的。在基督生活的重要事件中,包括受洗、受试探、十字架受难、行神迹、建立和管理教会等,都有圣灵相伴。因此可以说,圣灵的主要"活动"是标志基督在场,在人们、世界和教会中间显现基督的存在。圣灵作为三位一体的第三位格,其自身没有成肉身、成为人,像第二位格那样,因此圣灵仍然是看不见的,但它到处都使道成肉身的圣子得以显现。②

第五节 格列高利的"人论"与向神之路

尼斯的格列高利(Gregory of Nyssa,335—394)生于卡帕多奇亚的该撒利亚,是大巴西尔的弟弟。学过法律、修辞学,喜欢哲学。曾被流放,进过修道院。后成为尼萨城(Nyssa)的主教。他作为高级神职人员的特点是已婚——那时主教是可以结婚的,允许主教结婚的状况直到692年特卢尔会议(Трулльский Собор)才发生改变。他一生的时间跨度相当于中国的东晋时期。366年,敦煌莫高窟开凿,此后直至元代不断续凿。在其去世后5年的399年,中国僧人法显(约337—422)从长安出发到天竺取经,著有《佛国记》;又两年,鸠摩罗什(344—413)被后秦迎至长安,译经讲佛。

尼斯的格列高利一生著述甚多,主要著作可分为三类:第一类,有关教义的,有4部:(1)《反优诺米》。优诺米是极端的阿里乌主义的代表,他确认圣子不与圣父类似,因为圣子是受生的,而神的本质是非受生。格列高利在批驳这一异端的时候论述了三位一体思想和神知论,即对神的认识的思想。(2)《关于没有三个神的问题致奥拉比乌的信》(Послание к Авлавию)。(3)《反驳阿波利那里》(Против Апполинария)。 在此分析

---

① 参见《新约·约翰福音》1∶33;《新约·马太福音》3∶16—17;《新约·使徒行传》10∶38。
② 参见大巴西尔《论圣灵》第16章,转引自梅延多夫《教父神学导论》,第187页。

了关于基督没有人的理性或灵魂的异端学说；（4）《大教理问答》（большой Катехизис）。这部著作从正面（而不是以论战和反驳的形式）叙述了基督教的基本教义，涉及信仰、三位一体、道成肉身、赎罪、洗礼和圣餐、世界的终极命运等。第二类，有关苦修生活的，有两部：（1）《论童贞》（Одевстве）。和许多当时的基督教思想家一样，格列高利也维护童贞是修行的最高道路的思想。有意思的是，这部著作是在他自己结婚后不久写的。（2）《论基督教生活方式》（De Instituto Christiano）。这是一部苦修神学著作，或称禁欲主义神学，其中禁欲苦修主题、道德问题和教义问题彼此交织。第三类，有关《圣经》解释的，主要是对旧约经文的解释和阐发。包括：（1）《创世六日注》（Шестоднев）；（2）《论人的构成》（О сотворении человека），人的受造，是关于人是如何被造成的论述；（3）《论摩西的生活》（О жизни Моисея）；（4）用寓意解经法对《圣经》中的《雅歌》（Song of Songs）、《论福诚命》（Заповепь О Блаженстве）的评注。

一　人的构成

尼斯的格列高利在其名著《论人的构成》中讨论人的本质的时候，首先肯定人比其他造物的优越性。但这种优越性不是人的自然性或社会性，而是人的似神性——人是"按照神的形象和样式"被造的。任何外部属性的总和也不能等于人本身。

尼斯的格列高利按照《圣经》创世论的基本思想来解释人的被造和构成。人不是自然形成的，他也像世界一样是神所造的。人的造成是神创造世界的最后阶段，是创世的完成。但人不仅是世界的一部分，而且是世界的主宰或君王，所以他最后被造成。神安排和装饰世界是为了人在其中居住，世界就像人的一座皇宫。人被带入这个完善的场地不是"为了获得他所没有的东西，而是为了享受已有的东西"[1]，一方面作为观赏者，另一方面作为主宰者。

---

[1] 转引自弗洛罗夫斯基《东方教父》，第218页。

　　在人的构成中有两种属性——宇宙性和似神性。一方面，人是宇宙的精华、自然的完满，是微观宇宙。"是包含了充满宇宙的全部自然力量的小世界"。但人的优越性并不在于此。格列高利问道："认为人具有世界的形象和样式，这有什么重要性吗？因为地是流逝的，天是变化的，其中的万物都具有暂时性。"[1]他讽刺多神教先哲，他们说人是微观宇宙，似乎是在以这个伟大的名字赞扬人的本性。但他们没有发觉，这也是赋予人以蚊子和老鼠的属性。格列高利认为，能够体现人的优越性的是人的另一方面属性，即人的似神性。人的宇宙性之所以有意义，是因为人是按照神的形象被造的，并通过这一点使人成为神对全部造物进行作用的传达者。通过人，世界的自然力量加入了精神生活。在人中，整个世界联结在一起。因此，人的被造才如此庄重，不急促，不是由于全能，也不是用命令，而是由于智谋，"仿佛经过深思熟虑"。神仅仅出于爱而造人，以便使人参与神的幸福。神按照自己的形象和样式造人，是"为了使人成为神的永恒力量的活样式"。神赋予了人某种不可言说的完满。

　　对于格列高利来说，人的存在的奥秘在于这样一个基本概念，这就是"神的形象"。那么，人身上的神的形象表现在哪里呢？一方面，应当在人区别于自然存在的方面去寻找，亦即在人的"理性方面"，在人的心智(νους)中寻找；另一方面，在于人身上的那些反映神的完善的品质，也就是进入人性的全部优良品质的总和。人越多地反映神的完善，就越真实和鲜明地表现出神的形象。在人的全部构成中都可以发现神的形象。"正如把一块玻璃碎片放在阳光下常常能从中看到整个太阳的轮廓一样，只是其中看到的没有太阳本身那么大，而是玻璃碎片所容纳的大小——同样，在我们的微小本性中也闪耀着那些无法表达的神性形象"[2]。人身上的神的形象不仅仅是反映关系，还要求人与神之间有活

① 转引自弗洛罗夫斯基《东方教父》，第 219 页。
② 同上书，第 220 页。

的联系。在一定意义上，人成为神的形象，就意味着人生活在神中，具有神的生命的因素和可能性，这种可能性表现在人的某些特定属性之中。**在这些属性中首要的是自由。**自由意味着"不受任何自然力量束缚"，意味着自我决定和选择的能力。自由是德性和理性的条件。因为德性是某种非隶属的、自愿的东西，强制的、非自愿的东西不可能成为德性。在自由之外也没有理性，语言和理智如果不是自由地发挥作用，也就失去了合理性。**在人的神的形象中还有爱。**格列高利强调，神就是爱和爱的源泉，爱是人性的创造者，也成为人的特性。哪里没有爱，哪里就失去了神的形象的全部特点。**最后，人性中还被赋予了不朽，**以便使人按照与生俱来的力量就能认识最高存在物和渴望神的永恒。

虽然基督教人论都从人类始祖亚当开始，但东西方有区别，西方基督教人论中的人从堕落的亚当开始，人的本质具有罪性；早期教父和东方基督教则从尚未堕落的亚当开始，强调人的神性本质。这从尼斯的格列高利讨论上帝造人的含义问题上可以看出。他认为，通常说上帝造人，所指称的是全人类，而不仅仅是一个亚当。格列高利从旧约经文中为此找到证据：旧约《圣经》中对人的理解不是某个具体的人，而是一般的人，亚当这个名字按希伯来语就是人的意思，亚当不是单独的个人，而是一般的人，或全人类。正如《圣经》里说"神创造天地"，应理解为创造整个世界，而不是天和地两个对象一样，亚当作为神所创造的人的名字，实际上代表了全人类。神的全知和全能已经包含在全人类的最初构成中。当然，这不是说神创造了完全的人或全体一致的人。正如神造整个世界并不是使世间万物在经验上全部实现一样。神造人的意义是说，被造的第一人不是独一的、个别的人，而是全人类的始祖，神的形象不仅赋予了第一人亚当，而且赋予了全人类，每一个人都具有这种完全的人性，从原初的人到最后的人，具有统一的神的形象。神的创造意志容纳了具有共同本质的人类中所发生的一切，同时也为每个人确立了基础和目的。

《圣经》说:"神就照着自己的形象造人,乃是照着他的形象造男造女。"①但在格列高利那里,"具有共同本性"的人的受造不同于男女的受造。在人被造之初的共同本性中没有性别划分。性别划分不属于神的形象,因为不能上溯到原初形象。因此,格列高利指出,人性的构造具有双重性,一重构造类似于神的本性,另一重构造是分化成不同的性别。这第二重构造使人与动物一致。对于照神的形象所造的人来说,本不需要划分性别,因为本来可以按照天使那样的不可知的方式进行繁殖。只是由于堕落,脱离了等同于天使的状态,人也就丧失了这种无情欲的繁殖方式。神预见到了人的这种堕落,知道人的意愿不会直接走向美好,于是神就在自己的形象之外另想出了性别划分,但这种性别划分与神的原初形象毫无关系。格列高利的这种思想很接近于奥利金主义,但与奥利金又有区别。第一,格列高利否定灵魂的预先存在和灵魂的再次体现。他强调,没有身体任何灵魂都不能产生,同样,没有灵魂也不能产生身体,两者具有一个本原。人不是由彼此分开的灵魂和身体形成的,而是依靠诞生的力量在身体和灵魂两方面同时形成的。人的生命的种子的发展是统一的有机过程。第二,格列高利没有奥利金那样的唯灵论倾向和对物质的蔑视。照《圣经》的话,神所造的一切都是好的。格列高利解释说,这句话应当理解为,每一种自然事物和现象按照自己的律来说都是好的,"即便那些多足虫、绿青蛙,或从腐烂的东西生出的动物,它们也是好的"②。动物性本身不是不洁的,只是在人身上才成为不洁,"因为动物借以维持自己生命的那些手段,在转入人的生活的时候就成为情欲"③。第三,在格列高利那里,人性的"第二重构造"也是神的活动造成的。

人在本性上具有神的形象,这不难理解。然而许多人可能会问,现实中有死的、有许多缺陷的人,怎么与不死的、永恒的、完善的神相似呢?

---

①《旧约·创世记》1∶27。
②③ 转引自弗洛罗大斯基《东方教父》,第225页。

按照格列高利的观点,人被造之初原本是不死的,是充满神的善的,但在犯罪堕落之后,这一切都丧失了,因此,现在的人只是处于造物的、堕落的状态。但人在堕落之后并未完全丧失神的形象,没有完全失去与创造者的联系。人性的根本特点在于其神的原型。任何外部属性的总和都不完全等于人。格列高利常常把人具有神的形象比做镜子能照影像。镜子可以打破、涂黑,翻转过去使人看不到任何影像,但镜子总是具有照出影像的能力的;人可以失去神的形象,不再反映出神的形象,但人的这种潜在能力是永远保持的。

二 人的命运

具有"神的形象和样式"的人,其世间生活却注定要经历漫长的苦难历程。按照格列高利的观点,这一历程从罪与恶进入世界开始,直到恶被消除和人恢复被造之初的本性。这就是人的命运。人的命运取决于神所赋予的使命和人的意志的自由选择。罪恶的根源在于人的本性的多变性,人的意志不再朝向神,而是走向了反面,这种转向是与本性相对立的,因此破坏了本性。但这个意志转向是如何发生的呢?这也是第一罪和堕落的根源。格列高利认为这个根源既在客观方面也在人的主观方面。客观方面的原因有两个:一个是人的不完善。人之所以可能受骗是因为人被赋予的任务不是一步到位的,而是必须经历动态的过程。另一个是天使的堕落。人性生来就被赋予了向善的倾向,但没有被赋予认识善的能力,什么是善还需要人来辨别、认识。因此第一人才受到堕落天使的欺骗,这个天使因人按照神的形象被造而感到屈辱,对人产生嫉妒,因此诱骗人。所以,堕落的天使也是罪恶的一个客观原因。从人的主观方面看,犯罪的根源在于人过分听从自己的意志,轻率地把带来感官快乐的东西当做美好,把善的幻影当做真实的善。陷入罪孽的人受制于物质世界的律,成为有死的、走向死亡的人。死亡、世代更替、诞生和成长,这一切在自然世界里都是自然的。死亡只有在人身上才是反自然的、病态的。死亡同时也是一种道德的医治,是走向复活和净化之路,复活也是对原初不朽本性的重建。人性的医治和重建不可能依靠自然力量来完成,为了人的得救必须有神的新的创造活动。这就是神在基督中的显现,道成肉身。

人性的发展有两条道路:一条道路是在脱离神的道路上越走越远,另一条道路是在与神的结合中得到神化。这后一条道路就是人性的得救。格列高利和圣亚大纳西一样,把基督的救赎事业首先看做恢复生命、战胜死亡。神的道出于对人的爱而接受了全部人性,以便使人性在与神性的融合中得到神化。人性在与神性的结合中,上升到了与神性同等的高度,这是对人的卑微本性的提升。无论人性如何无能和朽坏,只要与神性结合,就能得到神化。那么神化是如何进行的呢?和奥利金一样,尼斯的格列高利也把人性在基督中的神化分为两个阶段:第一是复活之前的医治阶段,第二是人性得到荣耀的彻底得救阶段。医治的方式是听从基督。格列高利说,由于过分听从第一人而带来的死亡,将通过"听从第二人"而被消除。"真正的医生"通过"与神的意志统一"来救治因背离神的意志而患病的病人,并且这是灵魂和身体的同时救治。基督作为神的羔羊,承载了世界的罪恶,必须为人类作出牺牲、受苦和死亡。但是,基督的死具有特殊性。通常,人的死是灵魂与身体的分离,并且灵魂失去生命力,身体朽坏。基督的死既是作为人的真实的死——灵魂与身体的分离,同时作为神人又包含着复活的因素。因为他的身体和灵魂都是具有神性的、得到神化的,所以在基督的死中神化的身体没有朽坏,他的灵魂进入天堂,住在父的手掌中。在神性的生命中身体和灵魂是不分离的,因此两者必然重新结合,这就是复活。救主赋予人性以复活的力量。救主下地狱是为了消灭恶和照亮黑暗,他在三天的死亡中消灭了"从世界的构成中积存起来的全部恶"。这样,救主的死也是全部人性的复活。于是开始了人的神化的第二阶段,朽坏的本性通过与神性的结合,加入了神的力量,像一滴醋混入了无限的海洋。这是拯救的完成——生命的国度来临了,死亡的强国毁灭了,这是另一种生命、人的重新诞生。

洗礼就是重新诞生。洗礼是开始复活，是走出此世的迷宫，进入不死的生命。洗礼象征着"在基督中的三天死亡和新生"。洗礼不是完全消除恶，而是切断恶的连续性。经过洗礼之后，人的外形没有改变，老人没有变成儿童，皱纹不能展平，而是内在方面得到更新。被罪所玷污的和在恶习中变老的内心由于高贵的恩典而变成儿童般天真无邪，恢复了受造之初的美。如果有谁在受洗之后，他的灵魂和从前一样，没有除去不洁的欲望，那么，对他来说，洗礼的水就依然是水，因为在他身上没有显现出一点圣灵的恩赐。在真正被圣灵所更新的人身上通过基督而恢复了神的形象。

通过基督的复活，死被战胜了，但没有被终止。被战胜是因为所有人都将复活，没有被终止是因为现在所有人都在走向死亡，直到感性时代的完结。死是灵魂与身体的分离，被灵魂所抛弃的身体分解成自然成分，但每个部分都不是消灭，不是变成虚无，不是走出世界的界限之外，而是仍然在世界里。这是分解，而不是毁灭，不是变成非存在。"身体没有彻底消失，而是分解成它由以构成的部分，这些部分存在于水中、空气中、土地中和火中。"①而且，身体的成分仍保留着各自的特征，这些特征能证明它们是属于哪个身体的，这是灵魂留在它们之上的印记，就像刻在蜡上一样。在身体的分解中没有触动灵魂，因为灵魂是不死的，是单一的、不可分的，死亡只是改变了灵魂的存在方式，死后的灵魂生活是人的道路的继续。义人进天堂，罪人下地狱。天堂和地狱只是比喻的说法，不是两个地点，而是灵魂的两种存在方式。因为无身体的灵魂不需要任何存在地点。天堂之福是无限的，地狱之火是对灵魂的医治和净化。直到时间的终结，基督再次来临，实现普遍复活。

三　向神之路

基督教思想的最深刻之处在于揭示了人不可企及的、绝对超越的却又

---

① 转引自弗洛罗夫斯基《东方教父》，第 241 页。

可以与之合一的上帝。如果说中世纪之后的西方神学特别重视前一方面，那么早期教父则同时强调这两方面。这一特点在尼斯的格列高利神学中具有明确表现。在对神的认知问题上，他坚持否定神学的基本思想，又论述了人走向神的认知之路。神是不可见、不可知、不可达到的，关于神的判断只能用否定语式。在柏拉图主义中，神的不可认知是由于人的理性不完善。对尼斯的格列高利来说，神因其本性而不可知，即便完善的理性也不可知神，甚至天使也看不见神。只有神通过自己的活动、能量才能显现自身。但这并不是尼斯的格列高利神知论的全部，他在《论摩西的生活》中也详细论述了人不断走向神的道路，这也就是基督教生活的目标。

格列高利认为，人走向神的上升之路必须包括三个阶段，当然不一定是连续的。第一阶段是净化。在《出埃及记》(*Exodus*)中，摩西在上山走进黑云之前先脱掉皮衣，这被解释为净化的寓言，也就是除去人在被驱逐出天堂时所具有的欲望和罪孽，也就是净化。净化要求战胜欲望，一切不来自神的东西都是欲望，欲望束缚人的自由，最终导致死亡。只有先消除身和心的欲望才能进入天国。走向神的第二阶段是理性在摆脱了欲望之后所获得的对受造物的更清楚认识，格列高利叫做"自然视力"[1]。人在获得自然视力之后可以更好地认识和利用受造物。这表明，在格列高利看来基督教生活之路不完全是逃避现实，也包括更清楚地认识世界；不仅在世界上生存，而且要研究和创造性地改造世界。在自然视力所认知的世界中，全部事物都具有自己的地位和独特的意义。第三阶段是直接的知神、见神。在这一阶段实现了人的神化(theosis)。但因为神是人无论如何也看不见的[2]，所以人在力图看见神的时候，已经"走出自身"，把自己的理性留在身后，超脱出来。格列高利把这样一种异乎寻常的体验叫做"清醒的醉"，仿佛众使徒在五旬节被降临的圣灵所充满时候的感觉，虽然似醉，却是圣灵的见证。[3]

---

[1] 转引自梅延多夫《教父神学导论》，第 229 页。
[2]《新约·约翰福音》1：18。
[3]《新约·使徒行传》2：15。

第二章　奥古斯丁的基督教哲学

第一节　奥古斯丁:一个新的起点

早期教父们在阐述、维护基督教教义的活动中,不管他们对希腊哲学持什么态度,是吸收、利用,还是批判、拒斥,都无法回避希腊哲学。因为他们是在一个早已被希腊化了的世界里从事传教与护教的事业。柏拉图和亚里士多德不是他们最强有力的盟友,就是他们最危险的敌人。这既是基督教走向世界的文化场境,也是希腊哲学的历史遭遇。

然而,教父们即使批判乃至拒斥哲学,也必须采取哲学的方式;因教义解释上的歧见而形成的教派之争也不得不借助于哲学;哲学的明辨说理与反省自识不仅是统一教义的可能方式,更是基督教争取罗马帝国上层人士的现实途径。所以,不管早期教父们对哲学抱什么态度,他们在希腊化世界里的传教与护教工作同时也在自觉或不自觉、消极或积极地开展一项伟大的事业,这就是沟通、融合哲学与宗教、理性与信仰。我们之所以把这种沟通、融合的工作视为一项"伟大事业",是因为它既深远地影响了基督教,也深刻地改变了哲学,从而使欧洲人开始在"有信仰的思想"(或叫"有思想的信仰")里展开自己的历史,而不是单纯依靠思想或信仰来开辟历史。在这个意义上,我们可以把早期教父们的工作看做欧洲历史的新起点,而奥古斯丁则是这个新起点的标志性人物。他不仅以一个柏拉图主义者所能达到的深度反省自识去理解、阐释基督教教义,为一系列信条(包括尼西亚会议确立起来的关于"三位一体"的信经)的统一提供了学理上的根据,而且以一个基督教徒的虔诚与执著从基督教信仰中开发出了新的哲学问题,打开了新的思想维度。后面这一点将是本章主要论述的内容。

按今天的地理版图,奥古斯丁(Aurelius Augustine,354—430)当属北非的阿尔及利亚人,因为他的出生地塔加斯特城(Thagaste)属现在的阿尔及利亚君士坦丁区的苏克赫拉斯。不过,当时的北非早已并入罗马帝国版图,完全处在罗马政治、文化的覆盖之下。罗马人与北非的迦太基人之间进行的长达100多年的布匿战争并最终以迦太基人惨败而被罗马人征服的历史似乎也早已淡出人们的记忆。所以,奥古斯丁从精神到法律上都是一个罗马人。他从小心向往之的就是罗马、米兰这些帝国的中心城市。

奥古斯丁生活的年代相当于中国的东晋时期。佛教在中国北方越来越受到重视;以陶渊明、谢灵运为代表的田园诗蔚为一代风气。当时,罗马帝国不仅中止了对基督教徒的迫害,而且开始重视、利用基督教。如果说罗马帝国皇帝君士坦丁于313年颁布的《米兰敕令》(Edict of Milan)使基督教摆脱了屡遭迫害的命运而获得了合法性地位的话,那么,从380年以后,在皇帝狄奥多西一世(Theodosius I,347—395)当政期间,随着针对各种非基督教异端信仰的禁令的颁布,基督教逐渐获得了作为罗马帝国国教的地位。虽然帝国皇帝要求罗马公民都要"遵守使徒彼得交给罗马人的信仰",但是,奥古斯丁的父亲像许多罗马公民一样,仍是异教徒,虽然他的妻子莫尼卡(Monnica)是一个虔诚的基督徒。所以,虽然由于罗马皇帝以及大批上层人士皈依基督教,使基督徒和神职人员们大大地提高了他们的社会地位,但是,奥古斯丁的父亲丝毫也没寄望于儿子在属灵事业上能立德立言,倒是一直渴望他在世俗事业上能崭露头角、功成名就。父亲的世俗厚望与功名心一直影响着奥古斯丁的少年和青年时代。

　　按当时罗马的三级教育体制①,奥古斯丁 7 岁时被送进启蒙小学,12 岁入文法学校直到 16 岁。这两级学习生活都是在家乡和父母身边度过的。在文法学校期间,奥古斯丁显出了对拉丁古典文学的特有兴趣,但讨厌希腊文,以致他被后世视为"唯一一位不懂希腊语的重要哲学家"②。

　　由于家庭经济拮据,奥古斯丁在 16 岁那年本该到迦太基上雄辩术学校,却一度辍学在家。据他自己在 40 多岁时完成的《忏悔录》里回忆,这一年是在与一帮浪荡的年轻人一起度过的。轻狂少年的游乐大多不是中规中矩的,甚至多以突破规矩为荣进而乐此不疲。对一般人来说,青春年少时的这种轻狂无度只不过是一段多少让人有些汗颜但更多是为留不住它而喟叹不已的经历。不过,心思敏锐的奥古斯丁在轻狂无度的游乐中,开始被反思自省的意识打开了心灵。他与同伴的"偷梨事件"让他体会到了为偷而偷的快乐,同时也使他震惊于人的作恶爱好:他们偷邻居梨树上的果子既不是为了饱口福,也不是为了占为己有,而仅仅"是因为这勾当是不许可的"③。

　　其实,每个人都有"偷着乐"的时候。为什么快乐要"偷偷"地享受呢? 除了涉及隐私或出于某种个人心理因素而不宜或不愿公开所乐之事外,往往就是"不许可的事",也就是突破了道德准则的恶事。这就是为作恶而乐。道德准则本是人们正当地生活的根据,或者说,它们之确立既是为了人们和平相处,也是为了每个人生活得纯洁高尚。然而,为什么人们却会因为违背它们而感到快乐呢? 既然它们所禁止的事(比如偷窃)是恶事,那么,做了这种不许可的事却感到快乐,难道不就意味着人们喜欢作恶吗? 人们为什么会喜欢作恶呢? 既然作恶是人们所喜欢的,为什么要禁止呢? 既然道德准则是正当行为与高尚生活的基石,而

---

① 当时罗马的教育分三级制:7—12 岁启蒙小学,学习识字和算术;12—16 岁入文法学校,学习文法、诗、历史;16—20 岁入雄辩术学校,学习修辞学和哲学。
② 参见汉斯·昆《基督教大思想家》,包利民译,第 62 页,社会科学文献出版社,2001。
③ 参见奥古斯丁《忏悔录》2:4,周士良译,商务印书馆,1994。

人们却为做了它们所禁止的事而感到欢愉,这是否意味着人们不喜欢正当和高尚,而喜欢恶呢?对于奥古斯丁的玩伴们来说,"偷着乐",乐完了就俱往矣,但是对于奥古斯丁,上面那些古怪问题却开始在他心里浮现出来。这除了因为他有过人的敏感天赋外,更多的也许是受他母亲的影响。母亲一再对他关于过一种纯洁高尚生活的劝导以及她自己作为一个虔诚基督徒所具有的那种恪守道德的情操,无疑给奥古斯丁提供了一个理解生活的明确维度。随着年龄的增长,母亲为他打开的这个维度也越来越成为他心灵的指引。上面那些问题也愈益成为他心中挥之不去的困惑,最后汇集为一个困扰了他十多年却也推动了他进行十多年不懈思考直至他皈依基督教的问题,这就是恶的起源问题。

在奥古斯丁不到 17 岁时,父亲病逝,家庭经济更加困难。但是,在亲戚帮助下,母亲还是把奥古斯丁送到了迦太基的雄辩术学校。在那里,奥古斯丁学习了 3 年修辞学和哲学。当时的迦太基是一个欲望涌动、风气浮华的都市。"我刚到迦太基,就被烟酒和情人包围,我还没爱上什么,却渴望爱,并且由于内心的渴望,我甚至恨自己渴望得还不够。我追求恋爱的对象,只想恋爱……如果能进一步享受所爱的人的肉体,那于我就更甜蜜了。"[1]这段回忆虽然多少有些渲染,但它至少表明,当时迦太基乃至整个罗马帝国的都市生活充满浮华放浪之风。奥古斯丁显然没有抵御也没想抵御这种浮浪风气的引诱,因为他很快就与一个迦太基女人同居,并在他自己不到 18 岁那年生下一子。这是他在迦太基求学期间发生的一件令他 20 多年后在回忆录里深表忏悔的重要事件。

不过,奥古斯丁首先不是向这位跟了他 14 年后却不得不离开他的女子表示歉意,而是向那位独一而至善的上帝坦白自己在这件事情上的所思所想和所作所为,并承认这些所思所为的丑恶。所谓"(丑)恶",也就是"(良)善"的缺失。而人的思想与行动之所以会缺失善而变得丑恶,

---

① 奥古斯丁:《忏悔录》3:1,周士良译,第 36 页,商务印书馆,1994。译文略有改动。参见张荣《神圣的呼唤——奥古斯丁的宗教人类学研究》,第 36 页,河北教育出版社,1999。

就在于他远离了独一至善的上帝,以致他心里没有了绝对的至善维度,只有世俗的私善尺度。后者永远是相对的、属于私人的尺度。因为这种私善尺度标明的是在某种机缘条件下对自己个人或某些人来说较有优势或较有好处的境况,因此,它将因时因势而变。如果人们只有这种私善尺度,那么,人的一切思想和行动就只有成功与失败的区别,而没有善与恶的区分。所以,如果人们远离独一的上帝而缺失绝对的至善维度,因而只有私善尺度,那么,人们对自己的思想与行动甚至不会从善恶角度去评判、反省,而只会有"失败乃成功之母"式的经验总结。换言之,没有至善维度的人不可能意识到自己与至善的距离,或者说,不可能意识到在至善面前自己在善方面的缺损,因而不可能承认自己的丑恶和罪过。而对于一个意识不到自己的不完善性而拒不承认自己的丑恶与罪过的人,又如何能指望他改善自己呢?只有悔过,才能真正自新。对于只会对自己的思想与行动进行成败总结的经验式反思的个人或民族,不能指望它会有严格而明确的是非观与正义感,更不能指望它会在弃恶从善的道德完善中有所进步。这也就是为什么奥古斯丁首先是对独一而至善的上帝真诚地忏悔自己的原因。只有面对这个独一而至善的上帝,或者更确切地说,只有向那独一而至善的上帝敞开自己的心灵,人们才会意识到自己善的缺失而承认自己的恶与罪,也才需要承认自己的不善与罪过。对独一者的忏悔既是忏悔者真正走向新生的起点,也包含着对他人最真诚的道歉。因为向上帝忏悔自己的过错,也就意味着忏悔者真诚地承认自己施与他人的行为是不应当的,是有罪的,因而是不许重复的。相反,如果人们并不向独一而至善的上帝忏悔,而只是向他人表示道歉,那么,这种道歉很可能只是一种策略:避免他人报复或怨恨。在这个意义上,不面对上帝的道歉首先针对的不是道歉者自己的行为,而是他人的可能行为。

在雄辩术学校期间,西塞罗(M. T. Cicero,前106—前43)的作品给了奥古斯丁很大影响,引发了奥古斯丁对哲学的兴趣。其中今已散佚了的哲学著作《荷尔顿西乌斯》给奥古斯丁带来极大的震撼,它非常奇妙地引起了奥古斯丁对《圣经》的兴趣。他回忆说:"这一本书使我的思想转变,使我的祈祷转向你,使我的希望和志愿彻底改变。我突然看到过去空虚的希望真是卑不足道,便怀着一种不可思议的热情,向往着不朽的智慧,我开始起身归向你。……为此,我决心要读《圣经》,看看内容如何。"①不过,当他真的面对《圣经》时,不仅没有为之所动,还心生藐视之意。因为他还只习惯于欣赏西塞罗的典雅文字与拉丁古典文学的华丽词藻,尚无能力透过《圣经》的质朴文字而洞见背后的深文奥义,反而因《圣经》文字的质朴而心生藐视之念,误以为《圣经》过于简单。当时他正开始思考恶的起源问题。雄辩术学校的哲学训练使他逐渐学会了以哲学的方式提出问题和思考问题。少年时因"为作恶而作恶"给他带来的一系列困惑就是在这个时候被他以哲学方式概括为"恶的起源问题"。虽然他最后是在基督教里才找到对这个问题的答案,但是,对这个问题的探究却首先把他引向了摩尼教。因为心高气傲的他当时无法理解,既然基督教的上帝是独一至善的,那么,为什么人世间这个由他所创造的世界却充满罪恶呢?难道这不是矛盾的吗?文字的质朴使奥古斯丁以为《圣经》回答不了这个问题,甚至它可能都没意识到这个矛盾。

相反,摩尼教在恶的问题上的教义则一下子吸引住了奥古斯丁,因为它在恶的起源问题上似乎能够给他一个满意的解答:善、恶分属两个对立的实体,即光明之神与黑暗之神,它们处在永恒的争斗之中;具体到人身来说,人的灵魂来自光明之神,肉体则来自黑暗之神。当肉体支配人时,也即黑暗之神支配人时,人就作恶;而当光明之神支配人时,人就为善。人有时会为作恶而乐,就在于他此时受黑暗之神的支配。依此教义,由于黑暗之神支配人们作恶就如鬼魂附身使人行为错乱一样,因此,会得出一个"免责"结论,即人无需为自己的恶行负责。因为人的一切恶行都是在受那个外在之神的支配下进行的。同样,依此教义还会得出一个"免酬"结论,即无需酬偿为善之行。于是,人们作恶还是为善,似乎都

---

① 奥古斯丁:《忏悔录》3:4,5,周士良译,第40—41页,商务印书馆,1994。

与"自己"无关,也不必关心自己行恶的可能后果。摩尼教关于善恶起源的这种学说的一个直接后果就是可能鼓励人们让自己接受黑暗之神的支配。所以,奥古斯丁在信奉摩尼教的近十年时间里,似乎更加远离了母亲所期望的道路,他在此期间的生活甚至被后人形容为"放荡"。

不过,受过哲学训练的奥古斯丁并不仅仅止于相信,他还要理解所信的信条。在从事修辞学与雄辩术的教学过程中,他试图弄清楚,善、恶两种力量为何总处在争斗当中?在什么情况下善能(暂时)战胜恶?又在什么情况下恶能战胜善?但他一直苦于没有答案。383 年,适逢奥古斯丁敬仰的摩尼教主教福斯图斯(Faustus)到迦太基,奥古斯丁向他提出了这个问题。但是,福斯图斯的回答让奥古斯丁大失所望。这促使他重新审视摩尼教教义。

带着对摩尼教的怀疑,奥古斯丁于 383 年离开迦太基到罗马,翌年到达米兰。此后直到 387 年皈依基督教,他一直在米兰从事他的雄辩术教学。新柏拉图主义是这一时期奥古斯丁最为热衷的学说,它实际上为奥古斯丁最终走向基督教准备了前提。

新柏拉图主义者普罗提诺(Plotinos)关于恶是善的缺失的观点不仅使奥古斯丁彻底摆脱了摩尼教信仰,而且使他能够走向把恶的起源问题与罪的来源以及罪的归责问题沟通起来,从而走向从《圣经》寻求答案而皈依基督教的道路。而奥古斯丁在完成这一个人的心灵历程的同时也完成了西方伦理学的一个根本性转向:从善恶伦理学向罪责伦理学的转变;或者说,从作为一种幸福生活指南的伦理学向以确立人的尊严、责任和权利为使命的罪责伦理学转变。恶是善的缺失。那么,善为什么会缺失呢?善的缺失也就是永恒的、最高的完满之善的缺席或不在场。人们作奸犯科,并不是什么黑暗之神战胜光明之神而附身于人并支配人的结果,而是由于人们远离那永恒不变的完满之善而转向可变的私善,从而导致善的缺失的结果。

虽然在理智上接受了基督教教义,但是,要让自己的整个生命都皈依基督教义不只是理智的事情,这里更重要的是意志的转换。对于奥古斯丁来说,在理智上弄清了摩尼教的困境就可以轻易摆脱对它的信仰,但是,在认识了基督教的正确性之后,却并不能使他的整个生活皈依基督教。因为这种认识虽然使他可以摆脱各种尘习俗趣,"但我对女人还是辗转反侧,不能忘情"①。在个人的生活中,较之名利和权力,色相似乎更难以抑制和摆脱,至少对于奥古斯丁是如此。仅仅因为色相之怡就足以使奥古斯丁在"是投向永恒之你还是沉湎于易朽之物"的决断面前踟蹰不已,虽然这决断实质上也就是"生-死"抉择。对于一般意义上的生死问题,人们通常都会果断地选择生而逃避死,但是,面对最高意义上的生死决断,人们恰恰犹豫不决。从现象角度看,这里会有各种因素在起作用,但是,从本体角度看,所有因素都必须通过意志的决断发挥作用,否则,任何因素都没有意义。改变一种信仰或皈依一种信仰,从而改变一种生活方式,既不取决于认识,也不取决于外在因素,而取决于意志的决断。

从现象角度看,有两件事促使了奥古斯丁最后下决心走出色相的迷惑而彻底皈依基督教。一件是他从朋友那里获悉新柏拉图主义者维克托利努斯(Victorinus)在声名鼎盛的晚年毅然决然地皈依基督教。奥古斯丁读过的新柏拉图主义著作多是由维克托利努斯翻译成拉丁文的,所以,奥古斯丁一直对他心怀敬仰。更重要的是维克托利努斯当时在罗马享有极高的声誉和地位:元老院的众多元老出自他的门下;由于他对教育的卓越贡献,人们甚至在市场上建立了他的纪念像。但是,在他认真对待基督教之前,他不仅敬奉偶像,参与各种异教祭祀,而且以他出色的雄辩术为罗马的诸神辩护。这是当时罗马学问家们的主流做法,而维克托利努斯所取得的成就与世俗地位也是包括奥古斯丁在内的所有学问家们追求和向往的。然而,出乎人们意料的是,维克托利努斯在用心研读了《圣经》和基督教其他书籍之后,却决然地公开接受基督教的洗礼,这等于放弃了他自己成就的世俗辉煌与自己曾为之辩护的信仰世界。

---

① 奥古斯丁:《忏悔录》8:1,周士良译,第 138 页,商务印书馆,1994。

这一引起震撼的举动既显明了维克托利努斯的意志的力量，更显明了基督教信仰的力量。另一件引起奥古斯丁做出决断的事情是他的一位来自非洲的基督教朋友蓬提齐亚努斯（Ponticianus）向他讲述了许多隐修院以及隐修士遗世绝俗而献身上帝的修行事迹。这些事迹多带有神奇色彩，它们一方面表明上帝处处在召唤人们，另一方面表明人们要有超世绝俗的意志，才能获得配享上帝召唤的德行。

虽然奥古斯丁自己记述说，正是这两件事促使他最后皈依基督教，但是，这并非说仅仅因为这两件事决定了他成为基督教徒。如果事情这么简单，那么，成为基督徒也就是一件再容易不过的事情。实际上，这两件事情本身恰恰表明，在每个人的生命中，是确信并遵循某种教义和原则而生活，还是无信仰、无原则地生活，或者是从某种教义原则转向另一种教义原则，在根本上取决于每个人自己的意志的决断。任何外在因素只能构成意志决断的契机，而不可能是意志决断的原因。只有意志本身才是意志决断的原因。奥古斯丁遭逢的那两件事情正是因为它们显明了个人意志在信从原则与教义中具有的决定性作用，才给他以巨大触动，使他觉悟到，能否穿越包括色相在内的一切易朽之物的迷幻而拥抱永恒存在者，原本只在于自己的意志和勇气。于是，奥古斯丁在387年，也就是在他33岁那年，顿悟般地决断投入上帝的怀抱而皈依基督教，从此开始了他新的生活世界与新的思想历程：在生活上成了清心寡欲、不近色相的信徒，在思想上转而全面系统地阐释、论证基督教教义，既为基督教信仰奠定了新的思想基础，也为思想开创了新的维度和广度。

"信了才能理解"这一命题似乎是奥古斯丁自己的精神历程的写照。在皈依基督教之后，奥古斯丁仿佛一下子"理解"了，因此开始了一系列写作。在他接受洗礼之后的一年里，就写下了后人熟悉的《独语录》《论灵魂不朽》《论公教道德与摩尼教道德》等书。从388—390年在家乡沉思和隐修期间，他完成了对后世影响深远的《论真宗教》和《论自由意志》。《论自由意志》与作者后来在驳斥贝拉基派（Pelagianism）时写下的《论基督的恩典与原罪》（418）、《论自然与恩典》（415）等著作构成西方思想史上关于自由与恩典、自由与罪恶、自由与责任、自由与正当等问题首次进行系统讨论的开创性经典。在这些论及自由问题的著作中,奥古斯丁一方面捍卫和确证了上帝的自由与独立的绝对性——上帝是否给予某个人以得救的恩典不取决于这个人选择为善还是为恶,而完全取决于上帝独立的自由决断;另一方面则在自由意志基础上把恶的起源问题转化为罪的来源问题,从而改变了伦理学的追问方向,使自由意志成为伦理学据以讨论"责任""正当性""尊严"以及"权利"等核心概念的基础问题。391年,奥古斯丁任希波城神甫,担任神甫期间著有《论信仰的价值》《论两种灵魂》。4年之后,希波城主教去世,41岁的奥古斯丁继任主教之职。

在任希波主教的35年时间里,奥古斯丁不仅继续阐释基督教教义,而且积极应对各种异端学说,写下了大量著作。就作品的数量与涉及面的广度而言,在整个基督教神学-哲学史上,只有后来的托马斯·阿奎那能与之比肩。但是,就开创性而言,奥古斯丁则是无与伦比的。因为他对自由意志的系统讨论将改变第一哲学的格局:第一哲学不仅要面对存在、真理、理性自身这些问题,而且不能不面对自由问题,甚至为了理解和探讨存在、真理、理性这类问题,第一哲学必须首先面对自由问题。而奥古斯丁的绝笔之作《上帝之城》(De Civitate Dei)则首次为哲学打开了历史维度,使历史成了哲学必须面对的一个问题。410年,野蛮的西哥特人攻陷了被基督徒称为"永恒之都"的罗马城。在经历了六天六夜的洗劫之后,这个曾经洗劫了世界无数城市的"永恒之都"化为一片废墟。这一事件在基督徒和异教徒当中同样引起了喧嚣和震动。异教徒认为罗马城的陷落是因为罗马帝国接受了基督教,而赶走了罗马人原来崇拜的诸神,都城的陷落是诸神对罗马的报复。因此,这一灾难性事件的罪魁祸首不是别的,就是基督教。而对基督教徒来说,他们一方面要化解异教徒的指责,另一方面要化解这样一个困惑:既然罗马帝国已接受了基督教,那么,上帝为什么没有保护"永恒之都",反而让它变成废墟? 罗马城陷落这一事件在人类历史进程中是偶然的还是必然的? 异教徒的指责与基督徒的这些困惑是每个基督教神学家都必须面对的。于是，在罗马城的废墟上产生了一部伟大的历史哲学著作《上帝之城》。奥古斯丁在这部费时 14 年(413—426)之久的著作里，在基督教神学观念下对诸如历史的自由与必然、历史的意义与目的等基本的历史哲学问题进行了系统的讨论和回答，在哲学里开辟出了历史问题这一新的领域。

奥古斯丁于 430 年去世，他一生的工作在多个领域构成了西方思想史上的新起点。

第二节　时间观的变革：拯救现象与捍卫上帝

奥古斯丁在西方哲学史上所具有的开创性意义并不仅仅在于他把自由与历史问题引入了哲学-思想领域，更重要的在于他对时间观的根本性变革。由于时间只是作为被造物的人类的思想延伸，而不再是支配整个世界运动的物理之流，因而"无中创(生)有"的创世活动与创世图景也就成为可理解的，从而彻底改变了古希腊人关于不能从无中创有的创世观念。这种新的创世观念改变了希腊人规定的宇宙论图景：最高的神不只是一个只给出形式以整理、规范质料的设计师，而是一个能从无中直接给出形式与质料结合在一起的万事万物的造物主。也就是说，建立在新的时间观基础之上的宇宙论图景能够且必须为真正的造物主留下位置。实际上，时间观的每次变革都会带来宇宙观甚至存在论的变革。

从时间的概念史来看，可以发现，从亚里士多德经奥古斯丁到康德，是一个时间逐渐内在化的过程，同时也是对现象世界的理解发生转变的过程。

在古希腊，时间被理解为一种"物理学时间"：时间是一种特殊的现成存在者，它是运动、变化的原因，而运动则是理解时间的条件。亚里士多德在《物理学》里把"时间是什么"的问题看做"时间是运动的什么"的问题，最后则把时间定义为"关于前后的运动的数"[1]。这一时间定义有

---

① 亚里士多德：《物理学》219a，219b。

两方面内容:一方面,时间是一种可由运动得到测量的东西;另一方面,时间贯穿并展示着一切运动。这种时间观实际上在亚里士多德之前就已确定了。赫拉克里特说过一句很晦涩的话:"时间是一个玩游戏的儿童,儿童掌握着王权。"在他之前的泰勒斯也说过另一句同样晦涩的话:"时间是最智慧的,因为它发现一切。"时间是一个游戏进行者,所以,它虽然不能创造游戏中的一切,但是它却把游戏中的一切逐渐展现出来;万物就是游戏中的万物,它们只在游戏中才展现出来,因而时间才发现一切,才掌握着王权而且是最智慧的。在整个古希腊世界,时间就是这样一种物理时间:它是一种引起万物展现与消失的特殊的物理存在者,即一种自在的物理之流。直到牛顿的绝对时空,还是如此。不过,这中间有一个例外性的怀疑与突破,即奥古斯丁对时间的思考。

奥古斯丁是一个基督教神学家,他为什么要重新思考时间?因为希腊的时间观给基督教信仰带来了严重的冲击,首先是给现象世界的真实性与上帝的自由存在带来了冲击。

实际上,物理时间观在古希腊就已带来现象世界即物理世界统一的崩溃。在巴门尼德(Parmennides)特别是在苏格拉底之前,"哲学家"们都是从现象-自然里寻找始基,也即现象世界本身的统一性。但是,由于整个现象世界都是在时间中展现出来的,因此,即使是始基本身也是变化的,因为它也是在时间当中。这使整个现象世界在时间之河里摇晃起来,陷入了变化无常的严重不确定中。赫拉克里特把这种不确定性表述为"既存在又不存在"。但是,哲学追问始基,恰恰是为了获得确定性存在,也就是通常所谓"真理"或"真实";而一个陷于"既存在又不存在"这种摇晃中的世界如何会是真实的呢?这就是"现象世界"的存在危机。所以,从巴门尼德开始,希腊哲学开始了另一番努力。这就是放弃现象世界,从思想中寻求本质与确定性,而把时间与现象界一起被排除在本质世界之外。本质是超现象(physis)的,是在现象之后(meta)的。所以,有关本质的学说叫 meta-physik,即形而上学。本质或真实存在由于不在时间中,因而是非时间的。形而上学要追问与维护的存在一定是非时间性的,因而是永恒的。

那么,这个不真实的现象世界与真实的本质世界有什么样的关系呢?怎么会有不真实的现象世界呢?这个问题直到苏格拉底和柏拉图才得到思考与回答。现象世界之所以不真实,就在于它只是真实世界的摹本或影像。这意味着在时间中的世界是一个摹本世界。如果说时间中的万事万物是对真实万物的摹仿,那么时间则是对永恒的摹仿。在这个意义上,整个现象世界是一个非真实的世界。

但是,对于基督教徒来说,现象世界也是真实的,因为它来自唯一的造物主。而我们所坚信的造物主是不可能欺骗我们的,虽然他所创造的这个现象世界可能是临时的,但它一定是真实的。而如果被希腊人否定了的这个现象世界是真实的,那么它的时间是否也是真实的呢?如果这种时间是真实的,那么它与上帝又是一种什么关系?面对古希腊的时间观,作为基督教徒,奥古斯丁首先面临的就是如何"拯救现象界"的问题。

而尤其严重的是,如果时间的确是一个特殊的自在之流,那么,上帝是否在时间中?如果上帝在时间中,那么,人们就要问:"天主在创造天地万物之前做些什么呢?如果闲着无所事事,何不常无所为,犹如他以后停止工作一样?"[1]而且如果上帝在时间中,他甚至就要受时间的支配,因而不是自由的。因为,如果上帝在时间中,那么,上帝要么是在时间流中的某个点上,要么是贯穿于整个时间流之中。如果是在某个时间点上,那么上帝已成过去,因为他正是在那个点上创造了世界;如果上帝贯穿于整个时间流,那么他显然受时间的支配,因为他只能随时间流那样贯穿于时间流之中。因此,如果时间是自在之流且上帝也在时间中,那么,人们既无法理解上帝的创世行为,也无法理解上帝的绝对自由。

但是,如果假定上帝不在这种作为自在之流的时间中,情况又将如何呢?上帝是全知全能的,他当然知道时间中要发生的一切。但是,如果上帝不在时间之流中,上帝又如何知道时间中发生的一切?奥古斯丁

---

[1] 奥古斯丁:《忏悔录》11:10,周士良译,第239页,商务印书馆,1994。

也疑虑不解地问："你难道是随着时间才看到时间中发生的事情？"①上帝不在时间中，他当然不是随时间才看到其中发生的一切。那么，只有一种可能，就是上帝是在无时间的意愿中料知时间中发生的一切。这意味着上帝的意愿里有时间秩序。但是，没有时间的意愿如何会有时间秩序呢？这是自相矛盾的。因此，作为自在之流的时间与作为唯一造物主的上帝是不相容的。

这意味着，物理时间观不仅动摇了现象世界，而且动摇了上帝这一绝对的自由意志。因此，希腊人的物理时间观给基督教徒带来了深刻的困惑：要么上帝存在及其创造的世界值得怀疑，要么物理时间观需要重新审视。这个困惑促使作为虔诚教徒的奥古斯丁对物理时间观提出质疑，这种质疑具有根本性的意义，因为他首先是对时间被作为一种"什么"来理解的怀疑：

> 那末时间究竟是什么？没有人问我，我倒清楚，有人问我，我想说明，便茫然不解了。②

在"时间是什么"这种追问中，已隐含着把时间当做一种现成而自在的东西来理解。因为"是什么"这种追问方式只是针对既定或现成的存在者的发问，也只适合于这类存在者。因此，以这种方式对任何存在着的东西进行追问，都意味着把这种存在着的东西当做现成或既定的存在者。所以，在奥古斯丁的茫然中，根本上透露的是对被作为"什么"的时间的怀疑。时间是"什么"？对于希腊人来说，时间的确就是一种"什么"——时间就是一种现成的、自在的物理之流。对此，希腊人并不觉得有什么样困惑与怀疑，因为他们可以通过对本质世界的诉求而把时间与整个现象世界排除在可靠而真实的本质世界之外。但是，对于奥古斯丁来说，作为"什么"的时间则会带来一系列严重问题。因此，他从根本上质疑作为"什么"的时间。

---

① 奥古斯丁：《忏悔录》，11：1，周士良译，第 231 页，商务印书馆，1994。译文有改动。
② 同上书，11：14，第 242 页。

如果时间并不是什么现成的物理之流，而在我们之外自在地存在着，那么，它又存在于什么地方呢？或者说，如果时间不是作为"什么"存在，那么它又是如何存在呢？对于"时间是什么"感到茫然不解的奥古斯丁对这个问题给予了十分明确而坚定的回答：时间"存在我们心中，别处找不到"。时间不是"什么"，"时间不过是伸展，但是什么东西的伸展呢？我不知道。但如不是思想的伸展，则更奇怪了"。[①]

时间只是"我们的思想的伸展或延伸"，因此，时间实际上只存在于我们的思想中。这是奥古斯丁在时间问题上给出的一个突破千年定见也将穿越千年历史的大胆解答。

既然时间只是思想的延伸，而不是自在的物理之流，因而也就没有流逝了的纯粹过去和尚未到来的将来。在奥古斯丁看来，把时间截然划分为过去、现在和将来是不恰当的，因为与现在没有关联的过去或将来都是不存在的。他分析说："如果过去和将来都存在，我愿意知道它们在哪里。假如目前我还不可能（知道它们在哪里——引者），那末我至少知道它们不论在哪里，绝不是过去和将来，而是现在。因为如作为将来而在那里，则尚未存在，如作为过去（在那里——引者），则已不存在。为此，它们不论在哪里，不论是怎样，只能是现在。"[②]也就是说，如果过去和将来存在，那么，它们一定与现在相关联，或者是作为某种方式的现在而存在。在这个意义上，"说时间分过去、现在和将来三类是不确当的。或许说：时间分过去的现在、现在的现在和将来的现在三类，比较确当"[③]。换言之，过去和将来都是以现在的方式存在着。当我们说过去或将来时，实际上是在说过去的现在与将来的现在。

那么，如何理解过去是"过去的现在"，将来是"将来的现在"呢？它们又在什么地方？奥古斯丁举例分析说：

---

① 奥古斯丁：《忏悔录》11：20、26，周士良译，第247、253页，商务印书馆，1994。
② 同上书，11：18，第245页。
③ 同上书，11：20，第247页。

譬如我的童年已不存在,属于不存在的过去时间;而童年的影像,在我讲述之时,浮现于我现在的回忆中,因为还存在于我记忆之中。

至于预言将来,是否也有同样情况呢?是否事物虽则尚未存在,而它们的影像已经存在而呈现出来? ……我知道一点:我们往往预先计划将来的行动,计划属于现在,计划的行动既是将来,尚未存在;我们着手时,开始进行我所计划的行动,这时行动出现,不是将来,而是现在了。 ……人们所谓预见将来,不是指尚未存在的将来事物,可能是看到已经存在的原因或征兆。①

我的童年当然就是我的过去,更远一些说,我的民族(国家)史也就是我所属的家族的过去,当然也是构成我的源头的过去。但是,我的童年显然已不存在,否则我就还只是个孩子,可是我实际上已年届不惑。而构成我的民族史之内容的事件也已消失在久远的岁月里,不然的话,我的先人们仍会生活在战火连绵的动荡中。我的童年虽已不存在了,但是,这并非意味着我没有了童年,我永远有童年——我的童年永远是我的童年,我的童年永远萦绕在我心头。也就是说,只要我在着,我就有过去,或者说,我的过去就在着。如何在着?奥古斯丁这里说,过去(比如我的童年)是作为"影像"存在于"记忆"。过去的事实或事件已不再存在,但是,它们作为某种表象或概念存在于人们的记忆中。这里我们可以把这种表象或概念统称为"观念"。过去是以观念的方式存在于人们的记忆中。我有童年,说的是我的童年世界、童年历程被我转换成一种观念形态保存在我的记忆中,我由此保持与童年世界里的他人他物的某种关联,并借此理解自己的来历与身份,乃至自己的未来。因此,我的童年和青年所发生的一切事件虽然都已烟消云散,都已"死亡",但是,我的整个童年和青年却作为一种观念形态借助于记忆而延伸到我的现在(中年),并与我的现在和将来息息相关。在这个意义上,我们也许可以说,

---

① 奥古斯丁:《忏悔录》11:18,周士良译,第245—246页,商务印书馆,1994。

作为事件或事实的过去已经死亡,但是,作为观念形态的过去却活在记忆中,活在现在和将来。这就是奥古斯丁所说的"过去的现在"。

同样,将来的事物或事件尚未存在,但是,我们却能预见将来,或者更确切地说,我们每个人都能打开一个将来,因而我们每个人都有自己的将来。我们因能预见、打开将来而有将来。但是,我们如何预见、打开将来呢? 我们立足于现在的观念立场与事实场境,展望或设想以后可能出现的事物与事件,筹划自己可能的行动,并推想自己可能的生活。这些就是我们打开的将来。当然,我们也可以悬搁一切观念立场与事实场境,只从当下的"纯粹思想"出发,也必能打开、预期某种可能性。所谓将来,也就是我们在纯粹思想或观念立场中打开与预期的可能性:可能的事物、可能的行动、可能的生活。虽然这些事物、行动和生活尚未成为事实摆在眼前,但是它们作为可能性被预期而被打开在我们当下的思想-意识中。奥古斯丁所谓的"将来的现在"也就是这种在现在的思想-意识中打开的可能性。简单地说,将来不是作为现成的东西摆在人们的面前,而是作为可能性存在于人们的思想-意识中;或者更具体地说,是作为在预期或期望这种思想意识中打开的可能性存在着。

而所谓"现在"又是什么呢? 按奥古斯丁的思路,这个"现在"不可能是别的,只能是当下的思想-意识,他笼统地称为"直接的感觉"。因此,过去和将来都以现在的方式存在着,而不是与现在截然分离的。在这个意义上,过去、现在、将来都存在于我们的思想中:"过去事物的现在便是记忆,现在事物的现在就是直接的感觉,将来事物的现在就是期望。"①实际上,这等于说,时间就展现为记忆、当下的意识和期望。时间以这三种思想-意识到来而展开自己、伸展自己和融合自己。所谓"时间就是思想的伸展",也就是说,整体时间就是在当下的意识(现在)中联系起来的记忆与期望。但是,这并非意味着时间是一个"意识流",毋宁说,时间是一个意识视野:在这个视野里,人们不仅可以看到当下的事物,而且能理解

---

① 奥古斯丁:《忏悔录》11:20,周士良译,第247页,商务印书馆,1994。

过去了的事物,同时还能看到将来的可能性。

于是,时间就这样由一种外在的物理之流被内在化为一种"思想的伸展"。对于这种内在时间而言,它首要的一个基本特征,就是它不再是可以被分割为三段的线性之流,而是不可分割地统一于现在的视野性存在。一切事物都是在这个视野里显示它们各自的来历与种种可能性;也只有在这个视野里,事物才显示出它是有来历(源头)的,并且有超出其当下现成性的其他可能性,因而是一个整体的存在者,而不仅仅是一个现成的存在者。也就是说,由于这种内在时间的过去、现在与将来不可分割地统一于一体,在时间中的事物才是一个整体的存在,即不仅当下存在着,它同时有来历且有尚未到来的其他可能性。

与这个基本特征相应,内在的视野性时间具有另一个基本特征,这就是它有"长"与"短",因而是可理解、可度量的。

虽然作为物理之流的线性时间历来被视为可计算、可度量的时间,但是,奥古斯丁经过缜密的分析后却发现,它恰恰是不可度量的。因为将来尚未存在,无从度量,过去已不存在,也同样无法度量。那么,现在呢?"现在没有长度,亦无从度量"①。因此,如果时间的确是一种外在的物理之流,那么,它就是不可度量的。但是,人们在日常生活中却总在度量时间:地球自转一周,人们会说,过去了 24 小时或一天一夜;根据马或汽车的奔驰速度,人们测算从罗马到米兰需要多少时间;虽然我现在饥肠辘辘,但我还得忍耐 20 分钟,因为做好一顿午餐需要这么长时间。这是怎么回事呢? 人们这里所度量的是时间还是运动? 当然是时间,是事物在运动中的时间。因为人们正是通过度量事物在运动中的时间来调整、安排自己的生活与行动。否则,人们无需去关注、度量运动的速度与规律。这里更为根本的问题是:人们如何能够度量时间? 实际上,正是这个问题把奥古斯丁进一步引向了内在时间观。

我们是在什么地方度量时间呢? 奥古斯丁问:是在空间里吗? 与其

① 奥古斯丁:《忏悔录》11:21,周士良译,第 248 页,商务印书馆,1994。

说是在空间里度量时间,不如说是借助于空间来度量时间。但是,即便承认我们是借助于空间来度量时间,空间的大小与时间的长短也没有关系,而只与人们对空间的规定有关系。因为人们既可以用地球自转一周来表示一昼夜,也可以用人工钟表的时针转动两周来表示 24 小时。虽然地球自转一周的空间与钟表时针转动两周的空间的差距是如此之大,以至相对于前者,后者几乎可以被忽略不计。但是,人们却把这两个在大小上如此不相称的空间用来表示同样的时间。所以,如果说人们是借空间来度量时间,那么显然是以人们对空间的规定为前提。人们以什么样的空间来度量时间取决于人们对空间的规定,而与空间本身没有关系。如果不对空间进行先行规定,空间与度量时间就没有关系。这意味着,我们不可能在空间中度量时间。对空间进行先行规定的那种规定活动所在的地方才应是我们度量时间的地方。这个地方只能是我们的思想,奥古斯丁也称为"心灵"。他得出结论说:

> 我的心灵啊,我是在你里面度量时间。……事物经过时,在你里面留下印象,事物过去而印象留着,我是度量现在的印象而不是度量促起印象而已经过去的实质;我度量时间的时候,是在度量印象。为此,或印象即是时间,或我所度量的并非时间。[1]

我们是在心灵(思想)里度量时间,也只有在心灵里才能度量时间。因此,所度量的东西必定是存在于心灵里的东西,这就是印象。通过记忆,印象被保留而伸展;通过注意,印象被维持而伸展;通过期望,从印象预知将到来的可能性。

那么,我们如何理解这种内在时间的量度或"长短"呢?按一般的理解,过去已不存在,将来尚未存在,它们如何有长短呢?

实际上,当奥古斯丁把时间理解为一种内在时间,即时间是心灵的伸展时,过去也就并非不存在了,而是以记忆方式存在于现在;将来也不

---

[1] 奥古斯丁:《忏悔录》11:27,周士良译,第 254—255 页,商务印书馆,1994。

是尚未存在,而是以期望方式作为可能性存在着。但是,奥古斯丁并没有明确地意识到这一点,他是这样解释时间的"长短"的:

> 由于人的思想工作有三个阶段,即:期望,注意与记忆。所期望的东西,通过注意,进入记忆。谁否定将来尚未存在?但对将来的期望已经存在心中。谁否定过去已不存在?但过去的记忆还存在心中。谁否定现在没有长度,只是疾驰而去的点滴?但注意能持续下去,将来通过注意走向过去。因此,并非将来时间长,将来尚未存在,所谓将来长是对将来的长期等待;并非过去时间长,过去已不存在,所谓过去长是对过去的长期回忆。①

这里,我们可以看到奥古斯丁对时间观变革的艰难与犹豫。一方面,他力图突破希腊的物理时间观,否定时间是一种外在的物理之流或运动之流,而把时间看做思想的伸展而存在于心灵里。于是,时间虽然分过去、现在和将来,但是,它们都存在于当下的思想-意识里,因为不管是作为过去的存在方式的记忆,还是作为将来之存在方式的期望,都以当下活生生的思想-意识为前提,就此而言,它们都以自己的方式在当下(现在)存在着,而绝不是尚未存在或已不存在。同时,就时间是"思想的伸展"而言,不管是作为过去的记忆,或者作为将来的期望,还是作为现在的注意,它们都是一种持续或伸展,而绝不再是一种疾驰而逝的点滴。但是,另一方面,奥古斯丁又仍深陷希腊人的物理时间观之中,以致固执地坚持以为过去已不存在,将来尚未存在,而现在则只是疾驰而去的点滴。如此一来,时间本身是没有量度的,因而是不可度量的;我们有关时间的长短或量度,只不过是我们思想意识中的一种"感觉",与时间本身无关。显然,这与奥古斯丁自己的主张相矛盾。因为既然时间只不过是思想的伸展或持续,那么,这种伸展或持续就是有量度、有长短的,因而是可度量的。也就是说,时间的长短是时间本身所固有的量度,而不是附加上

---

① 奥古斯丁:《忏悔录》11:28,周士良译,第255—256页,商务印书馆,1994。

去的。这一观点在《忏悔录》里当然是明确的和自觉的,虽然经常与奥古斯丁的犹豫缠绕在一起。

实际上,正因为时间被内在化为"思想的伸展、持续",时间才获得了两个基本特征:过去、现在、将来不可分割的整体性与时间本身的可度量性。也可以说,时间的这两个基本特征因时间观的这种变革才成为可理解的。时间的可度量性才使借助于空间度量时间成为可能的,并且由此才产生出所谓"度量的时间"或"测量的时间"。至于人们为什么会借助于空间来度量作为"思想之伸展"的"可度量的时间",从而产生出"测量的时间",这是一个更隐晦的时间存在论问题,它仍远远躲避着奥古斯丁的洞察。

不过,奥古斯丁已从根本上完成了时间观的变革。这种变革首先使时间与运动的关系发生了倒转:运动不再是理解时间的前提,而是时间是理解运动的前提。当时间被理解为自在的物理之流时,这种时间只有通过运动才能显现给我们,因而才能被我们理解和认识。运动是我们理解或认识时间的前提,所以,物理时间总是"运动的什么",比如,是"运动的所计之数",甚至就是运动本身。[①] 对于物理时间来说,离开运动,它就无法得到理解。相反,对于内在时间来说,运动与变化离开了时间则无法被理解。因为所谓运动或变化,也就是一事物处于不同状态,比如汽车由 A 地运行到 B 地、西红柿由绿变红等。但是,只有当我们在内在时间(思想-意识)中意识到从 A 地到 B 地是同一辆汽车的持续存在,从绿色到红色则是同一个西红柿的持续存在时,我们才能理解与判定汽车发生了运动,西红柿发生了变化。如果没有这种持续意识,也就是说没有内在时间,那么,在 A 地与在 B 地的可能是不同的汽车,而在绿色状态中的西红柿与在红色状态中的西红柿则会是两个不同的西红柿。这样一来,我们也就不能确定汽车是否发生了运动、西红柿是否发生了变化。所以,作为"思想-意识之伸展、持续"的内在时间是理解、认识一切变化、

---

① 参见奥古斯丁《忏悔录》11:23、24,周士良译,第 249、251 页,商务印书馆,1994。

运动的前提;没有内在时间,甚至也就无所谓变化与运动。这与在物理时间观下的情形正好相反。

而对于奥古斯丁本人来说,他完成的时间观变革使他能够化解物理时间观给基督教神学带来的诸多困惑。既然时间在本质上是我们的思想-意识的伸展、持续,那么,这也就意味着,时间与我们一样是被造的,至少可以说,时间是随我们被造才开始的。我们作为被造物存在,才有了时间。因此,在我们被造之前不存在时间。所以,上帝不在时间之中。而且,既然时间是随我们被造才开始,那么,在我们还没有被造时,也就没有时间。既然没有时间,也就没有"之前"与"之后",所以,也就没有理由问上帝在创造世界之前做什么。

既然上帝在创造时间之前没有时间,那么,上帝就是超时间的,他不在时间中,因而他是绝对自由的。因此,上帝是在时间之外创造了时间中的一切,并且是从无中创有。因为一切"有"的东西也就是能在时间中显现的东西;虽然这个天地世界是在上帝创造人类及其思想-意识之前创造的,但它们却能在内在时间中显现出来,因而是"有"。但是,除了这个世界外,也就没有任何更多的东西能在时间中显现出来,这意味着,除了上帝所创造的这个世界外,就是无。所以,我们可以说,也只能说,上帝是从无中创有。

上帝不在时间中,他当然也不会是在时间中知道时间中发生的一切,虽然他的确知道一切在时间中发生的事物。所谓时间中发生的一切事物,在根本上说也就是能在思想-意识的持续、伸展中显现出来的一切。而人的思想-意识就像一切被造物一样是完全为上帝所知的;对于上帝来说,人的思想-意识是完全透明的。上帝因料知人的思想-意识而料知时间中的一切事物。所以,上帝是超时间的,但他却知道时间中发生的一切。

奥古斯丁的内在时间观不仅捍卫了上帝的超时间的绝对自由、全知全能以及关于上帝无中创有的基督教创世图景,而且使捍卫现象世界的真实性成为可能。因为既然上帝的确就是超时间的,并且是全知全能全善的,那么,他创造的世界也必定是真的,不会因为它是变化的而是假的。在内在时间观下,一切变化或运动都是在思想-意识的伸展、持续中显现出来的;离开了思想-意识,也就无所谓变化与运动。因此,如果人们的思想-意识是真实的、不可怀疑的,那么,在其中显现出来的一切变化与运动也不会是梦幻或假象,而必定也是一个真实的世界。

时间的内在化虽然化解了奥古斯丁和基督教神学的一系列困惑,但是将时间内在化这种努力在哲学上一直没有得到认真的对待。在奥古斯丁之后将近 1400 年,康德才在哲学上认真回应奥古斯丁的时间观变革。如果说奥古斯丁是为了捍卫上帝的绝对自由而把时间内在化,那么,康德则是为了捍卫人的自由而将时间内在化。实际上,在康德之后,时间的内在化问题总是被自觉地与人的自由问题、现象世界的真实(真理)问题以及历史的可能性问题联系起来加以追问。所以,奥古斯丁进行的时间观变革引起了康德之后所有试图认真对待时间问题的大哲学家的认真对待。他对时间观的变革有如他在伦理学领域完成的转折,在整个西方思想史上具有影响深远的开创性意义。

第三节　自由意志与原罪说:伦理学转向

一　引言:罪的观念与善-恶伦理学的困惑

在古希腊-罗马的思想领域里,伦理学的最根本问题是善-恶问题,伦理学的最高使命是人的幸福。在这个意义上,我们可以把这种伦理学称为"善-恶伦理学"而归结为"幸福生活指南"。但是,在基督教成为希腊化世界的主流信仰之后,伦理学发生了根本性变化:罪与罚成了伦理学最根本的问题,它的使命首先也不再是如何使人幸福,而首先在于如何使人承担起自己的责任与维护自己的尊严、权利和希望。而这一转变则是通过奥古斯丁提出自由意志问题实现的。

有法律的地方就有罪的观念,因而对诸如谋财害命、抢劫偷窃等恶行的惩罚都被看做罪有应得。人的行为是否被判定有罪,是这一行为是否应被惩罚的直接理由。也就是说,罪的观念是接受和实施惩罚的前提。几乎有文明的地方就有法律,这在根本上意味着罪的观念存在于所有的文明中,或者说,所有的文明都有罪的意识。法律在各文明中的存在表明罪是人的一种可能性存在,一种要去承担惩罚与谴责的可能性存在。

但是,另一方面,除去犹太-基督文明外,在各大文明中,包括希腊文明,罪的观念也都仅局限于法律层面,而法律本身并不能解决自身合法性的根据问题。这表明,在各大文明中,罪(die Sünde)这种可能性存在实际上并没有得到本源的意识与追问。因此,在奥古斯丁之前,罪的根据与来源并不构成哲学伦理学的问题。在古希腊,伦理学(哲学)有善恶(Gut und übel)问题,却没有罪-责问题。这种伦理学的使命就在于使人如何去恶从善,以便获得幸福。在这个意义上,有关善恶的伦理学也可以被视为"幸福生活指南"。在这种生活指南里,不仅人有善恶,事物也各有善恶(好坏),因此,人有人的德性,物有物的德性。但是,如果说法律必须从伦理学中寻找自己合法性的最后根据,那么"善恶伦理学"本身却无法回答这样一个问题:为什么可以判定一个入室盗物的人有罪,并要求他自己承担起相应责任,却不能判定一头闯进他人花园觅食的牛有罪呢?

这表明作为"幸福生活指南"的"善-恶伦理学"不足以构成一切法学的基础。如果伦理学停留在"幸福生活指南"上,那么,法学本身将找不到其合法性根据,意味着一切法律判决在根本上都是成问题的。这首先不是指法律在对具体案情的量刑上的公正性问题,而是给人定罪这件事本身就是成问题的:既然不能给牛羊草木定罪——不管它们看起来是多么不好(恶),凭什么可以给人定罪? 这实际上也是"善-恶伦理学"面临的一个困惑。

奥古斯丁在哲学史上的重要性就在于他通过追问罪与责的来源和根据而开显出人的另一维更深的超验存在,这就是自由意志,由此开始了伦理学从"幸福生活指南"向"罪-责伦理学"的转向。奠定在对自由意志的觉识基础之上的罪责伦理学不仅使人在本性上区别于他物,而且使人在位格上与万物有别:因为有自由意志,人才能正当地生活,也只有自由意志,人的存在、行动才有正当不正当的问题;"没有自由意志,人便不能正当地行动"①。也即是说,只是因为有自由意志,人才有道德上应当不应当的绝对位格,人的存在与行动才有正义与不正义;没有自由意志,人的存在和行为与万物一样,都出自其本性,而出自本性的行为如何会有罪呢? 如何有应当不应当的问题呢? 石头没有自由意志,它从高处往低处移动完全是出自其本性的运动,因而无所谓应当与不应当,无所谓罪与责,正如由于石头没有自由意志而不能向他者敞开自己,因而没有世界一样。那么,为什么有了自由意志才有罪与责的问题呢? 或者问:为什么有自由意志才能对人判罪呢? 换成一个哲学史的问题就是:奥古斯丁是如何进行伦理学转向呢?

二　罪的意识与自由意志问题的提出

奥古斯丁提出自由意志问题,也即他对自由意志的意识,与一个一直困扰他的问题直接相关,这就是恶的起源问题。但是,奥古斯丁要追问其起源的恶并不是作为"幸福生活指南"的传统伦理学意义上的恶,也即不是不完善或不好意义上的恶,而是要为这种不好承担后果的恶。这意味着奥古斯丁所要追问的恶是一种隐含责任于自身的恶②,从根本上说,这种恶就是罪。不过,最后迫使和推动奥古斯丁提出自由意志问题的,不是人类日常生活中的这个罪或那个罪,而是作为人类众罪之源头的第一罪,亦即《旧约·创世记》里所记述的原罪。对恶的起源的追问把奥古斯丁引到对原罪的信仰和"理解"。而他对原罪的"理解"

---

① 奥古斯丁:《论自由意志》2:3,德译本第 3 版,第 50 页,斐迪南·舍宁-帕德波恩出版社,1961。参见奥古斯丁《独语录》,成官泯译,第 110 页,上海社会科学院出版社,1997(以下所引此书均为此版本)。

② 奥古斯丁不满于摩尼教关于恶是实体且来源于实体的学说,就在于依此学说,一个人作恶便可以不负任何责任。奥古斯丁最后放弃摩尼教而皈依基督教,这表明,他所要追问的恶是隐含罪责于自身的恶。参见奥古斯丁《忏悔录》5:10,周士良译,第 84 页,商务印书馆,1994。

则为一切罪找到了源头和根据,从而为对一切罪进行道德或法律上的惩罚和谴责确立了理由,而这在根本上意味着为一切伦理学和法学奠立了可靠的基础。《论自由意志》在奥古斯丁思想乃至在整个西方思想史中之所以特别值得我们重视,就在于它实际上就是对《圣经·创世记》里的原罪说的理解和阐释,由此在哲学上把以《圣经》信仰为核心的犹太-基督文明所隐含的罪责伦理学确立起来,从而开辟了伦理学的新时代。

要回答上面的问题,必须首先讨论:奥古斯丁如何理解“原罪说”?

与其他文明相比,罪在犹太-基督文明中得到了最深刻、最本源的觉识,因而得到了前所未有的强调。在这里,罪被提到了如此根本的位置,以至于人类的尘世生活被当做是人类为自己的罪而必须承担起来的惩罚,而整部人类历史则被看做赎罪史和救赎史。也就是说,人类的尘世生活和历史是从罪开始的,因为有罪,人类才有尘世生活和历史。这罪就是人类祖先亚当与夏娃犯下的“第一罪”。由于它开始了人类的尘世生活和人类历史,也就成了此后所有人类必须承担起来的罪——尘世生活无非是人类必须为此“第一罪”而承担起来的惩罚。也就是说,这“第一罪”成了人类共同的“原罪”。虽然《旧约圣经》与《新约圣经》在许多方面有重大的差别,但在对“罪”的强调与维护上却是一贯的,其中隐藏的深刻意味将随着我们讨论的深入而逐渐被显现出来。

这里要进一步问的是,亚当与夏娃是怎么犯下这“第一罪”的? 他们的什么行为被定为犯罪(Sündigen)? 原来是他们听从蛇的引诱而偷吃禁果。而偷吃禁果这一行为之所以被认定为(犯)罪,是因为这一行为背弃了上帝的吩咐而听从了比人自己低级的存在者的诱惑。也就是说,一个行为是否有罪、是否为一罪行,就在于它是否背弃永恒者而屈从可变者。简单地说,罪就在于无视永恒者而看重可变者。①

而一个行为被判有罪,同时意味着它必受惩罚。因此,亚当和夏娃

---

① 参见奥古斯丁《论自由意志》1:34,德译本第3版,第44页。

获罪之后被惩以逐出乐园,开始了人类必死且充满险恶的尘世生活。但是,这只是原罪的一个方面。原罪必受惩罚,但在承受这种惩罚中有可能被洗去。人类虽因原罪而不得不生活于尘世,但每个人仍可以通过自己的善举和上帝的恩典获得幸福和拯救,这是"原罪说"为人类打开的一个绝对未来。这意味着人的善行将得到相应的酬赏。因此,在"原罪说"里隐含着一个原则性思想,这就是:"惩罚罪行,酬赏善举"是天经地义、理所当然的,是正义和善的体现。也就是说,"惩罚罪行,酬赏善举"被确认为一条绝对的正义原则。

在《创世记》里,正因为"罚罪酬善"被认定为一条绝对的正义原则,人类因原罪才必须承担起充满忧患的尘世生活这种惩罚。同时,也只是因为这一原则,人类才有可能靠自己的善行和上帝的恩典而获得可靠的幸福和最终的拯救,才能打开一个可靠而光明的未来。所以,"原罪说"在犹太教和基督教信仰里是极为核心的,它不仅设定了历史的开端,而且打开了终结历史的希望。

但是,现在的问题是,如何理解"(原)罪"本身及其所隐含的正义原则?《创世记》只是把背弃上帝的吩咐而听从低级者的诱惑这一行为认定为罪,并且把惩罚罪行、酬赏善行当做天经地义的。但是,我们又如何理解"背弃上帝的话语而听从有限者的诱惑"这种行为就是有罪的呢?我们又如何理解"罚罪酬善"的原则是正义的呢?

我们首先要问:为什么"背弃上帝而听从有限者"的行为就是有罪的?上帝凭什么理由把背离其吩咐的行为判定为有罪?不求理解的信徒也许会回答说,因为人是上帝创造的,上帝是人的统治者,因而人必须听从上帝的旨意,不听从就是犯上作乱,是有罪。问题是,既然人被创造为必须服从上帝的旨意,他又如何能够背离上帝的意旨呢?更具体地问,他如何**能够不愿意**服从上帝的旨意(wie **kann** er **nicht** dem Gott zu gehorchen **wollen**)?如果他没有能力去不愿意服从上帝的旨意,那么他也就不会背离上帝的旨意,因为他是按"必须服从上帝的旨意"这个目的被造的。"原罪"的事实表明,人有"不愿意"服从的能力。或者说,如果相信原罪说，把原罪当做真的事实，那么，就必须确认，人有"不去愿意"服从的能力。简单地说，人"能不（去）愿意"服从。

这里还有一个问题，我们知道，人背弃上帝的吩咐是受了他者的诱惑，那么我们要问：人是否被造得有能力足以抵抗他者的诱惑？如果在被造的时候，人并没有被赋予一种能力足以抵抗他者的诱惑，那么，也就意味着人接受他者诱惑而背弃上帝的吩咐是不可避免的，是必然的，就好像石头被放到水里就会往下沉一样。但是，谁会因石头往水里沉而谴责并惩罚石头呢？因此，如果人因没有能抵抗住诱惑而违背上帝旨意就是犯罪，并且对此的惩罚是正义的，那么意味着原罪说及其正义观本身隐含着这样一种认定意识，即人在被造时被赋予一种能力足以抵抗他者的诱惑，也就是说，人有一种能力足以使自己"能不去愿意（不去想要）"为物所诱。

因为人有"能不去愿意"服从的能力，才有可能听从诱惑者而背离上帝。同时，因为人也有能力足以使他"不去愿意"为物所诱，而他却去愿意、追求诱惑物，从而背离上帝，所以他是有罪的。

现在急切要问的是，"能不去愿意"是一种什么能力？不管是"能不去愿意"服从，还是"能不去愿意"为物所诱，指的就是人自己能够支配、主宰、决断自己意志（愿）的能力；而这在根本上也就是说，人的意志是自由的，人有意志自由，或说有自由意志。也可以反过来说，人有自由意志，人置身于自由意志之中，首先就是指人能够把自己的意志完全置于自己的决断之下。人的自由意志这种能力是如此之大，以至于它能够决断不去听从它的创造者的旨意。既然可以对它的创造者说"不"，那还有对什么不可以说"不"呢！这是人的全部伟大品性之所在。然而，这也是人的全部罪责之所在——对此我们后面将进一步讨论，现在则继续阐述我们对《创世记》的理解。

上面的分析表明，人在被造时被赐予了自由意志这种能力。人是按必须遵从上帝的旨意被造的，但同时人也被赋予了自由意志，即决断愿意服从或者不愿意服从的能力。上帝在造人时也知道他会受诱惑，因为他是有肉身的存在,而不是纯精神的存在。但是,由于上帝给予他自由意志,使他有能力不去意愿、追求诱惑物,也即说使他有能力经受住诱惑,能够对任何诱惑说"不"。经文说:"你们受的引诱,无非是人普遍受的。上帝是信实的,必不让你们受的引诱超过你们能忍受的。"①其深意就在于:人被赋有自由意志这种能力,这使他能忍受住任何引诱——至少我们可以对这段经文作此理解。

正因为上帝造人时,虽然要求人必须服从上帝的意旨,但同时给人以自由意志,把人是否愿意服从上帝的权利交给人自己,因此,上帝对人背弃天条的行为进行定罪,并施以惩罚才是有理由的,才是正义的。一个行为之所以有罪,并不仅仅在于它背弃了永恒者,而在于这一行动是出于意志的自由决断;实际上,也只有出于意志的自由决断的行动才会背弃上帝,因为在没有自由意志的地方,万物都各在其位,没有能力越出其赋得的天位。同样,一个行为之所以被定为善行,也并不仅仅在于它遵从永恒者的尺度,而且也在于它出自意志的自由决断与推动。在没有自由意志的地方,万物都按其赋得的本性存在,因而它们的存在或运动最多只是善的体现或象征,而不是善行本身。② 我们也可以简单地说,一个行为之所以能被判定为善举或者罪行,在于它本来不一定就是它,而可能是它的反面。因有自由意志,人的任何行为都不是非如此不可,他完全可以决断其他行为,否则,判罪、惩罚、酬赏、正义就是不可能的。

所以,奥古斯丁问:"如果人没有自由的意志决断,如何会有罚罪酬善这种作为正义出现的善呢? 如果一切都是在没有意志的情况下发生的,那么就无所谓罪行或善举,赏罚也就都是不正义的。但是,在赏罚里必定存在来自上帝的善。因此,上帝必定赋予人自由意志。"③也就是说,

---

① 《新约·哥林多前书》10：13。
② 我们不会把天体在星空中按某种轨道运行判定为善行,也不会把春蚕吐丝当做什么德行加以酬赏。但是,星空的和谐神妙,大自然的千姿百态,却显示了它们正好是按某种最好的尺度在自己位置上(an sich)存在着,好像是按最好的目的被安排在自己的位置上,因而它们的存在体现了"完成"和"完满",是绝对意义上的"好"即善的体现,这也是万物的美之所在。
③ 奥古斯丁:《论自由意志》2：3,德译本第 3 版,第 51 页。参见奥古斯丁《独语录》,第 110 页。

如果我们相信"原罪说"，即不仅把上帝创世和人类背离上帝的意旨当做真实的事实来赞同和接受，而且认同人类的这一行为就是一种罪，因而由此承受的惩罚是正义的，是理所当然的，那么，我们就必定要承认，人在被造时被赋予了自由意志，被抛入了自由意志。这意味着，对"原罪说"的信仰隐含着对人的自由意志的觉悟。或者说，从"原罪说"，可以开显、阐发出自由意志问题，而这正是人的一个深度存在的问题。

我们也可以反过来说，正是自由意志使"原罪说"成为可理解的。从哲学（理性）角度看，没有自由意志，"原罪说"不能成立，"原罪说"必以自由意志为前提。因此，如果我们信仰"原罪说"，并力图理解它——信仰总要寻求理解，那么，我们就会被逼进自由意志这一人的深度存在，并最终觉悟。在这个意义上，"原罪说"的信仰将促进哲学对人类的自由的觉悟。只要哲学力图去理解"原罪说"，"原罪说"信仰就将迫使哲学对自由意志的意识，从而把自由意志作为一个根本问题展开出来。而自由意志作为一个哲学问题被展开出来对于哲学和人类史来说，都具有根本性的意义。因为哲学对自由意志的追问意味着人开始走向对人自身的绝对尊严、绝对权利和绝对责任的自觉确认与自觉承担。每个个人之所以有绝对的尊严、绝对的权利和绝对的责任，全在于每个人都是置身于自由意志之中的。

三　自由意志与伦理学的新问题

哲学从"原罪说"信仰中开显出自由意志问题，在根本上就是哲学对人的自由存在的觉悟。这种觉悟使哲学面对的人不再仅仅是理智的人，而且是自由的人。哲学的使命由此不仅在于探求真理，而且在于理解与维护自由。这一新使命引起了伦理学的一个根本性转向：伦理学的任务不再是提供"幸福生活指南"，而是理解与维护人的绝对权利、绝对尊严与绝对责任。展现在伦理学面前的新的根本问题首先不再是如何通过由理智获得的真理而过幸福的生活，而是如何理解与维护人的自由存在，从而理解与承担起人的罪责、尊严与权利。伦理学由此走上了为一切法学与政治学奠定基础的艰辛道路。

正因为自由意志问题的提出，使罪责、尊严与权利成了伦理学的课题。首先，因为你被赋予了自由意志，被抛入了自由，也就是说，你赋得了这样一种权能，即你完全能够支配、决断自己的意志（意愿），能够把意志完全置于自己的支配之下，因而也即是说，你有能力完全只根据自己的意志去决断生活、行动。由于这种权能（能力）是天赋（或者说是来自于上帝）的，因此，每个个人实施和维护这种权能——根据自己的意志决断去生活和行动——就是绝对正义的，任何法律都必须确认和维护个人的这种权能，否则该法律就不是正义的。因此，从自由意志这种权能，个人获得了这样一种绝对的法律属性，即他在与他者发生关系时，他必须**被允许根据自己的意志决断去生活和行动**。由于每个人都赋有自由意志，因此，"必须被允许根据自己的意志决断去生活和行动"是每个人赋得的法律属性；而每个人的这种法律属性之所以是绝对的、不可替代的，就在于每个人赋得的自由意志这种权能是先天的超越性存在，因而是不可剥夺、不可让渡的。个人的这种法律属性意味着他在法律上拥有了这样一种绝对的权利：每个人都有权根据自己的意志决断去生活和行动。个人的这种绝对权利是他的包括平等权在内的一切其他权利的基础和前提。我们知道，近代以来，所有真正民主、文明的国家的基本法都必定建立在尊重和维护个人的这种绝对权利的基础上。

同样，由于每个人赋有自由意志，他便成为他自己存在的目的本身。既然自由意志使每个人能够只根据自己的意志决断去生活和行动，而不必以任何他者的意志，哪怕是最高存在者的意志为根据，那么也就是说，每个人的存在不以任何他者为目的，而只以自己为目的。自由使每个人是他自己的目的，而这在根本上是说，每个人的存在（生命）是不可替代的，不能仅仅被当做他者的工具。作为自己的目的本身存在是每个人的绝对尊严之所在。一个人的尊严之所以是绝对的、不可侵犯的，就在于他是他自己存在的目的本身。而这在根本上是说，人的绝对尊严来源于他的自由意志。

不仅如此,自由意志使人负有绝对的责任。动物没有责任,一只蜜蜂蜇伤了人,没有人会去追究它的责任,但一个人要是把别人打伤了,必然会被追究责任,为什么? 因为他是自由的,他赋有自由意志。那么,为什么自由意志使人必须担当起责任呢?

实际上,自由本身就隐含着责任于自身。人置身于自由之中,在根本上是说,他的一切行动都是出于他自己的意志决断(后面还要详细讨论)。不管是愿意在暴风雨里享受自由,还是愿意在牢笼里求安逸(放弃自由),都是出于他自己的意志决断。自由就意味着每个人就是他自己的一切行动的唯一原因。因此,他除了确认自己是自己的一切行动的肇事(始)者和实施者外,找不到其他肇事(始)者,因而也找不到其他能够在其存在中接受此行动之后果的人。这意味着他必须确认自己是自己的一切行动的肇事(始)者,从而把此行动及其后果接受为自己存在或生活的一部分。人完成一行动,并不就摆脱此行动;行动一旦发生,对肇事(始)者就不会是"无"。只要确认自己是一行动的肇事(始)者,他就必须在自己的存在中承受此行动及其后果。所谓"在自己的存在中承受自己的行动及其后果",就是说,在意识里接受和承担起该行为获得的评判和赏罚。① 如果说自由意志使每个人不得不确认自己是自己行动的唯一原因,因而他不能不确认自己是自己行动的肇事者,那么他就必须在自己的存在中接受和承担起自己行动的后果。而"在自己的存在中接受和承担起自己的行动的后果"就是人的最基本的责任。这一责任的绝对性同样在于自由的不可避免,人先天地被抛入自由,他不得不置身于自由当中。所以,自由同时意味着责任,意味着承担。就《创世记》而言,人之所以要接受尘世生活,就在于这是他偷吃禁果这一行动的"被评判后果",因而他必须承担起来。惩罚原则本身隐含着对人的责任的意识:人必须

---

① 这里我想区分行动的两种不同意义的后果,即"实际后果"和"评判后果"。一个人把另一个人打伤,这一行动的"实际后果"就是肉体上和心理上的伤害,而"评判后果"则是这一行动受到(道德和法律上的)的评判以及由评判给定的惩罚。根据这一区分,"肇事者必须承担起行动后果"指的只能是"评判后果",而不是"实际后果"。

承担自己行为的后果。就罪的观念普遍存在于各种文明的法律中而言，责任在各种文明中也都得到相应的觉悟，但是，由于只有"原罪说"把罪绝对化、先天化，人的责任才被绝对化，或者说，人才有绝对的责任。而且由于尘世生活被看做是人类"第一罪行"的后果，因此，人没有理由不承担尘世生活，人不能放弃尘世生活。接受和承担尘世生活是人履行其绝对责任的行为，同时也是人获得新生的希望。因此，尘世生活也就有了绝对的意义。

由于人的绝对权利、绝对尊严和绝对责任都是以自由意志的存在为前提，因此，如果说奥古斯丁对自由意志的追问意味着人开始了对自己的自由存在的觉悟，那么，也可以说，人由此也开始了对自己的绝对权利、绝对尊严和绝对责任的意识。而这正是近代启蒙哲学的核心工作和伟大贡献。奥古斯丁在哲学史上的最伟大之处，就在于他从基督教信仰开显出了哲学的新的核心问题。他对自由意志的追问不仅为哲学开辟了新维度，而且为伦理学奠定了全新的基础。伦理学由此不再只是"生活指南"，而首先是理解和维护人的绝对尊严、绝对权利和绝对责任的学问。因此，我们也可以把奥古斯丁所确立的伦理学称为"责任伦理学"或"权利伦理学"。从思想史的角度看，我们也可以说，奥古斯丁通过他的伦理学（第一哲学）使基督教信仰对人的绝对尊严、绝对权利和绝对责任的规定与强调在学理上获得了根据，从而成为在学理上是可理解的。在这个意义上，奥古斯丁对自由意志的追问遥远地召唤了近代启蒙哲学的精神。

四　自由意志与正当的生活

上面主要讨论了罪与自由意志：人因赋有自由意志，才有能力不愿意服从上帝的旨意而背离上帝，也因为人有自由意志，背离上帝这一行为才是有罪的。这意味着人因有自由意志才犯罪，罪来自人的自由意志。动物不犯罪作恶，石头不管怎么运动，也都没有犯罪作恶的问题。

但是，自由意志是上帝赋予的，我们是否可以由此说，是上帝让我们犯罪作恶呢？或者说,上帝是人犯罪作恶的原因？奥古斯丁的回答当然是否定的。如果上帝是我们人犯罪的原因,那么,上帝本身就是不完善的,而且既然原因不在我,我们也就无需为自己的行为负责,上帝对人的恶行定罪并施以惩罚也就是不公正的。奥古斯丁认为,上帝赋予人自由意志只是为了人能正当、正义地生活:"要相信,上帝给人自由意志不是为了人能借自由意志犯罪。没有自由意志,人便不能正当地生活,这是上帝赋予人自由意志的充分理由。人若利用自由意志犯罪就要遭神意安排的惩罚,这一事实表明,上帝赋予了自由意志就是为了人能正当地生活。"[①]

这里我们要问:为什么没有自由意志人便不能正当地生活？或者说,为什么有了自由意志人才能正当地生活？如果上帝是"为了"人能正当地生活才赋予人自由意志,而人却利用它来犯罪作恶,这是否表明上帝的旨意在人这里失去了效力,因而上帝在人这里并不是万能的？

先讨论前一个问题。没有自由意志,人的生活就如动物的生存一样,不存在正当(义)不正当、犯罪不犯罪的问题。因为在没有自由意志的地方,一切存在都出自本性,而本性就是天性,就是从上天或上帝那里赋得的存在。置身于本性之中,就是持守在自己赋得的天位上存在。没有自由意志,万物不会越位,永远守于其天位,因而不会中断上帝的旨意而犯罪。但是,这只是表明,有了自由意志,人的行动才有正当不正当的问题,却仍没有回答"为什么有了自由意志人才能正当地生活"这一问题。

为了回答这一问题,这里有必要进一步讨论"人有自由意志"是什么意思？在奥古斯丁这里,与康德不同,"自由意志"(der freie Wille)并不就是"善良意志"(der gute Wille),而首先是一种"权能或能力"。在奥古斯丁这里,"善良的意志"与"恶的意志"(der schlechte Wille)相对应。前

[①] 奥古斯丁:《论自由意志》2：3,德译本第3版,第50页。参见奥古斯丁《独语录》,第110页。

者就是渴望过正直而崇高的生活的意志①,而后者则是热爱不在我们的权能之下的事物的意志②。但是,不管是善良的意志还是恶的意志,都是自我决断的意志。也就是说,意志是使人渴望永恒的正义和崇高,还是追求临时的享受与满足,都完全取决于意志本身的决断,因而都属于自由意志本身。意志的善恶取决于意志本身决断要什么,因而恰恰是以自由意志这种能力为前提。因此,在奥古斯丁这里,自由意志并不必然决断以善为目的,它也可能决断以恶为对象。自由意志在善恶之间,所以奥古斯丁说"自由意志是中等(间)之善"③。

但是,作为人赋得的一种能力或权能看,自由意志意味着什么? 意味着意志完全在自己的权能之下。也就是说,自由意志就是这样一种意志:它完全能够自己决定自己,它是决定自己意愿什么的唯一原因。说人有自由意志或人置身于自由意志,就是说人承担着一种能够完全由自己决断自己意愿什么的特殊权能即意志本身。人的意志总是在自己权能之下的意志。"如果意志不在我们的权能之下,它就不会是我们的意志;由于它在我们的权能之下,它在我们身上才是自由的。"④所谓"在我们的权能之下"也就是在我们自己的意志的权能之下。在这个意义上,人的意志就是自由意志。除了自由意志,人没有其他意志。因为如果一个人竟然有一种连自己意愿什么都不能决定的意志,那么这一意志就不是他的意志。我的意志之所以是我的意志,不仅在于它是我承担的一种权能,而且在于我的这种权能完全能够自己决断自己意愿什么。

因此,"人有自由意志"在根本上是说人承担着一种完全能够由自己决断自己意愿什么的权能。人被抛入了自由意志这种权能中,自由意志决断怎么意愿人就怎么行动。虽然人们在决定一项行动的时候会思前想后,权衡利弊,考虑到诸多现实因素和各种可能的后果,但是,所有这

---

① 奥古斯丁:《论自由意志》1:25,德译本第 3 版,第 50 页。参见奥古斯丁《独语录》,第 31 页。
② 同上书,1:27,第 34 页。
③ 参见同上书,2:48—53,第 104—106 页。
④ 同上书,3:8,第 124 页。

些意志之外的因素都不足以构成意志决定该行动的原因。最后真正决断这一行动而使这一行动付诸实施的，必是意志本身。不管支持某一行动的外在因素有多充分、多全面，意志也可以（有能力）决断相反的行动。即使意志决断了诸外在因素所支持的行动，也绝不表明这些外在因素是行动的原因，而只是表明意志决定获取或者追逐从那些因素中容易引出的结果。人们在决断时总会考虑到各种实际因素，并在此基础上最后采取某种行动，但这些实际因素并不因此就成了意志决断该行动的原因。相反，那些因素之所以被重视，并不是因为它们对意志本身有多重要，而只有对于意志自己决断所意愿的东西来说才是重要的。意志决断意愿什么，人便做什么。各种外在的实际因素是否被顾及和重视，完全取决于它们对于获取意志决定意愿的东西来说是否重要。所以，自由意志之所以为自由意志，就在于它是决断它自己意愿什么的唯一原因。简单地说，自由意志就是自由因——自己是自己作出决断的原因。

人们会说，我想要（意愿）很多东西，可是我并不能得到所想要的所有东西。人的确没有"心想事成"的自由——只有上帝才有这种自由，但自由意志使人拥有"能够完全从自己出发决断自己要什么的"自由。我能不能得到我想要的东西是一回事，我决断自己要什么是另一回事。哪怕看起来我不可能得到某种东西，我在意志里仍可以决断要这个东西、意愿这个东西，从而采取相应行动。愚公要把眼前的大山移掉，在他有生之年看起来是绝无希望的，但他仍可以决断他所意愿的——移山！我能不能得到我想要的东西，的确不是我的意志所能决定的，但是，我的意志却能够完全从自己出发决断自己想要什么。人们是否采取行动去实现所意愿的东西，只取决于人们是否在意志里真正决断意愿这个东西。如果他的意志真正下决断意愿这个东西，那么他就必定采取相应行动，而不管其现实条件如何。

依照康德的区分，我能不能得到我所意愿的东西与我决断意愿什么东西是分属两个不同领域的问题。前者属于现象（必然性）领域里的问题，后者则是自由-自在领域里的问题。为了获得我想要的东西，我采取的行动受到各种现实因素的限制,我必须根据这些现实条件来调整甚至改变我的行动。因此,仅从现象领域的角度看,我采取的行动是诸现实条件的结果,我的行动与诸现实条件处在因果关系中。但是,我之所以在这些现实条件下采取这一行动而不是其他行动,恰恰是为了实现或获取我在意志里所意愿的东西。也就是说,促使和决定我采取这一行动的,是我的意志所意愿的东西,而这在根本上说是意志本身决定了我的行动。意志决断自己所意愿的东西决定了行动。所以,从自在-自由的角度看,人的行动都只有一个原因,就是他的自由意志。换言之,自由意志把一切现实事物都从行动的原因中排除出去,把一切现实因素都视为"无"。

正因为自由意志能够把一切现实事物视为"无",可以对它们说"不",人才能(有可能)抵御和抗拒现实事物的诱惑,因而才有可能过正当而有德性的生活。不过,这里仍有必要进一步从自由意志本身所隐含的自律法则来理解"为什么有了自由意志人才能正当地生活"这一问题。

自由意志虽然使人有能力只从自己的意志所意愿的东西出发行动,也就是说,自由意志使人有能力"为所欲为"而不顾及任何现实制约,但是,这绝不意味着自由意志允许人"为所欲为",因为自由意志本身有自己的法则。自由意志不接受任何外在法则,否则它就不是自由意志,但它有自己给出的法则。自由意志是每个人赋得的权能,因此,它是一种普遍性力量。作为一种普遍性力量,自由意志所决断的意愿,以及所采取的行动,都必须是可普遍化的。也就是说,当所有的个体意志都决断同样的意愿而采取同样的行动时,自由意志不会陷入自相矛盾。自由意志陷入自相矛盾表明自由意志否定了自己所意愿的东西,或者说,**自由意志意愿了自己所不意愿的东西**,比如,窃取他人财物。如果我在意志上决断了这样的意愿,即窃取他人财物,从而采取相应行动,那么,基于这种意愿的行动一旦普遍化,别人也照样可以窃走我的所有财物。但是,我之所以窃取他人财物,恰恰是为了拥有它而不是失去它。也就是说,当我在意志上决断"去窃取他人财物"这种意愿时,我的意志实际上已陷入自相矛盾：**它意愿了自己所不意愿的。**

自由意志陷入自相矛盾表明，自由意志决断了它不该决断的意愿，从而决断了不该决断的行动。作为一种普遍性力量，自由意志本身隐含着自我决断的法则：只决断能普遍化的意愿和行动，或者说，只决断不会导致自相矛盾的意愿和行动。自由意志允许的自由就是在这一法则内的一切可能性。如果人们遵循自由意志的法则，人们就会决断正当的意愿，给出正当的行动；而当人们违背自由意志法则，从而决断不可普遍化的意愿和行动时，也就意味着人们误用了自由意志。

上面的分析表明，虽然人会误用自由意志而给出不正当的意愿和行动，但是，显而易见，只是因为人赋有自由意志，他所决断的意愿和行动不仅才有正当不正当的属性，而且他才能决断正当的意愿和行动，从而才能正当地生活。只有当人赋有自由意志并遵循自由意志的自律法则，人才能决断正当的意愿和行动；也只有人赋有自由意志并遵循它的自律法则，他才能决断正当的意愿和行动。

所以，上帝赋予人自由意志的本意是要人过正当的生活，为人行为正义，而绝无让人作恶犯罪的意图。正因为只是为了人正当地生活，上帝才赋予人自由意志，上帝对人利用自由意志犯罪的惩罚才是公正的、有理由的。如果作恶犯罪也是上帝赋予人自由意志的目的，那么，惩罪酬善就是不公正的。上帝怎么能对人做自己要人去做的事情进行惩罚呢？当上帝惩罚罪人时，他不就是要说：你为什么没有把自由意志用在我把它赐予你的目的上，即正当地生活呢？[1]

五　自由意志与本性

"在严格意义上说，我们所谓'罪'，不仅意指一种出于自由意志的有意行为，而且包括对犯罪行为的必然惩罚。"[2]也就是说，罪这种观念本身

---

① 参见奥古斯丁《论自由意志》2：3，德译本第 3 版，第 50 页。
② 同上书，3：54，第 165 页。

包含着对自由意志以及对出于自由意志的行为的奖惩原则的意识与确认。因此,在"原罪说"里,不仅表明人赋有自由意志,而且意味着上帝给人自由意志是为了人能正当地生活、行动。否则,惩罪酬善就没有理由被确认为一条绝对的正义原则。

但是,现在的问题是,既然自由意志是上帝赋予的,因而它也就是人的本性(Natur),那么,我们是否可以说,自由意志的一切决断都出自本性呢? 如果是,那么这岂不意味着诸如偷窃、杀人、行贿受贿等这些由意志决断的行为是出自人的本性? 而出自本性的行为又如何是有罪的呢?

奥古斯丁写道:"如果意志是以这样的方式被赐予,即它的运动动因源于本性,那么,意志转向可变之善就是必然的。但是,在本性和必然起支配作用的地方,也就不可能谈论什么东西有罪。……如果你确信,(意志转向可变之善)这种运动是有罪的,那么你无论如何都不能认为意志是以那种方式被赐予。"[1]也就是说,意志不是以只能按其本性运动的方式被赐予我们,否则也就是说,意志是作为一种只按其本性运动的权能赐予我们,那么意志从最高的不变之善转向可变之善的运动就是一种出自本性的运动,因而是必然的。既然这种运动也出自本性而且是必然的,那么也就没有任何理由来谴责与惩罚意志支配下的任何行动。因此,如果我们确信,意志的哪种运动是有罪的,那么,同时要确信,意志不是以只按其本性运动的方式被赐予我们。问题是,如果意志不是作为只能按其本性运动的权能给予我们,那它又是作为什么东西给予我们? 只能是作为可以(能够)不按其本性运动的东西给予我们。

这里我们首先要问:奥古斯丁的"本性"是什么? 他回答说:"本性之为本性就在于上帝就这样造它们,而它们之缺点(损)(Fehler),是也只是它们远离了上帝创造它们的目的;它们受谴责,则是它们的谴责者虽然看到它们被创造的目的,却在它们身上看不到这一目的。"[2]他在另一个

---

① 参见奥古斯丁《论自由意志》3∶1,德译本第3版,第113—114页。
② 同上书,3∶42,德译本第3版,第155页。

地方还说:"我们谴责某物,就是谴责它的缺点(损)。但是,我们不可能谴责某一本性存在者的缺点而不因此赞扬这一本性存在者。因为你所谴责的,或者符合本性存在者,因而你谴责的就不是缺点,而你倒需要自我改善,以便你学会正确地谴责;或者你所谴责的的确是缺点,因而你谴责得对,那么这一缺点就一定与本性存在者的本性相违背。因为一缺点(损)就它是缺点而言,它一定是违背本性的。如果它不损害本性,它就不是缺点;如果它是一缺点,一定就因为它损害了本性,所以,它之所以是缺点,就因为它违背了本性。"①

　　这里有几层意思需要加以澄清:(1)所谓"本性"是上帝给予的。上帝把我们造成"什么样子",这个"样子"就是我们的本性。每一种本性中都包含着上帝的某种目的。(2)所有本性都是完美整全的(Vollkommene),这不仅因为它们是由万能的独一之神创造的,而且因为它们已被这独一的全能之神创造出来了。一存在者的本性之所以是整全完美的,是也只能是因为它是由一全知全能的造物主创造出来的。因此,这一存在者是完成了的存在,而不是未完成的存在。如果存在者不是由一全知全能的造物主创造出来的,那么它或者是自生的,或者是他生的。但是,不管是自生还是他生,由于产生它的都不是全知全能的,所以,它的存在不可能是整全完美的,它有待改进。在这个意义上,它的存在不是完成了的存在,而是未完成的存在。而对于一个未完成的存在者,我们不能谈论它的本性的完整性(Vollkommenheit)。(3)由于所有本性都是出自独一的全能之神,因而是完美整全的,所以,一本性就其是本性而言,它一定是善的、好的。一切被造物如果安于本性,也即安于上帝赋予它们的"天位"上,那么它们就是整全完美的。被造物的缺点就是其本性的缺损,或者说是对其本性的损害。一被造物的缺点之所以是该物的缺点,就在于这一缺点是对此物之本性的损害或违背,因而也就是对此物之完整性的损害。对本性的损害或违背,在根本上就是对上帝造物之目的的背离。因

① 奥古斯丁:《论自由意志》3:42,德译本第 3 版,第 155 页。

此,事物的任何缺点都是恶的、该受谴责的。也就是说,"缺点是恶的,只是因为它违背了它存在于其中的存在者的本性"①。我们之所以有理由谴责缺点,就因为它违背了本性从而背离了上帝的目的。

那么,存在者是怎么被损害的呢? 在奥古斯丁看来,有两种情形:一种是较强(优越)的存在者损害较弱的存在者,另一种是较弱的损害较强的存在者。前一种情形,比如人吃果子,假使果子朽坏,这种情况不应受谴责。因为果子的这种被损坏并不是果子的缺点,也构不成果子的缺点。在这里,果子的本性并没有被损害,倒是完整地被"接受"。但是,在后一种情况下,则一定涉及对本性的损害。因为较弱的损害较强的,一定是通过较强者的意志进行的,而且较强者之被较弱者损害本身就表明较强的已经有了缺点,所以应当受谴责。② 也就是说,较弱者是通过较强者的意志而给较强者造成损害的。而较强者的意志能够受较弱者的影响,表明较强者的意志已经有了缺点。这实际上意味着,较强者受损害之所以构成了较强者本身的缺点,从而该受谴责,是因为较强者的意志本身有了缺点,或者说较强者的意志首先损害、违背了自己的本性。

这里实际上隐含着另一层未曾明言的意思,即:只有赋有自由意志的存在者才会损害或违背自己的本性而使自己的本性与他者的本性缺损。也就是说,只有赋有自由意志的存在者才会背离上帝的目的,才会"越位"而为,从而违背或损害自己的本性。就人这种存在者而言,上帝赋予他自由意志是为了使他能过正当的生活,行正当之事。从另一个角度说,就是为了使他能热爱并坚守不变的永恒之善。"因为如果意志背离不变的普遍(共同)之善,而转向私人之善(好处),或外在的、低级的善,那么意志就是犯罪。如果意志想要达到自己的特殊权能,它就会转向自己的私善;如果意志渴望别人的私善,或者热衷于了解与己无关的事物,那么它就会转向外在的善;如果意志爱好身体的快乐,那么它就会

---

① 奥古斯丁:《论自由意志》3:42,德译本第 3 版,第 154 页。
② 同上书,3:41,第 152—153 页。

转向低级的事物。"①就是说,如果自由意志不坚守在不变的普遍之善上,意志就不可能使人过正当的生活,行正当之事。因此,就人的意志而言,它的本性就是热爱与持守不变之善。

自由意志这种能力之所以是一种特殊权能,就特殊在它能够不按其本性运动,即它能够违背其本性而运动。意志是按它既能够根据其本性运动又能够违背其本性运动的方式被赋予我们的。因此,并不是意志的所有运动都出自其本性,它的所有转向可变之善的行为都是出于对其本性的违背。人的种种恶行虽然都是出自其意志,但是,这并不意味着它们是出自人的本性,恰恰是出自违背人的本性,首先是出自违背自由意志的本性。人做出种种恶行,乃是意志违背其本性而决断的结果。

但是,这里马上又引发出上面已提到的一个问题:既然上帝赋予人自由意志是为了人能正当地生活、行事,那么,上帝的意旨为何在人这里发生了"中断"而失去效力?人利用自由意志这种权能犯罪作恶,而不是只用于行正当事,这表明上帝的意图在人这里没有得到直接贯彻。上帝愿意什么,就能成就什么,因为他是万能的。但是,他给人自由意志是愿意人为善,人却没有为善。上帝给予人自由意志之后似乎对人就无可奈何。在这里,上帝似乎没能想要怎么样,就能成就怎么样。

虽然如此,这并不能否认上帝是万能的,他对人依然是绝对万能的。首先,人之所以能"中断"上帝的意愿,恰恰是因为上帝赋予了人自由意志这种权能,使人能够完全从自己的意志出发决断自己的意愿和行动,而不顾及任何他者因素。人能够按自己的意志行事,这是上帝所允许的。

其次,上帝给予人自由意志,因而允许人根据自己的意志决断自己所意愿的东西,但是,这并不意味着上帝允许人中断其意愿——正当地生活——而犯罪作恶;上帝赋予人自由意志,同时也要求人遵循自由意志的自律法则,即只决断能普遍化的意愿和行动。因此,人中断上帝对

---

① 奥古斯丁:《论自由意志》2:53,德译本第3版,第106页。

人的美好意愿虽出自上帝赋予的自由意志,但人必须为此付出代价:接受上帝的审判和惩罚。在人身上,上帝的意志是通过对人的自由意志进行奖惩的方式来贯彻和成就的。上帝的意志虽可被人的自由意志"中断",但上帝却可以在审判中追补自己的权能,贯彻自己的意志。在人身上,上帝以追究罪责的方式成就其意志和维护其全能。

因此,如果原罪即人类"第一罪"是可确信的(这是基督教信仰的核心信条之一),那么,人就必有自由意志;而如果上帝是全能的(这是一神教信仰必定隐含的一个信条),那么,人的意志的自由决断就必受追究,也就是说,人要为自己的自由意志负起绝对的责任。因为上帝正是通过追究人的意志的自由决断,从而要求人在其存在中接受和承担起其自由决断的"评判后果",来贯彻自己的意志和维护自己的全能。因此,如果说奥古斯丁的"自由意志论"就是对一神教下的"原罪说"的理解和阐释,那么,建立在"自由意志论"上的伦理学就必定是一种罪-责伦理学,即为判罪和承担责任确立根据的伦理学。

不过,奥古斯丁对自由意志的追问,其意义绝不仅仅限于带来了伦理学的转向。设若没有奥古斯丁为了理解基督教信仰而提出了自由意志问题,我们就很难想象自由会成为近代哲学一个与真理这个传统问题并行的核心问题。而如果没有自由问题,近代哲学也就不成为近代启蒙哲学。因为没有自由问题,我们便无法想象诸如平等、权利、尊严、责任这些构成近代社会之合法性源泉的问题能得到深刻的意识和深入的思考。实际上,近代启蒙哲学直接要批判的就是教会权威的思想专制和世俗权威的政治专制,但是,启蒙哲学据以批判专制的核心思想却与基督教信仰所隐含的精神密切相关。

不仅如此,从康德开始,特别是到了现象学哲学,自由甚至不只是实践哲学里的问题,而是首先成了与存在真理直接相关的存在论问题。因此,如果从近现代哲学的角度回过来看,那么,奥古斯丁对自由意志的追问对整个哲学和哲学史都具有根本性意义。

第四节　历史哲学(一)

在基督教传入欧洲并成为欧洲人的主流意识之前,希腊人与罗马人都已经有了很发达的"历史学"。各种历史学著作以各种成熟的方式(比如编年体或传记体)记录了各个时代的历史事件,甚至还对这些历史事件进行某种解释。但是,使这些历史事件得以展开的历史本身却从未进入历史学的视野。也就是说,在这期间,历史本身的问题尚未进入欧洲人的意识里。

历史本身如何可能? 或者说,人如何有历史? 历史是否有意义? 或者更确切地问:历史本身是否有目的? 因而也就是说,历史是否有"方向"、有"终结"? 历史是在自由选择中展开,还是受某种必然性命运的支配? 这些后来被归于历史哲学里的问题虽然迄今也不能说已得到满意的回答,但是对于今天的人们来说至少已是习以为常的问题。然而,在古希腊罗马时代,这些问题并没有在欧洲人的意识世界里开显出来。我们可以确切地说,在基督教成为古代欧洲的主流意识之前,这些历史本身的问题从来就没有成为古代西方思想的对象,历史本身的问题长期被掩盖、遗忘在宇宙论-存在论的背后而没有得到古代西方思想的觉悟(意识)。在西方思想史上,正如自由意志问题一样,历史本身的问题也是在基督教信仰的推动与逼迫下得到觉悟的。也就是说,西方人的"历史意识"是通过基督教信仰开辟出来的。这一思想事件同样是由奥古斯丁这位北非神学家来完成的,它发生在《上帝之城》(《上帝的国度》)这部伟大的著作中。在这个意义上,正是《上帝之城》首先在西方精神世界里打开了"历史"这个新维度,使历史本身(而不只是历史事件)成为思想的一个问题,成为人类理解自身的"世界图景"的一个基本方面。所以,汉斯·昆(Hans Kueng)认为"在奥古斯丁之前的古代,既没历史哲学也没历史神学"[1],这一评价是很公允的。

----

[1] 汉斯·昆:《基督教大思想家》,包利民译,第88页,社会科学文献出版社,2001。

一 《上帝之城》的缘起与主要内容

De civitate Dei 是奥古斯丁最后一部巨著,写于 413—426 年。它的中文译名《上帝之城》是从它的英文译名"city of god"直译过来的。而我们将要引用的德文译本则把它译为 vom Gottesstaat,对应的汉译应为《上帝的国度》,因为奥古斯丁所要讨论的 civitas 实际上是两个国度的关系与归宿问题,而当时尚没有我们今天的"国家"(State)这样的词或概念。① 这里我们仍沿用来自英文本的旧有汉译名称《上帝之城》,虽然我们引用的是德译本。

奥古斯丁写这部巨著的最直接动因是为了回应一件重大的历史事件及其影响。410 年 8 月 28 日,被视为世界永恒之都的罗马城被野蛮的西哥特人攻陷,并惨遭洗劫。这个被视为全世界的都城遭到了六天六夜的抢夺——这正是它曾经强加给世界无数城市的命运。罗马帝国的政治中心,同时也是西方古老的社会管理中心被摧毁了。这一历史事件在罗马世界的基督徒与异教徒中都产生了巨大反响。因为不管是对基督徒还是对异教徒来说,这一事件正如我国学者赵敦华写的那样,都具有重大的象征性意味:"罗马的劫难……对基督徒意味着罗马所担负的拯救人类的历史使命的破灭,对异教徒意味着背叛本民族护佑神、转而崇拜基督教的罗马人应得的报应。"②也就是说,对这一偶然的历史事件的解读使基督徒面临双重的精神压力:基督徒本身对将罗马世界"基督教化"(Christianisierung)的信念的动摇与异教徒借此事件对基督教信仰的攻击。

奥古斯丁在自己的布道中曾试图对这一历史事件做出自己的解读,但是由于布道的范围有限,影响甚小。奥古斯丁的朋友、当时迦太基的护民官马塞卢斯(Marcellus)也许深明奥古斯丁对此解读的重大意义,便

---

① 汉斯·昆:《基督教大思想家》,包利民译,第 85 页,社科文献出版社,2001。
② 赵敦华:《基督教哲学 1500 年》,第 175 页,人民出版社,1994。

邀请奥古斯丁就此事件写一部书,以回应异教徒的批评,化解基督徒的失败感。于是,虽然罗马城的废墟埋葬了将罗马帝国基督教化的梦想,却从中产生出《上帝之城》这部伟大著作。在这部著作里,奥古斯丁以前所未有的广度与深度对整个人类历史做出基督教神学解释,不仅给出了一个前所未有的基督教历史图景,并在这个历史图景的框架内去看待、理解"尘世国度"与"上帝国度"之间的双向张力关系,而且使历史图景成为整个世界图景的核心部分。人们不仅从宇宙论图景,而且从末世论历史图景去理解自己在世界中存在的位置与意义。我们可以说,正是《上帝之城》打开了人类理解自己与世界的一个不可或缺的新维度,这就是"历史"。

不过,在具体讨论奥古斯丁如何回应异教徒的批评与基督徒的怀疑之前,我们愿意首先通过外在形式,即通过简要介绍《上帝之城》的章节结构来展示它的基本内容。① 这对于尚没有《上帝之城》汉译本的汉语世界的读者来说,也许不是没有意义的。

《上帝之城》全书由两大部分构成。

第一部分由前 10 卷组成,主旨是反驳尘世的异教徒。着重揭示并指出,异教徒的多神崇拜的辩护士只着眼于现世的福乐,因而只以尘世的福利为其一切辩护的根据。其中第 1 卷反驳异教徒的毁谤——异教徒要基督教为罗马的陷落负责。第 2 卷论述异教徒的诸神不能阻止罗马的道德风尚的堕落。第 3 卷论述诸神也没能避免厄运的打击。第 4 卷论述罗马的伟大并不仰仗诸神。第 5 卷论述上帝为什么使罗马伟大。第 6 卷论述诗人虚构的诸神与国家祭祀的诸神都不可能赐予永恒的生命。第 7 卷论述即便是瓦罗(Varro)②"精选出来"的那些诸神也不能给予永恒的生命。第 8 卷论述柏拉图主义者及其有关诸神与恶魔(Dämonen)的学说。第 9 卷论述恶魔不能成为人与神的中间者。第 10

---

① 这部分材料参考了卡尔·安德尔森为威廉·蒂梅的德译本《上帝之城》写的"导言",阿尔特米斯出版社,1955(以下所引此书均为此版本)。

② 瓦罗(前116—前28年),西塞罗的密友,有"罗马人中最博学的人"之称。

卷论述善良天使的帮助与恶魔的邪恶效劳。

第 11 卷到最后的第 22 卷构成《上帝之城》的第二部分。主要论述了两个国度即"上帝国度"与"尘世国度"的历史。这一部分又可分成三个小部分。第一小部分包括第 11—14 卷，论述两个国度的起源。其中第 11 卷论述两个国度在天使世界的起源。第 12 卷论述天使堕落的原因以及创造人类。第 13 卷论述人类的堕落及其死的惩罚。第 14 卷论述堕落的一个后续后果——肉体的骚动。第二小部分论述两个国度的历史进程，包括第 15—18 卷。其中第 15 卷解释两个国度直至大洪水的演进过程。第 16 卷阐释从挪亚到亚伯拉罕和从亚伯拉罕到大卫的历史。第 17 卷阐释从大卫王到被虏往巴比伦的历史。第 18 卷阐释尘世国度与上帝国度的相互斗争——从亚伯拉罕到耶稣基督。第三小部分论述两个国度的公民在其历史中的应有出路，包括第 19—22 卷。其中第 19 卷讨论终极目的——至高之善与真正的和平。第 20 卷是关于最后法庭(审判)的预言。第 21 卷论述永恒的地狱之罚。第 22 卷阐释上帝国度的永恒福乐。

从《上帝之城》的外在形式结构，我们大致可以看出，奥古斯丁一方面是对异教徒信仰及其对历史的解读的批评、反驳，另一方面则积极地给出自己对历史的理解。但是，不管是对异教徒的反驳，还是正面地给出自己对历史的理解，奥古斯丁都是从自己的基督教信仰出发。在这个意义上，奥古斯丁实际上是通过《上帝之城》完成了一项开创性的工作，就是把基督教的真理证明引入历史领域，也可以说，把历史引入基督教神学的解释视野里。

二　对罗马城陷落事件的反响与奥古斯丁的回应

正如中华帝国曾经以为自己是世界的中央国度一样，罗马帝国也以其辽阔的疆域、强盛的武功和自信的管理体制而自以为是世界帝国。自奥古斯都时代始，罗马城就被视为"世界的首都"。罗马诗人贺拉斯(Horace)与维吉尔(Virgil)在他们的作品中都非常明确地传达了这种观念,使这种观念更加深入人心,影响更加深广,以至于后来的基督徒也没能挡住这种世俗观念的诱惑而唱出了"永恒的罗马"这样的颂歌。

从"世界的首都"到"永恒的罗马",不仅是一个实际的历史进程——基督教在罗马帝国的胜利,而且是一个观念的转换过程——把罗马帝国的出现与繁荣视为基督教世界做准备,而把基督教在罗马的胜利看做上帝通过"基督王"而把罗马置于自己的名下;也就是说,把罗马帝国对基督教的皈依看做罗马帝国"基督教化"的完成,因而罗马成了将使万有民族获得最后拯救的永恒之城。因此,410年的罗马城陷落事件对罗马基督徒本身的打击要远远大于对罗马异教徒的打击。不过,这里我们首先要看看异教徒对此事件的反应。

在313年罗马皇帝君士坦丁颁布《米兰敕令》①之前,基督教在帝国境内是一个备受歧视与迫害的宗教,构成帝国正统信仰的是来自罗马民族的多神教。即便在《米兰敕令》之后,由于君士坦丁以皇帝身份接受了洗礼,使"做基督徒"成了一种殊荣,甚至成了获得各种好处的通行证,因而大量异教徒涌入了教会。但是,帝国传统的多神教信仰仍是"合法的",它在罗马公民与贵族中仍保持强有力的影响。此后一个世纪,甚至在西罗马帝国倾覆之后,基督教与罗马传统的多神教也没有停止过对帝国的"争夺"。实际上,基督教对罗马上层社会的影响力的每一次增强,都会招致罗马传统异教的嫉恨与惶惑,特别是引起那些处在权势再分配边缘的贵族异教徒的嫉恨。因此,410年的罗马城陷落事件首先在异教徒贵族中引起了对基督教的指责。

这些异教徒贵族认为,罗马城遭受如此厄运,是罗马诸神的报复,因为罗马帝国竟然允许基督教的存在与传播,并最终接受了基督教。对于罗马城的陷落和罗马国家的崩溃,基督教与基督徒负有直接的责任,因为基督教赶走了罗马诸神而代之以对基督教唯一的上帝的崇拜,把国家

---

①《米兰敕令》的主要内容是宣布停止对基督徒的迫害,并宣告良心的绝对自由,允许基督徒在帝国境内与其他宗教一样,在法律上享有平等的地位,但并没有禁止旧有的异教信仰。

和个人置于诸如保罗、彼得等殉道者及其崇拜的上帝的保护之下。但是,他们的上帝显然不能像罗马诸神曾经使罗马伟大那样,有效地防止和抵御屠杀、抢劫、强奸等各种暴力与恶行。从基督教的信条看,它的教义是完全不合国家利益的。因为它的信徒声称,不能以恶报恶,甚至主张把左脸也给打你右脸的人。① 但是,这岂不意味着要接受让敌人抢走自己的东西吗? 难道这不等于否认可以根据战争法把恶行偿还给罗马的掠夺者吗? 正是由于基督徒的统治者们接受这种"懦弱的""无原则的"信条,并且首先是为基督宗教服务,才导致国家遭此灾难。

这里,对基督教的指责涉及三个层面:(1)基督教要为罗马城陷落事件负责,因为虽然是罗马诸神使罗马遭此劫难,但是,这正是基督教赶走罗马诸神而招致的报复。这种报复表明,罗马诸神既有使罗马伟大的权能,也有使罗马毁灭的威力。(2)基督教的上帝既没有能使罗马强盛的能力,也没有保护罗马免遭厄运的权能。因此,相对于罗马诸神,基督教的上帝是"无能的"。(3)基督教的教义学说不合国家利益,因为这种教义不仅不主张为了国家利益或任何其他个人目的而以恶抗恶,反而主张忍耐与承受恶行,甚至主张爱自己的仇敌。这无异于放弃维护法律与正义,从而放弃关爱与维护现世生活的福乐。

奥古斯丁在《上帝之城》前11卷主要是针对异教徒的这三个层面的指责进行反驳。第一层面的指责实质上涉及罗马诸神的权能问题。关于这个问题,奥古斯丁首先从根本上否认诸神的存在,认为诸神只是一些无用的偶像、不洁的神祇,它们是被造物,而不是创造者。但是,人们为了给必朽的生命和尘世境况带来臆想中的好处,却用祭祀和服务去崇拜和颂扬它们。② 而实际上,"不是偶像保护人们,而是人们保护了偶像"③。

① 耶稣登上宝训,《新约·马太福音》5:39。
② 参见奥古斯丁《上帝之城》上册,第6卷"前言",威廉·蒂梅的德译本,第280页,阿尔特米斯出版社,1955。
③ 同上书,1:2(第1卷,第2章,下同),第10页。

退一步说,即使承认异教诸神的存在,它们也是无能的。奥古斯丁结合罗马的历史事实,从灾难、和平、永生三个方面阐述异教诸神的无能。

罗马诸神并不能使罗马人避免厄运的打击,因为与希腊诸神一样,罗马诸神自己经常行恶事(比如通奸),却并不受惩罚,它们当然不会也没有理由去惩罚人间恶行,那么它们又如何能使罗马人避免恶事呢?

奥古斯丁举例说:"如果我们从异教徒有关艾涅阿斯(Äneas)的母亲以及有关罗慕洛(Romulus)的父亲的作品中读到的东西是真的,那么诸神如何能够对人间的通奸行为表示不满呢? 因为诸神本身就先赞同这种行为。……还有,如果人们不相信战神马斯(Mars)的通奸故事,从而不相信维努斯的通奸故事,那么罗慕洛的母亲的处境就很不妙。[1] 因为如此一来,她的辩白——神造访她使她怀孕——也就是无效的。由于她是维斯太女(灶)神的祭司,因此,依据罗马人,诸神对她的亵渎罪行的惩罚必定要重于对帕里斯(Paris)的通奸行为的惩罚。古代罗马人如果发现维斯太女神的祭司通奸,他们就习惯于把女祭司活埋,但对通常的女通奸犯虽然加以审判,并不处以死刑。"[2]奥古斯丁这里要说的是,从罗马人没有处罚罗慕洛的母亲表明,罗马人相信,罗慕洛母亲是与战神通奸生下罗慕洛兄弟的,而不是与普通人通奸。因此,罗马人所信奉的诸神允许自己与人类一起干坏事而不受惩罚。这样的诸神又如何去惩罚人间恶事而保护世人呢?

异教诸神不仅不惩罚诸如通奸这类恶行,甚至庇护谋杀罪。罗慕洛与其弟弟雷慕斯是罗马城的创建者,但是,为了独揽政权,罗慕洛谋杀了自己的弟弟。但诸神却庇护了他和他统治的罗马。对此,奥古斯丁写道:

---

[1] 据传说,罗马城的创立者罗慕洛与其孪生兄弟雷慕斯(Remus)是维斯太女神的女祭司与战神马斯的儿子。参见普鲁塔克《希腊罗马名人传》第二章第 40 页及以下,陆永庭、吴彭鹏等译,商务印书馆,1995。
[2] 奥古斯丁:《上帝之城》上册,3：5,第 116—117 页。

如果人间的犯罪的确使诸神不满，以致它们由于被帕里斯的（通奸）行为所激怒而置特洛伊（Trog 或 Troia）于火剑之中而不顾，那么，相对于那位希腊丈夫被欺骗而激怒诸神惩罚特洛伊人来说，罗慕洛的弟弟被谋杀更应激起诸神对罗马人的惩罚。虽然在建立一个国家过程中谋杀兄弟要比在取得统治地位之后的通奸行为更具有诱惑性。这里重要的不是罗慕洛只是下命令，还是亲手杀死了弟弟——对此许多人无理地加以否认，也有许多人出于羞耻之心而加以怀疑，还有许多人由于对此感到痛苦而沉默地加以忽略。我们这里也不对这个问题进行精确探究，但有必要对众多著作者提供的证据进行相互印证。无论如何，有一点可以肯定，罗慕洛的弟弟被谋杀了，而且不是被敌人杀的，也不是被陌生人杀的。如果是罗慕洛自己干的，或者是指使手下人干的，那么人们就要问：罗慕洛作为罗马人的首领与帕里斯作为特洛伊人的首领有什么程度上的不同？（如果没什么不同）为什么抢夺一个陌生妇女就招致诸神对特洛伊人的愤怒，而谋杀自家兄弟的谋杀者却能求得诸神对罗马人的保护？如果说不是罗慕洛自己犯罪（杀死弟弟），他也没下令杀死弟弟，那么就是整个国家犯罪。这是绝对要受惩治的，而国家却冷漠地把它放过了。因此，国家不是犯有谋杀兄弟罪，而是更恶劣，犯了弑父罪——因为罗马城的创建者是两个人，而其中一位却被谋杀了，以致未能取得统治地位。所以，人们无法理解，特洛伊究竟是为什么招来了不幸，以致诸神离弃了它，使它遭到毁灭？而罗马又为什么获得如此幸运，以致诸神栖居在那里，使罗马繁荣昌盛？人们只能说，诸神是因为被战败而从一个地方逃跑，并转移到另一个地方，以便在新的地方继续骗人。即使它们能在最初的地方留存下来，也是为了以惯常的方式欺骗后来的居民，而且为了达到更高的荣耀，它们还以更邪恶的方式改善骗术。①

---

① 奥古斯丁：《上帝之城》上册，3：6，第117—118页。

　　在神话信仰（传说）里，特洛伊城被攻陷是诸神对它的惩罚，因为特洛伊城的首领帕里斯与一位妇女通奸惹怒了诸神。但是，如果说帕里斯的通奸的确惹怒了诸神，那么，罗慕洛的弟弟被杀更应招致神怒。因为不管是罗慕洛自己杀死了兄弟，还是其他罗马人杀死了他的兄弟，都是一种比通奸更严重的犯罪行为。但是，事实上，诸神显然并没有因此而发怒，不仅没有惩罚罗马人，反而让罗马繁荣昌盛。这不能不让人怀疑，特洛伊的陷落是由于诸神的惩罚，罗马的繁荣是由于诸神的庇护。真实情况可能恰恰相反，是由于特洛伊被打败而使诸神逃出那里，而罗马的昌盛使诸神找到了新的安居地。也就是说，诸神的权能与罗马的强大之间的关系实际上是倒过来的：不是诸神的权能使罗马伟大，而是罗马的伟大赋予了诸神权能。在这个意义上，诸神无非是一些人虚构出来骗人的东西。

　　异教诸神与基督教上帝的根本性区别之一就在于，诸神没有道德，没有绝对原则。既然诸神本身都行各种恶事，它们又能根据什么理由、标准来惩罚人间的恶行呢？既然自己也作恶的诸神没有理由来惩治人间恶行，那么它们又如何能够保护有德行的民族，以免堕落的民族把恶行强加给有德行的民族呢？既然诸神不仅不惩治人间恶行，甚至还庇护各种穷凶极恶，那么，这也就意味着诸神没有任何绝对原则，也不遵循任何绝对原则。信奉这种没有绝对原则的诸神会保护自己即使不是荒唐的，也是不明智的。

　　奥古斯丁这里试图要表明的是，正如希腊诸神不能保护希腊城邦一样，罗马诸神也从来没保护过罗马。实际上，在罗马历史上充满饥馑、瘟疫、战乱以及其他种种暴行。真正使罗马兴起的是罗马人的品性，而不是诸神的权能。从历史事实看，"诸神从来就不能保护战败者"①，不管战败者是多么虔诚地信奉它们！

　　奥古斯丁进一步认为，诸神不仅不能保护罗马人免遭人间厄运的打

————————————
① 奥古斯丁：《上帝之城》上册，1：3，第6页。

击，也不可能给予罗马人以和平：

> 有人还相信，诸神给罗慕洛的后继者努马·蓬皮利乌斯（Numa
> Pompilius）许多眷顾和支持，使他在其当政期间获得了和平，因而能
> 够关闭亚努斯（Janus）神庙的大门——在战争期间是习惯于开着
> 的。而他之所以能够得到诸神的这种帮助，是因为他把各种敬神的
> 习俗引入罗马。的确，人们应当为那长时段的安宁向这个伟人祝
> 贺，他只是使安宁的时间变得健康有益，戒除带来灾难的莽撞，并以
> 真正的虔诚探究真神。但是，并非诸神馈赠给他这种闲适的安宁，
> 倒是可能由于它们较少烦扰他，因而较少欺骗他。因为它们越少找
> 他，也就把越多的事务交给他自己。……和平是独一的真神赐予的
> 福乐，独一的真神也经常把这种福乐赐给不知悔改者与无耻之人，
> 就像他也把阳光、雨水以及其他滋养生命的东西赐给不知感恩悔改
> 的人与卑下的人。而如果是诸神赐予罗马或蓬皮利乌斯如此伟大
> 的福乐，那么，为什么在后来罗马帝国最受称颂的时代里，诸神再也
> 没把它赐给罗马帝国？难道那些敬神的习俗在被引入之初竟比后
> 来人们把它们规范化之后有章可循更加灵验有效？[1]

奥古斯丁这里要问的是，如果说努马统治期间的持续和平是诸神保
护的缘故，那么，为什么之后的罗马帝国的战争却接连不断，从未停止
过？努马引入了崇拜诸神的宗教习俗，在他之后，罗马人逐渐把这些习
俗规范化，使崇拜诸神的活动更有章可循，罗马人因而能更正式地崇拜
诸神。但是，在努马之后，诸神却再没有把和平的福乐赐给罗马，而是任
罗马陷于不断征战之中。这说明什么呢？难道诸神不接受罗马人的更
正式的崇拜？显然是不可能的。在罗马帝国最受颂扬的年代，却再也没
出现过持续的和平，这只能说明，努马时期的和平也不可能是诸神的恩
赐，因为它们在更应赐予和平的年代却没有赐予。

---

[1] 奥古斯丁：《上帝之城》上册，3：9，第122页。

在这里,奥古斯丁论证的背后有一个底线,这就是:如果说上帝不能保护罗马人的现世福乐,那么诸神更不能做到,至少也不能做到。所以,不能像异教徒那样,由罗马城的陷落而推断基督教要为此负责,或者认为基督教上帝的权能对现世是无效的——要说无效,诸神的权能也是无效的。这是一种防御性的论证。

对于诸神为什么在努马之后再也没有赐予罗马和平,异教徒辩护说,这是因为罗马帝国只有通过一连串连续不断的战争才能把自己的版图扩展到如此之辽阔,才能达到如此之崇高的荣誉。

对此,奥古斯丁回应说:

> 的确,这是战争的确切理由! 但是,为什么只是为了某种强大就要造成如此之多的动荡不安呢? 让我们拿人的身体做比方:通过持续不断的痛苦或疾病虽然长成了巨人般的身躯,却得不到安宁,而那适度的身材虽然不高大,却健康安宁,难道后者不更值得追求吗? 难道为了获得更强壮的四肢而遭受更不幸的折磨,更值得追求吗? 如果能够把萨卢斯特(Sallust)[1]所描述的那种时代保持下来,难道竟是糟糕的而不是最好的吗? 萨卢斯特曾这样简洁地描绘那样的时代:"首先,不同的国王——最初的统治者们的名称——都习惯于既锻炼自己的精神,也锻炼自己的身体;当时的人们并不贪婪地活着,每个人都满足于自己所拥有的东西。"或者,为了帝国的扩张,非得发生维吉尔(Vergil)带着厌恶所描绘的那种情况不可:"时代逐渐变得越来越恶劣,越来越令人厌恶,战争的狂躁和不知满足的贪婪倾泻而出。"[2]

这也许是最早的反战主张之一。奥古斯丁要强调的是,通过战争来

---

[1] 萨卢斯特(前 86—前 34),恺撒的心腹,曾被任命为努米底亚的总督,撰有关于卡提琳阴谋和朱古达战争的历史。他提出对罗马历史进行道德评判与爱国主义评判的价值标准,对奥古斯丁影响甚大。

[2] 奥古斯丁:《上帝之城》上册,3：10,第 123 页。

达到强大与伟大是不值得的。因为为了达到强大而不断征战，致使人类总是生活在充满不幸与痛苦的动荡不安中，这就如一个人为了长得像巨人般高大的身躯而不断以各种痛苦甚至疾病来折磨自己一样愚蠢。虽然他的确逐渐变得四肢发达，膀大腰圆，但失去了健康与安宁。这样的强壮与高大值得追求吗？通过战争这种人类"疾病"来扩大罗马版图的同时，也不可避免地激发了人们的愤怒、仇恨和贪婪，使人类陷入了不平静的病态中。帝国虽然扩大了、强盛了，人类却生活在充满刀光与血腥的动荡之中。

实际上，强盛的帝国从来就是建立在血腥与苦难之上，是以一部分人的不幸、痛苦直至生命来换取另一部分人的特殊荣耀与特殊权力。在这个意义上，追求帝国的强大与荣耀实质上只不过是一部分人公开地追逐对另一部分人的优越性，并且肆无忌惮地向另一部分人倾泻自己的贪婪。这在基督教信仰看来不仅是愚蠢的，而且是邪恶的。因为这样做完全否定了其他人与自己具有共同而普遍的尊严与荣耀，即来自独一的上帝的绝对尊严与绝对荣耀。相对于这种来自上帝的绝对尊严与绝对荣耀，尘世的一切其他声誉与荣耀都是相对的和临时的；离开了前者，一切尘世荣耀都是毫无意义的。因为如果离开了出自上帝的绝对而普遍的尊严与荣耀，对一切尊严与荣耀的追求都将不可避免地使人类陷于追逐"人上人"的罪恶循环中。如果说罗马人仅仅为了某种荣耀便通过常年不断的征战来扩大帝国的疆域，那么，不管罗马帝国最终变得多么强大，它都只不过是人类这种罪恶循环中一个注定要被覆盖掉的片断。迷恋于这种注定要被覆盖的片断不仅是愚蠢的，而且是邪恶的。当然，我们的这种分析只是奥古斯丁出自其基督教信仰的反战主张所蕴涵的一种可能性内容。

不过，对罗马帝国的不断征战，还另有一种辩护，认为罗马人进行一系列战争不是出于荣誉感，"而是为了保护他们的命运、福乐与自由，这迫使他们去反对敌人的可恶的进攻"[1]。奥古斯丁说："也许是这样。因

---

[1] 奥古斯丁:《上帝之城》上册，3：10，第123页。

为同一个萨卢斯特这样写道:'在由于法律、道德上的优越性和土地收成的优势而繁荣昌盛起来之后,就如在人们之间经常发生的那样,罗马人的安健富裕引起了周遭的嫉妒。所以,邻近的国王和民族便发动(对罗马的)战争。'……但是,在努马当政期间出现的长时段和平时期,邪恶的邻国不也进行过战争的入侵吗?或者是因为没有发生过这样的入侵罗马才获得了和平?如果当时罗马人虽然也受到挑战而进行过斗争,但并不以兵戎相见,而敌人虽然没有在斗争中被征服或者被反攻吓倒,却也偃旗息鼓,归于平静,那么,人们就应当一直以这种方式继续下去,罗马也始终能够关闭亚努斯神庙的大门。如果这种情况(以无兵戎的斗争使敌人归于平静)是不可能的,那么,罗马人获得和平也不是因为他们的诸神,而是因为周边那些没有挑战罗马人的邻国希望那样(和平)。否则,诸神必是无耻的:它们向一些人开出为某物而必须支付的账单,而不管其他人对此是愿意还是不愿意。"①

在萨卢斯特这位政客兼历史学家的罗马人看来,罗马的繁荣富足不是靠战争与掠夺获得的,而是靠罗马的法律、道德和经济上的优越性获得的;这种繁荣富足让周围的邻国嫉妒,从而对罗马构成威胁。罗马的连年征战正是为了应对这种威胁,因此,完全是防御性的,甚至是被迫的。这种观点特别是在罗马贵族阶层中流行。

但是,问题是,在努马主政时期的和平是怎样维持的呢?根据奥古斯丁的分析,只有两种可能:一种是当时的罗马虽然也受到邻国的挑战,但是,罗马并不以战争来回应这种挑战,而是以无兵戎的斗争来使敌人归于平静,从而获得和平。如果这种情况是可能的,那么,罗马人就应当一直以这种方式来维护和平与自由。但是,如果这种情况是不可能的,那么,努马时期的和平就只能是另一种情况,即当时罗马周围的邻国没有挑战罗马,他们希望和平。也就是说,如果罗马进行一系列战争的确是为了保护自己的安宁与自由,那么,努马时期的和平就只能做两种可

---

① 奥古斯丁:《上帝之城》上册,3:10,第124页。

能的解释。而不管是哪种情况,这种和平都不是出于诸神的赐予。如果说努马时期的和平是诸神赐予的,那么,诸神就是不道德的、有失公允的。因为它们只考虑一部分人的愿望,而不考虑另一部分人的愿望。

就权能而言,诸神既不能使人类避免现世的苦难,更不可能给人类以现世的福乐,那么,它们能给人们以永恒的生命吗?

三　诸神与永恒生命:打不开未来的信仰

这里继续讨论诸神的权能问题:是否为人类打开一个绝对未来——死后的永恒生命——是希腊、罗马的多神教信仰与基督教的绝对一神教信仰的一个根本性区别。换言之,能否给予人们一个绝对未来是诸神与基督教上帝的一个根本性区别。因为在奥古斯丁看来,除了独一的上帝,没有任何其他神能够给人们永生。

上面讨论了奥古斯丁对异教徒关于诸神具有现世权能的信仰的反驳。如果诸神的确不具有现世权能,因而既不能使人类避免现世苦难,也不能给人类带来现世福乐,因而人们既不能把罗马的繁荣昌盛归功于罗马人信奉的诸神,也不能把罗马遭受的不幸归咎于这些神祇。

但是,人们是否有理由把死后的生活寄托在它们身上呢? 或者说,人们是否有理由向诸神祈求彼世的永恒生命呢? 在奥古斯丁看来,向诸神祈求永生就如向树皮祈求葡萄酒一样荒谬:

> 向这样的诸神祈求或祈望永恒生命是最令人羞耻的蠢事。因为当有人出于今生短暂且又充满忧患的生活而请求诸神帮助自己减轻苦难时,情形肯定是这样:诸神的职责范围是如此有限,以致向这个神祈求的某种东西,却处在另一个神的监管与权能之下。因此,人们向诸神请求帮助就像一个喜剧演员的滑稽表演一样愚蠢可笑。如果说演员是有意地表演一出喜剧,因而剧场里有理由哄堂大笑的话,那么,当愚人无意地作出同样的闹剧时,整个世界就更有理由哄堂大笑了。就国家(城邦)承认的诸神而言,学者们已详细地加

以研究并留传了下来,(根据这些研究)可以确定,在什么情况下,人们应向诸神中的哪一个男神或女神祈求。比如,向树皮神求什么,向山泽女神求什么,又向火神以及其他神祇求什么。……而如果不能向谷物女神克瑞斯求得葡萄酒,向树皮神求得面包,向火神求得水,向山泽神求得火,那么,还有什么要比向其中的某一神祇求得永恒生命更荒唐的吗?①

多神教信仰与一神教信仰(这里首先是指基督教信仰)的一个根本性区别就是:诸神因其是多而不是一,因而诸神的权能必定是有限的,它们之间的权能不可避免地是相互制约的。而一神教的独一之神则是全能的,没有任何其他的神能限制他的权能,因为一切其他存在者(包括其他神——如果有的话)都是由他创造出来的。基督教的独一之神由于是一个从无创造万有的创造之神,因此,他能够把一切被造物置于自己的权能之下。对于一切被造物来说,这个独一的造物主理所当然是绝对的和全能的,因为没有一个被造物能够限制他的权能,甚至没有一个被造物能够想象出他的权能的界限或他不能具有的权能。也就是说,基督教的上帝因其是独一的创造之神,因而对于所有其他存在者,也即所有的被造物来说,他是全能的。但是,在罗马多神教信仰(甚至一切多神教信仰)里,诸神之间不存在创造与被创造的关系,至多是一种生养的亲缘关系。事实上,没有一个神对其他神来说是全能的;一个神的权能并不来自另一个神,却又一定受其他神的权能的制约。因此,如果说为了必朽的、有限的今生今世的好处而必须祭祀某个或某些神祇,那么,所祭祀的神就一定是不值得崇拜的。首先是因为这样的神实质上是在与人进行一种功能性交易②,其次是因为这样的神是不可靠的,因为它的权能受其

---

① 奥古斯丁:《上帝之城》上册,6:1,第283页。
② 一切多神崇拜中的人神关系实质上都是一种不可普遍化的功能性交易关系:一些人向神献上世间美物,而神则给这部分人以今生好处。神首先需要的不是献祭者透过世间美物奉献出来的虔诚,而是世间美物本身。这正如人向诸神祈求的不是彼世的永生,而是今生今世的好处。在这里,我们也可以说,在献祭活动中,人神之间实际上是一种权能(力)租赁关系。

他神的制约,因此仅仅向某一神献祭并不一定能得到所求的好处。在罗马的多神崇拜中,诸神的权能是明确的,但是,这些权能不仅是有限的,而且也不见得是有效的。比如向火神献祭不仅不能求得水,甚至也不能求得火,而向山泽神献祭自然不能求得火,也不见得能求到水。那么,人们还能指望这些神中竟会有某个神能给予永恒生命吗?还有什么比把人类自己的绝对未来寄托在连水、火这些世间常物都不能给予我们的诸神身上更荒唐可笑的吗?

进一步的问题是,如果说基督教的上帝因是万有的创造者而是全能的,那么,不具有从"无中创有"之能力的诸神又是从什么地方获得各自的权能呢?它们又是如何分配各自的权能呢?

在奥古斯丁看来,如果人们稍加分析就可以发现,人们并不是出于真实的根据,而是出于臆想而把某种东西划归给诸神的权能范围。也就是说,某一神祇有这样的权能,而另一神祇具有那样的权能,完全是出于人们的臆想——是人给诸神划定了权能范围,除此之外,我们无法理解诸神之间的权能分配。因此,向诸神祈求世间美物甚至祈求永恒生命,无异于浑然不觉地充当一个滑稽演员,把自己的生活当做一幕滑稽戏来表演,而导演者就是他自己的臆想和梦幻。

如果说我们能够祈求永恒生命的话,那么,奥古斯丁确信,我们只能向幸福的赐予者祈求,因为永恒生命必定包含着"真正的"和"全部的"幸福。"但是,没有任何诸神能够是幸福的赐予者。……而谁不能赐予幸福,谁就不能赐予永恒生命。因为永恒生命就是没有终结的幸福。因为如果一个人(灵魂)虽然活着,却总是生活在痛苦中,就如他受到邪灵的折磨,那么这永生还不如永死。没有一种死亡比不死之死更可怖、更糟糕的了。但是,由于获得不死的灵魂就其本性言,如果没有生命,它就不可能存在。因此,对于这种灵魂来说,最可怕的死就是离开上帝的生命而处在永恒的痛苦中。永恒生命就是没有终结的幸福生活。所以,只有能给予真正幸福的独一的上帝才能赐予这种永恒生命。由于国家(城邦)神学已被证明不可能给予永恒生命,因此,人们不仅不能够为了暂时的尘世好处去崇拜它们，而且没有理由为了死后的永恒生命去崇拜它们。"①

　　罗马学者瓦罗曾把神学划分为"神话神学"(die mythische theologie)、"自然神学"(die physische theologie)与"国家（城邦）神学"(die staatlische theologie)。其中，神话神学存在于诗人当中，自然神学存在于哲学家当中，而国家（城邦）神学则存在于民众当中。② 当然，在瓦罗看来，只有"国家神学"才是真实的。也就是说，只有"国家神学"所崇敬的诸神才是值得崇拜的。但是，在奥古斯丁看来，不管是从神话神学和自然神学那里，还是从"国家神学"那里，人们既不可能求得现世的好处，更不可能求得永恒生命。因为即使是"国家神学"所崇敬的诸神也不能赐给人们幸福，而不能给予幸福就不可能给予永恒生命。因为永恒生命就是没有终结的幸福，而这只能是一种灵魂得到全能之神拯救之后摆脱了一切痛苦的生活。如果灵魂虽然活着，却一直处在痛苦与折磨之中，那么，这种永生还不如永死。那种处在痛苦与折磨中的死后生活实质上是一种不死之死，一种错过获得全能之神拯救机会从而远离全能之神的眷顾与慈爱的生活。因此，永恒生命只能被理解为一种死后获得拯救而摆脱一切痛苦的幸福生活。而这意味着，只有全能的上帝才能给予这种永生。因为只有全能的上帝眷顾、关爱人的灵魂，也只有全能的上帝才能拯救人的灵魂。他能够把人的灵魂置于自己的权能之下而摆脱一切其他存在者（权能）的制约。但是，"国家神学"的诸神并不关涉、眷顾人的灵魂，显然也没有能够拯救人的灵魂的那种绝对权能，因此，它们不可能给人们永恒生命。

　　诸神不能赐给人永恒生命在根本上意味着诸神不能给人打开一个"绝对的未来"。在诸神崇拜中，人没有死后得救而获永生的可能，因此，人没有一个确定不移的"绝对希望"，而打不开一个"绝对希望"，就意味

①　奥古斯丁：《上帝之城》上册，6：12，第314—315页。
②　参见同上书，上册，6：5，第291、292页。

着打不开一个"绝对的未来"。能不能为人类打开一个"绝对未来",实际上也是罗马多神教信仰与基督教信仰的根本性区别之一。由于基督教上帝在终点处将复活所有人,并对每个人的灵魂做出公正的审判,给每个人以相应的永恒前程,因此,在基督教信仰里,每个人都能打开一个绝对希望,从而拥有一个绝对未来。这个绝对希望既是今生今世的一切希望的断裂,又是一切现世希望的最后根据:人们必须根据那绝对希望,才能真正理解和判断一切现世希望的意义与价值。就这个绝对希望是一切现世希望的断裂而言,它是一个彼世的希望,一个无关今生今世之命运而只关乎重新开始之前程的希望;而就它是一切现世希望的最后根据而言,它是现世希望的继续与归宿,一个即使一切现世希望(可能性)都被关闭了之后每一个有信仰的人仍能打开的希望。所以,在基督信仰里,一个人的今生今世不管是身处荣华富贵,还是困厄于卑微贫寒,也不管其命运是平步青云还是处处碰壁,他都能够打开一个绝对希望。即使他流下最后一滴泪水、付出最后一分艰辛,也没能改变他的现世处境,他仍能怀抱一个绝对希望而拥有一个绝对未来,并且因此能坚守绝对原则。在这个意义上,人不仅仅为今生今世活着,他的一切现世追求都应当接受那绝对希望的参照与评审。这意味着人不能仅仅专注于现世的福乐,更不能为了现世之福乐而放弃信守绝对原则。这正是基督教信仰之所以能澄明人心于功利、拯救社会于不义的缘由所在,也是基督教信仰征服罗马多神教崇拜而开辟欧洲新历史的力量所在。

相反,在罗马多神崇拜中,由于诸神不能给予永恒生命,因此,人打不开绝对的希望,人没有绝对的未来,而只有今生今世各种相对的希望和各种相对的可能性。简单地说,人只有一个人生、一次生命,而没有重新开始的希望与可能。既然诸神不关涉人的灵魂,也不能拯救人的灵魂,因而不能给人以死后的生命,那么,人们除了向它们祈求现世福乐外,还能向它们祈求什么呢? 在诸神崇拜中,人们实际上也只着眼于今生今世的短暂福乐,而并不从一个更广阔、更长远的视角即永恒福乐的维度来理解和对待这些短暂的福乐。人们崇拜诸神是也仅仅是为了今生今世的福利。

但是,奥古斯丁一开始就证明,诸神既不能让罗马人避免厄运的打击,也不能给罗马人带来和平与安宁。也就是说,诸神甚至也不能带来现世的福乐。诸神既没有赐予人永恒生命的权能,也没有给人带来现世福乐的权能。"因此,当我们谈到尘世的统治权并问:哪些男神或女神能够在某种情形下把统治权赋予人类时,我们在全面考查之后,却绝对不能确定,在这些众多伪神中的某个神与尘世帝国的建立有某种关系。"① 这意味着罗马的兴衰荣辱与诸神没有关系,而异教徒对基督教的一切指责都是建立在对这种关系的确信上。

四 在忍耐与宽恕中打开历史

奥古斯丁否定了诸神具有赐予人类以现世福乐或者保护人类免遭不幸侵害的权能,但是,异教徒同样会问:基督教的上帝有这样的权能吗? 如果有,那么,当基督徒备受迫害时,他在什么地方? 为什么他不保护被基督徒视为"永恒之都"的罗马城?

实际上,这既是异教徒诘问基督徒的问题,同时也是基督徒在经受各种迫害时内心涌现出来的问题。② 我们且看奥古斯丁的回答:

> 至高无上和真实的上帝的仆人自有其安慰,这安慰不是虚假的,也不是建立在摇摆不定的希望基础之上。因为有此确定不移的希望,他不满足于尘世(时间性)的生命;这尘世生命只是那永恒生命的预备工作,就如一次朝圣旅行需要尘世美物,但又不被它们所束缚一样。他自愿通过不幸来考验和净化自己,但有人(异教徒)会嘲笑他的诚实与正直,而且当他遭受某种尘世不幸的侵害时,他们

---

① 奥古斯丁:《上帝之城》上册,6:1,第283页。

② 从使徒时代到313年罗马皇帝君士坦丁颁布《米兰敕令》,基督徒断断续续经受了300多年的各种迫害。其中罗马皇帝戴克里仙(Diocletianus)及其继任者加利流(Galerius)当政期间(303—311)的迫害是最为惨烈的:教堂被毁,圣经被焚,教徒被杀,加在基督徒身上的残酷刑罚无所不用其极。许多基督徒不得不躲进罗马城郊的茔窟里避难。这种惨烈处境让人联想起20世纪奥斯威辛集中营里耶和华的另一类信众的境况。那么,奥古斯丁的回应是否具有历史穿透力呢?

就会对他说:"你的上帝现在在哪里呢?"但是,当他们必须忍受他们通过崇拜诸神而要避开的不幸时,人们也同样可以问:你们的诸神在哪里呢? 上帝的仆人会回答说:我的上帝当前无处不在,他能隐秘地在场而悄无声息,且不可回避。如果上帝加我以不幸,那么,他这是在考验有德行的人或者惩罚犯罪的人,并且因我虔诚地忍耐尘世不幸而为我保留了永恒福祉。而你们是谁? 你们至多也只能配谈你们的诸神,而根本不配谈我们的上帝——为诸神所害怕的上帝。因为异教徒的诸神是一些恶魔,而上帝则创造天地。[①]

　　基督教的上帝从来就没许诺过要保护人们的现世财富与幸福,让人免遭不幸。但是,在奥古斯丁看来,基督徒在任何时候都有一种真实可靠的安慰,因为这种安慰是基于一个确定不移的"绝对希望":上帝终会进行公正的判决,拯救无辜的义人,而惩罚行恶事的罪人。这个希望永远不会落空,因为即使它在尘世期间没有到来,也一定会在尘世之外实现,即在我们死后复活之时到来。因此,这个希望是绝对真实可靠的,是被打开的一个绝对未来。基于对这个希望的坚定信念,基督徒并不满足于尘(现)世生活,而只是把尘世生活视做永恒生命的前奏或预备。因此,基督徒在尘世生活中虽然并不能避免各种不幸与苦难,但是,他们并不因此而动摇对上帝的信念,而是心甘情愿地承担起种种不幸,把人生遭受的各种不幸看做是对自己的考验与净化。如果非要把这些不幸看做是上帝施加于我的,那么这表明,上帝是以此来考验我的德性,或者惩罚我的罪行。我将因为虔诚地忍耐和担当这些尘世不幸而得到上帝的永恒奖赏。所谓虔诚地忍耐尘世的不幸,也就是不仅不因遭遇不幸而动摇对上帝的信念,而且把承受种种不幸以及整个尘世生活看做上帝给予永恒福乐的必要条件。

　　相对于这个永恒福乐,一切现世福乐都是微不足道的,而一切尘世不幸则都是可以忍耐与承受的。因为在永恒福乐这个绝对希望的视野

[①] 奥古斯丁:《上帝之城》上册,1:29,第51页。

下,对任何不幸的忍耐都将获得积极的意义和支撑的力量。在任何历史时段(不管是个人的经历还是人类整体历程的片断),不管它充满多少不幸与苦难,它都将因在忍耐中打开了绝对希望而显示出自己的价值与意义。我们甚至也可以说,只有行进在忍耐中打开了希望的历史才是有意义的历史,才是有真理效应的历史。我们在历史中忍耐,而历史则在忍耐中展开。这种忍耐绝不是麻木不仁的逆来顺受,也不是懦弱不决的随波逐流,相反,它恰恰是自由意志的一种决断:为了永恒福乐而承担起尘世生活中的一切遭遇。正因为如此,才能在这种忍耐中开辟出有真理效应的历史——以正义化解一切不公、以善良穿透一切罪恶的历史。换句话说,只是在忍耐这种自由意志的决断中,历史才显示出是一个有正义和善的光芒闪烁其中的历程,一个趋向绝对正义与至善的历程,因而是一个有绝对希望的历程。如果历史不在忍耐中行进,因而也就是说,历史是行进在以牙还牙的复仇中、在随波逐流的堕落中、在损人利己的贪婪中,那么,历史就纯粹只是一个恶的循环覆盖史,而没有任何意义:历史没有任何正义,也没有任何改善的希望,它的历程并不昭示任何正义的力量或善的光芒。因此,如果没有怀抱希望的忍耐,历史就只是一个没有"进步"的历程,它永远停留在恶的自我循环与覆盖当中。自由意志的决断——期待绝对正义而忍耐一切遭遇是突破恶的永恒自我轮回的唯一力量。因为只有在这种忍耐当中,历史才不只是复仇、堕落和贪婪,更有宽恕、悔改和节制。因此,历史也才不只是强权当道、罪恶流行,更有自由与正义顽强地穿越其中,抑恶扬善,并最终彻底支配历史。

由于上帝虽然没有许诺保护人们的现世福乐,但为人类打开了一个绝对未来,因此,当基督徒遭受不幸与厄运时,不管是异教徒还是基督徒本身都没有理由诘问:上帝啊,你在哪里?因为遭遇不幸并不表明上帝不眷顾与关爱虔诚的信众,相反,一切不幸都只不过是上帝的公正与考验的一种表达。相对于绝对希望,尘世的一切不幸都是可以忍耐的,都是值得担当的。通过这种忍耐与担当,人们才开辟出有真理效应的历史——正是在这种忍耐与担当中历史才显示出善与正义的伟大力量。换句话说,忍耐才使历史走向善和正义。在这里,上帝的权能不在于别的,而在于让历史行进在善与正义之中,并向至善与绝对正义迈进。因此,较之诸神,上帝在尘世与历史里的权能就在于通过赋予人类以忍耐这种自由意志力而让历史行进在善与正义之中。

在所有忍耐中,即使是忍耐敌人也不会是没有结果的。"耶稣基督认为,在敌人中也一定隐藏着上帝国度的未来公民。因此,他认为忍耐敌人不会没有结果,至少对于那些已成为朋友的人来说不会没有结果。"①忍耐不只是坚守正义而担当、面对一切不幸与苦难,同时也是给施加不幸和苦难的人改过自新的机会。神的国度与人间国度在尘世里是相互交错的,直至最后审判才完全分开。因此,在审判到来之前,再恶的敌人也仍有机会靠近上帝。因为他们是自由的,只要他们愿意做出决断,他们能够放弃对耶稣基督的敌视并信从他;或者说,只要他们愿意,他们就能够弃恶从善。上帝给予每个人自由意志,使每个人在任何时候与任何处境下都能够弃恶从善,改过自新。

坚信上帝的基督徒应当宽恕与忍耐敌人,不仅因为这种宽恕与忍耐是给敌人以改过自新的机会,还因为忍耐与宽恕才具有消解罪恶与化解仇恨的力量。忍耐与宽恕是以最直接的方式向施恶者启示善与正义的存在及其力量,因此,它们也是化解仇恨与解除不幸的最有力、最彻底的方式。这应当也是耶稣说"如果有人打你的左脸,也把右脸给他"的深意。耶稣基督的这种教义并非如异教徒所攻击的那样是懦弱的、没有正义原则的体现,相反,这种教义恰恰是为了以最彻底的方式把善与正义原则贯彻于人间与历史。

实际上,基督教关于以忍耐和宽恕担当一切不幸和罪恶的教义,是以对人的历史性存在的意识为前提的:人并不仅仅存在于现在或当下,而且存在于过去与未来当中,首先存在于希望当中。因为这个希望,我

---

① 奥古斯丁:《上帝之城》上册,1：35,第57页。

们的生活才不仅仅限于生养我们又埋葬我们的大地上,还在历史中,还在乐园里,即历史的终结处。因为有这个希望,因为存在于这个希望中,人才能以忍耐和宽恕打开一个正义终将战胜不义的历史。

第五节　历史哲学(二)

五　死亡与复活

基督教之所以能够给人打开一个绝对希望,让人永远生活在希望中,从而让人的生活永远保持敞开状态,有一个重要前提,就是人人终将复活。

如果不能复活,那么,人的生活就仅仅限于今生今世短暂的时光。如此一来,人的生活就只不过是一幕从满怀希望走向绝望的悲剧。因为当你步入风烛残年时,除了死亡,除了归于寂灭,你还能有什么指望? 这样的人生如果说还有什么意义的话,那就是在短暂的时光里抓紧一切可能性实现各种希望,满足各种欲求与快乐,哪怕牺牲一切道德法则也在所不惜。如果没有复活以及复活后面临的公正审判与相应前程,那么,个人应承担的罪责将与其同一性身份一起消失在人类世代的更迭当中。因此,只要能保障今生剩余岁月的安全,人们就没有理由无视一切道德法则而只按自己的欲求行事,只求当下的快乐与满足。复活使个人的同一性身份不限于今生今世,而是贯穿于今生与彼世。因此,每个人不仅要在今生,而且要在彼世为自己的一切行为负责。换个角度说,复活使上帝能够永远保持对每个人在其今生今世犯下的所有罪行的追究权。即使一个人在其今生今世无视道德法则却安享富贵,也绝不表明道德法则可以肆意践踏,他在道德上的罪责必定在复活的审判中受到追诉与惩罚;而一个人虽然信守道德法则却没得到幸福,甚至屡遭不幸,也并不表明人们为了幸福可以放弃对道德的坚守,因为他的德行终将在复活的审判中得到应得的报偿。

因此,复活不仅使打开一个绝对希望成为可能,而且由于有这个绝对希望而使道德法则获得了绝对的可靠性与信实性。正因为如此,复活在基督教信仰中是一个具有根本性意义的观念,这使它在奥古斯丁的历史哲学中也成了一个根本性的问题。因为在奥古斯丁看来,历史之所以是一个有意义的历史,恰恰就在于它是一个向着由复活打开的那个绝对希望迈进的进程,即向绝对正义与至善迈进的历程。但是,如何理解复活?这一问题首先与死亡相关。因此,死亡也成了奥古斯丁的历史哲学必须面对的一个问题。这里,我们也可以说,正如基督教信仰促使了哲学对自由意志问题的觉悟一样,也正是基督教信仰促使了哲学真正面对死亡这个令每个人为之忧心的问题。那么,奥古斯丁又是如何理解死亡问题的呢?

(一)死亡的"类型":两次死亡

奥古斯丁首先对死亡的种类进行分析:

> 虽然人们如事实那样认为人的灵魂是不朽的,但是,灵魂也有一种死亡。灵魂之所以被称为不朽的,是因为它从不停止生活与感知(虽然可能是悲惨地生活与感知)。而肉体之所以被称为会死的,是因为它会失去一切生命,并且不能依赖于自己而活着。当上帝离弃灵魂,灵魂之死就出现,而当灵魂离开肉体,肉体之死就出现。所以,当被上帝离弃的灵魂离开了肉体,那么,二者之死,也即整个人的死亡就发生了。因为灵魂离开上帝就不再有生命,而肉体离开灵魂也不再有生命。最后,接着整个人的这种死亡的,是被称做第二次死亡的那种死亡。①

奥古斯丁这里实际上区分了四种死亡:一种是灵魂的死亡,是由上帝离开了灵魂导致的;一种是肉体的死亡,是由灵魂离开肉体导致的;一种是二者之死,也即整个人的死亡,是由于被上帝离弃的灵魂离开了肉

---

① 奥古斯丁:《上帝之城》下册,13:2,第108页。

体导致的;最后一种是灵魂与肉体重新结合之后的死亡,这是上帝判定的最后而永恒的惩罚。

究竟怎么理解肉体与灵魂的死亡?说肉体有死亡,似乎好理解,因为灵魂一旦离开肉体,肉体就不再有生命、不再有感知。但是,又如何理解灵魂之死呢?人们不是说灵魂是不朽(unsterblich,不死)的吗?但是,如果灵魂是不死的,那么也就不存在复活的问题。于是,复活只是肉体的复活,而与灵魂无关。但是,复活是灵肉的同时复活。这意味着,灵魂也有死。我们平时之所以说肉体会死,而灵魂不死,是因为肉体不能依赖自己而活着,它一旦离开灵魂就失去一切生命,而灵魂则永远活着,它从来不会停止感知活动。因此,灵魂之死与肉体之死的意义不同:肉体之死是指它离开了灵魂而失去生命,而灵魂之死则指它离开上帝而陷入悲苦境地。不管是灵魂之死还是肉体之死,都不是人的整体死亡,而只是人的部分死亡。只有当灵魂与肉体都死了,即被上帝离弃了的灵魂离开了肉体,人才整个地死了。在这个意义上,人的整体之死是由灵魂之死与肉体之死一起组成的,即由前两种死亡组成的。当我们平常说某个人死了,通常指的就是他的整体死亡。

人的这种整体死亡被奥古斯丁称为"第一次死亡"。因为在这种死亡之后还有一次死亡,也即最后的彻底死亡:没有希望、没有未来而只有痛苦的死亡,奥古斯丁称为"第二次死亡"。在这种死亡中,肉体与灵魂不是分离的,恰恰是永不可分离地结合在一起。既然灵魂与肉体结合在一起,又如何理解肉体与灵魂的死亡呢?

其实,这"第二次死亡"也可以被视为一种特殊意义上的"复活"。只不过不是在最后审判中被恕罪之后得永福的那种复活,而是在最后审判中被定罪之后受永罚的那种"复活",即只为苦而"活着"。这"第二次死亡"作为一种惩罚既是对肉体的惩罚,也是对灵魂的惩罚。但是,如果肉体离开了灵魂,它就感受不到惩罚之苦。因此,"第二次死亡"作为惩罚必定是在发生灵魂与肉体重又结合到不可分离之后。也就是说,在第二次死亡中,肉体并不离开灵魂,恰恰与灵魂不可分离地联结在一起,只不过这种联结使肉体只能感知到痛苦，别无其他。

就灵魂来说，在第二次死亡中，灵魂之死与在第一次死亡中一样，都是灵魂离开上帝，或说上帝离开灵魂。但是，如果说在第一次死亡中，灵魂之死还有机会（可能性）获得上帝的恩典而回到上帝怀抱，从而获得永福，那么在第二次死亡中，灵魂之死则意味着被上帝彻底放弃而被抛入永罚之中。而就肉体说，在第二次死亡中，肉体之死则不离开灵魂，而是与被上帝彻底离弃的灵魂不可分离地联结在一起。这种联结使肉体能够继续生活着、感知着，但是，不是感知生命之福乐，而只是感知永无终结的痛苦。这种感知与其说是生命，不如说是死亡。因为没有福乐只有痛苦的"活着"就是一种死亡，或者更确切地说，这种"活着"是一种彻底的死亡——除痛苦以外，它关闭、结束了其他一切可能性，因此，它**永远**只在痛苦与折磨当中。也就是说，在第二次死亡中，人虽然"活着""感知着"，但是，他除了感知到痛苦与黑暗之外，感知不到任何其他东西；他除了在痛苦的永恒轮回当中，打不开任何其他可能性，因而没有任何希望。他不在希望中，只在永恒轮回中。所以，真正说来，第二次死亡就是永恒之罚。

（二）死亡与罪：死是一种意志事件

人类的尘世生活及其历史是从人类犯罪开始的。在此之前，人类与上帝同在，生活在永恒的福乐当中。如果人类不犯罪，也就不会有人类的尘世生活及其历史。就此而言，尘世生活及其历史来源于罪，或者更确切地说，是因罪而获得的惩罚。而在这个惩罚中，最核心的内容就是死亡。

上帝对人类的最严厉警告就是：如果吃了禁果，就必死。死亡是上帝对人类犯罪定下的最严厉惩罚。所以，奥古斯丁说："死亡的起源就来自第一罪。"[1]

这里，偷吃禁果之所以是"罪"，首先是因为这一行为出自人的自由

---

[1] 奥古斯丁：《上帝之城》下册，13：13，第124页。

意志,而最重要的原因则是因为这一行为违背了上帝的意志。因此,我们可以进一步说,死亡是人类违背上帝意志而得到的惩罚。但是,为什么违背上帝之意志就得死呢? 这里我们首先要问:违背上帝意志意味着什么?

从根本上说,违背上帝的意志就意味着离开上帝。当上帝对因偷吃禁果而躲藏起来的人说"亚当,你在哪里"时,并不是说上帝真不知道亚当在哪里,而是在向亚当表明:上帝在这儿,而你亚当又在哪里呢? ——你已离开上帝,你已不再在上帝之中。因此,这句话实际上在宣示人已陷入一种死亡,即如上面所说的灵魂离开上帝的那种"灵魂之死"。

这里我们可以看到,死亡起源于罪,而罪即违背上帝之意志,而违背上帝之意志则意味着离开上帝,因而也即离开永恒的福乐。而离开永恒福乐只能意味着陷入有限性生活且不再有单纯的福乐。这种有限性通过上帝的另一句话宣示出来:"你来自泥土,应回归泥土。"这也就是上面所说的"肉体之死"。除了与上帝在一起,否则,灵魂不可能与最初的肉体保持在永恒福乐当中。如果灵魂因违抗上帝而离开上帝,那么肉体也必定因违抗灵魂而离开灵魂,最终归于泥土。

灵魂之死与肉体之死才共同构成人的死,也即才构成人的"第一次死亡"。但是,"第一次死亡"只意味着人的尘世生活的结束,并不表明洗去了人类的罪恶。人类不可能因离开了尘世而洗去自己身上的罪,因为罪是上帝判定的,也只有上帝才能洗去人类的罪。在这个意义上,人在罪中的存在要"大于"和"长于"人在尘世中的存在。上帝是在最后审判中才决定是洗去人类的罪恶使人类重归乐园,还是让人类带着原罪与新恶进入彻底的死亡,也即所谓"第二次死亡",使人类遭受痛苦的永恒轮回。

由此可见,不管是"第一次死亡"还是"第二次死亡",实际上都是对人类的罪的惩罚。换句话说,上帝用以威胁和惩罚人类犯罪的死亡,不仅仅是第一次死亡,而且包括第二次死亡。所以,奥古斯丁说:

当最初的人类违反上帝颁布的禁令而成为不顺从的时,上帝以什么样的死亡来威胁他们? 是灵魂或肉体的死亡,还是整个人的死亡,或者是被称为第二次死亡的那种死亡? 回答是所有的死亡。因为第一次死亡是由两种死亡组成的,而总死亡(der gesamte Tod)是由所有死亡组成的。正如地球是由许多陆地板块组成一样⋯⋯总死亡是由所有死亡组成。第一次死亡是由两种死亡即灵魂之死与肉体之死组成,因此,第一次死亡只是整个人的死亡(而不是总死亡)。如果灵魂遭受没有上帝也没有肉体的属世惩罚,那么,整个人的死亡就到来了。第二次死亡则是:灵魂离开上帝却与肉体一起遭受永恒的惩罚。所以,当上帝把最初的人类安置在乐园里并就禁果对他们说"你们哪天吃了它,就会死"时,他的威胁并不只是指第一次死亡的第一部分(因这部分死亡,灵魂离开上帝),也不只是指第一次死亡的第二部分(因这部分死亡,肉体离开了灵魂),甚至也不只是指整个人的死亡(因这种整体之死,灵魂遭受离开上帝与肉体的惩罚),而是包括各种死亡,直至最后的、被称为第二次且再没有结果的那种死亡。①

在这里,死亡显然不属于自然事件,而是意志事件:它既是人类意志犯罪的结果,也是上帝意志对人类之罪裁判的结果。因此,死亡不是人类尘世生活的界限,而是罪的标志:罪持续到什么地方,死亡就跟随到什么地方;或者说,哪里有死亡,就表明哪里还有罪。摆脱了死亡,也就意味着被从罪中拯救了出来;而陷身于"第二次死亡"也即永恒之死,则意味着被弃置于不赦之罪里。

作为意志事件,死亡本是可以避免的:如果最初的人类不滥用自由意志而违背上帝的禁令,人类本不会死;而如果人类在尘世期间不再作恶多端,也许就会得到上帝的恩典而被从罪中拯救出来,从而摆脱死亡。虽然上帝以包括第二次死亡在内的"总死亡"来威胁最初的人类不可违

———————

① 奥古斯丁:《上帝之城》下册,13:12,第122—123页。

抗禁令,但是,上帝之所以安排两次死亡来威胁人类,恰恰是为了仍然给已犯罪了的人类以机会:如果已获罪的人类在尘世间**愿意**洗心革面,遵循上帝的律法(首先是那些绝对的道德法则),那么,他将有可能获得拯救而摆脱"第二次死亡"。实际上,在基督教信仰里,耶稣基督的到来已明确地传达了这一点。因为耶稣基督的到来就是为了让人重新开始,以便摆脱最后的死亡。

这表明,就死亡是一种意志事件言,人对自己的死亡能够有所作为。从基督教信仰角度说,这意味着人们**能够**或者委身于死亡而肆意妄为、作恶多端,或者努力摆脱死亡而坚守正义、为善如流;而从哲学角度说,则意味着人们**能够**或者回避死亡、无视死亡而沉迷于当下一针一线的生活,从而昏然无觉地走向死亡,或者理解死亡、承担起死亡而打开一个无可能的可能性,也即打开一个终极未来,并从这个终极未来去理解和选择当下的生活,从而使生活获得超越当下性的广度与深度。

也就是说,即使从哲学上看,死亡也并不是一件自然事件,而是意识中的意志事件。因此,我们对死亡能够有所作为,而且我们对死亡的理解与态度实际上规定着对生命的理解与选择。那种"未知生,焉知死"的观念在根本上意味着把生命局限于当下一针一线的种种感知,而把死亡完全排除在这种生命感知之外,死亡是生命之外的事件。因此,只要活着,就无需知道也不能知道死亡。我们只能就生命理解生命。这不仅意味着人的存在只有一次人生、一个世界,而且意味着人的生命没有一个绝对未来的维度,因为死亡被排除在生命之外,也就意味着在生命中无法打开一个终极可能性,即无可能性的可能性,而正是这个终极可能性构成了一个无法逾越的未来视野。只有打开了这个视野,才能打开绝对未来,从而才能从绝对未来这种广度与深度去理解生命。生命由此才不至于过分执迷于眼前的功用与实利,而是获得应有的超越与高远。

实际上,死亡与生命一样都是赋得的,二者是"人被抛入这个世界并在这个世界存在"这同一件事的两面。在这个意义上,死亡恰恰是生命中最"内在"、最本质的一种终极可能性。只有当我们在意识中或所谓生命感知中觉悟并承担起这种终极可能性,从而打开并持守于这种终极可能性之中,我们才能获得一个理解生命、理解在这个世界中存在的超越性视野,而不至于只从当下的生存需要或所谓"现实问题"出发去理解、筹划生活。在生命中打开死亡这种终极可能性,也就是为理解和提升生命打开了一个终极境界(视野),而无视死亡问题或排斥对死亡问题的觉悟实质上是在收缩与降低人的生命存在,使人的存在局促于眼下的实际境况。因此,我们甚至要说:不知死,焉知生!

在基督教信仰里,尘世的人类因罪而生,也因罪而死。通过罪的观念,生与死被不可分离地联结在人的整体存在中。要理解、"知道"人的整体存在,就不能只知生,不知死。而如果不能理解人的整体存在,又如何能够理解历史之意义呢?

(三)死亡与惩罚:反柏拉图主义

死亡起源于罪,是就死亡作为对罪的惩罚而言的。因此,从罪的角度看,不管是第一次死亡还是第二次死亡,死亡都是一种惩罚。

不过,奥古斯丁认为,第一次死亡"对于好人来说是好的,对恶人来说则是坏的。而第二次死亡(没有好人会怕这种死亡)无疑对谁都不是好的"[1]。第二次死亡对所有人都是不好的,这是很显然的,因为第二次死亡意味着没有结果的受苦。但是,为什么说第一次死亡对好人来说是好的,而对坏人则是坏的呢? 因为对于好人来说,第一次死亡之后等待他的复活将可能带给他永恒的福乐,而等待坏人的则一定是第二次死亡,即永远没有结果的受苦。

"所以,虽然死亡对于所有被生的人来说无疑是一种惩罚,因为他们都来自第一对人类。但是,如果人们以虔诚和正义来忍耐它,那么,它对于重生者来说将充满荣耀。同时,虽然死亡是犯罪的报应,但是,它有时也会使罪免去这种报应。"[2]这里的"死亡"当然指的是第一次死亡。

---

[1] 奥古斯丁:《上帝之城》下册,13:2,第109页。
[2] 同上书,下册,13:6,第114页。

　　既然第一次死亡对于虔诚的好人来说是好的,那么又如何理解它对于好人来说也是一种惩罚? 奥古斯丁问道:"把肉体与灵魂分离开来的死亡对于好人来说的确是好的吗? 如果是好人,又如何理解这种死亡也是一种惩罚? 因为如果第一对人类不犯罪,他们也就无需承受死亡。所以,这种死亡对好人如何是好的呢? 因为只有罪人才应遭此死亡。……应当承认,最初的人是这样被造的:如果他们不犯罪,他们就不会经受任何死亡,而作为最初的罪人,他们将得到死亡的惩罚,他们的后代也要遭受同样的惩罚。"[1]

　　这里的关键在于,虔诚的好人是"被生的人",也即是最初的罪人的后代,因而是从罪中诞生的,因此,即使他们是虔诚的好人,也免不了要经受死亡。在这个意义上,死亡对好人来说也是一种惩罚。不过,这种惩罚不是针对虔诚者的虔诚,而是针对虔诚者作为"被生的人"这种身份所承载的原罪。

　　实际上,在奥古斯丁看来,从根本上说,死亡都是一种沉重的惩罚。因为即使对于虔诚的好人来说,第一次死亡也只是让他们进入重生的等待中,而不是使他们获得解脱。而最重要的则是因为"虽然没有理由怀疑,正义者和虔诚者的被分离出来的灵魂能安宁地生活着,但是,同样没有理由怀疑,灵魂与其完好无损的肉体一起生活会更好"[2]。这里所谓"完好无损的肉体"也就是犯罪前的肉体或复活后的肉体。由于犯罪,原来完好无损的肉体遭到了损害,只有通过复活才能得到修复而成为"灵的肉体"。[3] 灵魂不管是与犯罪前那完好无损的肉体结合而生活,还是与复活后的"灵的肉体"结合而生活,都要比灵魂独立存在更好。第一次死亡对于虔诚者之所以是好的,仅仅因为死亡使他有罪的灵魂离开了有罪

———————————
[1] 奥古斯丁:《上帝之城》下册,13:3,第109页。
[2] 同上书,下册,13:19,第133页。
[3] 按《圣经》的说法,复活后的肉体是一种"灵体"或"灵的肉体"(见《新约·哥林多前书》15:42—44)。奥古斯丁解释说:复活后的肉体之所以叫"灵的肉体",是因为它更容易、更轻巧地服从灵魂并满足保证其不朽的上帝的意志。参见奥古斯丁《上帝之城》下册,13:20,第136页。

的肉体而有望在复活中与"有灵魂的肉体"的结合。而且,如果最初的人不犯罪,他们的灵魂与肉体就会永远结合在一起而永享福乐。相对于这种灵魂与肉体结合而永享福乐的生活,尘世生活与第一次死后灵魂的独立存在都是一种惩罚,都是悲苦不幸的生活。

死亡是一种惩罚,这是奥古斯丁(以及正统基督教信仰)与柏拉图主义在死亡问题上的一个根本性分歧。柏拉图主义者认为,如果说死亡使灵魂与肉体分离,那么,死亡对人来说就是一种解脱。因为如果灵魂完全摆脱它的肉体而独立地存在,那么灵魂就会获得完满的幸福。这是柏拉图主义的鼻祖苏格拉底和柏拉图的一个基本信念。灵魂的幸福程度以及对真理(理念)或最高之神的认识、接近程度,就取决于灵魂在多大程度上摆脱肉体。在有生之年,人们的灵魂多半是备受肉体纠缠而远离真理,只有明智的哲学家通过哲学活动才有可能在一定程度上摆脱肉体的干扰而接近真理(理念)。所以,柏拉图在《斐多篇》(*Phaedo*)中曾提出一个著名命题:"哲学就是练习死亡。"因为死亡与哲学活动在这一点上是一致的:使灵魂摆脱肉体而接近真理。后来的一些柏拉图主义者试图利用柏拉图这种有关死亡与灵魂的思想去解释基督教教义。

但是,奥古斯丁分析说,以为完全没有肉体的存在是最幸福至乐的人不能够既为他们的这种观点辩护又不陷入自相矛盾。因为他们没有人敢敬重明智的人(不管他们是将死或已死,也不管他们的肉体已失去或将失去)而不敬重诸神——而按柏拉图思想,最高之神把不朽的生命赐给了诸神,也即把与肉体的永恒联结赐给了诸神。[1] 也就是说,一方面,人们敬重明智的哲人表明,他们确信摆脱肉体的灵魂是幸福至乐的;但是,另一方面,他们却又不可能不敬重与肉体永恒联结在一起的诸神,因为他们认为,即使人的灵魂解除了与肉体的联系,也不比有肉体的诸神更好,"柏拉图主义者不敢把人的灵魂提高得比极乐同时居住在肉体

---

[1] 参见奥古斯丁:《上帝之城》下册,13:19,第133页。

中的诸神还高"①,而这表明,他们实际上又确信,有一种与肉体结合的存在也是幸福至乐的。所以,在柏拉图主义那里,把死亡视为灵魂摆脱肉体的一种解脱是自相矛盾的。

由于把死亡视为灵魂的解脱,柏拉图主义自然也反对肉体的复活。灵魂之所以渴望居住在肉体中,在柏拉图主义看来,是因为灵魂忘记了真理或理念;灵魂一旦认识或想起真理,它就不会再渴望与肉体结合在一起。除了哲学家,对于大多数人来说,只有死亡才能使他们的灵魂想起最高真理而回到真理世界。因此,一旦死亡到来,人们的灵魂绝对不会再渴望与肉体结合在一起而复活肉体。在柏拉图主义那里,肉体是一副必欲弃之而后快的枷锁。灵魂因它而昏昧不明,而灵魂一旦离开它,它便马上化做毫无意义的尘土。

"解脱的死亡观"使柏拉图主义坚决反对肉体的复活。在死亡问题上,柏拉图和柏拉图主义与奥古斯丁以及基督教信仰的分歧,实际上是基于二者对人的有死性存在的理解的分歧:在前者那里,人的有死性存在与人的罪无关,在柏拉图哲学中甚至根本就没有罪这个问题;而在后者这里,人的有死性存在则是罪的存在的标志,死亡乃是对此罪的惩罚,而且既是对灵魂的惩罚,也是对肉体的惩罚。这意味着灵魂与肉体的分离不管是对肉体来说还是对灵魂来说都是一种惩罚。

既然死亡是惩罚,因而也即说,灵魂与肉体的分离是一种惩罚,那么,如果有"机会"(可能性),被惩罚者就会希望结束这种惩罚,也即结束那种分离。因此,"惩罚的死亡观"使灵魂与肉体的重新结合成为二者共同的期待与渴望。所以,与柏拉图主义相反,在奥古斯丁看来,灵魂不是因为忘记真理而渴望肉体,而恰恰是因为想起了那个不欺骗任何人且保证它们完好无损的存在者的许诺,它们才渴望并耐心地等待着它们的肉体的复活。②

---

① 奥古斯丁:《上帝之城》下册,13:19,第135页。
② 参见同上书,下册,13:20,第136页。

　　这里,我们可以看到,原罪观念影响并规定着对死亡的理解,而"惩罚的死亡观"使复活成为一个不可避免的希望与期待。也就是说,正是"惩罚的死亡观"打开了复活这种希望与未来。所以,从结果的角度可以说,我们的尘世历史开始于原罪,也因原罪之罚而打开尘世历史的终结与希望。

六　历史的起源:世界的起源与两个国度的区分

　　我们的尘世历史开始于原罪,但是,我们的历史并不仅仅是尘世史。因为我们的先人在进入尘世之前就已生活在"一个世界"里,也即神的国度里。就整个人类来说,人生活在两个国度之中,或者更确切地说,人的生活经历着两个国度。因此,从整体上说,历史的起源是两个国度的起源,从而也就是"世界"的起源。世界就是两个国度的世界。因此,在奥古斯丁看来,只有从"世界"的起源出发,也即从两个国度的起源出发,才能真正理解人类尘世史的起源、目的与出路。

　　(一)"世界"的起源与时间的开端

　　就整体性历史言,历史的起源问题首先是"世界"如何被给出来的问题,这不仅因为世界是整个历史一五一十地展开出来的舞台,而且因为世界作为意志事件是与全部历史事件直接相关的:上帝创世是为了让显现了上帝形象的人成为世界的主人与看护者。创造世界万物与造人是意志的一个整体的创造计划。因此,要追问历史的起源必须首先追问世界的起源。

　　那么,世界是什么?"所有可见者中,世界最伟大;所有不可见者中,上帝最伟大。我们看见世界是在眼前现成的,而相信上帝存在着。上帝创造了世界,没有人比上帝本身更值得让我们信靠的了。"①这一层意思是说,从眼下的、手头的可见世界的确实性,可以确信它的不可见的创造者的存在是确切无疑的。另一层意思是说,世界就是一个可见领域,简

①　参见奥古斯丁:《上帝之城》下册,11:4,第6页。

单地说,世界就是可见的万事万物。而其中最早最基本的可见物就是天和地,因而也就是说,世界开始于"开天"和"辟地"。所以,《圣经》说:"起初,上帝创造天地。"①

"最初,上帝创造了天和地。"这是先知说出来的。这里首先要问的是,先知是怎么知道这一点的? 我们必须首先澄清这一问题,才能确信世界开始于天和地,进而追问"世界是如何被造出来(创造)的"才是有意义的。

当上帝创造天地时,先知在场吗? 显然不可能在场,因为在创造天地之前不存在任何被造物。奥古斯丁解释说,虽然先知不在场,但上帝的智慧在场,而正是通过上帝的智慧创造了一切。因此,当上帝的智慧注入圣灵,并让一些人置身于圣灵中,也就使这些人成为先知而成为上帝创世的"见证人"(der Zeuge)。也就是说,先知之所以为先知,就在于他被置于包含着上帝创世之智慧的圣灵之中,从而能认识圣灵的启示。既然是通上帝的智慧创造一切,那么,在圣灵中接受同一个智慧之启示的先知也就是创世的见证者。因此,当先知在圣灵中说出"最初,上帝创造了天和地"时,他是作为见证人的身份说话的。

人有能力接受圣灵的启示而成为上帝创世的见证者,是我们确信"世界开始于天和地"的根据。现在,要进一步问的是:世界是如何造出来的? 这一问题曾经以世界与时间的关系问题出现让包括奥古斯丁在内的许多人困惑不已:世界是否在时间中被创造出来的? 如果是,那么,上帝为什么恰恰是在这个时候创造世界,而不是在别的时候? 上帝为什么不像创世之前那样无所事事? 难道他突发奇想,临时改变了主意——那么也就是说,上帝也不是永恒的?②

换个角度问,上面的问题就是时间的开端问题:时间是否有开始? 开始于什么时候? 在世界之前还是之后,或者同时?

---

① 《旧约·创世记》1:1。
② 参见奥古斯丁《忏悔录》11:10,周士良译,第239页,商务印书馆,1994;奥古斯丁:《上帝之城》下册,11:4,第7页。

奥古斯丁断言,去想象世界之外的时间本身就是个错误。他分析说:

> 人们必须向这样的人提出反问题:他们与我们一样认为上帝是世界的创造者,但又用这样一个问题为难我们,即世界与时间的相互关系如何? 我们要向他们提出相反的问题:世界与空间的相互关系如何? 这就如果人们问:世界为什么是在当时而不是在更早被创造的? 那么,我们可以问:世界为什么恰恰是存在于这里,而不是存在于别处? 因为如果人们去想象在世界开始前有无限的时间——在这无限时间里,正如人们认为,上帝不可能无所作为,那么,相应地,人们必定也可以想象世界之外有一个无限的空间(延伸)。但是,如果人们说,全能者在这里(就像在创世前的无限时间里一样)也不能无所事事,那么,是否可以得出结论说,人们可以用史诗去梦想无数的世界? ——区别只在于这样梦想的世界是通过原子的偶然运动而产生和消失,而那个世界则是经由上帝的工作而被创造的。这就是结论……去想象(创世前的)无限空间是人类的愚蠢想法,因为事实上在世界之外不存在空间;同样,人们去想象上帝在其间无所事事的过去了的时间也是愚蠢的,因为在世界之前还没有时间。[①]

想象上帝创世之前有时间过去,就如想象上帝创世之前有空间存在一样。如果说在创世之前有空间,那么,在这创世前的空间里,是否有别的世界呢? 如果没有,那岂不意味着上帝是无所事事的呢? 而这是不可能的。但是,如果有,那么这种世界就只能像希腊哲学家描绘的那样,是由原子的偶然运动而产生与消失,而不是经由上帝的工作被创造。因为这种在创世之前的空间里存在的世界如果也是经由上帝的工作被造的,那么,它就与上帝在创造天地时给出的世界无别,因而也就不能说它是

---

① 奥古斯丁:《上帝之城》下册,11:5,第9—11页。

在创世之前的空间里。但是,如果说在创世之前的空间里存在的世界是由原子的偶然运动而产生与消失,那么,原子又是从什么地方来的? 最终只能是上帝创造的。"原子论"最终同样要借助于创世说才能回答世界的起源问题。

因此,想象创世之前的空间是荒谬的,是人类的"愚蠢想法"。用我们的话也可以说,是思想不彻底的结果。同样,去想象创世之前有时间也是愚蠢的,因为正如在创世之前没有空间一样,在创世之前也没有时间。奥古斯丁进一步论证道:

> 世界不是在时间中被创造,而是与时间一起被创造。人们这样区分永恒与时间:没有变化就没有时间,而永恒则不承认变化。如果这种区分是有道理的,那么,显而易见,如果没有通过运动变化被召唤出来的被造物,诸时间就是不可能存在。一物在其中让位或紧跟另一物的运动变化不可能是同时的;运动变化只会产生出较短或较长的时间。由于上帝是时间的创造者和定序者,在他的永恒里绝对没有变化,所以,人们不能说,上帝是在时间流出之后创造世界的。否则,人们必定会认为,在世界之前就有被造物,它的运动产生了时间过程。《圣经》说:"起初,上帝创造了天和地。"从这里可以清楚地看到,在这之前他什么也没创造。因为只有当他先于他所创造的一切其他东西而创造了某种东西时,才必定被称为"起初"。所以,毫无疑问,世界不是在时间中被创造,而是与时间一起被创造的。因为在时间里发生的东西,既在某一时间之后发生,又在某一时间之前发生:在已经过去了的时间之后,又在尚未到来的时间之前。但是,如果没有被造物(它们的运动变化使它们的过程成为可能的),就不可能有时间过去。世界与时间一起被创造,运动变化才随之出现。[①]

这里隐含着这样一种时间观念:只有被造物才会有运动变化,而有运动

---

① 奥古斯丁:《上帝之城》下册,11∶6,第11—12页。

变化才有时间。也就是说,运动变化是时间的前提,而不是相反。① 从运动变化才产生出或长或短的时间,因为运动变化是一个"过程",不可能是保持自我同一的"同时"。从这一时间观出发,奥古斯丁否定了世界是在时间中被创造。因为在世界被造之前不存在任何会运动变化的事物,而没有运动变化就只有"永恒的同时",不可能有或长或短的时间。所谓"永恒的同时"也就是没有"之前"与"之后",而只有始终自我同一的永恒自身。如果我们承认上帝是永恒的,那么,上帝就不可能在时间中创造世界。因为如果认为上帝是在时间中创造世界,或者说,世界是在时间中被创造,那么,上帝与世界都会陷入危机:如果上帝是在时间中创造世界,那么也就意味着上帝也陷于运动变化当中,而不是永恒的;而如果世界是在时间中被创造,那么也就意味着在世界之前就存在时间,因而也就是说在世界之前有运动变化的被造事物。但是,世界之被称为世界,恰恰在于它包含着一切运动变化的被造物。

因此,只有一种可能,那就是世界是与时间一起被创造的。上帝从无中创造了会运动变化的世界万物,也就创造了因运动变化而有长有短,有过去、现在和将来的时间。在创世之前没有时间。所以,世界的起源也就是时间的开端。

(二) 两个国度的起源与开端

上帝创世时也就区分了两个国度,即光明的、神的国度与黑暗的、犯罪者的国度。前者由服从的天使与按(顺应)精神(灵魂)生活的人类组成,后者则由背叛的天使与按(顺应)肉体生活的人类组成。这里我们要根据两个国度的居民的产生来讨论这两个国度的起源问题。

说到神城或神的国度的起源问题,奥古斯丁说:"我认为,这个问题

---

① 这一时间观念在康德哲学里发生了倒转:时间成了万物能够给予我们的超验直观形式,因而时间是运动变化的前提。因为如果没有时间这种直观形式,任何事物都无法给予我们,当然也就不会有运动变化。时间观的这种变革实际上构成了康德的"哥白尼式革命"的前提,也是他捍卫人的自由的前提。详细分析可参见黄裕生《真理与自由——康德哲学的存在论阐释》,江苏人民出版社,2002。

首先涉及圣洁的天使,他们是神城居民的主要部分,并且是更为幸福的,因为他们不必在异国他乡朝圣。"①圣洁的天使也就是遵从创造者意志的天使,他们是神城居民的主要部分,另一部分居民则是按灵魂(精神)生活的那部分人类。但是,这部分居民与圣洁的天使不同,他们是犯了罪的人类的后代,因此,他们身处作为对罪之惩罚的尘世当中,只是他们虽身处罪中却一心向善,因而将得到上帝的拣选而成为神城的居民。他们没有圣洁天使的幸运与幸福,就在于他们的尘世生活对于他们的最终归宿而言乃是一个"异国他乡"。而他在尘世坚持按灵魂生活而行善,则是一个艰难的朝圣历程。

也就是说,神城的起源问题首先涉及天使的产生。而作为被造物,天使不可能先于天地被创造,因为在创造天地之前,上帝什么也没有创造。奥古斯丁认为,在《圣经》的"创世记"里虽然没有提及上帝创造天使,只是在"诗篇"等篇幅里明确提到过②,但是,"我觉得这样解释上帝的(创世)工作是有理由的:把最初创造的光理解为创造天使,而将'上帝把光暗分开,并且把光称为昼,把暗称为夜'理解为区分圣洁天使与不洁天使。……只有上帝能够在那光即那群圣洁天使(他们沐浴在真理的光辉中而普照超尘世界),与那相对应的暗夜即那些从光里脱落出来的邪恶而暗淡的天使之间做出区分"③。

这里我们看出,奥古斯丁把光等同于天使。上帝创造光,就是创造天使。天使本是光明、透亮的灵体,但是,由于有些天使从光里沦落出来而变得暗淡,从而成为堕落的邪恶天使。那么,为什么有的天使会堕落而成为邪恶的呢?"毫无疑问,善良天使与邪恶天使的相反倾向并不植根于他们的本质与起源上的差别……而是根源于他们的意志与欲望的差别。一些天使坚守在一切普遍之善(对他们而言这普遍之善就是上帝本身),坚守在永恒、真理和爱之中;另一些天使则陶醉于他们自己的权

---

① 奥古斯丁:《上帝之城》下册,11:9,第15页。
② 参见同上书,下册,11:9,第16页。
③ 同上书,下册,11:19,第30—31页。

能,他们脱离更高的、全然普遍的和至乐的善而以自己为中心,以暗淡的自负取代崇高的永恒,以无益的狡猾代替最确实的真理,以偏袒之爱代替普遍之爱,并因而变得狂妄、虚伪和嫉妒。"[1]

正如人的犯罪不是出于其本性而是出于其自由意志一样[2],天使分善恶也不是出于上帝赋予天使的本性,而是出于他们各自的意志选择:坚守于普遍之善则为善,脱离普遍之善则为恶。坚守普遍之善,也就是坚守于独一的上帝,而这意味着拥有并遵从绝对原则与绝对尺度,从而能够克服有限被造物的一己之私而避免陷于偏袒之爱和自负之情,因而是善的。相反,如果脱离了普遍之善,也就是说离开了独一的上帝,那么也就意味着失去了绝对原则与绝对尺度。而这不可避免的后果就是执迷于被造物自己的有限权能与一己之私。如果心中(或灵魂里)失去了绝对而普遍的原则,那么,他的爱与恨都只能是出于其有限而相对的规则,而从根本上说,就是出于其有限的一己之私。因此,他的善都只是一种私善,所以是恶的。因为这种私善不管是对自己还是对他人,从根本上说都是不善(好)的。

这意味着,从创世到被造物的变坏、堕落,都是意志事件。只不过创世是出于创造者的绝对而永恒的意志,而被造物的堕落则是出于被造物那绝对却是可变的意志。造物主的意志之所以是绝对而永恒的,就在于他永远是他自己,或者更确切地说,他永远不会失去自己,并且他不是因为其他善物而是幸福、完满的,而只是因为他自己而是幸福、完满的。也就是说,他永远保持为他自己因而是幸福的。因此,他给出的任何意志事件都是出自他自足的自身,而绝对不是因为自身的改变或变化。"所以,我们说,只有一个不变的善,即唯一的、真实的和至乐的上帝。"[3]而被造物的意志一方面是绝对的,因为他的意志同样是绝对自由的,可以完全决定他去做任何事情,包括让他违背上帝的意志;但是,另一方面,被

---

[1] 奥古斯丁:《上帝之城》下册,12∶1,第58—59页。
[2] 参见本章第三节的讨论。
[3] 奥古斯丁:《上帝之城》下册,12∶1,第59页。

造物的意志却不是永恒的,因为它会失去自己,即违背自己的本性而变坏。比如,上帝赋予人类自由意志是为了人能行正当的事,但是,人却违背了意志的这一本性而滥用自由意志。因此,被造物虽是善的,因为它们来自那不变之善,却又是可变的,因为它们不是从上帝本身而是从"无"被创造的。

被造物是上帝创造的,但是,上帝不是从自身创造万物,而是从无创造万物。这是奥古斯丁的一个重要区分。这种区分是否有意义呢? 奥古斯丁的意思显然是:从无创造出来的东西才会是可变的。也就是说,为了解释、理解被造物的可变性,奥古斯丁把它们看做是从无中创造出来的,而不是从上帝身上创造出来的。问题是,上帝不是"无"(Nichts),那么上帝是不是"有"(Sein)呢? 如何理解这个从"无"中创造出万物的"有"呢? 这是一个问题。不过,这里我们要搁下这个问题,仍回到两个国度的起源问题上。

上帝创造了天使,并区分了善良天使与邪恶天使,为两个国度准备了居民。但是,只有天使并不能构成两个国度。因为两个国度都是由天使与人类共同组成的。上帝创造了天使只能说是为两个国度准备了部分条件。所以,上帝创造了天使并不就是两个国度的开始。只是上帝创造了最初的人类,两个国度才真正开始了。

因此,奥古斯丁认为:"我们必须假定,两个社会,也可以说两个国度,都开始于最初被造的人,虽然这不为我们所看见,却为上帝所预知。因为所有人类都是来源于第一个人,从而能够根据上帝那隐秘却又公正的法庭来审判作为邪恶天使之同伙的那部分人类,或者奖赏作为善良天使之同伴的那部分人类。"[1]所有人都是来自上帝创造的第一个人。上帝不仅预见到了后来的人类会犯罪,而且预见了他创造的第一个人类有犯罪的可能性。也就是说,上帝知道第一个人就存在于犯罪的可能性当中。因此,第一个人既可能成为善良天使的同伴,也可能成为邪恶天使

---

① 奥古斯丁:《上帝之城》下册,12:28,第106页。

的同伙。这样,从第一个人开始,人就以两种可能性身份——神的国度的可能居民与罪者国度的可能居民——出现,从而与两类天使组成了两个国度,开始了两个国度的真正历程。因此,两个国度的起源问题与上帝造人以及人的本性问题直接相关。

上帝既不像造天使那样造人,因为天使犯罪可以不死,而人犯罪则必死;也不像造其他万物那样造人,因为上帝是把其他被造物(比如狮子、老虎、树木等)当做多数来造的,而人则被当做单一者或唯一者来造。所以,上帝最初只造了一个人。这是为什么呢?这显然涉及上帝对人的本性的定位问题。奥古斯丁分析说:"就其本性言,人是处在天使与动物之间的中间种类。如果他把创造主当做他真正的主人来顺从,虔诚而恭顺地执行上帝的命令,那么,他就会被提升到天使界,从而才不死,获得幸福的、没有终结的不朽性;而如果他自负和狂妄地滥用自由意志而冒犯主即他的上帝,那么,他必定被交付给死亡而动物般地生活,成为欲望的奴隶,并且死后落入永恒的地狱。上帝把他当做唯一者和单一者(Einzig und Einzeln)来创造,但不是为了让他孤独,也不是为了没有人类社会,而是为了让他的心灵更加强烈地渴望和睦相处的共同体与社会。上帝不仅通过本性的相同性,而且通过对亲缘的爱好来把人类联结起来。"①

上帝之所以以不同的方式造人,既是为了把人与天使、人与动物区分开来,又是为了让人处在天使与动物之间,人因此被抛入了两种可能性生活当中——或者像天使那样生活,或者像动物那样生活。而上帝之所以把人当做唯一者和单一者来创造,在奥古斯丁看来,则是为了让所有人都与第一个人有亲缘关系,从而使所有人不仅有共同本性,而且有亲缘关系,并因这种亲缘关系而渴望组成和睦相处的共同体或社会。

这里我们想附带指出,奥古斯丁对上帝何以把人当做"唯一者"与"单一者"来创造的解释是值得怀疑的。因为人有亲缘关系并不能保障

---

① 奥古斯丁:《上帝之城》下册,12:22,第99页。

人之间就一定会有亲缘之情,从而也不能保障人之间会有和睦相处的愿望。这里的关键在于如何理解"唯一的单一者"。每个人不仅是一个"单一者"——他不依附于任何其他被造物,也不代表任何其他被造物,他只是他自己,而且是唯一的,因为他是不可重复、无可替代的。夏娃虽然是上帝用亚当的肋骨创造的,她也不是亚当的模仿或重复,而是独一无二的。上帝这样创造夏娃使亚当与夏娃的结合具有内在性,但是,由于夏娃并不是亚当的复制或重复,因此,这种内在性的结合并不像一滴水融入另一滴水那样使相互间失去了分立性与独立性,而是永远保持着相互间的独立性与自主性。因此,不管亚当与夏娃、男人与女人结合得多么密切难解,他们也都是独自面对上帝的,每个人都只是作为不可替代的自己面对上帝,而不代表任何他人,也不被任何他人代表。正因为如此,每个人都必须为自己的行为负责,也只为自己的行为负责。所以,夏娃与亚当偷吃禁果,从而违背上帝之命令,必须各受其罚,夏娃不管多爱亚当,也不能代替或代表亚当受罚。同样,亚当也不能替夏娃受过。他们虽然内在地结合在一起,但是又始终保持唯一性与独立自主性。这是因为在地球上的所有被造物当中,只有人是按上帝的形象创造的,因此,人是地球上最优越、最尊贵的被造物。上帝本身是绝对的唯一者和单一者,他也必定要求最优越的被造物作为唯一者与单一者来面对他。因为只有当人作为唯一的单一者面对上帝,上帝才能显示其绝对的唯一性。这才是上帝为什么要把人当做唯一者与单一者来造的原因。人是作为独立的单一者才进入亲缘关系的,因此,人的单一者身份要高于其在亲缘关系中的角色。也是作为唯一的单一者,人在亲缘关系中才渴望建立一个能设身处地地相互理解因而能相互关爱的和睦共同体。人们之所以渴望组成一个和睦共同体或社会,从根本上说,就是为了在这个共同体里,每个人的独立性与唯一性能得到尊重与维护,而绝对不是为了在共同体中被他人当做可随便替换的工具或角色使用。也就是说,人们渴望组成一个和睦相处的共同体并不只是出于人们之间的亲缘关系,而是出于维护各自的独立性与唯一性的需要。

就本性言，人是作为中间种类被创造的。所以，人类向来就存在于两种可能性当中：或者像天使那样顺应灵魂(精神)生活，或者像动物那样顺应肉体生活。因此，人类建立起来的社会或国度也只有两种可能类型。"虽然在地上有许多大民族生活在各种风俗习惯里，并且在语言、武器和服饰方面各不相同，但是，只有两种类型的人类社会(共同体)，用《圣经》里的话说就是两个国度。其中一个国度是由那些愿意按(顺应)肉体生活的人们组成，另一个国度则是由那些愿意按(顺应)灵魂生活的人们组成。"[①]

这里我们要附带讨论一下"起源"与"开端(开始)"两个不同的概念。"起源"概念是为了说明如何从无到有的问题，因此，两个国度的起源问题也就是要追问组成两个国度之成员的天使与人类如何从"无"中被创造出来的问题。而"开端"或"开始"概念则是为了说明被造物的展开历程，也即"有"的展示历程。当我们谈论两个国度的开端或开始时，要追问的不是两个国度如何从无到有，而是它们如何展开其现实历程，或者说，如何通过可见事物来展现其历程。

前面我们在讨论两个国度的起源时，由于两个国度分别都是由天使与人类组成的，所以要分别澄清天使与人类如何被创造出来。但是，追问两个国度的开端或开始则只需讨论它们如何通过人类展现其现实性。正是在这个意义上，奥古斯丁认为两个国度都开始于第一个人类的诞生。第一个人的诞生，两个国度才得以展开其"可见的"或"现实的"历程。因为第一个人在其犯罪之前就已陷于两种可能性生活当中。这里所说的"可能性"并不是指非现实或未到来，相反，这种可能性恰恰是最现实的：它在人这种现实可见的被造物中敞开了自己。在这个意义上，两个国度开始于伊甸园。但是，只是在人类因犯罪被逐出伊甸园之后，两个国度才展开其尘世的历史。这里所谓"尘世"，也就是人类被逐出伊甸园之后所生活的地方。

[①] 奥古斯丁：《上帝之城》下册，14：1，第154页。

人是带着罪进入尘世的,但这并不意味着人只能生活在罪者的国度里,他同样也能生活在神的国度里。因为他仍有机会,只要他按(顺应)灵魂生活,他就可能得蒙恩典而被拣选为上帝国度的居民。所以,在尘世世界不管有多少千差万别的民族,根据他们的生活方式——按(顺应)灵魂生活还是按(顺应)肉体生活,他们不是属于神的国度,就是属于罪者的国度。

就"整个时间"而言,两个国度开始于第一个人。但是,两个国度在尘世的对立展开则始于两个人,即该隐与亚伯。奥古斯丁说:"尘世国度的第一个创立者是一个谋杀兄弟的谋杀者,因为他被妒忌所征服而杀死了他的兄弟。而他的兄弟作为永恒国度的居民成了尘世上的一个外邦人。"[1]这实际上是说,正是该隐杀死了弟弟亚伯,从而把顺应肉体(屈服于妒忌)生活而建立起尘世国度的自己与顺应灵魂生活而成了尘世国度的外邦人的亚伯区分开来。在尘世建立起来的国度首先是由一个顺应自己肉体生活而排除顺应灵魂生活者的人建立起来的,在这个意义上,尘世国度也就是罪者的国度,也恰是尘世国度现实而可见地把两类人划分开来;或者更确切地说,尘世是两个国度、两类人展开对立的现实场景。

在这个意义上,该隐与亚伯是两个国度展开其尘世对立的开端,也是此后整个人类历程的原型。比如,建立罗马城时发生的兄弟相残的残酷事件只不过是该隐与亚伯的故事的翻版。换句话说,人类的整个尘世史,也即从被逐出伊甸园到世代终结,实质上就是上帝国度与罪者国度在尘世里交叠、对立的历史。

(三)两个国度的区分

既然我们的尘世史就是两个国度的历史,那么,为了理解我们的历史,有必要从根本上澄清两个国度的区分问题。

上面我们曾说过,凡是按(顺应)肉体生活的人都必属罪者国度的居

---

[1] 奥古斯丁:《上帝之城》下册,15∶5,第218页。

民,只有按(顺应)灵魂生活的人才属上帝国度的居民。那么,我们要问:什么叫按肉体生活或顺应肉体生活?而按灵魂生活又是什么意思?两个国度的区别在于其居民的区别,因而也就是两种生活方式的区别。

在希腊化世界里,按肉体生活的人通常会被视为伊壁鸠鲁主义者。因为伊壁鸠鲁主义者把肉体的乐趣视为最高的善。但是,奥古斯丁认为,伊壁鸠鲁主义者是按肉体生活的人,但是,按肉体生活的人并不仅仅只有伊壁鸠鲁主义者,或者说,有的按肉体生活的人并不是伊壁鸠鲁主义者。比如,斯多亚主义者(Storiker)虽然主张在灵魂里寻找最高之善,好像是按灵魂生活,但奥古斯丁认为实质上并非如此。为了澄清顺应肉体的生活方式,奥古斯丁引用了使徒保罗的一段话来说明:"顺应肉体的行为是明显的,有淫乱、不洁、奢侈享乐、崇拜偶像、施通灵术、敌对、争执、烈怒、分裂、异端、妒忌、酗酒、狂欢以及诸如此类的事。我以前曾就这些事警告过你们,现在我还要照样警告你们,常行这类事的人必不能承受上帝的王国。"①

也就是说,顺应肉体的行为不仅有诸如淫乱、不洁、奢侈享乐、酗酒、狂欢这些顺从肉体乐趣的行为,还有可以被看做灵魂犯罪而与似乎肉体无关的行为,比如偶像崇拜、邪术、争执、嫉妒、异端等。会有人为了偶像崇拜或异端谬论而放弃肉体乐趣,或者很好地控制、约束其肉体乐趣,但是,他们仍被视为顺应肉体生活。因为他们行使诸如偶像崇拜、争执、妒忌等之类的事,表明他们心里没有那独一而永恒的绝对之善,因而沉溺于有形的、可见的肉身世界里的"善物"。如果心里没有那绝对的永恒之善,人们就不可能真正顺应那与这绝对之善亲近的灵魂生活,而必定看重与人的肉身息息相关的可见物或有形物的好(善)处,从而顺应肉体生活。

当人们心里没有那独一而绝对的永恒之善时,也就意味着人们缺失了健全的灵魂,因而不可避免地把人的部分当做人本身,具体说,就是把

①《新约·加拉太书》5:19—21;奥古斯丁:《上帝之城》下册,14:2,第155页。

人的肉身当做人本身，因而把人理解为人的部分。而当人的部分被当做人本身来理解时，"顺应人生活"实质上也就是顺应肉体生活。正是在这个意义上，奥古斯丁进一步解释说："如果人顺应人而生活，而不是顺应上帝而生活，那么他就近似于魔鬼。因为即使是天使，他也不是顺应天使而生活，而是顺应上帝而生活，以便持守在真理之中。""所以，如果我们说，由于有些人顺应肉体而生活，有些人顺应灵魂而生活，从而产生了两个不同的、相互对立的国度，那么，人们也可以说，有些人顺应人而生活，有些人则顺应上帝而生活。"①也就是说，如果心里不能守护在独一而绝对的永恒之善，那么，也就可以用"顺应人而生活"与"顺应上帝而生活"来标明把两个国度区分开来的两种生活方式。

实际上，区分两个国度的两种生活方式也就是两个国度的建立方式，或者说，两个国度就是通过两种生活方式建立起来的。而这两种生活方式实质上也就是两种爱的方式：自爱与爱上帝（绝对的他者）。顺应人自己而生活就是一种自爱的生活或爱自己的生活，因为如果那绝对而普遍的永恒之善被排除出人们的心灵，因而被排除出人们的生活世界，那么，人们会以什么作为自己的生活尺度呢？只能是以有限的自己为尺度。而当人们这样生活时，他不仅把自己抬高到了那绝对而普遍的善即上帝的位置上，而且不可避免地轻视甚至无视那绝对的普遍之善。但是，被部分化、片面化了的人的善（好处）都只能是相对的、不可普遍化的善，因而实质上只是一种私善。在这个意义上说，顺应人自己而生活就是根据私善而生活：或者是肉体的临时好处，或者是灵魂的可见好处，或者是二者的有限好处。比如，偶像崇拜就是人的灵魂与肉体一起陷于有限性的一种自爱行为：灵魂通过肉体视觉的可见形象来获得，增强确信性与可靠感。这是灵魂离开了绝对而普遍的永恒之善的体现，因为正是灵魂离开了这种绝对的善，它才需要通过可见形象来获得，增强确信感与可靠感。但是，绝对而普遍的永恒之善是不可能被形象化、具象化的；

---

① 奥古斯丁：《上帝之城》下册，14：4，第160、161页。

对上帝的任何偶像化都是将上帝有限化,从而背离上帝本身。

因此,以人自身为尺度的生活是一种追求人自己的各种相对的私善的生活,因而是一种自爱的生活,一种缺乏绝对的他者维度因而难以真正普遍地泛爱他者的生活。陷于私善的生活虽然对一个个相对的他者也会有爱心,但是,这种爱一定只是一种"偏爱"或有等差的爱。因为在没有绝对而普遍的善作为尺度的情形下,人们必定只是根据生存中相互需要的私善(好处)确立相互关系,相互需要的私善越多,关系也就越密切,爱之也愈深①;反之,相互需要的私善越少,爱之也愈淡,直至陷于争执与敌对。在这里,爱他人实质上就是爱自己。

因此,如果心灵里没有绝对而普遍的善的尺度,也就不可能对他人有真正超越功利的、不计回报的爱,或者说不可能对他人有普遍之爱。所谓爱上帝,在根本上说,就是让心灵守护在那绝对而普遍的永恒之善,因而在心灵里建立起一个绝对而普遍的尺度,使人们能够首先是根据这个绝对尺度去建立自己与他人的关系,用这个绝对尺度去衡量、规约自己与他人的私善。因此,人们首先不是把他人置于根据私善建立起来的远近亲疏有别的等级关系中,而是置于根据绝对尺度确立起来的普遍而平等的一视同仁中,这就是普遍之爱。如果人们不爱上帝,因而也就是说,心中没有绝对原则或绝对尺度,那么,人们也就不可能真正爱人如爱己,不可能对所有的他人一视同仁,或者说不可能超功利地爱所有的他人。

一视同仁地泛爱他人并不意味着人们就没有或不允许有亲疏远近之情,对亲人的爱总会强于对陌生人的爱。但是,一个爱上帝而怀有普遍爱心的人不会只爱亲人而不爱陌生人,不会因为爱亲人而牺牲对陌生人的爱,更不会因为爱亲人而放弃待陌生人以公正和道义。亲情之爱必须以普遍之爱为前提,否则就是陷于私情与滥情,就会牺牲公正与道义。

---

① 建立在对生存中相互需要的确认与担当的基础上的爱为什么必定是有等差的爱? 对这个问题的更具体讨论可参见黄裕生《普遍伦理学的出发点:自由个体还是关系角色?》,载《中国哲学史》2003 年第 3 期。

普遍之爱的底线就是公正地对待每个他人。

我们可以说，只有爱独一而绝对的上帝，心中才能真正确立绝对而普遍的原则或尺度，因而才能真正泛爱人人。同时我们也可以说，如果一个人怀有普遍之爱而在其生活中泛爱人人，那么，他就是一个心中有绝对原则的人，因而是一个爱上帝的人。爱上帝而爱人人并不意味着不爱自己或放弃自己，而是"爱己如爱人，爱人如爱己"。也就是说，他把自己也当做一个他人来一视同仁。因此，他放弃的不是自己，而是自负与自我中心。他在放弃自负与自我中心的同时，得到了真正的自己——上帝国度的居民身份。

因此，如果说两种生活方式是区分两个国度的根据，那么，也可以说："因此，两个国度是由两种爱建立起来的：尘世国度是由自爱（Selbstliebe）建立起来的，这种自爱把自己抬高到轻视上帝（Gottesverachtung）的地步；天上国度则是由爱上帝（Gottesliebe）建立起来的，这种爱把自己提升到轻视自己（Selbstverachtung）的地步。前者以自己为荣，后者则'以主为荣'。因为前者是从人那里寻找荣耀，而后者则是在上帝即良知的见证者那里发现人的最高荣耀。尘世国度在自我荣耀中抬高了它的首领，天上国度则对上帝说'你是我的荣耀并提升我的首领'。在尘世国度里，领主及其臣民是受统治欲所控制，而在天上国度，上司与下属则在关爱与顺从中完成相互充满爱的服务。在尘世国度，统治者爱的是自己的权势，而在天上国度则对上帝说'我要爱你，主就是我的权势'。因此，在尘世国度里，此世的智者们或者把肉体的善（好处），或者把灵魂的善，或者把二者的善当做目的。"[1]

由于两个国度是建立在两种爱上，因此，两个国度的目的、荣耀、国民间的相互关系也就有别。

在尘世国度里，由于人们在自爱中把人自己当做绝对尺度或绝对原则，因此，人们不是以肉体的乐趣为目的，就是以灵魂的好处为目的，或

---

[1] 奥古斯丁：《上帝之城》下册，14：28，第 210—211 页。

者以肉体和灵魂共同的好处为目的。当灵魂离开那绝对而普遍的善时，灵魂的善（好处）同样也只能是私善或有限的善，而不可能是普遍的善。所以，不管是以肉体的善为目的，还是以灵魂的善或者二者的善为目的，尘世国度实际上都是以私善为目的，因而是以有限的东西为目的。既然是以人自己有限的私善为目的，尘世国度当然也就以有限的人自己为荣耀。当尘世国度把人的私善当做目的来追求时，人的强力或权能（Macht）也就成了它伟大与荣耀的唯一根据。所以，如果说以人自己为目的的尘世国度要展现或追求什么荣耀的话，那就是人自己的强力。"人定胜天"就是一种以人的强力为荣耀的典型观念。但是，这种以人的强力为根据的荣耀必定是一种有等级的、私人化的荣耀，简单地说，必定是一种**人上人的荣耀**，因为尘世国民据以展现其荣耀与伟大的强力将因人而异，强力或能力的差异将决定荣耀的等级。享有最高荣耀的人将是通过把所有他人置于自己权威之下来获得和显示他的最高荣耀。每个人都必定是因他在某方面的强力或能力足以把其他一些人置于自己之下而获得自己专属的荣耀。因此，如果以人自己为荣耀，那么，人世间的任何荣耀都必定是以有人卑下不荣为前提。这意味着在尘世国度里，实际上不存在人人都拥有的荣耀，荣耀总是专属个人或一部分人。

如果人类否定有比人自己更完善、更完美的绝对之善存在而把自己当做世界的绝对尺度，那么，我就把这种观念叫做"人类中心论"。人类不可避免地要以自己为尺度去理解、衡量遇到的他者（如万事万物）。如果人类还谦虚有度，只把自己当做一种尺度，而不是唯一尺度，因而在心灵中为绝对尺度留下了空间，虔诚地承认有比根据人类尺度建立起来的现有生活世界更完美、更完善的世界，那么，人类还不至于因拥有自己的尺度而陷于狂妄自负与自我封闭，而是仍守护在能够打破界限而不断提升自己的自由中。但是，如果人类把自己当做了绝对尺度，也就是说，人把自己当做了唯一的、没有比自己更高更完善的尺度，因而在心灵中关闭了绝对他者的空间，那么，人类将不可避免地陷入自负与封闭，从而丧失了开放自己、打破界限而改变现实的自由。而没有这种自由也就意味着没有改善的希望，因而没有真正的未来。人类中心论的结局就是人类的自我封闭而丧失掉改善自己、打开自己的自由。在生活-实践上说，人的自由就在于他能够不断打破自己的界限而走近绝对完满者，向这个绝对的他者敞开自己。因为这种自由，每个人才永远有必要改善自己，也永远能够（有可能）改善自己，因而永远有希望、有未来。

把人自己当做绝对尺度在根本上意味着关闭了人向绝对的他者敞开自己的自由，让人类封闭于单一尺度的世界里。但是，在这种世界里，正如强力或权能成了每个人能获得多少荣耀的根据一样，强力实际上成了真正的世界尺度。因此，人类中心论给出来的世界不仅是一个人类操控、统治万物的世界，而且是一部分人掌控、支配另一部分人的世界，因而是一个人上人的世界。虽然人类中心论强调"以人为本"，但是，由于当它把人当做了绝对尺度时，它实际上已否定了真正的绝对尺度，因而否定了人本身——因为正是在独自面对这个绝对尺度即绝对他者当中，人才自在地在自由中，才保持为自由-自在的人本身。因此，人类中心论以之为本的恰恰不是人本身，而是人的片面，是失去了人自己位置（自在-自由）的权能主体。

人类中心论反而使人失去了人的位置。这是人类中心论最严重的问题，当然也是尘世国度的最大问题。因为顺应肉体或人自己而生活的尘世国度就是一个以人类为中心的国度。上帝赋予人顺应绝对而普遍的永恒之善而生活的本性，自由-自在的人就是守护于这种本性的人。人守护于本性即是守于自己的位置上，因而才自由自在。守性即守位，也即守于人自身。反过来说，守于自身即守于至善，即顺应那绝对而普遍的永恒之善生活。因此，人脱离那绝对的永恒之善，意味着人离位而失性，意味着人沦落于自己的片面性。

由于尘世国度在其中建立起来的自爱虽然也爱他人，但是，正如我们前面说过，这种对他人的爱是有等差的爱，它与人们在生存中相互需要的私善直接相关：相互需要的私善越多，这种爱也越深厚，反之则越淡薄。这不可避免地使建立在这种自爱基础上的尘世国度分裂为不同的利益群体,从而陷于纷争与对立。如果顺应肉体地生活,或者说,自爱地生活,那么,人们追求的善必定只是私善,也即不可能是普遍而永恒的善。由于所追求的是一种非永恒的、不可普遍化的善,所以,追求这种善不仅使人类陷于分裂,而且陷于恐惧。因为即使人们得到了所追求的善,他也仍处在与他人的分裂与对立当中,因而仍面临失去它们的危险。在这个意义上,他所追求的善不是一种能让人们安身立命而消除恐惧的善。"由于尘世国度的善并不是那种能使追求者没有恐惧的善,所以,这个国度经常与自己陷于分裂而导致争执、战争、互斗,追求必定陷于死亡的胜利。"①也就是说,以自爱为基础建立起来的尘世国度必定是一个充满对立与纷争的世界。

这并不是说,尘世国度没有和平,但是,"尘世国度是通过发动战争来达到和平……这种和平是由一系列苦难的战争达成的,是臆想的那种充满荣耀的胜利达成的。如果更正义的一方胜利,那么每个人都会欢迎和肯定这种胜利,于是,就会出现人们所希望的和平。这是善的,并且无疑是上帝的赐予。但是,如果人们忽视了天上国度所具有的那种更高贵的善(那里的获胜是永恒的,并且保障了最高和平),以至人们这样追求、渴望尘世和平这类善,即把这种善当做唯一的善,或者爱这种善甚于爱我们确信的那种更高的善,那么,必定会有苦难随之而来,并增加现有的苦难"②。由于尘世国度是建立在自爱即追求私善基础之上,因此,分裂与纷争是不可避免的。尘世和平并不是消除分裂与纷争的和睦状态,而是这种分裂与纷争得到某种强力的调节与制约的调和状态。这种强力首先或通常是通过战争产生出来的。在这个意义上可以说,尘世和平是通过战争来达到的。

但是,强力是根据什么原则或尺度来调节、制约分裂与纷争的呢?调节纷争的根据也就是判定强力方即战争的获胜方究竟是更正义还是

---

① 奥古斯丁:《上帝之城》下册,15:4,第 217 页。
② 同上书,第 218 页。

更不正义的根据。所谓更正义，在本质上就是据以调节与制约纷争的原则或尺度更接近那绝对而普遍的永恒之善，而较少依赖于私善。因此，这种原则更具有中立性与公共性。由它调节与制约而达成的和平才是人们所欢迎与期待的和平。也就是说，如果尘世国度要有人们真正所期待的那种和平，那么人们就不能忽视、忘却天上国度那绝对而普遍的善。如果无视那绝对而普遍的善，而只追求尘世的各种私善，因而没有任何绝对原则来作为调节与制约因追求私善而陷入的纷争与分裂的尺度，那么，人们即使达成某种和平，这种和平也只能是一种强权下的临时**稳定**。这种稳定不仅不可能带来人们普遍期待的、足以使人们和睦相处的那种和平，还带来了更多的不幸与苦难，因为这种没有绝对而普遍的善作为原则的**稳定**实质上只能是建立在抢夺与损害大多数人的利益（私善）的强力上。因此，如果人们没有前提地强调稳定，那么，这绝不意味着就是在倡导和平，相反，倒是很可能在维护甚至制造苦难。实际上，在单纯的尘世国度里，也就是说，在完全没有绝对而普遍的善作为尺度的国度里，稳定恰恰永远是一个问题。

如果忽视那绝对而普遍的善，那么尘世国度就不可能获得真正的和平。就此而言，尘世国度的一切不幸、苦难、纷争都是由于忽视天上国度的善造成的；尘世国度能达成的任何真正和平都必定依赖于对天上国度的绝对之善的遵从与维护。正是在这个意义上，奥古斯丁说尘世和平这种善是由上帝赐予的。

如果说建立在自爱之上的尘世国度实质上是以人自己为荣耀，那么，建立在爱上帝之上的天上国度则以上帝为荣耀。所谓以上帝为荣耀，也就是说，把追求与维护那绝对而普遍的永恒之善作为生活的最终目的与最高使命，因此，把遵循与坚守普遍的绝对原则当做最高的光荣。在爱上帝的人看来，如果一个人不爱上帝，因而并不遵循与坚守绝对的普遍原则，那么，不管他多么自以为是，也不管他建立了什么丰功伟业，他都不具有真正的荣耀，倒很可能满身是耻辱。因为在不遵循绝对的普遍原则下建立起来的功业必定包含着他人的屈辱与损失，而在他人的屈辱上建立的只能是耻辱而不可能是任何荣耀。

以上帝为荣耀并不否定人以自己的权能为荣耀。但是,这里有一个底线,那就是人们在以自己的权能为荣耀时不能忘了上帝才是我们的最高荣耀。或者说,以上帝为荣耀是我们自我荣耀的前提。如果我们不以上帝为荣耀,那么我们就没有任何东西值得我们荣耀的。因此,如果说我们要追求什么权能或权势的话,那么,首先要追求的就不是尘世国度所追求的那种对他人的统治力量,而是"我要爱你,主就是我的权势"。也就是说,人们首先要追求的是这样一种权能,即通过爱上帝而在精神世界里确立起绝对的普遍原则,从而获得一种即使在各种私善的诱惑下,在各种苦难的重压下,也仍坚守绝对之善的力量。这是一种顶天立地、穿越时空的力量。如果说这种力量是一种权能或权势,那么,它就是一种最伟大、最值得人们为之感到荣耀的权能。然而,这种权能并不是要把人们置于统治欲的支配下,而是要把人带进一种相互关爱的相互服务中。这意味着,在爱上帝的天上国度里,居民间不是统治与被统治的关系,而是在相互关爱中相互服务的关系。因此,在天上国度里,人们享有永久性的和平。这种永久和平不是靠战争赢得的,而是通过爱上帝而爱人人获得的。

七　历史的目的:两个国度的交会与出路

前面我们讨论了在奥古斯丁的基督教信仰视野内有关历史的起源与开端的问题。就世界的出现-存在是一件意志事件而言,历史起源于上帝的意志而开端于创世之初。而就两个国度开始于第一个人类的出现来说,人类的出现是"世界史"的一个转折:历史开始了两个国度的对立与斗争。人类的历史就是两个国度对立与斗争直至尘世国度被最后审判而终结的历史。尘世国度的终结也就是人类史的终结。历史有开端,也有终结。但是,历史的终结并不是生活的结束,而是另一种生活,即守于至善的生活的开始。在这个意义上,这"另一种生活"就是整个人类历史进程的最终目的。所以,历史不仅有开端有终结,而且还有目的。

不过,在讨论这个最终目的之前,我们要首先澄清两个国度在人类历史中的对立与交会。

(一)两个国度在人类生活中的交会

我们讨论了"天上(神的)国度"与"尘世国度"的区分问题。这种区分同时也显示了它们之间的对立。不过,这种对立并不像两军对垒那样分立在两个不同的空间里,好像"天上国度"高高在上,远离人间生活似的。相反,两个国度的对立恰恰交会在所有人群里,交会在每个人身上。"天上国度"的"天上"或"尘世国度"的"尘世"并不是空间上或地理上的实指,完全是一种象征性的指谓。

"天上国度"之所以为"天上国度",完全在于它的居民是顺应独一的神而生活,也即遵循那绝对而普遍的永恒之善而生活;而尘世国度之所以为尘世国度,则在于它的居民完全是顺应肉体而生活,无视或忘却那绝对而普遍的善。如果有人完全顺应神而生活,那么,虽然他身处尘世,与亚伯一样同恶人一起行走在尘世间,但他也属天上国度的居民,与其他同样顺应神而生活的人一起组成天上国度。天上国度(神的国度)与尘世国度(罪者的国度)的根本性区别首先在于生活方式,因而也即在于自由意志的选择:是决断顺应神而生活,还是决断顺应人自己而生活。

因此,天上国度与尘世国度同时存在于人类生活当中,交会于人世间。两个国度的对立首先直接就展现为两类人在现实生活中的对立,即亚伯与该隐的争执。对于亚伯式的人来说,尘世国度并不是他们的归宿,他们是身在尘世心在天国。如果说该隐们是尘世国度的主人,那么,亚伯们则是尘世国度里的外邦人和朝圣者,他们以自己的生活与行动不仅显示了绝对而普遍的永恒之善的神圣光辉,而且显示了尘世国度的居民无视普遍之善而执著于私善的荒谬与罪恶。[①] 也就是说,亚伯与该隐陷于争执,并不是因为亚伯追求私善,而仅仅因为他的神圣生活方式。

---

① 人们在陀思妥耶夫斯基的《白痴》《卡拉马佐夫兄弟》等作品中能看到对这种朝圣者形象的生动刻画。

亚伯的生活方式使他蒙受上帝的恩典而被拣选为天上国度的居民,同时也正是他的生活方式使他不可避免地与该隐发生争执。

这意味着,亚伯与该隐的两种生活方式的对立实际上透露的就是两个国度之间的敌对;而尘世国度与天上国度的这种对立使尘世国度自己陷入了分裂。奥古斯丁有一段论述精当地表达了这两层意思:

> 所以,雷慕斯与罗慕洛之间发生的那种争执表明,尘世国度如何陷于自身分裂;而该隐与亚伯之间的争执则透露了两个国度即上帝国度与人的国度之间的敌对。因此,恶人与恶人相互争斗,恶人与好人也相互争斗。但是,好人与好人(如果他们足够完美的话)之间却能够不相互争斗。而进步中的人(die Fortschreitenden)和尚不完善的人就这点而言会陷入争斗:每个这样的好人用其存在的部分来反对他人,他还以此部分存在来反对自己。在同一个人身上肉体会竭力反对灵魂(精神),或灵魂反对肉体。所以,一个人的精神(灵魂)欲求会反对另一个人的肉体欲求,或者一个人的肉体欲求会反对另一个人的精神欲求,就像好人与坏人互相争执一样;或者是这样,即两个善良(好)的、但尚不完善的人的肉体欲求相互斗争,就如恶人与恶人相互斗争,直至病人的康复取得最后胜利。①

该隐与亚伯的争执,尘世国度与天上国度的对立,不仅使亚伯们备受尘世国民的排挤、欺凌、损害、敌视甚至屠杀,而且使尘世国度本身陷于分裂。我们甚至可以说,尘世国度陷入的种种分裂全部缘于它与天上国度的对立。如果详加分析,那么可以发现,尘世国度的分裂展现为四种对立与争执。首先是好人与恶人的对立。好人因为坚守绝对原则而显示了普遍之善的存在与神圣本身就是对恶人的一种"威胁",所以,在好人与恶人的对立中,好人仅仅因为他是好人,他就必定陷入与恶人的

---

① 奥古斯丁:《上帝之城》下册,15:5,第219—220页。

斗争中。其次是恶人与恶人的争斗。恶人之间的争斗之所以是不可避免的，是因为恶人只追求和执著于自己的私善，无视绝对而普遍的永恒之善。而如果没有普遍的原则作为尺度，那么，对私善（自己的利益与好处）的追求必定变成没有节制与界限的自我扩张，其结果就是侵占他人的利益或损害他人的权利。第三种情形是进步中的人或尚不完善的人与他人的争执。因其尚不完善、尚在进步，因而处在私善与普遍之善的摇摆当中，当他守于普遍之善或以普遍之善节制、衡量私善时，他就与恶人陷于对立；当他执著于私善而忘却或无视普遍之善时，他则同时陷于与好人、恶人的对立。第四种情形是个人身上的对立，尚不完善的个人身上的一部分反对自己的另一部分，比如他的灵魂反对他的肉体，或者自己的这个私善反对另一个私善。

个人的这种自我分裂与自我对立既是天上国度与尘世国度的对立在个人身上的展现，也是尘世国度陷于分裂的体现。也就是说，个人的自我分裂实际上展示了天上国度与尘世国度的对立，是两个国度在个人身上的交会。换言之，每个人都身处两个国度。正如奥古斯丁所说，自由意志是中等之善，因而，我们可以说，每个赋有自由意志的个人都是"进步中的人"，都是"尚未完善的人"，他们作为个体而处在天上国度与尘世国度之间。所以，每个个人都是两个国度的交会点。该隐与亚伯实际上是两种人的象征，而在现实生活中，每个人既可能成为该隐，也可能成为亚伯。自由意志使每个人不可能天生就是该隐，或注定就是亚伯。人们是在自由意志决断中成为该隐，在自由意志选择与上帝恩典中成为亚伯。也就是说，自由意志使人存在于可能性当中，即存在于该隐与亚伯这两种可能性身份之间而具有双重性。因而可以进一步说，是自由意志使人处在两个国度的交会点上。

同样，由自由个体组成的任何群体或社会也都是两个国度的交会所，在最后审判到来之前，正如任何个人一样，任何群体都可能因自由决断与上帝的恩典而获得拯救。因此，没有人有权利说某个社会、某个群体或某个民族是无可救药的、纯然邪恶的。不管看起来多么腐败黑暗，它实际上也隐含着两个国度的对立与斗争。

不管是从个体角度,还是从群体或社会角度看,人类尘世史就是两个国度对立与斗争的历史。换言之,一切历史事件都是人的双重性存在对立、斗争的结果。

(二) 历史的最终目的:作为最高之善的永恒和平

上面讨论了两个国度在人类史上的对立与斗争。人类从一开始就处在两个国度的交会点上,人类世代史就是两个国度对立与斗争的历史。"现在应当对两个国度,即尘世国度与天上国度的应有出路进行讨论。"①

正如每个人的尘世生命都有终结一样,在基督教和奥古斯丁看来,人类的尘世历史也是有终结的历史——它将终结于最终目的。因为离开伊甸园之后,人类承受的是一种赎罪的历程,而不是被抛弃的生活。也就是说,被逐之后,人类仍有希望,这就是被洗去罪责而重获"永久和平"的可能性;当然也有被最终抛弃而关闭一切希望的可能性。如果有人进入一种被彻底抛弃的生活,那么,这意味着他生不如死,因为他承受的只是痛苦且永远没有改善的希望,他身陷关闭了一切希望的黑暗当中。不过,不管是进入新生还是陷身黑暗,都是在结束了两个国度的对立之后的事。

人类的全部赎罪历程就展现为两个国度在人身上的交会与对立。或者说,尘世生活之所以是一个仍有希望的历程,而不是一种被抛弃的生活,就在于两个国度在人身上的交会与对立贯穿了人类的整个尘世历史。两个国度在每个人身上的交会与对立向每个人昭示着一种成为永恒国度的居民的希望。因此,贯穿于整个人类尘世史的两个国度的对立与斗争并不是一个永无止境的过程,恰恰是一个有终结的过程。因为正是在这个终结点上,被昭示出来的希望才或者到来,或者失去。没有终结就打不开希望,因而没有终结就没有希望,而且没有终结也就无所谓

---

① 奥古斯丁:《上帝之城》下册,19:1,第515页。

获得希望还是失去希望。人们之所以能够怀着希望去生活,正因为人们预设了能够终止或终结眼前的生活。如果不能终止眼下的生活,因而也就是说,眼下的生活没有改善的可能,那么,人们在生活中还能希望什么呢?还能打开什么希望呢?

因此,当上帝把人类抛入赎罪的、仍有希望的尘世生活时,他也预设了这种尘世生活是一种有终结的生活。人类尘世史将终止在某一重大历史事件上,这就是在最后审判中天上国度彻底战胜尘世国度。天上国度对尘世国度的胜利在根本上意味着分裂、对立与斗争的结束,因而意味着一种"永久(恒)和平"的到来。

尘世国度最根本的痛苦就是灵魂与肉体的分裂和对立,它是其他一切分裂、对立和斗争以及由此产生的一切苦难的根源。战争是人类自我分裂与对立的极端展现。不管是恶人与恶人的战争,还是好人与恶人的战争,都是源于有人只顺应肉体而生活。因此,"和平"作为人类的一个最根本的希望贯穿于整个尘世史。但是,人们在尘世国度里恰恰不可能完全实现这个希望。虽然人们在尘世可以获得某种程度上的和平,但是,尘世和平永远是短暂的和不充分的,时刻面临破灭的威胁。巴比伦的和平只不过是历史的瞬间,罗马的和平在汪达尔人(Vandals)和匈奴人的攻击下土崩瓦解,中国历朝历代的"开明盛世"相对于腐败横行、暗无天日的漫长岁月则无异于昙花一现!这是因为尘世国度的和平并不是建立在灵魂与肉体的分裂、对立的终结上,而只是这种对立的一个临时结局。只要灵魂与肉体的分裂和对立没有结束,人类就不可能获得没有敌对的永恒和平。

这意味着,作为人类在尘世生活中一个最根本的希望,永久(永恒)和平恰恰只有在终结了尘世生活之后才能到来。在这个意义上,永恒和平是人类尘世生活的最终目的和最终之善。

但是,"我们所说的那种最终之善(Endgut)并不是指那种好像应当走向终点并且应当终止的东西,而是指那种应当完满且是完满的东西;而最终的恶(Enduebel)也不是指这种恶可能消失,而是指一种最严重的灾难。所以,最终的善与最终的恶就是指最高的善与最高的恶"①。也就是说,最终之善并不是指要被终止或被结束的善,而是一种被完成了的完满者,所以也就是最高之善和最终目的。因此,当我们说,永恒和平是人类尘世生活的最终之善与最终目的时,也就等于说"永恒和平就是最高之善"②。

永恒和平之所以既是最高之善又是尘世生活的最终目的,就在于它是被完成了的完满者的和平:在这里,我们的灵魂因上帝的智慧而康复,我们的肉体因复活而得到新生。因此,"在这里,我们的德性将不再与罪行或恶事做斗争,而是作为获胜者的奖品得到了永恒和平。这是最终的幸福,是完成了的最终目的——无关终结与终止的最终目的。如果我们在此世拥有某种程度的和平,人们也会认为我们是幸福的。但是,如果把这种幸福与我们所说的那种最终幸福相比,那么这种幸福就只是苦难"③。也就是说,永恒和平之所以是最高之善或最终目的,就在于它是被完成了的完满者的和平,即因灵与肉获得了完全统一从而获得了健全本性的人类的和平。由于灵魂与肉体的统一,人类拥有的不再是一种有欲求和激情的肉体,而是一种不再有任何欲求与激情的灵体。这种灵体因不再有欲求与激情而完全服从灵魂,因此,人类彻底结束了自我分裂,他在恩典中成了被完成了的完满者。在这里,他的德性直接就是他的完满本性,因而他的德性不再与恶行处于斗争中,而是获得了永恒和平而处于和谐中,所以,德性与幸福直接统一了起来。因为还有什么比灵魂与肉体在恩典中达到完全的和谐统一更幸福的事吗?

由于这种永恒和平不仅意味着结束了一切分裂与对立,而且意味着德性与幸福的统一,所以,这种永恒和平就是至高的善,就是最终的幸福,因而也就是最终目的。

作为尘世史的最终目的,永恒和平虽然是向身处尘世生活中的每个

---

① 奥古斯丁:《上帝之城》下册,19:1,第517页。
② 同上书,第546页。
③ 同上书,19:10,第545页。

人打开的一个绝对希望,但是,并不是所有人都能享有它。与永恒和平这种最高之善相对应的另一种结局是永恒不幸。如果说永恒和平是天上国度的居民的出路,那么,顺应肉体而生活的尘世居民的归宿就是永恒不幸。奥古斯丁解释说:"那些不归属于上帝国度的人们领受的是永恒的不幸。人们也把这种不幸称为第二次死亡,因为不管是疏远上帝生命的灵魂,还是被置于永恒折磨下的肉体,都不是现实地生活着,而且这种第二次死亡将更为艰难痛苦,因为不再有死亡来终结它。"①由于那永恒不幸是没有结局的不幸,所以,奥古斯丁也把它看做"最大之恶"。

人类走向这两种结局都不是自然过程,而是意志事件。这不仅指这两种结局取决于人类对两种生活方式的自由选择,而且指这两种结局同时是最高的绝对意志的审判结果。"不管是通达人们所向往的最高之善,还是通达人们回避的最大之恶,好人与坏人都必须经受(最高)审判。"②这种审判对于获得永恒和平的人类来说是恩典,而对于进入永恒不幸的人类来说则是永罚。

永恒和平作为人类在尘世生活中打开的一个最根本的希望,我们要进一步问:获得恩典的人类是如何生活于这种永恒国度里?

奥古斯丁描述说:根据应得的报偿,荣耀与尊荣形成了等级,但谁能去想象呢?确切无疑的是这种等级的存在。这被视为一个幸福国度……在这里,没有较低级者羡慕较高级者,就像其他天使不嫉妒大天使一样。人们不会意愿不归其所有的东西,却与归其所有的东西一起生活在充满和平的和睦中。③

对所有被拣选进入永恒和平国度里的人类来说,虽然就生活方式的选择与遵循而言,他们是一样的,但是,他们此前对那种生活方式的践行程度以及由此获得的恩典是不同的,因此,他们在和平国度里的荣耀将构成一个等级序列。不过,这个等级序列与尘世里的等级序列不同。在

---

① 奥古斯丁:《上帝之城》下册,19:28,第583页。
② 同上书,第583页。
③ 参见同上书,下册,22:30,第831页。

尘世国度里,获得较少荣耀的较低等级者一定会羡慕乃至嫉妒获得较多荣耀的较高等级者,因为他们实际上是以有限的善(物)为荣耀,比如财物或权力。而由此获得的荣耀必定是相对的,因为人们可以通过窃取他人的有限善物,或者夺取与他人同样的有限善物来获得他人拥有的荣耀与尊严。即使你窃据"天下"之位而享有"天子"的荣耀与尊贵,你一样可以被他人取而代之,也必定要被他人取而代之。所以,在尘世国度的荣耀等级里,荣耀不是把人们团结起来,恰恰是把人们分裂开来:有人荣耀,就必定有人卑下,就如有人夺取了有限善物,就必定有人减少了有限善物一样。因此,在这个荣耀等级里,人们并不满足和安定于自己的位置,总有越位的冲动与渴望。相反,在永恒和平国度的荣耀等级序列里,人们以之为荣耀的是绝对而唯一的上帝,即绝对而唯一的永恒之善。每个人从这个绝对的永恒之善那里获得的荣耀并不减少他人从这个善那里所能获得的荣耀。也就是说,每个人从上帝那里获得的荣耀都是专属他自己一个人的荣耀,他既不可能因自己从上帝那里获得自己的荣耀而减少了别人的荣耀,也不可能通过取代他人或冒充他人而从上帝那里获得更多的荣耀。因此,每个人在荣耀等级序列里的位置就是他自己应在的位置,也是他能得到全部能归其所有的东西的位置。所谓"能归其所有的东西"也就是使之成为他自己所需要的东西。因此,所谓他自己应在的位置也就是使他成为自足的自己的位置,因而也就是他自在-自由的位置。正因为他在自己的位置上而成为自由-自足的存在,他在自己的位置上才不会意愿不归其所有的东西,而只与归其所有的东西一起自足-自由地生活。因此,处在荣耀等级序列里的每个人都不会越位而渴望他人的荣耀。简单地说,在永恒和平的国度里,每个人在其应在的位置上而成为自由-自足的他自己,也就是说,每个人的位置都是绝对唯一而不可替代的。因此,每个人各守其位即是自在-自由。这意味着在永恒和平的天上国度里,个体间的关系只是各守其位的自由体间的自由关系。

但是,如果说在永恒和平国度里的人们仍是自由的,那么,我们如何理解这种自由呢？我们知道，最初的人类正因为赋有自由意志而犯罪。所以，我们要问，在永恒和平的天上国度里的人们如何不犯罪呢？为了回答这个问题，这里引述奥古斯丁一段重要论述：

> （在天上国度里——引者）人们也不缺乏自由意志，虽然他们的意志不再受罪的诱惑。实在说来，他们的意志变得更加自由，因为意志摆脱了犯罪的趣味，而转向了不受迷惑、不犯罪的趣味。因为在上帝创造人类时赋予人们的那种最初的自由意志虽然能够不去犯罪（imstand sein, nicht zu suendigen），但是也能够去犯罪（konnte suendigen），而最后的自由意志则更强有力，因为它能够不再犯罪（er kann nicht mehr suendigen），虽然这是因为上帝的恩典，而不是因为意志自己的本性。上帝与分有上帝是两回事。上帝在本性上不可能犯罪，而分有上帝的人则因为从上帝那里接受恩典而能够不再犯罪。不过，恩典应是有等级的：最初是获得这样一种自由意志，人们因这种自由意志而能够不去犯罪，最后获得的则是这样一种自由意志，人们因这种自由意志能够不再犯罪。……由于当人的本性还能犯罪时，他事实上犯了罪，所以，拯救者的恩典就显得更大了，因为这种恩典把人的本性引向了使之能够不再犯罪的自由。①

就上面的问题来说，有两点值得我们加以分析。首先，在永恒和平的国度里，人们获得了一种新的自由意志。这是人类从上帝那里赋得的"最后的自由意志"，它与上帝造人时赋予的"最初的自由意志"的不同就在于：最初的自由意志有能力不犯罪，也就是说，它能够抵御各种诱惑。但是，它仍有犯罪的可能性，因为有能力不犯罪并不一定就不去犯罪，有能力抵御各种诱惑并不一定就不接受诱惑。正因为最初的自由意志本来有能力不去犯罪，它却去犯罪，有能力抵御各种诱惑，它却不抵御诱惑反而接受了诱惑，因此，上帝才有理由判定人类有罪而惩罚他。但是，

---

① 奥古斯丁：《上帝之城》下册，22：30，第832页。

"最后的自由意志"则要比"最初的自由意志"更强有力,因为它不仅能够不去犯罪,而且"能够不再犯罪",也就是说,它能够不再犯人类在尘世所犯的一切罪恶。这是因为"最后的自由意志"摆脱了一切犯罪的乐趣,而转向了不犯罪的乐趣。也就是说,对于这种最后的自由意志而言,犯罪或犯罪的诱惑不再有任何乐趣,倒是不犯罪是一种乐趣。在这个意义上,我们可以说,"最后的自由意志"之所以比"最初的自由意志"更强有力,就在于前者摆脱的东西更多,因而更自由、更开放。

如果结合奥古斯丁在《上帝之城》第 19 卷第 27 章的论述,我们也可以说,作为人类获得的健全的本性或这种健全本性之组成部分,"最后的自由意志"不再有任何激情①,所以,任何犯罪的诱惑对它来说都不再是诱惑。这也就是为什么在永恒和平国度里的人们有更自由的自由意志却不犯罪的原因。

其次,人类获得的"最后的自由意志"是上帝的恩典,而不是人类在尘世自我"灵修"的结果。正如最初的人类的自由意志是上帝的恩典一样,也是上帝的恩典把人类的本性带向了不再犯罪的自由意志,使人类获得新的健全的本性。这并不是说,人类在尘世对自己的前程不能有所作为。他能不能得到上帝的拣选而进入永恒和平的国度,他的意志选择——是顺应人自己生活还是顺应神生活——仍是至关重要的。因为我们无法想象顺应肉体生活的人能得到上帝的拣选而进入永恒和平的国度里。但是,顺应神生活的人们在和平国度里能得到什么样的荣耀等级则完全是上帝的恩典。不仅如此,人们选择并坚持顺应神生活这种意志决断也是在上帝的帮助下完成的,因为上帝比我们自己更深藏在我们心中。如果人们在心里爱上帝,那么人们就能在精神上走近上帝而从上帝那里得到信心与力量,从而更坚定地选择和维护顺应神而生活这种生活方式。虽然人们选择哪种方式生活在根本上是出于人自己的自由意志的决断,但是,只要他选择的是顺应神而生活这种生活方式,那么他一

---

① 奥古斯丁:《上帝之城》下册,19:27,第 582 页。

定已在某种程度上爱上帝,从而从上帝那里得到了力量。不过,尘世的人类不管多么坚守顺应神而生活这种生活方式,也不可能直接从"最初的自由意志"越入"最后的自由意志"。对于人来说,在"最初的自由意志"与"最后的自由意志"之间有不可逾越的界限,人们不可能靠个人的修炼跨越这个界限;如果没有上帝的恩典,人们就不可能获得"最后的自由意志"。因为如果没有上帝的恩典,没有人能进入永恒和平的国度。

在这个意义上,我们说,如果没有(最初的)自由意志,也就不会有人类尘世历史;同样,如果没有(最后的)自由意志,人类尘世史也就没有希望、没有目的,因而没有意义。自由使人类有历史,并且是有希望、有目的的历史。

八 历史的自由与必然

自由使人类有历史,并且是有目的、有希望的历史,因而也就是说,人类的生活与历史是在自由中展开的。但是,有目的、有希望的历史也就是能改善而有进步的历史。那么,这难道不是意味着历史是按某种确定的方向前进吗? 既然历史是按某种确定的方向前进,它又是如何在自由中展开的呢? 难道历史既是在自由中展开,又是按某种确定的方向和目的而必然地前进? 这也就是历史中的自由与必然的关系问题。

这个问题换成一个知识论问题就是:历史或未来是否可预知的? 或者说,是否存在一种能预知未来的"知识"? 如果存在这种预知未来的"知识",因而也就是说,历史是按某种它在其中能被确切地预知的固定秩序行进,那么,是否就意味着历史不在自由中展开呢? 或者也可以反过来问:如果历史是在自由中展开的,那么,历史是否就是不可预知的? 这个问题在奥古斯丁的神学-历史哲学中展现为上帝的预知与历史中的人的自由意志之关系问题:上帝是否预知了我们的人类历史? 如果上帝预知了人类的历史,因而历史是按某种它被预知的固定程序展开,那么,这是否意味着一切历史事件都不在人的意志权能之下,因而历史是必然的,而与人的自由意志无关? 但是,如果上帝并不预知人类的历史和未来,那岂不意味着上帝不是全知全能的?

所以,上帝的预知与历史的自由是基督教神学-历史学中最为尖锐的一个问题。基督教神学对这个问题的思考与追问实际上促使了历史的自由与必然的关系问题进入哲学视野,从而打开了历史哲学的一个核心问题。虽然历史哲学只是在近代才得到充分的发展,但是,历史的自由与必然的关系这个核心问题却早已被开辟了出来。只不过历史的必然性在中世纪被表达为上帝的预知,而在近代则被表达为理性的预知。因为近代片面的理性主义者们确信,根本无需理会上帝是否能预知我们的历史,我们的理性本身就能拥有这种预知。① 所以,历史的自由与必然的关系问题在近代哲学中以理性本身的自由与其逻辑必然性的关系得到思考。

不过,这里我们要放下对近代历史哲学的讨论,而分析奥古斯丁是如何提出和回答上帝的预知与历史的自由之间的关系问题。奥古斯丁是针对西塞罗否认一切预知而提出和正视这个问题的。西塞罗认为,未来是不可预知的,不仅不为人所预知,也不为上帝所预知。因为不管是人的预知还是上帝的预知,都让西塞罗感到害怕。怕什么呢? 奥古斯丁分析说:

> 到底是什么使西塞罗害怕这种预知呢? 看来是:如果一切未来的东西都已被预知,那么,一切未来的东西都已处在它们在其中被预知地出现的秩序中。如果一切未来东西都在这种秩序中,那么就存在一种为上帝所预知的固定的事物秩序。但是,在存在一种固定的事物秩序的地方,也就意味着存在一种固定的因果秩序。因为如果没有会产生结果的原因在先,就什么也不可能发生。但是,如果存在一种固定的因果秩序,因而所有东西和每个东西都是被产生的

① 在黑格尔这个最彻底地打破了人神界限的极端人类中心论者看来,我们人类就能拥有这种对历史和未来的预知,因为历史就按他所发现的逻辑程序行进。在这个意义上,黑格尔实际上是一个最彻底的无神论者,以至于在他的体系里哲学要高于宗教。

结果,那么所有东西和每个东西都是按命运(Schicksal)发生的。如果情况是这样,那么,就无物在我们的权能之内,也就没有意志自由。而如果我们承认这一点,那么正如西塞罗所说,整个人类生活都会被颠覆,法律变得毫无意义,指责和赞扬以及一切谴责和警示也毫无用处,即便酬赏善事,惩罚恶行,也不是什么正义。为了保护人类免于陷入这种(与人的尊严)不配的、荒谬的和灾难性的结果,他(西塞罗)不愿听到任何有关未来的预知,使他那虔诚的心灵陷于死胡同——必须在二者之间做出抉择:或者把一些事情交给我们的意志去处理,或者存在对未来的预知。因为他认为二者不可能相互并存。主张前者就必须放弃后者。如果选择对未来的预知,就意味着放弃意志自由,而如果选择意志自由,就意味着放弃对未来的预知。[①]

在西塞罗这里,对未来的预知与意志自由是一个二难选择的问题:要么确认人类的意志自由,从而把一些事情交给我们的意志去处理;要么承认存在对未来的预知,因而存在某种固定的事物秩序。在西塞罗的视野里,这二者是不可能并存的。如果承认对未来的预知,也就意味着放弃意志自由;而如果承认意志自由,则意味着否定对未来的预知。因为如果说未来是可预知的。那么也就是说,一切未来的东西都是按某种固定的秩序相续到来、出现的,否则它们就是不可预知的。既然一切未来的东西(包括人的未来生活与行动)都按某种固定的秩序发生,那么也就不会有任何未来的东西处在我们的意志的权能之下。在未来可预知的情况下,没有意志的任何余地。相反,如果承认人有意志自由,那么,人的每一步行动都只是出于意志的自由决断,而与对未来的预知无关,不受这种预知的任何制约。而如果人的未来生活与行动并不受预知的决定,那么这意味着未来并不按某种必然的"命运"或铁定的规律发生,因为所谓预知必定是对未来事物在其中到来、出现的某种必然性"命运"

[①] 奥古斯丁:《上帝之城》上册,5:9,第235—236页。

或规律的预知。因此,在承认意志自由的地方,就不可能承认有任何预知,且不管是人的预知还是上帝的预知。

在意志自由与预知未来之间,西塞罗毫不犹豫地选择和维护前者。因为真正让他害怕的事情是:如果存在对未来的预知,必须承认未来的一切事物都不在我们人类的权能之下,因而也就是说,我们人类没有自由意志,那么,整个人类生活都将被瓦解、颠覆。因为如果人类没有意志自由,那么,整个人类生活奠定其上的一切法律和道德准则不仅都是不必要的、没有用处的,甚至它们的存在本身就是不合理的。道德上的劝诫、谴责和法律上的约束、惩罚之所以是有意义的和合理的,是因为预设了这样一个前提:人本来能够不干坏事。也就是说,人的行动、生活并不是受什么固定的"命运"或什么铁定的"规律"的支配,因此,人们这样做或那样做、做好事还是做坏事,都不是不得不如此,而完全能够是另一个样子。伯夷、叔齐饿死首阳山,并不是什么铁定的"命运"使他们不得不落得如此下场,而完全是他们自由选择、决断(不食周粟)的结果:他们也可以选择卑躬屈膝于周武王而得安享晚年。实际上,只是因为人的一切行动、生活都是人自己的意志自由选择、决断的结果,对人进行道德上的谴责和法律上的惩罚才是合理(有道理)的;因为你本来可以不干坏事,现在你却干了,所以,你应受惩罚。同样,也是因为人的意志是自由的,对人而言,道德上的赞扬和法律上的防范也才是有意义的。因为人本来可以选择干坏事,现在他却做了好事,所以,他应受赞扬。如果人的行动不是自己的意志自由决断的结果,而是受"命运"或规律的必然支配,那么,不管这一行动是好是坏,对它进行任何道德评判或法律裁决不仅是不公平的,而且是没有意义的,就如对一头牛的生活或一块石头的运动进行道德评判或法律裁决是没有意义的一样。

但是,显而易见,与其他万事万物不同,人的整个生活恰恰建立在道德和法律之上。如果没有意志自由,一切道德和法律因而都是没有根据的和无意义的,那么人的整个生活就会彻底坍塌。这就是西塞罗所担心的,也是他反对未来可预知的根本原因。

在这里,西塞罗否定了一切对未来的预知,而首先否定的是上帝对未来的预知。在奥古斯丁看来,这无异于否定了上帝本身。因为那绝对而唯一的上帝必定是全能的,也只有全能的上帝才是真正的上帝。既然真正的上帝是全能的,他当然必定能预知未来。在这个意义上,否定一切预知,等于否定上帝。所以,奥古斯丁评论说:"西塞罗实际上并不主张别的,就主张愚人在心里所说的话:'没有上帝。'因为不预知所有未来事情的,一定不是上帝。"①

不过,正是说了愚人之语的西塞罗让奥古斯丁直面意志自由与预知未来之间的关系问题,而这实际上也就是历史的自由与必然的关系问题。我们知道,在奥古斯丁的思想里,意志自由是一个非常核心的问题,对意志自由的追问与维护是他理解原罪以及人的尊严与责任的基础。因此,在肯定与维护意志自由上,他与西塞罗无疑是一致的。那么,他如何处理意志自由与预知未来之间的关系呢?

奥古斯丁与西塞罗的最根本性分歧在于,他不认为预知未来与意志自由之间是相互矛盾的,相反,他认为它们是统一的。在他看来:"虔诚的心灵会选定二者,承认二者,把二者保留在纯真的信仰里。"②

但是,这是如何可能的呢? 奥古斯丁解释说:"我们认为,上帝在万事万物发生之前就已知道它们,而且我们是根据我们的意志做一切我们感觉到和认识到的事情,我们能够自由自愿地做一切事情。我们认为,没有东西是按命运发生的,因而不主张一切都是按命运发生的。……虽然我们并不否认原因秩序——上帝的意志在这种原因秩序中证明自己是全能的,但是,我们并不由此使用'命运'这个概念。"③

这一方面是说,我们有意志自由,我们完全是根据我们的意志自由自愿地做我们想做的一切。在这个意义上,没有什么东西是命运发生

---

① 奥古斯丁:《上帝之城》上册,5:9,第240页。
② 同上书,上册,5:9,第236页。
③ 同上书,上册,5:9,第237页。

的,或者更具体地说,我们的生活、行动不是按命运发生的。另一方面,上帝预知一切,他在万事万物(当然包括人事)发生之前就已知道一切。在这个意义上,存在确定的事物秩序,即原因秩序。因为只有上帝以原因秩序这种方式预知万物,万物才能作为未来事物被预知并按被预知的那样存在于确定的秩序中。上帝的意志正是通过原因秩序来预知和给出万事万物,从而证明和显示自己的全能。①

那么,固定的原因秩序与意志自由如何统一而不自相矛盾呢?虽然存在固定的原因秩序,"但是,这并不必然地得出结论说,如果存在对上帝而言的固定的原因秩序,那么就没有给我们的自由意志留下任何余地。因为人的意志是人的行动的原因,所以,我们的意志也被包括在为上帝所确定的并且为他的预知所把握的原因秩序中。我们的意志正如预知万物的原因的上帝所预知的那样,是我们的行动的原因,因此,作为原因,我们的意志对上帝来说肯定是透明的(为上帝所预知的)"②。也就是说,就我们的意志是我们的行动的原因而言,意志与行动乃至整个生活也处在因果秩序当中:意志的自由决断是一切行动的原因。这种因果关系被包括在上帝所确立并为上帝所预知的因果秩序中。正如一切原因一样,意志是按上帝所预知的那样成为行动的原因。所以,就作为我们行动的原因而言,我们的意志虽不为我们自己所完全明了,但对上帝来说却不是隐秘的,而是透明的,也即说是为上帝所完全预知的。所以,上帝预知一切与人类的意志自由并不矛盾。

显而易见,上帝所确定和预知的因果秩序包括两个因果系列:一个是有限存在者(人或天使)的自由意志决定自己的一切行动的因果系列;一个是自然事物相互决定、互为因果的因果系列。但是,就自然的原因

---

① 虽然万事万物都在因果秩序中,但奥古斯丁却不认为它们是按"命运"发生的。因为在(当时)日常语言,"命运"这个词通常指与出生的星座相关的东西,而不表示任何现实的东西。但是,原因秩序却是现实的,因为这种秩序是上帝给予的,并且上帝也是在这种秩序中预知未来的。

② 奥古斯丁:《上帝之城》上册,5:9,第238页。

是与自然的创造者的意志不可分离而言,自然发生的一切东西也都只是意志的结果。在这个完整的因果秩序中,上帝的意志显示和证明自己的全能,从而显示其为最高的意志,是其他一切意志和万物的原因。这个由上帝所确定和预知的因果秩序一方面不在我们人的自由意志的权能之下,另一方面,人的自由意志又在这个秩序中占据重要位置。人的意志自由与这个因果秩序是一种什么关系呢? 如何理解人的意志属于这个因果秩序同时又是自由的呢?

人的自由意志与整个因果秩序的关系在根本上是人的意志与上帝的意志的关系。首先,人的意志是上帝的意志的结果。人的意志就其作为结果言,与上帝的意志处于因果关系中。其次,人的意志的权能是由上帝给予的,"我们的意志能够拥有上帝所意愿和所预知的那样多的能力"①。也就是说,我们的意志具有能够从自己出发决断自己的意愿这种自由决断的能力,是由上帝赋予的。但是,上帝与他赋予了自由意志的存在者之间的因果关系不同于上帝与没有自由意志的存在者之间的因果关系。没有自由意志的存在者永远守于赋得的本性而处在因果秩序里,而自由存在者则可能违背其赋得的本性,因为人的自由意志虽然来自上帝,但人在使用这种权能去意愿什么,则不取决于上帝,而是取决于人的意志本身。因此,人有可能去意愿违背其本性的东西,比如作恶。所以,上帝虽是人的自由意志的原因,却不是这种自由意志做出决断、选择的原因。只要上帝给予的是一种自由意志,那么,这个自由意志意愿什么和不意愿什么就不取决于上帝,而取决于这个意志本身。否则,上帝给予的就不是真正的自由意志。正因为如此,人出自其意志的作恶才是人自己作恶,而不是上帝作恶。

人既处在因果秩序中,又是自由的。这在根本上是说,人赋有自由意志,因而人能够只根据自己的意志决断自己的行动,这一点是由不得人的。人被决定为是自由的。作为被造物,人被抛入了自由。人与上帝

①　奥古斯丁:《上帝之城》上册,5：9,第240页。

的关系,一方面是决定与被决定的关系——人的一切本性都是由上帝决定的;另一方面,则是全能的自由存在者与有限的自由存在者之间的自由关系——上帝把决定人的行动的权能下放给了人自己,他让人自由。也就是说,上帝不仅让人存在,且让人自由。

因此,我们是也只是在两个层面上说,人处在因果秩序中:其一,人的意志的自由决断是其行动的原因,因此,他的自由意志与其行动处在因果秩序中;其二,人的自由意志以及人的存在本身都来自上帝,因此,作为结果看,人与上帝处在因果秩序中,人是上帝自由行动(创造)的一个结果。综合起来说,人所处的因果秩序是一种自由的因果关系。

在这个意义上理解人与整个因果秩序的关系,才使因果秩序与自由意志、上帝的预知与人的自由之间的统一成为可理解的。因为上帝之所以能预知万事万物,是由于包括人的自由存在在内的万事万物都处在由上帝确立的因果秩序中。但是,如果我们是在上面那个意义上去理解"人处在因果秩序中",那么,处在因果关系中的人仍是自由的,他自由地存在于因果关系当中。所以,虽然上帝是在因果秩序中预知未来和一切,但并不由此而否认人的自由。因为人的一切行动和生活都是在自由的因果关系中完成和展开的。

这里还有一个关键性问题是,上帝的预知是否必然(要发生)的? 如果上帝所预知的人的行动是必然要发生的,那么,又如何理解这种行动是出自人自己的意志的自由决断呢?

> 由于上帝预知人会犯罪,而上帝预知将要发生的事情必然要发生。那么,在必然不可避免要出现的地方,意志如何会是自由的?

> 的确,我不再怀疑,凡上帝预知的事物都必然按上帝所预知的那样发生;上帝预知了我们的罪(因此,我们犯罪是必然的),但是,上帝这样预知并没有取消在我们权能之下的自由意志。[1]

---

[1] 奥古斯丁:《论自由意志》3:4,3:8,德译本第3版,第118、124页。

也就是说,上帝以并不从我们身上取消在我们权能之下的自由意志这种方式预知了我们的罪。这如何可能呢? 上帝预知了我们的罪,因而我们必然会像上帝所预知的那样犯罪。既然我们必然如上帝所预知的那样犯罪,我们又如何是自由的? 这里所谓"必然如上帝所预知的那样犯罪"有两层意思。首先是说,人一定是按因果秩序那样犯罪,因为上帝是按因果秩序预知人犯罪的。也就是说,如果人犯罪,那么他一定是这样犯罪:他的意志是他犯罪的原因,人的罪是人自己的意志决断的结果。其次是说,上帝预知人犯罪,人必然会犯罪。但是,这里的"必然"是一种**可能性的必然**[①]——就道德存在而言,人只存在于两种可能性当中,只能打开两种可能生活或两条可能性道路:或者行善,或者作恶。人不是必然行善,就是必然作恶,这是上帝所预知的。因此,说上帝预知人犯罪,因而人必然犯罪,就如说上帝预知人行善,人必然行善一样。在上帝的预知里,人面对的必然是一种可能性的必然,因而是一种敞开的、仍有选择余地的必然,而不是关闭了一切选择余地、只有唯一可能性的那种封闭式的必然。简单地说,这里所说的必然是一种自由的必然。因此,上帝这种预知并没有取消我们的自由意志,上帝只是预知人能够产生去犯罪这种可能意愿,至于人是否给出这种意愿,那完全是在人自己的意志权能之下;只是当人自己的意志决断作恶,人才会去现实地犯罪。因此,上帝预知人犯罪并不是促使或强迫人犯罪,就如一个人预见到了另一个人犯罪,但他没有强迫那个人犯罪一样。人是否犯罪,仍取决于人自己的意志的自由选择。

所以,奥古斯丁最后说:"上帝预知我们将意愿什么并不从我们的意志取走任何东西。否则,预知我们将意愿什么的上帝就什么也没预知。但是,预知我们将来意愿什么的上帝肯定不是什么也没预知,而是预知了某种东西。所以,在上帝的预知里,有某种东西被交给了我们的意志

[①] 这里我试图区分出两种必然,即可能性的必然与现实性(概念)的必然,以便对奥古斯丁的论述做出合理的理解。

处理。因此,既没有必要为了维护上帝的预知而取消意志自由,也没有必要为了维护意志自由而否认上帝预知未来——这是亵渎神的。我们确认二者、承认二者的可靠性和真实性。承认前者以便正当地信仰,承认后者以便正当地生活。但是,如果人们对上帝的信仰是不正当的,那么人们只能腐败地生活。因此,为了自由地意愿,我们完全没必要否认上帝的预知,我们正是由于上帝的帮助才是自由的或者将是自由的。因此,法律、劝诫、警告以及赞扬的话语和惩处的告白都是有意义的。"①

这也就是说,在奥古斯丁这里,人的生活与行动以及由它们构成的人类历史虽然如上帝所预知的那样具有必然性,但是,这种必然性是一种"可能性的必然"。在这种可能性的必然中,对可能性的决断被交给了人的意志。这样,奥古斯丁既维护了上帝的预知,从而维护了上帝的全能,又维护了人的意志自由。

不过,这里我们还可以从两个角度来理解上帝的全能与人的意志自由。首先是上帝的全能问题。奥古斯丁说:"当我们说'上帝永远活着并预知一切'是必然的时,我们并没有让上帝的存在或他的预知服从于必然性,正如当人们说'上帝能够不朽且能够不犯错误'时,并不削弱上帝的权能一样。较之'他能够不(er kann es nicht)……''他能够(er koennte es)……'无疑将使他的权能变小。虽然他能够不朽且不犯错误,但他无疑是全能的。人们认为他是万能的,因为他做他愿意做的事情,并且不容忍他不愿意的事情。如果他容忍的事情违背了他的意志,那么,他就绝对不是全能的。所以,上帝能够不做某些事,恰恰是因为他是全能的。当我们说'只要我们愿意,我们就自由地愿意'是必然的时,那么情形也是如此。"②

这里隐含着理解全能与自由的两个角度。一方面,上帝的全能在于他能够做一切他愿意做的事情,能成就一切他愿意成就的事业。所以,

---

① 奥古斯丁:《上帝之城》上册,5:10,第242页。
② 同上书,上册,5:10,第241页。

他是个万能的成事者。——这是从肯定或积极的角度理解上帝的全能。

但是，根据奥古斯丁的论述，我们可以发现，也可以从否定的角度或叫消极的角度来理解上帝的全能。上帝不仅能做他愿意做的一切事情，而且**能不做他不愿意做的一切事情**。上帝能不做他不愿意做的一切事情，是因为他是全能的。也可以说，上帝能不做他不愿意做的事情是他的全能的体现，就像他能做一切他愿意做的事情是他的全能的体现一样。上帝能够不朽，因为他不愿死；上帝能够不犯错误，因为他不愿意犯错误。

人们通常更重视从积极（肯定）的角度去理解上帝的全能与自由，但是，消极角度甚至具有更根本的意义。一些反驳上帝全能的悖论就在于无视上帝全能的否定意义。也就是说，如果从消极角度出发，那些反驳上帝全能的悖论就会被化解。比如，有一个反驳上帝全能的著名悖论说：上帝能够造出一块他自己举不动的石头。这是说，如果上帝是全能的，那么，他当然能造出各种各样的石头，其中包括他自己举不起来的石头。如果他造不出这样的石头，那么他就不是全能的；但是，如果他造了这样的石头却举不起这样的石头，那么他显然也不是全能的。所以，上帝不可能是全能的。

如果我们局限于肯定的角度去理解上帝的全能，那么，就不能反驳这一悖论。但是，当我们考虑到上帝的万能同时也在于他能够不做他不愿意做的事情，那么，我们就可以成功地反驳这一悖论：上帝不愿意有一块他自己举不动的石头，所以他能够不去造这样的石头。也就是说，"创造一块上帝自己举不动的石头"这件事是违背上帝意志的，因而是上帝不容忍的，全能的上帝当然不会让它发生，否则，他就不是全能的。因此，"能够创造一块上帝举不动的石头"这一设想本身就是错误的。因为"上帝能够创造一块他自己举不动的石头"这一悖论等于断言"上帝会犯一个他不愿意犯的错误"，而这一断言甚至比断言"上帝是万能的"更独断，至少并不更有理由。

消极的角度对于理解在上帝全能下的人的自由同样具有更为重要

的意义。相对于上帝而言，人的意志不是全能的，所以，我们不能从积极的角度，也即不能从"能够做他愿意做的一切事情"去理解人的意志自由及其权能。因为人不可能做他愿意做的一切事情，只有全能的上帝能够做他愿意做的一切。从积极的角度看，人的意志是不完全自由的，只是部分自由：他只能做他愿意做的部分事情，而不可能做他愿意做的一切事情，比如不朽、预知未来。这是人的意志权能与上帝的意志权能的区别所在。但是，从消极角度看，人的意志自由的绝对性在这一点上与上帝是一致的：人能够不去意愿他不愿意的一切事情。人能够不想要他不愿意要的一切事情，任何他人他物都不能改变、左右这一点。我的意志本身完全能够决断自己不去意愿自己不愿意的东西，从而能够不做他不愿意的一切事情。在这个消极意义上，人的意志是绝对自由的。因此，虽然全能的上帝预知了我们的未来，因而我们的未来是"必然的"，但是，由于这种必然是一种"可能性的必然"，对其中的可能性（比如作恶），人能够去意愿，也能够不去意愿。只要他不去意愿其中的某些可能的事情，他就能不去意愿这些事情，并因而不去行这些事情。

　　因此，上帝预知中给出的必然性不同于近代历史哲学给出的那种一维的、没有选择余地的逻辑必然性或概念必然性。首先，如果说上帝所预知的那种必然是一种可能性的必然，那么近代以黑格尔为代表的历史哲学所给出的那种必然则是一种概念的逻辑必然或"现实性的必然"。因为后者把通过概念的逻辑排列所获得的某种概念秩序当做唯一可能的历史程序，因此，一切现实生活都必定是根据这种概念秩序展开的。在这种概念秩序里，个人的自由选择和努力是微不足道的，对其历史前程来说也毫无意义，因为概念的逻辑秩序将无视任何个人努力而把人们确定在某个历史等级里（比如奴隶社会或封建社会，感性阶段或理性阶段）。但是，在"可能性的必然"中，个人的历史前程则与他的自由意志密切相关。其次，在上帝的预知与近代历史哲学的理性预知里，历史虽然都被视为有固定且明确的目的，但是，在上帝的预知里，每个人与这个目的的关系都是直接的和不可替代的，因为每个人与这个目的的关系直接取决于他自己的自由决断。而在历史哲学的理性预知里,个人与历史目的没有直接关系,相对于历史目的的实现,个人的自由决断几乎可以忽略不计,因此,个人的存在与价值在历史进程中无异于一粒尘埃。面对实现历史目的的"必然性",用鲜血抹去个人,用硝烟埋葬"落后",用疯狂追赶"进步",都被当做理所当然的"公理"。这是两种"必然"的根本区别所在。

近代历史哲学的必然性理论给人类带来灾难性后果,要求我们必须重新面对历史的自由与必然这个由基督教信仰在哲学中开辟出来的"老问题"。

第三章　黑暗时期的哲学

3—6 世纪是欧亚大陆普遍遭受异族入侵的时期。在日耳曼人、匈奴人、伦巴底人、盎格鲁-撒克逊人以及汪达尔人等"蛮族"的不断入侵下，西罗马帝国灭亡，以古代希腊、罗马文明为标志的西方古典文明宣告终结。从 6—11 世纪，西方社会进入黑暗时期（dark ages）。异族入侵彻底改变了西方社会，连年的战乱和血腥使其文化、生活、政治、经济、伦理等各个方面都遭到毁灭性的破坏，古典的辉煌丧失殆尽，古典的成就和遗产几乎被彻底摧毁。在这种巨大的文明倒退中，仰仗着新兴的基督教，以及被艰难保存下来的一点点古典文化尤其是希腊哲学的薪火，西方逐步开始重建自己的文明，并最终走出黑暗迎来西方的又一个文明时期——基督教文明。显然，黑暗时期文化的基础正是来自希腊哲学和基督教，二者持久的交锋、冲突、磨合和融会，构成这个时期思想的特质。在这漫长的几个世纪中，西方几乎只贡献了两位思想家：波埃修和爱留根纳。不过，就是靠他们，西方的古典文明和基督教文明得以连接。他们都精通希腊语，熟悉柏拉图和亚里士多德的思想，都致力于从伟大的希腊哲学和基督教信仰之间、之中寻找生命和文化的路径。

两位思想家表现出不同的特点和风格，简单地说，波埃修通过"存在"（esse）概念，爱留根纳通过"不存在""无"（non esse, nihil）概念，来展示他们对希腊哲学(尤其是柏拉图哲学)以及基督教上帝的不同理解和诠释。此二者的不同代表了西方哲学和基督教思想的两种基本路向。当巴门尼德(Parmenides)最初把存在(on)确定为真理之路时,哲学也就同时被确定为关于存在的哲学,对存在的探寻构成了西方形而上学的基调。一般而言,希腊哲学通过"存在"概念所确定的乃是知识的对象,不过这知识不同于近代以来的科学的、理论的知识,而是人类灵魂对世界的绝对本质的领悟和把握,因此作为知识对象的存在,实际上表达了人类智慧对世界本质进行理解的尝试。它不仅代表知识的对象,而且规定着知识的本性和界限。在这个意义上,"存在"概念既表达了世界的形而上学本质——世界的基础、本性、本原、界限和整一,同时也表达了人类理性对人类自身存在的根本关切——通过对世界本质的探寻来确定自身生存的稳定基础、真实本性、确定界限和善。柏拉图以其理念思想对存在哲学进行了经典的表达,并把善和美作为其最高可能性,这成为基督教神学的理论基础。奥古斯丁把柏拉图哲学视为福音书的前身,充分借助柏拉图哲学来成就他的信仰和神学。不过,在解释存在和善的关系时,他不同于柏拉图,而是把存在视为对上帝的最高界定,上帝的善来自其存在。波埃修在奥古斯丁思想的基础上,进一步通过"存在"概念来思考上帝,思考善。借助存在哲学,上帝不仅被理解成世界的本质和基础,而且被视做知识的终极本质和对象,同时是人生存的最根本、最终极的凭靠。不过,对存在的探寻并未就此结束,因为存在问题关乎人最根本的关切和期望,是与人类的生命关怀和灵魂呼求始终相伴的、开放的、无限的问题。当海德格尔认为我们至今仍然不清楚"存在"这个词的含义时,说的就是这个意思。从这个意义上讲,哲学关注不存在和无的问题,和关注存在问题一样自然。因为这不是对存在问题的否定,而恰是对存在问题的深化。当爱留根纳超越存在和不存在之上,以无指示上帝时,他不是要否定上帝的存在,而是暗示上帝的更加真实的存在,是超越人类理性的绝对的存在;对于那终极的真理,我们唯一的选择是名之曰无。神圣的无不是生命的虚无和深渊,而是人类至高无上的本质和基础之所在,问题是我们应该从对存在表象的迷信中解脱出来,把生命转向那隐匿于黑暗之无中的神圣根源——一切生命的唯一的根源。

第一节　波埃修的"存在"(esse)之辨

波埃修(Anicius Manlius Severinus Boethius,480—525)所处的时代,正当我国北魏时期。北魏迁都洛阳,推行汉化,进行改革。文化上也很有成就,贾思勰的《齐民要术》、刘勰(约 465—约 532)的《文心雕龙》、钟嵘(? —约 518)的《诗品》相继著成,昭明太子萧统(501—531)的《文选》也成于此时。总之,当时的中国社会正在为即将来临的隋唐盛世做最后的准备,而波埃修身处的西方世界,却正处于漫长黑暗时代的初期。波埃修被后世称为"最后一位罗马哲学家和第一位经院哲学家"。他曾在对亚里士多德《解释篇》(De Interpretatione)的第二次评注中宣布,打算翻译并注释所能找到的所有亚里士多德著作,以及全部柏拉图对话,目的在于证明两位哲学家之间的根本一致。由于政治原因,523 年波埃修获罪下狱,后被处死,使得他的宏愿未能实现,但从他的计划中可以看出他的思想渊源和哲学旨趣。调和柏拉图和亚里士多德本是新柏拉图主义者的目的,但波埃修以其深刻的形而上学思考和对《圣经》的理解,使他在柏拉图和亚里士多德之间独辟蹊径,把希腊哲学的基本精神在新的基础上传达给拉丁世界:

> 哲学是"爱智"。智慧本身是一实在,即生命之思和万物之因,它自我存在且仅仅因自身而存在。通过启迪人的思想,智慧以爱把他吸引到自身。因此哲学,或爱智,乃是对智慧的追求,对上帝的探寻,对上帝的爱。①

波埃修在多大程度上以及如何把哲学和神学结合在一起,正是我们要探讨的问题。不过吉尔松的评述无疑传达出了波埃修宗教哲学思想

① 吉尔松:《中世纪基督教哲学史》,第 97 页,纽约,兰登书屋,1955。

的基本风貌,而我们将要集中探讨的波埃修的"存在"(esse)概念,则是其宗教哲学的基础。

波埃修关于 esse 概念的论述,主要集中在他于 512—522 年间写成的五篇神学论文(Opuscula Sacra)中的第三篇:《实体如何因其本质(存在)为善,而非实体之善》(*Quomodo substantiae in eo quod sint bonae sint cum non sint substantialia bona*,以下简称《如何》)。在这篇论文中,波埃修有意用简洁隐晦的文风,借助数学方法,列出九条公理,除第一条和第九条外,其余七条都直接关乎"存在"(esse)的。他独特的表达方式,使本来就不好理解的术语、概念和思想含义,变得更难把握,给后人的翻译和研究制造了很大的困难,尤其是在一些关键术语的理解上难有定论。这一问题在第二条公理中尤为突出:[1]

> (公理 2)Diversum est esse et id quod est;ipsum enim esse nondum est,at vero quod est accepta essendi forma est atque consistit.
>
> 存在(esse)与存在者(id quod est)不同。存在自身(ipsum esse)尚未存有,但存在者只要获得了形式(essendi forma)就得以实存。

该公理中几乎所有的概念都很重要,也都存在理解上的困难。

波埃修给我们的第一个信息,是存在与存在者之间的不同。这是什么样的不同?存在者因为获得了赋予其存有的本质形式而得以实存;而存在自身却"尚未"存有,尚未"出世",有待"显现""现象"。[2] 可见,存在自身并非真的"无"。那么,如果它需要并能够"现象",如何才能"现象"为"有"呢?除了不同,存在与存在者之间还有什么关系?有无直接关系?另外,存在与存在自身之间是什么关系?存在与形式之间有无关

---

[1] 波埃修:《哲学的安慰》(拉丁语-英语对照本),S. J. 特斯特特英译,第 40 页,哈佛大学出版社,1973(以下简称"洛布本")。洛布本中的英译有一些不当之处,引用时已尽量改正。

[2] 这是洛布本英译的发挥:awaits manifestation.

系？我们将尝试寻找其中一些问题的答案，其他的问题留待以后再探讨。

　　esse 乃拉丁语单数第一人称 sum(是)的现在不定式，相当于英语中的 to be，从其思想渊源看，对应希腊语 einai 一词[1]，而该术语正是古希腊形而上学思想的核心概念。印欧语系中的 to be 来自一个共同的词根，即该语系中最初的系词 es，希腊语的原生动词 eimi 就来自它。einai 是 eimi 的不定式形式，另一个重要的希腊词 on (being)是 einai 的分词现在时中性单数第一格与第四格。我们所关注的是 einai 的形而上学意义，在此，卡恩(C. H. Kahn)的语言学研究值得参考，虽然我们的结论可能会与他的不大一样。[2]

　　卡恩认为在希腊语的早期文本中，einai 作为系词(The Copula)的用法占绝对优势，他力主恢复系词在 einai 的用法系统中的核心地位，并以此为基础探讨其非系词用法，主要是表真用法(The Veridical Uses)和存在用法(Existential Uses)，而在对巴门尼德和柏拉图的理解中，表真用法远比存在用法重要，而且这三种典型用法实际上常常搅和在一起：

　　　　一方面，毫无疑问，无论对麦里梭(Melissus)还是普罗泰戈拉(Protagoras)，乃至所有后来的希腊作家来说，独立使用的 esti(einai 的无人称单数形式——引者)能够意谓 exists 或 there is such a thing。另一方面，esti 所执行的功能如此之多，其作为系词的角色如此优越，以至于除了某些特殊的语境如神和神灵的存在外，几乎不存在对其固定的存在含义的系统性依赖。但是，当柏拉图需要一种没有歧义的表达式以作存在断言时，他便求助于系词结构 einai ti (to be something)而不是 to be nothing。

　　卡恩承认 einai 可以表达存在的意义，但他真正想强调的是其作为

---

[1] 参见波埃修《哲学的安慰》，洛布本第 41 页注 b。
[2] 主要参见卡恩《动词 To Be 与 Being 概念研究之回顾》，收于克努提拉与因提卡编《存在的逻辑》，德·瑞得尔出版公司 1986 年版。中文参看《世界哲学》2002 年第 1 期，韩东晖译。

系词和表真的作用，并视为希腊早期哲学用法之主流。卡恩的取向，是使"存在"不止于"存在"，"存在"不能仅仅是"存在"：

> 无论是柏拉图还是亚里士多德，存在总是 einai ti，是 being something or other，being something definite（是个什么东西，是某个明确的东西）。

> ……无论对柏拉图、亚里士多德 einai 的哲学用法，还是对巴门尼德来说，存在都是 Being 概念中附属的而非基本的成分。

卡恩如此对待存在的态度，与他视"那种认为存在性用法不管怎样都更基本或更原初的观念不过是偏见"有关。但我们应该看到，卡恩的看法很有启发性，我们可以从中引出有益的思路：（1）Being 不仅仅是"存在"，它还必然是什么（系词用法）；（2）Being 所是，往往为实、为真（表真用法）；（3）"存在"本身没有说明什么，只是说明不能"不存在"，换言之，"存在"必须"存在"；（4）无论巴门尼德还是柏拉图对"不存在"的拒绝（柏拉图在《智者篇》中以"异"释之，并未真正涉及"无"本身），实际上已经使"存在"成为希腊思想的一个绝对规定性，即"存在"的必然性和首要性。（5）"存在"从 Being 的"附属"变成其第一规定性，确保 Being 从"无"到"有"；（6）Being 作为"存在"，乃是静态的持续不断且没有变化的，持续与不变保证了"存在"之为"存在"，标志着"存在"的超时空本色。这种持续和不变的"存在"使实在和实在的思想成为可能，是世界的真正且唯一的"起作用者"①，是巴门尼德的 to on、柏拉图的 idea 以及亚里士多德的 ousia 的形而上学基础。

希腊形而上学，尤其是关于"存在"的思想，与《圣经》传统一起成就了中世纪思想，并形成关于 esse 的重要理论，这一理论直接关系到对上帝的理解以及关于三位一体等重要神学问题的争论，波埃修在其中占有独特的位置。我们已经提到，对波埃修 esse 思想的解读并非易事，《如

---

① 参见王太庆对巴门尼德 estin 和 ouk estin 的解读，见王太庆《柏拉图关于"是"的学说》，载《哲学杂志》第 21 期。

何》一文的有意隐晦和简约,似乎是在把理解的重担交给理解者,自 9 世纪起就开始了关于如何理解 esse 和 id quod est 的争论。

波尔热·杜海姆(Pierre Duhem)[1]认为,id quod est 乃是那具体实存者[2],它作为形式与质料结合的结果而实存;相反,esse 是其本质(essence),是同类之所有个体共有的形式。二者的区别乃是普遍自身与其个别实例的区别。在希腊语中,以名词 hydor(水)和词组 to hydati einai(因之而为水者)之相对表示这种区别。这个词组所表达的正是希腊人的 ousia,以及奥古斯丁的 essentia,即本质。显然,杜海姆把 esse 和 id quod est 直接相关,不过在公理(2)中我们暂时还看不到这种直接关系,与 id quod est 直接相关并使其获得实存的乃是 essendi forma(形式)。看来真正作为其本质并使其实存的是 essendi forma。作为本质,它与 esse 是什么关系? esse 本身"尚未""有待",而 essendi forma 显然是确凿的、显在的、决定和支配的。

考那留·法布罗(Cornelio Fabro)[3]也认同把 id quod est 看成具体的个体[4],但对 esse 的看法却不同,他赞同 esse 或者意谓着亚里士多德意义上的一个实体形式(ipsum esse),或者指示一个偶性形式(aliquid esse)。这相应于托马斯对 esse 的解读,即他的双重 esse(duplex esse):esse substantiale(实体的)和 esse accidentale(偶性的)。另外,法布罗还从托马斯那里读出了"第三 esse":actus essendi(本质活动)。在其后来的著述中,他区分了类似于本质的 esse 和作为本质活动的 esse。他对 esse 的理解与托马斯有很大关系。

---

① 参见马歇尔《分有和善:波埃修形而上学研究》,第 230 页,纽约,十字路口出版公司,2000(以下所引此书均为此版本);麦金纳尼:《波埃修和阿奎那》,第 163 页,华盛顿,美国天主教大学出版社,1990(以下所引此书均为此版本)。

② 本书一般将 exist 及其相关的分词和名词译为"实存",表示具体实在的存在,有别于 esse 意义上的"存在"。

③ 参见马歇尔《分有和善:波埃修形而上学研究》,第 230 页;麦金纳尼:《波埃修和阿奎那》,第 179 页。

④ 这成为一般看法,但也有人视之为本质。参见马歇尔《分有和善:波埃修形而上学研究》,第 231 页注 28。

在他关于《如何》一文的评论中①，托马斯把 ipsum esse 看成一个抽象的普遍，是 being 的抽象表达，being 通过具体的实体形式确定于具体的事物中。作为最普遍的概念，它不能分有任何东西(见公理3)。esse 表示个别事物的 being。在托马斯看来，being 乃是 actus essendi，即 being 的"活动"，作为使事物成为事物的本质，同时就是创造的活动和力量；作为本质性的力量，(ipsum)esse 意味着现实、实在和实存。看得出，"存在"(esse)被托马斯诠释成了并非"抽象"的概念，而是创造的本原、活动和力量。② 存在是所有事物中最内在、最深刻的东西，是最完满的东西。③ "存在活动"不仅引起实存，而且是实存的形式。学者们一般认为这是托马斯对波埃修的创造性发挥，而非波埃修本人的观点。但我们应该看到，他们有着共同的神学背景和意图。托马斯把创造活动和力量赋予"存在"(esse)，正是响应《旧约·出埃及记》3：14 的拉丁语译文：Ego Sum Qui Sum(我是我所是)。"是"(sum)、"存在"(esse)乃是耶和华对自己的唯一定义，其神学意义可想而知。由此，奥古斯丁超越柏拉图在《理想国》(509B)中关于"善的理念"之至高无上的著名表述，把"存在"而非"善"作为上帝的最高标志；托马斯同样把"存在"概念置于自己思想的首位。虽然波埃修在此尚未明言，但他首先或者说最终是个神学家，他对 esse 的探讨旨在解决基督教神学问题，因此托马斯的发挥是可以理解的。

显然，几位解释者都赞同或倾向于从本质(essence)的层面理解 esse，甚至视之为 id quod est 实存的原因(托马斯)。这与波埃修在《论三位一体》(*De Trinitate*)中的表达有关：

> 作为纯形式而非形象(imago)的形式(forma)，乃是存在本身和

---

① 这成为一般看法，但也有人视之为本质。参看马歇尔《分有和善：波埃修形而上学研究》，第232页。

② 参见吉尔松《中世纪哲学精神》，第52页，唐斯译，伦敦，1936。

③ 参见托马斯《神学大全》1∶8∶1,1∶105∶5；《论上帝的能力》7∶2。参见傅乐安《托马斯·阿奎那基督教哲学》，第109页，上海人民出版社，1990。

存在之源。因为一切存在都依赖（来自）形式（omne namque esse ex forma est）。①

然后又把这里的 forma 与本公理中的 essendi forma 等而视之，esse 就成了形式以及实存的原因。这样，esse 不仅使事物存在，而且使事物成为确定的存在。

我们知道，在《如何》一文中波埃修并未将 esse 与 forma 等同。如果等同，就等于说 esse 是自己的原因，上述表达就变成 omne namque esse ex esse est，好像是强调了事物的自因。克劳丢·米开力（Claudio Micaelli）认为这是对波埃修的误读。② 因为这里的 forma 并不必然意味亚里士多德意义上的 eidos，即内在于具体复合事物中并作为其存在原因的一个形式。在《论三位一体》中③，forma 和 imago 明确被区分：

> 那些在质料中且产生了一个物体的形式，来自这些外在于质料的形式（forma）。我们误称居于物体中的实在为形式（forma），实际上它们只是形象（imago），它们只是与那些质料之外的形式相似。

在此，柏拉图主义的波埃修战胜了亚里士多德主义的波埃修，同时柏拉图的善的理念隐身于上帝之中。esse 或者说 ipsum esse 成为超越的自在的创造者，而 essendi forma 通过对 esse 的分有、相似成为 id quod est 直接、具体、内在的原因。④ 于是，事物的实存需要两个原因。德·瑞吉克（De Rijk）的结论比较接近。他认为 id quod est 有两个原因：一个先验，使其在；一个内在，使其有。但他不同意洛布本把 ipsum esse 英译为 Being Itself、Simple Being 或 Absolute Being 并等同于上帝，因为上帝不可能"尚无"（nondum est）。⑤ 他把 esse 解释成 forma essendi，乃是事物

---

① 波埃修：《哲学的安慰》，洛布本，第 8—10 页。
② 马歇尔：《分有和善：波埃修和形而上学研究》，第 243 页。
③ 波埃修：《哲学的安慰》，洛布本，第 12 页。
④ 参见吉尔松《中世纪基督教哲学史》，第 105 页，纽约，兰登书屋，1955。
⑤ 参见德·瑞吉克《波埃修的存在概念》，载《中世纪哲学中的意义与推论》，第 18 页。

构成的决定因素,是个体实存的"实体成分"(ontic element),作为实体的决定性成分,在进入实体前乃是"尚无"。我们从拉丁原文 Diversum est esse et id quod est 就可看出 esse 的"无",因为它和 id quod est 加在一起后,系词乃是表示第三人称单数的 est。前者"化入"后者。不过,此处的 esse 与其说是决定事物的"成分",不如说是形式原则,是决定和立法的原则,因为"成分"不可能"无"。不过德·瑞吉克的思路很明确:把 esse 限定于事物本身,意味着为上帝对事物的先验决定留出地盘。

至此,我们已经比较充分地看到了理解波埃修的困难。不过,从不同的解读中可以发觉一些相近的思路,最重要的一点就是研究者都或多或少、或直接或间接涉及 esse 自身含义的区分[1]:以 esse 的内在性解释事物的具体实在,以其超验性解释事物的"存在"本质和终极起源;前者是亚里士多德意义上的,后者则充满了柏拉图和《圣经》的气息。皮尔热·哈多特(Pierre Hadot)的研究比较明确地表达了这个思路[2],同时我们可以借助他的看法进行进一步的思考。

哈多特首先帮助我们追溯了波埃修的新柏拉图主义起源。波埃修对 esse 和 id quod est 的区分来自希腊语 to einai 与 to on 的不同。作为其拉丁先驱的马瑞斯·维克托瑞努斯(Marius Victorinus,约 280—300 年间生,约 363 年卒)把新柏拉图主义的第一、第二"实体"(hypostasis)分别理解为 esse 和存在者。esse 既非主词又非谓项,没有属性,也不在一个主体中;存在者则为特有的形式决定。而同样的思路在波埃修极其关注的波菲利(Porphyry)那里已经存在。等同于 being(esse)的 The One(太一)是无特征的、不可知的;其他的则分有 Being,但不是分有其无限的丰富性,而是按照一个形式。being 是绝对的、自在的,但通过分有而在的事物中的 being 则不然。esse 不是一实体,不是一行为(act)或状态(state),而是纯粹的作用(pure acting),是一理念、力量和产生形式的

---

[1] 参见麦金纳尼《波埃修和阿奎那》,第 185 页。
[2] 这种区分应该比较吻合《论三位一体》中的观点。见波埃修《哲学的安慰》,洛布本,第 12 页。

作用。可见，新柏拉图主义者已经把能动性赋予柏拉图宁静的理念思想，已经开始把基督教所必需的创造含义纳入形而上学。波埃修的思考正是以此为基础。esse 乃是 First Being（第一存在），是纯粹的作用（agir pur），超越一切形式。作为一切实体的原因，它"尚不是"（nondum est），它先于一切。只是这"先于"并非时间上的，而是存在意义上的。"nondum est"乃是一个敏感的表达。从信仰的角度，第一存在绝不可能以此言说。我们只能进行形而上学的探讨。

波埃修像新柏拉图主义者一样，认为至高的存在乃是绝对的，这"绝对"的含义乃是决定、确定一切却不被一切决定、确定。"确定"必然是"被""别的"确定，在这个意义上，esse 是绝对的无确定性（undetermined）。但这并不表明它就是"无"。因为它是**自我确定**。绝对地说，关于 esse，我们只能说 esse 是 esse，或者 esse！，我们不能以其他的一切来述说它，既不能把它看成主词，也不能视之为谓词，它只是它自己。可见，nondum est 并非"虚无"，而是 esse，是"是"本身，是"存在"的第一原则，是 Ego sum qui sum 的本意：为其至纯，而至坚；为其无，而有万物。万物从其分有的，不是别的，正是"存在"。**esse 的真正含义，乃是使万物从"无"到"有"。**"存在"乃是世界的第一规定性，也是最高规定性；世界在分有"存在"的同时，也分有了"善"，因为"存在"本身即"善"本身。存在即善。但这里的善不是伦理之善，也不是作为属性的善，而是存在之善，是指事物就其存在而言是善的。就像一个人，他的第一规定是他的出生，生即其存在；生命乃是他的最高规定。没有生命，别的什么都谈不上。只有真正热爱生命的人，才能真正爱上帝；不懂得珍爱生命，自己和他者的生命必然背弃上帝。这是托尔斯泰《战争与和平》中的哲学，也是《圣经》的戒命。"善""生命"应该是这个世界的最高目的；"善"和"生命"本是一个东西，即"存在"，作为存在的存在、神圣的存在、上帝的存在、**存在**。

因此，一切 id quod est 都通过分有（从事物的角度看是分有，从存在角度看是创造）而获得 esse，获得自己的 est。Id quod est 中的 est 已经离开了 esse 自身,离开了纯粹的存在,与一个主体相关,成为某物的 being;est 不再是绝对的、无确定性的存在(esse),而是确定的有限的存在。这 est 乃是(Ipsum)esse 的"现象",在此,天堂融入尘世,无限进入有限。

另外,哈多特对 id quod est 的理解与众不同,值得重视:

> 在我看来,大多数现代解释者的错误,在于总是把 id quod est 理解为指示个体事物。但个体事物意指实在与波埃修并未言及的偶性的结合。相反,id quod est 的概念仅仅是一个主词(id quod)和一个谓词(est)的二重性。①

哈多特显然不认为 id quod est 指示某种实存者,像新柏拉图主义的第二实体那样。它是对所有存在者的共同的断定。换言之,它表达的不是或者说不完全是具体的存在,而是适用于一切同类存在者的组成原则,是 esse 如何进入具体并成就具体之 est 的原则。我们发现,哈多特的观点并不孤独。在洛布本第 40 页注 b 中,id quod est 被等同于希腊语的 to ti,即亚里士多德的 tode ti:

> 所有的本体看起来都表示"这一个东西"(tode ti)。在第一本体里,这无可争辩地是真的,因为所表示的那个东西乃是单一的。②

且看陈康对此所做的分析:

> 他指出,第一本体(ousia—笔者)——或者不如说是第一本体的名称——是指 tode ti。这个短语的辞典意义是"这里的这一个"(this here),或者用正规英语说,是 this(这一个)。他是这样论证他的论点的:第一本体,例如某一个人,说的就是"这一个"。这是无可争辩的。因为这里所指的那个东西,是个别的,而且数目上是一个。

---

① 转引自麦金纳尼《波埃修和阿奎那》,第 189 页。
② 亚里士多德:《范畴篇》5.3b10—12。

可以肯定亚里士多德并不是认为在所有东西中第一本体都意味着 tode ti，它的名称才这样。①

一般认为，在《范畴篇》中，亚里士多德以具体事物作为第一本体。不过，第一本体更确切的含义应该是指对具体事物的指认和称呼。tode ti 这一概念所关心的，与其说是它所指示的具体存在，不如说是这具体存在所表示出的某种普遍性的原则。

亚里士多德在《范畴篇》中对第一本体的规定，无疑是对柏拉图 eidos 概念的反对。在《形而上学》第 7 章中他反对把抽象的普遍作为本体，不过总的来看，他真正的目的是反对独立于具体事物而存在的理念，本质之具体乃是他的目标，这目标应该具有像柏拉图的理念一样的普遍性，但又不是分离的。于是他选择了一种新的本体，并赋予其如下规定②：(1) 不能表述任何主词，不在任何基质中；(2) 一切别的东西或是可以表述它的，或是在它之中的。它是其他一切东西的基础，是最后的主词和最后的基质。这就是第一本体，tode ti 乃世界的存在之基，它不在则一切不在；同时是世界的言说之据，否则无话可说。这显然不是普通的具体事物所能完全满足的规定。因此，我们在《形而上学》(1032b1—2)中看到亚里士多德把第一本体等同于 to ti en einai(是其所是，本是)。但同时我们在《形而上学》(1029a28—29)中也看到，他认为"这一个"应该是本体(ousia)的主要标准和规定。

可见，亚里士多德在具体存在与柏拉图的理念之间寻求某种协调，使本质仅仅作为具体的本质而存在，具体同时也就成为张力之所。亚里士多德最终追求的，是在具体之中的使具体成为具体的东西，这东西通过 tode ti 得以表达。从现代意义上说，tode ti 乃是一种本质直观，通过具体绽放出事物的真实本质和规定，此即事物的"存在""'这一个'存在"，Da-sein，id quod est。于是，id quod est 说的是个体，而指的是高于

———————————————

① 《陈康论希腊哲学》，第 286 页及注 26，商务印书馆，1995。
② 参见亚里士多德《范畴篇》5.2a11—14，34—35。

个体的东西,是个体的本质和原则。这原则与其说是"实现"在具体之中,不如说是"体现"在 tode ti 这一名称之中。正是在此,包含着**个体的奥秘,即个体与 esse 的关系**,个体由 esse 而来,并永相近、恒相守。这种关系乃是个体的真理,是个体"本身"。

因此,对 Diversum est esse et id quod est 更为准确的翻译应该是:"存在"与"这一个存在"不同。

总之,波埃修的 esse 概念,既是对柏拉图和亚里士多德思想的吸收,更是对《出埃及记》3:14 上帝之言的倾听。[①] 可以说,对于波埃修,哲学不是他的目的,而是他的道路,通向上帝的道路。

> (公理 3)Quod est participare aliquo potest, sed ipsum esse nullo modo aliquo participat. Fit enim participatio cum aliquid iam est, est autem aliquid cum esse susceperit.
>
> 存在者[②](Quod est)分有什么东西,但存在本身(ipsum esse)绝不分有任何东西分有,意味着某物的存有;当获得存在(esse)时,事物才存有。

理解公理 3 的关键,在于如何解释 participo 这个动词。在英语和汉语中一般可以从两个方面理解:分有、分享、分沾(partake of, participate in, share in);参与,参加(take part in)。该词直接来自柏拉图,是柏拉图理念论的基本术语,用来表示现实与理念之间的关系,而在他之前的巴门尼德那里,这种关系是不存在的。事物通过分有其理念而成为该事物,分有于是意味着创造;同时,分有仅仅是现实对理想原型的"分沾",是某种程度的、永远无法完满的、部分的,是 take a part of,即具体从普遍获取一个部分。从词源上讲,柏拉图借用了毕达哥拉斯的"模仿"概

---

① "基甸国际"(The Gideons International)所赠的《圣经》中,对此处英译"I am who I am"中的 "I"加了一个注:上帝之名,Yhwh 译为 Lord,来自动词 hayah(to be)。可见,从语源学上讲,上帝之名直接关乎"存在"。

② 虽然我们已经确定它的含义为"这一个存在",但为了行文方便,还保持这个用法。

念。我们看到波埃修是在相似的意义上使用该词,即"分有"而非"参与",因为这两个词在该处的语境中意味着相反的意思。托马斯从这里的"分有"一词,解读出分有的三种方式。

(1)当某事物以一种特定或有限的方式获得那普遍适合于其他类似者的事物时,就可以说前者分有后者。例如属(species)分有它的种(genus),而个体又分有它的属:"人是动物""苏格拉底是人"。在此,一般的外延受到特定的主词的限定,逻辑上的主谓关系成为分有关系,显示出分有的限定性特征:从无限或普遍限定、约束出具体。

(2)实体或偶性的形式,被限定在这个或那个主体(基体)中,主体或实体就分有了形式。这种分有也是一种限定。

(3)结果对原因的分有,尤其是因与果之间不相称、不同类时,结果对原因之能量的分有。这是因果或创造意义上的分有。[①]

参考托马斯的理解,我们能更清晰地辨析波埃修的意图。Quod est所分有的应该是更为普遍的、更高形式的或者是作为原因的东西;而ipsum esse 乃是最为普遍、具有最高形式规定性的概念,作为无规定性的终极规定,它尚不是但又是使一切是的力量和原因。波埃修虽未直接使两个概念相连,但我们应该能就此做出合理的判断。另外,正是由于其超越和纯粹性,ipsum esse 不可能另有普遍、另有形式和原因供其分有。它矗立在分有的顶点,作为顶点的唯一含义是,它自我分有、自我原因、自我存在(aseity)。esse 是第一位的,然后才有事物,事物是通过分有esse 才有的,事物的存在宣布了分有的发生;这分有是通过限定和约束esse 的"无"来实现、呈现"有"。当然,我们最好或者只能把这分有理解成 esse 的自我限定和约束。

(公理 4)Id quod est habere aliquid praeterquam quod ipsum est potest;ipsum vero esse nihil aliud praeter se habet admixtum.

存在者拥有除自己所是(quod ipsum est)外的什么东西,但存

---

① 参见麦金纳尼《波埃修和阿奎那》,第 204 页。

在本身不掺杂任何东西。

该公理具有明显的柏拉图色彩,是对"分有"概念的补充:理念总是纯粹的,总是仅仅是它自己,存在本身亦然;通过分有纯粹理念或存在本身而存在的 id quod est,以其通过分有所得的那一份理念为本、为质、为基本规定(quod ipsum est①),同时还需要其他的成分来复合成其实存。作为绝对的"存在",esse 可以被一切存在所分有,可以且必须参与一切存在,但绝对不可能分有别的什么,因为"存在"乃是存在的顶点。

(公理 5)Diversum est tantum esse aliquid et esse aliquid in eo quod est;illic enim accidens hic substantia significatur.

仅仅是什么与在实存中是什么不同;前者为偶性,后者表示实体。

到底哪个是偶性,哪个表示实体,一直存有争议。我们首先要明确实体与偶性在波埃修这里的实际含义。在《反对优迪克和聂斯脱利》(*Contra Eutgchen et Nestorium*)中,波埃修认为:"本质(essentia,ousia)确实可以是普遍的,但它们仅仅实存于个体与特殊中,因为需要通过特殊来理解普遍。实质(subsistentia)自身是在普遍中,但在特殊中获得实体(substantia)。"②仅仅本质、实质,乃是一种纯粹的普遍性,有其自身的存在,在其自身中存在。当本质走出自身有偶性加于其上时,它将失去其纯粹而沦落为负载并成就偶性为"什么"的基体和基质,成为个性化的主体,此即实体。可见,如果我们把 esse 视为事物最初和最基本的规定,事物要成为实体还需要事实的规定,即偶性。就此而言,偶性是实体的成分,属于实体。如果这里的 esse aliquid 指作为本质的esse,那么它肯定不是偶性,当然也不是实体。如果它指示偶性,应该是什么呢? 德·瑞吉克提供了一种解释。esse aliquid 表示具体对象的具体形式,相对于

---

① 这里的 quod ipsum est 与公理 3 开始时的用法不同,而与托马斯后来的用法相同。托马斯视之为本质 essentia,指一个对象的所是,即构成事物的形而上学原则。
② 波埃修:《哲学的安慰》,洛布本,第 86 页。

事物的本质形式 forma essendi；前者是事物存在的偶性样式，如石头的"白"；后者是事物存在的实存方式，即"白的石头"。但是，应该看到，恰恰是那偶性的样式或样式集合，指示了事物在同类中的个体化特征，此个体化特征使本质成为具体的本质，使普遍抽象的 ousia 落到实处。当然，严格地讲，esse aliquid 与 forma essendi 的对立并不相称，因为就像偶性属于实体，前者实际上归属于后者，esse aliquid 是事物实存的本质内容。

（公理 6）Omne quod est participat eo quod est esse ut sit；alio vero participat ut aliquid sit. Ac per hoc id quod est participat eo quod est esse ut sit；est vero ut participet alio quolibet.

一切存在者通过分有存在而存在；通过分有什么东西而是什么。存在者通过分有存在而存在；存在者存在，才能分有别的什么。

短语 participat eo quod est esse 是波埃修对希腊语 metechei tou einai 的翻译，指对存在或存在本身的分有。通过该分有，事物获得"存在"，我们已经一再论及，这是事物之为事物的第一规定。但需要指出，这"存在"并非实存于外在世界的"事实"（factuality），而仅仅是形式的"实在化"（actuality）。因此，当事物通过对 eo quod est esse 的分有而获得存在时，仅仅是获得了一种形而上学的规定性，这种规定性尚未得到具体的限定。但最好把这看成是一种抽象的分析，因为我们已经谈到，除了存在本身因其纯粹性而仅仅是"存在"而"尚无"外，"存在"必然是"什么"的存在。因此，当这最初的分有发生时，就意味着"什么"而非"无"已经"出世"，这同时发生的进一步的分有，是对事物作为"什么"的规定，规定了事物存在的方式，即作为"人"还是作为"植物"的存在。这是事物的类本质，是事物的理念，不过事物的目的不止于此，tode ti 即"这一个存在"才是其归宿。为此，事物需要更为具体的丰富的规定。因此，"分有"概念所揭示的，是事物从抽象、从普遍逐步"现象"为具体的过程。在此，我们可以洞察从无到有的创造过程，并领会从柏拉图的善的理念到亚里士多德的第一实体所经历的思想历程。

（公理 7—8）Omne simplex esse suum et id quod est unum habet;Omni composito aliud est esse,aliud ipsum est.

在单纯中,其"存在"与其"这一个存在"是"一"(unum);在复合之物中,其"存在"是一回事,其"自身"是另一回事。

我们知道 id quod est 绝非单纯之物,因为它是多重分有的结果。首先要分有"存在",同时要分有其普遍本质;不仅要分有实体与本质形式,还要分有偶性形式。其"存在"是单纯的,但其"自身"乃是一复合的实在,是在"单纯"之"存在"中实现的一种多样的有机统一。如果 id quod est 与 esse 是 unum(一),唯一的解释是 id quod est 等于 esse,因为 esse 本身乃是纯粹的单纯,而"存在"与"一"是一回事。[①] 如果 id quod est 是"一",那么它作为实在,就不可能是通过分有而来,而是自在,这自在使其实在直接等同于其存在。这被认为是中世纪关于上帝的本质(essence)与上帝的存在(being)相同一的直接来源。不过,波埃修并不关心后人关于本质(essence)与实存(existence)之间的关系,而是要探寻实体及其实体存在的本原之间的关系,即什么使其成为一个实体?[②] 这正好解释了单纯之物之自在的原因:id quod est(作为特殊的"实体")存在的原因乃是其自身的"存在",即自因。显然,只有终极"存在"即上帝符合这些条件。

波埃修把 esse 和 unum 放在一起,实际上是让自己面对着整个古希腊哲学未能解决的最内在的问题[③],即如何理解"存在之一"。希腊人的智慧在于其对世界统一性问题的提出,并以"存在"概念表达他们对这"一"的领悟。对于巴门尼德,只有存在和一,没有多。柏拉图坚持他的抽象的普遍性思维方式,探求多中之一,不断超越类与种的统一性,追求

---

① 亚里士多德:《形而上学》1003b22,1061a15。
② 参见吉尔松《中世纪基督教哲学史》,第 105 页,纽约,兰登书屋,1995。
③ 参见《海德格尔全集》第 33 卷,第 47 页,亨利希·于内出版社,1981。

种中之种、众种之种，直到最高的统一性、最普遍的种：善的理念。不过，善的理念所达到的一，又体现了对多之统一性的一种绝缘性超越：善在力量和地位上都超越了实在，它不是一个连续的逻辑链条的终端，而是断裂和彼岸。如此而来的"一"已非一般理性思维所能把握。亚里士多德明确否定"存在"和"一"是"种"（genus）：

> 一和存在都将是本原和实体，因为它们最普遍地述说所有存在物。然而一并不是存在物的种，一不是，存在也不是。①

"种"指个体事物之间种类意义上的共性，是定义的基础。否定存在和一是种，就断绝了它们的定义之路。我们无法通过定义来把握存在和一，意味着通过对事物普遍类本质的追求无法达到它们；定义乃我们的知识之路，非定义性使我们不能通过对世界的知识达到它们。"存在"的普遍性不是种的普遍性，它不是作为最高的种存在，其真实含义是：它不在存在者的领域中存在，不是最高的存在者；"存在"不是关于世界的直接的"一"，即我们不能通过世界来把握"存在"之"一"。对世界之多样统一性的解释，难以从世界自身解决。

亚里士多德并没有明确到底该如何把握这"存在"之"一"，作为形而上学最内在的问题一直没有得到解决。但亚里士多德同时留下了他的努力和尝试，比如，他说：

> 倘若作为善而存在并不是善，作为存在而存在并不是存在，作为一而存在并不是一，那么，或者宇宙万物都混为一团，或者根本无所谓是其所是。既然作为存在而存在不是存在，其他东西更谈不上存在。②

"作为存在的存在"是亚里士多德的发明，但在他的著作中，我们很难发现进一步充分的论述。我们可以把它称为"方向"，亚里士多德所明

---

① 亚里士多德：《形而上学》998b21。
② 同上书，1031b9。

确的真正形而上学的方向：通过"存在"自身来理解、思考"存在"，而不是通过世界、通过存在者。放开视野，我们会看到，这正是柏拉图的方向，因为柏拉图(苏格拉底)超越或扭转了希腊早期哲学追求本原的自然哲学方向，推进巴门尼德的"存在"创举，把"善的理念"变成了心灵视野的终极，并使之成为希腊哲学自身，也就是整个形而上学的方向。有趣的是，这一超验性思想，却由一位反对"分离"的哲学家明确提出！这本身就是一个问题。

世界必然有其统一性，但世界与"作为存在的存在"，即"存在"本身，与"一"关系如何，世界如何"存在"、如何归"一"，成为形而上学最尖端、最困难的问题。在经院哲学中，一般使用 analogia entis 来表达，即一种类推、类比、比喻关系。这可能是人类在思想的困境中最好的选择了，就像《圣经》所言，人是神的 image(影像)①，世界之"存在"、之"一"也是某种影像、比喻，是对"存在"自身的隐喻和象征。也许人类可以走出象征，也许象征是人类的界限。

当哲学无可奈何又决不屈服地直面困境时，上帝早已向摩西宣告：Ego Sum Qui Sum。因此，面对波埃修的"在单纯中，其'存在'与其'这一个存在'是'一'"，我们不难发现在这简单的命题中所包含的意义。波埃修把形而上学引向《圣经》，为"存在"和"一"找到了归宿。更重要的是，这"存在之一"不是抽象，而是具体的实在，是 id quod est。这里蕴涵着的可能是世界的真正奥秘，呈现的可能是世界的真正原型，假如我们能够从"存在"而非从我们"自身"来考虑问题的话。或者说我们应该着眼于我们自身的"存在"而非我们复合的、沉重的实体，因为我们存在的根本仅仅在我们的"存在"中，只有它可以使我们恢复、焕发"单纯"的本性。

---

① 就像柏拉图的模仿、波埃修的 imago。波埃修《哲学的安慰》，洛布本，第 8 页。

第二节　爱留根纳：上帝与无

爱留根纳(J. S. Eriugena，约810—877)是继波埃修之后黑暗时代的另一位重要思想家，是西方世界在奥古斯丁和托马斯·阿奎那之间最重要的哲学家，甚至被认为是人类最伟大的形而上学家之一。[①] 但这种地位不是他的时代赋予他的，他当时并未受到足够的重视。除了他不朽的著作，我们对他所知甚少。他的生平，甚至他真实的名字几乎都隐藏在历史的黑暗之中。他有很多名字：John the Scot，Scottus，Scotigena，John Scottus Eriugena，在他所译伪托狄奥尼修斯(Dionysios)著作的序言中，他自称为Eriugena，这个词的意思是"来自爱尔兰的"，而Scottus当时也指爱尔兰人。认为他来自爱尔兰的另一个证据是，在当时文化萧条的欧洲，只有在仍然保持着较高文化和学术水平的爱尔兰的一些修道院里，才可能培养出爱留根纳这样精通希腊语、贯通东(希腊)西(拉丁)方学术和思想的人物。他应该出生在9世纪初，约800—815年之间，在847年前的某个时候来到欧洲大陆，在秃头查理的宫廷中担任教师，当时正值卡罗林文化复兴(Cardingian Renaissance)时期。在那里他开始希腊文献的翻译和著述。870年后，我们难以找到关于他的真实记录。[②] 爱留根纳生活的时代，相当于我国唐朝后期。他的早年适逢柳宗元(773—819)和韩愈(768—824)倡导"古文运动"，当他在欧洲的黑暗时期度过他一生的时候，大唐王朝正在由盛世转向衰败。在宗教方面，三论宗、天台宗、法相宗、华严宗、律宗、禅宗等佛教各宗派的创立，标志着佛教的中国化。

爱留根纳以希腊语 Periphyseon 命名他的巨著，该词意思是"关于自

---

① 亨利·波特：《爱留根纳：中世纪哲学研究》，第18页，纽约，罗素与罗素公司出版，1964。
② 传说他去英格兰的一个修道院任教，后被那里的僧侣用笔刺死。

然",书的拉丁文名字为《自然的区分》。①

一 自然

《自然的区分》共 5 卷,全是师徒之间漫长的谈话录。谈话是这样开始的:

> 师:我常常苦思冥想,细察一切事物首要的、最高的(summus)区分。根据能否被心灵所把握②,一切事物可区分为存在的(esse)和不存在的(non esse)。希腊人把这一切总称为 Physis,拉丁语为 Natura。你认为合适么?
>
> 徒:是的,我赞同。当我理性思考时,发现确实如此。
>
> 师:自然是一个总的名称,是一切存在的和不存在的东西的总称。
>
> 徒:没错。不能被划入这个名下的,我们根本无法思想。
> (441A)③

爱留根纳被视为新柏拉图主义者,古希腊哲学是他思想的基础。"自然"概念来自古希腊。在希腊哲学中,这是一个重要而普通的概念,许多人用它做自己著作的名字,但真正对这一概念进行探讨和思考的是亚里士多德。不过,首先与我们的研究直接相关的是巴门尼德。巴门尼德在第一篇关于自然的长诗④中写道:

---

① 该书分别于 1050、1059、1219 和 1225 年遭到教会谴责,1681 年在牛津第 1 次印刷,3 年后被列入教廷禁书目录。受到谴责的主要原因,是该书的泛神论倾向。

② 舍尔顿·威廉姆斯(Sheldon-Williams)把 animo percipi 译为 grasped by the mind(被心灵所把握),旨在强调包括感觉和理智在内的心灵的整个理解能力。虽然爱留根纳没有对此明确说明,但总的看来,这种强调是合适的。

③ 爱留根纳:《自然的区分》,1—3 卷据舍尔顿·威廉姆斯编辑和翻译的 *Periphyseon*,都柏林,英语-拉丁语对照,1968,1972,1981。由埃德瓦都(Edouard Jeauneau)续编的第 4—5 卷中的第 4 卷于 1995 年出版;第 5 卷的编译在本书首版出版时(2007 年)尚未完成。另外参见伍尔斐德(M. Uhlfelder)和泡特(J. Potter)的同名英文节译本,1976。引文据拉丁原文略有改动。

④ 据说到 6 世纪时,这些诗篇还在流传。

只有那些研究途径是可以设想的。一条是：它存在，它不能不存在。这是说服之路，因为它通向真理（aletheia）。另一条是：它不存在，它必定不存在。我告诉你，这条路是完全走不通的。因为对于不存在，你不能认识，也不可能言说。①

苏格拉底之前的早期希腊哲学具有明显的自然哲学色彩，不过巴门尼德在他的自然诗篇中所表达的乃是一种新的思想，并由此奠基了西方形而上学传统，即关于"存在"的思辨。对于巴门尼德，存在意谓着"一切"和"整体"，因为存在"之外"你不可能认识，也不可能言说。存在，可以说就是他对"自然"的形而上学把握。但作为存在整体的自然，并不等于一切存在者的总和或者说一切可以经验的自然，这些当然是他视野之内的东西，但不是他的着眼点和兴趣所在。他的"存在"乃是只有心灵的眼睛才能看到的，是只有理智才能分辨的。只有通过存在，或者说在存在中，才有"真理"。巴门尼德的"存在"概念表明：（1）拒绝"不存在"，彻底否定对"无"的思考、言说的可能性。（2）以人的心灵和理智作为"存在"与否的标准："因为'能被思'和'能存在'是一回事。"②（3）"存在"是"一切"，是"一"③，"一"不包括"不存在"和"无"④。

不过，"不包括"恰恰暴露了巴门尼德视为"一"的"存在"的不完满性和非绝对性。他的真正目的，也许不是为了思考自然本身，而是为了满足人的心灵和理智对实在性和真理性认知的欲望。"存在"观念可以帮助他更好地认识自然、获得可靠的知识，但这种知识是以人的心灵和理智，以思为起点、为核心、为目的的，而非以自然和存在本身为旨归。苏格拉底的"认识你自己"，笛卡尔的"我思故我在"，康德的"人为自然立

① KR344，见《前苏格拉底哲学家》（*The Presocratic Philosophers*），基尔克（G. S. Kirk）和拉文（J. R. Raven）合著（以下简称 KR），1957。
② KR344。
③ 柏拉图：《巴门尼德篇》128B。
④ 如果把物质和感性世界理解为巴门尼德所拒绝的"不存在"或"无"，并不完全符合他的理路，因为这些恰恰是他获得"存在"灵感的资源，是被形而上的"存在"所涵盖和超越的形而下的"存在者"，已经被"存在"之"一"以消化的方式所包括，贡献给了"存在者"的"存在"。

法",乃是这一传统的经典表达。严格说来,这是认识论的哲学,而非"存在论"或"本体论"(Ontology)的形而上学。

柏拉图以他的理念论继承并发展着巴门尼德的存在思想,并对他在"存在"和"思"之间建立的绝对性关系提出质疑。显然,如果那样的话,就没有什么思想是错误的了。于是,柏拉图开始思考"不存在":"'不存在'(to me on)'存在'(einai)。"①不过,柏拉图的"不存在"并非"无",而是相对性的"异":"从某些方面看,'不存在'是存在的;而存在从某种角度讲又'不存在'。"②

回到爱留根纳,我们发现他既和希腊前辈密切关联,又充满独创性。在此,第一位的概念不是"存在",而是"自然"。自然是无所不包的大全,这个大全一分为二,一是"存在的",一是"不存在的"。"存在"在哲学的历程中终于遇到了它真正的伙伴(对手?)——"不存在"。"存在"和"不存在"囊括了自然中的一切。我们要问:这里的"不存在"(non esse)是柏拉图的"异"呢,还是真正的"无",还是有别的什么含义? 如果是一个渴望打破"存在"那无休无止、令人窒息的链条的人,一定正期待着那真正"不存在"的到来。不过,接下来让我们感受到巴门尼德们的老调重弹。因为我们知道,他们(柏拉图应当另论)的"存在"概念来自"思",而爱留根纳对"自然"进行的首要和最高的划分,也是以人的心灵为标准和尺度的! 那么,这区分、这"存在"和"不存在"是人的还是自然的?

有一点是明确的,那就是,人的心灵和精神只是自然的区分者,而不是决定者、裁决者,它并没有像在巴门尼德那里一样,把超出自己能力的、自己不能把握的"东西"彻底拒斥、否定。而且我们看到,凡"自然"名下的,无论"存在的"还是"不存在的",都是可以进入人的心中的。③ 换言之,虽不能把握,但在视野之中。那"不存在的",好像是确实的。确实的"不存在"或"无"是什么意思呢? 那能够把"存在"和"不存在",把"有"和

---

① 柏拉图:《智者篇》237A。
② 同上书,241D。
③ 爱留根纳:《自然的区分》441A13。

"无"收容在一起的"一",应该是什么样的"一"呢？

如果我们把作为包括了一切之存在和不存在的"自然"作为最高的"种"(genus)的话,那它的区分或者"属"(species)自然应该是"存在的"和"不存在的"了。然而爱留根纳却没有这样做,紧接着的对话是：

> 师：既然我们同意把这个术语作为"种",我希望你能提出把它划分为"属"的方法；或者,如果你愿意,我可以尝试着划分,然后由你斧正。
>
> 徒：请便。我会洗耳恭听。
>
> 师：我认为,经过四种区别,自然的区分可以导致四个属。首先是创造但不被创造者,第二是既被创造又创造者,第三是被创造但不能创造者,第四是既不被创造又不创造者。[1]

这就是爱留根纳著名的关于自然的四重划分。最出乎我们预料的是,他没有涉及自然的、首要的和最高的划分。从全书的结构布局来看,开篇所做的最高的划分,在以后的行文中基本上不再直接提到,而是全面论述四重划分：第一卷论述作为一切事物原因的上帝(Cause,上帝作为起源)；第二卷论述事物的始因(Primordial Causes)；第三卷论述在时空中显现为存在的事物,即被造的宇宙；第四、五卷论述作为目的和终极的上帝,这被认为关乎第四重区分。

问题是,如何理解自然的这两种划分之间的关系？如果把整个著作视为一个有机的整体,那么比较合理的解释应该是：两种划分都是对自然的本质性把握,两者应该是相互呼应和参照的。爱留根纳在接下来的对话中初步解释了这种关系。

关于第四重划分的含义,在当前的对话中并未直接指示,只是指出了它的一个基本特征：它被归为不可能,就其本质而言乃是"不存在"

---

① 爱留根纳：《自然的区分》441A15。

(non esse)。① 而在对第一重划分的解释中,明确说明②不被创造但创造的上帝,乃是一切"存在"(esse)和"不存在"(non esse)的事物的原因(Cause)。

可见,在自然的四重划分中,正展开着对自然之最高划分的诠释。不过,这种展开似乎引起了逻辑上的混乱,而且爱留根纳几乎是在开篇的一瞬间就把这种混乱充分地呈现出来:作为目的和终极的上帝是"不存在""无",而作为原因的上帝却包括了一切的"存在"和"不存在";而且,上帝既在自然之中,又是整个自然的原因。

理解概念,是走出困境的捷径。我们最好从头开始,理解"自然"概念的含义,并且是从爱留根纳的直接思想来源开始这种理解。

海德格尔(Martin Heidegger,1889—1976)的长篇论文《论 Φύσις 的本质和概念》是这样开始的③:

> 罗马人用 natura[自然]一词来翻译希腊文的 Φύσις;natura 出于 nasci,后者意为诞生、来源于,即希腊文的 γεν;natura 就是:让……从自身中起源。

从词源学的考察开始,海德格尔表达了他对希腊思想的认同,以及对拉丁传统的不满。在他看来,当 Φύσις 被译为 natura 时,便是西方思

---

① 爱留根纳:《自然的区分》442A26。

② 同上书,442B。

③ 海德格尔:《路标》,孙周兴译,第 275 页,商务印书馆,2000。海德格尔对 physis 多有论及,尤其是在《形而上学导论》中。在《论 Φύσις 的本质和概念》这篇重要论文中,海德格尔针对亚里士多德《物理学》第二卷第一章对"自然"概念进行了深刻的诠释,对我们理解爱留根纳的"自然",以至于他的基本思想大有裨益。我们不禁为两位相隔遥远的哲学家之间的精神默契感到震惊。不过,这并非偶然。首先,因为他们都熟悉并倾心于希腊哲学,包括对希腊基督教传统的兴趣,这使他们具有相近的思想资源。其次,海德格尔在一些重要的思想领域与爱留根纳直接或间接相关;爱留根纳直接影响了中世纪神秘主义、德国古典哲学,尤其是黑格尔;而他的否定神学以及关于"无"或"不存在"的思想在近现代思想中获得了更多的回应。这涉及爱留根纳的历史意义和影响,值得专门研究。莫兰(Dermot Moran)是重要的爱留根纳研究专家,他的评价比较有代表性:"更重要的是,爱留根纳所表达的宇宙观念,成为连接后期希腊新柏拉图主义与后来的一般的理性主义(如笛卡尔和斯宾诺莎)尤其是 19 世纪德国唯心主义的哲学纽带。"参见莫兰《爱留根纳的哲学》,第 243、383 页,剑桥大学出版社,1989。

想疏远并自绝于希腊哲学之独特本质的开始。海德格尔对 Φύσιs 的深刻思考是我们将要涉及的话题,下面先考察拉丁思想中的 natura。

在拉丁语中,natura 具有多重含义[1],可以指事物的物理或心理的属性、力量和固有特征;或者指推动并组织世界的力量;或者表示作为全体的世界自身,如在西塞罗和塞涅卡(Seneca)的一些文本中,natura 指示广泛意义的世界。基督教思想把一些新的含义赋予 natura,如神的和人的自然等,尤其是关于三位一体的争论为 natura 概念增添了浓厚的形而上学色彩。但总的来看,中世纪早期缺乏对这一概念系统和深入的分析,其中一个原因被认为与当时得不到亚里士多德的《物理学》有关。不过波埃修是个例外,在其神学论文《反对优迪克和聂斯脱利》(Contra Eutgchen et Nestorium)中[2],他比较集中地考察了 natura 概念,用来区别三位一体中的位格,被认为直接影响了爱留根纳。波埃修以 natura 一词起首开始他的论述:

> 自然,可以单独称谓物体(corpus),可以单独称谓实体(substantia),包括有形的(corporeus)和无形的(incorporeus)实体,或者称谓以任何方式被认为存在(esse)的一切事物。既然自然可以以三种方式称谓,显然它须以三种方式定义。如果你选择断定自然为一切事物,那么如此给出的定义应该能够包括存在(esse)的一切。那么应该如此定义:"自然属于那些事物,因为它们存在(esse),它们可以以某种方式被理智(intellectus)所把握。"这一定义包括了对偶性和实体的界定,因为它们皆可为理智所理解。但我加上"以某种方式"(quoquo modo),是因为上帝和物质不可能被理智理解,因为理智绝非完全和完美,但通过排除(privatio)其他事物的方式,它们可以以某种方式被理解。我们所以增加"因为它们存在",是由于甚

---

[1] 奥米拉:《存在的结构和对善的探求:论古代和中世纪早期柏拉图主义》,第128页,佛蒙特,栎树门出版公司,1998。
[2] 见波埃修《哲学的安慰》,洛布本,第72页,1978。

至"无"(nihil)这个词本身也有所指,尽管那不是 natura。因为它确实不表示存在的什么,而是表示不存在(non esse);但一切自然都存在。①

我们可以明显感觉到这里包含着许多重要的信息:(1)波埃修用"自然"概念指示一切存在的事物,包括有形的和无形的;(2)一切存在都可被理智把握,而理智是不完美的;(3)上帝和物质以排除其他事物的方式,即否定的方式可以被理智把握,因而也属于存在,也属于自然;(4)"无"是"不存在",不能被理智把握,不是自然,不属于自然,不是或不属于物质,更不是且不属于上帝。

看来,波埃修本人未曾意识到我们的上述分析,否则他一定会为自己的表达感到不安。波埃修的表达在中世纪引起了广泛的评论,并成为12世纪自然之标准定义的一个根源。总的来说,波埃修的努力使爱留根纳受益匪浅,这包括努力使"自然"概念成为一个全面性的概念,能够囊括一切存在的事物,包括有形与无形的,尤其是包括上帝。但最大的问题,是把"无""不存在"排除在自然之外,并与上帝绝缘,没有考虑存在与不存在之间的关系。我们知道,这正是波埃修思想的基本特征。他秉承希腊哲学的存在论传统,立足于"存在"(esse)概念,并追随奥古斯丁,以《出埃及记》3:14 的拉丁文翻译 Ego Sum Qui Sum(我是我所是)为本,把"存在"解释为上帝的最高规定性。因此,上述结论并不奇怪。不过,我们也看到了他的犹豫之处:一方面,他意识到上帝本质上超越了有限的人类理智,但又没有勇气把它视为无。看来要把"无"和"不存在"归入自然并非易事,而把自然、无和上帝等而视之,则需要更深入的思想和魄力。

爱留根纳的意义正在于此。他不仅善于继承,且能够把思想沿着真理之途向前推进。我们看到,《自然的区分》一开篇就奠立了这一切:通过自然之首要的、最高的区分,能够被心灵所把握和超越心灵之把握的

---

① 见波埃修《哲学的安慰》,洛布本,第76—79页,1978。

一切存在与不存在被归于"自然"名下。我们还能为"自然"增添些什么呢？上帝？上帝已经在场。在紧接着的自然的四重区分中，我们看到了同样的自然，作为一切存在和不存在的自然，看到上帝无所不在，而且毅然担负起了"无"的重任。

　　研究表明，在爱留根纳的这一突破中，来自东方的新柏拉图主义和希腊基督教思想的影响发挥了重要作用，尤其是伪托狄奥尼修斯的影响。827 年，拜占庭皇帝迈克尔二世把伪托狄奥尼修斯著作的著名手稿赠给法兰克国王虔诚者路易[1]，后来由于秃头查理的指定，爱留根纳翻译了这些著作。有学者把这视为西方哲学史上最幸运的契机[2]，因为这宣告了这个神秘的爱尔兰人开始步入人类理智思想的历史之中，并成为第一个全面考察希腊基督教传统的西方思想家。伪托狄奥尼修斯的意义，主要来自其对否定性表达方式（Apophasis）的贡献，来自其否定神学（Apophatic Theology）。据考证，出现在《自然的区分》首句的词组"那些存在的和那些不存在的"乃是伪托狄奥尼修斯著作中经常出现的用法。[3]但在伪托狄奥尼修斯直接的文本中，"kai panta ouk onta kai onta"的含义并不明确，应该是指造物的全体，这全体来自超越于它的上帝。显然，上帝既不在存在之中，也不能被不存在包括，而且"不存在的"被明确划入被创造的全体之中。爱留根纳把它译成 et omne non ens et ens，经常在这个意义上加以使用，但他的其他用法显示出新的含义。他以两种方式理解"不存在的"：指缺陷和缺乏（per defectum et privationem），或者指因卓越而超越（per excellentiam）。后者所以"不存在"（non esse），是因为超越了人的理解能力，这种超越人的理解能力的"不存在"被爱留根纳用来指示上帝。在此，爱留根纳充分利用了前人关于"不存在"的术语和思想，并使其含义发生质的飞跃。不过爱留根纳会进一步表明，严格

---

① 该手稿至今尚存。
② 卡拉比纳：《未知的上帝》，第 301 页，卢汶，皮特出版社，1995。
③ 奥米拉：《存在的结构和对善的探讨：论古代和中世纪早期柏拉图主义》，第 131 页，佛蒙特，榉树门出版公司，1998。

说来，上帝并非"不存在"，只是相对于"存在"而言是"不存在"，这种"不存在"的真正含义是"存在""不存在"之上的"超存在"。在接下来的关于存在、不存在之区分的五种方式中，爱留根纳充分表达了这一思路。①

至此，我们已经可以比较清楚地把握爱留根纳"自然"概念的来源、背景和指示的范围，并认识到"不存在"或"无"概念所担当的极为重要的角色：它直接关系到对"自然"概念和上帝的理解。爱留根纳对此非常清楚，他在对自然做完两次著名的区分后，马上对"不存在"进行全面的探讨②，提出界定存在与不存在的五种方式，引导我们直接进入"无"的神秘幽径。

不过，暂时让我们回到海德格尔，回到他对拉丁思想的不满以及他对 physis 的思考，这对我们进一步了解爱留根纳非常有益。因为海德格尔通过解读亚里士多德和希腊哲学所表达的"自然"观，乃是爱留根纳"自然"概念的完美注脚，使我们能够明确地把握爱留根纳"自然"概念的精神实质。

在海德格尔看来，拉丁人的 natura 要么是关于实体或本质的有限的观念，要么与出生、诞生相关，总是与存在者有关，总是停留在对 physis 外在的、抽象的理解上，是对希腊思想的倒退和背弃。而在希腊，physis 与 aletheia（真理）相关，实际上 physis 正是 aletheia 本身的 physis（自然、本性）。罗马人的 veritas（真理）一词，在希腊人那里是由 a-表示 privatium（缺失）的否定性前缀标示出来的，即 a-letheia；而 letheia 表示遮蔽、锁闭、藏匿、掩饰、蒙蔽等状态。因此，"真理原初地意味着从一种遮蔽状态中被争夺到的东西"③。但这种争夺并非总是很成功，甚至可以说很难成功，尼采给出的"真理"定义揭示了真理的悲剧："真理就是谬误

---

① 爱留根纳：《自然的区分》443A—445C。

② 同上书，443A。

③ 海德格尔：《柏拉图的真理学说》，载海德格尔《路标》，孙周兴译，第 257 页，商务印书馆，2000（以下所引此书均为此版本）。

的方式。"①海德格尔把尼采的观念表述为：

> 真理的本质就在于一种思想方式，这种思想方式总是、而且必然地歪曲了现实，因为任何一种表象都无声地摆置着不间断的"生成"，并且随着如此这般相对于流动的"生成"而被确定下来的东西，把一种不相符的东西，亦即不正确的东西，因而也就是一种谬误，设立为所谓的现实。

有没有走出真理悲剧的真理之路呢？如果有的话，应该到希腊人的 physis 中去寻找，即走"自然之路"，理由在荷尔德林（Hölderlin）的诗中："因为自然本身比时间更古老/并且逾越东西方的诸神。"②

对海德格尔而言，亚里士多德的《物理学》乃是被西方哲学所遗忘的、从未被深思过的基本著作③，正是在此，希腊人对 physis 的创造性思考第一次也是唯一一次得到悉心展现，尽管"这一最早的、思想上完整的对 physis 的把握，也已然是那种开端性的、因而最高的对 physis 之本质的思想筹划的最后余音了"。沿着海德格尔独特的翻译，我们得以倾听这稀世余音：

> 而对我们来说自始就（确定）地明摆着，从 physis 而来存在的东西，或全体或某些是非静止的东西，是运动的东西（即由运动状态所规定的东西）；从这直接的引导④（向这个存在者并且越过这个存在者向其存在引导）来看是显然的。⑤

海德格尔的翻译表明，亚里士多德首次把运动状态（kinesis）视为存在而非**存在者**的基本方式，并明确这种**运动着的存在**（Bewegtsein）从 physis 而来引出存在者并**越过**存在者引向其存在。而一切从 Φύσις 而来

---

① 尼采：《强力意志》第 493 条，考夫曼（W. Kaufmann）等编译本，纽约，兰登书屋，1967。

② 海德格尔：《路标》，第 276 页。译文略有改动。

③ 海德格尔：《论 Φύσις 的本质和概念》，载海德格尔《路标》，第 279 页。

④ "引导"是海德格尔对原文 epagoge 的翻译，该词一般被译为 induction，即"归纳"。

⑤ 亚里士多德：《物理学》185a。

的,"都在它本身内具有对运动状态和静止状态的起始占有(arche)"①。Arche 在希腊哲学中一般理解为"本原""始基",海德格尔译为"起始和占有",旨在显示出:一方面,自然乃自因,是在本身中起始的"内在"的即在本身中的"运动存在";"起始"意味着运动的开始,更恰当的说法是意味着运动状态的本然存在。另一方面,这种自然的本然的运动,在开始"之后"的超出中,保持着"起始的占有和占有着的起始"的回荡着的统一性,即存在、运动的超出总是在起始的存在、运动"之中"的,总是在自然本身之中的;换言之,自然作为 arche 意味着在本身中的起始、对本身起始的保持、对本身起始的回复。我们可以试着形象地概括为:physis 意味着**本身展开和返回本身**,是**本身展开着的返回本身和返回本身中的本身展开**。② 海德格尔以植物为例,比喻这层含义:

> "植物"通过萌芽、生长并且进入敞开域而展开自身,它同时返回到它的根部,因为它牢牢地扎根于锁闭之域,并因而取得其立足之所。自行展开的生长本身就是返回到自身中;这种在场方式就是 Φύσις。③

看来,真理既不是遮蔽,也不仅仅是去蔽,而是在遮蔽与去蔽的辩证法中,在自然的本身展开与本身返回中,在开显与回复的存在状态中,这就是希腊人的 physis,也是他们孜孜以求的 ousia(本质)。"Φύσις 乃是那种从自身而来、向着自身行进的它自身的不在场化的在场化。作为这样一种在场化④,它始终是一种返回自身的行进,而这种行进又只不过是某种涌现的通道⑤,自然就是行进和行进中的通道,在这种行进中涌现的

---

① 亚里士多德:《物理学》192b13。

② 在此用"本身"或"自身",而不用"自我",是为了尽量避免用关于人的术语来描述 physis。

③ 海德格尔:《论 Φύσις 的本质和概念》,载海德格尔《路标》,第 294 页。

④ "在场化的意思并不是纯粹现成状态,它根本上并不是持存状态就能穷尽的东西,相反,那是在进入无蔽域之中的出现意义上的在场化,即自行置入敞开域之中。通过对纯粹延续的指明,是不能切中在场化的。"(海德格尔:《论 Φύσις 的本质和概念》,载海德格尔《路标》,第 315 页。)

⑤ 海德格尔:《论 Φύσις 的本质和概念》,载海德格尔《路标》,第 349 页。

既是自然本身,更是自然的真理。真正意义上的希腊形而上学、他们的"存在"思想,只有通过对于 physis 的如此理解才能被把握。正是基于此,natura 一词罪莫大焉! 因为正是由于它,或者通过它,西方思想疏远并自绝于 physis,遗忘存在,远离真理。

海德格尔对罗马人的批判是创造性的,但爱留根纳完全应该是个例外。他们应该是思想的同道和知己,因为爱留根纳精通古希腊语,他所言说的是 Physis 而非 natura。

二　无①

在对自然进行两次划分后,爱留根纳准备就存在与不存在的区分进行考察,因为这一区分不仅是首要的,而且无论是表面上还是实际上都比别的区分更为晦涩和费解。② 他提出五种解释方式。

> 在这些方式中,第一种应该是:通过它,理性使我们确信,一切能够被身体感官所感知或者被理智所把握的事物,应该正确合理地被认为是存在的;而那些因其本性卓越(per excellentiam)而避开感官以及理智和理性之把握的,似乎应该被正确地说成不存在。③

在此,人的认知感觉能力,依然是存在论或者说本体论的标准,是存在之为存在的标准,同时是不存在之为不存在的标准。通过认知,通过人的心灵所肯定性确定的,是存在,仅仅是存在,仅仅是就其存在而言,而不管真假、对错,"因为真与假不在事物(本身)……而在思想中"④。通过思想所否定性确定的,是"不存在",不存在不是"虚无",不是一无所有,不是实体或偶性的缺乏(privationibus,privatio,缺乏、剥夺、免除、停止、失去、使无),而是一种更伟大的"存在",这种存在包括上帝、物质、一

---

① 爱留根纳用 non esse、nihil 或 nullus 等术语来表示不存在、无。
② 爱留根纳:《自然的区分》443A。
③ 同上书,443A19。
④ 亚里士多德:《形而上学》1027b25。

切可见与不可见事物的理性和本质。正如伪托狄奥尼修斯所说,只有上帝是真正的存在,因为他是一切被他创造的事物的本质(esse),而"一切事物的存在(esse,being)乃是超越存在(esse,being)的上帝"(Esse enim omnium est super esse diuinitas)。① 我们看到,爱留根纳的用词显示,上帝之创造的核心,是赋予可见与不可见的事物以"本质",而"本质"正是"存在":事物的"存在"不是它自身就有的,更不是人的认识和思想给的,而是上帝给的,给它作为它的本质,它的本质即其存在;事物的最高本质,不是别的什么属性、特质,而恰恰是其"存在";事物作为最高本质的"存在"来作为造物主的上帝,但上帝本身是超越"存在"的。不仅作为存在"原因"的超越一切造物的上帝本身不能被理智和感觉把握,当视之为隐身于由他所造且存在于他之中的造物之最幽深处时,他同样不能被把握。② 事物的"存在"本身(借用康德的术语,即"物自身")与"存在"来源的上帝本身,都是人的思想认识所望尘莫及的。人所能及的,仅仅是本身不能知的造物本质的偶性,是造物存在深渊之外的"现象"③,按照"其所是"(quia est,that it is),而非按照"其是"(quid est,what it is)。仅仅在此,人们才能展示亚里士多德范畴的威力。

我们的结论是:以人的认知能力为标准的区分,确定的不是"存在",而是"不存在";这种"不存在"不是对其所指说"不",恰恰是对作为区分出发点和标准的人的认知能力说"不":心灵要么是有限的,要么是应该有限的;心灵必须在"存在"与"不存在"之间做出区分,这是爱留根纳以"首要的"(primus)、"最高的"(summus)两个形容词所要表达的真正含义;对于心灵来说,对于人来说,首要的、最高的任务,不是要去认识、把握那至高者、超越者(这是不可能的,因为那是"无"),**而是做出区分**!

除了作为造物的"存在"和作为创造者的"不存在",我们还能指望别的什么呢?实体和偶性的剥夺与缺乏,绝对的无(haplos me on,nullo),

---

① 爱留根纳:《自然的区分》443B。
② 同上书,443B30。
③ 同上书,443C。

只能理解为因卓越而超越理智理解和感觉的"非存在"。①

我们可以得出的另一个结论是,爱留根纳通过存在与不存在,尝试着存在论的区别,在传统的单向度的存在和本体中,区分出不同的层面,确立存在的等级。相对于传统的本体论 ontology,这是 meontology,是"非存在论",是对 ontology 的扬弃和拓展;但就其本身而言,不是对本体的消解,而是革命,是探求真正的本体和存在,是从精神而非形式上思考希腊形而上学的奥义。

理解存在与不存在的第二种方式,在于对造物的等级差别和秩序的区别。造物的等级从最接近上帝的最崇高的理智力量开始,层层降至最低级的非理性的造物,根据一种神奇的理解方式,这每一个等级"都能被说成存在和不存在":

> 对低一级的一个肯定就是对高一级的一个否定,同样,对低一级的一个否定乃是对高一级的一个肯定……(反之亦然)……这(向上)止于最高的否定;因为它的否定确认了没有更高造物的存在……另一方面,向下所至的最低一级仅仅(否定或确认它之上的,因为在它之下,再没有什么,没有它可以否定或确定的东西)因为所有高于它的等级都在它之上,而低于它的却没有。②

这应该是导致存在与不存在在数量上无限丰富的区分方式,这种方式来自人的神奇的理解力,即肯定与否定相对的能力,其逻辑是"肯定即否定"和"否定即肯定",通过肯定与否定所理解的存在与不存在也是相对的,而且这种理解方式仅适用于造物。存在与不存在仅仅表示造物存在方式的等级性,以及更重要的,即存在论上的无限与有限性。从向上、向下两个方向上的两极的两个否定所暗示的无限与有限性:(1)向下,就存在者的角度看,造物可以无限降低、延续,但从存在的角度看,必有那最低、最末的一个存在者,通过其对自身和其上等级的肯定与否定,既划

---

① 爱留根纳:《自然的区分》443C。
② 同上书,444a25。

定造物存在的下限，又不沦为虚无、空无——存在与不存在的"链条"绝不会伸入"虚无"之中，且不会止于"虚无"（这两种方式都是对"虚无"存在的默认）。[1] 因为(不)存在有其神圣的"原因"，是上帝给予的"存在"。存在的神圣起源和本性表明其无限性、绝对性；但存在作为存在又是一种规定性，这种规定性乃是其有限性——可见，对于存在，无限与有限根本上是一回事。无限使其绝对存在，有限使其不可能不存在，不可能虚无，即仅仅是存在，不是虚无。那**"最低"**的真正含义正是这**"不是"**。那最低的存在因其**"存在"**和**"最低"**和**"不是"**而成为捍卫者，并通过对"存在"的捍卫而否定性地带出了一个否定性的概念"虚无"。这个概念除了表示存在对存在自身的捍卫，没有任何别的内涵，这完全是一个存在论上的假设，而非经验的假设，它与经验，与存在和不存在的造物无关。"虚无"甚至都不能理解为对存在的直接限定，虽然"存在"相对于存在给予者的"无"确实是一种"有"，是一种"显现"，一种在柏拉图那里能够被心灵的视野所把握的"纯粹的闪现"[2]，有其有限性。但这种有限性仅仅来自上帝，相对于上帝，与"虚无"无关。"虚无"无所贡献，而仅仅是存在之为存在的一个假设，作为存在给予的一个"贡献"，只能从"影子"的比喻中得到启发：影子没有自己的存在，它仅仅因月光和无花果树而有，当月落乌啼时，影子自然子虚乌有。不过，影子比喻的另一个含义是：有月有树，自然有影。(2) 向上，存在不存在的造物链条必然中断，存在之链止于至高者，或者更恰当地说：止于否定。是来自造物自身的否定，这种否定是一种肯定，肯定自身的存在；更是来自造物主的否定，这种否定乃是限定，通过限定造物的存在不存在，暗示出另一超越于存在不存在的作为"原因"的 Superesse(超存在)。在造物的视野中，这否定乃是难以逾越的鸿沟，其难度大大超出造物的视野能力，以至于来自造物的视野都不能够到达，最后往往是投向彼岸的视野的动摇和消失。然而对于造

---

① 莫兰断定，爱留根纳在此明确一种"真正的虚无"(omnino nihil)存在于"存在"和"不存在"之外，如此论断，值得商榷。见莫兰《爱留根纳的哲学》，第 221 页，剑桥大学出版社，1989。
② 海德格尔：《柏拉图的真理学说》，载海德格尔《路标》，第 259、262 页。

物主,这道鸿沟是不存在的,因为一切都是他在自身中创造的,都在他之中,都在他的视野和光芒中。

结论是:我们这个存在不存在的世界是有限的,在存在者的层面上这种有限性与亚里士多德的无限性并不矛盾。[①] 在存在的层面,是有限与无限的统一,在统一中有限存在获得存在的规定,即存在的限定,或者说否定。存在在获得存在时已经获得否定。否定使其存在,并把存在引向否定的本原。那么,从造物主的角度,其创造具有否定的含义,创造是一种自我的限定、约束,"有"是"无"的自我否定,是通过否定实现的奉献。这层含义包含在作为创造的"自我显现"中。总之,世界的无限性是以其本体论上的有限性为根基的。

对于新柏拉图主义而言,造物的世界乃是按照实在程度的不同而造的自上而下的等级体系(hierararchy),其中的高一级往往包含并产生低一级,那是一种直接的存在论差异。但在爱留根纳的表述中,这种等级只是表面的,实际上一切平等,每一个级别都可以肯定和否定,都可以存在不存在,都可以成为核心和焦点,**通过人的理解,也通过其存在**。可见这种等级并非本质,就其本质而言,乃是平等的、唯一的,因为无穷的等级系统奠立于同一个基础,这个基础是**存在**。"存在"作为相对于造物主的有限性乃是这样一种否定,造物主所否定的,是造物的纷扰的存在非存在,是其表面的等级和差别,并把不可逾越的鸿沟赐予它们,但同时也赐予了桥梁,他正是通过这桥梁进行创造的,这桥梁是**存在**。只有当我们回到存在的时候,才能找到方向,才能上路,才能意识到,**存在乃是对存在的否定**。

第三种方式可以恰当地视为在于这个世界的可见的丰富性由

[①] 见亚里士多德《物理学》207a:无限的含义是"并非在无限之外没有什么,而是在它之外总是有什么"。参见吉尔松《中世纪哲学精神》,第58页,唐斯译,伦敦,1936。吉尔松把亚里士多德的无限与以托马斯为代表的基督教的无限观念对照,后者即"至大无外"。我们看到,对此,爱留根纳早已明确:"神圣的自然,在它之外,什么也没有。"(675C)但他同时又说,上帝超越无限,是无限的无限(517B)。这是爱留根纳的辩证法。

之构成的那些东西中，在于先于它们的、在自然之最隐秘幽深处的它们的原因中。这些原因中凡是通过产生而在质料和形式、在时间和位置中被认知的，都由于人类的某种习惯而被说成是存在的；而那仍然隐藏于自然幽深之处，尚未在质料或形式、位置或时间以及别的偶性中显现（appareo）的，则被这同样的人类习惯说成是不存在。①

上帝最初已经创造了一切，只是没有同时把它们全都带进这个可见的世界，而是以只有他自己知道的方式和顺序把这自然带入显现。② 因与果之间是一种产生关系，这种产生，在人类习惯了的视野里，乃是从无到有，从不存在到存在。如此理解，则因与果乃是异质的、不同的、相互外在的。我们总是习惯于这样理解，把因与果当成两个事物，甚至是两个不同的东西。爱留根纳努力改变我们的习惯思维：因和果其实是一回事，从因到果的产生，仅仅是自然从"隐"到"显"的状态变化，在这种状态的运动中③，自然的本质没有发生变化，在它从其隐藏的"不存在"的本质被上帝带入质料、形式、时间、位置等偶性中从而获得"存在"时，它并没有变成另一个本质，它仍然是它自身，在状态的运动中它没有失去什么。

遮蔽与开显，隐秘与显现，这是因果之间的真正意蕴，这是一种内在的、发生在自然自身的生命的运动，是自然源于自身、通过自身、向着自身的运动、生长。爱留根纳何为？他是在企图窥探创造的奥秘！因为上帝是世界的"因"。在自然的隐秘与开显中"闪现"的，不是别的，是上帝的创造。那么，作为创造者的"因"，与作为造物的"果"，本来不是二，而是一。自然的奥义在此：**一切在他之中被造，一切在他之中存在。**

由此得出的结论是：**创造即上帝的自我显现。**

---

① 爱留根纳：《自然的区分》444C14。
② 同上书，445A。
③ 爱留根纳用种子的潜能与生长，用 potestas、vis、virtus、dynamis 等词汇来表达其内在的力量和动态性。参见《自然的区分》657C。

　　第四种方式,貌似哲学家的观点,认为只有那些能被理智沉思(comprehenduntur)的才真正存在,而那些在生灭中的,由于物质的扩张与收缩,由于时空变化而改变、聚散的则被说成并非真的存在,就像一切生灭中的物体那样。①

这似乎是典型的柏拉图式的理解,这里的"哲学家"被认为指柏拉图主义者。字面上与第一、第三种方式矛盾,但我们的分析已经表明,爱留根纳通过不同视角对存在不存在的区分,意在解构对存在不存在的各种相对性的理解,把心灵的视线引向那超越存在与非存在的、作为存在与非存在之唯一"原因"的"超存在",如果要指认真正的"存在"的话,只能从这一视野中寻觅。要紧的是,视野的指向、理智的沉思,并不意味着"理解"和"把握",因为作为真正的"存在",superesse 恰恰又是真正的"不存在",它是理智可以投向、可以沉思但不能把握和具有的。爱留根纳的comprehendo 用词微妙,而舍尔顿-威廉姆斯的翻译准确把握住了其玄机:拉丁语中的 comprehendo 有两层含义,他舍弃了该词"占有""包含""领悟""理解"的意思,而取其"投向""连接"的含义,以 contemplate 而非grasp 译之,传达出爱留根纳以理智"凝视""沉思"至高者的本意。显然,在爱留根纳眼里,这不是一般意义上的柏拉图主义能够理解的。

　　第五种方式是理性仅在人性中发现的,由于罪,它脱离了它藉之得立的神圣形象的荣耀,自然失去其存在,因而被说成是不存在;当它由于上帝独生子的恩典得以恢复到它依照上帝的形象被造时的本初的本质状态时,它开始存在,由于按照上帝的形象被造而开始他的生命。使徒的说法好像涉及这种方式:"他是不存在的存在。"②

第五种方式,首先是一般道德意义上的神学表述,但爱留根纳借以

---

① 爱留根纳:《自然的区分》445B35。
②《新约·罗马书》4:17;爱留根纳:《自然的区分》445C11。

昭示的应该是更深刻的东西，一种神学形而上学。人是上帝在自身中，在自然的最幽深处，按照上帝自身的形象创造的，在那不可见的神圣的原因中有其本真与纯粹①，那是上帝的恩典。这里涉及的，是自然（datum）与恩典（donum）含义的辨析和区别，爱留根纳被认为是做出这一区别的第一人。② 这始于爱留根纳对《新约·雅各书》1：17的解读：

> 各样美善的恩赐（datum, divine gifts）和各样全备的赏赐（donum, graces）都是从上头来的，从众光之父那里降下来的。

datum 和 donum 是《圣经》拉丁译本 Vulgate 对希腊语原文 dosis 和 dorema 不太精准的翻译，但爱留根纳的思想没有受到翻译的影响。Datum 表示给予 esse（存在），这是针对一切自然的，换言之，自然即存在，神所给予（dato）的存在，这存在必然是善的，因为**"上帝看着是好的"**③。存在和善是一个意思。这是上帝赐予一切自然的礼物，同样是上帝的恩典，但这是恩典的第一层含义。donum 这个词意味着更多的恩典，不仅是给予 esse，而且给予 bene esse④，意思是充满光辉的、完美的存在，甚至是永恒的存在，即 aeternaliter esse，即与神同在（903）。完美的、永恒的存在，实际上是"存在"一词的真正含义。但这种存在不是一切自然的专利，而是理智存在的特权，因为只有他是按照上帝的形象创造的，且在自然最隐秘的幽深处有他完美的形象。当他从隐秘的"因"中被给出而显现为自然的时候，当他"入世"的时候，他没有错，更没有罪，因为"存在"是他天赋的权利。"罪"这个概念的真实含义，从形而上学而非道德的角度看，乃是：**人先天担负着责任**。在自然之中，他不仅担负着存在的责任，而且担负着荣耀上帝的责任。因为上帝不仅**使他存在**，而且**给他生命**。这生命不是一般的自然的生命，而是更高的存在，是在上

---

① 爱留根纳：《自然的区分》445A。
② 参见爱留根纳《自然的区分》卷三，631A；以及舍尔顿－威廉姆斯所做的注释6。
③《旧约·创世记》1：25、31。
④ 爱留根纳：《自然的区分》631A5。

帝的形象中获得的存在,真正体现着上帝的恩典与厚爱,这爱不仅使**它**成为**它**,而且使**它**成为**他**,而这本是用于上帝的称谓。这生命的意义和价值,只有通过十字架,通过基督的受难与复活才能被领悟。

三 上帝

通过存在与不存在的五种方式的区分,爱留根纳向我们充分展示了存在与不存在的辩证法,结果我们不可能在辩证的任何一方止步,因为真理乃是不同的东西,既不是存在亦非不存在所能企及。关于它,宗教往往以隐喻的方式(metaforice,metaphorical)[①]进行肯定的(cataphatic)表达[②],那是宗教实践所必须的。而哲学作为对终极进行思考的最高方式,只能以否定的方式(apophatic)来言说[③],这种否定很大程度上是针对思想和语言本身的,而非朝向终极。但思想不可能永远在否定中进行,于是哲学也开始使用隐喻。于是,有了老子的有无相生,有了黑格尔纯粹存在与无逻辑上同一的辩证法。而黑格尔的辩证法被认为与爱留根纳有关。爱留根纳的辩证法是什么样子呢? 有时他说上帝存在(esse),有时他说上帝不存在(non esse),然后他又说上帝是存在不存在之上的"超存在"(superesse),但这实际上没有确定什么,没有涉及他是什么,而只是说他不是什么。我们可以把他视为本体论上不同的、更高的存在,但这是通过否定暗示的,而非肯定指示的。希腊语前缀 hyper-和拉丁语前缀 super-仅仅指示了"完全超越"的方向,而没有言说什么;就像老子,爱留根纳越过存在与不存在,破解有与无,引向其同出之处,引向那永远不可接近的黑暗。这种"引向",就是爱留根纳的辩证法:让隐秘的种子从存在与不存在的墟土中萌发、开显(theophania)[④];我们只能在它的开显,在它的自我显现中倾听稀音。就像海德格尔所揭示的希

---

① 爱留根纳:《自然的区分》524D。
②③ 同上书,458A。
④ 同上书,449A。

腊之自身遮蔽与显现的自然一样,爱留根纳也以自身的隐秘与启示、遮蔽与显现的动态的辩证法表达上帝的自然。① 而上帝的自我显现就是它的创造。那么,爱留根纳如何解释上帝从无中创造(creatio ex nihilo)呢?

创造的本质,是给予存在和善,或者说赋予造物善的存在,它怎么可能出于无呢? 爱留根纳明确否定了绝对的虚无(nihil de nihilo),否定存在着某种本质、实体、偶性绝对缺乏的虚无。② 在上帝之外,不可能另有什么。显然,从无中创造,等于从上帝自身创造;上帝就是无,无乃是上帝的别名。③ 这“无”不是缺乏,而是卓越。

“从无中创造”的意思,其实很简单,不过我们可以从不同角度分别来理解:(1)上帝创造时什么都不需要。(2)上帝的创造是它的自我显现,这自我显现即从上帝之无到显现(manifestatio)之有。(3)上帝在其本身之蔽与在其显现之去蔽是一回事,因为在造物与造物主之间乃是“无”,没有什么隔开它们,没有鸿沟,造物和创造不是作为偶性或活动被添加于上帝的本质之上,而仅仅是上帝。④ 上帝不在宇宙之先,因为《创世记》开篇的“起初,上帝创造天地”的“起初”仅仅是个隐喻,而非指时间和空间,这“起初”不仅是对创造而言,同样是对上帝而言的,意味着上帝与造物同在、同样永恒、为一。上帝在宇宙“之先”的隐喻仅仅表明:上帝乃是创造的原因。而一切由于这原因而引起的、产生的(qua causatiua)总是在这原因中。⑤ (4)“在神圣的自然之外,什么也没有。”⑥一方面,这“什么也没有”显示上帝的无限,另一方面暗示它的完整。无限与完整本质上并不是一个概念,而且很难同一地被理解,除非被用来言说上帝,因为完整和无限只有在上帝那里才可能。无限的完整,体现了“一”的极致,配称真正的“一”“唯一”。而作为“无限完整”的“一”的理解,带出了

---

① 参见莫兰《爱留根纳的哲学》,第 244 页,剑桥大学出版社,1989。
② 爱留根纳:《自然的区分》634B。
③ 同上书,685A。
④ 同上书,639A。
⑤ 同上书,639C。
⑥ 同上书,675C。

且需要"什么也没有"这一概念，这一形而上学的、最高意义上的概念假设，像"影子"一样的"虚无"。否则，上帝的"唯一"难以进入人的理智视野。

依靠这"虚无"概念，我们才能理解至高的否定的含义。[①] 否定是对自然的限定，这限定不是界限，而是引导，把造物从造物自身引向它的"原因"；这"原因"即"起初"。没有"虚无"，就难以理解这"神圣的起初"。"起初"不是时间上的，也不是空间上的，而是存在意义上的，标示着世界就其"存在"而言的神圣本原。

"起初"是至关重要的，它意味着一个纯粹的"开始"。因为上帝是绝对超越的"无"，无所依凭，无所需要，没有偶然的意外，也没有必然的逼迫，他仅仅在他本身中，这本身就是他的意志，这意志就是他的创造，这意志就是他的欲望、他的爱，就是存在[②]，这一切指谓在他纯粹是一个东西，一种无法言喻的本质。"面对"那超越的本质，"面对"那不可接近的绝对黑暗的光，我们需要开始，我们期待开始，需要一缕嫩光能够给出我们柔弱的视野。

这样，在"开始"的亮光中，给出的正是自由。因为自由的含义，首先在于"由……自"而非"由……它"（non aliud）。[③] 而且这是最纯粹的自由，因为上帝的创造乃是"通过""虚无"从自身的"无"中，从他的纯粹的爱的意志中的"流溢"和"闪现"。这涉及"自由"的第二层含义，即"由自己决断"，需要在与"自然"的区别中来理解。"自然"乃是"自……然"，即"自己……那样"，自然而然，也是无所外依、自因，如同海德格尔所说的，是"凭其自身、从自身而来并且向着它自身"的运动。[④] 但"自由"比"自然"多出个"由"。"自然"的另一含义是自我的必然，即自然必然"那样"，不能不那样，那是自然本身的自然的、自发的力量使"然"，面对这种力量，

---

① 爱留根纳：《自然的区分》444B。
②③ 同上书，518D。
④ 海德格尔：《论 Φύσις 的本质和概念》，载海德格尔《路标》，第 314 页。

很难确定真正的起点和终点。而对于"自由",没有必然的力量逼迫它,从自由的原因所起始的,不是自然本身的流溢,甚至也不是从光源开始的照射,不是类似意义上的直接性,而是加入了一个位格、一个制作者以及其决断,这个制作者就是"由"所暗示出的、它的主语。这个"由"表明一种间接性,一种制作者与被制作者的分离。但关键是如何制作,"自由"所"由"的,不是别的(non aliud),而是自身,因此"自然"的含义被包含在内;同时,这个所"由"的自身乃是无,即连所"由"的"自身"甚至都不需要,仅仅"由者"的决断、他的意志,就够了! 意志和决断就是开始,就是一切。绝对的开始,只能是自由的。是他意欲自然,而非自然而然。自由所凭靠的仅仅是意志,意志是其主人、工具、材料,是其起点、过程和终点。意志从意志开始通过意志创造自身,这意志就是**上帝本身。**[1] 制作者和被制作者的分离被自由所显示的超自然的合乎自然所消弭;通过自由,自然获得起始,回到其自由的"因",并把自身理解为是存在于那隐秘之因中的"显现"(theophany)。同时,我们可以对上帝为什么要创造的问题做出回答:因为上帝的意志,因为这意志说:"要有光。"

在海德格尔所揭示的亚里士多德的,或者说希腊的遮蔽与去蔽、隐秘与开显内在蕴涵的"自然"中,应该有个自由的维度。在《物理学》中,亚里士多德区分了两种自然:一种是来自自然且在自然之中存在的"生长物",一种是通过其他原因而存在的"制作物",前者是自因,后者是他因。[2] 但爱留根纳表明只有一种自然[3],自然的 esse 乃是上帝的恩典,在此,自然的自因乃是造物主意志的"显现",这"显现"乃是上帝的自由的创造。这是爱留根纳着墨最多的自然的四重区分的内涵。

自然的四重区分中,最显眼的术语是"创造"。"创造"概念把整个自然彻底划分:首先,作为一切事物原因的上帝是**创造但不被创造者**;第二,事物的始因(primordial causes)是**既被创造又创造者**;第三,在时空

---

① 爱留根纳:《自然的区分》518D。
② 亚里士多德:《物理学》192b8。
③ 爱留根纳:《自然的区分》,613。

中显现为存在的事物是**被创造但不能创造者**；第四，是**既不被创造又不创造者**。关于"创造"，爱留根纳很快给出了明确的定义，如同我们上面提到的，创造乃是创造者的自我显现（manifestatio），一切事物在这创造的显现中确立，一切事物由于它且在它之中存在。[①] 自我显现的概念，与另一个重要概念 theophania（灵显，显现）意思相同。[②] 作为因的上帝（what he is）隐于黑暗之中，不可能被把握；而作为果的他的自由的theophania（that he is）[③]则可以被理解，而这上帝之果正是上帝之因的显现。据此，我们可以把自然的四重划分进一步理解为：第一，能够自我显现，作为因而非果；第二，能够自我显现，作为上帝的果和事物的因；第三，不能自我显现，仅仅是果；第四，不能自我显现，既非因，亦非果。

这四重区分显示出创造的等级和运动过程，从作为一切存在、不存在原因的造物主，经过作为万物始因的诸神圣理念，一直到创造的终端宇宙万物，这是自上而下的上帝外显的行程（exitus），也是自然区分（divisio）的过程，从上帝之种到万物之属，最后到造物个体。同时，这也是自然回归的过程（reditus, analytike, resolution, recollection），从造物之多回复到本原之一。下降之区分与上升之回归是同一条路，完全是一回事。[④] 这种同一性，打破了自然表面的等级秩序和静态的区别，使我们更深入地理解创造作为上帝自我显现的含义。在显现中，进展与回归、内与外、种和属、一和多、整体和部分等说法都仅仅成为隐喻。[⑤] 显现中的因与果的区分，也是一种隐喻式的表达，因为在上帝的自我显现中，因与果具有同等的本体论价值，很难像新柏拉图主义那样做出实在程度的区分，它们是一回事而非两回事[⑥]，只能在理智中被区别：

---

① 爱留根纳：《自然的区分》，455B。
② 同上书，448D，449A。
③ 同上书，487A。
④ 同上书，893A—D。
⑤ 同上书，523D。
⑥ 同上书，693A、B。

我不明白,为什么称谓因的,不能同样称谓因所引起的。①

结果始终存在于原因中②,因为一切造物都是对原因的分有③,都是上帝的自我显现,不可能在原因之外存在,不可能在原因之外获得存在。于是,爱留根纳断言:

> 我们不应该把上帝和造物理解成两个彼此不同的东西,而是相同的一个。造物存在于上帝之中;上帝通过显现自身,以一种神奇的不可言喻的方式在造物中创造自身,不可见的使自身可见,不可理解的使自身可理解,遮蔽的使自身启示……④

于是,我们看到一个这样的自然:自然乃是上帝的自我根源、自我起始、自我显现、自我回复,没有一般意义上的造物主与造物之间的明确的区别、分离和不可逾越的鸿沟。这是关于自然的最深刻的形而上学。爱留根纳以这种方式表达他对《新约·罗马书》(1:20)所启示的真理的理解:

> 自从造天地以来,上帝的永能和神性是明明可知的,虽是眼不能见,但藉着所造之物就可以晓得,叫人无可推诿。

那么,我们能够就此把因与果完全等同吗? 让我们再次回到《圣经》:

> 各样美善的恩赐和各样全备的赏赐都是从上头来的,从众光之父那里降下来的;在他并没有改变,也没有转动的影儿。⑤

在创造中,在自我显现中,造物主本身没有发生任何变化,既无增加,也没减少,更没分离和变化,依然故我。爱留根纳强调了这一点。在谈到自然向上帝的回归时,他说,自然回到的,乃是区分由之开始的、本

---

① 爱留根纳:《自然的区分》,646C。
② 同上书,517A。
③ 同上书,528B。
④ 同上书,678C。
⑤ 《新约·雅各书》1:17。

身依然不曾分离的(inseparabiliter)"一"。[1]

　　既然一切都是上帝的自我显现,都在上帝之内"发生",上帝当然没有增,没有减。但这种回答并不完全令人满意。爱留根纳的思考不止于此。上帝可以是他的显现,在他的显现中的他自己,可以被理解为是他的自我创造,因为创造即显现;但爱留根纳强调的是"创造",上帝的**创造**是上帝的自我显现,而没有明确说上帝**就是**创造。创造乃是**上帝的**显现(theophany),而非上帝;虽然作为果,创造被置于与上帝为一的层面来看待。关于上帝,关于上帝本身,应该有更多的思考。第四重区分道出的正是这层含义。几乎所有的研究者都把这**既不被创造又不创造者**视为"终点",与作为自然终极原因的上帝简单等同,没有理会其真实的蕴涵。真正的起点必然是真正的终点,但这两层含义在第一重区分中已经表达,而且只能在**创造但不被创造者**中表达,因为自然回到的只能是它由之开始的地方,回到它由之开显的地方,回到它的因,那里才是它的"终点",而非回到**既不被创造又不创造者**,因为不创造者乃是不显现者,而且不被显现,不是因,也不是果。对于我们的理智,这是一个绝对的沉默者;对于自然,这是一个完全的超越者,羚羊挂角,无迹可寻。作为四重划分中唯一让人困惑的划分[2],它被归为不可能,就其本质而言乃是"不存在"(non esse)。这是绝对的无。但它表达的不是另一个上帝,而是上帝本身。

　　在永远沉默的上帝和一个创造的上帝之间的张力,需要一个中介来缓解,而且正是这个中介使这种张力保持为上帝自身中的,而非外在的。这个中介就是基督。这层含义体现在第二重区分中。

　　作为一切可见与不可见的东西的始因(primordial causes),既是被上帝创造的,又是万物的直接创造者:

　　　　始因,乃是希腊人称为"理念"(ideal)的东西,即永恒的种、形式

---

[1] 爱留根纳:《自然的区分》526A。
[2] 同上书,442A26。

或不变的理性,这个可见与不可见的世界按照始因,并在始因之中被造成和统治;因此,始因被希腊的哲人们恰当地称为"本原"(prototypa),即圣父在圣子中制造并通过圣灵被分配、添加给其结果(effectus)的"原型"(principalia exempla)。①

直接产生出造物之果的原因和原型,是被希腊哲人称为"本原"的东西,是"逻各斯"(logos),通过这本原,上帝那永恒的沉默的黑暗发出了第一缕曙光,这光给出了天地,同时给出了人关于有和无、好与不好的观念,因为光是好的,上帝创造的一切是好的。上帝说,要有光。这光所蕴涵的,正是"显现"(theophany),"光"的本意就是"显现"。世界在光中显现,在本原中显现,光就是本原。这本原、原型本身,是那不可显现者的显现,最初、最高的显现,自由的显现;同时,它又显现为世界,只有光才能给出世界(的存在)。《创世记》开篇的"上帝说:'要有光'"的内在含义是:"上帝言说,于是有了光。""要有光"是《圣经》中上帝的第一句话,是上帝之言的开始,这"言"(word)就是"光",言说本身就是言说的内容。②在希伯来语中,"言"意味着上帝打破他的沉默,开始他的创造,显现他的善与爱,他的自由。创造、显现的奥义只有通过"言说"才能被觉悟。当你说出你心头真诚的、无限的爱意的时候,你的爱已经被倾听,这爱已经离开你的情怀,存在于它的效果之中了。但同时,你心中的"爱意"并未减少、分离、消失,它依然完好如初;然而,它明明已经被你的所爱完整地倾听并完好地接纳了!这给我们带来的不是困惑,而是觉悟:"言""道",带来的不是分离,而是结合。Dāvār(Word)把言者和所言结合为一。《新约全书》把这更明确地"道出":

太初有道,道与上帝同在,道就是上帝。这道太初与上帝同在。

① 爱留根纳:《自然的区分》615D。
② 在拉丁语中,verbum 的意义比较单纯,仅仅表示言语、字词这层意思。爱留根纳所赋予它的含义则更近于希伯来语《圣经》中的 Dāvār,该词不仅表示言语,而且表示事情、事物。

252

万物是藉着他造的①；凡被造的，没有一样不是藉着他造的。生命在他里头，这生命就是人的光。②

作为上帝之"言"、之"道"，基督不仅是存在的起点，而且是生命的起点；不仅是存在与生命的开始，而且是存在与生命的全部。一切存在和生命的起点、行程和归宿都在其中。《自然的区分》所言说的"自然"，在基督中获得它的全部蕴涵。

爱留根纳在下面的祷告中结束了他关于神圣自然的辉煌篇章：

> 主啊，我不求你任何的奖赏、任何幸福、任何快乐，只求纯粹无误地领会由你的圣灵所唤起的你的话语。这是我全部的喜乐，是我完美沉思的归宿：因为在此之外，即使是最纯粹的理性灵魂也将一无所获，因为在此之外，一无所有。你只能在你的话语中被寻求，只能在你的话语中被发现。在那里是生命，在那里你引领着你的追求者和热爱者；在那里你为拣选者备好了智慧的精神盛宴。③

爱留根纳真正想说的是：道，可道，非常道；但道从来如此道。如果不具体指涉，这也是巴门尼德的逻辑，一条是：它存在，它不能不存在。这是说服之路，因为它通向真理（aletheia）；另一条是：它不存在，它必定不存在。这条路是完全走不通的，因为对于不存在，你不能认识，也不可能言说④，更不可能踏上。对于巴门尼德，路只有一条。而爱留根纳则暗示了两条，但他同时强调应该把这两条变成一条，因为你不可能有别的选择。思应该和信仰以各自的方式走在同一条路上。

然而，在"一无所获"之处沉思，思入"完美沉思的归宿"之外，乃是思的本性。知其不可为而为之，知其不可行而行之。由此形而上学根

---

① 该句直译为：万物通过他获得存在。
②《新约·约翰福音》1：1、2、3、4。
③ 转引自奥米拉《爱留根纳》，第 60 页，都柏林，希利·汤姆公司，1969。
④ KR344。

本区别于宗教,并往往以不敬之名努力参悟最隐秘的真理,企图借此开启宗教新的希望以及生命更开阔的视野。让雅典和耶路撒冷在永恒的殊途中相爱! 这是哲学的自由,也是它的悲剧。这是哲学悲壮的命运。

中　篇

第四章　经院哲学的开端和兴盛

第一节　经院哲学的开端

经院哲学或经院主义(scolastic philosophy 或 scolasticism)一词来自拉丁文 scolasticus,其古希腊语的形式是 σχολαστικός,另一个和它对应的拉丁文词是 scholarie。从词源学的角度看,这个古希腊词的词根 σχολή(otium)是"闲暇"的意思,所以古希腊词 σχολαστικός 就有了两层含义,一是"休闲",享受空闲的时光;二是把空闲的时间用于学习的有学问的人,即学者。中世纪哲学史专家德·吴尔夫(Maurice de Wulf,1867—1947)把这两种意思综合在一起,用来指摆脱了物质生活和公共事物的烦扰而献身于精神修炼的有闲暇的人。在历史上,scholasticus 一词曾出现在古希腊教育学中,并在中世纪古典时代的拉丁语汇和教父时代的拉丁语汇中获得了多义性。这个词在昆体良(Quintilianus,约 35—95)那里指修辞学家或雄辩术师,在圣奥古斯丁那里则可以指法律上的辩护人,到了圣杰罗姆(St. Jerome,约 349—420)那里就用来指杰出的学者了。从 6 世纪开始这个拉丁词的含义变得越来越窄,主要用于教育领域,习惯上把修道院学校或主教教会学校里履行教育职能的人称做 scholasticus 或 scholar;相应地,这些学校里传授的知识就叫做经院知识或经院哲学,其内容包括神学也包括自由艺术,而自由艺术的主要部分就是哲学。① 我们之所以讨论"经院主义"概念,是因为它的含义会影响我们对中世纪哲学的理解。在中世纪哲学研究领域,从 19 世纪至今不断有学者试图用"经院哲学"概念来解释中世纪哲学,他们有的把经院哲学理解为一种学说,有的把它理解为一种方法。

19 世纪法国理性主义学者奥雷欧(J. B. Hauréau,1812—1898)把经院主义作为学说来解释,他在 1850 年出版了被认为第一部有价值的中世纪哲学史《论经院哲学》(*Histoire dela Philosophie Scholastique*,1872)中,认为经院哲学就是在中世纪学院里从学院建立到衰落的时代所教授的哲学,经院哲学的历史就是理性和信仰斗争的历史。德·吴尔夫不满意这种狭隘的理解,并指责这种解释是同义反复,没有指出其真正的含义,而他自己的定义则是对经院哲学特点的界定。他注意到,所有大的经院哲学都是一种综合,它处理所有的哲学问题,并以内在一致的方式回答这些问题。他认为经院哲学的特点有:(1) 拒绝一切形式的泛神论;(2) 承认人格的价值;(3) 承认非物质存在者的存在;(4) 肯定人类知识的客观性。然而他的不足是没有联系时代,没有表明中世纪哲学所具有的独特类型。② 有人把经院哲学等于中世纪鼎盛期的哲学,从 12 世纪的阿贝拉尔开始,到宗教改革前结束,同时也加上 16 世纪的西班牙的苏亚雷斯(Fracis Suarez, 1548—1617)和 17 世纪让·波恩索特(Poinsot)。经院哲学作为一种学说,最一般的用法就是指信仰和理性的结合,这是著名中世纪哲学专家吉尔松的观点。③ 由于吉尔松对中世纪哲学卓有成就的研究,他的观点影响很大。

20 世纪著名的德国中世纪学者马丁·格拉布曼(Martin Grabmann,1875—1949)把经院哲学理解为一种方法,他在《经院哲学方

---

① 吴尔夫:《经院哲学导论》,P. 科菲英译,第 13 页,纽约,多佛出版公司,1956。
② 里日特:《中世纪哲学》,第 83 页,莱登,布里尔出版社,1985。
③ 英格利斯:《哲学探讨的范围和中世纪哲学史学》,第 5 页,波士顿-科隆-莱登,布里尔出版社,1998。

法史》(*Die Geschiche der Scholastischen Methode*)一书中叙述了经院哲学的成果和历史,把"经院哲学"这个词的外延扩大到和"中世纪哲学"相等的范围,用它来表示从 6 世纪波埃修开始到 15 世纪库萨的尼古拉结束这段历史时期。然而这种看法显然过于宽泛了,舍尼修士(Chenu)在他的《圣托马斯·阿奎那研究导论》(*Introduction à Létude de Saint Thomas d'Aquin*. 1950)中对此做了清晰的阐明。

基于历史的和语源学的考察,我们认为经院主义和学院紧密相关。西方哲学起源于古希腊,如果说哲学从一开始就是"城邦的女儿"[①],那么经院哲学不妨也可以被称做"学院的女儿"。下文我们将看到,12 世纪城市的兴起和大学的诞生给予中世纪思想以怎样深刻的影响。20 世纪的思想史研究和哲学研究已经充分阐明了思想和空间的关系及同社会制度的关系,因此,经院哲学作为"学院的女儿"的说法就不再像德·吴尔夫所说的那样是无意义的同义反复了。于是,我们认为经院主义所代表的时期应该从 12 世纪的阿贝拉尔到 14 世纪初的邓斯·司各脱(J. Duns Scotus,1265—1308)。

实际上,经院主义思想发展的过程与 12 世纪学校的兴起息息相关,它们最终在巴黎和牛津同大学的诞生一起繁荣起来。经院哲学家至少有三个共同的特点:(1) 重视严格的论证,相信逻辑和辩证法能通过讨论和分析揭示哲学真理,这也是理性(ratio)论证的原则;(2) 接受古人的洞见作为发展他们自己思想的基本指南,充分关注早期哲学家们保留下来的思想和作品,以说明一个人参考前人或与前人对话时自身反思的逻辑合理性,这是一条权威的原则;(3) 一般都提出并讨论理论和启示真理的关系问题,而且使哲学的洞见符合神学的教导,这是信仰和理性和谐一致(concordia)的原则。[②]

---

① 韦尔南:《希腊思想的起源》,秦海鹰译,第 117—119 页,生活·读书·新知三联书店,1996;吕斯:《哲学史》,第 9 页,巴黎,1985。

② 乔治·J. E. 格雷西亚和蒂莫西·B. 努恩编:《中世纪哲学指南》,第 55、56 页,布莱克维尔出版社,2003(以下所引此书均为此版本)。

在上述经院哲学的三个特点中,我们认为第一点是最重要的,它触及经院哲学方法的核心。我们可以用一个拉丁语术语 quaestio(问题或提问)来表达这一特点。问题形式是经院主义学术研究的特有的风格。中世纪的神学家从 12 世纪初开始经常把他们的作品展现为语录(箴言,sentences)、问题(quaestio)或大全(概要,summae),而代表经院哲学特点则是问题形式。它的论证和反论证、结论和返回原始论证的辩证法结构,反映了中世纪大学教育实践的一种核心方法,这就是辩论。Quaestio的目的就是通过分辨对立的权威或观点而进行深入理解,其实质就是一种最大可能的理智的开放性。[①] "问题"(quaestio)是一种可疑命题(propositio dubitabilis),但不是被看做一个"不确定的有问题的句子",而是在包含两方面问题的形式下的一个复合的命题,含有一个"是……否"(utrum…an = dubitabilis),这两方面几乎总在一起构成一对矛盾。拉伯雷的吉尔伯特(Gilbert de la Porrée,1095 或 1090—1154)明确地说:"意识到这个事实:一个问题(quaestio)总是包含一个肯定和它的矛盾的对立面。"[②]在经院哲学中,人们可以清晰地发现这种问题逻辑的基本结构。

中世纪的"问题"不是一个实践的问题,而是一种纯理论的设问,旨在达到更充分的理智上的澄清。提出问题或怀疑(dubitare,douter)不是一种对不确定性的确证,而是像笛卡尔的怀疑那样,是纯方法上的设问。就像证明数学题,我们已经知道了某个结果,但是还要证明,可是证明与否不影响我们在现实中是否运用它。经院哲学方法的发展也就是中世纪逻辑学和语义学的发展,这方面它超越了亚里士多德《工具论》中的逻辑学。唯名论的逻辑学在中世纪就是用来处理语义和句法问题的逻辑,并成为经院哲学方法的组成部分,阿贝拉尔已经把语言分析和语义分析置于方法论的中心位置了。[③]

---

① 菲利普·W. 罗斯曼:《和富科一起理解经院思想》,第 173 页,纽约,圣马丁出版社,1999。
② 里日特:《中世纪哲学》,第 96 页,莱登,布里尔出版社,1985。
③ 同上书,第 98 页。

从总体上说,经院主义或哲学是在诞生于 12 世纪的知识分子那里获得了具体的形式和内容,成为那时的知识分子特有的方法。当然,他们还有自己的工具。经院哲学几百年来一直被人诋毁,没有受过专门教育的人对它很难有所了解,因为它繁琐的技术性使人非常厌烦,用舍尼修士的话来讲,它使思考成为一个穷极精微地确定它的法则的专职。

经院哲学诉诸权威,依赖《圣经》经文。这种做法实际上是自觉地以以前两个文明系统作为自己的基础:一是基督教学说,一是丰富的古代学术思想。经院哲学家借助这两方面的材料完成自己的著作,亦步亦趋地遵从权威。他们把模仿的法则同理性的法则结合在一起,把权威的规定同科学的论证结合在一起。因此,在经院哲学家的努力当中,实际上都在使神学建立在理性的基础上,从而使神学变成了科学。安瑟伦的名言"信仰寻求理解"准确而精当地表达了经院哲学的这种努力及其结果。经文的"阅读"(lectio)是经院哲学最重要的基础,这是一个深入的分析,从仔细推敲"字词"(littera)的语法解析开始,进而达到提供"意义"(sensus)的逻辑说明,最后以阐明思想内容(sententia)的评注作为结束。评注(commentarium)就要一起讨论,从而形成"辩论"(disputatio)。对经文的评注后来演变为一种解经学,最后则发展为一种哲学解释学——这真是经院哲学家们没有想到的。

经院哲学一开始就孕育着危机。它寻求上帝与自然的联系,但知识分子的自然主义可以向许多方向发展。虽然经院哲学的根本目的在于达到信仰与理性的平衡,却是艰难的,除了信仰与理性的平衡外,还有其他难以实现的统一,那就是理性与经验的统一、理论与实践的统一。①

基于以上对经院哲学的理解,我们把 12 世纪作为经院哲学诞生的时代,向前可以追溯到 11 世纪末安瑟伦的哲学作为其先驱,并以大学的产生为标志。

---

① 勒戈夫:《中世纪的知识分子》,张弘译,第 79—85 页,商务印书馆,1996。

第二节 安瑟伦的"本体论证明"

一 安瑟伦的时代、生平和著作

安瑟伦①(Anselm, Anselmus, 1033—1109)是一位在西方思想史上处于中间位置的人物,这不仅是在时间的意义上讲的,因为他在中世纪哲学里是一个具有转折性的核心人物,被视为"奥古斯丁第二"②和"经院哲学之父",并被称为"最后一位教父和第一个经院哲学家"③。他生当中国的北宋新儒学肇始之际,与程颐(1033—1107)生于同年,而程颐早他两年谢世。这似乎是种巧合,但他们却有着相似的历史作用和思想史上的意义。安瑟伦作为奥古斯丁第二,是奥古斯丁的传人;作为经院哲学之父,他最得意的宠儿是中世纪哲学的集大成者托马斯·阿奎那。不幸的是,安瑟伦生逢奥古斯丁和阿奎那这两个巨人之间,他们的身影遮蔽了他的光辉,使他显得有些渺小。然而,他以其严格的理性神学开创者的身份,更重要的是,以其关于"上帝存在"的本体论(存在论)证明始作俑者的身份,在哲学史上证明着自己存在的重要性,也确立了其不可被

---

① 中文亦译安瑟尔谟,本文作者认为安瑟伦的译法音韵典雅优美,也兼顾拉丁音译,是很好的创造,故采此译。

② 这种说法明确出现在阿尔弗雷德·韦伯的《欧洲哲学史》中,其中写道:"作为奥古斯丁第二,他从和奥古斯丁同样的原则出发……"(韦伯:《欧洲哲学史》,第7版,第215页,巴黎,1905。)

③ 这种说法,在谈论安瑟伦的哲学史地位时经常被引用,安瑟伦的现代传记作家萨瑟恩也这样引用,见萨瑟恩(Richard. W. Southern)的论文《安瑟伦在坎特伯雷:他的和解的使命》,收于勒伯科姆和伊文斯编《安瑟伦、奥斯塔、贝克和坎特伯雷,为纪念1093年9月25日即主教位900周年文集》(*Anselm, Aosta, Bec and Canterbury, Papers in Commemoration of the Nine Hundredth Anniversary of Anselm'Enthronement as Archbishop*)。据我了解,最早称之为经院主义之父的是马丁·格拉布曼(Martin Grabmann, 1875—1949),是在其经典名著《经院主义方法史》(*Die Geschiche der Scholastischen Methode*, p. 258)中提出的,书中关于安瑟伦这一章的标题就是"坎特伯雷的安瑟伦,经院哲学之父"(Anselm von Canterbury, der Vater der Scholastik)。同时参见吴尔夫《中世纪哲学史》第1卷,第168页注解3。而吴尔夫明确支持格拉布曼这个观点,他评论道:"他(安瑟伦——引者)属于过去而同时又是未来的先驱,因而他被称为最后一位教父和第一位经院哲学家。"德·吴尔夫认为,他之所以是经院哲学家,主要是因为他第一次建立了以形而上学为基础的经院主义自然神学。

淹没的学术地位。从时间上看，在安瑟伦和奥古斯丁之间几乎没有什么大哲学家，只有 9 世纪的爱留根纳和 10 世纪的吉尔伯特（Gerbert of Aurillac, 938—1003）还勉强可以和安瑟伦相提并论。

在哲学方面，安瑟伦严格遵守奥古斯丁"信仰寻求理解"的著名格言，继承了奥古斯丁所开创的用理性证明上帝存在的事业。除了著名的本体论证明外，他实际上已经提出了后人称为宇宙论的证明。[①] 他还有关于真理的学说，在宗教哲学史上提出了著名的"救赎论"（doctrine of the atonement），同时也讨论了"三位一体"（Trinity）和"道成肉身"（Incarnation）等问题。这里我们将集中讨论形而上学意义上的本体论证明问题，也将简要讨论真理问题和宗教哲学意义上的"救赎论"问题。

为更好地理解安瑟伦在哲学史上的地位，有必要简单回顾一下安瑟伦时代的社会政治和学术知识背景，进而充分理解"最后一位教父和第一位经院哲学家"的具体内涵。安瑟伦在哲学史上所扮演的角色之重要同他留下的著作的数量相比似乎不成比例，甚至像个讽刺。他的著作只有 11 篇论文和对话，大都短小精悍（不包括 3 篇沉思、19 篇祷告和 374 封信）。现在整理出版的他的拉丁著作集仅有两卷，再加上一本纪念集。21 世纪初出版的英文版的著作汇集了他几乎所有的哲学和宗教作品，也不到 600 页。[②] 我们有幸可以读到一个同时代的传记作者伊德梅尔（Eadmer）[③]所写的《安瑟伦的生活》（Vita Anselmi），可以大致了解他的生平事迹。这本书在某种意义上简要地还原了历史的社会面貌，能提供理解其作品和人格的客观视域。

历史上的哲学家大体可归为两类：一类是，他们的作品就是其生活

---

① 主要是指在《独白》（Monologion）中关于上帝存在的论证。
② 参见霍普金斯（Jaspers Hopkins，1936—　）和理查德森（Herbert Richardson）翻译的《坎特伯雷的安瑟伦的哲学和宗教论文全集》（Complete Philosophical and Theological Treatises of Anselm of Canterbury. translated by Jaspers Hopkins and Herbert Richardson. Minneapolis, the Arthur J. Banning Press，2000）。
③ 见萨瑟恩《圣安瑟伦和他的传记作者》第二部分，剑桥大学出版社，1963（以下所引此书均为此版本）。伊德梅尔是他的学生和英文秘书，他还有《新历史》（Historia Novorum）。

本身,康德、亚里士多德应该属于这一类,法国当代著名哲学家保尔·里克尔(Paul Ricoeur,亦译利科,1913—2005)①曾这样谈论自己:"没有人对我的生活感兴趣,我是指,我的生活就是我的工作、我的书和我的文章。"②另一类是,他们的生活就是哲学的一部分,苏格拉底就是这类哲学家中一个最独特的代表,他们把哲学作为一种生活方式,一种追求生命意义的形式。这种哲学家在古代更多些,安瑟伦就是具有这种气质的一位,理解其生活有助于理解其思想和哲学,而且可以说是一个不可或缺的环节。③

在安瑟伦生活的 1033—1109 年之间,诺曼底公爵威廉(Conquer Willian)征服了英格兰(1066),成为"征服者"纪尧姆国王,并建立了封建制度。教皇乌尔班二世(Urban Ⅱ,1088—1099 在位)发起了第一次十字军东征。当时体现为教权和俗权之争的授权之争异常尖锐,教皇格列高利七世(Gregory Ⅶ,1073—1085 年在位)、乌尔班二世和帕斯卡二世(Pascal Ⅱ,1099—1118 在位)为争夺主教职位授权与欧洲君主(尤其是亨利四世、五世)抗衡,安瑟伦也不免卷进纷争的旋涡。萨瑟恩(Southern,1912—   )把安瑟伦的时代视为欧洲历史上最有意义的变革时期之一④,甚至可以同 16 世纪的"宗教改革"和 18 世纪的"工业革命"相比,而历史学家们也普遍认为西欧崛起于 11 世纪中叶以后。在安瑟伦生活的岁月里,西欧无论知识和精神领域还是在教会领域都发生了巨大的变化,我们简略地称之为两个时代的转变。在前一个时代里,多数有明确信仰的基督徒是本尼狄克修会(Order of Benedict)的修士,在贫困而险恶的乡村里献身于繁文缛节的祈祷生活;而后一个时代却是财富

---

① 通常翻译为列科,笔者认为按法文译成里克尔更妥。参见《法汉译音表》和商务印书馆出版的《法语姓名译名手册》,北京,2000。
② 里根:《保尔·里克尔:他的生活和著作》,第 1 页,芝加哥大学出版社,1996。
③ 阿多在解释古代哲学时很强调这一点,并引起了学界的重视。其著作《哲学作为一种生活方式》(牛津,布莱克维尔出版社,1995)近年来有一定的影响。
④ 见萨瑟恩的论文《安瑟伦在坎特伯雷:他的和解的使命》,载勒伯科姆和伊文斯编《安瑟伦、奥斯塔、贝克和坎特伯雷,为纪念 1093 年 9 月 25 日即主教位 900 周年文集》,第 24 页。

和人口迅速增长的时代,人们强烈追求着涵盖生活和思想所有方面的系统知识。前一个时代,在西欧,刚转变信仰的人们建立了宗教团体来适应日常生活中日趋复杂的崇拜内容,并以此表达他们对宗教的理解。相反,在后一个时代,一种系统的理念被用来解决基督教神学和教会组织中的所有问题,以期达到一个在教皇权威指导下的最终的世界范围内的稳定。在前一个时代,僧侣社团也有大教堂,但还很分散,整个欧洲一片混乱,有伊斯兰穆斯林对地中海的入侵,有维京人(海盗,Viking)威胁着海岸线,还有教会不断的纷争。这样,就要求有一种系统的神学,以建立统一的秩序,后来神学体系的建立也基本开始于这个时代。安瑟伦就处于这两个时代的转折点上,他出生在一个以《圣经》、僧侣和祈祷为教导的极度贫困又战乱频仍的基督教世界的最后时期,并在此时度过了他的青春岁月。而他的中老年时代,恰逢一个充满活力的乐观向上的新时代开始,那时西方学校里的教师有了很好的理解力,能够建构新的知识大厦。安瑟伦身上交汇着这两个时代。联系于所处的旧时代,我们称他为"最后一位教父";联系于新的时代,我们称他是"经院哲学的第一人"。

1033 年,安瑟伦生在意大利北部的阿尔卑斯山城奥斯塔(Aosta)的一个贵族家庭里。意大利人习惯称他为"奥斯塔的安瑟伦"(Anselm of Aosta),然而大多数人在他当了主教以后仍称他为"坎特伯雷的安瑟伦"(Anselm of Canterbury)。他的父亲是伦巴底的移民,在当地有些名气。他的母亲与沙威夷的伯爵有亲戚关系。在他 20 岁时,母亲去世了,这对他是一个沉重的打击。他的传记作者伊德梅尔[1]在谈到他当时的心境时说:"他心中的船像失了锚一样,几乎完全漂浮在世界的波涛中间。"他的父亲脾气很坏,使他与父亲长期不和。大约在 1056 年,也就是在他 23 岁时,他与父亲发生争吵之后离家出走了。他出走还有更深一层的原因,就是他想成为僧侣和学者。有的传记指出,在他少年的时候,就梦想成为僧侣。后来,他曾告诉伊德梅尔,在奥斯塔城上有一些闪闪发光的

---

[1] 关于他的情况,参见萨瑟恩《圣安瑟伦和他的传记作者》第二部分。

山峰,他小时候认为这些山峰就是上帝居住的地方。他曾在梦中攀登过这些山峰,到了上帝的住处。他离家出走后,冒着危险从悉尼山口越过阿尔卑斯山,先后在勃艮第和法兰西待了三年。1059 年,贝克修道院的副院长、著名的神学家朗弗兰克(Lanfranc)的名气吸引他到了诺曼底。这时,他的父亲去世了,为他留下了全部产业。于是他选择了到法国的贝克(Bec)做一个僧侣,于 1060 年到贝克修道院当一位见习修道士。后来,安瑟伦说过,他之所以进贝克修道院,而不进克吕尼(Clunny)修道院,是由于他知道朗弗兰克的名气会庇护他,使他能够不受干扰地对上帝进行沉思。1063 年,朗弗兰克到了征服者纪尧姆在卡恩(Caen)新建的一个修道院,安瑟伦便接替了他的职务,成为贝克修道院的副院长。他担任这个职务达 15 年之久。在贝克修道院的创建人、院长赫尔卢因(Herluin)于 1078 年去世之后,他才成为修道院的院长。安瑟伦的老师、坎特伯雷的大主教朗弗兰克于 1089 年去世,经过一段时间的纷争,安瑟伦终于在 1093 年 9 月当上了坎特伯雷的大主教,直到 1109 年去世。1494 年他被认可为圣徒,1720 年被宣布为教会的博士。

安瑟伦十分重视著述,大约在 1070 年开始著述。在后来编辑成书的《祈祷与沉思》(*The Prayers and Meditations*)①中,有些"祈祷"和"沉思"是属于 1071 年的。当时,他曾把这些"祈祷"和"沉思"的抄本送给了征服者纪尧姆的一个女儿。大部分"祈祷"和"沉思"写于他在 1078 年成为修道院院长之前。他的两部比较有名的著作《独白》(*Monologion*)和《宣讲》(*Proslogion*)分别写于 1076 年和 1077—1078 年。他把《独白》写好后,曾送请他的老师朗弗兰克指正,希望老师赞同他的思想,并为该书起个名字,否则的话就把它毁掉。结果,朗弗兰克没有表示赞同,也没有指责,只是做了一些比较重要的指点。如果按照这些指点修改这本书,就会改变它的整个性质。至于书名,朗弗兰克也没有起。后来,安瑟伦自己给这本书起了名字为《对信仰的理性之沉思的例证》(*Exemplum*

---

① 安瑟伦:《圣安瑟伦的祈祷和沉思》,本笃会修女沃德英译,企鹅出版社,1973。

Meditandi de Ratione Fidei)①,继而他又称它为《关于信仰理性的独白》（*Monologion de Ratione Fidei*），后来才题为《独白》。安瑟伦没有根据朗弗兰克的建议修改《独白》。相反，他在短时间内又写了另一本书，这本书不仅具有《独白》的特点，而且比《独白》有了进一步发展，这就是《宣讲》。从写作时间和内容看，《独白》和《宣讲》的关系都是异常密切的，二者写作的时间相连；从内容方面来说，二者都是对上帝存在的证明。二者的区别在于前者较多地涉及三位一体的性质和上帝的性质，表现出对奥古斯丁的《论三位一体》（*De Trinitate*）有较大的依赖性；而后者则更多地涉及上帝作为唯一者的性质。可以说，《独白》是一本理性的沉思集，而《宣讲》是一篇哲学的祈祷。在证明方法上，《独白》主要继承了奥古斯丁在《忏悔录》所运用的内心思辨的方法，而《宣讲》运用的则是本体论方法。

安瑟伦成为贝克修道院院长之后，他要处理修道院有关在英格兰财产的事务，所以，不止一次地访问过英格兰。在 1078 年，他第一次访问坎特伯雷，拜访他的老师朗弗兰克，这时，朗弗兰克已成为坎特伯雷的大主教。安瑟伦在那里做了关于修道院生活的讲演。他的讲演给人留下了深刻的印象，特别是激起后来成为他学生和传记作者伊德梅尔的兴趣。这是他后来到坎特伯雷担任大主教的前奏曲。大约在 1090 年，安瑟伦就知道唯名论的创始人罗色林（Roscelinus，约 1050—1125）对三位一体的批判。罗色林认为，三位一体中的三位或者是分离的，他们可以说是三个神，或者是他们三个都化身于基督而成为一体。据说，罗色林声称，他已经使朗弗兰克相信自己的观点，还将使安瑟伦相信他的观点。安瑟伦立即对罗色林的挑战做了简单的回答，后来，他又开始做一个更详细的论述。可是，当他听说罗色林在 1092 年的苏瓦松（Soissons）会议上收回了自己的观点时，便停止撰写更详细的回答。安瑟伦在 1092—

---

① 此书名采 M. 保罗·维庸（M. Paul Vignaux）的翻译。见若诺《中世纪哲学》，第 42 页，巴黎大学出版社，1963。

1094 年继续完成他未完成的书稿,并题为《关于道成肉身的书信》(*Epistola de Incarnatione Verbi*)。在这本书中,安瑟伦只是证明,如果道成肉身是一个事实的话,肉身化的仅仅是三位一体的一位。但问题依然存在,道成肉身是一个事实还是像基督教的敌人宣称的那样,仅仅是一个想象的虚构? 为了证明肉身化何以成为一个事实,安瑟伦在 1094—1098 年间又写了《上帝为何化身为人》(*Cur Deus Homo*),这是安瑟伦最伟大的精神成就,标志着其神学发展的顶峰。

安瑟伦除了上面提到的《独白》《宣讲》《上帝为何化身为人》《关于道成肉身的书信》这几本主要著作外,还有写于 1080—1085 年间的《论语法家》(*De grammatico*)、《论真理》(*De Veritate*)、《论选择的自由》(*De Libertate Arbitrii*)、1107—1108 年的《论一致》(*De Concordia*)等。

二 关于上帝存在的本体论证明

在中世纪哲学和神学领域,安瑟伦首先以其在《独白》《宣讲》《上帝为何化身为人》等书中关于上帝存在的证明而闻名于世。哲学家们很早就开始了对上帝存在的证明:在柏拉图那里有关于上帝的道德论证,在亚里士多德那里有关于上帝的宇宙论论证,在西塞罗那里有关于上帝的天命论论证。然而,有一种著名的论证,由于论证形式是纯概念的、先验的而被认为是完善的证明,那就是德国古典哲学家康德所命名的"上帝的本体论论证"(Ontological Argument),其逻辑特征在于,从"上帝的概念"来论证"上帝的存在"。在宗教哲学史上,本体论论证是最早形成的一种关于上帝存在的有神论证明。在历史上,有神论论证主要有五种形式,其他四种是:宇宙论论证、目的论论证、道德论论证和意志论论证。本体论证明曾遭到康德的有力批判,他在《纯粹理性批判》的"先验辩证论"中专列一节:"关于上帝存在的本体论论证的不可能性"。不过,康德的批判并没有结束哲学-神学在本体论证明道路上的努力,相反,仍不断有神学家从各自角度推进着本体论证明。当代应该提到的是 20 世纪最伟大的新教神学家、瑞士的卡尔·巴特(Karl Barth,1886—1968),他著有《安瑟伦：信仰寻求理解》（*Anselm：Fides Quaerens Intellectum*，1930）；美国的分析哲学家马尔科姆（Norman Malcolm，1911—　）在1960年发表了一篇重要的著作：《安瑟伦的本体论论证》（*Anselm's Ontological Arguments*）；其后有哈特肖恩（Charles Hartshorne）和普兰丁格（Alvin Plantinga，1932—　）的著作。[①] 普兰丁格给这一论证提供了强有力的逻辑分析，他运用可能世界的模态逻辑为上帝存在的必然性证明注入强大的力量，从而成为这一领域中最重要的当代人物。

《独白》《宣讲》和《上帝为何化身为人》这三部基本著作，分别表示了安瑟伦在11世纪对哲学和神学的贡献，可用于引导读者把握安瑟伦思想的精神实质，其中，安瑟伦融合了理念之物和虔敬之物。《独白》以其单一的理性方法进行了论证；而《宣讲》最初就以"信仰寻求理解"为题，直接围绕上帝存在的本体论证明；《上帝为何化身为人》和《对人类救赎的沉思》（*Meditatio Redemptionis Humanae*）虽然主要是在论证神学的目的，却包含了对道成肉身的目的的反思。这样，安瑟伦把精神的和理性的综合为一体，这个综合证明了他的信念，激发了中世纪精神世界的主题，即：精神要求理性之指导，正如理性需要精神的活力一样。

（一）《独白》中的关于上帝存在及其性质的论证

由于《宣讲》在某种意义上是《独白》的节略和方法上的进一步完善，所以我们先从分析《独白》开始，对两书做一个简单的对照，进而更好地理解安瑟伦的论证思路。《独白》是安瑟伦第一部系统的论著，写于43岁时。其中他想阐明一个基本原理，即把"上帝"概念阐明为活的、智慧的、有力的和全能的、真的、正义的、仁慈的、永恒的，并在任何方面都比其对立者更好的一切。他雄心勃勃，想不借助《圣经》的权威而只通过理

[①] 见哈特肖恩的《完善的逻辑》（*The Logic of Perfection*，Open court Publishing company，1962），普兰丁格的《必然的性质》（*The Nature of Necessity*．Clarendon Press，Oxford，1974）。关于这方面的问题，可以参见希克（Hick）编写的有关著作：《宗教哲学》（*Philosophy of Religion*．Fourth Edition，1990）、《上帝的存在》（*The Existence of God*．1964）、《宗教哲学古今文选》中的论述和文选。

性的反思证明上帝的存在，且始终是三位一体的。他引用了圣奥古斯丁论三位一体中的洞见，坚持奥古斯丁对实体性（实质）的谓词和关系谓词的区分，坚持上帝和善的统一。《独白》也重申了奥古斯丁的范型说（exemplarism），认为在上帝的意识中有一个逻辑上和因果上先于创造的一个形式。最后，安瑟伦简单地注意到直觉问题，对词语和概念的区别也是奥古斯丁主义的。伊德梅尔认为《独白》中的安瑟伦是第一次作为神学家出现的，他的记述可以作为很好的导论，而且他所写的内容安瑟伦很可能读过和证实过，下面引述原文加以说明：

> 他又写了另一本小书，因为在书中他独自说话并和自己论辩，所以叫它"独白"。在这里他不顾《圣经》的一切权威，只通过单一理性（sola ratinona）探求和发现上帝是什么，并通过不可战胜的理性证明，上帝的本质就是真正的信仰所在，而且只能如此。然后，他想到要试图通过一种单一而简洁的论证（Hopkins 认为此处应该译成consideration，即思考或思路），证明关于上帝的被信仰所祈祷的一切——它是永恒的、不变的、全能的、全在的、不可把握的、正义的、正确的、仁慈的、真实的，同时也是真理、善、正义等；然后说明所有这一切性质是如何统一在他身上的，但是这就像他自己宣讲的一样给他带来了很大的苦恼，部分是因为对它的思考没有了吃、喝、睡的欲望，一部分是因为——这对他是更为严重的——它扰乱了他在晨祷和别的时间做圣事时所要求的注意力。当他意识到这种情况，却仍未能完全掌握他所寻求的一切，他想这种思路可能是魔鬼的引诱，并试图把它从心里驱逐出去。但是他越是强烈地努力，这些思想就越多地缠绕着他。然后，突然一个夜晚在晨祷的时候，上帝的仁慈照亮了他的心，整个问题在他的意识中一下变得明白了，巨大的喜悦和欢乐充满了他的内心。①

---

① 萨瑟恩：《安瑟伦和他的传记作者》，第 49—50 页。

《独白》和《宣讲》(分别写于 1077 和 1078 年)在主题上紧密相关,大体说来都包含了上帝存在的证明和对上帝性质的沉思。《独白》更多地依赖奥古斯丁的《论三位一体》,是关于三位一体性质的;而《宣讲》把上帝性质作为一个整体来论述,很少依赖奥古斯丁,总体上更具个性化,表达上更生动有力。这两本书还有一个区别,《独白》是一个哲学的独白,而《宣讲》却是一个祷告。《独白》在形式上是一部更具原创性的作品,但实质上依赖于奥古斯丁的权威。而在《宣讲》中他依靠自己,达到了思想所能达到的最边缘,包含了安瑟伦对哲学最具创造性的贡献。

《独白》一书共 80 章,依内容可做以下区分:

(1) 第 1—8 章证明上帝的存在并思考上帝的性质。

(2) 第 9—12 章关于三位一体学说的讨论。阐述圣言、最高实体和最高存在三者的关系。

(3) 第 13—28 章转而讨论三位一体。这个部分中间还插入第 18—24 章,讨论上帝如何在时间中和不在时间中的问题。这是关于上帝性质的论述。

(4) 这种离题迂回在第 28 章结束了,安瑟伦重新开始第 12 章所讨论的关于三位一体的问题,一直继续到第 64 章。

(5) 最后是一个混杂的附加材料,有关于死后生活、灵魂不死等问题。

《独白》中有关于上帝的不同证明,可归结为三种,但都是从经验开始的后天证明。第一种论证被蒂利希(Paul Tillich,1886—1965)称为宇宙论论证(cosmological argument)[1],大体思路如下:我们有好的、大的和美的、真的东西的理念,这些理念在一切事物中都能被觉察到。我们到处发现美、善和真,但是,却是不同程度的。如果你想说某物在或高或低程度上分有了善的或真的理念,那么,善和真的理念本身必须被预先设定,因为它是你衡量的标准。善本身,或者无条件(无限)的善、存在或

---

① 保罗·蒂利希:《基督教思想史》,第 162 页,西蒙和舒斯特出版公司,1968。

美,是必须被预设的理念。这意味着,任何有限的相对的事物总是隐含着通向无条件(无限)的绝对的关系。这也意味着有条件的事物的意义和无条件事物的意义是不可分的。如果你分析现实,尤其是你自己的现实,你总能在你那里发现有限的元素,却不可分割地联系于某种无限。现实就其自身的本性而言是有限的,但指向有限所属的无限,并从无限中分离出来。这就是从经验分析开始进到无限存在的上帝的后天论证明的思路。蒂利希认为这种对有限的存在论分析,成为一切宗教哲学的必要条件,而且成为唯一真正的宗教哲学。

具体说来,《独白》关于上帝的第一种论证是在第 1 章中提出的:

> 对那些叫做善的事物的存在可以提出这样的问题:从何处使善的事物成为善的? 叫它们完全的善,就消除了它们通过不同原因拥有它们善(性)的可能,一定有一个它们共同分有的第一原则在,善的事物的存在通过它而成为善,而它则是因自己而是善的。[①]

第二种论证的基础是所有事物都共同拥有的完善,同样有一个自然(nature)或者实体(substance)或者存在(being,essentia)通过(由于)自己(per se)而存在,它是所有存在物中最高的,而且一切事物都是通过它存在着。所有事物都有一个原因,事物的全体要么有许多原因,要么只有一个。如果是许多,那么,要么有一个原因,要么通过它们自己存在,要么相互产生(互为因果是违反理性的)。从这些分析中可以推出一个一切存在赖以存在的存在者的存在。

第三种论证从事物存在的等级出发,引出一个最高存在(supreme being)。[②]

以上三种论证,都开始于现实的材料,都从自然的某个方面出发,从善、从存在的等级出发推论出上帝的存在。上帝对理解自然的这些方面

---

① 见《独白》第 5—7 页。本引文引自 SCM 出版公司出版的霍普金斯和理查德森编辑、翻译的《坎特伯雷的安瑟伦》(*Anselm of Canterbury*)文集第 1 卷。
② 第二个论证,尤其在第 3—6 章中。第三个论证见以后各章。

是必要的,在这个意义上,安瑟伦被认为是自然神学家。在《宣讲》里,安瑟伦力图把《独白》中的思想形成一个单一的证明,由此引出了著名的本体论证明。这个证明以其简单的形而上学的纯粹性一直激发着后世伟大的人类心灵。同时代人高尼罗(Gaunilo)修士在随后的愚顽人之反驳中,给安瑟伦提供了新的机会整理他的论证,以使其逻辑更加严格。虽然最后明确意识到证据不足或不当,却不清楚究竟错在哪里。

(二)《宣讲》中的理性概念与关于上帝存在的本体论证明

在西方哲学史上,几乎没有哪篇作品像安瑟伦的《宣讲》这样令人迷惑又饶有趣味。它的影响和作品的短小形成极大的反差,一经发表就引起了同时代人的极大关注。

《宣讲》①全文共 26 节。在前言中,作者表明《独白》是一系列论证联在一起的,而《宣讲》是想要寻找一个"单一的论证"(cunum argmentum):这个论证是自足的而不需要其他的论证,即通过自己足以证明上帝存在。关于上帝存在的论证问题首先涉及理性与信仰的关系问题。安瑟伦明白地指出了理解和信仰的关系,也就是理解的目的,这就是那句常被引用的名言:"信仰寻求理解。"(Fides quaerens intellectum)②在安瑟伦这里,信仰的第一种含义,是一种认识的方式、一种活动;第二种含义,是认识的对象,一种能够在一系列命题中表达出来的事态。我们通过信仰(第一义)来认识,我们认识的东西是信仰对象(第二种含义),安瑟伦很少提到第一层含义。③"理解"在安瑟伦那里曾出现了三个相关的词,表达有关"理解"的意义。第一种是认识(cogitatio),在词和句子的层次上,亦即语法和逻辑的意义上;第二种是

---

① 《宣讲》的英译本迄今最好的是牛津大学出版社 1965 年出版的 M. J. 查尔斯沃思(Charlesworth)的《圣安瑟伦的宣讲》拉丁-英文对照译本(以下所引此书均为此译本,特别出处另注)。

② 安瑟伦:《宣讲》,第 104—105 页。这个名句可以作为理解安瑟伦全部思想的主线,20 世纪最著名的新教神学家卡尔·巴特(Karl Barth, 1886—1968)就有一本书以之命名的,即 *Anselmus: Fides Quaerens Intellectum*(《安瑟伦:信仰寻求理解》)。

③ 参见萨瑟恩《安瑟伦和他的传记作者》,第 54 页。

理解(intellectus),在实体的意义上所指示的物,这是在哲学层次上;第三种是领悟(sapientia),对最高存在的领悟,是神学意义上的。①

理性和信仰的关系是中世纪哲学中最基本的问题,也是安瑟伦哲学中最关键的一个问题。在《独白》的序言中,他发现了关于神圣事物存在的方法是"绝不求助于《圣经》的权威"的,理性的必然性将被简明地得到证明。在安瑟伦的论著中,有大量的证据表明,在他看来,至少在某些地方,关于神性的真理能够从完全独立于信条的前提下通过理性运用推论出来。在《上帝为何化身为人》中,安瑟伦清楚地论证了人只有通过基督的牺牲才能获救的问题,基于单独的理性,不仅对信徒有说服力,而且对不信教者也有效。在《反驳高尼罗》中,也表达了这个意思。

但是,理性是什么呢? 理性常对应的一个拉丁词就是 ratio,这个词是我们现代英语中 ration 的词源。后者常常被用来表达"工具理性",它和中世纪的拉丁词 ratio 的含义相差甚远。还有几个常用的表示理性的现代词,如 reason、raison(法语)、Vernunft(德语)。在安瑟伦的作品中,拉丁语的 ratio 不只是指亚里士多德-波埃修逻辑学的内容。它具有更广泛的哲学含义,其中下面是最重要的:

(1) 理性的本体论含义:理性表示实在的结构。这意味着,理性可以表示某物存在的方式,有时甚至被用来指空间时间存在(existence)的方式。

(2) 神学的理性(ratio):理性表示神圣性的一个方面。这种用法在《独白》中经常出现。

(3) 认识论中的理性:很多地方把理性说成是一种与信仰(fides)相对的精神状态。有时,理性在消极意义上被界定为存在的秩序或事件的秩序中后于信仰的东西,或在积极的意义上被视为巩固信仰或给沉思增添快乐的东西。但在所有事物上理性的运作都要听命于《圣经》。

(4) 心理学上的理性:指人的灵魂的功能。理性有时简单地被描述

---

① 参见萨瑟恩《安瑟伦和他的传记作者》,第 60 页。

为灵魂的一个方面，但多数情况下，被视为灵魂的最高部分，和精神（mens）同义，可以独立于感觉而运作。

（5）理性的逻辑意义：主要指逻辑的必然性，即一种迫使我们接受某事实的论证，如证明上帝应有某种性质。这里涉及的"必然性"，是本体上的必然性之主观和客观的相互关联。[①]

总之，安瑟伦的理性有如此多的含义，是我们读安瑟伦作品时必须注意的，不能简单地以现代人的观念去理解它。

《宣讲》第1章"震动心灵沉思上帝"中，安瑟伦明确指出，上帝的存在是一个相信上帝的人的困惑，因为上帝是看不见的、不临在（不在场，absentum）的，所以看不见上帝的面容，而"你"（上帝）又是"遍在"（无所不在）的，这样，论证上帝的存在就成为必要。既然信仰上帝，但又看不见上帝，怎样理解上帝的存在呢？那只有通过理性的理解。这里需要指明的是，有一点常常为后人所误解，在安瑟伦那里，其本意是为那些相信上帝的人写的，而不是想要通过证明来让不相信上帝的人相信上帝，这里面涉及了两个问题：一是信仰与理解的关系，另一个就是上帝是在哪种意义上的存在。后者涉及本体论的差异，即超越的存在和经验存在的区别，是康德的本体（物自身）和现象的区别。我们知道最早和基督教的上帝观融合的哲学恰是柏拉图主义哲学。在中世纪唯实论容易解决上帝的存在问题，安瑟伦秉承的是奥古斯丁主义的传统，又是唯实论者，或按德·吴尔夫所说，是"极端的唯实论"[②]，也就可以理解了。安瑟伦是作为一名基督徒、相信上帝的人提出问题的，其中不包含不信神的人的问题。"我渴望能理解一点你的真理，我们相信和爱着真理。因为我不是为了能相信而寻求理解，而是我为了能理解而相信。因为我也相信，'除

---

① 德龙克：《12世纪西方哲学史》，第258—262页，剑桥大学出版社，1988。

② 吴尔夫：《中世纪哲学史》第1卷，欧内斯特·C. 梅辛杰译，第165页，多伦多/纽约，托马斯·尼尔森和子孙公司出版，1951（以下所引此书均为此版本）。

非我相信，我将不会理解'。"①

安瑟伦的本体论论证见于《宣讲》的第2—4章中，这个论证先把基督教的"上帝"概念浓缩为这样一个表达式：可设想的无与伦比的伟大者。这种本体论论证有两种形式，第一种形式在第2章中提出：

> 圣主啊，你使信仰具有理解力，所以我请求你，能在你认为最有益的范围内，让我能够了解你是像我们所信仰的而存在着，你是我们所信仰的对象。我们相信你就是一个可设想的无与伦比的伟大存在者。愚人心里说没有上帝存在（《诗篇》13章1节），难道那样性质的东西就不存在了么？真的，就是这个愚人，如果他听到我说这个存在者——即"一个可设想的无与伦比的伟大存在者——的时候，即使他并不明白这对象是实际存在着，他也能理解所听到的对象，也能理解他所理解的对象是在他的心中"。

> 一个对象在心中存在，这是一回事；要理解一个对象实际存在着，这又是一回事。

> 所以，甚至愚人也不得不承认，有某一个可设想的无与伦比伟大的东西，是在他心中存在着。因为当他听说这东西的时候，他了解它。而且不管他了解的是什么，也都是在心中的，但是，真的，还有一种不可设想的无与伦比的伟大的东西，它就不能仅仅在心中存在，因为即使它仅仅在心中存在，但是它还可能被设想也在实际上存在，那就更伟大了。

> 所以，如果说那种不可设想的无与伦比的伟大的东西，只在心中存在，那么，凡不可设想的无与伦比的伟大的东西，和可设想的无与伦比的伟大的东西，就是相同了。但是，这明明是不可能的。所以，毫无疑问，某一个不可设想的无与伦比的伟大的东西，是既存在

---

① 《旧约·以赛亚书》第7章，第9节，见《宣讲》第114—115页。译文参见北京大学哲学系外国哲学教研室编译《西方哲学著作选》上卷，第240页，商务印书馆，1989。按拉丁文原文有所修改。

于心中,也存在于现实中。①

我们看到,安瑟伦这里运用的是归谬法(reductio ad absurdum)的推理,这是中世纪哲学家常用的方法,后来的阿拉伯哲学家论证上帝性质时也常用这样的反证法。需要指出的是,我们不要误认为这是三段论的方法,如著名中世纪哲学史家科普尔斯顿(Copleston,1907—1993)②就是这样解释的,汉语世界也有这样的提法或论述。但是,安瑟伦更习惯用对称法,而不是三段论。

科普尔斯顿所表达的三段论是:

> 上帝是不可设想比他更伟大的东西。
>
> 但是,这种不可设想比他更伟大的东西必然存在,不仅精神地存在于观念中,而且也外在于精神。
>
> 因而,上帝不仅精神地存在于观念中,而且存在于精神之外。
>
> 大前提简单地给出了上帝的观念(Idea of God),一个人所有的上帝的观念,即便他否定了上帝的存在。
>
> 小前提是明确的,因为如果没有可设想比它更大的东西只存在于精神中,它将不是那种不可设想的无与伦比的伟大的东西。一个更伟大的东西就能被设想,即一个既存在于观念又存在于外在的现实中。③

然而,我们将看到安瑟伦的推理肯定不是三段论的,而是通过归谬法论证进行的,其步骤如下:

(1) 任何被理解的东西都存在于人的理解中。

(2) 如果当一个人听到某种不可设想比它更伟大的东西时,他理解所说的是什么,那么不可设想比它更伟大的某种东西存在于理解中。

---

① 安瑟伦:《宣讲》第 2 章,第 117 页。

② 科普尔斯顿的文章,见乔治·J. E. 格雷西亚和蒂莫西·B. 努恩编《中世纪哲学指南》,第140 页。

③ 科普尔斯顿:《哲学史》第 2 卷,第 167 页,纽约,纽曼出版社,1985。

但是,(3) 当一个人听到某种不可设想比它更伟大的东西时,他理解那是被说的东西。

这样,(4) 某种不可设想比它更伟大的东西就是存在于他的理解中。

(5) 要么不可设想比它更伟大的东西只存在于理解中,要么不可设想比它更伟大的东西不仅存在于理解中,也存在于现实中。

假设,(6) 不可设想比它更伟大的东西只存在于理解中。

(7) 如果有东西只存在于理解中而不存在于现实中,那么可设想它也存在于现实中。

这样,(8) 不可设想比它更伟大的东西能被设想也存在于现实中。

(9) 任何不存在于现实中但能被设想存在于现实中的东西能设想比它存在更伟大。

这样,(10) 不可设想比他更伟大的东西可设想为比它存在更伟大。

(11) 不可设想比他更伟大的东西就是有某东西可设想比他更伟大的东西——这是矛盾的。

因此,(12) 某种不可设想比之更伟大的东西存在于理解中,同时也存在于现实中。

安瑟伦的"归谬法"论证,是先列举了一个不相容选言命题的两个可穷尽的选言支,然后选定了这种不相容命题的一个选言支,而这个选择是不通的,产生了矛盾,于是就肯定了另一个选择。这种论证方法策略也被用于论证上帝的性质,在第 5 章中,安瑟伦用同样的方法证明了上帝的全能。

在这个方法中我们看到,他的论证开始于一个纯粹的概念,进而推出概念的存在,这是典型的形而上学方法。在这里,安瑟伦有个最重要的前提公设,即:某物有什么(性质)比没有什么更好,存在比不存在更好。他在第 5 章中明确说道:"这样你就是正义的、真理的和幸福的,任何存在的都比不存在的好。正义比非正义好,幸福比不幸福好"[①],而"不

---

① 安瑟伦:《宣讲》第 5 章,第 120、121 页。

可设想比它更伟大的东西"(简称"无比大")①这一概念本身就包含了"存在"。按德·里日特的解读②,在此论证中安瑟伦预设几个原则:(1)"无比大"概念的存在,甚至也存在于否定这个概念所指的真实存在的愚顽人心中;(2)此概念有一个含义;(3)这个概念包含有存在的概念;(4)归谬证明是有效的。关于第一种原则,这里存在一种我们可叫做心理的存在,在这种存在中,概念"无比大"存在于一切关于上帝的判断的人心中,即使在反对上帝证明的心里也存在。这个原则是经验的、不可反驳的。关于第2个原则,它涉及一种逻辑的存在,内在矛盾性的不存在。关于第3个原则,需要指出,对这个论证,后世反驳最有力的证明是康德的反驳,"存在不是谓词",而是个量词。对它的证明在逻辑范围内是达不到的,只能来源于经验的证明。然而,对于安瑟伦,"存在"不是一个附属性质,不是我们可以随便放到可变属性系列的东西。"存在"不能加到"无比大"上去,因此,在涉及安瑟伦的问题上,康德似乎没有切中问题的要害。安瑟伦谈论的不是一个任意的概念,而是一个完全的无所不包的"无比大",是绝对的概念。这个"上帝"概念是一个形而上学的概念。安瑟伦在这里不是谈岛(像高尼罗)也不是谈钱(像康德),而是唯一的"无比大"。在"无比大"这种情况下,存在(实存)属于概念内在的特性,而且和特性是一体的、不可分的。从以上分析可以看出,安瑟伦论证了概念"无比大"(他预设了此概念有一个含义,而不是没有意义)包含存在,因为如果不包含的话,这个概念就是自相矛盾的。设想上帝的人(即使这只是作为"没有上帝"这一断定的主词)也必须逻辑上把"上帝"和"存在"联系起来,因而把"没有上帝"的宣称看做愚蠢的(逻辑不一致)。

---

① 关于上帝的表达公式,在《宣讲》中共有4个,分别出现在第2章、第3章、第4章和对反驳的答复里;(1)aliquid quo nihil maius cogitari pssit(没有什么可设想比它更伟大的某物)。(2)id quo maius cogitari nequit/non potest/nonpossit(没有一个能设想比它更大的东西)。(3)aliquid quo maius cogitari non valet/postest/possit(没有能被设想比它更大的东西)。(4)id quo maius cogitari non potest(没有一个能设想比它大的某物)。这4个公式在安瑟伦这里是可以互换的,而第2种是最常用的。

② 里日特:《中世纪哲学》,第114—117页,莱登,布里尔出版社,1985。

这里强调的是,安瑟伦的"上帝"概念是一个形而上学的概念。形而上学的意义是指,它是本体的、非现象的、超越的。上帝是一个本体论意义的存在,它的性质不是靠逻辑的推论所能把握和理解的。在逻辑上,有"属""种""种差"概念,从具体一级一级抽象到最一般的共相,这是上升的路,达到"一般本质"(universal essence)。但上帝是存在,而此存在不是一般意义上的存在者,存在不是属也不是共相,这是亚里士多德《形而上学》里讲到的,所以存在不是一种属性,不是一般本质,上帝也不是存在者,他是使一切存在者存在的存在。在此意义上,他是"无比大""无比完善"的。在《独白》中,安瑟伦用一种反向的逆推法说明上帝的性质,这有助于对《宣讲》中证明的理解。对上帝存在的理解根本上也和他存在的性质有关。这种方法在神学上通过后来的迈蒙尼德(Maimonides,1135—1204)和斯宾诺莎得到充分的发展。

对上帝存在的论证在第 28 章中达到高潮,是安瑟伦对上帝的形而上学本性所做的最清楚也是最深入的哲学解释。"此圣灵无限地存在,和他相比,被造物不存在";"圣灵,以自身奇异独一的、独一奇异的方式存在,在某种意义上是独自存在"。[1] "和他相比,其他事物,无论它们看上去是什么,都不存在。只有圣灵能被看做在一种无限的意义上完全地绝对地存在,其他一切事物都可被视为几乎不存在或简直不存在。"[2] 一切都是过眼云烟,一切皆今是而昨非,只有此圣灵独自地绝对地存在,也就是说是超越时间的、没有变化的。一切事物是存在、在场,但它们的在场是依靠上帝的持存的永恒的在场,他是一切存在的根据,所以他无处不在。《独白》第 14 章的标题是"这个存在在一切中,穿越一切存在,一切事物都从它而来,通过它,在它之中",而且"这个存在支撑、超越、包含、充满一切他物"。[3] 安瑟伦说它是"遍在",是看不到的。看到的是经验的,是变化的、非永恒的。在《独白》第 10 章中他用工匠做比喻,说明上

_____

[1] 安瑟伦:《独白》,第 42 页。
[2] 同上书,第 43 页。
[3] 同上书,第 22 页。

帝和被造物的关系,指出创造是一个时间空间性的事件,造物主则和时空中的事物不同。第 18 章中提到了永恒性(aeternitas)问题,旨在说明上帝是非时空的、时空之外的。关于上帝的本体性质,《独白》开始从上帝的绝对性说起,到了第 28 章,认为上帝不适合用一切性质来表达,到了第 65 章他否定了能用名字(name)和词语(term)来表达上帝了。他说:"上帝超越了人类一切理智,'智慧'之名不足以向我显示那种通过它一切事物被从无中创造并从无中保存下来的东西,'存在'(being)一词也不能向我表达通过它唯一的至上而远高于一切并通过其独具的特点而超越一切的东西。"①

《宣讲》第 2 章中的论证受到了来自同时代人高尼罗、后世康德以及罗素等人的反驳。高尼罗的反驳在于两点,其一,可理解的东西并不等于真实的东西。"这时真实的东西是一回事,而把握真实东西的理解力又是一回事。"②其二,我们心灵中的存在未必就是现实中的存在。

> 假如有某个甚至不能用任何事实来设想的东西,一定要说它在心中存在,那么我也不否认这个东西也在我心中存在。但是,从这事实,我们却万万不能得出结论:这个东西也存在于现实中。所以,除非另有确切无疑的证明,我决不承认它是真实地存在着。③

针对高尼罗的反驳,安瑟伦在《宣讲》第 3 章中关于上帝必然存在的证明可以看做是他的回答。

> 上帝的存在,是那么真实无疑,所以甚至不能设想它不存在。某一个不能被设想为不存在的东西,既是可能被设想为存在的,那么,这个存在就比那种可以设想为不存在的东西更为伟大。所以,如果那个不可设想的无与伦比的伟大东西可以被设想为不存在,那

---

① 安瑟伦:《独白》,第 75 页。
②《为愚顽人辩》,载北京大学外国哲学教研室编译《西方哲学著作选》上卷,第 246 页,商务印书馆,1989。按拉丁文原文有所修改。
③ 同上书,第 248 页。

就等于说"不可设想的无与伦比的伟大东西"和"可以设想的无与伦比的伟大东西"是不相同的,这是荒谬的说法。因此,有一个不可设想的无与伦比的伟大东西,是真实存在,这个东西,甚至不能被设想为不存在。而这个东西就是你,圣主啊,我的上帝。

所以,圣主啊,我的上帝,你是确确实实存在着的,决不能被设想为不存在。这是实际情况。因为,如果一个人能设想有一个比你更好的存在者,那就是被创造者上升到造物主之上并要裁判创造者了,这是极端荒谬的。实际上,除了你以外,所有其他的存在者,都可设想为不存在。只有你,只有你的存在,比一切其他存在者的存在,最为真实,并且有最高的存在性。其他任何存在者的存在,没有你这样真实,所以它们具有的存在性,乃是低级的。既然如此,既然在一个有理性的人看来,显然你是最高级的存在者,为什么愚人会在心里讲没有上帝存在呢?除了由于他是粗鲁的愚人外,还有什么呢?[①]

这种形式的论证强调了上帝的无限性和自存性,他的存在不受时间限制,没有开始也不停止,所以,说他不存在是不符合逻辑的。

三 救赎论

如果说《宣讲》构成了安瑟伦哲学的顶峰,那么《上帝为何化身为人》则代表了其神学的顶峰。他在那里所采取的神学态度有效地浓缩在《对人类救赎的沉思》这篇短文中。按传记作者伊德梅尔的说法,后文写于里昂,安瑟伦在 1099 年巴里(Bari)公会之后正在流放中。他这时已经完成了《上帝为何化身为人》一书的写作,而想写一篇简短的沉思来概括这本较大的书。在这个问题上,他发展了一种赎罪理论。按这个理论,上帝之子在其自己人格中承担着人的本质,因而在耶稣身上表露自身,并

① 安瑟伦:《宣讲》第 3 章,第 119 页。参见《西方哲学原著选读》上卷,第 242 页,商务印书馆,1988。

让自己死去。因为他作为人是无罪的,他的死不是被要求的;而且因为死不是被要求的,他是自愿赴死,所以,此荣耀能被"圣父"算做对所有人的罪债的偿还和补偿。

安瑟伦对于基督教神学史的贡献,在于他提出全新的救赎模式。在安瑟伦的时代,大多数的西方基督徒对于基督在十字架上的伟大牺牲之看法,都是源于所谓的赎罪理论。大约在公元 600 年,教皇大格历高利把这个理论陈述得很清楚,他使用许多意象来解释基督以人类的肉身在十字架上受死的意义,但他最爱用的比喻是:十字架是神的"鱼钩",神在其上放着耶稣基督这个"钓饵",以诱骗魔鬼释放它所俘虏的人类。格历高利说:

> 基督,以其人之道还治其人,借着引诱魔鬼僭越它的权限,使人类得到自由。基督变成一个"鱼钩":他的人性是钓饵,他的神性是钩子,因此鳄鱼(撒旦)就被抓到了。因为魔鬼很骄傲,它不能了解基督的谦卑,因此相信自己诱惑与杀死的只是一个人。但是,因为造成一个无罪的人死亡,魔鬼就失去它对人类的权利,因为它"僭越权限",所以基督征服魔鬼的罪恶国度,释放俘虏离开魔鬼的专制统治。当人类回去事奉神——他真正的主人时,宇宙秩序就恢复了。①

安瑟伦认为,在整个所谓黑暗时代的中世纪,这一罗马天主教几乎全体一致传讲的救赎理论,对于上帝是不敬的。作为比任何可想象的都更伟大的存在,上帝不需要诱骗魔鬼,因为他绝对不欠魔鬼什么。如果人类变成撒旦国度的俘虏,上帝只要简单地进入魔鬼的国度征服它们,释放人类脱离他们就行了,他绝对不需要与撒旦讨价还价或欺骗撒旦。关于救赎的赎罪理论,还有各种解释,但安瑟伦都否认了,因为它们对于伟大的神性都不合适,都把上帝置于和撒旦太相近的地位上了。

安瑟伦想要寻找一个救赎模式,可以解释耶稣为何同时是神与人,

---

① 转引自奥尔森《基督教神学思想史》,吴瑞诚、徐成德译,第 345—346 页,北京大学出版社,2003(以下所引此书均为此版本)。

并且同时既符合理性,又完全与《圣经》和教会传统符合。1098 年,安瑟伦被逐出坎特伯雷,使他有余暇和机会,可以撰写《上帝为何化身为人》这本书,该书是安瑟伦与一位叫做波梭(Dom Boso)的学生的对话。他们在这本书中讨论的关键问题是:为什么神圣的道成肉身对人的救赎是必要的? 神为什么以及有什么必要性要化身为人,借着他的死亡来拯救人类? 虽然他可以用其他方法来达到这个目的。此书用的是典型的经院哲学的写作方式,在讨论的过程中,不断离开主题,并且一一讨论各种可能有的反对理论。安瑟伦的救赎理论的核心是,中世纪家臣破坏他与封地领主的契约时,要付出"满足"领主之代价的观念。安瑟伦认为,这个习俗可以作为完美的类比,用以解说神为何差遣他的儿子化身为人,以罪人的身份而死,而他根本就不是罪人。基督为人类付出是因为人类不驯服而欠上帝的债。上帝的公义要求人类付出满足的代价,否则宇宙的秩序会受到破坏。但人类除非沉沦到地狱里,否则就无法偿还这种债务。但上帝出于仁慈提供一个完美的替代牺牲以满足他的荣耀,并且维持宇宙的道德秩序。在接近《上帝为何化身为人》的尾声时,安瑟伦借着波梭的口,把"救赎理论"的纲要陈述出来:

> 这个问题的关键是,上帝为何化身为人,借着他的死拯救人类,他似乎可以用其他的方法,达到同一个目的。在回答这个问题时,你借着许多强有力的证据,证明人性的恢复不可以忽略,并且,除非人类向上帝付出他们因罪所亏欠于上帝的代价,否则人性就无法恢复。但是,这个罪债如此大,虽然只有人类欠了这个债,却只有神才能偿付;所以,这个负责偿债者,必须同时是人又是神。因之,神必须负责人性与他的位格统一,使那因其本性负债又无法偿还者,可以在他的位格里,偿付这个债务。然后,你又证明,本是神的那人,必须从一位童贞女且借着神儿子的位格出生,并且你又证明,他怎能出污泥而不染,在罪恶深重的世人当中不犯罪。此外,你还如此清楚地证实,这个人的生命如此崇高、宝贵,足够为全世界的罪付出

赎价,而且绝对绰绰有余。①

安瑟伦的救赎模式,把基督耶稣在十字架上的死描述为在父神与子神耶稣基督的人性之间的客观交易。这位无罪的人,同时也是宇宙之神,自愿地死,使神的爱与神的愤怒得以和解,因为正义以仁慈的方式得到实现。

安瑟伦的这篇论文是划时代的杰作,虽然后来中世纪神学家并没有全部接受,但是他们多根据这篇论文解释基督的工作。② 因为安瑟伦的缘故,补赎说几乎完全取代罗马天主教神学的赎罪理论,而且在 16 世纪新教改教期间,加尔文提出一个完全合乎《圣经》的安瑟伦模式的理论,被称为"刑罚替代论"。

安瑟伦的救赎论论证可以简化为以下形式:

(1)上帝的荣耀被人类的罪所冒犯,为了他的荣耀上帝必然以否定的方式做出反应。

(2)有两种可能反应的方式,要么通过惩罚的方式,这将意味着和上帝永恒的分离;要么通过满足的方式,满足上帝以使他能宽恕罪恶,即上帝在仁慈中决定解决这种问题。

(3)人没有能力完成这种满足,因为他们只能做他所能做的一切而不能做得更多。加之,他的罪是无限的,这使他由于罪的这种性质不可能解决这个难题。只有上帝能够给自己满足。

(4)另一方面,因为人是罪恶者,是人而不是上帝必须给予满足。因此,某个是上帝又是人的人必须做这件事,他作为上帝能做这事,同时又作为人而必须做。因此,唯有神人是能够做这事的。

(5)但是,神人不能通过他的行为达到满足,因为他必须做这些,无论如何也是出于对上帝的完全服从。他只能通过受苦来满足上帝,因为他本来不必受苦,他是纯洁的。这样自愿的受苦就是基督通过它满足上

---

① 《安瑟伦哲学和宗教论文全集》,霍普金斯和理查德森译,第 381—382 页,明尼阿波利,阿瑟·J. 班宁出版社,2000。

② 参见奥尔森《基督教神学思想史》,第 347 页。

帝的作为。

(6)我们的罪是无限的,这个牺牲也是无限的,因为它是上帝自身所做的。这使上帝有可能给基督他现在因为牺牲所得的东西,即人。基督自己什么也不需要,他所要的和所想的就是人,因此上帝还给他人。

安瑟伦的理论之所以流行,就因为每个人都会认为救赎不只是上帝的事,不只是上帝需要宽恕罪,那也是我们自己的事,我们要接受它,只有通过受苦或自我否定的行为才可能做到救赎。

第三节　12世纪的两个学派和阿贝拉尔

一　12世纪的"知识复兴"和沙特尔学派

(一)12世纪的文艺复兴

在中世纪的历史上,文化发展起伏跌宕,有黑暗也有晨光,其中共发生了三次文艺复兴(Renaissance),第一次是在查理曼大帝(Charlemagne或 Carolus Magnus,742—814)的9世纪所发生的加洛林时代的文艺复兴,那个时代的阿尔昆(Alcuin)就梦想在法国建立一座新的雅典,但历史学家对这次复兴还有不同看法。第二次是12世纪的文艺复兴,已经普遍被历史学家接受。正如著名中世纪学者 M. D. 舍尼所说,1100年是漫长曲折历史的转折点,自此,西方重新获得了古代文明的财富。[①] 第三次就是众所周知的15世纪的意大利文艺复兴,其重要性是被普遍重视的,已成为历史常识。

12世纪开始和结束都有标志性的或至少也是象征性的事件,可以作为西方哲学史上的一个独特的时期。在12世纪开始的1100年左右,这个时期最广博深邃的哲学家阿贝拉尔(Abélard)来到巴黎学习,并很快开始讲授逻辑学。这个充满竞争的杂乱无序的巴黎学院成为12世纪上演一切最有生气和富于变化的各种事件的大舞台。阿贝拉尔则给它注

---

① 若诺:《中世纪哲学》,第 6、48 页,法国大学出版社,1963。

入活力,促进了学院的成长壮大。这个世纪结束的 1200 年,法王菲利浦 (Philip August)给巴黎学院颁布了特恩令,至少象征性地标志了巴黎大学的诞生。自此,学院成为一个更统一的管理严格的学术机构,这给 13、14 世纪经院思想增加了严格的制度结构。从希腊语和阿拉伯语新翻译过来的作品也渐渐进入大学课程,其间亚里士多德主义开始传播。而后,12 世纪的几乎全部作品很快被遗忘了,于是,历史进入了经院主义哲学的鼎盛时期。

12 世纪是一个思想激烈而多变的世纪,同时也是动荡和混乱的世纪。在知识领域中我们可以看出四种倾向:(1) 体系化和统一化的要求促进了一种叫做《语录》的神学百科全书的产生,这给经院哲学提供了最早的知识形式;(2) 精神上巨大的求知欲在某些方面回归到古代的人文主义传统,沙特尔学院体现了这一倾向,他们探索自然,提出了宇宙论问题;(3) 他们不但学习"三科":语法、修辞和辩证法,而且对"四艺"给予了新的关注,"四艺"中不但有数学和天文,关键还有物理学和神学;(4) 古代知识通过不知名学者的翻译一点点展现出来,图书馆的藏书也不断丰富起来。[①]

12 世纪是知识分子诞生并发展的世纪,他们强烈地感觉到,要创造新事物,要成为新人。这一时代作家的口中和笔下,总是出现一个词:"现代",他们用它来表明自身。他们开始关心自己,关心自己在宇宙中的地位。如果 11 世纪的问题可以用安瑟伦的一本书名概括为"上帝为何化身为人?"(Cur Deus homo?),那么 12 世纪的问题就是"人为何?"(Cur homo?)。为什么上帝创造了人? 人的位置是怎样的? 在宇宙中扮演什么角色? 这些问题是每个神学家都无法回避的。这些"新时代人",效仿古代人,把自己置于古代人的肩膀上。布卢瓦的彼得(Petrus von Blois)宣称:"只有在怀着越来越强烈的爱慕,一遍又一遍地读古代人著作的时候,人们才能摆脱愚昧和无知,走向科学的光明。我们把全部的

---

① 参见布雷耶《哲学史》第 1 卷,第 569 页,巴黎,法国大学出版社,1951。

认真劲儿都倾注在他们身上,并且每天都是在研读他们的著作中迎接朝霞。"①12 世纪的学院哲学家创立了自己的学院,而 13 世纪的哲学家却受制于学院,某种意义上 12 世纪更富于创造的自由。

12 世纪的大师们是教士和善良的基督徒,他们更偏爱维吉尔(Virgil,前 70—前 19)和柏拉图的著作。这个时代的知识分子是一种专门家,是专业工作者,他们具有自己的材料、古人的著作以及自己的一套技艺,然而其中最重要的技艺就是效仿古人。

真理不仅是时代的儿女,而且是地理空间的产物。城市的兴起为知识增长提供了条件,成为精神贸易的市场。中世纪的手抄本把希腊-阿拉伯文化带进了基督教的西方世界。翻译家们是这个复兴运动的先驱,他们是最早类型的研究者和专业的知识分子。他们填补了知识的空白,这是拉丁世界产在西方文化中造成的空白。基督教文化接受东方贡献的最为重要的中心就是沙特尔和巴黎。沐浴在希腊和阿拉伯文化中的城市知识分子,获取了精神的和思想方法的酵素。城市的兴起以及大学的诞生和发展,产生了大批的学生,这些穷苦大学生背井离乡,踏上了求知的冒险路程,从而构成了 12 世纪又一个标志。

(二)沙特尔学派

沙特尔(Chartres)是位于巴黎西南大约 50 里的一座教堂城市,是一个小城。沙特尔修道院在其主教菲尔贝(Fulbert,950—1028)的管理下开始出名,11 世纪下半叶还没有突出的地位,然而,它比其他城市更纯粹地继续保持着文学和人文主义传统,于 12 世纪成为重要的科学中心。沙特尔精神首先是一种人文主义,因为它曾依据古典文化构筑自己的学说,而且主要由于它把"人"放在科学、哲学以及几乎也是神学的中心位置上。对沙特尔精神来说,人是上帝创造的对象和中心。沙特尔学派从圣安瑟伦的思想出发,提出了另一个设想,即人在创世主的计划中早已得到预先的规定,甚至世界也都是为了人而创造出来的。除了理性证明

---

① 勒戈夫:《中世纪的知识分子》,张弘译,第 8—9 页,商务印书馆,1996。

的真理,不存在其他的权威。权威教导我们信仰的东西,理性以它的证据为我们所证实,用逻辑推理的理性来证明有目共睹的《圣经》权威所宣布的东西。世界是为人类而创造的,而我们所理解的世界是天、地和宇宙包含的一切。沙特尔学派首先把人看成是有理性的生物,在他身上产生了理性与信仰之间有活力的统一。这是12世纪知识分子的基本学说之一。这个天赋理性的"人",这个能够研究和理解由创世主自己理智地加以安排的自然的"人",也被沙特尔学派看成自然,并顺顺当当地结合进世界秩序之中。人被视为小宇宙,作为小宇宙的人通过世界和人的类似、大宇宙和小宇宙的类似来说明人的地位。在沙特尔学派中,贝尔纳和孔什的纪尧姆是"沙特尔精神"最杰出的代表。

在沙特尔,语法学、修辞学和逻辑学不受禁止。那里不但有对"言语"(voces)的研究,还有对"事物"(res)的研究,后者由四门学科组成:算术、几何学、音乐、天文学。它们重求新、观察和研究,从希腊-阿拉伯哲学中汲取了营养。渴求知识蔚然成风:"人的流放是无知,他的家乡是科学。"这一研究精神还启发了沙特尔学派的另一倾向,即理性精神,这是和相信自然的无限力量密不可分的。自然首先是孕育万物的、不断创造的、无穷无尽的力量,它是生殖之母(mater generationis)。自然也是宇宙,一个有机的合理的整体,因此科学才成为可能与必要。

(三)沙特尔的贝尔纳

贝尔纳(Bernard of Chartres)①是沙特尔学派诸大师中的第一位。他原籍布雷东(Breton),大约生于1070—1080年间②,卒于1024—1030年间。1114—1119年在沙特尔学校任教,他是孔什的纪尧姆和拉伯雷的吉尔伯特(Gilbert de la porrèe,因为他后来到普瓦蒂埃[Poitiers]任主

---

① Bernard,也有翻译为"贝纳尔"和"伯纳德"的,这个名字是法文名字,"贝尔纳"按法文的发音,接近拉丁文,"伯纳德"是英文译法。本书中法国作家都用法语译名,有时可能与汉语流行译名不合,但这种处理更为合理,也很必要。个别流行又独到的译名除外,如"安瑟伦"。
② 他的籍贯很少被提起,生年也几乎在几本权威的哲学史中没被提起,此处采宇伯威格《哲学史》的提法,见英文版第397页。

教,又被称为普瓦蒂埃的吉尔伯特)的老师。贝尔纳从 1119—1124 年任沙特尔学校的校长。他没有留下自己的著作,我们无法直接了解他的思想,只能通过索尔兹伯里的约翰(John of Salisbury)所写的《元逻辑学》(Metalogicus)中的转述了解一些他的学说内容和教学情况。此书引用了贝尔纳作品的片断,叙述了他教学的一些情况。在书中索尔兹伯里的约翰称他是"我们时代最完善的柏拉图主义者"[1],"我们时代高卢地区最丰富的知识源泉"[2]。

约翰把贝尔纳看做一位语法学家,并介绍了他的语法教学情况。贝尔纳认为,在哲学探求和道德培养中,有四件事至为重要,即阅读(lectio)、教义、沉思和好的工作。前三种通向知识,而好的工作则遵循知识。道德的培养优于对知识的探求。语法是其他一切的前提和基础,因而必须首先学习语法。读书是哲学研究的第一步,它又包含作为课堂教学任务的前阅读和独立阅读两种。课堂教学中,他把课文分成几部分,指出语言的规则,如果是诗就讲解格律学。他把课堂讲解变为谈论一切学科知识的机会。评价文本的论证涉及逻辑学,评判语言的优美和说服力涉及修辞学。如果课文需要,他会讲到数学、物理学和伦理学。在那个时代,语法学家的头衔有着比今天丰富得多的含义,从昆体良时代开始一直是古典文学的教授,承担着培养学生情趣的作用,而且使学生们不仅形成语言的风格,也培养他们的道德意识。到了 13 世纪,语法教学似乎承担了新的任务,但没有根本上改变这种特色。安瑟伦把逻辑融入到神学教学中,贝尔纳则把逻辑放入了语法学教学中,这种融合始于亚里士多德的《范畴篇》。名词的意义、动词的意义和命题的性质等问题是语法学家碰到的哲学问题,他们都要从语法和逻辑两个方面考虑所碰到的问题。人们可以看到 12 世纪逻辑学进入语法学的明显进程,这带来了两个后果:其一,在法国的大学,尤其巴黎大学,导致了古典文化的衰

---

[1] 乔治·J.E. 格雷西亚和蒂莫西·B. 努恩编:《中世纪哲学指南》"沙特尔学派",第 38 页。
[2] 同上书,第 37 页。

落,因为不再用文学培养情趣和性格了;其二,和第一个后果的消极意义
相反,产生了一门新兴的学科,如语言哲学或哲学语法。贝尔纳显然不
是后来意义上的语法学家,他遵照昆体良的传统,从事古典人文主义的
教育,把语法和哲学融为一体。①

　　贝尔纳按照柏拉图《蒂迈欧篇》的权威以及奥古斯丁对柏拉图和新
柏拉图主义的理解,建立了一个形而上学的存在类型图式。上帝是最高
的永恒的实在;质料通过上帝的创造行为产生于无;而理念或形式是原
型,且是永恒的,但不是和上帝一起永恒的。通过这些,实存的世界和可
能世界呈现于无限的理智面前。但这三个本质又是如何相互联系在一
起的呢? 按索尔兹伯里的约翰的说法,贝尔纳教导说,上帝按照这些不
变的理论模式创造了一种叫做"天然形式"(formoe nativoe)的东西。前
者不同于后者,就像抄本不同于原本一样,这样就避免了一切泛神论的
暗示。这些"天然形式"或事物的"理性",当和质料结合时就形成了可消
灭的存在。神圣的理念和天然形式就这样对应了实在的两个方面,即在
上帝之中和上帝之外,贝尔纳把它们投入一个综合的观念之中。天然形
式是对上帝理念的一种模仿,这就解释了索尔兹伯里的约翰说贝尔纳有
协调柏拉图和亚里士多德的意图的缘由。

　　(四) 孔什的纪尧姆

　　孔什的纪尧姆(Guillaume de Conches,1080—1154)在英语世界亦
称孔什的威廉(William of Conches)。生于诺曼底地区的孔什,是通过他
的老师沙特尔的贝尔纳同沙特尔学派联系起来的,他的人文主义精神、
对物理学的执著和他早期的哲学理论都体现沙特尔学派精神。他曾在
巴黎和沙特尔两地从事研究和教学,大约在 1122 年,在巴黎做完教主
后,进入杰福瑞安茹(Geoffrey Plantagenet)家族,后担任未来英格兰国
王亨利二世的私人教师。

　　按索尔兹伯里的约翰的说法,他是沙特尔的贝尔纳的精神和方法的继

① 参见吉尔松《中世纪哲学》,第 259—260 页,巴黎,帕约-里瓦热出版社,1999。

承人。他的作品中,未出版的有对《蒂迈欧篇》评注和对《哲学的安慰》的评注。对《哲学的安慰》的评注直到 14 世纪一直被奉为经典。他写了一些系统的论著:一本是青年时代的《世界的哲学》(*Philosophia Mundi*),一本是成熟期的《哲学片段》(*Dragmaticon Philosophie*,约 1145),还有一本《哲学家的道德教义》(*Moralium Dogma Philosophorum*)。

孔什的纪尧姆在开始学术生涯的时候,倾向于极端的实在论。他曾把毕达哥拉斯的学说引进神学,认为神圣精神(圣灵)和世界灵魂是一样的。因此,他遭到了圣特奥多里克的威廉(Willam of Theodoric)的攻击,并因而收回自己的观点,放弃了形而上学,转而献身于科学研究事业。

对孔什的纪尧姆而言,哲学就在于去真正理解看不见的实在和看得见的实在。但他对后者更感兴趣,一切自然科学领域的东西都激起了他的求知欲。他谨慎地避开了科学和启示的关系问题,很警觉地不公开和《圣经》的冲突。但他不能接受那种虔诚的懒惰,即面对困难时便说:"我们不知道为什么是这样的,但我们知道上帝能知道。"孔什的纪尧姆认为这样等于什么都没说,还有什么能比"这是因为上帝能这样做"这话更可惜的呢? 这种虔诚的懒惰被孔什的纪尧姆视为一种无知主义。

孔什的纪尧姆也曾做过一种关于上帝存在论证的尝试。这种论证在阿奎那的《神学大全》中得到了充分展开。孔什的纪尧姆论证说,物体要想运动就必须被精神激活。精神是不会把自己参与到物体中的,除非有某个有力的动因迫使它这样做,并且维持着它和物体的关系。被造物是不可能有这种必然的智慧的,这样我们必须预设一个造物主的存在。这个论证后来发展为宇宙论论证。[①]

孔什的纪尧姆通过北非的君士坦丁的翻译对加伦(Gralen,129—199)和希波克拉底(Hippocrates)的生理学很熟悉。君士坦丁把认识的生理学研究介绍到了西方的学院,他很重视事物的有机方面,几乎到了

---

① 伊文斯:《中世纪哲学和神学》,第 54 页,伦敦/纽约,劳特利奇出版社,1993。

要混淆感觉的心理方面和生理方面的地步。巴特的阿德拉尔（Adelard of Bath）、圣特奥多里克的威廉（William of Theodoric）和许多人受到他的影响，而且我们还可以在 13 世纪发现这种影响的痕迹。沙特尔的大师们用基本质料和形式相复合的理论来理解宇宙，但是孔什的纪尧姆却求诸原子论的假说：四种元素由同质的看不见的粒子结合而成。大自然的一切作品，包括人的身体以及最好的生命的完善性，都起源于原子的可塑性，因而说灵魂是肉身的构成形式是没有道理的。孔什的纪尧姆把世界灵魂等同于圣灵，它在每个人身上和它的灵魂中同时存在。这个观点遭到了圣维克多的沃尔特（Walter of St. Victor）的谴责。

《哲学家的道德教义》（*Moralium Dogma Philosophorum*）是否他的作品还不很确定。这是中世纪早期很少的几部道德论著之一，是一本格言（准则）集，缺少原创性，而且主要来源于塞涅卡和西塞罗。作者主要关注于细节问题，如有用的事物与正直（义）的事物的区别。我们在书中找不到对道德的最终目的和本质的讨论。

孔什的纪尧姆在其晚年自愿隐退到诺曼底公国的杰福瑞安茹宫廷寻求庇护，在那里他可以自由地从事哲学思考。他写道："智慧的研究自身要求完整的人的回报，它不忍受任何的分割。"[1]

孔什的纪尧姆一离世，沙特尔学派实在论的发展便宣告终结了。

（五）索尔兹伯里的约翰

索尔兹伯里的约翰（John of Salisbury）生于 1115—1120 年之间，很年轻时就去了巴黎（1136 年左右）。他在《元逻辑学》（*Metalogicon*）的自传里告诉我们，在沙特尔和巴黎他听到了辩证法和神学方面最著名教授的讲演，其中有阿贝拉尔——被他称做帕拉蒂诺山的逍遥派学者（peripateticus Palatinus）、阿尔伯里克（Alberic）、孔什的纪尧姆、拉伯雷的吉尔伯特等人。从 1148 年以后，他过着一个积极的公众生活：他先成了坎特伯雷主教西奥博尔德（Theobald）的秘书，后来又做了贝克特的圣

---

[1] 若诺：《中世纪哲学》，第 56 页，巴黎，法国大学出版社，1963。

托马斯(St. Thomas)的秘书(1162),约翰在托马斯与国王的纷争中支持了托马斯,后和他一同流亡,并且目睹了坎特伯雷大教堂对托马斯的谋杀,最后他于1176年被选为沙特尔的主教,直到1180年去世。

他的著作包括《关于哲学家教义的外来诗集》(Entheticus de Dogmate Philosophorum)、《论政府原理》(Dolicraticus)、《元逻辑学》和《大主教的历史》(Historia Pontificalis),还有一个书信集和两个短小的圣徒传记。约翰的作品中明显地看出他对《圣经》和古代早期基督教作者的熟悉,虽然这些古代作品对他来说只是通过中世纪的一些言论集才知道的。他的作品表现出了一种透彻的学术感知、高贵的人性、对自我节制的根深蒂固的自觉以及道德的约束。首先他表明自己是一位政治学领域里独立的思想家。

约翰最早的著作《关于哲学家教义的外来诗集》是一本说教诗集。它写于1154—1162年之间,被普遍认为是一部独立构思的著作。虽然书名含义不清,但基本是关于真正智慧的本性的哲学著作。对约翰来讲,哲学应该植根于古典的著作和《圣经》之中。这部著作讨论了三个主题。第一,表现了对表面化教育的轻蔑和强调彻底教育的重要性,即追求真正的基督教、哲学和智慧的重要性。这是整首诗主要的内在动机。第二,是讨论古代哲学学派的,有斯多亚学派、伊壁鸠鲁(Epicurus)、逍遥学派和学园派。还有他认为最重要的古代哲学家,如毕达哥拉斯、苏格拉底、柏拉图、亚里士多德和西塞罗,以及其他主要的学说。他尤其重视他们的认识论、宇宙论和伦理学观点。约翰和基督教新柏拉图主义传统的亲密关系尤其表现在他对柏拉图的讨论上。他对柏拉图的了解只是通过很少的资料获得的,是一些不完整的奥古斯丁和波埃修作品的翻译以及一些评注,有查尔西德(Chalcidius)对柏拉图《蒂迈欧篇》的评注、马克罗布(Macrobius)对《西波的梦》(Dream of Scipio)的评注。亚里士多德被视为杰出的逻辑学家,而约翰本人是12世纪可以使用完整的《工具论》的思想家之一。然而,在异教哲学家中柏拉图是处于首位的。约翰最后以这样的论断结束这部分的论述:没有信仰,理性也要失败。第三,讨论了真正的仁爱(gratia)、信仰(fides)和好的道德(boni mores),认为如果国王、朝廷、法官和教会的高职人员(坎特伯雷)不关注这些,将会给社会带来严重后果。诗的结尾赞美了真正的智慧和爱,把它们看成基督教哲学家的目标。

《论政府原理》一书的全名是《论政府原理或论朝廷的浮躁和哲学家的足迹》,完成于 1159 年 9 月。关于书名的含义曾有过长期的争论。这是一本散文体的书,分 8 卷,论述了应用政治哲学和社会哲学,是献给托马斯·贝克特的。它提供了一个古典传统和当代观念的综合,并在基督教背景下做了社会评注。他的目的在于指明,任何一个基督教统治者的朝廷,不管是教会的还是世俗的,必须受到真正哲学和智慧的统治,从而为国家的每一个成员创造现世美好和幸福的生活,使之成为通向永恒福祉的开端。他关于国家和社会的观点,深受沙特尔学派新柏拉图主义普遍被接受的原则的影响,这个原则就是:技艺模仿自然。大宇宙是国家的模型,国家有宪法,属于实证法而不是自然法的领域,因而是人工制品。约翰把国家视为一个有机体,一个公众的宇宙,最上面是国王。他在传统的柏拉图的国家观和三个等级之上又加了第四个范畴,即农民和手工业者。另一个对传统观点的补充是按照约翰的观点,社会的每个阶层都有自己的义务,他们从其他阶层那里获得了完成任务的条件。

虽然身处 12 世纪,约翰能从基督教视野来看待社会,清楚地区别了世俗领域和教会领域以及那些高职人员各自的责任。国王是最终负责"公共善"的,因此在国家中占有中心的位置。维护他的臣民的物质和精神的保障与安全是他的职责,而且当他统治他们时,他必须自我克制。好的国王会自愿地归顺于万王之王(上帝),而且通过这些做法,他就成为上帝的现世的代表了。然而暴君所施的是撒旦(satan)的行径:他唯一的动机就是要为自己获得最先的、最好的位置。约翰警告国王们,国家的居民有权利甚至有义务通过反抗这种坏的统治者来保护他们自己。这个观点在洛克(John Locke, 1632—1704)那里得到了发展。

在写作这本书时,约翰用了大量举例的方法。[①] 因此,尽管这部作品在较深层次上有一个一致的、深思熟虑的结构,但它第一眼却给人一种混乱的印象,尤其是这些例子出自不同的来源,包括《圣经》和几位古代的和早期基督教作家。然而,这些例子和理性论证一起构成了约翰论证策略这个整体的组成部分。它们不是只作为虚幻的故事被使用的,人物和事件没有了时间的特殊性,被表现为无时间的范例,并用来创造和扩展读者的知识。

1159 年 10 月,约翰出版了另一本书:《元逻辑学》。它和《论政府原理》一起在 12 世纪的思想史上建立了一座独特的丰碑。[②] 书中提出一个完整的逻辑学计划,最后归结为对真理本性的思考。它捍卫了逻辑作为任何哲学教育基础的重要性。此书分为四卷,表明了约翰完备的知识和对逻辑的热爱。第 1 卷有导论的性质,同时也讨论了课程中语言的作用。约翰尽可能地从那个时代最常见的情况开始,攻击表面的、急躁的教学。他把一般自由艺术的重要性赋予了全面的教育,强调逻辑的基础地位。这种逻辑是在广义上被理解的,包括教育中的演讲技术和论证技术。语法和诗学虽然是人工的,然而不是对所有人都这样,它们被视为预备课程,在一切严肃的教育里起着根本性的作用。他强调它们对正确的语言应用是必要的,反过来,正确的语言对于好的哲学实践和道德的生活都是不可或缺的。第 3 卷和第 4 卷的第 1—23 章,构成了一种《工具论》研究的辅助工具,也证明了约翰已经使用了亚里士多德完整的逻辑学著作。第 4 卷第 24—29 章用于讨论真理和理性的本性问题。

《大主教史》描述了西欧 1148—1152 年教会历史的一部分,写于约翰和教廷密切接触的时期。可惜只有一个稿本保存了下来,而且是不完整的,它主要讨论了第二次十字军东征,以及造成了欧洲混乱的政治局

---

① 约翰(索尔兹伯里的):《论政府原理》,第 XXI 页,C. J. 内德曼编译,中国政法大学出版社 2003 年影印剑桥大学出版社 1990 年版(以下所引此书均为此版本)。

② 参见吴尔夫《中世纪哲学史》第 1 卷,欧内斯特·C. 梅辛杰译,第 226 页,多伦多/纽约,托马斯·尼尔森和子孙出版公司,1951。

势。虽然此书所论范围很窄，但往往对当时的事件提出了鲜明的有价值的见识，如对 1148 年吉尔伯特的审判，约翰是唯一能提供给我们客观材料的人。

二　圣维克多学派

（一）圣维克多的雨果

圣维克多主教修道院位于巴黎城外，属于奥古斯丁教团。这个学派主要由于两个人的努力而著名，一位是圣维克多的雨果，另一位是苏格兰人圣维克多的理查德。

雨果（Hugues of St. Victor, 1096—1141）生于萨克森（Saxony）的哈廷根（Hartingan），在 19 岁时去巴黎接受教育。1115 年进入巴黎的圣维克多修道院，从 1125 年开始在那里授课，1133 年开始任校长，直至 1141 年去世。

从哲学的角度看，他的主要著作是《讲授学》（*Didascalicon*）或叫《博学的讲授书七卷》（*Eruditionis Didascalicoe Libri* Ⅶ），其中 3 卷用来论"自由艺术"，另 3 卷论"神学"。这是 12 世纪神学知识和世俗知识的"浓缩范本"。第 7 卷是论述沉思问题的一篇独立的作品。神学方面我们还应提到《基督圣事论》（*De Sacramentis Christianoe Fidei*, 1136—1141），这是一部一流的著作。

雨果是一个复杂的人物，一个哲学家、人文主义者、神学家和神秘主义者，而这些因素都以一种非常和谐的方式结合在他身上，使他成为那个时代最具文化修养的人物之一。

在哲学观上，他的态度与彼得·达米安（Peter Damian）所持的"世俗知识是多余的"观点相反，他明确认为没有什么知识是多余的。他不仅渴望知道一切，而且使所知道的一切知识协调起来。从这一点可以看出，其作品中随处都表现出了一种综合的倾向，为伟大的 13 世纪的综合开辟了道路。

他的哲学中有两点是值得注意的。

第一,在《讲授学》中所进行的科学的分类,激发了 13 世纪的分类学。雨果详尽地描述了获得知识的三种条件:自然天赋(natura)、学术的实践(exercitium,包括阅读和沉思)和热忱。

他用亚里士多德的划分代替了柏拉图主义的结构,把知识做了下列划分:理论学问、实践学和机械学,而逻辑学是相对独立的,是一切知识的前提和条件,它只有一个对象,就是知识本身。"哲学可分为理论的、实践的、机械的和逻辑的。这四种包括了一切知识。"①理论知识可以称做思辨的,其中再分为神学、数学和物理学。实践知识分为个人的、私人的和公众的。个人的知识是为了个体的人的知识,私人的是指家庭内的知识,公共的指政治学。机械知识分为制造、军备、商业、农业、狩猎、医学和戏剧演出。数学知识分为算术、音乐、几何和天文学。逻辑学分为语法和论证(argument),论证又分为证明、可能的论证和诡辩,可能的论证分为辩证法和修辞学。② 我们在《讲授学》中看到,这是一本很精细的书,其中的论述不只具有历史意义,对我们今天的治学仍然有启示。给人印象最深的是作者思考细致,面面俱到,条分缕析,清楚明了。如数学(mathematics)是教学的科学,"mathesis"当"t"不和"h"一起发音时,是指虚夸(vanity),它指那些把人的命运放在星星上的人的迷信,这些人叫做"mathematicians";但是,当"t"和"h"一起发音时,这个词就指教学的科学。它考察抽象的数量,量之所以被称为抽象的,就在于它理论上与质料及别的偶性相分离。③

第二,对上帝的证明,这开启了自然神学历史的一个新阶段。雨果放弃了先验的证明,把证明完全建立在经验之上。基于内在的经验,他从一个总是不被认识的自我的存在得出结论,它已经开始存在了。因此,他用"存在"(being)的"实存"(existence)来指一种其他一切事物都依

---

① 雨果:《圣维克多的雨果的讲授学》,杰罗姆·泰勒英译,第 62 页,纽约,哥伦比亚大学出版社,1991(以下所引此书均为此版本)。
② 同上书,第 83 页。
③ 同上书,第 63 页。

赖其存在的东西,这就是上帝。他也从外在经验来证明,外在经验见证了事物的易变性,引导我们推断出它们已经开始,因而指示给我们一个创造者的存在。

按照《讲授学》,哲学只是通向更高知识的一个门径。虽然雨果在这里明确区分了神圣知识和世俗知识的不同,同时他也以自己独有的方式进行了世俗知识的研究,但是,在他这里,世俗知识最终依然是为神学目的服务的。他区别了信仰和知识,留下一个著名的关于信仰的定义:"以一种比意见更大的比直接知识还小的确定性对未见事物的赞同的意愿。"[1]在雨果的著作中清楚地表达了关于《圣经》三重含义的古典理论,即文字的含义、隐喻的含义和道德的含义。文字含义是其他二者的基础,隐喻的含义依赖于历史解释。值得注意的是,他说《圣经》中的事物也是有意义的,哲学家只知道词语的意义,而事物的意义比词语的意义更重要,后者是人的声音,而前者是上帝的声音。后者一旦说出来就会消失,前者一旦被创造就保存下来,关键是事物是上帝智慧的体现,所以,《圣经》中的事物有隐喻的意义,如狮子指魔鬼。[2]

雨果是圣维克多学派神秘主义的创立者和最著名的代表。他描述了通向上帝的阶段,认为灵魂通过静观(沉思)的眼睛得以通向上帝。因为一切知识通过相似性得以产生,灵魂在这种通往上帝的存在中发现了自己存在的完满(成),静观(沉思)导向上帝之爱,给灵魂最完善的形式。这种与上帝的结合不求助于任何与理智不同的能力的参与,雨果要求一个超自然的恩典的帮助,以便引领灵魂达到这样的高度。通过沉思,灵魂以一种自由的、深入的、轻松的目光注视着造物主无限的存在。

雨果的观点,尤其是在其作品《基督圣事论》中提出的观点,大胆得令人吃惊。在他看来,一个绝对的正统教义对于人的拯救是不必要的,甚至是不可能的。按他的意思,我们完全可以同意教义的真理而不同意

---

① 戴维·诺尔斯:《中世纪思想的发展》(第2版),第131页,伦敦和纽约,朗曼公司,1988。
② 雨果:《圣维克多的雨果的讲授学》,第120—122页。

它们的解释。信仰的统一并不意味着关于信仰观点的一致性。不可能有"上帝"概念的一致性,因为上帝超越了一切人类的概念。这种神秘主义的理论特点不同于阿贝拉尔的理性主义。虽然他接受了传统教义的观点,认为三位一体是单纯的至上的力量(圣父)、最高的智慧(圣子)和至善(圣灵),却教导说,这个上帝的超验性是无法理解的。

上帝不仅是不可理解的,我们甚至不能通过类比想象它。确实,什么可以和上帝相类比呢?大地、天空、精神还有灵魂,这些都不是上帝。你说,我知道这不是上帝,但它们却和上帝有点相像,可以用来表示它。你也可以拿身体来向我说明一个心灵的观念是怎样的,但这个例子显然是不适合的,因为从身体到心灵的差距远比上帝和心灵之间的距离短得多。极端对立的被造物之间的差别也比造物主和被造物之间的不同小得多。因此,认识上帝是不可能的,他只因为信仰而存在。对于阿贝拉尔这位纯粹的辩证论者,一个不可理解的上帝是一个不可能的上帝;而对于雨果这位直觉主义和神秘的形而上学家,上帝因不可理解而是最高的现实(reality)。

雨果是继奥古斯丁之后第一个认真重视心理学的思想家。[1] 作为一个神秘主义者,心理学是他最喜欢研究的学科。在关于实体性自我和灵魂的本性方面,他深受奥古斯丁主义理论的影响,认为灵魂就是自我,是一;同时它是精神性的、永生的;它自身构成了人格本身,肉体只因为和灵魂结合才进入了人格。他是这个领域热情的活力论(animism)倡导者。按他的观点,身体和灵魂是分离的实体,又不是绝对对立的,因为它们之间有双重联系。一方面是想象力,可以叫做灵魂的肉体性的因素,另一方面,感觉是肉体的精神因素。赋予肉体以生气的灵魂拥有三种基本的力量:第一种给肉体提供生命,使肉体可以成长,可以保持存在,也可叫做营养力;另一种提供了感性知觉的判断,可以叫做感知力;第三种是精神的理性的力量。第一种力量的功能是给肉体以形式、营养并维持

---

[1] 韦伯:《欧洲哲学史》,第232页,巴黎,1905。

其存在，它并不赋予肉体感性知觉或理性的判断，而是赋予生气的力，在草和树里也能看到它的作用。第二种是复合的联合的力量，它有了感性判断，存在于动物之中，有了记忆。第三种是前两种力量的主人，它完全根源于理性，只属于人类。① 这并不意味着存在两个不同的灵魂，好像一个是感觉的灵魂，作为肉体生命的原则；另一个是理智的灵魂，作为思想的原则。它们是同一个灵魂。精神是在其自身被思考的原则，并独立于肉体，灵魂是在激活肉体意义上的同一个原则。

灵魂有三个对象和三重眼睛。肉眼（oculus carnis）认识感性的世界，其中有感觉、想象和抽象。灵魂通过理性的眼睛（oculus rationis）认识自己，通过沉思的眼睛（oculus contemplationis）认识上帝。自我意识不仅见证了灵魂的存在，而且智慧的人在最内在的自我中发现灵魂的实体性、精神性并渗透于整个身体及每个部分的存在。与灵魂的三重眼睛相应，有三种视觉：一是认识（cogitatio），是表面的外在的观察；二是思考（meditation），是对已知观点的深入反思；三是静观（comtemplatio），是一种深刻的直观，是悠闲的、包容的。雨果像奥古斯丁一样在意志中寻求灵魂的深层次存在。

雨果的知识论在启示的问题上是亚里士多德主义的，并能很和谐地解决共相问题。他一方面清楚地区别了感觉和想象，另一方面区分了抽象和一般思想。他把后者视为是从被考察的事物里分离出属于事物本质的一些因素，这样理性就能分别考察在现实中混在一起的东西，他把这种心理分析用于数学和物理学。同样，感性的物体来源于四种元素的组合，物理学家把它抽象的方向指向四个元素中的一个，如纯粹的火。然而，他似乎把抽象的不同内容视做不同的外在对象，像水和火那样。在这个问题上，阿贝拉尔更深入，他把抽象理论用于种和属，而它们又是同一个现实的存在。这些问题后来在阿奎那那里得到了进一步的讨论

---

① 雨果：《圣维克多的雨果的讲授学》，第 48、49 页。

和澄清。①

(二)圣维克多的理查德

理查德(Richard of St. Victor,1128—1173)是苏格兰人,在很小的时候就进了维克多修道院学习。他是雨果的学生和继承人,有着和雨果一样的复合精神气质:哲学家、神学家和神秘主义者。从哲学的角度看,《论灵魂沉思的先导》和《论沉思》是最有趣的著作。而6卷本的《论三位一体》却是其最主要的神学著作,他引起了哲学家们极大的兴趣。此外他还有几篇论神秘主义的文章。

他遵照安瑟伦"信仰寻求理解"的传统,试图为上帝的多重属性发明一种理性证明,并给上帝存在以必然的理由。

理查德概述了一个宗教体系,像他的老师一样浸透着同样的探索精神。这可以从下面这段富有个性的话中看出来。他说:"我经常谈到,只有一个上帝,这个上帝作为实体是一个,作为位格是三个;神圣的位格通过个性的特征而彼此区别;这三个位格不是三种,而只是一个神。我们经常谈到和听到这样的陈述,但是我从没有记起过它们是怎样被证明的。关于这些问题的有权威的解释和论证、证明以及推理却很少。重要的是要找到一个坚实的、不可动摇的、不容置疑的基础,以使体系建立其上。"②

理查德把上帝存在的证明建立在观察和因果原则的基础上,同时也求助于存在的等级加以论证,但不是利用安瑟伦的先验方法。从经验知识到超验的知识,直到上帝,这是一个必然的因果推理,永恒的存在是非永恒的存在的原因,由于自己而存在的事物是由于他者而存在的事物的原因,直至一个超经验的、永恒的、自因的、存在力量之源泉的存在,那就是上帝。可以说,在安瑟伦和托马斯·阿奎那之间,理查德的证明是最有哲学特色的。

---

① 吴尔夫:《中世纪哲学史》第1卷,第214页。
② 韦伯:《欧洲哲学史》,第234页,巴黎,1905。

在《论三位一体》中，他论述上帝作为神圣实体的属性，并说明了为何是三位的位格。理查德讨论了上帝位格的复多性和特性。第一个问题就是，在一个真实而单一的神圣性中，是否像我们相信的那样，存在着位格的复多？是否有三位的位格？在最高的、最普遍的完善中有一切善的完满性；由于完满性的存在，所以不能没有博爱（Charity），因为没有什么比博爱更好；博爱作为爱不是对自己的私人的爱，而是对另一个人的爱；如果没有几个人，单一的博爱就不存在；他不能对他创造的人给予最高的爱，如果最高的爱给了一个不配享有神圣的爱的人，博爱就是过度的；但是过度的爱不应该存在于同样是最高智慧的善里；所以，神是不能把至爱给一个不值得的人的；除了一个和他同等的人配得这种爱，再没有别人，这个人也只能是上帝本人。

但复数还不是三位的，两位也是复数。两个人的爱是相互的爱，如果要达到完满，他们要求有某人分享自己显现的爱。他们有共同意愿要求第三人被爱，必须在完全的和谐中拥有这样一位。实际上，在这些神圣的人格中，一个的完善要求另一个分享，因此有两个的完善和第三个相统一。"如果两个相互的爱是慷慨的，他们就要和第三人来分享他的至乐。"①

理查德把感性经验看做知识必然的出发点，其领域是有形体的事物，灵魂通过低级阶段上升到理智知识的高级阶段。理性通过感觉的中介认识物体的本质，但没有感觉的帮助，理性都可以达到纯理智的事物。理查德讲到一种有助于理性活动的内在的神圣的光，但没有解释它。

无形体的知识包括了思辨思想的第一原则、实践原则以及灵魂的知识，它们引导我们认识关于上帝的本质。虽然理查德对三位一体的解释没有普遍地得到后来神学家们的认可，但是它的神秘神学通过圣波纳文图拉和方济各会在中世纪却有相当大的影响。

---

① 威佩尔和沃尔特编：《中世纪哲学：从圣奥古斯丁到库萨的尼古拉》，第 224、225 页，纽约，自由出版社，1969。

三 阿贝拉尔

阿贝拉尔(Peter Abélard,1077—1142)是 12 世纪最有名的哲学家,也是思想最敏锐、最具传奇色彩的人物之一。它在逻辑学、形而上学、伦理学和宗教哲学方面都做出了重要的贡献。

他 1079 年生于法国南特(Nantes)附近的布里塔尼(Britany)的勒巴莱(Le Pallet),是一个骑士家庭的长子。其生活的时代相当于中国的北宋。出生之年,中国历史上正在进行"王安石变法",但是,6 年后,长达16 年的变法失败,从此宋王朝衰落,几十年后,北宋灭亡。阿贝拉尔出生两年前(1075),北宋理学家张载去世。阿贝拉尔年轻时决心做一位逻辑学家,而放弃做一名骑士。他跟当时知名的逻辑学家罗色林学习,后来曾跟他发生过激烈的争论。之后,他慕逻辑学家尚波的威廉(William of Champeaux)之名,来到巴黎。威廉是圣母主教教堂学校的教师。那时的巴黎还不是著名的学术中心。阿贝拉尔从学于威廉,但是他后来发现老师并不能完全说服他,于是开始自学逻辑学,以威廉和他的追随者为对手。到 1113 年,他试图跟从著名的教师拉昂的安瑟伦(Anselme of Laon)学习神学,但没有实现,可后来成功地当上一个圣母院学校的教师。他很可能就在 1115—1116 年写了第一部主要逻辑学著作《辩证法》(*Dialectica*),这是一本覆盖了当时逻辑学研究所有领域的论著。也就是这个时期,阿贝拉尔遇到了爱洛依丝(Héloïse),并爱上了她,随后秘密地同她结了婚。他和爱洛依丝的爱情故事是悲剧性的。她是圣母院的教士菲尔贝(Fulbert)的侄女,恋爱时可能有二十几岁。她通晓文学,可能帮助阿贝拉尔把兴趣扩展到逻辑学之外的领域,因为直到那时他的兴趣还非常受局限。但是菲尔贝对他施行了阉割秘刑,使他承受巨大打击和屈辱。这件事很大程度上改变了阿贝拉尔的知识范围。阿贝拉尔对阉割的反应就是迫使爱洛依丝进入修女院,而自己却成了巴黎郊区圣丹尼斯(St. Denis)修道院的修士。但他并未放弃教学和写作。在他进入圣丹尼斯修道院之后不久(约 1119 年),出版了一系列关于波菲利

(Porphyry)、亚里士多德和波埃修的逻辑学评注,这就是《逻辑进展》(*Logica Ingredientibus*. Ingredientibus 是该书正文开头第一个词)一书。大约五六年之后,他发表了关于波菲利逻辑学的《导论》(*Isagoge*)、《注释》(*Glossulae*)。但是,作为一个修士,阿贝拉尔认为他也应该写些关于基督教学说的文章,而在圣丹尼斯修道院,他可以利用一个大图书馆来这样做。他的第一部神学著作是对三位一体的讨论,并以此书的另一个名字《至善的神学》(*Theologia Summi Boni*,1120)而闻名。这本书在 1121 年的索松主教会议上被粗暴地谴责并烧毁。但是,阿贝拉尔是无畏的,并把这部著作扩展到他的《基督教神学》(*Theologia Christiana*)中,最终修改编入《神学导论》(*Theologia Scholarium*,1134)。

阿贝拉尔在索松主教会议后不久,在同他的同事争吵之后,离开了圣丹尼斯修道院。他获得允许建立自己的修道院,最终称为帕里克莱(Paraclete)修道院。学生们蜂拥而至,受教于他。大约 1126 年,阿贝拉尔接受邀请成为圣吉尔达斯(Gildas)修道院院长,这是一个位于家乡布列塔尼的一个偏远地区的一所修道院。在那里的那段悲惨时期,他试图改革修道院,但失败了。他写了《对话》(*Collationes*),此书也以《一个基督徒、一个犹太人和一个哲学家的对话》而闻名。

在 12 世纪 30 年代,可能早在 1133 年,阿贝拉尔回到巴黎学校。他的第二个巴黎时期持续到 1138 年,是他最多产的一个时期。除了《神学导论》之外,他写了一个关于保罗书到罗马书的评注,还做了关于整个神学问题的讲演,后结集成《语录》(*Sententie*)一书,同时还写了《认识你自己》(*Scito Teipsum*)这本书,也被称做《伦理学》。他还做了关于逻辑学的某些讲演,但主要集中在神学上。在 12 世纪 30 年代末,阿贝拉尔的学说受到了克莱尔沃的贝尔纳(Bernard of Clairvaux)及其追随者的攻击。1140 年在桑斯(sens)主教会议上,阿尔贝尔希望辩明对他的指控是不是公正的,而贝尔纳却竭力把他描述为一个异端分子。阿贝拉尔没有成功地向罗马上诉,但被克吕尼(cluny)修道院院长可敬的彼得(Peter the Venerable)收留。他于 1142 年死于沙龙-絮尔-萨奥尼(Chalon-sûrsaôn),这是克吕尼的一个属地。

阿贝拉尔作为逻辑学家的作品是和关于 12 世纪早期的逻辑课程中的下列 7 本书的阅读密切相关的。这七本书是:亚里士多德的《范畴篇》和《解释篇》,波菲利的《〈范畴篇〉的导论》(Isagoge)以及波埃修的四本逻辑学的教科书。甚至他的《辩证法》表面上是一篇独立的论文,而实际上也出自对这些书的阅读。阿贝拉尔更严肃的逻辑学作品大多是高度技术化而且很难加以概括。尽管如此,还是可以把他对逻辑命题革新的思考给出一个基本的概念。

在他的逻辑学著作中,《逻辑进展》和《辩证法》(Dialectica)是最主要的。亚里士多德的三段论,在 12 世纪主要是通过波埃修而被认识的,它给中世纪的逻辑学家一个词项逻辑的形式体系。虽然在古代命题逻辑得到斯多亚学派的发展,但几乎没有传到中世纪。按照这个领域学者的看法,阿贝拉尔有资格获得重新发现它的荣誉。阿贝拉尔不像他的前辈波埃修,把命题逻辑视为"假言三段论",就像"如果是白天,就是亮的;是白天,所以是亮的"。阿贝拉尔认为,一个条件("如果……那么"的陈述)是真,前提"自身要求"的结论才真:只要前提是真,结论的假就是不可能的,而且前提也包含了结论的意义。像"如果它是一朵玫瑰,那么它是花"这样的条件句就满足了这种要求,因而它断定的关系不能用特殊的玫瑰和花这样的词解释清楚,因为即使没有一枝玫瑰花存在,这个句子也是真的。显然它不是一个词串(propositiones)的连接,也不是思想间的连接,因为我们想到一朵玫瑰,而不必同时想到一朵花。阿贝拉尔于是肯定,连接是在断言(dicta)之间,一个断言(dicta)就是通过一个句子说出的东西。阿贝拉尔不很清楚断言是否干脆就是今天哲学家所称的"命题",或者就是事件的陈述:真理承担者或真理制作者。尽管在断言的存在论状态上的问题也有这种不确定性,他的断言概念还是表明了他对命题逻辑的语义学做了非常仔细的思考。他还区别了"是"(esse)的含义:一个是系词,这个意义上它不包含对存在的判断;另一个含义"是"(est)表述主词的存在,应该理解为短语"是存在物"(est ens)的缩写。①

在其逻辑学著作中,阿贝拉尔不仅关注形式逻辑,他还讨论了语义学和逻辑学的联系。阿贝拉尔想当然地认为,自然中的事物属于自然的种类,而每个种都有固定的不同的特性。和许多同时代的人不同,他不认为种和属(或者其他任何共相)真实存在。他反驳了那些旨在解释一个事物既是一又是多的理论。对他来说,任何事物都是一个个别物。阿贝拉尔独特的形而上学就是把这种唯名论用于《〈范畴篇〉导论》中表述的体系的结果。亚里士多德区分了实体(简言之,独立的事物)和偶性,后者又分为九种范畴(量、质、关系、何地、何时、位置、拥有、做和被做)。偶性是非本质的特性。波菲利也讨论过本质的特性,他称为"差别"(differentiae),因为它们把事物的一个种或属同别的区分开来。比如,理性和道德就是人类的差别。

然而,按照 12 世纪的实在论者对《范畴篇》的解读,世界的基本成分是实体和形式,而各种事物则作为共相和个别物而存在。个别的实体就像苏格拉底、赤兔马这样的事物。一般的实体是种,像人和马。而属就像"动物"这样的东西,特殊的形式就像特殊的"白"这样的东西,通过这种"白",苏格拉底才是白的。或者就像特殊的理性这样的东西,因有此理性,苏格拉底才是理性的,尽管他的白的色调和理性的方式同其他人完全一样。

一般的形式就是"白色的白"和理性。阿贝拉尔认为这四种术语中只有两种存在,即个别的实体和个别的形式这两类。当亚里士多德和波菲利讲到一般实体和形式时,阿贝拉尔认为他们是在谈一种词语的使用方式,而不是事物的类型:在"人是一种动物"这个真实句子中,"人"被作为普通词使用,但并不能由此得出结论说,现实中有个"种的人"存在。

---

① 威廉·涅尔和玛莎·涅尔:《逻辑学的发展》,张家龙、洪汉鼎译,第 268 页,商务印书馆,1985.

　　这种形而上学方案(结构)引出了两个明显的问题,阿贝拉尔竭力解决它们:第一,特殊的形式和实体是如何联系的? 第二,当阿贝拉尔宣称不存在一般物的时候如何解释包括一般语词的句子的真值。

　　按照阿贝拉尔,形式是因为独立性相对缺乏而区别于实体的,任何现实存在的形式都是一个属于某个实体或其他实体的形式(苏格拉底的理性、赤兔马的"红")。形式对它们的实体的依赖至少在理论上不阻碍它们成为独特的事物。因而,似乎是在最终的分析后,实体是形式的聚合(总和),因为正是通过拥有某种差异形式(differentiae),一个实体才是它所是的实体;一个人通过拥有诸如理性、道德性,通过感觉感知这样的特殊形式而是人。阿贝拉尔清晰地论述了这样的想法:每个特殊的实体都拥有一个本质,而这个本质具有独立于其他任何形式的自身同一性,也包括属于它的差别形式。

　　对于"如果任何事物是个别的,关于一般性的句子如何能是真的"这个问题,阿贝拉尔提供了一个复杂的解释。他主要关注关于一般实体的语词。例如,我们如何理解"苏格拉底是人"(Socrates est homo)的真值?这个问题不被视为是关于指称、所指(reference)的问题,而是关于含义的问题,因为在 12 世纪逻辑学家们会满意地说,homo 指称个别的实体:苏格拉底。含义是一个因果的心理学的概念:一个词"W"是通过在听者的头脑中产生一个 X 的思想来表示 X 的。Homo(人)在"苏格拉底是人"中的含义很清楚是一般性的,它产生了一个思想的 X,这个 X 是一个一般的人,而不是一个个别的人。但是如果任何事物都是个别的,怎么可以表示为一般的人呢? 阿贝拉尔在《逻辑学》中认为,一个一般的词所表达的根本不是一个事物,因为一般词在它们的听者的脑子中产生了两种不同的印象。它们产生一个思想,它是一个事物,一个个别的偶性;同时它们也产生一个精神意象,这个精神意象是一个混合的共同概念,因而不是一个事物。例如,"人"产生了一个混合的关于人所共有的东西的概念,却不是任何一个个别的人的意象。

　　某些历史学家同意,尽管阿贝拉尔是唯名论者,但他认为一般词的意义的基础是被上帝头脑中的柏拉图式理念(Ideas)所提供的。我们有充分的理由反驳这种解释。阿贝拉尔实际上可能认同,上帝完善地掌握了共相,并在头脑中拥有柏拉图式的理念,但阿贝拉尔同时认为,它们都不参与人类对共相的理解。因为人不能像上帝那样完整地或总是正确地把握共相(一般)。所以,对人来说不存在独立的共相。

阿贝拉尔在其生命的最后 10 年里精心论述了他的伦理学,这主要集中在对罗马书的评注与《对话》和《认识你自己》等作品中。他的道德理论概括在他的《语录》中。在阿贝拉尔看来,人们按照对上帝的爱或蔑视而成为好的或恶的。他们通过服从上帝的命令而表现出对他的爱,而通过不服从上帝的命令而轻蔑他。这种解释的一个前提是每个人都知道神圣的命令,因为没有人能通过仅仅偶然地服从或不服从他所不知道的一个命令而表现爱和轻蔑。他相信,任何一个精神健全的成人,无论生于何地和在历史上的任何时期,都会自然地了解上帝的主要道德命令,如禁止杀人、偷盗、通奸以及爱上帝和邻人的命令。此外,他认为,每个人都有良心(conscientia),他把它视为一种能力,能知道这些一般的命令如何应用到特殊行为上。

这种基本的观点导致了一个紧张关系。一方面,一个行动的道德性质不直接取决于它是哪种行为,而是取决于这个主体做它时是否对上帝的轻蔑。如果是对上帝的蔑视,这一行为就是罪恶的。这就导致这样的结果,永远不能简单地从我已做了 A 这一事实做出评判。另一方面,阿贝拉尔伦理学的基础是神圣的命令,它禁止或阻止某些行为。自然法和良知的普遍性排除了人们能够偷或杀人的可能,却不因此表明也排除对上帝轻蔑的可能性。因为他们不知道上帝禁止这些行为——他们只是不知道。实际上,阿贝拉尔承认,通常当人们犯罪时,它们都是不情愿的。[①] 比如,我想和已婚的兰兰睡觉,我很想她是未婚的,这样和她睡觉却不犯通奸罪;然而我还是决定和她睡觉而不是不睡。按照阿贝拉尔的

---

① 乔治·J. E. 格雷西亚和蒂莫西·B. 努恩编:《中世纪哲学指南》,第 490 页。

意思显然我不是情愿的,但我仍犯了罪。在《认识你自己》中,为了更清楚地说明这种分析,他引进了一个术语:他说,我不"想"(希望 wish)犯罪,但我"同意"(consent)犯罪。当某人将进行某种行动时,不管他"想"不"想",除非受到阻挠,他都会同意这种行为的。

与他同时代的人相对,阿贝拉尔常被描述成强调伦理学中的意图、目的。然而,在某种意义上,大多数 12 世纪早期的道德思想家比阿贝拉尔更注重意图。他们分析了犯罪行为的不同阶段,从想它、被引诱、主动地思考做它到最后现实地做它。即使是第一阶段也包含某些罪,而每个阶段上,罪的程度在不断增强。对阿贝拉尔来讲,早期阶段是没有任何罪恶的;相反,他认为某个受到强烈诱惑而未同意实行犯罪的人比某个未受任何诱惑而不犯罪或犯罪的人更值得称赞。这样的人通过抵制不服从上帝的诱惑,而不是藐视上帝,从而显现了对上帝的爱。由于同样的原因,一个人由于他正准备进行的犯罪行为,虽然受到阻碍而停止,却并不因此而减轻罪责,因为他对上帝的轻蔑是一样的。在这个意义上,轻蔑是罪的尺度。

阿贝拉尔的伦理理论还使用主要取自西塞罗的德性的框架(审慎、正义、勇气、节制等)来提供一种道德的心理学。审慎(prudence)被视为是德性的帮助而非德性本身。粗略地讲,一个正义的行为就是遵守神圣命令指导的行为。但是,阿贝拉尔认为人们经常地或被恐惧或被快乐引导,远离了正义行为。勇气是一种固定的状态,通过它我们不因恐惧而停止行善。节制也是这种固定状态,通过它,快乐在诱惑我们做被禁止的事或不做被命令的事时停止下来。

在神学上,阿贝拉尔的主要成就是提出整个神学学说领域的概要。他很可能是第一个在现在欧洲所有语言通用的意义上使用拉丁词"神学"(theologia)的人。[1]

---

[1] 诺尔斯:《中世纪思想的发展》(第 2 版),第 115 页,伦敦和纽约,朗曼公司,1988。

在 12 世纪的后半叶,阿贝拉尔有了一个信徒学校,那里遵循并发展了他有个性的逻辑学。他的神学方法自然影响了彼得·伦巴德(Peter Lomloard)和另一些 12 世纪的神学家。他们的作品将规定着后来中世纪大学中神学研究的方式。然而,阿贝拉尔作品的直接影响却很小。在他死去的那个世纪,形而上学、伦理学和逻辑学的主旨和内容通过重新发现亚里士多德的几乎所有著作而发生了变化。在更近的时期,阿贝拉尔不再只以爱洛依丝的情人而被记起,他的名誉是作为杰出的逻辑学家而获得的。在生命的晚期,他把逻辑的工具用于基督教学说的问题。他被视为一个批判的甚至是摧毁式的思想家,在经院哲学方法的演进中起了重要的作用。然而除了逻辑学以外,他却不是一位原创性的哲学家。阿贝拉尔不像托马斯·阿奎那和约翰·邓斯·司各脱那样建构了一个单一的内在一致的思想体系而涵盖哲学和神学的主要领域,但他也在一系列哲学领域中提出了一些有趣的原则性观点。在他前半期的生活中,他精心构造了一个唯名论的形而上学;后半期,他既提出了一个伦理学理论,也提出了一个关于基督教学说的大胆的理性方法。

第四节　亚里士多德主义的传播和西渐

在 12、13 世纪,基督教的西方世界开始接触阿拉伯哲学和犹太哲学,这在经院哲学的发展过程中是一件大事。伊斯兰世界比西方世界早很多年就拥有了亚里士多德的主要著作,这些著作最初的拉丁译本很多都是从阿拉伯文翻译过来的。阿拉伯学者把亚里士多德的著作带到西方世界,与此同时也带去了他们自己的评注和原创的著作。同样,12 世纪的犹太思想家也给西方世界提供了新的哲学和神学方法。因此,要想深入地理解中世纪哲学,我们有必要回顾那些对中世纪哲学发展产生过影响的伊斯兰哲学与犹太哲学。

一 中世纪的伊斯兰哲学

中世纪西方哲学的繁盛与伊斯兰哲学①的影响有密切相关,经过"百年译经运动",伊斯兰哲学不仅以自身的特质影响了 13 世纪西方哲学中那些伟大的思想,也将希腊思想尤其是亚里士多德哲学带到了西方。529 年查士丁皇帝(Justinanus,483—565)下令关闭了雅典的哲学学园。人们可能会认为西方从此和希腊思辨哲学彻底地绝缘了。但是,由于在此之前希腊思想已开始转移到东方,所以,在 13 世纪经由叙利亚人、阿拉伯人和犹太人,希腊思辨的哲学传统在完成了一次"长途跋涉"之后又进入西欧的精神世界。

在大约 1150—1250 年的百年时间里,大量的希腊哲学著作、阿拉伯和犹太哲学著作被翻译成拉丁文,深刻地改变了基督教神学和哲学的形态,并开启了西方文化史上被称做经院主义哲学的新篇章。此间基督教思想家仍然保持着过去的热情,其中最伟大的思想家们,像前辈教父一样,仍献身于对启示真理的深入理解。但是,新发现的哲学文献带来了新的观念和方法,于是催生了一种新型的神学和哲学。通过激发神学和哲学的思辨,新的文献促使中世纪思想产生了精细严谨的方法和形式。

这些新文献中最重要的当属亚里士多德的著作,此前人们只知道亚里士多德的一些小逻辑论文。随着《论题篇》(*Topics*)、《分析篇》(*Analytics*)被翻译成拉丁文,经院学者逐渐接触到亚里士多德的论辩方法和科学方法,并用它们来讨论和探索各种问题。这种思想方法在经院学者中渐成风气,直至托马斯·阿奎那把亚里士多德的科学概念用于神学的论证,亚里士多德在经院哲学中的影响臻于巅峰,之后在经院哲学

① 关于"阿拉伯"(Arabe)和"伊斯兰"(Islam)两个词用法,我同意著名伊斯兰哲学专家亨利·科尔班的观点。他认为,现今"阿拉伯"一词的通常的也是官方的正式用法主要指种族的、国家的(national)和政治的概念,不同于"伊斯兰"的宗教概念。阿拉伯人只是伊斯兰整体世界的一个小部分,用于文化上,伊斯兰更合适,伊斯兰哲学也更合理。参见科尔班《伊斯兰哲学史》,第 13、14 页,伽利玛尔出版社,1986(以下所引此书均为此版本)。

中形成了影响后世至深的奥古斯丁启示神学传统之外的另一神学传统——思辨的神学传统。

以下我们将着重介绍中世纪最重要的两位伊斯兰哲学家阿维森纳和阿维罗伊，以及他们之前的两位关键性人物——锉迪与法拉比。

（一）第一位阿拉伯哲学家——锉迪

锉迪（Al-Kindi，生活于9世纪）是第一位享有"阿拉伯哲学家"这一光荣称号的阿拉伯人。他于8世纪末或9世纪初[①]出生在库法（Kufah），正值其父伊本·萨巴（Ishaq ibn al-sbbah）在那里担任行政长官的时期。他在库法或巴士拉开始接受教育，后来迁居巴格达，在那里完成了学业。巴格达是那个时代的文化中心，这使他能够通晓那个时代人类所拥有的各方面的科学知识，并很快成了一位著名的甚至是传奇式的人物。大约在870年左右，他在巴格达逝世。他是一位名副其实的哲学家，重视形而上学，也重视天文、星相、音乐、算术、几何和诸如药物学之类的各门自然科学。他的著述颇丰，范围很广，其著作有260部之多，其中关于哲学和逻辑学的书就有50来部，但遗憾的是，绝大多数没有流传下来，现在仅存15本。锉迪的功绩在于使人们可以接触到希腊哲学和科学，他建立了伊斯兰哲学的基础，这一基础后来通过法拉比得以加强与扩展。

在锉迪的哲学著作中最主要的是《第一哲学书》（*The Book of First Philosophy*），该书只有第一部分保存下来。"第一哲学"也是"形而上学"的别名。锉迪采用这个名字，并做了如下的解释："人类最高贵的艺术是哲学艺术，它的定义是尽人之能力对事物的真实本质的认识。哲学家求知的目的是寻求真理，并在行为上按真理行动。""我们如果不找到原因就发现不到所寻求的真理；一切事物的实存（existence）和延续的原因都是'真一'（True One），在其中，每个事物拥有存在（being）也就拥有了真理。真一必然存在（exists），所以存在物存在（beings exist）。""哲学

[①] 关于他的生平有多种说法，这里采用让·若利韦（Jean Jolivet）的看法，见乔治·J. E. 格雷西亚和蒂莫西·B. 努恩编《中世纪哲学指南》，第129页，布莱克维尔出版社，2003。

中最高贵的部分是第一哲学，即关于所有真理起源的第一真理的学问。"①在铿迪看来，哲学是使人尽力效仿真主的行为和消除私欲来作为寻求科学真理和伦理上的美德的途径。

铿迪认为，认识除了理性途径、感官途径以及介于理性与感官之间的想象途径之外，还有一条启示途径，这是一条为先知们所特有的途径。铿迪把通过这条途径得来的认识叫做神知或神学。他认为，那些为理性辩证和感性认识所无法解决的原则问题，神知能够保证解决它。神知或启示真理与前两种认识并不对立，因为通过启示途径而建立的神学同人的知识是协调一致的。

铿迪最重要的一个哲学观点就是流溢说。对于伊斯兰教、基督教、犹太教和异教来说，都有一个共同的问题，即：一个单一的原则如何能作为杂多的来源而存在？一个单一的神圣性原则如何能与诸多存在者相结合？被造物之间是那样的千差万别，存在者的杂多性似乎难以解释单一原则的存在。为了解决这个问题，就产生了创造的流溢说。在中世纪早期，影响最大的流溢说的代表人物是普罗克罗（Proclus，412—485）。在《神学要义》中他用流溢说解释了第一原则与存在者的杂多性之间的关系。值得注意的是，这本书在中世纪长期被误认为出自亚里士多德之手。

铿迪在《第一哲学》第4章也就是最后一章里论述了创造的流溢说。他首先区分了统一与真一的不同。他认为，统一是杂多的对立面，相应地，神圣的"一"即真一截然不同于被造的杂多。② 上帝被视为真一而不是纯粹的统一，这样就避免了误解，因为把神圣说成是统一就会暗指上帝包含了部分。作为真一，上帝是一切存在的第一因，所以此书冠以《第一哲学》之名。反思什么是真正的一就是回溯到第一因或真一。铿迪进一步用流溢说来解释原则和杂多的关系。他认为，一切被造物都是从神

① 伊弗里：《铿迪的形而上学》，第55页，纽约州立大学出版社，1974。
② 同上书，第111—112页。

那儿来的实体系列。"流溢"一词帮助我们理解一切曾经存在的、将要存在的、正在存在的被造物皆来源于第一因。第一哲学就是对源自绝对单一的第一因的理性研究。绝对单一的存在也即观念中的统一保证了一切其他存在的统一和存在。然而，这个被保证的统一和存在如果和第一因的真一及其存在相比也只是偶然的。[1]　与我们所经验的统一不同，真一的统一不含有任何的划分或部分。作为一切存在物的第一因，真一只通过自己（per se）独立存在；而别的存在却不拥有自身的存在，而是偶然的存在。真一才是一切的来源，这个观点是铿迪流溢说的基石。他认为，我们经验中的一切被造物都是通过另一个动因而存在的，被造物只通过偶性而存在（per accidens）。这里的偶性表示某物不是必定如此，石头、猫、人不是它们自己存在的"作者"，虽然这些被造物确实存在，它们必然地已经存在而且将继续被带入存在（existence），然而它们的存在只不过是最高原因（原则）的流溢。流溢说使我们能够领会，有着偶然的统一性和偶然存在的存在物，是如何形而上学地依赖于一个绝对层次上的统一和存在。当我们在理解经验的杂多与统一之完善的来源时，只有用真一也即一切存在的起源来解释有限存在的存在物，否则这些存在物将不存在。

（二）第一位伊斯兰教大哲学家——法拉比

法拉比（Al-Farabi，约 870—950），拉丁文的名字阿布·纳斯尔（Abu-naser），大约生于 870 年，祖籍波斯。从他的名字可以看出他生于土耳其的法拉布（Farab）地区。他出身贵族家庭，父亲是一位军官。年轻时就来到巴格达，在那里曾师从巴格达的第一位基督教学者约翰纳·伊本·海兰（Yohanna ibn Haylam）学习逻辑学，同时他也学习语法、哲学、数学、音乐等诸门科学。他懂突厥语和波斯语，传说他除了懂阿拉伯语外甚至还懂 70 种语言！[2]　后来他进入大马士革的宫廷，并于 950 年在

---

[1] 伊弗里：《铿迪的形而上学》，第 105—106 页，纽约州立大学出版社，1974。
[2] 科尔班：《伊斯兰哲学史》，第 225 页。

那里去世。他的作品很多,他是注解亚里士多德著作的大家,也写下过对阿弗罗蒂斯的亚历山大(Alexandre d'Aphrodise)论著的评注。此外,还有大批原创性的作品,其中尤其值得关注的是《美德城居民的观念》(*The Opinions of the People of the Virtuous City*)、《柏拉图和亚里士多德的哲学》(*Philosophy of Plato and Aristotle*)、《智慧的源泉》(*Gemmes dala Sagesse*)、《政治学格言集》(*Aphorisme of Statesman*)、《大音乐论》(*Large Music*)、《确定性的条件》(*Conditions of Certainty*)。法拉比完全了解柏拉图和亚里士多德的作品,也了解希腊哲学史和整个科学学说。法拉比哲学的突出之处在于他从伊斯兰哲学的角度汇通了柏拉图哲学与亚里士多德哲学这两个被认为相互对立的哲学传统,并且深信它们是可以相互融通的。法拉比的这些观点主要来源于对当时被误认为是亚里士多德的著作《亚里士多德的神学》,而实际上却是新柏拉图主义者普罗提诺(Plotinos)《九章集》(*Enneads*)第 4—6 章的摘要。

法拉比的思想具有很强的原创性,生动有力且富于理性思辨,因此,他无愧于他的绰号"第二导师",即在亚里士多德之后的意思。他向伊斯兰世界介绍了亚里士多德的逻辑学。他很自觉地研习哲学,并把哲学和神学区分开来,认为逻辑学在严格意义上是哲学的准备。他把哲学分为物理学、形而上学、伦理学和实践哲学。物理学和形而上学是理论哲学的两个分支。物理学包括了心理学在内,而心理学又包含了知识理论。他的神学纲要包含了四个方面:(1)上帝的全能与正义;(2)上帝的统一性及其他属性;(3)来世中的赏罚理论;(4)伊斯兰教徒个人的权利以及与社会的关系。法拉比使哲学成为一个独立的领域,并不是要取代或毁灭回教的神学,而是要用哲学体系和逻辑形式来服务神学。

另一方面,当我们提到法拉比思想的一般体系时,可以很清楚地看到新柏拉图主义对他的影响。流溢理论用来说明如何从终极的上帝或太一生发出理智与世界灵魂,再从后者产生宇宙,从较高或较外层的领域而到较低较内层的领域。物体是由质料和形式组成的,人的理智受宇宙的理智所照耀，这就是人的能动理智。人类理智的光照说明了为什么我们的概念能够"适合"事物，因为上帝的理念，不但是人心中概念的范型，而且是事物中的形式。法拉比的光照理论，不只与新柏拉图主义有关，而且与东方神秘主义有关，他本人就参加了苏菲（Sufis）宗派，这使他有把哲学宗教化的倾向。法拉比认为，就如同宇宙的一般程序是出自于上帝，又回归于上帝一样，人最伟大的使命就是认识上帝，回归上帝。在流溢过程中，人从上帝产生，又承受上帝的光照，因此，人也应该努力追求回归于上帝，与上帝相像。

法拉比的第一哲学突出地讨论了上帝问题。《美德城居民的观念》开篇就对这个主题做了简要说明。下面是一段摘要，因为法拉比语言简练，引其原文就足以说明清楚：

> 第一存在（être）是其他一切存在者之存在（实存，existence）的第一原因。它消除了一切种类的不完善……因此，它的存在是最好的（至善）。不可能有比它更好的、先于它的存在了……无论在什么方面它都不可能包含潜在的存在。无论在何种意义上，它都不可能不存在（实存）。因此，它无开始，它通过其实体和本质而持久。……它足以持存延续，绝对不会有和它一样的存在，也不会有同一个层次的存在可以属于它或补充它。……它通过它的实体从其他一切那里使自己多样化，而它的存在不能属于任何别的而只能属于自己。它不能在一切存在间存在……它没有多样性和相异性。它不会有两个存在，它只有一个本质……不能有相对的存在……它是它的层次上唯一的……第一在它的实体中是不可分的。[①]

关于世界的起源，法拉比接受了普罗提诺的流溢说，认为从第一（上帝）产生了存在。"因为第一有了他自己的存在（existence），接着必然是从'他'（大写）产生一切存在者，每个存在者都是依照他的存在，而且它

---

① 法拉比：《美德城居民的观念》，载弗朗索瓦·沙特莱主编《中世纪哲学》，第124页，阿歇特出版社，1972（以下所引此书均为此版本）。

们的存在不依赖于人的意志或人的选择。……为了另一个存在从'他'产生,在他身上不需要有本质之外的任何东西,不需要一个偶性或运动给他增加一种'他'没有的方式,或一个异于其本质的工具。"①

在法拉比的作品中,政治学占有很重要的位置,几乎每部著作都要触及这个论题。他的主要观点是关于完美国家(state)和美德之城(city)的论述。

法拉比区分了几种形式的城市:美德之城、无知之城、不道德之城、动荡之城和迷失之城,描述了与美德之城相对立的那些城:

> 无知之城的居民不知道有幸福,甚至从不怀疑。这样引导着他们不相信有幸福,更不会实现幸福。基于利害关系,他们也只知道那些明显被视为利益的东西。那些被认为是生活目的的东西是:身体的健康、财富、享乐、纵欲、福利和伟大。这些利益对无知之城的人就是幸福。最高的完满的幸福在于这些利益的结合,反之就成了不幸,如肉体的痛苦、贫穷、失去快乐,不能满足情欲,不被重视。

> 这个城分为几个城:必需之城,其中居民满足于对生存而言必需的东西、吃喝穿住、两性关系,他们为了获得这些而彼此相助;交换之城,其中的居民为了获得快乐和财富而相助,不是把它作为其他事物的手段而是作为生活本身的目的;卑鄙之城,也是不幸之城,其中的居民追求享乐,吃喝嫖,总之,也就是感官和想象的快乐,并喜欢各种各样的玩笑欢娱;荣誉之城,其中的居民在自己国家里之所以互助是为了尊敬、称赞、名声和荣誉,为了言谈举止被歌颂和赞美,身边充满着尊重和光辉,无论在别人那里还是在家里,每个人都按照他的意愿和可能性做事;强力之城,这里的居民愿意服从别人却不被支配,他们的努力就是为了高兴,这是唯一的胜利所得;最后

---

① 弗朗索瓦·沙特莱主编:《中世纪哲学》,第125页。

是奢侈之城，每个人自由放纵，为所欲为，对情欲没有任何限制。①

不道德之城的观念也是关于美德的观念，它的居民也了解幸福、上帝。……第二类存在物、能动的理智和一切美德城的居民所应该知道和相信的关于自然的一切，但是不道德之城的居民的行为却同无知之城的居民一样。

动荡之城的观念和行为是以美德之城的观念和行为为本源，但随后却发生了改变。陌生的观念被引进来，使那里的居民的行为发生了变化。

迷失之城，他们等待今生之后的幸福，却改变了这种幸福，他们有上帝。……第二存在物，有能动的理智，有错误的观念。……迷失之城的第一首领出自那些看上去受了启示的人，但实际上并非如此，他为此作假、欺骗和诱惑。

这些城（和美德之城相对立）的国王们反对美德之城的国王，他们的政府也反对对方的政府，居民们也一样。美德之城的国王们成功地超越了年龄，完全像一个灵魂，而且就像一个国王无限地不朽。……美德之城的居民们有共同要知道和要实现的事情，他们的知识和职责与相应的每个层次相适应。……美德之城的所有居民有必须了解的共同事情。首先，就是要认识第一因及其属性，然后认识与质料分离的事物及其每一个相应的属性和层次，直到在分离的理智中达到了能动的理智，以及它们的每一个行动，然后是天体实体及每个相应的属性。然后认识在这些实体之下的自然体及其组成与分解的方式；还要了解到产生这一切所需的专注、完善、关心、正义和智慧，而没有蔑视、缺陷或其他形式的暴政。②

---

① 法拉比：《美德城居民的观念》，载安德鲁·休丁格《中世纪哲学读本》，第 345、346 页，牛津大学出版社，1996（以下所引此书均为此版本）。

② 弗朗索瓦·沙特莱主编：《中世纪哲学》，第 127—129 页。

此外,法拉比还枚举了这种理想城的君主所必备的品质。我们可以明显看出这个理想城不是一个民主的国家,而是仿照柏拉图的《理想国》的伟大精神而设想的国度。

(三)伊斯兰哲学的集大成者——阿维森纳

在伊斯兰哲学家中,阿维森纳(Avicenna,980—1037)无疑是最伟大的一位,他是阿拉伯世界经院哲学的真正创始人、伊斯兰哲学的集大成者,同时也是一位著名的医生、科学家和百科全书式的学者。他的本名叫伊本·西纳(Ibn Sina),"阿维森纳"是他拉丁化的名字。有关他生平的一个最基本的传记材料,是他的学生焦赞尼(Djouzdjani)写的一本小册子,前半部分为阿维森纳本人所述,关于家庭、青年时代的求学情况;后半部分是学生写的,有关政治活动、旅行、困厄不幸以及著作的情况。

阿维森纳生于中亚布哈拉(Bokhara)城附近的阿夫沙那镇(Afshana),是塔吉克人。他在阿拉伯语环境下接受教育,他自己的著作绝大部分也是用阿拉伯文写成的。他智力早熟,从小就系统地接受了《古兰经》、阿拉伯文学、地理、法律和逻辑等知识的教育。他还自修了神学、物理、数学和医学,十六七岁就已经学贯古今了。他后来用一年半的时间钻研哲学和逻辑,可是一直到他偶然读到法拉比关于亚里士多德《形而上学》的注解时,才真正理解了书中的主旨。他在自传中写道:"我现在已经掌握了逻辑学、自然科学和数学,于是重新回到形而上学,我读过亚里士多德的《形而上学》(Metaphysica),但我无法理解书中的内容,对作者的主旨模糊不清;我徒劳地读了40多遍,直至熟记在心,但我还是不懂,或者说,不知道作者究竟在讲什么,我自己绝望了,心想'这是一本无法理解的书'。"[1]后来,一个偶然的机会他买到了法拉比的注释,他写道:"但是有一天……我买了它(书),发现这是一本拉法比写的《〈形而上学〉评注》。我回到家里,如饥似渴地读了起来,由于我对原著已背熟,

---

[1] 阿维森纳:《科学书》第 1 卷,穆罕默德·阿什纳和亨利·马塞法译,第 7 页,巴黎,美文出版社,1955(以下所引此书均为此版本)。

马上就对这本书的要点有了清晰把握。"①此后,他的生活既忙碌,又经常处在危险之中。他以大臣的身份周游阿拉伯诸国,而且四处行医,在旅途中,经历了人生荣辱、君主的宠爱与贬斥,而且两次入狱。不过,他毕竟是一位真正的哲学家,无论身处何处,总是孜孜不倦地研究和写作,甚至在囚牢中、马背上也是如此。57 岁时,他患了痢疾,医治不愈,在离哈马丹(Hamadan)不远的地方去世。

阿维森纳著述颇丰,史料记载他的作品达 276 种,主要著作是《医典》和《治疗书》(al-Shifa,The Book of the Remedy/Healing),前者是一部医学百科全书,12 世纪被译成拉丁文,直到 17 世纪一直成为欧洲各大学的医学教科书,被视为"医学圣经"。《治疗书》汉语界也译为《康复书》,是一部哲学百科全书,分逻辑学、物理学(自然学)、数学和神学(形而上学)四部分,提出了许多独到的见解。书的题目是指灵魂从无知的病态康复过来,人的灵魂通过知识补救缺陷才能重归家园。根据书的内容,后来拉丁译者也把书名译为《充足之书》(Sufficientia)。阿维森纳著名的哲学著作还有《拯救书》(Najat,The Book of Deliverance)、《训导书》②(The Book of Directives and Remarks)等。《拯救书》是《治疗书》的纲要形式,《训导书》也许是他后期最重要的著作。阿维森纳的主要著作都是用阿拉伯语写的,只有《科学书》③(The Book of Science)是用波斯语写的。中文世界翻译出版了《治疗书》第 6 卷《论灵魂》。④ 阿维森纳的哲学观点被大量引用,被称为"哲学王"和"亚里士多德第二"。阿维森纳对中世纪哲学和神学的影响只是亚里士多德哲学广泛影响的一个侧面,然而他自己对亚里士多德学说的阐释则可在阿维罗伊那里很容

---

① 阿尔拜里:《阿维森纳的神学》,第 11—12 页,许珀里翁出版社,1979。
② 英文也译成 Remarks and admonitions。参见伊本·西纳(阿维森纳)《评论和告诫·第 1 部·逻辑》,沙姆斯·C. 艾纳蒂英译,教皇中世纪研究所,1984。
③《科学书》一书很少被人提到,英语世界里的几本权威哲学史都没提到它,只是在 J. R. 温伯格的《中世纪哲学简史》中才提到,可能是由于语言的原因,1955—1957 年出版了法文译本。本书将引用的就是这个译本。
④ 伊本·西纳(阿维森纳):《论灵魂》,北京大学哲学系译,商务印书馆,1963。

易看出来,因为这是阿维罗伊主义哲学思潮的一个具有鲜明特色的思想来源。他的思想中也融合了新柏拉图主义的因素。

1. 逻辑学与形而上学

阿维森纳的逻辑学没有完整地被译成拉丁文,直到 1508 年出版其著作时依然不完整。然而,我们从法译本《科学书》中逻辑学部分和《训导书》第 1 卷可以对它有个基本的了解,这部分阐明了阿维森纳心理学和形而上学的基础。

在阿维森纳自己的逻辑学解释中,有两点值得特别关注:一是关于定义本性的实在论阐释;一是关于可能性判断的模态阐释。当然,这两点的特殊重要性主要在于它们的形而上学意味。

第一点紧密联系于他关于本质绝对性的基本概念。因为这些基本概念中的每一个都恰好是它所是的什么,既不是个别的(或物质的),也不是共相的(或逻辑的),它的定义指出一个明确的绝对的可理解的实体(entity),因而定义是得出一个必然结果,就像所有的本质的定义中所包含的一切属于一个事物,而所有不包含在其定义中的一切就不能被认为属于这一事物一样。换句话说,定义就是一个事物要是没有它,就不能设想这一事物的所有其他一切的东西。在阿维森纳关于人的灵魂的定义中可以找到这一规则最著名的恰到好处的应用,灵魂可以仅在自己的定义中构想自身而不用包含其肉体,因而是真正不同于其肉体的东西。哪里有两种完全不同的概念,哪里就有两种真正不同的实体,这显然是一种新柏拉图主义的实在论观点。

第二点也同样与他的本质概念相关。在阿维森纳看来,存在从来不包含在任何本质的定义中,却作为一个可分离的伴随物(附属物)附加于本质,确定一个本质的同一性就是定义一个纯粹的"可能"。逻辑上不可能的,在现实中也不可能,但在逻辑上可能的甚至是必然的,却不必然现实地存在。如果它存在,存在的方式一定符合其本质的逻辑必然性。比如,如果一个人存在,他的存在必定是符合"人"这个本质的存在。

　　阿维森纳的形而上学主要是关于存在论的,讨论了存在和从属于它的一切区别,这是其形而上学思辨的中心问题。[①] 在阿维森纳看来,一个事物的现实性依赖于它的实存(exist),一个客体的知识最终是关于它在一般存在链条中的存在论状态的知识,这种知识规定了它的一切属性和性质。宇宙中的一切事物,都是通过它实际存在这一事实而进入存在(being)。然而上帝或纯粹存在,作为一切事物的根源和创造者不是连续链条中的第一项,因而它与世界诸存在者之间没有实体性的连续性。上帝是先于世界的,对于世界来讲上帝是超越的。这是亚伯拉罕的传统宗教所构想的上帝。这个上帝不仅是伊斯兰哲学家阿维森纳所面对的,也是某些犹太哲学家和基督教哲学家们所必须面对的,他们与阿维森纳一样,用一神论的术语重构了希腊哲学的原则。

　　阿维森纳所说的存在是一种一切事物都分有的存在,没有它,事物会简单地还原为它们的一个共同的属(genre)。他的存在论依赖于两个基本的区分,这是他的全部存在论独有的特点。其中一个是关于一个事物的本质或什么(quiddity)和它的存在的区分,另一个是必然性、可能性或不可能性的区分。无论何时,当一个人在他的意识中思考某种事物的时候,他能当即区别这个事物的两个不同方面:一个方面是它的本质或什么,这是包括一切对"它是什么"这个问题所做回答的内容;另一个方面就是它的存在。比如,当一个人想到一匹马或它的什么,这包括外形、体态、颜色和别的一切包含在马的本质中的东西,以及那个马在外在世界中的存在。在意识中的"本质"在某种意义上是独立于存在的,即一个人可以根本不涉及实际存在(exist)的问题而思考一个客体的本质(quiddity)。然而,在外在世界中的每个客体的本质和存在是一体的,它们不是两者加到一起而形成一个客体。只有在意识中,在人的理性的分析中,这两个因素才变成可分的。

　　阿维森纳做了这种基本的区分之后强调,虽然一个事物的实际存在

――――――――――――――

① 霍塞恩・纳什尔:《穆斯林三哲人》,第24页,哈佛大学出版社,1969。

是加到它的本质上的，但恰恰是实存（实际存在）给了每一种本质以现实性，因而它才是基础或原则。一个事物的本质实际上不过是通过意识抽象出来的一种存在论限制。这和后来伊斯兰哲学的基本教义是相对立的。伊斯兰哲学家与阿维森纳相反，认为本质具有优于实存的基础性。同本质和实存的基本区分紧密相关的是阿维森纳对存在的划分，即把存在（being）划分为不可能的存在、可能的存在和必然的存在三种。这种被后来穆斯林哲学家和拉丁经院学者所接受的划分，在亚里士多德那里没有出现过，这完全是阿维森纳的原创性思想。

实际上，阿维森纳的整个哲学都以这三种划分为基础，并建立在本质与实存的各种相互关系上。关于不可能的存在，他认为，如果谁要在心中考察一个客体的本质，并意识到它根本不能接受实存，即不能实存，那么这个客体就是不可能的，因为如果它实存，那么将导致矛盾。关于可能的存在是指，如果一个客体的本质跟实存与非实存是一样的，即是说，如它能或不能实存这两种情况都不会导致矛盾，那么这个客体就是可能的存在。像一切宇宙中的被造物一样，它们的本质既可以获得实存，也可以不实存。最后，关于必然的存在是指，如果本质和实存是不可分的，它的非实存将是荒谬的、矛盾的，那么它就是必然的存在。在这种情况下，本质和存在是同一的，而这样的一个"存在"就是必然的存在或上帝（神）。由于神的本质和存在是同一的，他不能不存在；存在就是他的本质，本质也就是他的存在。只有他在自身内拥有存在而且是自存的，其他一切实存的事物都把它们的存在作为偶性加在它们的本质上，因而是偶然的存在。整个宇宙的存在也不比偶然性的状态更高，而且其实存的每一刻都依赖必然的存在，必然的存在通过把自身不断发散的光明照耀在一切事物上来保持它们的实存。

根据阿维森纳对存在的划分，宇宙乃至其中一切事物都是可能的存在，相对于必然存在而言，万物在形而上学的意义上都是偶然的。然而，可能的存在本身有两种：一种是，虽然在其自身是可能的，但通过必然存在却成为必然的；另一种是，那些与必然性没有任何相关而简单地可能的存在。① 第一类包括单纯的理智实体或天使,他们在被神变为必然存在的意义上是神的"永恒的作用";第二类,包括生灭世界的被造物,它们在自身内已经包含了"非永恒"的原则,它们产生就是为了枯萎和死亡。

阿维森纳形而上学的重点在于讨论世界的偶然性和必然性的关系,从而调和了亚里士多德关于宇宙永恒性的理论和基督教、伊斯兰教关于上帝创造世界的学说。世界是永恒而必然的存在,但这是在它最终联系于第一因、必然存在(上帝)的意义上而言的。但就其本身而言却是偶然的,它无法自身保持自己的存在,正因为如此,它才是被创造的,才需要一个造物主,并依赖于必然存在。这样,阿维森纳完成了一次形而上学的综合。②

2. 宇宙论和心理学

阿维森纳在充分考察了宇宙和上帝之间的存在论关联之后,转而研究宇宙论和宇宙进化论,并着手说明,"多"是怎样从"一"中产生出来,而"一"从所有杂多方面说又如何是超越的。但是,阿维森纳的目的主要是论证宇宙的偶然性,在宇宙论和宇宙进化论中,他的目的是勾画出本源和显现之间的连续性。

创造的过程或显现与天使的作用是紧密相连的,天使是完成创造活动的工具。在阿维森纳的哲学中,宇宙论和天使学紧密相关,天使在宇宙论、精神的实现和知识的获得过程中起了一种救世神学的作用。阿维森纳借用普罗提诺的天使等级框架,通过对可能性和偶然性的解释,运用"从一只能产生一"的原则,描述了宇宙生成的过程,而且强调正是通过理智才能发生创造。

创造过程和给出存在或给出理智是一样的,因为通过静观更高等级的实在,低等事物才得以存在。从作为一切事物之源泉的"一个必然的存在",按照上述原则产生了一个单一的存在。这个存在被阿维森纳叫

---

① 阿维森纳:《科学书》第 1 卷,第 137 页。
② 参见莱恩·E. 古德曼《阿维森纳》,"序言"第 9 页,劳特利奇出版社,1992。

做"第一理智",也就是最高的天使上界的理智。第一个产生的理智首先认识上帝,而这种认识的实现就产生了第二个分离的理智。它把自身思考为由于上帝的原因而是必然的,这种认识的行为就是天体的灵魂,它围绕着、包裹着宇宙。然后,第一个理智认为自己在其自身是可能的,而这个认识的行为产生了天体的身体。第二理智也以同样方式进行。由于认识第一理智,它产生了第三个理智。如此下去,共有10个理智。第五个到第十个是星体,第五个是朱比利(木星),第六个是火星,第七个是太阳,第八个是维纳斯(金星),第九个是墨丘利(水星),第十个是月亮。很巧合,这些理智也是神学家叫做天使的那些相同数目的存在者。基督教神学家会一致地反对他的看法,按《圣经》,天使的数目远大于天体的数目。阿维森纳进一步解释说,在月球之下是月下世界,有四种元素,有共同的质料和无穷相续的形式。这就解释了为什么月下存在物不停地生成和死灭。但天体对质料施加了不同的影响,作为结果就是某部分质料被恰当地用来接受某些形式。在月球之下还有一个理智不停地发射出一切可能的形式,并促使它们在相应的质料中存在。在这个意义上,它可以被称做"形式给予者"。每当一个这样的形式偶然地发现了适合接收的质料,相应地月下存在者就生成了;而当它的质料停止了安排,同一个存在就失去了它的形式而停止了存在。阿维森纳将宇宙中所有的偶然性的东西不归结为第一原因的某些作用,而是归因于月下世界结构中的质料,质料的内在不完善性经常阻碍形式充分完成它的自然目的。

阿维森纳非常重视心理学。他接受了亚里士多德对哲学科学的分类,将哲学研究分为理论科学和实践科学两大类。物理学、数学和形而上学属于理论科学,政治学和伦理学属于实践科学,而心理学则属于理论科学研究的对象。阿维森纳的心理学指明了人的灵魂和理智的同一性,他把灵魂描写为自足的理智实体,但它需要一个肉体以实现自身。

在灵魂论中,他首先证明了灵魂的存在。有些现象表明,只有承认有灵魂存在,我们才能对它做出解释。"有时候,我们看到有些形体是有感觉的,并且有随意的运动,或者看到有些形体摄取营养,生长着,并且繁殖出同类的东西来。它们之所以有这些作用,并不是靠它们的形体性。由此可见,要发生这些作用,它们的本质中就得有一种异于它们的形体性(corporeity)的本原存在。发生这些作用的东西,我们就称之为灵魂。"[1]

他进一步论证说,假定有一个人想象他自己是一下被创造出来的,而且创造得十分完满,只是他的眼睛是遮盖着的,缺乏对外部事物的感性直觉;它是被创造的,从天而降,落到空气中,或落到虚空中,接触不到地,四肢分开,接触不到肉体,失去感知,然而,他还是能肯定自己的本质,感觉到自我存在,这就是灵魂。这个论证也就是著名的"空中人的证明"。[2]

在阿维森纳看来,当人们谈论起某一个人时,所指的只是其灵魂,而不是肉体。"我要睡了""我出去了"指的都是人的本体。下面这段话表明了他对人的灵魂的强调。"明智的人呀!你仔细想一想,今天心目中的你,存在于你整个一生之中,以致你可以回忆起过去发生的许多事情。这无疑可以证明,你是不变的,但你的躯体各部分器官,则不是固定不变的,而是处在不断的老化和萎缩之中。因此,如果一个人能短时间内不食,其体重则要下降近 1%。譬如说,你意识到在 20 年之内你身体的各部分不复存在,但你意识到在这段时间里甚至一生中,你的本体将一直存在,因为你的本体同你的躯体即外露的部分有所不同。"[3]

显然,阿维森纳认为灵魂是一种独立存在的本质,它截然不同于肉体。灵魂能认识理性事物中的共相概念,这种本质不可能是肉体,也不可能依附于肉体而存在。因为灵魂使共相摆脱数量、空间和状态,使它从个别事物中抽象出来,因此不可能再将它置于一个新的空间内。不过,共相或理性都不会成为其本身,如果它不离开物质的偶性的话。

如果我们承认灵魂的物质性,那就必须为灵魂找到一个存在的空

---

[1] 伊本·西纳(阿维森纳):《论灵魂》,北京大学哲学系译,第 8 页,商务印书馆,1963。
[2] 同上书,第 19、20 页。
[3] 穆萨威:《阿拉伯哲学》,张文建、王培文译,第 107、108 页,商务印书馆,1996。

间,然而,这是不可能的。空间要么是可分的,要么是不可分的,它是构成线的几何点,绝不能孤立存在,故不可能成为灵魂的空间。

灵魂是永恒存在的,但它却是被创生出来的,所以,灵魂是永恒的,却不是无始的。只要灵魂是以其特殊性而被规定出来的单纯本质,它就不会是多数,也不会是单数。灵魂是创生的,它存在于肉体之中。但灵魂不以肉体的消失而死亡,因为一物随另一物的毁灭而毁灭,这就说明它们之间具有某种依附关系。而灵魂存在却同肉体完全分离,因为在我们承认灵魂是一种独立存在的本质之后,它的存在既不可能同肉体相结合,也不可能紧紧依附着肉体。在灵魂与肉体的关系上,灵魂在先,肉体紧随,只能是肉体屈从于灵魂。

(四) 阿维罗伊

阿维罗伊(Averroës),原名伊本·鲁西德(Abul walid Muhammad ibn Ahmad Ibn Rushd,1126—1198),在西方以"阿维罗伊"而闻名。正如吉尔松所说,阿维罗伊是除阿维森纳之外,阿拉伯哲学家中最伟大的名字,其影响在许多方面贯穿他以后的中世纪、文艺复兴时代,直至近现代之初。[①]

阿维罗伊因其对亚里士多德著作的评注而备受世人的尊重,以至于他的名字和"评注者"成为同义词。他被指控坚持"双重真理"论,即宗教有自己的真理,虽然不能使理性无效,但可能与理性的真理矛盾。同时他也被指控相信一种被称为一元灵魂论(monopsychism)的学说,即我们精神本质上属于并回归于一个单一永恒的理智。阿维罗伊主义就是这些观点的同义语,然而,双重真理论的指控在某些程度上歪曲了他的观点。

阿维罗伊是西部伊斯兰哲学的代表,他1126年生于西班牙的科尔多瓦(Cordova),出身于一个有教养的法官家庭。他学习过神学、法学、医学、数学和哲学,做过法官,并有医学、天文学和哲学方面的著作。阿

[①] 吉尔松:《中世纪基督教哲学史》,第217页,纽约,兰登书屋,1955。

维罗伊认为亚里士多德是最伟大的哲学家,因而,他最大的抱负就是理解和教授亚里士多德哲学。他一生写了38篇评注,其中大多是对亚里士多德的著作的评注,为了详尽地注解亚里士多德的思想,他不惜篇幅,甚至为一篇原作写下两到三篇评注。这些评注中,最有名的是《矛盾的矛盾》(*The Incoherence of Incoherence*)。

为了维护亚里士多德哲学,阿维罗伊不得不反对伊斯兰世界的两个思想派别。第一个是法拉比和阿维森纳所代表的派别,认为他们把哲学和宗教混为一谈,歪曲了亚里士多德的哲学。比如,他们的创世说就是一例。为了反驳他们,阿维罗伊从哲学中清除了一切宗教的痕迹,以恢复理性的纯洁性。

第二个是伊斯兰神学家们的派别,他们对理性思辨的进步给信仰可能带来的后果深感焦虑,把哲学视做宗教的敌人予以攻击。这些伊斯兰神学家中最伟大的一位是加扎利(Algazel,中文亦译安萨里[①],1058—1111),他出版了几部有名的著作,其书名本身就很有意义:《宗教知识的复兴》(*The Revirification of the Religious Science*,中译为《圣学复苏精义》)、《哲学家的矛盾》(*Incoherence of the Philosophers*)。他的这些作品并不为中世纪的拉丁世界所知。加扎利曾写过一部《哲学家的意图》(*The Aims of the Philosophers*),其中他满意地阐明了法拉比和阿维森纳的学说,而这些却是后来他在别的书中试图加以反驳的。这本书被译成拉丁语,由于人们除此书之外不知道他还有别的书,加扎利不幸被西方视为支持那些他本想摧毁的理论的人。由于这个误解,13世纪的神学家干脆把加扎利看做阿维森纳的一个学生。事实上,真实的加扎利与此截然不同,他强调哲学认识的有限性。加扎利最大的对手就是被誉为"哲学之王"的亚里士多德,但是在对他的攻击中也经常包括亚里士多德主义的两位伊斯兰最伟大的代言人:法拉比和阿维森纳。为了加强批

---

① 他的书已有两部译成中文:《迷途指津》,康有玺译,宗教文化出版社,2004;《圣学复苏精义》,上下册,马玉龙译,商务印书馆,2001。

判的力量,加扎利在他的批评中也引用纯粹科学领域和属于数学论证的东西。他的批判中包含 20 个形而上学的和物理学的论题。比如,哲学家们错误地肯定了物质的永恒性,所以他们不能说明造物主的存在;上帝是"一"或是无形体都不成立;哲学家既不能从他们的角度证明上帝的全知全能,也不能证明人的灵魂独立于肉体并且是不死的,他们错误地否定了死者的复活以及天堂和地狱等。加扎利的这些批评有些的确是很深入的。他还指出了以自然因果概念反驳《圣经》神迹的逻辑错误的症结所在。

《矛盾的矛盾》是阿维罗伊为了反驳加扎利而写的。从书名即可看出它的针对性,其核心精神就是坚持哲学的真理。在维护哲学作为最高真理的同时,阿维罗伊把宗教视为一种社会的必然产物。为了正确理解宗教、神学和哲学的不同作用,他认为有必要理解三类人,所有的人都可分为这三类。第一类包括人群中的大多数,他们凭借想象而不是理性生活,这类人必须通过能激发想象的布道而不是能激发心灵的雄辩来引导他们过一种道德的生活。而哲学家的理性动机是道德的,所以无需求助于宗教。宗教和哲学都是为了同一个目的,即为真理而过道德的生活,因而在根本上是一致的。只是对那些想象力比理性更强的人而言宗教是更易于接近的真理。第二类人是神学家,他们有着和大多数人一样的信仰,不过想要为自己的信仰寻找论证的理由而已。理性在这些人那里开始觉醒,他们为信仰寻找理性的证明。但是,他们不能达到绝对真理,他们的结论充其量也只是可能的,而不是必然的。第三类人由很少的哲学家组成,他们是人类的精英,洞察到包含在人的信仰的幻想中以及在神学家的辩证可能性中的真理内核,但不停留在这个层次,而是超越它们,从而在真理的完全纯粹性中认识真理。这三类人用不同的方法以求达到同一个真理,在终极的意义上,他们彼此是一致的。阿维罗伊并不鄙视宗教或信仰,他认识到它们在大众中的教化力量。他攻击的矛头主要指向神学家,认为他们把信仰和理性不幸地混在一起。阿维罗伊认为《古兰经》是一本神奇的书,其形成来自神圣的灵感,在提高人民的道德水平方面,比哲学更有效。摩西、耶稣和穆罕默德是真正的先知,是上帝和人间的信使。他们的宗教仅仅是通达真理的大众化的途径,而在哲学中,真理会找到其纯粹性。

阿维森纳提供了一种上帝存在的形而上学的证明,把上帝置于推动天体宇宙的理智者之上。与阿维森纳相反,像亚里士多德一样,阿维罗伊认为通过对运动的分析就能在自然哲学中证明上帝的存在。被这样证明的存在的神圣性不是关于阿维森纳的超越的上帝,而是理智本身,其中首要的就是第一推动者(Prime Mover)。

阿维罗伊指出,存在者运动,并从潜能到现实过渡,因此,任何一个运动者都是被另一个现实的事物所推动。因为不能有一个无限的推动者系列,必须有一个运动的原初因,它本身不能被推动,它本身就是纯粹的现实。这样的原因在宇宙中按其需要有 38 个,由此就有了 38 个纯现实和理智者,它们都是神圣的。在这个理智者等级中,第一位的是第一推动者,它是一切运动的终极原因。

按照阿维罗伊的思想,所有的理智者都是永恒的、非被造的,就像它们所推动的宇宙一样。创造的概念对他来讲只是为了宗教的说教,在哲学中却没有什么地位。按照哲学,理智作为目的因,推动天体并通过天体推动人世间的物体。

反对自然的被造性,也就否定了本质和实存(存在,existence)的真实区分。对他而言,区分只是一种逻辑的区分,表达一物是什么(即是说,它的本质)和它存在这一事实的两个概念之间的区分。经院学者们常引证他对现实区别的反驳论证,而且同意他的这个观点。如果实存区别于本质,那么也就意味着它是从外面来使本质实存,然后,另一个存在(being)必须被加在实存上以使它实存,而这个存在仍然要求另一个实存使其存在,这样以至无穷。

阿维罗伊的形而上学思想总体上是遵从亚里士多德的体系。在阿维罗伊的形而上学里,存在(being)在其原初意义上就是实体(substance),即一个个体的实存事物。共相只存在于理智中,理智是普遍性的原因。再者,在非原初意义上的存在是一个偶性,它只实存于实体中。原初的实体是"理智",它是非质料性的形式和纯活动。在质料的事物中,形式被联系于质料,但是这些质料性实体的本质却只存在于它的形式中。因而一切存在或者是实体或者是偶性,除此之外没有叫做"实存"(existence)的其他存在(being)。

人体的实质性形式是它的灵魂。灵魂不是像阿维森纳认为的那样,禀有自己的可能理智的精神实体,它是一种本质上和身体相连的有形的形式,因而不能在死后继续存活。它的最高能力是一种被称做被动的理智或想象的有形体的力量,通过它,一个个体的人得以和能动理智(agent intellect)结合。按阿维森纳的说法,这个理智是最后一个天界理智,也是月下世界的主宰。它启发、照亮从它那里接受知识的人的被动理智。因为能动理智使人的知识成为可能,所以,它也被称做可能的理智。阿维森纳容许每个个体的人拥有自己的灵魂和可能理智,通过一种精神力量,一个人可以亲自认识真理并享有永恒的幸福。只有能动理智对所有人而言只是一个,而不是可能理智。阿维罗伊走得更远,他否定了个体人自己的可能理智,结果把人设想为一种最高类型的动物,其最高的个体能力是一种有形体的力量,并和肉体一起消亡。人的尊严在于通过认识和爱而同能动理智的特殊结合。

阿维罗伊的理性主义使他在伊斯兰教的信徒中处于奇怪的境地。他被指责为异端,并被驱逐出了科尔瓦多,然而死前又恢复了声誉。在基督教徒中,他的不虔诚的名声随其影响的加强而上升。邓斯·司各脱称他为"那个被诅咒的阿维罗伊";彼特拉克(Petrarch)给他起了个绰号,叫"反基督教的狂吠的疯狗"。实际上,阿维罗伊并未公开反对过伊斯兰教,他把它理解为一种社会的需要。这种敌意的形容词是由阿维罗伊哲学在基督教世界里产生的摧毁性影响所引起的。

历史上人们确信,实际上是圣托马斯·阿奎那把阿维罗伊的影响带到了基督教的西方。对于托马斯和一切经院学者,阿维罗伊是亚里士多德的不可忽略和回避的"评注者",托马斯在批驳他的思想的过程中深化了自己的思想，并且深化了自己对亚里士多德的理解。

二　犹太哲学

犹太哲学历史悠久，犹太教第一位著名的思想家是亚历山大的菲洛（Philo of Alexandria，约前 13—54）。他曾致力于调和《圣经》启示与希腊哲学，努力证明希腊哲学和犹太教神学在本质上是相融合的。在解释《圣经》过程中他不得不求助于大量的寓言，但他明显是一位虔诚的犹太信徒。他坚信宗教信仰不应害怕真正的哲学。对他而言，真正的哲学就是柏拉图的学说。他相信神圣的"Logos"作为上帝和世界之中介而存在的理论。然而，他的思想对基督教教父神学的影响大于对犹太思想家的影响。只是到了 10 世纪初，由于阿拉伯文的翻译著作，犹太人凯拉姆（Kalām）才发现了希腊思想和伊斯兰思想通过理性证明信仰的方法。居住在阿拉伯土地上的犹太人的哲学著作和伊斯兰哲学传统有许多共同之处，他们都用阿拉伯语写作，使用同一范围的材料。在 10 世纪初，有一位重要的犹太哲学家，他就是萨迪亚·本·约瑟夫（Saadia ben Joseph，882—942）。他生于埃及并在那里接受教育，长期居住在巴格达，管理巴比伦地区一所相当著名的拉比学院（rabbinical academy）。他既没有建构体系，也没有创立学派。然而，他为犹太哲学家树立了一个榜样，所著的阿拉伯文护教著作《信仰和意见之书》（*The Book of Beliefs and Opinious*）是其最重要的一部著作。[①] 他在书中证明了启示真理与理性之间的关系。他认为这二者都是从上帝那里流溢出来的，不过《托拉》（*Torah*）是上帝对犹太民族的特殊恩赐。犹太民族由于失去了独立的国家，要维持它的统一和团结，只有依靠整个民族服从上帝的律法。11 世纪初，犹太文化的中心转移到了伊斯兰统治下的西班牙，那里诞生了中世纪两位最重要的犹太哲学家之一伊本·加比罗尔，大约一个世纪后在西班牙诞生了另一位最重要的犹太哲学家迈蒙尼德。相应地，

[①] 科普尔斯顿：《中世纪哲学史》，第 126 页，伦敦，梅休因和科公司，1972。

对中世纪基督教神学家影响最大的两本犹太哲学著作就是加比罗尔的《生命之源》(*The Fountuin of Life*)和迈蒙尼德的《迷途指津》(*Guide of the Perplexed*)。

(一)伊本·加比罗尔

从11世纪开始,在地中海西岸涌现了一批受过希腊-阿拉伯哲学教育的犹太作家,他们每个人都为中世纪犹太哲学的发展做出了实质性贡献。第一位西班牙犹太哲学家所罗门·伊本·加比罗尔(Solomon ben Judah ibn Gabriol,1020—1057),拉丁名阿维斯布朗(Avicebron)或阿文斯布罗尔(Avencebrol),撰写了一本名为《生命之源》(*Fons Vitae*)的著作。加比罗尔是中世纪主要的希伯来诗人之一,他的长篇宗教诗《皇冠》(*Keter Malkhut*)在描绘上帝和灵魂时,采用了一些新柏拉图主义的概念。

加比罗尔生活在西班牙南部阿拉伯统治的鼎盛时期,他的思想是11世纪西班牙知识生活中犹太-阿拉伯文化充分交流的产物,其作品体现了生活在倭马亚德(Umayyad)哈里发开明治理下的案达罗西亚(Andalusia)犹太知识生活的繁荣。

对于加比罗尔的生平我们所知甚少。他生于西班牙的马拉加(Malaga),而生命的大部分时光是在萨拉戈萨(Saragossa)度过的。从他的诗作我们可以推断出,他很小便失去双亲,依靠别人的资助为生,在诗中他把自己描绘成"矮小、丑陋、多病和脾气很坏的人"。16岁时,他得到一位萨拉戈萨宫廷显贵、犹太人耶库提尔·本·伊萨克·伊本·哈桑(Yekutiel ben Ishaq ibn Hasan)的庇护。但是,由于他的傲慢且刻薄的性格,在其庇护人耶库提尔死后不久便被逐出萨拉戈萨,到了格拉纳达(Granada),最后到了巴伦西亚(Valencia)。他去世的时间不很确定,相近的同代人认为在1054—1070间的某年。然而,他很可能在35—38岁间死于巴伦西亚。

加比罗尔著有20多本著作,但尚存的只有两本:《生命之源》和《论改善道德品质》(*Tikkun Middot ha-Nefesh*)。此外,加比罗尔还写过许多诗歌,他的这些诗歌分散于各个文学作品集和犹太教礼拜仪式中,没有被完整地收录成集。

加比罗尔在其学说里提出,一切被造物,无论有形体还是无形体,都是由质料和形式构成,但只有上帝不是这种组合,而是单一的。他认为有两种质料:一是粗质的、有形体的质料,存在于我们的身体和我们身边的事物中;一是不可见的,即精神的质料,属于天使和人的灵魂。存在于无形体的被造物中的精神质料可以用来解释同一个"属"中怎样会含有许多"种",几乎所有的方济各会或叫弗朗西斯学派的人都接受了这一论断,因为它恰好适合了圣奥古斯丁关于存在两种质料(精神的和有形体的)的学说。

加比罗尔认为,上帝创造出一个普遍的存在,由普遍形式和普遍质料构成。这样的存在就像穿衣服一样,添加上一些使其多样化的形式,因而产生了宇宙中不同种类的存在物。每个个别的存在物就这样由质料和一种形式构成。形式构成了它的属和种,如"有形性"把一切形体放进"形体"这个属中,特殊的形式被添加上去,像"动物性"和"人性",于是产生了人类(人的存在)。这种理性分析的目的是为了通过区别构成事物的不同的形式来发现个别存在物的结构。这些形式按照一定结构和等级,依照其普遍性程度被安置到存在物中。普遍的形式低于特殊的形式,低等的形式被包含于高等的形式。比如形体被包含于"动物",而"动物"被包含于"人"的形式中。形式越高,它包含的低等形式的数量越多,但这也不必然损害高级形式的统一性,相反,形式越高级,它就越具有统一性。比如,"人性"的形式有比"形体"的形式更高的统一性。

经院学者们称这种学说为"多型论"。许多人把它视为一种最理性地解释被造物之形而上学结构的理论。显然,这是一种对有柏拉图主义倾向的哲学家很有吸引力的学说,因为它预设了我们思想的逻辑结构和现实结构的一种对应关系。

加比罗尔的思想受惠于新柏拉图主义,但也深受《旧约》的影响,其中主要是受从"无"中创造的学说的影响。在《生命之源》一书中,他认为要认识最高的善,自我认识是最重要的,从自我的认识开始,人不断认识其他一切事物。认识最终走向上帝,因为上帝是一切的原因。但鉴于上帝是无限的,我们有限的精神无法认识自在的上帝,而只能认识它的创造物。

在加比罗尔看来,人是一个浓缩的世界或是一个小宇宙,因此在其中包含了一切形式,对这些形式的认识引导他回归到他的创造者。人出生来到世界上,带着一个充满理念的灵魂,这些理念只有被充分地意识才能被认识。加比罗尔把感性世界比做一本书,上面的符号唤醒读者的精神去理解它们的意义。也就是说,感性世界刺激人的精神去理解那些沉醉于其中的可理解的理念。

像其他新柏拉图主义犹太哲学家一样,在加比罗尔的哲学中,上帝只能通过理性的知识而被接近。而身体的行为本身是没有价值的,它们只是为灵魂离开肉体做准备。

(二)迈蒙尼德

迈蒙尼德(Maimonides,1135—1204),真名摩西·本·迈蒙,又称拉姆巴姆(Rambam,是 Rabbi Moshe ben Maimon 的缩写),出生于西班牙科尔多瓦的一个犹太法官家庭。他天资卓绝,聪慧过人。青少年时代,他主要在父亲的教导下精通《圣经》和犹太教法典《塔木德》(*Talmud*),并广泛涉猎当时的哲学、天文、数学、逻辑等世俗学科,从而为未来的卓越成就打下了坚实的基础。在 1185 年以前,他已被任命为埃及穆斯林统治者的御医。他是开罗犹太社群的首领,于 1204 年 12 月 13 日去世,去世后很多地方都为他举行公开的悼念活动。他被埋葬在太巴列城(Tiberias)的加利利,坟墓至今仍是犹太人参拜的圣地。[1] 无论就思想本身还是对以后几世纪的影响而言,迈蒙尼德都堪称中世纪犹太思想史上最伟大的人物。

迈蒙尼德的主要著作包括《评密西拿》(*Commentary on the Mishna*,

---

① 罗伯特·塞尔茨:《犹太的思想》,赵立行、冯玮译,第 398 页,上海三联书店,1994。

1158)、《论戒律》(*Book of Commandmento*)、《密西拿托拉》(*Mishneh Torah*，1185)和《迷途指津》(*The Guide for the Perlexed*,1190)。在他的每一部作品中均试图表明，宗教和哲学传达着同样的真理。犹太教中的任何因素都是和理性不相抵牾的，而希腊-阿拉伯哲学还未充分把握住犹太一神教提出的问题，一神教信仰需要确信，自己所信仰的真理在最大可能的程度上也能得到理性的证明。迈蒙尼德的哲学著作始终都怀抱这样一个目的：证明宗教信仰的合理地位和《托拉》中规条的合理地位。

他在其早期著作《评密西拿》中第一次论述了犹太教的基本原理：上帝的存在；他是单一的、无形的、永恒的；绝对禁止偶像崇拜；真正的先知的存在，而摩西是最杰出的先知；口传和成文的《托拉》都是神圣的和不变的；上帝是无所不知的；他惩恶扬善，弥赛亚必将降临，死者将被复活等。迈蒙尼德编纂的法典《密西拿律法书》(*Mishneh Torah*)，约完成于1178年，用希伯来语写成，而不同于其他用阿拉伯文写的著作。他最重要的革新就是介绍了这部法典，其中总结了犹太教基本的形而上学伦理学主张（第1卷《认识书》，*Book of Knowledge*）。

迈蒙尼德最主要的著作《迷途指津》，写于1185—1190年，历时5年完成。它是用希伯来字母的阿拉伯语写成的，这是生活在伊斯兰世界里犹太人的一般习惯。这本书很快被欧洲的犹太人译成两个希伯来语译本。第一个拉丁语译本是1220年完成的，书名为*Dux neutronrum*。《迷途指津》对托马斯·阿奎那以及其他中世纪哲学家所产生的影响，胜过了其他犹太哲学著作。

这是一本唯有受过哲学训练的人才能读懂的著作。迈蒙尼德在序言中指出，这本书仅仅是为那些在逻辑、数学、自然科学和形而上学的学习中感到这类知识和《托拉》存在着明显矛盾的人写的，所要解决的就是律法两重性格的问题。他指出，得之于历史背景中的律法的外在（表面的）含义有时可以引导读者发现律法内在的含义，而有时外在含义则阻碍了读者达到对律法真义的理解，并有悖于理性精神。《迷途指津》第一节的前半部分主要讨论了《圣经》和《塔木德》中无法就其字面理解的表述,在第二部分描述了上帝的属性。迈蒙尼德认为宗教哲学最迫切的就是要解决"创造"的问题。

迈蒙尼德确信,亚里士多德的哲学为上帝的存在提供了科学的证明。他认为"需要二十五个前提来证明上帝的存在……亚里士多德和他以后的逍遥派对其中每个前提都提出了证明,我们将再增加一个前提,即世界的永恒性"①。在上帝存在的证明上,迈蒙尼德最关注的是世界的永恒性。他说道:"尽管穆斯林神学家们在具体论证方法上不尽相同,在证明宇宙在时间中创生或反对宇宙的永恒性上运用了不同的前提,但是,他们有一点是相同的,即首先肯定无中创世论,然后在此基础上确立上帝的存在。我反复琢磨这种思想方法,发现它漏洞百出,必须加以反对。"②他认为,世界是永恒的还是在时间中创生的问题"是人类智慧所无法企及的"③,正确的途径建立在符合逻辑和不容置疑的证明基础之上,那就是通过哲学家的方法来确证上帝的存在和单一性,并否定他的有形性,而哲学家的方法是以世界永恒论为基础的。他提倡这种方法,是因为通过它,无论宇宙是否有一个开端,关于上帝的三个原则都可得到有效而可靠的证明。迈蒙尼德认为,哲学的证明是以事物的可见性质为基础的,他反对神学家们为了某个结论不惜违背自然规律和事物实际存在顺序的做法。他说:"我却能够给出一个同样的证明而不至忽视自然规律的存在,并且也决不会违背我们的感官所明显感知的事实。"④

迈蒙尼德采纳了伊斯兰亚里士多德主义哲学家提出的有关上帝存在的观点,以及新柏拉图主义对神的属性的阐述。但是,他与穆斯林神学家有所不同:"对于世界在时间中创生这个问题……我的目的和所有穆斯林神学家的目的是一致的,但我绝不会像他们那样无视自然

---

① 迈蒙尼德:《迷途指津》,傅有德、郭鹏、张志平译,第二篇"绪论",第 221 页,山东大学出版社,1998。
②③ 同上书,第一篇,第 71 章,第 170 页。
④ 同上书,第一篇,第 71 章,第 172 页。

规律的存在,我也决不会与亚里士多德理论中任何已经确证的部分相抵触。"①

迈蒙尼德对"第一原因"的观点做了一些修正,认为各种原因的无限回归在逻辑上是不能成立的,因此必定存在一个"非原因的原因"或"不动的推动者"。他还增加了第四个论点:所有事物的偶然性均存在于一个具有必然性的实体之中,上帝就是这种不可能不存在的实体。

迈蒙尼德主张,没有肯定的属性能够描述上帝的本质,唯有否定的属性才是和上帝的绝对同一性相一致的。他认为,每一个否定属性均排斥了上帝的缺陷和不完美。当我们说上帝是非物质的时候,意思就是说上帝没有肉体;当我们说他是无所不知的时候,我们就排斥了上帝的有所不知;当我们说上帝具有一种存在的时候,就否定了上帝的非存在。

关于上帝,迈蒙尼德还认为,除了否定属性外还有一组属性在哲学上也是合理的,那就是一些行为属性,这类属性可用以描述上帝对宇宙产生的各种影响。迈蒙尼德将上帝和船长做了比较:"当我们试图去认识这个'存在'(being),他摆脱了实体,它是最简单的,其实存(existence)是绝对的,而且不同于任何原因,其完美的本质不需增加任何东西,而且正如我们已表明的,其完善性就在于没有任何缺陷。我们所理解的一切就是他实存(He exists)这一事实,而没有任何他的创造物与其相似;他和它们无任何共同之处,不包括复杂性,从来不会无力到不能产生别的存在。而且他和宇宙的关系就是舵手和船的关系;甚至这也不是一个真实的关系,正确的比拟,只是用来向我们传达上帝主宰宇宙这个观念;这就是说,他使它们持续存在,保持它的必然的秩序,荣耀归于上帝。对上帝本质的沉思,我们理解力和知识显然是不足的,要考察上帝的行为为何必然地出自他的意志,我们的知识显然无异于无知;当我们努力用语

___

① 迈蒙尼德:《迷途指津》,傅有德、郭鹏、张志平译,第一篇,第71章,第172页,山东大学出版社,1998。

言赞美他时,我们所能说的一切是那么苍白而徒劳。"[1]

迈蒙尼德在证明上帝存在时强调,必须按宇宙原来的样子来思考它,从宇宙清晰可见的性质中得出前提;必须从宇宙的可见形式及其本质出发。他写道:"宇宙要么是永恒的,要么是在时间中创生的。如果它是在时间中创生的,那就必然有一个在时间中创造了它的创造者存在;因为一个有开端的事物,不可能是自身创造自身,必有另一个事物使它获得存在,这是最起码的常识。这样,在时间中创造世界的就是上帝。相反,如果宇宙是永恒的,由此必然得出并可以用多种方式证明,除了构成宇宙的事物外,还存在一个既非物体又非物体中的力的事物,它是一,是永恒的,不为任何原因所推动,是不变的。这个事物就是上帝。"[2]这样,不管世界是否永恒,都可以得出上帝存在的证明。

迈蒙尼德在根本上试图将亚里士多德所谓理性是人类最终目标的信念与犹太教强调道德生活的主张进行综合,主张除理性自身及其知识以外,不依赖于其他东西而生活是明智和道德的生活方式。而最高的知识——对于人来说,在可能达到的程度上认识上帝——包括认识上帝各种行为的属性,是一种引导人去模仿上帝的知识。

迈蒙尼德的思想是一种理性主义思想。他试图通过将对《塔木德》知识的爱扩大到爱自然科学和形而上学,并通过是否有正确的哲学信条作为评判一个犹太人的标准来缓和犹太教和哲学的关系。中世纪基督教经院哲学家从他那里学到了许多东西。他那首尾一贯、具有建设性的思想财富对于 17 世纪的斯宾诺莎(Baruch Spinoza,1632—1677)、20 世纪初的赫尔曼·科恩(Hermann Cohen),直到今天的一些思想家都是一种激励。

---

[1] 迈蒙尼德:《迷途指津》,M. 弗里德兰德英译,第 83 页,中国社会科学出版社 1999 年影印乔治·劳特利奇父子公司 1910 年版。参照中译本《迷途指津》,傅有德、郭鹏、张志平译,第 128—129 页,山东大学出版社,1998。

[2] 迈蒙尼德:《迷途指津》,中译本,第一篇,第 71 章,第 171—172 页。

第五节　早期经院哲学:巴黎和牛津

一　巴黎的纪尧姆

奥弗涅的纪尧姆(Guillaume de Auvergne，William of Auvergne)，大约 1180 年生于法国奥弗涅省的欧里亚克(Aurillac)。我们对其早期生平所知甚少,但知道 1223 年他在巴黎大学已是神学教师,而且是圣母院的一名天主教教士。当巴黎主教巴托洛莫(Bartholomaeus)死于 1227 年 10 月 20 日时,纪尧姆很不满教士们选择的新主教,于是去罗马求助教皇格列高利九世(Gregory Ⅸ，1170—1241)要求更换主教,教皇显然被他打动了,授予他牧师职位,并于 1228 年 4 月 10 日任命他为巴黎主教。纪尧姆一直任巴黎主教,直至 1249 年 3 月 30 日去世,因此他也被称为巴黎的纪尧姆。

纪尧姆的主要著作是《神圣和智慧的教义》(*Megisterium Divinale et Sapientiale*)，英译为《以智慧的方式关于上帝的教义》,这部著作直到 20 世纪早期以七个独立作品的形式分别印刷出版。《教义》七个部分分别是《三位一体》(*De Trinitate*)、《被造物的世界》(*De Universo Creaturarum*)、《灵魂》(*De Anima*)、《上帝为何化身为人》(*Cur Deus Homo*)、《信仰和法律》(*De Fide et Legibus*)、《圣事》(*Sacramentis*)、《德性和道德》(*De Virtutibus et Moribus*)。纪尧姆其他有关哲学旨趣的作品还有《论灵魂的不朽》(*De Immortalitate Animae*)、《论善和恶》(*De Bono et Malo*)和《神恩与自由意志》(*De Gratia et Libero Arbitrio*)。

纪尧姆在《论三位一体》的序言中解释道,神圣的教义是用三种方式获得的:通过对预言和启示的接受,通过对信仰的服从,通过证据和探讨的知识。而第三种就是哲学家的方式。写作《神圣和智慧的教义》有两个原因:一是为了造物主的荣耀,这是主要的目的;另一个是对错误的摧毁,由此,人可转变到真理之路和正当(的人)的道路上。作为智慧方式,哲学的目的是为了造物主的荣耀,同时也是为了我们灵魂的完善。

纪尧姆主要关注阿维森纳哲学对基督教思想的含义。他坚定地扎根于奥古斯丁、波埃修和安瑟伦的传统中,视阿维森纳的哲学是对信仰的严重威胁,他的许多作品就是试图消除这种有害的影响。然而他深深地意识到,为了反驳一个哲学家,自己必须成为一个哲学家。阿维森纳主义的挑战促使他进行深入的哲学反思,并引导他追问一些新问题。纪尧姆的哲学可以说是从对阿维森纳批评开始的,而这又主要集中在"上帝"和"创造"这两个概念上。在阿维森纳的世界里,有一个第一因和十个理智,所有这些都是创造者。第一因只创造了一个直接的结果——第一理智,而第一理智又创造了第二理智,如此类推下去。这个系列的创造者,以第十理智结束,创造了人的灵魂和物质(质料)。按照阿维森纳,第一因和上帝不是世界的直接创造者。它也不是一个自由的创造者,像所有理智一样,他按照自己知识的结果必然地创造,而不是自由地按照他意志决断的结果来创造。在纪尧姆看来,在这种对创造的看法中极端的错误是,它否定了上帝的全能和自由。这种看法是把上帝的创造限制为一个直接的结果,其根据是,从一个存在(being)只能产生一个结果:ab uno, inqumitum unmm, non est nisi unum。因为上帝是通过他自己的知识进行创造的,因此,阿维森纳论证说,只有一个创造物能从上帝那里产生。纪尧姆反驳说,这就在造物主的理智上加上限制,把它限定为只是一个事物的知识。这就使上帝成为存在者中最愚蠢的一个了。实际上,上帝作为无限完美的存在,通过认识自己而认识了所有一切。这方面,上帝像一个建筑师,他了解很多建筑,不是只知道一个而不知道另一个。

这样,纪尧姆成功维护了作为一个自由创造者的基督教的"上帝"概念,反驳了把上帝作为宇宙的一个有限的必然原因的希腊-阿拉伯学说。阿维森纳提升了上帝的统一性,却以牺牲其他特性尤其是以他的智慧和自由为代价,其结果是,这位伊斯兰哲学家看不到上帝如何能直接地产生繁多的被造物。与阿维森纳不同,纪尧姆让我们理解上帝的自由现实的无限的完美,并认识到它是宇宙的唯一直接的创造者。尤其是,他没有把上帝和人的灵魂分开,灵魂作为上帝的直接创造物,是亲密地和上帝结合在一起的,并且注定在来世面对面地看到上帝。

13世纪哲学的最重要成就之一,就是获得了上帝作为纯存在或者存在自身的观念。这个观念在圣托马斯·阿奎那那里找到了最好的表达。但是,阿维森纳帮助了它的形成,对阿维森纳批判的同时,纪尧母清楚地看到了本质和存在的区别对基督教神学的重要意义。按照纪尧姆,有两种类型的存在(being):一是从另一个存在那里获得其存在的存在(being),一是通过自身而存在的存在,因为其存在不是被产生的。有许多第一种存在物,但是不可能有这类存在物的一个无限系列,因而在一个从另一个获得存在的存在系列中,就必须有一个第一存在(first being),它是通过自身而存在,这个存在就是上帝。[1]

然而,存在(being)的含义是什么呢?纪尧姆回答说,存在(esse)有两个含义:第一,它意味着一个事物的实质或本质,当那本质被看做在其自身内而除去了一切偶然性时,存在就是一个事物的定义所指示的含义;第二,存在意味着一个事物的实存,这是在一个命题中由一个动词"is?"(est)所指明的,它超出了每个事物的定义。[2] 我能确定任何一个被造物是什么而无需谈论关于它的存在,如我们可以确定一个人或驴的本质而无需肯定或否定它们的存在(实存)。

当我们谈及上帝时,这种分离是不可能的,因为上帝和他的存在是同一的。就像《圣经》告诉我们的,"上帝是其所是"。这意味着在上帝那里,他的本质和存在是没有区别的:他是完全纯粹的存在本身,所以它没有任何本质或定义。另一方面,每个被造物都有一个不同于其存在的本质。其存在是它的偶性,因为它存在不是必然的;它存在与否,取决于上帝的自由创造。

---

[1] 参见安德鲁·休丁格《中世纪哲学读本》,第51页,牛津大学出版社,1996。
[2] 同上书,第54页。

　　虽然被造物的存在是偶然的,但是上帝恰好是通过被造物的存在向被造物显现他与被造物的亲密性。如从苏格拉底身上除去使他成为个体的形式,然后拿掉使其成为一个人的种的形式,接着拿掉使其成为一个为动物的属的形式,再除去身体和实质(体);这之后,存在却仍然像贴身内衣一样保留下来,可以说,造物主用它给他穿上了衣服。① 因而,苏格拉底的存在或实存,就是他自身和上帝之间最近的接触点。这种接触点表明,上帝和被造物确实很亲近,纪尧姆甚至想用神圣的在场(presence)代替被创造的存在。他说,上帝是一切事物的存在。这并不意味着是一种泛神论主张,好像把被造物混同于上帝。纪尧姆只是希望强调被造物对上帝的存在上的依赖,但这样一来他却倾向于否定被造物对自身的任何存在。他说,上帝与被造物的关系正如灵魂之于肉体的关系;像灵魂给予肉体生命,上帝也这样给他的创造物以存在。圣托马斯将其解释为,上帝是被造物存在的动力因,而灵魂是肉体存在的形式因,肉体实际上除灵魂的存在之外没有其他的存在。纪尧姆没有做这样的澄清,因而使上帝的存在和被造物的存在之间的关系含糊不清。他把被造物的存在描述为潜在的、流动的、虚假的。上帝独自拥有真实存在,而且被造物只有在分有了上帝的意义上才存在。

　　这种对被造世界的贬低,和对作为唯一真正存在的上帝的赞扬,与中世纪早期哲学是一致的。早期哲学把宇宙归结为上帝的一种影像或形象,或是一本可读的象征的书。这也是纪尧姆所描述的世界。亚里士多德和阿维森纳主要关心确立宇宙的稳定性和永恒性,纪尧姆则与他们相对立,为宇宙的根本的不稳定性和非永恒性而争辩。确实,他认为被创造的存在非常空洞和缺乏(不足),是不能产生真正因果作用的。因为上帝是唯一真实的存在(being),所以只有他才真正是一个原因。只是由于术语的滥用,一个被造物才被称为一个原因。在现实中,他因只是一个渠道或窗口,通过他因,神圣的原因被传送给世界。和纪尧姆形成对

————————————

① 参见安德鲁·休丁格《中世纪哲学读本》,第 57 页。

照,圣托马斯·阿奎那的主要目的之一就是把被造物对上帝的完全依赖性和它们在被创造的秩序中作为真实存在和原因的状态调和起来。

纪尧姆的灵魂观念是柏拉图主义和奥古斯丁主义的。它把灵魂描述成居住在肉体中的精神实体,就像是驾驶员在船中、统治者在他的王国里一样。肉体是一个监狱,在其中人的灵魂被关押度过整个悲惨的现世生活。另外,他也把肉体比做被灵魂穿的衣服。同时,灵魂是人的整个存在和本质,纪尧姆借用阿维森纳关于"空中人的经验"表明,一个人在这种情况下,至少将知道他作为灵魂的自身的存在,也就是说他真实的自己就是他的灵魂;肉体只是他用来进行活动的工具。比如,人利用他的肉体作为工具来写作、建造和认识;但是,这些活动实际上是心灵的操作,而不是像亚里士多德想的那样是灵魂和肉体的合成。

当人的灵魂被监禁在肉体中时,它发现自己居于两个世界的边界。一个是他通过肉体与之接触的感性事物的世界,另一个是灵魂在本性上与之类似的上帝。这两个世界在人类知识的起源上都起了作用。感性把事物的偶性作为自己的对象,比如说,事物的色彩、声音、味道等等。理智的任务是深入到事物的实质(体)中,而偶性只是实质的外部覆盖物。例如,从肉体的运动和行动我们认识了人的灵魂。但是在现世中,我们的理智从未达到对事物实质的清楚的洞察,从而清晰地认识它们。由于和肉体拴在一起,理智只能不清楚而抽象地看到具体事物,而无法认识事物的实质。然而,如果灵魂从肉体解脱出来或者给予它一个特殊的神圣的光照,它将会认识事物的实质,但如它还在肉体中沉睡,这种认识就是不可能的。

在纪尧姆看来,抽象是理智的近视,这是理智在肉体中的现世不幸状态造成的。纪尧姆发现,对于这种抽象来说,一个原动的理智是不必要的。亚里士多德赋予人一个原动的理智,但是纪尧姆认为这是不必要的。灵魂没有和其实体(质)相区别的能力;我们称做人的理智的东西就是进行认识活动的灵魂。这种认识活动是在肉体被感性世界刺激的情况下发生的。于是,理智在瞬间使自己适应外在事物,并在自身内产生关于事物的抽象观念。它这样做是通过一种自然的模仿,像猴子模仿身边的事物或者像变色龙让自己的颜色适应其环境一样。通过一种相似的本能,理智在其自身内演出了一场外在世界的戏剧,以便在其自身内写上它并且认识它。这种产生观念的理智的先天能力的根源就是上帝,他通过自己的观念照亮了世界并使之丰富。

像奥古斯丁一样,纪尧姆认为,我们的一切真理的知识都预设了上帝直接作用于我们的灵魂,上帝是我们的灵魂的内在光亮和教师。通过把理智借以认识的动因归属于上帝,纪尧姆使理智完全依赖上帝来求得认识,就像每个被造物通过上帝求得其存在一样。理智自身是空洞的、被动的,只有通过上帝的行动,理智才能被推动起来去认识。纪尧姆不仅这样从人那里取消了原动理智,而且在知识产生中除掉任何上帝和灵魂间的中介:没有任何其他创造的理智像阿维森纳的原动理智那样照亮了人的心灵,上帝自己直接这样做。

二　牛津的罗伯特·格罗塞特

通过格罗塞特来了解牛津大学的哲学是再恰当不过的了,因为他是牛津大学的第一位伟大的学者,也是第一任校长。他是亚里士多德著作的著名翻译者和评注者。他把《尼各马可伦理学》从希腊文翻译成拉丁文,并成为大学里的标准教材。

格罗塞特塑造了牛津的知识氛围和教育理念,且超出中世纪,影响持续久远。他个人的许多特殊爱好,如古典学、语言研究、逻辑学、数学和实验,日后成为牛津大学及剑桥大学的品格。牛津和巴黎的经院哲学在很大程度上由于他而有了显著的差别。例如,牛津从未像法国大学那样完全热情地拥护过亚里士多德主义。在牛津,尽管有亚里士多德的影响,柏拉图和奥古斯丁的哲学理念却一直居于首位。

格罗塞特与奥弗涅的纪尧姆几乎是同代人,他们的生涯又惊人地相似。他们都担任过牧师、教师、主教,都代表了13世纪神学-哲学思潮。另一方面,他们的作品在风格上却很不同,纪尧姆写了《神学教义》,是一个神学大全,而格罗塞特却写了一系列小册子,很像沙特尔的大师们的作品,并且急不可耐地用新近的科学信息来支持天启的真理。

罗伯特·格罗塞特(Grosseteste,约1168—1253)出生于英国的萨福克郡一个底层的农民家庭。早年在牛津教会学校和巴黎大学文学院学习,在12世纪末成为文学院教师。13世纪20年代末,他在牛津教学,大约在1230—1231年左右,他放弃了世俗的职业成为牛津方济各会的第一个教师,但没有加入这个修会。1235年,他被选为林肯(Lincoln)郡的主教,这是一个很有权势的位置。他死后,后人几次试图将他封为圣人,但都没成功。

格罗塞特是中世纪为数不多的通晓希腊语的拉丁思想家之一。在13世纪20年代末,他就开始了希腊神学作品的拉丁文翻译工作,主要是伪托狄奥尼修斯的作品。他翻译了亚里士多德的《尼各马可伦理学》和《论天》(De Caelo)的一部分。他的神学著作包括了对《圣经》、祷词和书信的评注,以及一大部分神学言论集。他的神学杰作《论六日创造》(Hexaemeron)是对《圣经·创世记》第1—2章的评注。

格罗塞特还写过几部论自然科学的书,涉及光学、虹、太阳的热、彗星、宇宙的范围等类似的主题。在传播亚里士多德思想的过程中,他起了关键作用。他写下了中世纪第一部拉丁文的亚氏《后分析篇》(Posterior Analytics)的评注,以及一部不完整的对《物理学》的评注。对《驳诡辩论》(Soplistici Elenchi)和《前分析篇》(Prior Analytics)的评注也被认为应归在他的名下。

除了《论自由决断》(De Libero Arbifrio)以外,他的哲学作品都是简短的,它们集中在哲学和神学的结合问题上,也有涉及真理、作为形式的上帝、灵魂和肉体、因果性、潜能和现实、世界的永恒性、未来偶然性和自由意志等问题。这些著作和对亚里士多德的评注,大致成稿于1220—1235年左右。

格罗塞特是中世纪最早的科学家之一,他的声誉来源于两个里程碑意义的事情:(1)他是最早采用亚里士多的科学方法概念的经院哲学家,这种方法是从特殊到一般的推理方法,由此有可能更大范围地理解特殊的事物,他称为分解和组合的过程。(2)他认为数学对自然科学的认识具有决定的意义。他写道:"考察线、角、形是最有用的,因为如果没有它们,认识自然哲学是不可能的。……因为自然界里的后果的一切原因都必须通过线、角、形的方式得到表达。"①自然只有通过数学才能恰当地被理解的原因是,物理的运动只是光的传播和扩散,这种扩散按照几何学的规律发生,因此光的活动必须通过数学的方式得到研究。不过,这种科学只给我们的知识提供了形式因或事件的定义,而没有给我们提供关于动力因和目的因的知识。因此,格罗塞特强调,自然的数学研究要用物理学的研究来补充,后者考察了动力因和目的因。

自然研究的目的就是达到规律,事物就是通过规律按它们的性质或形式运行着。自然科学就是要尽可能准确地发现和定义事物的一般性质,这些性质决定了活动的方式。这些一般的性质存在于事物中,它们就像是在上帝的头脑中存在的永恒理念的反映。

然而,人的思想是很有缺陷的,因而在一般条件下它无法确定地把握事物的性质。那么,关于自然的确定性究竟可能吗?格罗塞特认为,是可能的,但只能求助于神圣的启示。任何事物的真理也就是它同它在上帝头脑中的理念的符合一致。因此,如果我们想去认识真理,我们必须在它的原型的理念光之中看到它。这对一个纯洁化的理智是可能的,因为它解除了肉体邪恶的影响,而且受到上帝的启示。然后"理智和科学在其本质的纯洁中把握了事物,就像事物在它们自身中一样"②。

这样,格罗塞特把亚里士多德的经验主义和奥古斯丁主义通过联系于神圣理念的真理学说统一起来。尽管他借助于亚里士多德,然而他的认识基本上是奥古斯丁主义的。他确信,感性知识和实验的必要性的唯一原因就是,我们的理解力被肉体变得昏暗不明、沉重堕落了。在他看来,我们的理智不是肉体的形式或现实化,而是灵魂中最高的部分,是肉

---

① ② 莫勒:《中世纪哲学》,第 121 页,纽约,兰登书屋,1962(以下所引此书均为此版本)。

体的推动者和统治者。如果灵魂离开肉体,它马上就会像天使一样通过神圣的启示拥有完善的科学。在它和肉体统一的现存条件下,知识和确定性要在神圣观念之光的启示下才能获得。

格罗塞特具有特色的理论就是光的形而上学。"光"的概念不仅是格罗塞特认识论的核心,还是他的形而上学和宇宙论的核心。他把上帝构想为原初的不可见的、非被造的光,而把被造物的不同等级,包括天使、人类灵魂、天体和在低等世界的物理存在视为不断减弱的光的系列。在格罗塞特的世界中,光提供了上帝和被造物之间的纽带。实际上,格罗塞特在这里是把上帝启示的力量作为一种光来解释创造,就像他把这种力量用来解释一切天使和人类的知识一样。

在其简短的《论光》(De Luce)一文中,格罗塞特写道,在时间之始,上帝创造了光,即作为第一有形的形式,又作为无广延的质料,继而创造了无形式的质料(物质)和光点,后者以球的形式扩散自己,产生了宇宙的空间之维以及存在于其中的一切物理存在。

光因其本性易于向各个方向扩散自己,除非碰到不透明物体的阻碍。这样,它就容易自然地形成一个球体。随着光扩散自己,它变得越来越弱、越来越薄,直到它的力量被耗尽。这就是为什么在宇宙边极的物质更稀薄,而在宇宙中心的地球更坚硬和浓厚的原因。[①]

格罗塞特详尽地证明了原始光点的扩散而产生的必定是一个有限的而不是无限的宇宙。格罗塞特认为,由于光是在原初被创造的,因而光是一个未被延展的简单的力。这种光自然地倾向成倍增加自己,并扩展与之结合的质料(物质)。但它必须在一个无限的时间里增加自己,因为一个未延展的力的有限增多不能产生一个量,而只有在无限时间里的无限增多,才能产生一个量,却是一个有限而不是无限的量。

格罗塞特进一步论证说,当光(lux)达到了它扩散的界限,产生了一个有限的球体的宇宙,它就向中心返回。这种反射的光的活动产生了九

---

① 参见安德鲁·休丁格《中世纪哲学读本》,第 764、765 页。

个天球,其下面是四种元素:火、气、水、土。所有物质的基本的成分就这样是光的质料(物质)和形式。每种东西被格罗塞特叫做一个简单的或未延展的实体。质料(物质)对光的形式而言是潜能;光的形式使质料现实化,通过空间给它以广延。物质和光就其本身而言都是未被延展的(没有广延的),但是光自发地向所有方向扩散自己,从而使质料现实化而展现在空间里。也就是说,光在三维中延展了物质。

虽然他称物质和光为实体,表明每一个实体有自己的一个实在。但他补充说,每个都不能和另一个分离。

因为光是在三维中延展物质,并产生一个"物体"的形式,所以,格罗塞特称光为"物体性"或"肉体性"。在这点上,显示出了犹太教伊本·加比罗尔对他的影响,像加比罗尔一样,他认为一个实体能有几个实体的形式。身体先被光塑造成形,然后被元素的、植物的、动物的形式塑造,最后被人的理智的灵魂所塑造。

但是,光不仅给予物体以它们的三维中的广延,作为它们的原初能量,光还是它们多种活动的源泉(动力)。质料本身是被动的,只有形式,而主要是第一形式或光,是物体运动和活动的固有的原则。这就是为什么研究物体运动的科学家必须主要关注光的原因,也就是为什么光的科学,甚至在中世纪被叫做光学(optics),是一切科学中最重要的科学的原因;而且,因为光以直线的方式扩散自己,通过反射和折射角扩散自己,因而几何学知识对科学家而言是完全必要的。

格罗塞特的光的形而上学,根源于新柏拉图主义和阿拉伯哲学,这决定它在牛津和巴黎会产生广泛的影响。他的科学理论,连同对实验和数学的强调,对牛津的后几代自然哲学家产生了决定性的影响,其中对罗吉尔·培根的影响尤其明显。

第六节 罗吉尔·培根

罗吉尔·培根(Roger Bacon,1241—1292)出生于英国桑莫斯特郡的一个地主家庭。1230 年在牛津大学文学院学习,听过格罗塞特的课,1236 年在巴黎大学任教。他是第一批讲授被禁的亚里士多德《物理学》和《形而上学》的教师,成为亚里士多德著作的著名评注者。他曾读过伪托亚里士多德写给亚历山大大帝的信《秘密之秘密》(*Secretum Secretorum*),唤醒了他对自然奥妙的好奇心,兴趣就从经院学术转向秘传学问和工艺制造。1247 年他返回牛津大学,受到格罗塞特的科学和数学思想的鼓舞。他于 1257 年加入方济各会,1261 年受到会规处罚,被囚禁在巴黎一修道院里。1266 年他过去认识的主教福尔克斯(Foulques)成为教皇克莱门特四世(Clement Ⅳ)。为了说服教皇采纳他的改革学术计划,培根在短时期内写成《大著作》(*Opus Maius*)、《小著作》(*Opus Minus*)和《第三著作》(*Opus Tertium*)。在 1277 大迫害环境里,他又以"标新立异"的罪名再度被囚,直到 1290 年左右才获释,旋即去世。罗吉尔·培根是一位不幸的天才,他的不幸在于他的超前思想,比同时代人更早地认识到试验和数学的重要性以及科学应有的实用价值。他不只是以"证明科学"的体系和方法介绍神学,而且要以实用科学的精神全盘改造经院哲学。他虽然使用奥古斯丁和亚里士多德的语言表达这些思想,但仍不能为同时代神学家和当权者所理解。直到死后的 14 世纪末,才获得应有的声誉。15 世纪时他的名字已成为牛津大学的骄傲,人们称他为"悲惨博士",以表示对他生前受到的不公正待遇的不满。

培根的最后著作《神学研究纲要》是未完成的作品。现代的版本只有第一、二部分,主题是讨论和神学相关的语言哲学问题及其学术来源。其内容与 13 世纪 60 年代写的论语言的著作《论记号》(*De Signis*)有很多相同之处。这个著作揭示了 13 世纪 60 年代培根哲学的现实背景,即拉丁阿维罗伊主义的兴起。这部著作和 13 世纪 40 年代别的著作可以证明,培根在文学院当教师时曾对"阿维罗伊主义"的主题产生过兴趣。他攻击"阿维罗伊和那些追随他的人",为此目的他选择运用了希腊、拉丁和伊斯兰的资料。

在《神学研究纲要》等相关著作中,有证据表明在方济各会内部,培根和波纳文图拉及其弟子有着很深的不合和冲突。这种冲突看来不只是理智的,可能也有人格和政治上的因素。波纳文图拉可能在 1267—1273 年间在巴黎限制过培根的作品。然而,除了天文学和实验科学之外,培根一般来说是同意波纳文图拉《艺学向神学回归》(*Reduction of the Arts to Theology*)一书的基调和方向的。

罗吉尔·培根作为逻辑学家的主要工作体现在他关于逻辑、语义学和语法的作品当中。其中最主要的有:《语法大全》(*Summa Grommatica*)、《诡辩和辨别大全》(*Summa de Sophismatibus et Distinctionibus*)和《小辩证法》(*Summulae dia Lectices*)三部著作。这三本著作是 13 世纪上半叶牛津和巴黎的语法学、语义学和逻辑学发展的重要见证。

我们可以区别他的逻辑学中两个不同的阶段。第一,13 世纪 40 年代的作品,包括《诡辩论和辨别大全》《小辩证法》。第二,另一些关于语义学、记号和逻辑学的书,是由对神学中语言作用的关注引起的,如《论记号》和《神学研究纲要》。这些较晚的著作包含了一些对奥古斯丁和亚里士多德的综合和"模态主义"(modism)中的主题。由于培根长寿,我们能在他的著作中看到 13 世纪逻辑学的发展。另外两篇论非范畴词(syncategorematic words)的论著是否归于培根名下一直有争议。总的来说,这两篇文章讨论了共相的量化问题,特别是关注了那些表现出特殊困难的记号,如"无限""全"和否定记号。

大体看,《诡辩和辨别大全》没有表现出很多的原创性,却涵盖了逻辑学共有的题材。他用很大的强度和勇气讨论了一些主题,尤其是"包含"的问题,人们或者称为定量的"范围"问题。这本书的主题是关于"言语产品"的分析。由于保持意义同一性总有困难,一方面,一个表达应该包含一些因素,它们让听者按照说话者的意念做出一个解释;另一方面,现实的表达可能不会充分说出说话者的意图。这样,就需要有一个对"言语产品"的分析。

这种分析包括:(1)一个陈述表达是偶然的,在形式上和质料上只含有一个相对的意义;(2)一个陈述的线型秩序不能给出听者关于逻辑形式的一切必要的信息;(3) 在先于所说出的表达式之前的精神活动中发生的次序允许质料因素和形式因素的差别。这种分析在根本上意味着每一种话语命题,无论对说者还是听者都是"一种解释"。这种观点为更成熟的理论准备了基础。

《小辩证法》是一本成熟的著作,它超出了一些同时代的作品,这表现在它处理"新"亚里士多德的方式上和对哲学和科学所做的理解上。这本著作有两个新的语义学观点至为重要:关于"唯一称呼"的理论和关于"空集"中的谓词理论,并且正是在《小辩证法》中得到详细的表述。在这里,他反驳了学院的一般教学,尤其是巴黎的教学。对于一般的教学,一个词有一个自然意义,而且意义一旦给出,就保持下来。这样,"恺撒"一词一旦被确定下来,就能用于活着的恺撒和死了的恺撒。相反,对培根而言,一个词只命名现存的事物。在实体和非实体间,在现在、过去和未来之间没有任何共同之处。词语只能有现在称呼,而对过去和未来的称呼则只是偶然被使用,其意义是变动的。这样,培根反驳了"自然指代"理论。取而代之,他论证了一种与现存事物紧密相连的内在命题的指代论,指代的意义通过动词时态的手段向过去和未来敞开,这就是"通过自身的对现存事物的指代"。后来布拉班特的西格尔(Siger de Brabant)反驳了培根的观点,他认为,事物的自然意义不受时间流逝或自然变化的影响。

《小辩证法》的另一个主题是关于命题意义的组合和划分的限定理论,培根建立了一系列规则。在此,培根吸收了普里西安(Priscian)的拉丁语法传统和传统的语法评注的思想。值得注意的是,在其语言考察中培根利用了所有的三艺学。正是通过这种"建构"理论的方式,培根论证了称呼的基础,反驳了自然指代理论,论证了"动词限制"的基础,并给"现存事物的指代"及其扩张以头等重要的地位。

培根的主要科学成就集中在"新"的实验哲学。从《大著作》第一部分可以清楚地看到,培根在巴黎大学论战的背景下,为教皇克莱门特四世写作他的新神学研究纲领。简要地说,培根像阿奎那那样开辟了一条中间道路,在某些教规学者、神学家对亚里士多德和阿拉伯科学的谴责与由大学艺学教师体现出的理性化的亚里士多德主义之间的道路。简言之,他提出把亚里士多德纳入一个理论综合中,其中包含斯多亚主义和柏拉图主义的某些因素。

在《大著作》开篇,他把人类认识的错误根源归结为四大障碍:"理解真理有四个主要障碍,它们妨碍着每一个人。无论人们如何学习,也无法获得真正智慧和学识。这些障碍是:(1) 靠不住的、不适当的权威的榜样;(2) 习俗的长期性;(3) 无知民众的意见;(4) 以虚夸的智慧掩饰无知。每一个人都陷入这些困难,人们的日常状况靠它们维持,因为每个人在生活、学习和职业活动中都用下面三种糟糕的理由达到相同的结论,即:(1) 这是我们前辈树立的榜样;(2) 这是习俗;(3) 这是共同信念,因此必须坚持它。所以,即使这三种错误被理性令人信服地驳倒,人们还可以原谅这类错误。第四个障碍总是出现在每个人的眼前或嘴边,虽然他不知道任何有价值的东西,但还是无耻地夸大所知道的一切。这样,他压制并避开真理、满足于可悲的愚蠢。"①"四障碍说"是对经院学术的尖锐批评。崇拜权威是以圣徒和教父言论定是非的教条主义,因袭守旧是恪守传统的保守主义,服从一般人的信念是盲目的信仰主义,夸夸其谈是不学无术的文字游戏。罗吉尔·培根虽然推崇奥古斯丁以来的神学传统,他的著作也常引述权威为论据,但他深感学术现状的堕落与虚浮已到了不可救药的地步,故奋起进行批判。

在《大著作》的第二部分,培根讨论了智慧与真理的问题。这和伪托格罗塞特的《哲学大全》的第一部分相符合。他说:"有一种完善的智慧存在于《圣经》中。从这种智慧的根源产生一切真理。"②然而这种完善的智慧和神圣的真理却要通过哲学和教规律法(canon law)这两种主要的神学解释工具揭示出来。哲学作为一门特殊的学院课程,属于一般的智

---

① 培根:《大著作》第1卷,罗伯特·B.柏克译,第4页,瑟麦斯出版社,2000。
② 同上书,第36页。

慧探讨。智慧,包括诗和哲学,最初是给先知和主教,然后通过希腊人和伊斯兰人传承下来,在基督教时代进入一个发展期。这样就有了智慧和真理的历史,其线索就是从约瑟夫(Josephus)、奥古斯丁和塞维尔的伊西多尔(Isidore of Seville)沿续下来的。

《大著作》第三部分和与它相关的著作《哲学研究纲要》《神学研究纲要》体现出了培根对神学中语言作用的新理解。第三部分的副标题即是:论语法的使用。在《大著作》的这一部分中,培根从八个方面比较详细地论述了语言知识的必要性,强调学习除拉丁语之外的外语的重要性,如古希腊语、阿拉伯语、希伯来语。① 也是在这个普通语言理论的背景下,培根在题为《论记号》的一个部分中表达了他的新普通记号论,这就是培根关于语言和记号的观点。

培根这样定义"记号":记号就是向理性和理智指示那个理智之外的某物的东西。

这里有两方面的关系,即记号和理智(为它而指示的)的关系、记号和所指的关系。培根认为后者从属于前者。这样,说话者每时每刻都自由地重新利用记号,即给它们一个新的意义:"意义就这样从属于说话的判断。"对那些传统神学家们而言,记号和所指的关系是最本质的方面。就是说,一个记号一旦被建立起来,它就是本质的、不变的。因此,记号和所指的关系一旦建立起来就是基本的关系。而这也就意味着,甚至不存在解释者。对培根而言,一个记号就像一个餐馆记号,它被建立起来时有了一个相对的意义,如果周围没有一个它所要向之表示的人,它就无意义。在这个意义上,它只是潜在地存在着。培根还对记号作了划分。他先按照奥古斯丁的方式把记号分为两类:一是自然记号,如烟、火;二是灵魂给出的记号。② 第二种又分为两种:(1)以概念的方式指示着的记号,它又分为语言记号和非语言记号。语言记号又包括不完全说

---

① 培根:《大著作》第 1 卷,罗伯特·B. 柏克译,第 75—91 页,瑟麦斯出版社,2000。

② 培根:《神学研究纲要》,托马斯·S. 马洛尼译,第 57 页,布里尔出版社,1988。

出的感叹词和完全说出的语言的其他部分。非语言记号包括手势语、僧侣符号等。(2)以情感的方式自然地指示着的记号。它包括感性灵魂的产物,如动物发出的声音;理性灵魂的产物,如呻吟、感叹、痛苦的喊叫等。

《大著作》第四部分讨论了数学应用于自然和人的事物尤其是神学事物的问题。他开始就称逻辑学可以还原到数学,即关于量。简单地说,培根提供一个自然的唯一动因(agency)的理论,这个动因按照严格的物质过程运作着,且只有以数学方式才能被真正认识。在这本书的第二部分,培根建立起来一种人们可能按照线、图和数对自然进行彻底的几何学的理解方式。

在《大著作》第6卷里,培根试图给出一种类似于逻辑推理规则的自然科学的规则。他的动机就是提出一个能把"一门真正理性的自然科学和艺术"从巫师骗术中区别出来的方法。为了展现这种新科学方法,书中用的一个最重要的例子,就是对虹的理论阐释。他强调,自然哲学或透视哲学都不能单独得出一个能解释虹的理论,人们要有具体详细的经验。他的意思是,非常细致的观察和精确的数学计算相结合是这个理论所必需的条件。他吸收了前人对虹的描述,引证了前人有关数学、光学的成果,从而成功地给出了一个关于虹的正确解释。由此,他得出结论说:研究自然事物,必须仔细测量现象。

《大著作》第7卷题名为"道德哲学",是独立的一卷。它提出了艺术和科学作为服务于人的行动,即服务于人的道德的观点。然而这卷内容驳杂,涉及面广,如对古代自然哲学的介绍、占星术社会学、法庭修辞问题、伊斯兰社会思想纲要等。但最重要的还是第三部分关于德性理论和第五部分关于语言在政治生活、道德和宗教中的使用。他的道德学说没有太强的创造性,其理论基础是亚里士多德的德性论,属于斯多亚学派。然而他主要关心的是提供给统治者一套他认为是可靠的道德-政治理论,以作为对君主的教育。

第七节　科隆的大阿尔伯特

大阿尔伯特（Albertus Magnus，Albert the Great，1200—1280），1200 年生于德国南部多瑙河畔的劳英根（Lauingen）的士瓦本（Swabian）镇的一个低等贵族家庭，很可能是霍恩施陶芬（Hohenstaufen）公国一位官员的儿子。这一年是中国理学家朱熹的卒年。阿尔伯特生活的 13 世纪是一个动荡的年代，中国南宋王朝开始走向衰落，直至灭亡（1279）。蒙古崛起并建立了元朝（1271），继而进行了大规模的征战，向西一直打到欧洲的多瑙河流域。欧洲社会变动不居，传教活动频繁，国际商务不断增加，战乱迭起，八次十字军东征（1095—1270）持续了近 200 年，新的土地的开垦以及中世纪城镇的增多，在政治、法律、商业、文化等领域都发生了巨大的变化。天主教会也处于动荡之中。这些都反映了这个时期的社会动荡。毫不奇怪，社会动荡总是带来或加剧了精神危机的普遍蔓延。许多人感到必须重新找到生活的方向，并获得新的自我认同，找到生命的意义。回应这种大变动所带来的危机，产生了两种重大的历史现象，深刻地影响了大阿尔伯特的生活，一是托钵僧宗教团体运动的兴起，其中最重要的是道明会和方济各会，他们服从教皇的理想，尤其致力于反异教斗争，努力同化犹太人和穆斯林。大阿尔伯特在帕多瓦（Padua）学习的时候，就加入道明会。二是知识不断增长并日趋复杂化。不断增长的知识激发了阿尔伯特强烈的求知欲望，他吸收了那个时代最广泛的知识，以博学著称，获得了"全能博士"的称号。罗吉尔·培根曾写道："他在学校里就像亚里士多德、阿维森纳和阿维罗伊一样被人引述，而且在活着的时候就被奉为权威，而任何其他人都不是。""他还活着的时候，在巴黎获就得到了博士称号，并在学校里被当做权威引用。"①

大阿尔伯特年轻时在波洛尼亚和帕多瓦大学学习法律，于 1223 或

---

① 诺尔斯：《中世纪思想的发展》（第 2 版），第 229 页，伦敦和纽约，朗曼公司，1988。

1229 年加入道明会,此修会是圣多明我(Dominican)不久前在图卢斯(Toulouse)创立的,此时已经很快变成了遍布欧洲的中心机构,得到了教皇一系列训谕的肯定。大阿尔伯特很可能在科隆完成修士见习期,然后作为一个教师在道明会讲学。13 世纪 40 年代初已经 40 多岁的大阿尔伯特,被道明会派到巴黎大学学习,那里的神学院有着显著的地位。在获得了博士学位后,阿尔伯特在神学院任教,1245—1248 年,托马斯·阿奎那就在他的门下学习。1248 年离开巴黎到科隆的道明会,专门从事研究,并受命创立一般科学研究(studium generale)。1260 年他就任雷根斯堡(Regensburg)大教主。1262 年辞职以后,也没有中断担任各种官方职务,同时在科隆继续他的教学生涯。最后于 1280 年 11 月 15 日在那里逝世,享年 80 岁。[1]

　　大阿尔伯特的著作多得惊人,巴黎 1890—1899 年版全集有 38 卷之多。主要有《被造物大全》(Summa de Creaturis,因在巴黎完成的,也叫《巴黎大全》),还有未完成的《神学大全》(Summa Theologica)。他所评注的亚里士多德著作包括《论灵魂》《物理学》《论天》《论生灭》《自然小著作》《动物志》《伦理学》《政治学》《后分析篇》《形而上学》等。我们可以把他的著述活动大体分为四个时期:第一个时期在 1228—1248 年间,主要在科隆和巴黎致力于神学;第二个时期在 1248—1254 年间,在科隆主要是关于狄奥尼修斯(Dionysius)和亚里士多德《伦理学》的写作;第三个时期可以叫做亚里士多德时期,在 1254—1270 年间,致力于有关亚里士多德的哲学和科学的写作;最后一个时期又回到了神学,大约在 1270 以后,写作《神学大全》,此时他还不知道他的学生阿奎那已经完成了同样的著作。

---

[1] 关于他的生年有不同看法,相反的两种观点是 1193 年和 1206—1207 年。见戴维·诺尔斯《中世纪思想的发展》(第 2 版),第 227 页,朗曼公司,1988。吉尔松认为应在 1206 年,见吉尔松《中世纪基督教哲学史》,第 227 页,纽约,兰登书屋,1955。本文采 M. 德鲁耶尔(Mechthild Dreyer)的观点,见乔治·J. E. 格雷西亚和蒂莫西·B. 努恩编《中世纪哲学指南》,第 92 页。

　　大阿尔伯特漫长而勤奋的一生包括了几乎整个 13 世纪。他心灵开放，对一切知识都有兴趣，并受到最多样化的影响，在所有领域都是一位创造性的研究者，在生物学和动物学领域尤其如此。他作为一位神学家的同时，也是一位严格意义上的学者，大量的哲学和科学材料汇聚在他的作品中，让人难以辨识究竟哪些只是叙述或为了以后使用或解释而保存起来的，而哪些又是他自己写的或教导的真理学说。他自己的神学著作提供了很多线索指明他的观点究竟该如何理解。

　　希腊-阿拉伯知识的到来使拉丁世界面对一个全新的难题，即如何用基督教的方式解释它们。早期的基督徒处理这个问题时还没有马上意识到这个问题的深刻含义。当他们认为新知识有害于信仰而加以全盘否定时，他们只是简单地试图用传统的教父们尤其是圣奥古斯丁的教义来看待阿维森纳的心理学和形而上学。大阿尔伯特对这个问题的解决做出了决定性的贡献。他和罗吉尔·培根一起可能是拉丁世界里最早充分认识到解决希腊-阿拉伯知识与基督教信仰之关系的重要性的人。阿尔伯特看到希腊-阿拉伯知识的精神世界和基督教信仰的教父世界是截然不同的。这意味着他清楚地意识到这样的二重事实：神学明显不同于哲学，信仰是与自然理性明显不同的一种认识方式。

　　这种区别的后果是多重的，大阿尔伯特的伟大就在于他没有由此推出基督教徒不该对哲学感兴趣。相反，他认为，对基督教徒而言首要的任务就是力图完全把握各种形式的科学知识。

　　和大多数同时代人以及当时的神学家不同，大阿尔伯特给哲学一个更重要的角色，而不仅仅是神学的工具。他把哲学理解为一种按自己的权利而给出对世界和存在的看法的科学，它能够独立于神学而存在。同时，他强调了哲学和神学从不同的角度彼此所需要的范围。比如，在明确人生的终极目的问题上，如果我们问人类是否和怎样可以达到他们的目的或得救，大阿尔伯特就会引证所接受的基督教传统来回答，但哲学不能明确地回答这类问题。哲学家只能说明一定有一个人类的终极目的，并在某种意义上它在现世可以达到。但要知道终极目的能否在来世完满实现以及如何实现,则只有通过神学依靠基督的启示来回答。然而与传统的观念不同,大阿尔伯特没有得出这样的结论:由于哲学关于人生的范围和视野的狭窄,一切通过自然理性所认识的东西都必须从属于神学;而是认为神学和哲学是科学的两个学科,各自都有自己的权利,有自己的主题、论证的原则和方法。

在对待希腊哲学的两种传统问题上,大阿尔伯特努力调和亚里士多德和柏拉图学说,这可以在他对人的灵魂和知识的观念中充分体现出来。柏拉图把"灵魂"定义为推动人的肉体运动的精神实体,而亚里士多德则把它界定为肉体的形式和现实(完成)。大阿尔伯特认为,如果这些定义能被正确地理解,它们并不是矛盾的,像阿维森纳已经指出的,他们只不过是从两个不同的方面来说明灵魂而已。柏拉图是在灵魂自身中界定灵魂的,把它视为和肉体分离的实体,而亚里士多德通过它和肉体的外在联系来定义"灵魂"。大阿尔伯特总结说:"我们同意柏拉图,而当把它(灵魂)作为激活肉体的形式看待时,我们同意亚里士多德。"①

不过,在大阿尔伯特的这种调和观点中有两个困难:第一,如果灵魂是和肉体分离的形式,那么灵魂和肉体是否分离? 第二,他的观点无法解释人的本质的统一性。这种观点不可避免地导致了灵魂和肉体的二元论。

在灵魂问题上,大阿尔伯特追随阿维森纳,他把灵魂存在于肉体中描述为就像舵手之于航船上,灵魂和肉体就像两种不同的实体。同时他又从尖锐的二元论中退缩回去,强调灵魂是肉体的实体形式,用它组合一个实体的单元。灵魂和肉体结合的原因是灵魂激活肉体的自然倾向。灵魂中有一种给肉体以存在和生命的自然能力。没有灵魂,肉体就不会是一种真正的有机体,一个死人就不再是一个人了。从这个角度说,灵魂不同于天使,天使没有赋形给肉体的自然的倾向。即使灵魂死后也仍然保持它对肉体的自然的欲求,而且没有肉体,灵魂就不能有完全的

---

① 莫勒:《中世纪哲学》,第 156 页。

幸福。

虽然灵魂和肉体的关系是自然的,但阿尔伯特不认为这种关系是灵魂的本质。灵魂在本质上是一个无形体的实体,自身是完成了的,并独立于质料。这从灵魂的主体部分上是一个理智这个事实可以清楚地看到。灵魂有一些力量,并通过肉体的机体而起作用,因而依赖于肉体。但理智却不然,理智完全独立于质料,就像我们明显地看到的那样,因此,以理智为核心的灵魂必然在本质上和肉体分离。

作为一个精神的实体,灵魂不能被自然的力产生,它是上帝的一个特殊的创造。因为只有上帝完全不具有复杂性,也就是说,上帝不包含质料,它完全是精神的,因而它不是由质料和形式组成的。然而,灵魂中有一种个体灵魂和灵魂本质的区分。所谓灵魂的本质,也就是每个灵魂与其他灵魂共同的东西。大阿尔伯特把这种区分叫做存在物(quod est,即个体的存在)和存在或本质(quo est,个体的本质或本性)的区分。大阿尔伯特解释说,这种区分同质料与形式的区别很相似。像质料接受形式那样,个体接受本质,本质给个体本质属性。然而,这种个体和本质的区分存在于一切被造物之中,包括天使,但是质料和形式的区分却只存在于物质的东西里。

灵魂有两种理智的力量对应上面所描述的两种形而上学区分。对应于灵魂的被动的接受性部分(它的 quod est),灵魂有一种可能的理智使它能够接受知识。对应于灵魂的积极部分(它的 quo est),灵魂有一种能动的理智,通过它灵魂积极地获取知识。每一个体的灵魂有自己可能的和能动的理智,而不是所有人只有一个理智。我们的能动理智分有了上帝自己的理智,这就是我们的理解所要凭借的光。这是人的特殊荣耀,因为它是灵魂中上帝的画像。在这一点上,上帝最接近灵魂,他给它连续的光照,在极乐的显圣中提升到荣耀的光的顶点。我们有一个可能的理智,不是因为灵魂是肉体形式并从感性材料中抽象知识,而是因为灵魂从感性中接受知识。由于人的灵魂和肉体相接触,所以,人的可能的理智沉浸在质料中,使这种理智要通过感觉来接受知识。理智通过转向感觉和想象,并通过从它们那里抽象出材料来认识物理的数学性对象。但是,大阿尔伯特否定了我们的形而上学的或"神圣的"对象也可以用此种方式来认识。我们的理智是通过神圣的光照而不是通过抽象来接受这种更高的知识。他写道:"人的理智同质料和时间的统一并不排除它能提升达到认识的纯粹而清楚的光照。在光里,灵魂能接受理智对象的知识,因为,在这样情况下它不会转向感觉,而理智对象也就是超越物理和数学水平以上的对象。"①

通过抽象得来的知识是一种为神圣光照准备道路的低等形式的知识。但是,如果没有上帝光照的帮助,抽象也是不可能的。能动理智的光本身也不能使我们认识关于物理世界的真理,必须受上帝自身之光的照亮或通过天使和上帝相结合的光,能动理智才能认识它的对象。大阿尔伯特称这种神圣的光照为一种广义上的恩典,因为它是作为自然禀赋赐给我们的一种礼物。

因此,大阿尔伯特在知识中看到了从感性知觉的抽象到最高的神圣光照的一种连续性。对灵魂而言,与肉体结合不是其认识活动的关键所在,通过肉体的感觉获得知识也不是必然的。认识活动的关键所在是灵魂中的能动理智。能动理智的首要功能就是从上面接收光照,反过来照亮被动理智,使之能从物质性的事物中抽象出形式。认识的目的首先就是通过能动的理智而使被动理智获得充分的光照。在天使那里这会时常发生,在人这里,理智按等级而不断增加光亮。由于人的被动理智沉浸在肉体之中,有点阴暗,不能马上从能动理智那里接收全部的光流,而必须逐渐地、一束束地接受这种光,在这过程中,受到肉体和感觉的影响,它们使这种光被从感性材料那里抽象出来的形式所打断,使能动理智之光淡化或分散,这就像物理的光被不同的晦暗物体阻断或分散到不同的颜色中一样。只有经过长期的学习和准备,被动的理智才能接收能动理智的完善的光照,从而使自己不断增光。

---

① 转引自莫勒《中世纪哲学》,第 158 页。

人在此生的最终目的就是以这种不断使自己的理智增光的方式拥有一个完善的理智，从而能够沉思神圣的事物。当人的理智这样被神圣化的时候，他也就跃升到一种对自己的精神本质、天使和上帝的认识。而这也意味着他为永恒的幸福做了准备，因为这样完善的理智是不朽的基础。

大阿尔伯特的理智论受到基督教作家中的奥古斯丁、狄奥尼修斯以及亚里士多德和伊斯兰教哲学家们的启发。他有时用的是亚里士多德的语言，但他的这种理智论与其说是亚里士多德主义的，不如更准确说是属于新柏拉图主义的。在这点上他的真正继承者不是托马斯·阿奎那，而是德国神秘主义的新柏拉图学派，其领袖人物是艾克哈特（Eckhart，M. J.）。

大阿尔伯特一生都致力于把从他喜爱的基督教、伊斯兰教和异教那里获取的观念融合到一起。他的贡献主要在于综合不同传统与观念，使它们与基督教信仰相融合，从而扩大了基督教世界的精神视野。

大阿尔伯特在他的学生圣托马斯死后还活着，并继续着写作。有一个传统说法，当圣托马斯的某些学说于 1277 年在巴黎遭到谴责时，大阿尔伯特从科隆长途跋涉来巴黎为他心爱的学生辩护。然而，他从未成为一名托马斯主义者。他堪称一位伟大的教师，是第一个欣赏托马斯才华的人。他曾预言，有一天他学生的声音将响彻整个世界，然而他自己却显得有些寂寞，他的作品还有待全面研究。迄今为止，还没有一本可靠的综合性导论的书全面地介绍他的思想，更充分的研究还有待于未来。

第五章　托马斯·阿奎那的证明之路

第一节　亚里士多德主义与另一条道路

从欧洲整个中古时代的宗教哲学来看,托马斯·阿奎那的出现,意味着以理解上帝为核心的基督教哲学开辟出了另一条道路。如果说奥古斯丁开辟的是一条以不断自省和反思作为理解信仰之方式的"心学道路",那么,托马斯·阿奎那打开的则是一条以逻辑演算与概念说明作为理解和坚定信仰之方式的"证明道路"。人们通常以"柏拉图主义"与"亚里士多德主义"来标明这两条不同的道路,实际上这是从这两条道路的两个不同的理论来源来标明它们。正如"心学道路"并非开始于奥古斯丁,却是由他发扬光大为一种具有强大历史效应而能够传诸久远的思想传统一样,"证明道路"或者说"亚里士多德主义"也并非始于托马斯·阿奎那,却是他使"证明道路"成为与"心学道路"相对应的另一个基督教神学-哲学传统,也是在这个意义上说,托马斯的出现标志着基督教神学-哲学另一个时代的到来。

托马斯·阿奎那(Thomas Aquinas)于 1225 年初出生于罗马与那不勒斯之间的洛卡西加(Roccasecca)小城,1274 年 3 月病逝于赴里昂教务会议的途中。他生活、活动的时期相当于中国南宋晚期,其出生前 50

年,朱熹、陆九渊、吕祖谦会于信州鹅湖寺论辩心-理与源-流;其逝世后一年,他的同胞马可·波罗到达元上都,又四年,元灭南宋。在此之后近500年的顺治、康熙年间,托马斯·阿奎那的《神学大全》始有部分中译本,并以《超性学要》为名。

普及教育——所有未来的独立公民到一定的法定年龄都必须被送进基础学校接受教育——在欧洲也只是百来年的事情。在这之前,只是贵族或富家子弟到了一定年龄"必须接受教育"才是"理所当然"的。托马斯·阿奎那出身的家族是当时德意志帝国境内一个很有势力的贵族,所以,当他5岁的时候就被送到著名的蒙特·卡西诺(Monte Cassino)的大本尼狄克修道院接受宗教的和理智的教育。在这里接受了9年初级教育之后,由于当时的帝国皇帝弗里德里克二世(Frederick Ⅱ)与教皇之间爆发了战争,修道院被军队占领,支持帝国一方的阿奎那家族不得不把托马斯从修道院接走,转而送到那不勒斯大学——它是由弗里德里克二世为了与教皇的波隆那(Bologna)大学相对抗而创立的,因此,自由学术气氛浓厚。托马斯·阿奎那在这里学习所谓"七艺",即语法、逻辑、修辞以及算术、几何、音乐和天文。在修习逻辑学时,托马斯开始接受哲学教育,研习了亚里士多德的逻辑学著作以及后人的评注。不过,他对亚里士多德的这种研习还只是一般性的了解,与他献身灵性事业还没有直接关系。

在13世纪的欧洲基督教世界里,社会结构与生活世界发生着一些重要变化。十字军东征带来的一个意外历史效果即商业贸易的兴起,城镇逐渐兴盛起来,越来越多的人开始摆脱对其领主或地主的人身依附关系而涌向新兴的城镇,他们在城镇组成一种新的生活共同体即行会或协会,并且在这种新的社会共同体内拥有自己的权利与自由。尤其重要的是,这期间在许多城市出现了将深远影响乃至造就欧洲历史的新事物,这就是具有很强法律地位的大学。由于这些大学从教皇和帝国皇帝那里获得了特权而具有很强的独立性:它们作为独立的社团拥有自主的法规与独立的司法权、安全措施、免税、自主颁发学术奖励、自由讲课。

大学的这种独立与自由使它很快取代远离城市、与世隔绝的修道院或修道院式的学校而成为西欧精神生活的中心。原来与世隔绝的学者可以汇集大学进行自由交流与授课,而各地方的学生则可以到大学自由聆听学者们的演讲。社会结构与生活世界的这些新变化无疑给当时的人们,当然也给敏感的天才托马斯·阿奎那展示了新的可能性。陆续出现的大学,首先是巴黎大学将成为托马斯生活、献身灵性事业的主要场所。

从 12 世纪至 13 世纪前叶,罗马教皇的权力逐步得到加强。在英诺森三世(Innocent Ⅲ)任教皇(1198—1216)期间,教皇的权势达到了巅峰:在基督教世界里,大部分君王或皇帝都成了罗马教皇的封侯,他们一个个不仅承认教皇是他们属灵的领袖,而且承认教皇也是世俗的主宰。因此,他们不仅宣称自己是教皇的臣属,而且承认他们的国土是罗马教会的领土,教会的世俗权力由此也达到了前所未有的高峰。然而,正如任何社团、党派的权力的无限扩张必然带来腐败一样,教会权力的扩张不仅没有促进基督教属灵事业的发展,相反,由于教会权力的扩张而带来的各种利益,特别是物质上的极大好处,严重腐化了教会的神职阶层,以致教皇英诺森三世叹息说:"法国南部的主教们是平信徒的笑柄。"[1]而巴黎人则说:"我可以相信任何事,但却无法相信一位德国的主教可以得救。"[2]教会的腐化促使了英诺森三世在 1215 年召开的拉特兰会议提出改革教会的号召。实际上,教皇革新教会的号召只是反映了当时真正的虔诚教徒的要求,这种要求是如此强烈与普遍,以至于催生了许多新的修道院以及由矢志过圣洁生活的教徒组成的新的修道团体。教皇号召的真正意义在于使革新教会的要求以及缘此要求而兴起的一些新团体"合法化"。这些新的修道团体中最重要的是方济各会(亦译方济会)和

---

[1][2] 祁伯尔(B. K. Kuiper):《历史的轨迹——二千年教会史》,李静芝译,第 152 页,中国基督教神学院内部版,1984。

道明会(亦译多明我会)。① 与当时传统的教会和修道院里的神职人员轻易就能获得优厚供给而普遍过着优裕乃至奢侈的生活相反,这两个修道团体都提倡过简朴生活。如果说方济各会注重躬身劳作,那么道明会的目的则是讲道,它的成员都自称"讲道修士"。因此,道明会修士不像一般修道士那样生活于与世隔绝当中,而是走出修院和教堂,到社会中传道。他们不是靠教堂来传达一种"权力的话语",而是试图靠传道本身来获得"话语的权力"。这种使命要求他们的传道需要有一种思想的力量和感动心灵的艺术。这一点成就了道明会初期的修士们非同一般的学术造诣,使他们多以博学著称。因此,陆续涌现的大学城先后成了他们活动的主要地点。

我们不知道道明会那种传道使命与风格是否吸引了年轻的托马斯·阿奎那,但是我们知道,出身于贵族之家的托马斯在他 19 岁那年(1244)坚决地加入了道明会,而不惜与其家族对抗。托马斯的家族属本尼狄克会。② 在当时人们的眼中,本尼狄克会成员所属的"隐修士"(monk)与道明会成员所属的"苦修士"(friar)有很大的落差,前者被当做上等阶层而受到尊敬,后者则与穷人为伍,他们甚至以乞讨的方式巡回传道。所以,托马斯加入道明会遭到家族的强烈反对,以致这位未来的"天使博士"在离开那不勒斯大学前往巴黎的路上被他哥哥绑架回家,并被关闭在家族的一个城堡里达一年之久。在这期间,托马斯不仅顶住了亲情的压力,据说还经受住了家人有意设置的一个高级妓女的引诱。如果不是道明会的传教使命及其追求与福音书一致的使徒式生活深切地吸引了托马斯,人们就无法理解他如何具有能够经受住此类压力与引诱

---

① 方济各会亦译方济会,由亚西西的法朗西斯(Francis of Assisi)于 13 世纪初创立于意大利,并于 1215 年的拉特兰会议得到教皇英诺森的认可。提倡苦行生活,躬身劳作,周济贫弱,20 世纪初传入中国。道明会亦译为多明我会或多明尼克会,由西班牙人多米尼克或称圣道明(Dominic,1170—1221)创立,也于拉特兰会议得到教皇的认可。其主旨在布道,初期成员多以博学闻世。道明会后来控制着"异端裁判所",专司根绝异端之职。1631 年传入中国。
② 本尼狄克会,由意大利人本尼狄克于 529 年创立,注重自身虔修,也从事社会、文化活动。20世纪初传入中国。

的力量。正是这种力量使托马斯·阿奎那在与家族的抗争中获得了
胜利。

　　加入道明会的决断对托马斯的50年人生无疑具有决定性影响。因
为正是加入了道明会使他非常幸运地遇到了一个非常有学问的教师、德
意志道明会创始人之一大阿尔伯特,而正是在大阿尔伯特的指导与影响
下,托马斯才认真对待亚里士多德的整个哲学,特别是其形而上学,并成
功地转换了亚里士多德学说,使之有益直至服务于基督教的属灵事业,
从而开辟出了基督教神学-哲学中的"亚里士多德主义"。从此,作为哲
学家的亚里士多德不再是基督教"危险的敌人",而成了理解基督教信仰
合理性的最重要的思想源泉。正是这一划时代的功绩成就了托马斯·
阿奎那成为"圣徒"和"天使博士"的人生。①

　　从11世纪末直至托马斯生活的世纪,在欧洲人狭小的精神上空一
直飘荡着一个挥之不去的陌生影子,这就是亚里士多德学说。在这之
前,欧洲的基督教世界只知道有一个叫亚里士多德的逻辑学家,而对作
为哲学家和"自然学家"的亚里士多德则全然一无所知。与柏拉图一直
在欧洲基督教世界显圣扬名相比,作为哲学家的亚里士多德在欧洲基督
教世界则缺席了一千多年,他的形而上学、伦理学和自然科学不是通过
欧洲人,而是通过东方的阿拉伯人和犹太人被保存和传承下来,并且得
到了系统、深入的研究。一种学说、宗教或文化是否具有合理性,是否具
有时代的优越性与强势性(也就是通常所说的"进步性"),一个重要标志
就是它是否会以不可阻挡的方式得到传播并且得到知识精英的普遍接
受。在13世纪,对西欧基督教世界来说,亚里士多德学说这个陌生身影
就显示出了它不可阻挡的强势力量。在阿维森纳和阿维罗伊等阿拉伯
哲学家和犹太哲学家把亚里士多德的著作译成拉丁文介绍到西欧之后,
亚里士多德的形而上学和自然哲学以及阿拉伯学者们有关亚里士多德

---

① 托马斯·阿奎那因《论独立的本体:天使的本性》(*De Substantiis separatis seu de angelorum*
　natura)一书对天使的本性进行了前所未有的描述与论证,而被后人称为"天使博士"。1567
　年,罗马教皇在封托马斯为"圣师"时,追认他为"天使博士"。

学说的论著在基督教世界很快传播开来,大大拓展了欧洲人的精神世界。

亚里士多德学说的传播产生了两个直接结果:一个是亚里士多德的自然哲学和各门具体科学知识的范导,唤起了欧洲人对感性自然界的兴趣与热情。我们甚至可以说,亚里士多德的自然学说使欧洲人在罗马帝国之后重新发现了"自然界",使自然界重新成了人类可以进行经验研究的对象。对自然的这种经验研究工作在陆续涌现出来的大学找到了得以被永久性开展下去的庇护所。所以,亚里士多德学说首先和主要是在各大学中传播开来的。各大学也正是在传播与研究亚里士多德学说的过程中成为传承与积累自然科学知识的一个公共机构——这是欧洲中世纪大学与中国传统书院一个不同的地方。对自然各领域的经验研究逐渐打开了欧洲人的思想视野。如果说,诞生于中世纪的欧洲各大学通过积累自然科学知识和促进理性的自由思想为遥远的启蒙时代首先在欧洲大陆准备了历史性条件,那么,我们也可以说,亚里士多德学说对欧洲历史的意义就不仅仅限于它通过托马斯而成为基督教信仰之合理性的源泉,而更在于它与大学一起深刻地影响了欧洲历史。

另一个是亚里士多德学说,特别是其中有关现成世界、灵魂(理智)等方面的学说给基督教信仰的一些基本教义带来了严重冲击。这种冲击首先来自把亚里士多德介绍给欧洲人的阿维森纳与阿维罗伊等阿拉伯学者。他们在把亚里士多德的著作介绍给欧洲人的同时,也把他们自己根据亚里士多德学说而提出的一系列思想传达给基督教世界。其中,他们关于现成世界的永恒性与人的灵魂的可朽性等思想首先给基督教信仰带来了强烈冲击;此外,他们根据亚里士多德学说而对自然界、人类与人生所作出的分析和解释也多与基督教世界的传统定见相抵触,但是它们却有强大的思想力量,吸引了大批学者和学生,以至从 12 世纪下半叶始,在许多大学首先是巴黎大学逐渐兴起了亚里士多德主义思潮。于是,紧接着,在教会内部出现了反对传统定见的亚里士多德主义,其中最著名的就是曾任巴黎大学教授的西格尔(G. Segal),他除了维护阿维罗伊有关世界与灵魂的理论外,还进一步阐发了阿维罗伊的双重真理论:承认并维护理性真理,甚至主张哲学应独立于神学。

这些内外冲击曾一再引起基督教会的反弹。1209 年,巴黎宗教会议向亚里士多德主义最盛的巴黎大学颁布命令,规定教师不得讲授亚里士多德哲学,否则革除教籍。命令还严禁以任何方式阅读和保存亚里士多德的著作。紧接着,1210 年,罗马教廷把亚里士多德的《物理学》列为禁书,1215 年又把《形而上学》宣布为禁书。亚里士多德及其学说先后遭罗马教会的禁令和谴责达 7 次之多,被视为基督教"最危险的敌人"。但是,对于当时几乎以信仰排挤了理性的基督教世界来说,亚里士多德学说与亚里士多德主义具有如此大的强势力量,以致使罗马教会的那些强硬禁令都成了一纸空文:不管是在巴黎、波隆那或者科隆还是在牛津,亚里士多德的学说不仅继续在各大学传播,而且被当做最高理论权威,人们都以研究、理解亚里士多德为荣。言必称亚里士多德,论必引亚氏之论著,蔚然成一时之风尚。

实际上,只有上帝有权力(能力)约束人类的思想(理性)自由,因为他是全能的。但是,上帝也没有权利约束人的思想自由,因为这种自由是他赋予人类的,如果他收回这种自由,那么,他就没有理由追究人的罪。换言之,他不得不放弃最后的审判权,而这是不可能的,否则上帝就不是全能的。这意味着,在这个世界上没有任何存在者有权利限制人的思想自由!因为连上帝都没有这个权力,还有谁有这个权利?对人类思想自由的任何限制都是人类自陷其中的一种蒙昧状态。任何独裁者或强权集团对人的思想自由的限制,不仅表明强权者自身还陷于蒙昧当中,而且强行把他人和社会拉入无思想、无主见因而无独立、不健康的个体人格的黑暗状态。欧洲中世纪之所以被称为黑暗时代,就在于教会经常把本来以理性为其共同基础的思想与信仰推向对立,使信仰远离乃至排斥思想,最后使信仰成了限制思想自由的教条体系。但是,如果离开了自由思想及其打开的生活世界,那么,任何信仰体系都将失去活生生的效力。面对自由思想,任何信仰体系都无力抗拒,因为就其基础而言,对自由思想的抗拒与排斥本身就违背了信仰的本性。这也是为什么亚里士多德的学说在基督教世界能够突破一系列禁令而席卷知识界的根本原因。

　　亚里士多德主义在基督教世界的不可阻挡的传播，使基督教界面临这样一个问题：亚里士多德的学说真的与基督教信仰不相容吗？这一问题促使一些有使命感同时又有思想能力的虔诚基督徒去深入研究亚里士多德思想，而不是简单地谴责和排斥它。其中先后在巴黎大学和科隆大学等地任教的大阿尔伯特就是最著名的先驱性人物。他不仅对亚里士多德的形而上学、自然哲学进行了深入研究，利用它们为基督教信仰辩护，而且在亚里士多德的自然哲学与自然科学影响下投身于经验科学研究，特别是对动物学与植物学有独特的研究。由于他的博学通识，当时就获得了"全才博士"的称号，甚至被尊为"伟大的阿尔伯特"，所以人们提到他一般就称之为"大阿尔伯特"。当托马斯·阿奎那在被家族拘禁一年之后首度来到巴黎大学时，他非常幸运地遇到了在那里讲学的大阿尔伯特，在后者的指导下学习神学与哲学，并全面深入地研究亚里士多德学说。

　　托马斯体格肥胖，沉默寡言，但他的特殊才能显然受到大阿尔伯特的格外赏识，以致当同伴们嘲笑他为"西西里的哑牛"时，大阿尔伯特预言式地说："这只哑牛将来会吼叫，他的吼叫声将震撼全世界。"三年之后，也即在 1245 年，托马斯又随同大阿尔伯特到科隆，并在那里待了四年。在这期间，大阿尔伯特越发看重自己的学生，让他直接参与汇编和注释亚里士多德的著作。也是在科隆期间的 1250 年，托马斯被任命为神父。

　　在大阿尔伯特的力荐下，托马斯于 1252 年夏天重返巴黎大学，作为一名助手登上了讲坛，开始了通过授课与写作的方式献身护教事业的 22 年人生历程。大阿尔伯特显然确信，自己的学生已经能够得心应手地让亚里士多德服务于基督教信仰。事实很快印证了这位导师的信心。27 岁的托马斯·阿奎那一登上讲坛，就以全新的讲授风格在巴黎引起轰动。他一改主要根据柏拉图主义去讲解基督教教义的神学传统,不仅大胆地运用亚里士多德的形而上学、自然哲学的思想解释《圣经》,论证基督教教义,而且根据亚里士多德的自然哲学精神,给经验知识与自然理性的论证以应有的尊敬,并把它们引入对基督教信仰的证明中。托马斯在对亚里士多德的旁征博引中向他的听众表明,他是怎样在亚里士多德学说与基督教信仰之间找到了一条融通的道路,也就是说,他是怎样让亚里士多德"皈依"基督教的。因为当他成功地运用亚里士多德的学说来理解和论证基督教教义时,实际上也就完成了使亚里士多德学说在基督教信仰体系中获得合法性的工作。因此,他的讲课不仅受到同情、接受亚里士多德主义的人们的欢欣鼓舞,也震撼了那些传统的柏拉图主义(奥古斯丁主义)者。虽然托马斯由于讲课带来的轰动引起了保守派和巴黎地方势力对他的攻击而被迫离开巴黎大学,但是,他通过亚里士多德学说为基督教信仰的合理性论证所打开的新的可能性道路是如此合理与现实,以至人们不仅不再看到亚里士多德对基督教的危险性,相反倒是从中看到了以新的方式理解和维护基督教的广阔前景。所以,罗马教廷在把托马斯撵出大学不到两年的 1256 年又重新将他召回巴黎大学,并于 1257 年 10 月授予托马斯"神学博士"称号与神学教授资格。托马斯从此可以以最高权威的资格和"合法的身份"在各大学讲授被称为"亚里士多德主义的基督教神学"。

托马斯·阿奎那第一次在巴黎短暂的任教期间,著有由课堂讲演汇编成书的四卷本《彼得·伦巴德〈箴言录〉注释》(*Scriptum in IV libros sententiarum magistri Petri Lombardi*),这本书后来受到罗马教庭的高度评价。在这期间,托马斯还应道明会同伴的建议,写了两部小册子:《论自然的原理》(*De principiis naturae*)和《存在者与本质》(*De ente et essentia*)。后者后来曾广为流行,受到研究者的重视,因为它包含着托马斯在后来的一系列著作中展开的基本思想。

无论是作品的数量还是系统性,在近 2000 年的基督教神学-哲学史上能与奥古斯丁相媲美的,首先就是托马斯·阿奎那。与奥古斯丁不同的是,托马斯有大量注释性著作①,其中最主要的是有关亚里士多德著作的注释。这些注释在当时产生了广泛的影响,在促进亚里士多德学说的基督教化和完成基督教神学的亚里士多德主义转向上发挥了无可替代的作用。但是,这些注释大部分已不太被后人重视。不过,对《形而上学》的注释是个例外,它仍为今天的亚里士多德研究者们所援引。

这些注释性著作只是托马斯作品中的一小部分,他的论证性和辩护性的著作可以列出一个更长的书单②,其中最为著名的就是《反异教大全》(Summa contra gentiles)和《神学大全》(Summa theologiae)。它们之所以流传久远,不仅是因为它们实际上是托马斯·阿奎那神学-哲学思想的总汇,更重要的是它们对维护与巩固基督教信仰产生了长久性的历史效应。

在今天人们的眼里,欧洲大致上是一个文化整体,首先它是一个以基督教信仰为共同文化背景的大陆,其次它是一个经过了以确立和维护个人的自由与权利为核心的近代启蒙思想洗礼的大陆,因而是一个把自由与民权当做社会基本原则的大陆。但是,在托马斯生活的世纪,只有

---

① 对亚里士多德作品的注释就有:《亚里士多德〈论感觉和感觉事物〉注释》(1266—1272)、《亚里士多德〈论灵魂〉注释》(1268—1269)、《亚里士多德〈物理学〉注释》(1268)、《亚里士多德〈形而上学〉注释》(1268—1272)、《亚里士多德〈后分析篇〉注释》(1269—1272)、《亚里士多德〈命题〉注释》(1269—1272)、《亚里士多德〈气象学〉注释》(1269—1272)、《亚里士多德〈政治学〉注释》(1269—1272)、《亚里士多德〈尼各马可伦理学〉注释》(1270—1272)、《亚里士多德〈论记忆与回忆〉注释》(1271—1272)、《亚里士多德〈论生灭〉注释》(1272—1273)、《亚里士多德〈论天地〉注释》(1272)等。此外,托马斯还有对波埃修的《论三位一体》的注释(大约完成于1257—1258)以及上面提到的对伦巴德《箴言录》的注释。

② 这些论证性和辩护性著作主要有:《神学大全》(1267—1273)、《反异教大全》(1259—1264)、《存在者与本质》(1253—1255)、《论自然的原理》(1253—1255)、《神学纲要》(1259—1269)、《斥希腊人的谬误》(1263)、《论真理》(1256—1259)、《论谬误》(1272—1273)、《论灵魂》(1269)、《论灵魂运动》(1273)、《论恶》(1269—1272)、《论爱》(1270—1272)、《论希望》(1270—1272)、《论秘密》(1269)、《论基督的降生》(1272—1273)、《论上帝的能力》(1265—1268)、《论独立的本体:关于天使的本性》(1267—1268)、《论万物的精神体》(1267—1268)、《论元素的复合》(1273)、《论基本德行》(1270—1272)、《德行总论》(1269—1272)、《斥阿维罗伊学派论理智的统一性》(1270)、《斥奥古斯丁学派论宇宙的永恒性》(1271)、《论模态命题》(1272—1273)、《论君主体制》(1265—1266)、《论犹太体制》(1265—1267)、《论现场买卖》(1263)、《自由辩论集》(1265—1268)、《辩论集》(1256—1273)等。

大半个欧洲(包括今天的吴国、法国、德国和意大利)属于统一的拉丁基督教文化,而与它接壤的西班牙格伦那达则是穆斯林文化,东南边的巴尔干则是以拜占庭为中心的希腊世界。以罗马为中心的基督教世界实际上处在一个多元文化的历史场境中,它不但没有显示出后来具有的那种强势力量,相反,它当时总是面对周遭"异质"文化的冲击:它既要应对希腊-拜占庭世界对基督教教义的不同解释,更要面对穆斯林文明的挑战,在托马斯生活的年代,首先要面对的就是阿拉伯哲学家们运用亚里士多德哲学对世界、人生、道德等问题所作出的回答。这些回答大都不合甚至动摇了基督教的基本教义。这使当时的基督教神学面临这样一个使命:在面对"异域文明"首先是穆斯林文明的冲击时,如何合理地解释、论证和维护基督教信仰? 这个任务在基督教与穆斯林文明交汇的西班牙显得尤其沉重。据一些史家考证,托马斯的《反异教大全》就是为在西班牙的基督教神职人员写的[1],以使他们能够抵御阿拉伯学者们给基督教信条带来的冲击与震荡,巩固与坚守基督教信仰。针对当时阿拉伯学者(特别是阿维罗伊主义者)倡导理性(哲学)真理不同于信仰真理的"双重真理论",《反异教大全》阐述的一个核心思想就是:信仰所启示的真理与哲学所探究的真理在根本上是同一个真理,因为基督教信仰与哲学都是建立在理性基础上,并且都认同理性的权威。因此,真正的哲学不仅不是要使人们认识世界而否定信仰,相反,恰恰是要通过认识世界来帮助人们理解信仰与坚定信仰。也就是说,哲学与信仰绝不是对立的两极,而是共生互存于理性当中。实际上,《反异教大全》本身的论说方式就展现了哲学与信仰的一致性:它以极其理智化或称逻辑形式化的方式阐释与论证诸如上帝的存在及其性质、无形被造物与有形被造物的存在及其本性、人生的意义与目的、基督降生与三位一体、世界末日、永生与永死等涉及基督教教义的基本主题。

---

[1] 贝奇在其《托马斯·阿奎那》一书(纽约,1955)考证了此说。参见傅乐安的《托马斯·阿奎那基督教哲学》,第 14 页,上海人民出版社,1990。

由于《反异教大全》的核心思想就是论述真理问题,因此,它也被称为《真理大全》。如果说在这之前的著作中,托马斯只是或明或暗地运用亚里士多德的学说来阐释自己的思想,那么,在《反异教大全》里则开始公开而大量地直接援引亚里士多德的观点来论证和阐发自己对基督教教义的理解与辩护。其意图大概是想向人们表明,阿拉伯学者们对亚里士多德学说的解释并不是正确的解释,而他在基督教信仰视野内理解与会通亚里士多德学说,才真正理解了亚里士多德,甚至如他自己声称的那样,他比亚里士多德本人还理解亚里士多德。

托马斯的另一大全《神学大全》实际上是在对早期著作《彼得·伦巴德〈箴言书〉注释》进行系统的加工修改基础上与对《反异教大全》所作的补充汇编而成的。全书是《反异教大全》的四倍,达 160 多万字,分三大卷:第一卷论述上帝的存在、本性以及天使、人及其与上帝的关系。关于上帝的五个著名证明就出自这一卷。他非常熟练地运用亚里士多德《形而上学》有关"存在"(einai, esse)的思想来阐述与论证上帝的存在问题。第二卷占据了全书的一大半,主要利用亚里士多德有关灵魂、至善与幸福等思想讨论基督教伦理学问题。因此,这一卷曾被单独列出来作为基督教伦理学教科书。第三卷则是从理论上阐释与论述诸如三位一体、基督降生、圣餐等一系列具体的基督教教义、教规。

值得提及的是,《神学大全》虽然皇皇百万余字,却还是一部未完成的作品,因为第三卷最后要论述的基督教七项"圣事",托马斯只写完三项,然后就突然中断了,并且放弃了继续写下去的计划。据说他在 1273年 12 月 6 日在做弥撒时获得了一种神秘体验,让他彻底放弃了继续写作的愿望,以至当他的秘书催他继续写作《神学大全》时,他回答说:"我一点也不能再做了,因为我已经写的一切在我看来就像稻草。"[①]以前写的都不过是稻草? 那有关上帝所写的一切呢? 在《反异教大全》的开头,

---

① 参见魏塞佩尔(Weisheipl)的《托马斯修士》一书有关托马斯生命最后岁月的记载与评论,转引自汉斯·昆(H. Küng)的《基督教大思想家》,包利民译,第 118 页,社会科学文献出版社,2001。另见安东尼·肯尼《阿奎那》,黄勇译,第 47 页,中国社会科学出版社,1987。

托马斯曾满怀信心与激情地描述自己的使命:"我很清楚我生命中第一要务就是让上帝通过我的一切言说、感受展现出来。"①正如亚里士多德确信通过"陈述"可以讨论清楚一切存在者之存在一样,通过"言说"可以展现上帝,也曾是托马斯的坚定信念。可是,托马斯为之付出一生心血的所有这些"言说"如何成了不值一提的"稻草"? 这是否意味着,试图通过以理智化为其特征的亚里士多德主义去展现上帝的"证明道路"是值得怀疑的? 或者更具体地问:托马斯在《神学大全》里给出的有关上帝的五个证明,也即他所说的通达上帝的五种道路是不可靠的? 难道他此后的沉默本身就是一条更可靠、更真实的道路?

　　西西里"哑牛"在吼叫了二十多年之后重归沉默,让后人面对他留下的浩繁卷帙踌躇不已。不过,有一点是确凿无疑的:虽然每个人终究仍要独自面对上帝,但是,托马斯·阿奎那的工作在当世与后世都产生了巨大的、不可替代的影响。如果说奥古斯丁的《上帝之城》《论自由意志》等重要著作是在面对罗马传统的多神教、东方的摩尼教等"异教"的挑战与冲击而作出的对基督教教义的阐释与论证,从而不仅在情感上,而且在理性-思想上继续巩固与坚定基督教信仰,使基督教信仰以更成熟、更开阔的理性视野越过"永恒罗马城"的废墟,并坚定有力地穿过变幻不定的千年历史,那么,托马斯的《反异教大全》《神学大全》以及其他著作则是面对阿拉伯等"异域文明"的冲击而借用亚里士多德学说对基督教信条作出新的阐释与论证,从而不仅在新的文化场境中坚定与巩固基督教信仰,而且进一步丰富了基督教信仰的合理性源泉,使基督教以理智化的方式影响、塑造欧洲历史。

　　这里我们想附带地(但并非不重要)对理性与理智(Vernunft und ratio)作出确切的区分,因为这一区分对于理解托马斯·阿奎那的基督教哲学及其在历史中的效应性质具有重要意义。我们说奥古斯丁使基督教以更理性的视野完成自我理解,而不说他以更理智的方式完成这一工作。在我们这里,理智(ratio)是理性的片面化,或者说,理智是片面化

----

① 见《反异教大全》1:2(第1卷,第2章,下同)。

了的理性。作为一种片面化的理性,理智以自我同一性(Identität)为其完成一切理解活动的出发点。也就是说,它必须首先把"我"把握为如此这般的"我",从而把 A 看做 A,它才能进行和完成理解活动。因此,理智据以进行理解活动的最重要手段就是概念的精确演算,也就是平常所谓的逻辑证明。理智的一切活动都必定以逻辑演绎为核心。诉诸理智,也就意味着相信通过概念的逻辑演算能够达到对象的真实存在。我们把那种以为概念的逻辑演绎是达到事物的真实存在的主要方式或唯一方式的观念称为理智主义观念。与理智不同的是,理性并不局限于逻辑演算,它的理解活动的出发点也不是自我同一性,而是直觉(anschauung)或直观。理性作为人区别于世间万物的一种独特"能力",它使人的存在成为一种"有境界的存在",也即一种能够觉悟到自己独立于万物并且让万物在这种觉悟中开显出来的超验存在。因此,理性的理解活动虽然也需要理智而运用逻辑学,但是,它并不以逻辑的概念演算为核心,而是以直觉为中心。理性并不满足于概念演绎所达到的事物的真实性,因为它意识到有比概念运动中的真实性更真实的存在或更高的真实性,这就是直觉中的真实性或真理性存在。因此,理性在追求真理的理解活动中既借用概念体系又努力越出概念之外。就理性是使人的存在成为人的存在也即一种"有境界的存在"而言,人的一切觉识活动,包括信仰,都是在理性范围内进行的。人没有理性之外的觉识,哪怕是感觉,它也一定是理性内的感觉。换言之,人的感觉是一种境界中的感觉。在这个意义上,人没有比理性低级的觉识。

当我们说奥古斯丁对基督教信仰所作的柏拉图主义阐释是一种"心学道路"时,我们要说的是,奥古斯丁更多的是强调直觉在理解基督教信仰的真理性当中的重要性。而我们之所以把托马斯开辟的亚里士多德主义方向称为"证明道路",就在于他以他的工作向我们表明,他更注重的是概念演算在理解上帝存在这些基本问题上的重要性。我们相信,托马斯开创的亚里士多德主义神学传统被后来的一些神学家,特别是俄罗斯神学家称为"理智主义神学"加以反对,其理由也在于此。神学的理智化导致了上帝的概念化与对象化,这是存在主义神学家对托马斯主义神学作出的最深刻的批评。

第二节　ens、essentia、esse、substantia(存在者、本质、存在、本体)

我们之所以要先讨论托马斯·阿奎那对这些形而上学概念或叫存在论概念的理解与运用,是因为它们构成了他的整个神学和哲学的理论基础:他对上帝的理解与证明没有例外地以他对这些概念的理解为前提。他对这些概念的区分和阐释,是亚里士多德哲学影响、融入基督教世界的前提。

关于这些概念的区分、阐释主要集中在以 De Ente et Essentia 为题的长文里。这是一篇早期作品,但并非不成熟的作品,相反,它奠定了托马斯·阿奎那的亚里士多德主义路线。这篇长文的德译本一般译为 Das Seinde und das Wesen。因此,这里,我们把它译为《存在者与本质》。

一　本质(essentia/Wesen)与存在者(ens/Seinde)、存在(esse/Sein)

托马斯首先要追问的就是存在者与本质、本质与存在的关系问题。因为在他看来,一切大错误都会从在这个问题上所犯的小错误中产生。为了避免在这个问题上犯下哪怕是最小的错误——

> 人们必须澄清,被"本质"(essentia/Wesen)和"存在者"(ens/Seinde)这样的词所标明的是什么? 本质如何在不同事物中被发现? 本质与逻辑概念,也即属、种和差的关系如何?
>
> 但是,由于我们是从复杂事物那里赢得对简单事物的知识,从较晚事物达到较早事物,因此,如果我们从较容易的开始,以便在方法程序上更妥当,人们就必须从存在者的意义进到本质的意义。[1]

---

① 托马斯·阿奎那:《存在者与本质》(拉德对照本),弗朗茨·莱奥·贝雷茨编译,第 5 页,雷克拉姆出版社,1979(以下所引此书均为此版本)。

这段在"引论"里的开场白,有两层意思值得申明:首先,复杂事物是较后的事物,它们来自简单的、较早的事物。因此,在认识的方法程序上,不是从简单事物到复杂事物,相反,是从复杂事物到简单事物,从较晚事物到较早事物。其次,要澄清"本质"的意义,必须首先澄清"存在者"的意义,并且澄清"本质"与逻辑概念(属、种概念)的关系。这是因为在托马斯看来,存在者晚于和复杂于本质。这意味着本质早于存在者,单纯于存在者。而最高本质就是先于一切存在者的单一本质。所以,理解存在者也就成了理解一般本质直至最高本质的关键。

那么,如何理解"存在者"呢?托马斯·阿奎那的亚里士多德主义神学路线正是在这个问题上系于亚里士多德的思想之脉。托马斯首先援引了亚里士多德在《形而上学》第五卷里关于"存在者"的说明:存在者之为存在者是以两种方式被陈述,一种是在十范畴中被划分,另一种是以陈述的真来表示。也就是说,一提到"存在者",那么就指以两种方式被陈述的东西:或者是由十范畴所陈述的东西,或者是由陈述的真所表示的东西。

托马斯评论说,这两种陈述存在者的方式的区别在于,根据第二种方式,一切由肯定陈述给出来的东西都能够被称为存在者,虽然它实际上是无。根据这种方式,缺失和否定的规定都可以被称为存在者,也即说肯定面对着的否定:失盲(无视力)状态"存在"(est,ist)于眼睛里;而根据第一种方式,只有在现实中被称为某种什么(被称为现实的某种东西)的东西才叫存在者,因此,失盲状态以及类似属性不是存在者。[①]

如果存在者的确只有以这两种方式被陈述,那么,相对于以第一种方式被陈述的存在者来说,以第二种方式被陈述的存在者可能在现实中"什么"也不是。比如人们说"苏格拉底没有头发",如果这个陈述是真的,那么,它标明的就是苏格拉底的一种缺失状态(没有头发)。在这个陈述里,苏格拉底这个存在者是作为一种缺失状态出现的。但是,苏格

---

① 托马斯·阿奎那:《存在者与本质》,第5—6页。

拉底显然不能仅仅作为"没有头发"这种缺失状态出现,因为"没有头发"这种缺失状态本身在现实中恰恰是一种否定性,表明一种缺席或不在场。只有在与现实中出场的东西相联系,缺失状态才能呈现出它的意义。所以,托马斯说:

> 本质这个词所标明的东西显然不是从按第二种方式被陈述的存在者那里取得的(因为按这种方式,某种没有本质的东西也被称为存在者,这在缺失状态那种情况下是显而易见的),本质必定是从按第一种方式被陈述的存在者那里取得。因此,⋯⋯以第一种方式被陈述的存在者就是表示一事物之本质的东西。而且正如前面所说,由于以第一种方式被陈述的存在者是在十范畴当中被划分,因此本质必定表示一切本性(naturen)的某种共同的东西,而不同存在者正是根据本性被归在不同的属和种下。[①]

以第二种方式被陈述的东西虽然也能被称为"存在者",但是,本质不可能与这种存在者有关,因为缺失的东西一定不会是本质的东西。也就是说,一切被给予的东西都可以视为"ens"(das Seinde)存在者,但是,并非所有被给予的东西都具有本质。本质必定只存在于按第一种方式被陈述的存在者,也就是说,必定只存在于被十范畴所划分与陈述的东西中。因为在亚里士多德(与托马斯)看来,任何被给予的事物都必须进入种、属概念的关系中,才能被置于广阔的逻辑演算空间与分类系统,并在其中显示其可被确切把握的本质与各种属性,而范畴是使事物能被归到不同的种、属之下的基础。如果没有根据范畴进行的划分和规定,就不可能给出"标准物"或第一定义物,从而不可能进行种和属的区分与分类。简单地说,没有范畴就不可能给出种、属概念,因而不能进行分类活动。但是,被给予物是如何进入种、属概念的呢? 是通过范畴。

亚里士多德在存在论-逻辑学上的一个伟大突破就在于他揭示了

---

① 托马斯·阿奎那:《存在者与本质》,第 7 页。

"质""量""本体"(关系)等范畴是一切事物进入逻辑演算空间显现其本性的前提。[①] 被范畴所陈述与划分,也就是被范畴意识所构造。一事物之所以是这一事物而不是别的事物,并不是在与别的事物的比较中给出来的,而是首先在范畴意识中构造出来的。因为只有首先在范畴意识里把被给予物构造为具有质、量、关系规定的事物,并且把具有如此这般质量关系规定的事物确认为这一事物本身,才能将此物与别物进行比较。也就是说,被给予物必须首先被范畴意识构造为以"A 是 A"形式存在的自身同一物,才有与他物的区别问题。否则,任何比较都没有意义,甚至是不可能的。如果被给予物不能被规定、确认为它自身,那么它就无法进入与他物的区别和关联。因为如果对于眼前事物是不是它自己都不能确定,那么又如何确定此物与他物的区别和关联的确就是此物与他物的区别和关联,而不是彼物与他物的区别和关联呢? 这意味着,任何事物必须首先与自己处于自身同一性的最初关联中,它才能进入与他物的逻辑关联空间。或者说,事物的一切逻辑关联显现都必须以它的自身同一性显现为前提。一物的自身同一性显现也就是此物在范畴意识中被呈现、构造为一"标准物"。当一物以"A 是 A"的形式呈现出来时,此物即被构造为一标准物。这一标准物也就是此物之"第一定义物"。这个第一定义物是此物之一切"属加种差"意义上的定义的前提。因为只有当被给予物在范畴意识中的呈现被当做这一事物本身,即此物之标准物或第一定义物,被给予物才能被归入种、属概念而进入与他物的关联定义。

就被给予物在范畴意识中的呈现同时能够被意识(规定)为它的标准物即第一定义物而言,被范畴所陈述出来的东西就是被给予物的本质,因为被给予物正是由于它在范畴中被呈现为这样的标准物,它才被视为它自身,即才被视为这一事物。而就被给予物在范畴意识中的呈现总是也必定是质、量、本体(关系)这些方面的规定而言,被范畴所陈述出

---

① 参见黄裕生《亚里士多德的本体学说及其真理观》,载北京大学《哲学门》2000 年第二辑。

来的东西也必定是所有本性(物)的某种共同东西,就如人的本质必定是人的一种普遍的本性(人性)一样。而不同存在者正是根据这种由范畴呈现出来的本质-本性被归在不同的种、属之下。这也是我们上面所引的那段论述的核心意思。

因此,与存在者不同,一切能被定义显现出来的东西都能被看做存在者,但是,并非一定是本质的东西。本质存在于定义中,但并不是存在于所有的定义中。如果我们把第一定义视为原级定义,而把以第一定义为前提的那种"属加种差"意义上的定义看做次级定义,那么,本质首先不是存在于次级定义中,而是存在于原级定义即同一性显现中。虽然人们不能笼统说,可以从由定义显现出来的存在者那里获得本质,却可以说,必能从原级定义给出来的存在者那里取得本质。不过,不管是原级定义还是次级定义,都是通过陈明"此物是什么"(Was ist das Ding)来完成的。而且由于次级定义总是以原级定义为前提,因此,在次级定义(以肯定宾词)所陈明的"什么"中,也总是或近或远地与本质相关。这意味着,追问本质总与追问"什么"相关。所以,关于本质,托马斯进一步解释说:

> 由于事物据以被归入它的属和种的那种东西就是通过"此物是什么"陈述出来的定义来标明的东西,所以,"本质"这个词便被哲学家们转换为"什么性"(quiditas,Washeit)一词。而这种"什么性"也就是哲学家(亚里士多德)经常称之为"它是什么?"的是(esse,Sein)。"是/存在"就是使某物有"是什么"(Was-Sein)的东西。正如阿维森纳在其《形而上学》第二卷所说,就每一事物之确切规定性是由形式得到显明而言,本质也被称为形式。本质还被称为本性。而本性……波埃修在其《论两种本性》中曾给出这样的说明:因此,一切能够用理性以某种方式被理解和把握的东西就叫本性,也即说,除非通过事物的定义和它的本质,没有事物是可认识的。哲学家(亚里士多德)在《形而上学》第五卷里也说:任何本体(Substanz)都

是一种本性。以这种方式理解本性,那么本性这个词就是表示事物的本质:只要这个词涉及的是事物自己的固有作用,因为没有事物缺少自己的固有作用。什么性(quiditas,Washeit)这个词所表示的东西就是从由定义所标明的东西那里获取的,而本质就是这种(由定义所标明的)东西——只要存在者是通过它并且是在它那里获得存在/是(Sein)。①

这里,托马斯要表达的基本意思是,本质就是什么性,而什么性也就是可由理性通过定义加以把握的本性。但是,正如前面所说,本性也就是事物能被归到种、属之下的根据,因此,事物必定首先被其本性所陈述才成为这一事物本身,因而本性也即是亚里士多德所说的本体。因为本体之所以为本体,也就在于一事物必须首先由本体陈述出来才成为这一事物。其中,我们要特别加以强调的是:正如前面的分析,本质也就是标准物,因而是事物被归类的根据,也即说是事物据以被归入它的种或属的根据。作为这种标准物,本质是通过陈明"某物是什么"的定义来显明的。对于"某物是什么"的问题,首先要陈明的是"某物属于它的标准物",因而也即首先要陈明"某物是它自身"。因此,作为标准物,本质总是作为某种"什么"出现。作为"什么"出现,也就是作为"什么"存在着。

这里,我们迫切要加以追问的是:怎么理解这个"什么"? 本质作为"什么"存在着意味什么?

本质之所以总是作为"什么"出现,是因为它是通过定义(首先是原级定义)给出来的,也即通过陈明"这(此物)是什么"这种显现活动给出来的。而从根本上说,定义这种显现活动也就是把被给予物当做仅仅是范畴意识里所显现的那样,也即当做可被思想-意识完全把握的一个"客体"(objectum,objekt)。原级的定义活动首先完成的就是把被给予物显明为一客体。把……显明为客体在根本上就是把……从其"主位"中掠夺出来而置入"宾位"。被置入宾位,也就是被置于陈述主位者的位置

---

① 托马斯·阿奎那:《存在者与本质》,第7—9页。

上。而宾位者首先陈述的是也必定是它自己。因此，凡能被宾位者所陈述的主位者实际上也是宾位者。它首先是以"A 是 A"的形式被给出来，这意味着凡能被宾位者所陈述的主位者，也即能以"A 是 A"形式被给出来的主位者实际上已被从其自在的主位中抽离出来，而不再真正在其自在的绝对主位上。守护于自在的主位上的主位者永远也不能被仅仅当做它在我们的意识中显现的那样子；它永远要比它显现给我们的那样"多"和"深"，因为它处在一个永远不可能被完全开显出来的整体当中。我们的范畴意识前进多远，自在者在其中的整体就会退多远，它永远构成我们的意识地平线的"那一边"，是我们的意识永远无法照亮与穿越的。因此，自在的主位者不能等同于任何宾位者，或者说，不能被把握为宾位者，即便这个宾位者是"A 是 A"中的 A。这种不进入同一性显现，因而不进入宾位的主位者，我们把它称为"绝对主位者"——它没有相对的宾位，它永远守在自己的位置上，因而我们也称它为自在者。

因此，说本质作为"什么"存在或出现，在根本上隐含着对本质的两个基本规定：(1) 本质是可进入同一性显现的宾位者；(2) 本质是一可被我们人类的思想-意识完全把握的客体。简单地说，本质不是一自在者，它没有绝对的主位，因而它是一可在宾位上被思想-意识所把握的客体。"本质是由范畴陈述出来的"这一观念就隐含着对本质的这两个基本规定，而这个观念是亚里士多德与托马斯·阿奎那共同主张与维护的。

作为"什么"出现，就是以"什么"为存在身份或存在状态，这种存在状态被托马斯(亚里士多德)称为"什么性"(Washeit)。而这种"什么性"又进一步被他们理解为"这是什么／这作为什么存在"的"是／存在"(einai,esse,Sein)。因为他们认为，"是(存在)"就是使某物具有"是什么(作为什么存在)"(esse quid,Was-Sein)的东西。这意味着，"是(存在)"是也仅仅是"这是什么／这作为什么存在"(Was ist das?)中的"是／存在"。正因为"是／存在"仅仅被视为"这是什么／作为什么存在"中的"是／存在"，"是(存在)"才被看做使……成为什么／作为什么存在的东西。而也正因为"是／存在"被看做使……成为什么／作为什么存在的东西，"本质"也才被看做与"存在/是"同等的东西。因为，作为"什么"存在，本质使一物成为一物，也就是使一物成为什么。

这里，我们要进一步问的是：如何理解 Sein（"是/存在"）就是 Was ist das?（这是什么/这作为什么存在?）中的那个 ist（是/存在）？它非得与 Was（"什么"）相联系吗？或者说，它非得与宾位者相联系吗？

实际上，在"Was ist das?"（这是什么/这作为什么存在?）里的这个 ist（是/存在）有两层必须严加区分的意思：一层是，它表示，有相遇者"这"存在着（Das ist），仅此而已。它除了表示在主位上的自在者存在着以外，不表示任何更多东西。在这个意义上，ist 是 Sein 在 Da——具体时机即当下的时间与机缘中的开显、现身。Sein 在时机 Da 的现身即为 Das ist。对于 Sein 的这种现身，我们无以名状——不能以任何概念来规定、把握它，因为所有概念都是对宾位者的把握，而 Sein 永远守在主位上。不过，对于 Sein 的现身，我们勉强可以命名它。命名并不是规定，它与把握无关。命名仅仅表示相遇的惊奇，表示对他者出现的回应。从一方面可以说，万物之名乃是表示 Sein 在不同时机的现身，所以，万物之名均可由"这"（Das）来替代；从另一方面也可以说，众名之名是表示万物在不同时机从 Sein 开显出来，所以，万物各有其名。

从命名之名向属名之名过渡①，才开始了对显现者的规定与把握。这种过渡是人类意识的一种隐秘活动，它轻易就能躲过反思的努力而被遮盖在漫长的岁月里。如果说命名之名是对与他者相遇的回应、惊奇，那么，属名之名则是对他者的规定：把他者在相遇中的显现就当做这个他者本身。也就是说，在命名之名向属名之名的转换过程中，我们的意识世界完成了对他者的身份转换：他者就是它在相遇中显现的那样，他者在相遇中的显现就是他者自身。因此，这种转换也就是对他者的同一性显现。于是，他者不再是自在的主位者，而是被置入关联中的宾位者。

---

① 参见黄裕生《亚里士多德的本体学说及其真理观》一文里有关命名与属名的严格区分，载北京大学《哲学门》2000 年第二辑。

同一性显现中的他者就是与自己处于关联中的宾位者。所以,给出属名也就是给出原级定义;也可以说,给出原级定义就是给出属名;或者说,就是转命名之名为属名之名。

就他者首先来相遇才有可能进一步进入同一性显现而言,命名是定义之前提,命名之名是属名之名的前提。一物必须首先在/是(Das ist),才可能进一步是什么/作为什么存在(Was ist das)。所以,Sein 的第一层意思是其另一层意思的前提。因为在"Was ist das?"中的 ist 的另一层意思就是表示"这个东西"是作为某种什么存在。简明地说,就是表示这个东西是一个宾位者,一个以"客体"身份出现的事物。而且仅当把相遇的他者从其自在的主位上"抢夺"出来而带入同一性显现,也即把他者在相遇中的显现就当做它自身,ist 才与宾位者相联系。只是从语法学角度看,ist 在这种情况下发挥着"系词"功能。但是,从哲学(存在论)角度看,即使在这种情形下,ist 表达的核心意思仍然是"存在",只不过这里表达的不是自在的主位者的"存在",而是在宾位上的客体的"存在",亦即以客体身份出现的"存在"。如果把"Was ist das?"这一西语句子转换成相应的汉语句子,那么这一层意思就会清楚地显明出来。在汉语中,这一西语句式可以表达为:"这个东西作为什么存在着?"或者:"这个东西存在着,但作为什么存在呢?"这里,"存在着(ist)"的是个"什么",是个"客体",虽然还没确定它究竟是个具体的什么、是个什么样的客体。

所以,在哲学层面上说,不管在什么情况下,ist 的本源和核心的意义都是表示"存在",或者更确切地说,都是表示存在(Sein)在时机中的到来、显现。因此,ist 并不一定非得与"什么"即宾位上的客体有关,甚至它首先与"什么"无关;而且仅当相遇者被带入同一性显现当中,ist 才与"什么"相关而发挥着系词功能。而在非西语系统的一些语言里,表示"存在"的词在与"什么"相关时也可以没有明显的系词功能。这就如同在汉语里的情形。这使汉语语境里的思想较容易避免把"存在"与"什么/客体"相混淆,不至于把"存在"当做"什么/客体"来理解和追问。相反,在西语系统,在"Was ist das?"这样的句式里,首先直接凸显的恰恰是 ist

的系词功能,以至好像 ist 首先要表达的就是作为"什么/客体"存在的东西,因而 ist 总是与"什么/客体"相关:只要有东西是/在(ist),它就一定是个"什么/客体"。ist 的系词功能就是把主词(subjekt)联系于宾词(objekt)。在这种系词功能中实际上隐含着这样一个逻辑学功能:把主位上的事物强行带入宾位,使事物不得不作为客体/什么存在而进入与其他客体的逻辑关联空间。ist 的系词功能及其所隐含的逻辑学功能首先是在同一性显现中完成的。"A ist A"这一同性原理就是 ist 这种双重功能的最初表达。

在"Was ist das?"这种西语句式里,由于 ist 的系词功能的凸现,这种语句自然而坚固地掩盖着 ist 的第一层意义,以至 ist 好像只表达在宾位上的事物的存在。换言之,由于西语句式对 ist 的本源和核心的意义的遮蔽,导致把一切存在着的事物都视为必定是宾位上的事物,也即必定是可以追问它"是什么"的宾词物(客体)。于是,只要存在着,就必定是作为什么存在着,就必定是一个"什么"。这就使西语语境中的思想很容易毫无觉察地混淆"存在"(Sein)与"什么"(可作为什么的存在者[Seinde])。不过,这种混淆倒有利于西语语境中的思想在一种非本源的存在论基础上建构发达的逻辑学。亚里士多德的逻辑学就是建立在那种把"存在"当做"什么"来追问与理解的非本源存在论之上。澄清这种混淆并不是摧毁逻辑学基础,而恰恰是要照亮它的根基。所谓非本源存在论也并非一种"错误的"存在论,而只是意味着它不是一种彻底的存在论。

因此,在没有觉悟到"存在"与"什么"(作为什么而存在)的区别情境下,如果说 Sein 就是"Was ist das?"中的那个 ist,那么,这也就意味着,一切分有存在(Sein)而存在着(ist)的事物都只能被视为宾位上的"什么"。正因为如此,Sein 才被托马斯和亚里士多德视为"什么性"(Washeit),也即使一切成为"是什么"(Was-Sein)的东西。作为"什么性"(Washeit,Sein)使万物都成为"是什么",而作为"是什么"的每一事物首先就是它自己。也就是说,是作为"什么性"的 Sein 首先使每个事物是该事物本身。所以,在前面的引文里,托马斯认为,事物是从作为"什么性"的 Sein 那里获得本质。因为不正是本质使一事物是该事物吗? 这样,从本质(Wesen)到什么性(Washeit)(是什么/作为什么存在)再到存在(Sein),也就成了同一个层面上的问题。不过,本质(Wesen)与存在(Sein)仍是有别的,这在涉及单一本体与复合本体的本质问题时将进一步讨论。

二　本质与复合本体

作为"什么性",本质是由定义陈述出来的。定义的这种陈述并不是对一般属性的陈述,而是对一物之所以为该物的陈述。而根据亚里士多德,任何存在物要作为它自己出现或存在,都必须首先由本体述说出来。也就是说,任何存在者只有首先被本体陈述,才能作为它自己存在,并且也才进一步被属性陈述。因此,即使本质不就是本体,也一定存在于本体当中。

> 但是,关于本体,有的是单一的(simplicis,einfach),有的是复合的(composita,zusammengesetzt)。虽然在这两种本体中都存在着本质,但是,就单一本体是更优越的存在——因为它们是复合事物的原因,至少上帝所是的那种最初的单一本体是复合事物的原因——而言,本质以更真实和更优先的方式存在于单一本体中。但是,由于那种单一本体之本质对我们来说是更隐秘的,所以,人们必须从复合本体的本质开始,以便使方法程序从易到难而适当可行。①

如果说本体是一物成为该物的原因,那么这首先是说,存在于本体中的本质是使一物是该物的原因。因为正是事物之本质才能使一物作为该物被标明出来。那么,本质与本体究竟是一种什么关系呢?

---

① 托马斯·阿奎那:《存在者与本质》,第 9 页。

就两种本体而言,在托马斯看来,本质更接近单一本体,它以更真实的方式存在于单一本体。而上帝作为最高的单一本体,本质最接近上帝,并因而是事物的最高原因。这意味着,上帝这一单一本体的本质,或者说,在上帝这一最高本体中的本质,是最真实地作为"什么性"(Washeit)存在着,亦即作为可定义的东西存在着。但是,这是否意味着上帝的本质也是可定义的,因而是可由理性完全理解和把握的呢? 如果是这样,那么,这也就是说,上帝可以被置于宾位上。如果说亚里士多德使自在物失去主位,那么托马斯很可能因循着亚里士多德的道路而使上帝离开主位。果真如此,那么,托马斯的神学道路恰恰不是在接近上帝,而是在远离上帝。不过,这些问题仍然有待讨论本质与复合本体的关系之后进一步澄清,因为在托马斯看来,单一本体的本质比复合本体的本质更隐秘。只有澄清了后者才能认识前者。因此,这里将首先讨论复合本体的本质,或者说复合本体与本质的关系。

那么,何谓复合本体?

> 显然,在复合本体里存在形式与质料,就如在人(这种本体)身上存在灵魂与肉体一样。但是,人们不能说,这二者中单纯的一个就是本质。事物的质料显然不会是本质,因为事物只是根据其本质才不仅被认识,而且才被归入种和属。但是,质料并不是认识的根据,某物被归入种和属也不是根据质料,而是根据使某物成为现实存在的那种东西。同样,单纯的形式也不能被称为复合本体的本质,虽然有些人试图持这种主张。①

复合本体之为复合本体,就在于它包含着形式与质料,是由两部分复合而成的。但是,在托马斯看来,形式和质料并不能单独构成复合本体的本质。② 说质料不能构成复合本体之本质,这好理解,因为本质就是使一

---

① 托马斯·阿奎那:《存在者与本质》,第 11 页。
② 这是托马斯·阿奎那不同于柏拉图和亚里士多德的地方。柏拉图和亚里士多德认为形式就是使一物成为该物的本质。

物作为该物存在、出现的东西,因而本质既是使事物能被认识(为该物)的根据,也是使事物能被归入种和属的根据。但是,单凭质料,人们既不能认识事物,也不能将事物归入种和属。因此,质料不能单独构成复合本体的本质。

但是,为什么形式也不能单独构成复合本体之本质呢? 正如前面的讨论表明,本质是由定义标明出来的东西,而对复合本体如物理本体的定义显然既包含着形式,也包含着质料。因为在托马斯看来,只有数学定义是只关涉形式的定义,而如果对物理本体的定义不涉及质料,那么我们就无法区别数学定义与物理学定义。

说物理本体的定义涉及质料,这应是在基督教信仰背景下对希腊哲学在这个问题上的传统见解的重大修正。但是,数学定义真的不涉及质料吗? 数学定义的自明性必须求助于直观,因此,同样要涉及质料:获得量的规定的普遍质料或称一般质料。所以,托马斯对物理(自然)学定义与数学定义的这种区分是值得怀疑的。实际上,一切定义都不能不涉及质料,没有纯形式的定义,包括同一性原则都涉及质料。

既然物体本体的定义包含着形式与质料,那么,质料或形式也不是作为附加物被引入本质里,或者被当做外在于物体本体的本质之外的东西引入本质里。本质本身就包含着质料与形式。但是,如何理解这种本质呢? 托马斯接着分析说:"人们也不能说,本质是存在于质料与形式之间的一种关系,或者附加到它们身上的某种补充物。因为这样理解的本质必定只是事物的一种属性和某种外在特征,而且事物也不可能根据加入本质中的那种本质得到认识。"[1]

也就是说,复合本体的本质既不是单纯的质料或形式,也不是质料与形式的某种关系或附加到它们上面的附加物。因为如果本质是形式与质料的某种关系或者是附加到它们上面的补充物,那么,这样的本质反而是在后的,而不是使一物成为它自己的那种在先的东西,因而这样

---

[1] 托马斯·阿奎那:《存在者与本质》,第11—13页。

理解的本质实际上只是事物的某种属性或外在特征。

因此,托马斯认为:"只剩下一种情况,即复合本体的本质这个词就指由质料和形式组合的东西。"①复合本体的本质也是复合的。在这个问题上,托马斯只是沿袭了阿维森纳和阿维罗伊的观点。前者曾说:复合本体的"什么性"(Washeit)就是形式与质料的组合。《形而上学》的注释者阿维罗伊也认为,复合本体的存在(Sein)不是形式也不是质料,而是复合体。

但是,如果说复合本体的本质是复合的,那么,如何理解这种本质的普遍性呢? 因为本质是由定义表达出来的,而定义必须是普遍的。但是,由于复合本体的本质是由质料与形式组合的,因而它的定义必定涉及质料。而质料是一切作为复合本体出现的个体存在者个体化(Individuation)的原因。一切个体存在者都是包含着质料与形式的复合本体。但形式是普遍的,因此,除了质料,没有任何东西是个体化的原因。也就是说,是质料使一个个体事物区别于另一个个体事物的原因,比如,是质料(骨骼、肌肉等)使苏格拉底这个人区别于柏拉图那个人。这意味着特殊性来自质料。但是,如果说质料是个体化与特殊性的原因,那么,如何保证包含着形式与质料与自身的复合本体之本质是普遍的呢? 本质是由定义给出来的,因此,这个问题也就转化为"定义如何是普遍的"。既然作为个体化原因的质料是特殊的,那么这似乎也就意味着包含着质料与形式于自身的本质也是一种特殊的东西,而不是普遍的,因而陈述本质的定义也不会是普遍的。而如果定义不是普遍的,它也就没有意义。

因此,托马斯要对质料作出区分,即把质料区分为"被标明的质料"(materia signata,die bezeichnete Materie)与"未被标明的质料"(materia non signata,die nicht bezeichnete Materie)。而所谓被标明的质料也就是在某种维度或量度下得到思考的质料。② 什么叫在某种维度或量度下

① 托马斯·阿奎那:《存在者与本质》,第13页。
② 参见同上书,第15页。

得到思考呢？简单地说，就是在某种特殊角度下得到思考。因为这种特殊角度，使在此角度下得到思考的质料成为突现出来的特殊质料，从而成为个体化的原因。未被标明的质料则是无差别的质料，而无差别的质料也就无所谓特殊性问题，因此，它不是个体化的原因。这也就是说，定义给出来的本质所包含的质料首先是未被标明的质料；只有涉及被个体化为个别事物的定义时，才会涉及、援引被标明的质料。比如说，"人"的定义并不涉及、援引被标明的质料，或者更确切地说，"人"的定义虽然涉及"人"这个复合本体的质料，但并不标明它的质料。因为在"人"的定义中所包含的质料并不是这个个体的肉体或那个个体的肉体，而是略去、删除或掩盖了一切个体肉体差异的肉体。因此，在"人"这个定义中，涉及的是一种未被标明的、无差别的质料，从而保证了这个定义的普遍性。

这里，就复合物的定义涉及的质料被看做是未被标明的、因而是无差别的质料而言，托马斯解决了复合物定义的普遍性问题。而我们要附带地特别指出的是，托马斯在解决定义的普遍性问题时以不自觉的方式暗示了这样一个存在论事实，即定义活动同时是也一定是删除、掩盖事物的活动。但是，托马斯也许会认为，对个体物的定义除外。因为在他看来，对个体物的定义要援引被标明的特殊质料，因而显明了个体的差别。但是，这是有问题的。

在托马斯看来，质料是个体物个体化的原因，因而，对个体的定义必定要援引通过标明而被突现出来的特殊质料。正是个体定义要援引被标明的特殊质料，个体定义才与种或属的定义区别开来。"人的定义与苏格拉底(这个个体)的定义的不同就在于前者涉及不被标明的质料，而后者则要借助于被标明出来的质料。所以，显而易见，人的本质与苏格拉底的本质如果不根据被标明和不被标明(的质料)，就不可能得到区分。"①也就是说，"人是理性动物"这个种类定义与"苏格拉底是理性动

---

① 托马斯·阿奎那：《存在者与本质》，第 17 页。

物"这个个体定义的区别就在于后者标明了特殊质料,而前者抹去了个体质料的一切差异。

但是,实际上并非如此。因为在个体定义中,个体(这里就是"苏格拉底")已不是特殊的个体,而是普遍的事物。因为一切定义都必须以存在论判断和原级定义为前提。从存在论判断经原级定义再到个体定义、种类定义,一切差异早已被抹平或删除。为了把这个问题的讨论引向深入,这里以眼前的个体物"水杯"为例来分析。

我们首先完成的是这个杯子的存在论判断:

$$\text{这(Dieses)(杯子)} \begin{cases} \text{圆柱形、空心、} \\ \text{白色、带把、} \\ \text{光滑、坚硬、} \\ \text{在书桌上、} \\ \text{沉默着、} \\ \text{……} \end{cases} \text{存在着(ist)}$$

在这里,"这存在着"(Dieses ist)仅仅表示有个东西摆在这里,它如此(圆柱形、空心、白色、光滑)这般(……)地存在着。更准确地说,"这存在着"仅仅表明,有东西如它显现的那样存在着,但又不仅仅如它显现的那样:它不只是圆柱形、空心、白色、带把、光滑、坚硬、在书桌上、沉默着等这些表象所能完全呈现、描述的。"这个东西"不仅仅在显现里,它还在不显现里,因而它不仅在意识的表象里,还在自己的位置上。这也就是说,它不被任何宾词或表象所陈述。

所以,"这存在着"表明的是一个存在论判断:有自在存在者来相遇。在这个存在论判断中,人们面对的不仅是显现的东西,而且面临着不显现的东西,一个令人惊奇与敬畏的存在者,也即一个在整体中存在着的存在者。因此,实际上它不是什么,它什么也不是。

但是,当人们进一步说:

$$\text{这 (Dieses) (杯子)}\begin{cases}\text{圆柱形、空心}\\\text{白色、带把}\\\text{光滑、坚硬}\\\text{在书桌上}\\\text{沉默着}\\\cdots\cdots\end{cases}\text{是杯子(作为杯子存在着)}$$

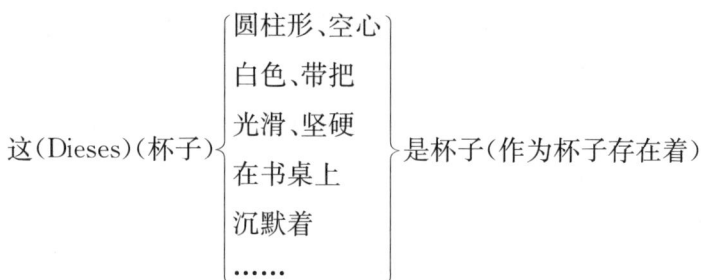

那么,人们就进入了知识论-逻辑学判断。"这是杯子"或"这作为杯子存在着"与"这存在着"的最根本区别在于:前者把显现出来的那些现象(意识中的表象)就当做这个存在者的全部而漏掉,掩盖了不显现的整体,以致人们通过逻辑学而心安理得地沉溺于单一的显现世界,而忘却了其他可能性。

在"这是杯子"的判断里,实际上已有了这样的统一活动,即把圆柱形、空心、白色、带把、光滑、坚硬、沉默着等这些显现于意识中的现象统一为"一个东西",并且把统一了那么多现象于自身的"这个东西"当做"杯子"的标准物,从而把它规定为"杯子"。于是,"杯子"(或者被叫为Tasse 或 cup 或其他叫法)这个本来只是表示有自在者来相遇的命名语词成了用来单纯指称(规定)统一了那么多现象于自身的那个标准物的概念。"这是杯子"等于说"杯子就是这样的(圆柱形、空心、白色、光滑、坚硬等现象的统一体)"。作为命名语词的"杯子"并不仅仅表示"这样的",它还表示"这样的"以外的东西,那就是"这样的"从其中来又存在于其中的那个整体。或者说,作为命名语词的"杯子"不仅表示显现出来的东西,而且通过显现出来的东西来暗示不显现的东西。所以,命名不是指称或规定,而是相遇者打开的对话。任何定义都是对这种对话的中断。

所以,在"这是杯子"这个看似非常简单直接的判断里,已包含着中断、统一、删除和抽离这些遮蔽活动。通过把"这"统一、归结为所显现的"那样"而把"这"所在的那个不显现的整体遮盖掉,从而把"这"从它所在的那个隐蔽的整体中抽离出来,也即把"这"从它自己的位置上抽离出来。这样，"这"就成了在意识里被显现和统一为单个东西的个体存在者。而当"这"这样被统一为一个确定的个体存在者时，它也就被当做一个"标准物"或叫"自身同一物"："这（在相遇的命名活动中被叫做'杯子'）"就是"这（样的）"，"这（样的）"就是"这（杯子）"。对"这（杯子）存在着"的"这（杯子）"的抽离与统一的第一结果就是"这是**这**"或"杯子是**杯子**"。① "这是杯子"这个简单判断以"这是**这**（杯子是**杯子**）"这个同一性判断（它曾被我们称为原级定义）为前提而内在地包含着同一性判断。因此，在"这是杯子"这个判断中，"这"不仅是个体者，同时又是一个普遍者，因为它首先是一个普遍的标准物即自身同一物。

就苏格拉底作为一个个体而言，托马斯所举的例子"苏格拉底是理性动物"这个涉及"个体"的判断实际上可以改写为"这是理性动物"。就像前面所分析的，在这种判断里，"这"或"苏格拉底"实际上已被统一为一个标准的自身同一物，因而是一个普遍的个体存在者。所以，即使在这种个体判断里，苏格拉底的一切特殊性（比如高矮、胖瘦等等）也都被略去、删除。也就是说，即使在有关个体存在者的定义中，个体存在者的质料特殊性恰恰也被略去了，而不是被标明了。因此，不管是对作为个体的复合本体的定义，还是对作为种或属的复合本体的定义，涉及的都是无差别的质料，换言之，质料的特殊性都被隐去或删除。在个体定义中，同样并不标明其质料。

实际上，只有在两种情况下，对个体的规定才会涉及个体的质料特殊性。一种是在与其他个体的关系中规定个体。比如，要把苏格拉底与柏拉图、亚里士多德、孔丘区分开来，就必须援引苏格拉底的质料——高矮、胖瘦、黑白等骨骼与肌肉方面的特殊性。但是，一个体与同种里的其

---

① 在"这是这"这个同一性命题中，从存在论角度看，主位上的"这"与宾位上的"这"是不同的。宾位上的"这"只是在意识中显现的"这样子"，也仅仅是意识中显现的"这样子"。而主位上的"这"本来并不仅仅是显现出来的"这样子"，它还有更多可能性；只是在意识以概念方式开显自己而掩盖、删除"这"的其他可能性，"这"才直接被等同于"这样的"。同样，在"杯子是杯子"这个命题中，两个"杯子"本是不同的：主位上的"杯子"是一命名语词，而宾位上的"杯子"则是一概念。

他个体的区别不应是本质的区别，因为正是有共同的本质，它们才被归在同一个"种"之下。把同种下的不同个体区别开来的只是一些在比较中才显明出的特征或属性，而不是本质。也就是说，是在比较中对个体的规定才涉及标明个体的质料。

另一种涉及个体质料的情况是要区分个体定义与种的定义。比如，作为个体的苏格拉底的定义（本质）"苏格拉底是理性动物"与作为种的人的定义（本质）"人是理性动物"之间的区分就在于，在"人是理性动物"这个种的定义中，不标明任何个体的质料，也即说一切个体质料的差异性都被隐去。它虽然涉及一切个体，但是一切个体的质料却是作为被删去了一切差异性的无差别的质料被涉及；而在"苏格拉底是理性动物"这个个体定义中，在托马斯看来，则标明了苏格拉底这个个体的特殊质料。也即是说，个体定义涉及个体的特殊质料。但是，只是在与种的定义相区别、相对应的情况下，我们才能说个体定义涉及个体的特殊质料；就个体定义本身来说，正如我们前面的讨论所表明的，个体质料同样是作为一般质料被涉及。指出这一点是至关重要的，因为一切"一般（普遍）的东西"都是宾位上的东西，也只能是宾位上的东西。如果说本质只能是由定义给出来的东西，那么，这也就意味着，一切本质，不管是个体物的本质还是种属物的本质，都是宾位上的东西，因而都是一种"客体"。

同样，在托马斯看来，"属（Gattung）的本质与种（Art）的本质也是根据被标明（的质料）与不被标明（的质料）得到区分的"。我们非常有趣地看到，托马斯由此将属、种与个体之本质的关系问题引向了整体与部分的关系问题，借以进一步讨论复合本体的本质问题。因为只要是复合本体就有种、属与个体的关系问题。

所以，托马斯接着说："相对于种的个体是通过受某种量度规定的质料而得到标明的；而相对于属的种则是通过构成性的差（它来自物的形式）而得到标明。但是，在相对于属的种这种情况下，（对种的）规定或标明并不是通过存在于种的本质中却绝不存在于属的本质中的某种东西来进行的。相反，那总存在于种里，也存在于属里的东西并不是要被规定(为种的)东西。因为如果动物不是人所是的整体,而是人的一部分,那么,它就不能用来述说人,因为没有部分能述说它的整体的。"①如果要把个体从其所属的种中标明(区分)出来,比如,要把作为理性动物的苏格拉底这个个体从作为理性动物的"人"这个种中标明出来,那么,就必须通过标明苏格拉底的质料才能完成。而如果要把种从其所属的属中标明出来,则要通过"构成性的差(区别)"来完成。所谓"构成性的差"也就是构成种之间的差。种的本质是通过使自己与同属(类)中的其他"种"区别开来的差得到标明的(定义)。

不过,托马斯这里要强调的是,把"种"从属中标明(规定)出来的那种东西(本质),既存在于种中,也存在于属中,而不可能只存在于种中而不存在于属中。否则,属就只是种的部分,而不是种的整体。而如果属只是种的部分,比如说,如果"动物"只是"人"的一个部分,那么,"动物"就不能用来述说作为种的"人",因而不再是"人"的"属"。因为部分从来就不能用来述说整体,或者说,整体不可能由部分说出来。同样,把个体从种中标明出来的东西也并非只存在于个体中而不存在于种中。否则,"种"就成了个体的部分而不再是可用来述说个体的种。

那么,要进一步问的是,在什么情况下,属(概念)或种(概念)是一整体,而在什么情况下它们成了部分?这里我们还是引用托马斯给出的例子来讨论。以"物(肉)体"(corpus/Körper)这个概念为例。作为本体(Substanz)的一种类,如果"物体"仅仅被看做是只具有使三维性得到表示的形式的东西,或者说,使三维性得到表示的形式被看做"物体"的"完满"(Vollendung),从而被当做"物体"的全部,那么,"物体"就只是"动物"的一个部分,即质料部分(在这种情况下,"物体"即是汉语的"肉体"),而不是动物的属。因为三维性被当做"物体"的"完满性",也就意味着其他一切形式的完满性都被排除在外,因此,再附加上其他东西,那么它就不再是"物体"。显而易见,相对于这样理解的"物体",灵魂只能

---

① 托马斯·阿奎那:《存在者与本质》,第 17 页。

是在物体这个词所表示的东西之外却又附着于物(肉)体之上的东西,由此才与物体一起构成了"动物"。也就是说,灵魂与物(肉)体就如部分与部分组合成整体那样组合成动物。

更进一层地说,"动物与人的关系也是如此。因为如果把其他完满性排除掉,而只把动物理解为仅有这样一种完满性的事物,即它因自己身上的原因(力量)而能感性地感知与运动,那么,其他完满性(不管是什么完满性)与动物就处在一种部分与部分的关系中,而不是内在地被包含在动物概念之中的完满性。这样理解的动物就不是属。但是,如果动物被理解为这样一种事物,即它的形式能产生出感官知觉与运动,而不管这是一种什么形式,是只具有五种官能的灵魂,还是既具有五种官能又具有理性的灵魂,那么,动物(这个概念)就是属"①。

作为一个属概念,"动物"具有各种"完满性",不仅具有"能感性地感知与自动"这种完满性,还具有"能理性地感知"等其他完满性。如果把其中的某种完满性,比如"因自己身上的能力而能感性地感知与运动"这种完满性当做"动物"的完满性,因而把其他完满性从"动物"中排除掉,那么,其他完满性与"动物"就处在部分与部分的关系,而不是被包含在"动物"这个概念中。在这种情形下,"动物"就不再是一个"属"的概念,因为在这种情况下,"人"不能作为它的一个种而归在它之下。

因此,如果一个概念是一个属的概念,那么,它必定是一个表示"整体"的概念,或者说,它内在地包含着各种足以构成各个种类物的完满性,而绝不仅仅具有一种完满性。相对于个体,一个种的概念亦复如此,它必定也是表示一个整体。实际上,属、种、差都表示一个整体,只不过是以不同方式罢了。

> 属以不确定的方式表示存在于种中的整体,因为属并不只是标明(表示)质料。差也表示整体,它也不只是表示形式;定义也表示整体,种也是,但是,是以不同方式:属像名称那样表示(标明)整体,

---

① 托马斯·阿奎那:《存在者与本质》,第21页。

而名称就是规定一物中质料所是的东西,而不规定固有的形式。所以,属是从质料取得(名称而表示整体)的,虽然它不是质料。……而差则是从某种形式那里取得名称,而不管就其最初意义而言是某种质料的东西。……而定义或种则包括二者,即包括由属这个词所表示的某种质料和由差这个词所表示的某种形式。[①]

如何理解"属"取名于质料又不只是表示质料,"差"则取名于形式,而"种"则取名于形式与质料?实际上,这是一个遮蔽、隐去与标明、表示的关系问题。一个概念之所以是一个属,它一定隐去、抹掉了各"种"具体事物所固有的"形式",而只关涉它们的质料在越出它们所属的诸种之外的更广泛的关联中所是的东西。比如说,"动物"作为一个属概念来看,它也就是具有"自己能感知与运动"这种形式的存在物。也就是说,一个存在物之所以能被归在"动物"这个属下,是因为这一存在物具有"自己能感知与运动"这种形式。但是,"自己能感知与运动"之所以能被当做一种"形式"而得"动物"这一宾名,从而使各"种"不同的、但都具有"自己能感知与运动"这种本性的存在物可以统一归在一个共同的概念下,正是因为这一"形式"隐去、遮盖了那些各种不同存在物的不同形式而作为无差别的整体质料存在于这些不同的存在物身上。我们甚至可以这样说,相对于"种",属之所以为属,恰恰是因为以无差别方式存在于诸种里的质料在诸"种"之外的关联中成了形式而得名。所以,它取名于质料又不只是标明质料,它同时标明了种外的形式。在"动物"这一属里,"能自己感知与运动"这一本性之所以不再是诸种里的无差别质料,而成了与植物区别开来的另一类存在物,就在于"能自己感知与运动"这一本性在与植物这一类存在物的比较关联中成了标明另一类存在物的形式。在这个意义上,"动物"不仅仅标明了质料。

我们或许可以说,属以种外的形式标明了无差别地存在于种里的整体质料。而这也就是说,属也以不确定的方式标明了存在于种里的整

---

① 托马斯·阿奎那:《存在者与本质》,第 23 页。

体。所谓以不确定形式标明了种中的整体,是说属内在地包含着各种形式的种,因而它所标明的整体质料展现为在各种形式的种的质料,而不仅仅展现为某一确定的种的质料。属所以为属,就在于它的形式不仅使它具有一种存在于各个"种"里的完善性(这种完善性以无差别的质料整体存在于各个种里),而且使它具有其他分别存在于所属的各个"种"的形式里的完善性。也就是说,属展现为具有各自形式的各个种的完善性,为各个种的形式所完善。简单地说,属所标明的整体质料以被遮蔽的方式具体化在各种可能形式的种中。在这个意义上,属以不确定的方式标明了存在于种中的整体。

如果说"属"是从质料得名,那么,"差"和"种"则是从形式得名。差是同一属下各个"种"之间相互区分的形式。也就是说,使不同的"种"区分开来的是种的形式。属下的诸种拥有从属的角度看是无差别的共同质料,因此,种的不同不能来自质料,而是形式。形式的不同才使那种无差别的质料展现在不同的种里。"差"就是将同一属下的某个种与其他种区分开来的形式。比如说,"人是有理性的动物",这里,"有理性的"就是把人与牛、羊这些归在"动物"这个属下的其他种类动物区别开来的"形式"。人因有这个形式而被称(定义)为人,并与其他种类动物区别开来。

"差"不仅使种之间区分开来,而且使种与属区分开来。如果说属是以不确定的形式标明了以无差别方式存在于诸种中的质料,从而以不确定的方式标明了存在于诸种中的质料整体,那么,"差"则以确定的形式(如"有理性的")标明了无差别的质料,使无差别质料在确定的形式下显出差别而成为某一具体种类的质料。"差"在使无差别质料在某种形式下成为有差别的质料时,也就标明了一个种的整体。

而定义或种则包含着"属"所标明的质料与由"差"所标明的形式。举例来说,"人"这个"种"包含着"动物"这个"属"所标明的质料("自己能感知与运动")与"有理性"这个"差"所标明的形式即"理性"。在"人"这个种里,"自己能感知与运动"这种无差别质料展现为"理性"这种形式下的质料,因而人是理性动物,而不是由理性与动物两部分组成的。理性与"自己能感知与运动"不是作为两个部分而叠加成人这种类存在物,而是"自己能感知与运动"这种质料在"理性"形式下得标明、表示而给出了人这种类存在物。也就是说,种不是由质料与形式组合而成的第三种存在物,而是让某种质料在某种形式下得到标明、显现的类存在物。因而种表示一个复合整体,它既表示形式,也表示某种形式中的质料。

托马斯要说的是,属、种、差都表示整体,因而可以陈述一切作为复合本体出现的个体。因为一切作为复合本体出现的个体都是一个整体,而不是部分。而这在另一方面也就是说,如果本质是作为部分被表示和理解,那么,属、种、差不适合于表示本质。但是,托马斯不是说本质就是由定义表示出的东西吗?而定义不就是属加种差吗?至少次级定义可以这么看。这里的问题在于本质被表示、标明的方式。

在托马斯看来,复合本体的本质有两种表示方式:一种是作为部分被表示,一种是作为整体被表示。比如,"人"这个词与"人性"这个词都表示人的本质,但是,是以不同方式来表示:"人"这个词把人的本质作为整体来表示,因为它并不排除对质料的表示(标明),而是以不确定的方式内在地包含着对质料的表示。"所以,'人'这个词可以陈述个体。但是,'人性'这个词则把人的本质表示为部分,因为'人性'这个词的意义只包含属人(就其是人而言)的东西,而排除了任何(对质料的)标明(表示)。所以,'人性'一词并不用来陈述个体。"① 在这里,"人性"只表示人之为人的东西,而不表示之外的任何内容。也就是说,"人性"排除了对"人"这个"种"所标明的质料的任何表示,而只表示这个种的本性部分。当人的本质这样被表示的时候,也就是人的本质被作为部分来表示。而在这种情况下,本质不被属、种概念所表示。因此,对于复合本体来说,其本质只有作为整体才能被种、属概念所标明,因而才能在属加种差的次级定义中被给出来。

---

① 托马斯·阿奎那:《存在者与本质》,第 31 页。

三 本质与单一本体

如果说复合本体是包含着形式与质料于自身的本体,那么,单一(einfach)本体则是一种只作为形式而存在的本体。如何理解这种单一本体的本质? 这里首先要问的是,有哪类东西能被归为单一的本体?

第一因也即上帝是纯形式,因而是纯粹的单一性(Einfachheit),这是没有问题的。但是,灵魂与精神体是否单一性本体? 在思想史上,有人认为它们不是单一本体,因为它们也是由形式与质料组合而成的。不过,托马斯·阿奎那赞同大多数哲学家的观念,认为灵魂与精神体也是单一本体。阿奎那认为,对此的最好证明就是,这些本体身上存在着超感性的认识能力,正是通过这种超感性的认识能力,一切复合本体的形式才得到认识。但是,只有当形式被从质料及其性质中分离出来而被接受进能进行超感性认识活动的本体里,形式才是现实可认识的。"因此,任何能进行超感性认识活动的本体在根本上一定是摆脱质料的。它既没有作为它自己之部分的质料,也不会是一个被烙在质料上的形式。"[1]这意味着,灵魂、精神体这类具有超感性认识能力的本体不可能包含质料,而只能是没有质料的形式本体,因而它们是单一的,而不是复合的。

这里的论证实际上隐含着这样一个预设:一切在感性中被给予的质料都妨碍认识。如果停留在质料上,或者说束缚于质料上,那么一切都是不可认识的。人的灵魂或精神之所以能够使被联结于质料的形式成为可认识的,正因为灵魂或精神能够把形式从质料中解放出来。认识是一种解放事业,而能进行"解放"活动的本体一定是、也只能是"自由的"、摆脱质料束缚的本体。

不过,在阿奎那看来,灵魂、精神体(如天使)这类本体虽然是纯形式的,而不是形式与质料的组合,但是,它们"却存在着形式与存在(forme

---

[1] 托马斯·阿奎那:《存在者与本质》,第43页。

et esse/Form und Sein)的组合"①。只不过这种组合并不改变这类本体的单一(纯)性,因为它们的本质或"什么性"永远是形式本身,而与任何其他东西无关。那么,我们如何来理解灵魂、精神体这类本体是形式与存在的组合呢?在阿奎那视野里,这里实际上存在着一个形式等级世界。

虽然一切单一本体都是没有质料的形式,但是,除了第一因外,其他单一本体并没有充分、完满的单一性(die völlige Einfachheit)。所谓有充分、完满的单一性,也就是说,这一本体的"什么性"即本质就是它的存在本身,而它的存在就是它的本质。这样的本体只能是作为第一因出现的本体,因为就这一本体的本质(形式)就是它的存在而言,它的存在必定就是一种自为持存的存在。因此,就它本身而言,它不接受任何差别物的附加,否则,它就不是自为持存(独立)的存在,而是成了存在与存在之外的形式的组合。所以,作为"其本质(形式)就是其存在,其存在就是其本质"的本体,它必定是具有绝对单一性的本体,因而也必定就是作为第一因的本体。一切其他事物只是通过附加上差或质料而分有、"复制"这一具有绝对单一性的本体,才成为它们自己。也就是说,万物都是来自绝对的单一性本体,它们通过附加差而分有第一因,把第一因复制到自己身上。这就如属下的种是通过附加差(形式)而复制属,或者说,通过附加差,属被复制到它下面的诸种里。② 上帝(第一因)以隐身的方式存在于万物里,就如属以无差别的、不被标明的质料存在于种里一样。

除第一因外,其他一切单一本体都不具有充分的单一性。离第一因越近,单一本体的单一性就越充分;相反,离第一因越远,其单一性就越不充分。所谓没有充分、完满的单一性,也就是说,其他单一本体虽然也是纯形式的存在,但是,它们不像第一因那样是纯粹的现实性,而是仍有非现实的存在——它们仍有可能性有待展开、实现。因此,它

① 托马斯·阿奎那:《存在者与本质》,第45页。
② 而个体又是通过附加质料而复制它所属的种。"人"这个"种"就像是一幅"人样"白描,附加上颜色、表情、形体线条以及其他细节,就会成为一个分有、复制那个"人样"白描的个体。

们与潜能(potentie/Potentialität)相关联,或者说,它们携带着潜能。这种潜能不属于本体的本质,而是在本质之外,但又属于本体的整体存在。由于这种潜能在本质之外,因此,并不因为它不是现实的而影响、改变本质;同时,由于这种潜能属于本体的整体存在,因此,它的非现实性使本体不具备纯粹的现实性。本体不具有充分的单一性,就在于它们的形式总是与潜能的存在相联系。因而,这类本体虽然就其形式而言是现实的,但是就其整体存在而言,又不像第一因那样是纯粹现实的。

所以,对于灵魂、精神体之类本体来说,所谓形式与存在的组合,并不是指要在形式基础上加上某种东西才使这类本体现实地存在,而仅仅是说,这类本体由于其形式与潜能性存在的组合而不具有纯粹的现实性,或者说,还有待于获得更完满、充分的现实性。对于这类单一本体来说,其形式并不依赖于其存在,相反,其存在倒是依赖于其形式。所以,这类本体虽然是形式与存在的组合,但是,就其本质来说,却不是复合本体,而是单一本体。这种单一本体是形式与存在的组合仅仅表明这种单一本体并不是充分、完满的现实性存在。只有那类其形式与质料相互依赖而不可分离地构成本质的本体才是复合本体。也就是说,只有这样的本体才是复合本体,它的形式离第一因如此之远,以致它的这种形式不能独立于质料而存在,而只能与质料相互依存而构成本体之本质。

这样,我们也就可以发现,复合本体的本质与单一本体的本质的根本区别就在于:"复合本体的本质不只是形式,而是包括形式与质料,而单一本体的本质只是形式。"①这一根本区别具体展现为两个区别:第一个区别是,复合本体的本质可能作为整体被表示(标明)出来,也可能作为部分被表示出来——这取决于对质料的表示②;而单一本体的本质就

---

① 托马斯·阿奎那:《存在者与本质》,第47页。
② 参见前面的讨论。当复合本体的质料以不确定方式被表示时,它的本质就作为整体被表示;而当排除了对它的质料的表示时,它的本质就作为部分被表示。

是它的形式,因此它只能作为整体被表示。因为在单一本体里,除了形式,不存在任何能承担起形式的东西。第二个区别是,由于复合本体包含着能被表示(标明)的质料,它的本质可以根据对质料的划分而被复制或多样化(multiplicantur/vervielfältigt)。因此,复合本体的本质按种(类)而言是同一的,而按数而言则是不同的。但是,由于单一本体不包含质料,因此,不可能像在复合本体里那样可以对单一本体的本质进行复制。所以,在单一本体那里,不存在同一种类的许多个体,而是像存在许多不同个体那样,存在许多种(单一本体)。[①]

对于第二个区别,我们可以通过分析一个例子来理解。比如,“人”这个复合物包含着“理性”这个形式与由“能自己感知与行动”(动物)来标明的质料。作为这种复合物,它的本质(定义)只有一种,即“理性动物”,而没有其他。但是,由“能自己感知与行动”所标明的质料在“人”这里却是具体化为各个不同个体而被诸个体所划分,从而把“理性动物”这个本质复制到诸个体当中。因此,就数量上说,“人”的本质是多——它存在于所有的个体当中,每个个体都担当着“理性动物”这一本质。也就是说,有许多“理性动物”。所以,复合本体的本质根据对质料的划分、分割而被复制在不同事物上,形成不同种类或不同个体的事物。或者反过来说,不同事物因复制了同一种本质而属同一种类的事物,但是,这些事物又是通过划分或分割质料来复制本质的,它们将因这种划分而成为不同的、有差别的事物。相反,在单一本体那里,由于它是形式的存在,它的形式就是它的本质,因此,它的本质不可能通过分割质料而被复制与多样化。这意味着,不可能存在许多同一种类的单一本体,而只可能存在不同种类的单一本体——它们只因形式不同而相互区分开来,而与对质料的分割无关。也就是说,“在这类本体那里,不存在同一种类中的个体的多样性”[②]。单一本体之间的不同必定是种类(本质)间的区别,而不

---

① 参见托马斯·阿奎那《存在者与本质》,第 47 页。
② 同上书,第 59 页。

会仅仅是同一种类中个体间的差异。

单一本体与复合本体在本质方面虽然有如此之不同,但是,如果较之作为第一因或第一者的单一本体来说,它们又是共同属于另一类东西,是另类存在。因为除了作为第一者这种单一本体是一自为持存的存在(ein für sich bestehendes Sein)外,其他一切本体都不是自为持存的,而是通过"附加"上"差"被给出来的。所谓"自为持存的存在"也就是只为自己持存的存在,或者说,只以自己为目的存在,因而是一种绝对单一的独立存在。这意味着,这种单一本体本身不接受任何差别物的附加,否则,它就不是独立而绝对单一的存在,而成了存在与存在之外的形式的组合。相反,其他一切本体,不管是单一本体还是复合本体,都是通过附加上差或质料才给出来的。灵魂、精神体这类单一本体就是通过附加上形式之外的"存在"给出来的,而"人"这个复合本体则是通过在"能自己感知与行动"所标明的质料上附加上"理性"这个差而给出来的。

相应地,由于第一者是自为的存在,因而它的形式就是它的存在,它的存在就是它的形式;或者说,它的本质就是它的存在,它的存在就是它的本质。但是,由于其他本体的存在不同于第一者的存在,它们的本质或什么性也是另外一种东西。因而,也就是说,它们的存在与形式不会是同一个东西。这意味着,它们首先都是形式与存在的组合,其次是形式与质料的组合。这取决于它们离第一者的"远近程度"。虽然如此,在这里,却是形式高于质料,本质优于存在。比如,就第一因以外的单一本体来说,它的形式也就是它的本质或什么性,而它的形式并不依赖于它的存在,相反,它的存在却要依赖它的形式。而且它的形式使它具有现实性,而它的存在恰恰并不都是现实的。而本质优越于存在则体现在:即使我们不知道某物是否现实地存在,我们也能知道某物是什么,即能知道它的本质。阿奎那说:"任何本质或什么性都能被思考,即使人们对它的存在一无所知。"[1]任何本质都能被思考、把握,这是托马斯·阿奎那

---

[1] 托马斯·阿奎那:《存在者与本质》,第 49 页。

的一个坚定信念。

四 上帝的本质与存在(esse/Sein)

以上的讨论实际上已暗示了本质的三种存在方式。相对于本体被分为复合本体、单一本体与作为第一因的单一本体，本质也以三种不同方式存在。或者也可以说，三种本体以三种不同的方式拥有本质。

不过，较之其他两类本体，作为第一因的单一本体以最为独特的方式拥有其本质：上帝的本质(essentia/Wesen)就是它的存在(esse/Sein)本身，它的存在就是它的本质。"而由此可知，上帝不落在一个属(Gattung)下。因为一切落在属下的东西除了其存在之外必定有拥有什么性(quiditas/Washeit)。属或种的什么性或本性(Natur)就其本性性质言在所属的事物中并不是特殊的，而存在在不同事物中却是不同的。"①

在上帝这里，本质是以直接等同于存在这种方式为上帝所拥有。上帝没有本质以外的存在，也没有存在以外的本质。也就是说，上帝没有作为"什么性"(quiditas/Washeit)或"是什么"的本质。因为上帝的本质直接是它的 esse/Sein/存在，而不是 quiditas/Washeit/是什么。这意味着，以这种方式拥有本质的上帝不落在某一属下，不归于任何属。因为任何落在某一属下的东西，也就意味着它除了它的存在之外必定拥有作为"什么性"的本质；或者也可以说，它拥有本质之外的存在。属或种的"什么性"(本质)一定被可归在它之下的一切事物所共同拥有，但是，这些事物的存在却是各不相同的。因此，凡是落在某一属下的事物，它的本质与存在是不同的，它的存在"多"于它的本质。

关于上帝不落入任何属下的思想，托马斯·阿奎那在《反异教大全》里有类似的论证："归在一个属下的东西**就其存在来说**，与归在同一个属下的其他一切事物总是有别的；另一方面，同一个属并不陈述更多(属外)的事物。于是，一切归在同一个属下的事物在属的什么性上必定是

---

① 托马斯·阿奎那:《存在者与本质》,第 57 页。

一致的,因为属就事物的本质性(Wesenheit)方面陈述一切(属内)事物。因此,落在一属下的每个事物的存在都处在属的本质性之外,而这在上帝那里是不可能的。所以,上帝不落在一个属下。"①

　　一方面,在同一个属下的事物的存在是相互有别的,牛、羊、鸟、虫虽同属"动物",它们的"存在"却各不相同,它们是作为不同"种类"的事物存在着。但是,另一方面,所有同一属下的事物都可由属来陈述,属也只陈述属下的事物,而不陈述属外的更多事物。即是说,属的"什么性"(本质)为属下的一切事物所共有,属下的事物也就是拥有属的"什么性"的事物。在拥有属的"什么性"这一点上,属下的所有事物都是一致的。这意味着,属的"什么性"并不能把属下的事物区分开来。所以,使属下事物作为这一种事物存在而不是作为另一种事物存在的东西是在属的"什么性"(本质)之外:是属的"什么性"之外的"种差"使属下事物的存在区别开来。因此,凡是落在属下的事物,其存在与"什么性"必定不是一个东西:必定在它存在之外拥有"什么性",或者在它的"什么性"之外拥有存在。这里的"什么性"既可以是"属"的本质性(比如作为动物的本质性即是"能自己感知与行动"),也可以是"种"的本质性(比如作为"人"的本质性即是种差"理性")。但是,不管谈的是哪种"什么性",落在属下的任何事物,其"什么性"都与其存在不同——它的存在总要"多"于它的"什么性"。

　　因此,同样,如果上帝落在一个属下,那么,也就意味着上帝有作为"什么性"(quiditas/Washeit/是什么)的本质,也即可由定义给出来的本质,因而也就是说,上帝的存在与它的"什么性"即本质是不一致的,而这是不可能的,上帝的本质即是它的存在。因此,上帝不落在属下。

　　说上帝的本质即是它的存在,那么实际上也就是说,上帝只是存在/esse/Sein,而不是任何的"什么",它没有作为"什么"的本质。但是,这个

────────────

① 托马斯·阿奎那:《反异教大全》1∶25。黑体字为引者所加。实际上,如果把《神学大全》、《反异教大全》与《存在者与本质》略加对照,人们就会发现,二者的基本论点与论证的基本特征已在《存在者与本质》里被奠定了下来。

"存在"并不是一个普遍性的概念。所以,托马斯进一步说:

> 当我们说上帝只是存在时,并不允许陷入这样的错误,即认为
> 上帝是一种普遍的存在(universale esse/das allgemeine Sein),而一
> 切事物就其形式来说都是因这种普遍存在而存在。因为上帝所是
> 的存在具有这样的性质:不能给他构成任何附加,因此,他恰是通过
> 其纯粹性(puritas/Reinheit)而区别于那普遍的存在。[①]

上帝的存在之所以不是一个普遍概念,如前所述,是因为上帝的存
在是绝对独立而自为持存的存在,因此,它无需任何附加,也不允许任何
附加。但是,任何普遍概念都能够附加、允许附加,并且必须附加。因为
任何普遍概念本身虽然并不包含附加,但是它也不排除附加;更为重要
的是,如果普遍概念排除了附加,那么,人们甚至无法合乎逻辑地思考这
种普遍概念。因此,任何普遍概念都一定能够且必须接受附加。

上帝的存在不接受任何附加,因而不是普遍概念。这意味着,上帝
的存在是一种特殊的存在。托马斯在《反异教大全》里继续论证说:"第
二种把人们引向迷误的情形是理性的软弱。由于普遍的东西是经由附
加而被特殊化/spezifiziert(从而归入一种类)和个体化/individuiert(从
而成为一个体),所以,他们认为,上帝的存在(这种存在不可能有任何附
加)不是一种特殊的存在,而是为一切事物所共同(拥有)的存在。在这
里,他们没有考虑到,凡是共同和普遍的东西如果没有附加就不可能实
际存在(existieren),而只能被思考。比如说,如果没有'理性'或'无理
性'这样的差,动物就不可能实际存在,虽然能够被思考。虽然普遍的东
西没有附加也能被思考,但是并非没有接受附加的能力。因为如果没有
差附加到'动物'上,'动物'就不是属,这点对于其他名称也一样。而上
帝虽然没有附加,却不仅存在于思想中,而且也存在于物的本性里;的
确,不仅没有附加,而且不能接受附加。正是从上帝的存在既不接受一

[①] 托马斯·阿奎那:《存在者与本质》,第 57 页。

个附加，也不能接受附加这一点而更严格地推出：上帝不是普遍的存在，而是特殊的存在/das besondere Sein。上帝的存在也正由此而区别于所有其他事物，因为没有任何东西能附加给上帝。"①

由于人类理性的软弱与不完善，人们在认识上帝的存在问题上会陷入各种迷误。其中一个迷误就是以为上帝的存在不是一种特殊的存在，而是普遍的存在。而他们之所以会这样认为，是因为一切特殊的东西与个体的东西都是从普遍的东西经由附加而特殊化与个体化出来的。但是，上帝是不可能有任何附加的，因此，他们认为，上帝这种不可能有任何附加的存在只能是被一切事物所共同具有的普遍存在。但是，持这种观点的人没有想到，任何一种普遍的东西如果没有附加上"差"就不可能存在于任何事物当中，因而不可能是时空中的实际存在。"动物"之所以是现实的实际存在，就因为它存在于"人"以及牛、羊、鸟、虫这些具体的种类物当中，而这些种类物之所以是实际的存在，则是因为它们存在于各自种类的个体物当中。也就是说，作为一个普遍概念，"动物"是通过附加上诸如"理性"或"无理性"以及其他的差而被落实、复制到特殊乃至个体的事物当中，从而成为具体的实际存在，而不仅仅是"思想"中或想象中的存在。如果对"动物"这个概念不能进行任何附加，那么，这不仅意味着它因不能被落实、复制到特殊的事物上而不可能是时空中的实际存在，而且表明这个概念不再是一个属的概念。因为一个概念之所以是一个属的概念，就在于它能够被附加成种的概念。因此，一个不能被附加的概念既不可能是现实的实际存在，也不可能是一个属的概念。这样的概念实际上已不再是具有逻辑功能的概念，而只是臆想或虚构的想象物，就如"飞马""不死鸟"之类的虚构物。如果"动物"不能被附加成诸如牛、羊、鸟、虫、人，那么，"动物"就会成为如"飞马"之类的虚构物。严格说来，这类不能被附加的概念只能被想象，而不能被合乎逻辑地思考。

因此，如果认为上帝的存在是一个不可附加的普遍概念，那么这无

① 托马斯·阿奎那:《反异教大全》1：26。

异于断言上帝不是现实的实际存在,而只是一种虚构物。但是,上帝不仅存在于思想中,而且现实地存在于万物的本性里。

既然上帝既存在于思想中又存在于事物的本性里,却又不是普遍的存在,那么,只有一种可能,那就是:上帝是一种特殊的存在。这也就是说,从"上帝的本质就是其存在"可以逻辑地得知,上帝的存在没有任何附加,也不能够有任何附加,因此,上帝既是一种特殊的存在,也是一种绝对纯粹的存在。

虽然上帝是不允许有任何附加的存在,因而是绝对纯粹的存在。但是,这并不意味着上帝的存在是空洞的、没有完满性的存在。相反,上帝的存在不缺乏任何完满性与优越性,而是拥有一切"属"所具有的完满性,"因此,它被称为绝对的完满者(perfectum/das Vollendete)"①。当然,上帝不可能以被造物的方式拥有各种完善性,而是以优越于万物的方式拥有这些完善性。"因为这些完善性在上帝身上是'一'(unum/eines),而在其他事物那里却各不相同。这是因为所有那些完善性都是按上帝的单一性存在而归属上帝。"②反过来说,上帝是以自身的自足的单一性把一切完满统一于自身。在《神学大全》里,托马斯进一步说:

> 上帝是**安于自身之中**的存在本身(das **in sich selbst ruhende Sein selbst**)。所以,他必定把存在的一切完满性统一于自身。因为显而易见,如果一个温暖的事物并没有在自身里把温暖的整个完满性实现出来,那么,这意味着这个温暖的事物还没有把温暖的本质充分或完满地接受到自身里。但是,如果温暖是安宁于自身中的存在(而不是某一主体或主词的属性),那么,它就不缺乏温暖的任何可能的完满度。所以,由于上帝是安宁于自身之中的存在本身,因此,他不会缺乏存在的可能的完满性。事物的完满性不是别的,就是存在(esse/Sein)的完满性。事物是就其分有(teilhaben)存在的

---

① 托马斯·阿奎那:《存在者与本质》,第 57 页。
② 同上书,第 59 页。

度而言是完满的。因此,上帝不缺乏任何事物的完满性。①

上帝不是别的存在,而是安于自身的存在本身。而这一"存在"之所以安于自身之中,就在于这一存在是绝对完满的,它把存在的一切完满性统一于自身。也就是说,它把一切完满性作为"一个整全"来拥有,没有任何完满性在这个整全之外;而一切事物的存在都因为分有这一整全的完满性存在而获得各自非整全的完满性。因此,不同事物具有不同的完满性,其完满性的度取决于该事物分有那个拥有整全完满性的"存在"的度:它越接近这个"存在",因而更高地分有这个"存在",它也就越完满。

从另一个角度看,即是说,上帝的存在不被用来陈述任何事物,也不能被用来陈述任何事物,它是个绝对"主词(主体)",永远守在主位上。因此,它不会是任何事物的属性,也就是说,上帝的存在不会只是事物的某种完满性。上帝的存在只作为绝对"主词"表明,这一存在包含着存在的一切完满性。否则,它就能够是一个可以被用来陈述事物之完满性或属性的"宾词"。而一切事物之所以都可被作为宾词使用,则表明它们都不具有整全的完满性;或者说,其他事物的非整全的完满性使它们不具备绝对的主位。

因此,我们既可以说,上帝是以"一"的方式拥有完满性,而其他事物则是以"多"的方式拥有完满性;也可以说,上帝是在主位上拥有完满性,而事物则是在宾位上拥有其完满性。上帝拥有完满性的方式实际上也是他拥有其本质的方式。不过,最简单而又最根本地说,上帝是以"其本质即是其存在"的方式拥有本质。这使得上帝的存在与本质不落在属、种之下,因而合理的推论是:上帝的存在与本质不可通过属、种、差来通达。因而也就是说,上帝的本质不是作为可定义的"什么"存在,上帝没有作为这种"什么"的本质。这意味着上帝的存在与本质不是逻辑所能达到的。虽然上帝可能是用逻辑的区分程序来创造世界,但他自己却在

---

① 托马斯·阿奎那:《神学大全》1:4:2。

逻辑之外。

这也许是这里最值得人们记住的一个结论。但是，对于如何理解上帝的存在问题来说，这个结论意味着什么呢？托马斯·阿奎那对这个结论及其意味自觉到什么程度呢？带着这个问题也许会有助于探究托马斯·阿奎那为什么最后却无声"失语"。

实际上，如果说逻辑学是我们把握世俗真理的可靠途径，因而是我们生活于其中的这个世界的存在-呈现方式，那么，这个构成了世界之存在论的逻辑学本身恰恰表明，它所能达到的那个最后的东西却必定来自一个不落在任何属下的东西，因而必定是在逻辑学之外的东西，这就是"存在"本身。如果逻辑所达到的最后东西是"个体"或"这"，那么，这个"这"必定只能是"这是**这**"中那个宾位上的"**这**"，而不可能是主位上的那个"这"。宾位上的"**这**"实际上应被表述为"当下这样的"或"当下如此这般的"，它不仅是由范畴构造出来的，而且也仅仅是范畴构造出来的那样。也就是说，它是个"什么"。所以，宾位上的这个"这"既是当下的个体存在，又是概念性的一般存在，因而能被逻辑学所把握。而主位上的"这"则不仅仅是范畴构造出来的那个样子，它还有在范畴之外的存在；被我们的范畴意识所构造-呈现出来的"当下如此这般"只不过是从它的存在中照亮出来、抢夺出来的一个"碎片"，所以，它本身不落在任何概念之下。"这是**这**"真正说的是：主位上的"这"有一个逻辑上可通达的因而是可靠的存在形态，即由范畴意识构造-呈现出来的"当下如此这般"，而并不表明主位上的"这"与宾位上的"这"是直接等同的。"当下的如此这般"来自主位上的"这"，但并不是它的全部，而只是它的一个碎片。

同样，如果逻辑所达到的最后东西是最普遍的概念，因而也就是最高的属，那么，这也就意味着，它可被"差"所附加而落实成种直至个体。而这个最普遍的概念可被附加则表明，在这个最高的属外还有别的存在，这个存在不落在最高的属下。因此，这个存在不是逻辑所能"言说"的。

因此，逻辑的最后胜利所达到的至高点恰恰显明逻辑自身的界限，上帝的存在就在这个界限之外。实际上,也只有这种东西的存在是在逻辑的界限之外,即这种东西的本质即是它的存在,或者说,它没有作为"什么"的那种本质。

与上帝这个最高本体不同,其他一切本体,不管是单一本体还是复合本体,它们的本质与其存在并不是同一的,因而是以不同于上帝的方式拥有各自的本质。首先由于它们拥有作为"什么性"的本质,因而它们的本质不同于其存在,因此,它们必定落在属下而能以属加种差的方式来呈现其本质与存在。①

不过,由于复合本体与质料相关,而其他单一本体与质料无关,因此,它们落入属、种、差的方式也是有别的。换言之,它们的属、种、差是以不同的方式得到理解的。托马斯自己写道:

> 人们必须知道,在(无质料)本体那里与在可感性感知的本体那里,属和差是以不同方式得到理解的。因为在可感性感知的本体那里,属是从存在于一个事物里的质料那里取得的,而差则是从存在于这一事物中的形式那里取得的。……人们所谈的这种差,是一种单一的差(differentia simplex/einfacher Unterschied),因为这种差是从作为事物之什么性的那部分取得的,也即从形式那里取得的。但是,由于无质料本体是单一的什么性,在这种情况下,差不是从什么性的部分取得,而是从整体的什么性取得。所以,阿维森纳在《论灵魂》开头就说:"只有其本质是由质料与形式复合的那些种才拥有单一的差。"
>
> 同样,在无质料本体那里,属也是从整体本质那里取得的,但是,是以不同(于差)的方式从整体本质那里取得的。一个被分离出来(摆脱了质料)的本体与其他本体在无质料上是一致的,它们之间相互的差就在于完善的程度:而它们完善的度则是根据它们与潜能

---

① 参见托马斯·阿奎那《存在者与本质》,第 61 页。

和纯粹现实性的距离来确定的。①

在复合本体那里，其属名是从它所包含的质料那里取得的，比如在"人"这里，它的属名"动物"是从由"能自己感知与行动"所标明的质料那里取得的；或者说，复合本体是因其所包含的质料而落入一属下。因而，复合本体的属是取自其本质的部分，而不是取自其整体本质。它的种差也一样只是取自其本质的部分，不过，不是从质料，而是从形式。② 所以，复合本体的种差被视为一种"单一的差"，它只与本质的形式部分相关。相反，无质料本体的种差恰恰不是从其什么性（本质）的部分获得，而是从整体的什么性获得，所以，是一种整体的差。这意味着，这类无质料本体之间的差一定是整体性的、种类的差，而没有非种类的差。这也就是前面说过的，单一本体不存在同一种类的个体多样性，它们之间的差别一定是种类的差别，而不会只是同一种类里个体间的差别。同样，这种本体的属也是从其"整体本质"那里取得的，不过，是以不同于差的方式获得的：属是取自这类本体就其是无质料本体而言一直伴有的那种东西，比如"精神力"或"理智力"（intellectualitas/Geisthaftigkeit）之类的东西。这类本体之所以落入一属而被标明出来，就在于它们作为无质料本体而具有"理智力"或"精神力"这类东西。但是，差则不取决于这类东西，而取决于这类本体各自的完善度。这种完善的度则由本体所具有的现实性与潜能的比例度决定。能把无质料本体区别开来的只能是本体的整体本质的不同完善度，也就是它们的形式与那绝对完善者的距离。

虽然复合本体与无质料本体的属、差、种是以不同方式被理解，但就它们都落入属、差而言，它们都是也必定是存在于属、差当中，因而能够以逻辑学的方式存在与显现。因此，我们可以相信，它们是按逻辑的方式被创造。

----

① 参见托马斯・阿奎那《存在者与本质》，第 61—63 页。
② 关于复合本体的属、种差如何分别取自本体的质料与形式，见前面"复合本体与本质"中的讨论。

五 本质(essentia/Wesen)与属性(accidens/Eigenschaft)

我们拥有世俗真理,也就是关于复合本体的各种知识。这些知识大都可以以定义的方式被给出来,但是,它们并非都是关于本质的知识。比如,关于"人",我们拥有这样一些知识:"人是理性动物"、"人的理性是有限的理性"、"人是有喜怒哀乐情感的存在者"、"人是有两条腿的动物"……显然,后面三个定义式陈述都与"人"的本质无关,实际上,它们只是关于人的属性的知识。

虽然本质一定是可定义的,但并非所有定义都是关乎本质的。事实上,大部分知识是关于属性的知识。那么,这里就有一个问题需要追问:本质与属性是一种什么关系? 如果说本质是事物最确定、最核心的部分,那么,属性又是事物的什么呢? 本质是可由定义给出来的,而属性也是由定义来展现的。那么,什么样的定义达到的是本质,而另外的定义达到的只是属性?

"由于除非在属性的定义中援引了一个承担者,不然属性就是不可定义的,所以,属性有的是一种不充分(不完满)的定义。这是因为属性没有自为而独立于承担者的存在。"① 如果说本质是一种自为独立的存在,那么,属性则不是一种独立的存在,而是依附于承担者而存在。因此,属性虽然是由定义来达到的,但是,这个定义必须引入一个承担者或载体,否则对属性的定义就是不可能的。对属性的定义实际上也就是把属性归附到某一承担者。

这里,托马斯·阿奎那区分了两种"存在":一种是由形式与质料的结合而产生的存在,被托马斯称为"本体的存在"(esse substantiale/ein substantiales Sein)。本质显然是属于这种本体的存在。而另一种存在,也即当一种属性归到一个承担者(载体)时产生的存在,则被称为"非本

---

① 托马斯·阿奎那:《存在者与本质》,第67页。

体的存在",这也就是"属性的存在"(esse accidentale/ein Sein der Eigenschaft)。① 如果说形式与质料的结合产生的是独立持存于其存在中的存在者,那么,属性与载体的结合则不产生这样的存在者。因为属性所要归附到上面去的载体本身就已是一个自为而独立的存在者,它的独立自为的存在要先于有待于归附到其身上的一切属性。在这个意义上,本质是存在者的第一存在,而属性则是存在者的第二存在,即以存在者的自为而独立的存在为前提的存在。

由于属性是由形式与质料组合而成的那种存在者的第二存在,因此,属性被区分为伴随在先的形式的属性与伴随在先的质料的属性。属性不是伴随着形式的属性,就是伴随着质料的属性。属性必定是与形式或质料相关的属性。所谓"伴随"形式(或质料)的属性,也就是说,这种属性总是与形式相伴随而依赖于形式,它的产生、出现首先与形式直接相关,因此,在某种程度上可以说是形式的结果。但这并非说,这种属性一定与质料无关。这里首先要澄清形式与质料的关系类型。在复合本体这里,形式与质料的关系无非两种情形:一种是形式的存在并不依赖于质料,如能进行超感性认识的灵魂;另一种情形则是形式不能独立于质料而存在,如在各种物体本体那里的形式。相对于形式与质料的这两种关系类型,伴随形式的那些属性与质料的关系也分为两种情况,即有些属性与质料没有共性,因为这些属性所伴随的形式不依赖于质料而存在,比如能进行超感性的认识活动这种属性就与肉体质料无关而没有共性;而其他属性与质料却有共同性,比如能感性地感知这种属性就与肉体质料相关而具有共同性。

这说的是伴随形式的属性。与这种属性不同,伴随质料的属性则无一例外地与形式相关,因为质料不可能独立于形式而存在。因此,伴随质料的属性一定与形式有共同性。所以,托马斯说:"不存在与形式没有

---

① 托马斯·阿奎那:《存在者与本质》,第67页。

共同性却伴随着质料的属性。"①

　　不过,伴随质料的属性既可能是因为质料与种的形式的关系而伴随质料,也可能是因为质料与属的形式的关系而伴随质料。如果是前一种情形,那么,这种属性在排除了种的形式时也随之"消失"或被掩盖。托马斯举了动物中的雄性与雌性为例,雌、雄作为动物的一种属性是以其质料为依据的,却又是在与动物的形式即"能自己感知与行动"的关系中才被标明、显现出来的。所以,当把相对于"物体"而言只是种的动物的形式排除、掩盖掉,那么,雌、雄之分的属性也就被掩盖、删除掉。解除了"动物"的形式,动物也就成为"物体",而物体是没有雌雄的。但是,如果是后一种情形,也即属性是因为质料与属的形式的关系而伴随质料,那么,这种属性在排除了种的形式之后则仍显明于质料中。比如,黑人的"黑"是由质料因素促成的,并且是在与"物体"这个属的形式的关系中被显明出来的,因此与"人"这个种的形式即"理性"或"灵魂"无关,所以,排除了"灵魂"这个形式,或者说,"黑"这个属性却仍显明于他们的质料中。

　　关于属性,托马斯进一步总结说:"由于每一事物都是根据质料而被个体化,而根据形式被归入一个属或一个种,所以,伴随质料的那些属性就是个体的属性。同一个种下的诸个体正是根据这些个体的属性而相互区别开来。但是,伴随形式的那些属性则或者是属的本质属性,或者是种的本质属性。所以,这些属性存在于一切分有属或种之本性的东西里。"②

　　当然,伴随质料的属性虽然一定是个体的属性,但并非意味着它们只存在于某个个体中。实际上,它们将根据与不同级别的形式的关系而具有相应程度的普遍性。比如上面举的例子,存在于黑人中的"黑"虽是伴随质料的属性,但是它存在于所有的黑人当中。只是同种下的个体间一定是根据伴随质料的属性而区别开来,我们才说,伴随质料的属性是

____

① 托马斯·阿奎那:《存在者与本质》,第71页。
② 同上书,第73页。

个体的属性。

这里特别要指出的是，在托马斯看来，属性也有属、种、差，不管是伴随着质料的属性，还是伴随形式的属性。但是，由于属性不是由质料与形式的组合，所以，在属性这里，属不能从质料取得，差不能从形式取得，即不能像在本体那里的情况那样。那么，从哪里取得呢？托马斯说，属性的最高的属是从存在方式本身那里取得，而差则是从产生属性的那些构成因素的差异性那里取得。不过，对属性的定义并不援引属性的差，而是属性的载体。[①]

这实际上是说，对属性的认识以对本体的归类为前提，也即以对本体在属、种、差里的关系的认识为前提。不过，由于属性不是个体的属性就是属或种的属性，因此，对属性的认识最终都有助于对本质的认识。

托马斯·阿奎那在《存在者与本质》里最后想说的是，一切被给予的存在者，不管是作为复合本体还是作为单一本体，都可以落在属、种之下而得到认识。但是，从任一这种知识——如果这种知识具有真理性的话——出发，通过种、属概念的逻辑演绎最后都会达到一个不可越过的界限，而这个界限恰恰表明必有一个不可落入属、种之下的存在者存在，这就是其本质就是其存在本身的存在者。

第三节 托马斯·阿奎那的真理观

在所有的复合本体当中，人是一个特殊的复合本体。因为他的形式部分与单一本体的形式一样是一种灵魂或精神体，具有超感性的认识能力。但是，他的这种具有超感性认识能力的形式却又与质料结合在一起的，而不是独立于质料。这使人这种存在者不能像单一本体那样以其理智（intellectus/Intellekt）直接完成超感性认识而直接把握事物的本质，而只能从感性（sensibilitas）开始，再进入理智，通过理智的劳作而努力摆

---

① 托马斯·阿奎那：《存在者与本质》，第 75 页。

脱质料,才可能达到对本质的把握。在这两个环节及其联结过程中,都可能发生偏离事物的真相而使人错失事物的本质,从而产生错误或假象(falsitas/Falschheit)。[①] 如果说把握了事物之本质的知识才是一种真知识,并且只有以这种真知识为根据的生活才是一种合理的、真实的生活,那么,错失了事物之本质的知识则是一种假知识,而以这种假知识即错误为根据的生活则是一种需要摆脱的虚假生活。

因此,对于人这种存在者来说,至关重要的事务就是追寻与守护真知识。但是,问题是:什么是真知识? 如何理解真知识? 这也就是"什么是真理/quid est veritas/Was ist Wahrheit"的问题。通过分析托马斯·阿奎那对这个问题的讨论,我们将发现,这个问题同样是一个存在问题。

一 真的东西与存在着的东西

奥古斯丁在其《独语录》里曾给出一个著名的真理定义:"所谓真的东西就是那存在着的。"(verum est id quod est/Wahres ist das, was ist.)[②]存在着的东西也就是存在者(ens/Seiendes),它也必定是真的东西。因为既然真的东西就是存在着的东西,那么存在着的东西怎么会不是真的呢? 这意味着,真的东西与存在者是同一个东西。真理就是存在者,存在者就是真理。

但是,这样一来,也就意味着无物会是假的,假无处存在。所以,这一定义已让奥古斯丁在"独语"中陷入困惑。托马斯·阿奎那试图从修正这一定义出发来讨论真理问题。

问题是,如果真的东西与存在者不是同一个东西,那么,当我们说"存在者(存在着的东西)是真实的东西"时,也就意味着是把存在者之外的东西附加给了存在者。但是,存在者之外的东西是不存在的,又如何

---

① 关于感性与理智如何产生错误或假象,参见托马斯·阿奎那《论真理》(拉德对照本),阿尔伯特·齐默尔曼编译,第 73—78 页,费利克斯·迈纳出版社,1986(以下所引此书均为此版本)。

② 奥古斯丁:《独语录》第 2 卷,第 43 页。

附加给存在者并且使之成真呢？如果它们不是一个东西，又如何理解它们之间的关系？对于这个问题，托马斯·阿奎那同样运用他在《存在者与本质》里奠定下来的那种把一切问题都归结为属、种、差、附加之间的演算关系的逻辑分析方法来解答。

真的东西与存在者虽然不是同一个东西，但是，当探究它们之间的关系时，并非把存在者之外的东西附加给存在者。因为存在者并非一个属，它是我们一切认识活动的起点，囊括了一切能被我们所认识的东西，但又并非只是我们所认识的东西。托马斯分析说：

> 正如在可证明的命题那里一样，必定可以追溯到某种理智所熟知的原理，在对某物是什么的问题上的任何研究，情况也一样。否则，人们在两个领域会迷失于无界限，因此，物的科学和知识将完全丧失自己。而存在者就是被理智首先当做它所最熟悉的东西来把握，并且是理智据以解决一切被把握者的东西。因此，理智的所有其他概念必定是根据对存在者概念的附加而得到理解。但是，不可能把外在于存在者的内容附加给存在者，就像把某种"种的规定"（Artbestimmung）附加到属（Gattung）上，或者把某种偶性附加到其载体上。因为任何现实性东西本质上都是存在者。因此，亚里士多德在其《形而上学》第3卷里证明说，存在者不可能有属。毋宁说某种东西被附加给存在者概念，是因为这种东西表达了存在者的一种（存在）方式，而这种方式恰是"存在者"这个词所不表达的。[1]

实际上，我们的所有知识，或者说，有关事物的一切概念，都必须被看做对存在者概念的附加才能得到理解。但是，所有这些附加都不是把存在者之外的东西附到存在者上，因为存在者之外的东西就是不存在的东西。人们可以把"种的规定"附加到属上，或者把偶性附加给载体，但是，人们不能以这种方式去附加存在者。因为存在者不是属，存在者不作为

---

[1] 托马斯·阿奎那：《论真理》，第5页。

属而存在。任何可作为属存在的概念必定要有在此概念之外的外延物，比如草木山川、理性意志就是在"动物"这个属之外的外延物，但是，没有在"存在者"这个概念之外的外延物存在。因为"存在者"就是存在着的东西，因此，在这个概念之外的外延物就意味着不存在。那么，我们的知识究竟是把什么附加到存在者身上呢？托马斯说，我们只能把那种表达了"存在者"这个概念所不表达的存在者之(存在)方式附加给存在者。也就是说，我们附加给存在者的只能是这样一种东西：这种东西表达了存在者的一种(存在)方式，而这恰是存在者这个词所不表达的。

根据托马斯的划分，存在者有两种存在方式，因而有两种表达这种方式的东西能附加到存在者身上。或者说，能附加到存在者身上的东西就是表达、显明存在者的两种存在方式的东西。一种是表达存在者的特殊存在方式(specialis modus entis/besondere Seinsweise)，这就是存在者的存在性等级或存在性程度(gradus entitatis/die Grade der Seindheit)。这里所谓"存在性程度"，也就是存在者存在着的独立性与现实性程度。存在者的不同存在方式取决于存在者的这种存在性程度。也就是说，存在着不同的存在性程度，我们就是根据这种存在性的不同等级来把握、理解存在者的不同存在方式，并进而据此区分存在者的不同类属。比如，我们之所以把某一存在者归入本体(Substanz)，并不是因为这个存在者有这样或那样与其他存在者不同的特征，而是因为它具有不可归结于其他存在者的那种独立性存在，也就是说是一种自在存在着(per se ens/an sich seiend)的存在者。一切不具有这种存在性程度或存在方式的存在者都不能被归入本体之下。换言之，如果我们把本体概念附加到一存在者身上，那么，这种附加表明的就是该存在者是以自在方式存在着，而不是(像属性那样)以依存方式存在着。

对存在者的另一类附加是表达存在者的另一种存在方式，即普遍的存在方式(allgemeine Seinsweise)。这种普遍存在方式之所以是普遍的，是因为它伴随任何存在者。不过，按托马斯的区分，这又有两种情形：首先，这种存在方式是每个存在者本身所具有的。其次，这种存在方式是一存在者与其他存在者的关系中而伴随这一存在者。简单地说,存在者的普遍存在方式有两种类型:一种是每一存在者本身所具有,一种是任一存在者在与其他存在者的关系中所具有。第一种普遍存在方式通常以两种形式被表达,即肯定性陈述与否定性陈述。肯定性陈述表达的是存在者在其本质中存在这种普遍存在方式。虽然存在者的本质并不在存在者之外,但是存在者这个概念本身并不表明它是否存在于自己的本质中。而否定性陈述,在托马斯看来,则是表明存在者作为不可分的"一"存在。[①]

对于我们这里的讨论来说,重要的是存在者在关系中的普遍存在方式。托马斯把存在者间的关系归为两大类:一类是一存在者区别于另一存在者,另一类是一存在者与另一存在者符合一致(conveniens/Übereinstimmung)。那么,如何表达存在者这种普遍的关系存在方式呢?

在托马斯看来,"某什么"(aliud quid/etwas)就表达一存在者处在与其他存在者有区别的那种存在方式中。也就是说,当我们用"某什么"附加到存在者上,从而把这一存在者称为"某什么",我们就是在表达这一存在者处在与其他存在者有别这种关系中,因而是以与其他存在者有别的方式存在着。为什么说"某什么"表达了存在者以区别于其他存在者的方式存在着呢?因为某什么在表示一存在者为"某一什么"时,也同时表示了另一个什么。就如一存在者之所以被称为"一个"是因为它本身不可再分,一存在者之所以被称为"某什么",是因为它区别于其他存在者。就是说,当我们把一存在者称为"什么"时,也就意味着我们把它显明为处于一种关系中,而且是一种相互有别的差异关系中。换个角度看,这个意思是,只是当存在者处在关系中,而且是在一种区分的关系中,我们才能用"某什么"来表达、附加存在者。

根据第二节的讨论,我们可以进一步说,把……当做"某什么",实际

上就是一种定义活动:把……标明出来而带入种、属关系中,并由此把……与……区分开来。定义活动本身同时也是区分活动。

存在者的另一种关系存在方式是与其他存在者处在符合一致的关系中。不过,这种关系存在方式只有以这样一种存在者为前提才是可能的,即这种存在者与任何存在者都能符合一致。在托马斯看来,这种存在者只能是灵魂或有灵魂的存在者。而灵魂有两种能力,即意志和认识能力。当存在者与意志的欲求符合一致时被称为善,而当存在者与理智即认识能力符合一致时,则被称为"真的东西"(verum/Wares)。这意味着,表达一存在者与灵魂这种存在者的关系存在方式就是善和真。或者说,真理和善就是也只是表达一存在者与灵魂的符合一致的关系。

因此,"真的东西"并不表达存在者之外的东西,而只表达存在者的一种关系存在方式,即存在者与灵魂(理智)的符合一致。当我们说"存在者——存在着的东西——是真的东西(真理)"时,我们的意思是,存在者是以与理智符合一致的方式存在着,而不是以其他方式存在着。所以,真的东西能附加给存在者,但并非把在存在者之外的东西附加给存在者,而是表达了存在者固有的一种可能存在方式。也就是说,真的东西并不是存在者本身,它们不是一个东西。

二　真理与符合

真或真的东西与存在者或存在着的东西虽然并非一个东西,但是,却经常被相互替代地使用。① 因此,如果它们的确不是同一个东西,那么就要追问,在什么情况下,它们能相互替代? 但是,在这之前,我们必须对何为真理(真的东西)这个问题进行更深入的讨论。

---

① Wares/verum(真的东西)与 Seindes/ens(存在者)不是同一个东西表明,Seindes/ens 在这里不能被理解、翻译为"是者"。因为如果 Seindes 被理解为"是者",那么,它当然就是"真的东西"。

对于"什么是真理"这个问题,托马斯曾这样回答:

> 存在者与理智(entis ad intellectum/Seindes zum Verstand)的最初关系就在于,存在者与理智是和谐一致(concordet/Zusammenstimmen)的。这种和谐一致被称为理智与事物的符合(adaequatio/Angleichung)。这也就是真的东西的全部意义,所以,也是"真的东西"所附加到存在者身上的东西,即一物与理智的同形式性(conformitatem/Gleichförmigkeit)或符合。对事物的认识就是这种同形式性或符合的结果。因此,事物的存在性先于真理(veritas/Wahrheit)的意义,而认识则是真理的结果。所以,人们认为,真理或真的东西(veritas sive verum)可以以三种方式被定义。第一种方式是根据先于真理之意义且真的东西以其为根据的东西进行定义。奥古斯丁在《独语录》中就是这样进行定义的:"真的东西就是存在着的东西。"……第二种方式是根据真的东西的意义据以获得完满形式的东西进行定义。所以,伊萨克(Isaak ben Salomon Israeli)①说:"真理是物与理智的符合。"……第三种方式是根据其结果定义真的东西。所以,……奥古斯丁在《论真宗教》一书里说:"真理是据以显示什么存在的东西。"在同一本书里他还说:"真理是我们据以判断低级事物的东西。"②

在这里,托马斯把"真的东西"和"真理"当做同等意义的概念来使用。它的全部意义没有别的,就是指"理智与事物的符合"。简单地说,真理就是符合:或者是理智与事物的符合,或者是事物与理智的符合。就人的理智来说,事物的存在显然要先于它与人的理智的符合,因为事物必须首先存在,才有与人的理智符合的问题。但是,这种符合却是认识事物的前因。因为在托马斯看来,理智与事物的符合一致是理智与事物之间

---

① 伊萨克(Isaak ben Salomon Israeli, 845—940),生活于埃及的犹太哲学家和医生,撰有《定义书》,13世纪经常被西方学者们引用。

② 托马斯·阿奎那:《论真理》,第9—11页。

最初的关系,只是在这种最初的符合关系中,我们的理智才能进一步形成对事物的认识。在这个意义上,认识被看做符合的结果。对事物的一切认识都是以最初的符合关系为基础,并且最终要以此关系为尺度。因此,作为符合的真理既可以从先于它的事物的存在性角度来定义,也可以从其结果的角度来定义。当然,在托马斯这里,最重要的定义是从真理的完满意义角度对真理的定义,这就是理智与事物的符合。从上面的引文中可以看出,在托马斯眼里,只有以理智与事物的符合这个定义为根据,才能理解各种真理的定义。

真理即是理智与事物的相互符合,那么,如何理解这个"符合"? 是理智的什么与事物的什么相符合? 理智作为超感性的灵魂或精神的认识能力,它是也只能是对形式的认识,而事物能被理智所认识的也是其形式。因此,事物与理智的相互符合必定是形式方面的符合。所以,符合实际上也就是"同形式性"(Gleichförmigkeit):物的形式等同或类似于理智的形式。

如果对构成托马斯思想之出发点的《存在者与本质》详加分析,可以发现一个他未曾明言的思想,这就是形式与质料似乎不再有截然的界限。也就是说,不再有亚里士多德所说的那种无任何规定性的质料。亚里士多德所发现的这种无规定性质料实际上是逻辑的无节制推演的结果,是一个抽象物。作为被造物,质料不可能没有形式。用托马斯的概念说,质料总是能"被标明"的质料。所谓被标明,也就是在某种形式下显出其意义。质料之所以为质料,乃是相对于使它显出意义的形式而言的。没有意义的质料为无,为不在。被造的质料一定是有意义的质料,否则它就不会被造。所以,质料必定是作为意义而存在的质料。而就意义是通过形式获得而言,形式与质料甚至是可以相互转换的。因为一个形式既可以使质料获得意义,也可以从另一个形式那里获得自己的意义。而当它从另一个形式获得自己的意义时,它就成了质料。托马斯在说明"属"为什么得名于质料时曾举例说,当"三维性在其身上得到标明"(这个意义)被当做"物体"的形式时,物体就是一个"属",它略去、掩盖了各种物体的形式差别，使一切物体只作为具有三维性这种形式的存在者存在。但是，相对于不同种类的物体来说，比如对于动物这种物体来说，"三维性"则成了在"能自己感知与运动"这种形式下的质料①：在这种形式下，质料不再显现其三维性，而主要是显现其能动性。这意味着整个被造世界其实是一个形式等级的世界，所谓质料无非是较低等级的形式的别名而已。

因此，事物与理智的符合虽然是同形式的符合，也是一种整体的、充分的符合，而不只是部分的符合。因为这种符合并非与质料无关。在这个意义上，如果说符合是真理的标准，那么，它就是一种充分的标准，而不只是必要的标准。不过，从上面的例子可以看出，由于任何形式既显明了质料的某种意义，也掩盖、遮蔽了质料的其他意义，因此，作为形式性符合的真理也必定既是显明又是掩盖。当然，这只是就事物与人类的理智的符合而言的真理。

就人类理智而言，事物与理智的符合并不是单向的适合：既不是事物单向地去适合理智，也不是理智单向地去适合事物，这与理智的类型相关。托马斯将人类理智区分为实践理智和理论理智，事物与这两种理智的关系并不一样。

> 人们必须知道，物与实践理智（intellectum practicum/praktischer Verstand）的关系不同于与理论理智（intellectum speculativem/theoretischer Verstand）的关系。因为实践理智促成了事物，因此，它是因它而产生的事物的尺度。而理论理智则由于它是接受事物，所以，是以某种方式受事物的推动，因此，事物构成了理论理智的尺度。由此可见，自然之物（我们的理智就是从自然物获取知识）构成了理智的尺度，……自然之物就其本身来说都是来自上帝的理智，万物就如艺术品在艺术家的理智里那样在神的理智里被测定。所以，神的理智是标准，并且不可测定；自然之物是标

---

① 参见托马斯·阿奎那《存在者与本质》，第 23 页。

准,却可测定。我们的理智是可测定的,但不是自然之物的标准,而
只是人造物的标准。所以,一个处在两种理智能力(上帝的和人的)
之间的自然物只要符合其中任一种理智就被称为"真的":它符合上
帝的理智而被称为"真的",是因为它满足了上帝的理智所规定的目
的。……而一物就其符合人的理智而被称为"真的",则因为它适合
于造成一种对它的真的评判。相反,它被称为"假的",就在于它适
合于被看到,它不是什么,或者它如何不存在。不过,第一种意义的
真理比第二种意义的真理更适合于物。因为物与上帝的理智的关
系要早于它与人的理智的关系。因此,即便没有人的理智,依照与
上帝的理智的关系,物也仍被称为"真的"。但是,如果取消两种理
智能力,而物仍留存着(而这是不可能的),那么,将不再有任何意义
上的真理。[①]

事物之所以是真的,是因为它符合理智。因此,只是相对于理智,事物才
有是否为真的问题。离开理智,或理智不在场,将不会有任何意义上的
真理。不过,假若没有人的理智,真理仍是存在的,因为事物首先是因符合
上帝的理智而是真的。

虽然事物也因符合人的理智而是真的,但是,如果说上帝的理智是
自然万物的尺度,那么,却并不能说人的理智是自然物的尺度,相反,自
然物倒是人的理智的尺度。在托马斯看来,只是相对于人造物,人的理
智才有资格成为尺度,因为一切人造物都是依照人的实践理智而被制造
出来的,就如自然万物是依照上帝的理智被创造出来的一样。但是,对
于自然物来说,由于(理论)理智是以某种方式接受自然物的推动而获得
对自然物的知识,理智恰恰要以自然物为尺度。因此,当人们说,某自然
物符合于我们的理智而是真理时,那么,这种符合显然不是物去适应理
智而改变自己,因为自然物是人的理智的尺度。自然物符合于理智,毋
宁说是物使理智发现物本身,使理智去符合作为自身存在的物。但是,

[①] 托马斯·阿奎那:《论真理》,第17—19页。

自然物让理智符合它也并不是使理智改变自己,否则,理智在认识事物的过程中将丧失自己而不再作为理智自身。使理智符合于物而为真,同样也是让理智作为其自身而发现物,让物出现。反过来说也一样,物符合于理智也就是让物作为自己而为理智所发现。

所以,在物与人的理智的符合一致中,物与理智恰恰是"正好"各自保持为自身而相互符合。但是,我们要问的是,为什么作为自身的物与作为自身的理智能恰好符合一致呢?为什么人类理智与自然物符合一致才是真的呢?同样,对于我们人类来说,为什么事物与理智符合一致时就有理由被确认为真的呢?这只有一种可能,那就是物与人的理智是预定和谐的。由于这种预定和谐,物与理智才能符合一致,并且也才能是在各自保持自身的前提下相互符合。因此,如果说真理就是物与理智的相互符合,那么,这种真理观必定是以一种预定和谐论为前提。也就是说,任何符合论真理观都不得不预设理智与事物的预定和谐,除非主张作为理智之对象的事物是由理智构造出来的,而不是作为已被完成了的现成物被给予。如果说作为对象的事物是由理智构造出来的,那么,这种构造活动也就是赋形或赋义活动。它的前提是承认被给予我们的事物并非像大观园那样是一个现成的、被规定好了的对象世界,而是一个需要通过理智的赋形活动或赋义活动才能作为对象真正给予我们的现象界。理智与被理智构造出来的对象的符合一致,实际上是理智与其被对象化了的形式的一致,因而无需预设一种预定和谐。不过,在这种情形下,理智给出来的知识永远只能与对象的形式符合一致,而与对象的质料无关。这意味着,我们只有必要的真理标准,而没有充分的真理标准。这是托马斯之后 500 多年的康德在真理问题上留下来的一个困惑。当然,在康德理路上,这种困惑并不需要消除,也不能消除。它并不表明人类的有待改善的缺陷,而是表明人类的既定的有限性,从而指示着一个无限者的位置。

但是,就预定和谐论而言,我们要问的是,理智与外在于理智的事物为什么会预先就是符合一致的呢?在托马斯理路上,这是因为人类理智与事物都是由第三者创造的。也就是说,万物都是来自上帝的理智,以上帝的理智为尺度,而人的理智也是来自上帝的理智,是对上帝理智的分有。因此,与上帝的理智和谐一致的万物也与人的理智和谐一致,只要它们各自保持为自己。

那么,如何理解错误或假象呢?既然自然物与人类理智是天然和谐一致的,那么,错误或假知识又是如何产生的呢?自然物本身显然不可能是假的,因为它们都是按最高理智被造的。这意味着,假或错误只可能是由人类理智产生的。

由于人类无法越出自己的理智去理解事物,因此,虽然一切自然物对于上帝的理智来说都是真的,但对于人类理智则不一定,它们在人类理智的分离与结合活动中可能被变形、扭曲而失真。对于人类理智来说,自然物是否像符合上帝理智那样符合人类理智而是真的,或者反过来说,人类理智是否符合自然物而是真的,这不取决于物,而取决于人类理智。由于人类无法逾越自身的理智,因而只能通过自身理智去"看"事物,所以,对于人类来说,真理与错误甚至只存在于理智中,更确切地说,只存在于人类理智的分离与结合中。这是亚里士多德在真理问题上的一个基本看法,也是托马斯·阿奎那竭力维护的一个观点。不过,托马斯区分了相似性(similitudo/Ähnlichkeit)与符合。

由于人类理智与自然物是预定和谐的,如果人类理智不进行分离与结合,那么,一切自然事物都会作为它自己呈现给理智,而理智也自然地把物作为一"什么性"来把握。"而当理智把握物的什么性时,它只是与在灵魂之外实存着(existentis/existierenden)的物有相似性(similitudo/Ähnlichkeit),就如感官能力在摄取清晰对象的图像时与其对象有一种相似性。但是,一旦理智开始对所把握的事物进行判断,这种判断就是为理智所特有而不存在于外在物的东西。如果判断与外在物身上的东西符合一致,那么,此判断就被称为'真的'。但是,只有当理智认为,某什么存在或不存在,理智才会对一个被把握的事物作出判断,这种判断就是进行结合与分离的理智的事情。……所以,真理存在于理智的结合与分离活动中。"①

如前所述,对事物的什么性的把握就是对事物的本质的把握,因而这种把握就是对物的定义。在托马斯看来,理智对事物的什么性的这种把握与理智之外的事物是一一对应的,只不过这种对应不是符合,而是相似。这种相似性就如一幅写实图画与所描绘的事物之间的关系。理智外的事物是什么,它就在理智里呈现为什么,或者说就被把握为什么。只要理智张开它的"眼睛",外在自然物就作为它所是的什么被看见。这里,理智对外在物的看或把握还不是结合或分离活动,而是结合与分离活动的前提。只是当理智把握了事物是什么,理智才能进一步对事物作出判断。对事物的什么性的把握虽然是理智的第一种活动,但是,在托马斯看来,理智由此活动还没给出为它所特有而又能够与事物符合一致的东西,因此在此活动中不存在真正意义上的真理。② "因为真理(真的东西)的意义就是物与理智的符合一致。但是,同一个东西并不与自己符合一致,一致性只存在于某种差别事物中。因此,只是当理智开始拥有为它所特有而在灵魂之外的事物所没有、却又与此事物相对应的东西,并且意识到它们之间的一致性,真理才存在于理智中。"③既然真理是理智与事物的符合一致,那么,对于人类来说,真理并不存在于理智之外的事物里,因为外在事物并不与自己符合一致;同时,真理也不存于理智把握事物之"什么性"的活动中,因为理智在此活动中只给出与事物直接相似的东西,而不是与之有差别的东西。理智只是在进行结合与分离的判断中才给出与事物有别却又能与之符合的东西,在这个意义上,托马斯与亚里士多德认为,真理只存在于理智的结合与分离的活动中,也即只存在于判断中。

这里,托马斯对符合与相似的区分是很勉强的,甚至是不能成立的。因为既然符合是两个不同东西的等同一致,那么,理智在把握事物的"什

---

① 托马斯·阿奎那:《论真理》,第 21—23 页。
② 同上书,第 25 页。
③ 同上书,第 21 页。

么性"的活动中给出的东西显然与事物本身也是有别的两个东西,因此,它们之间的那种直接相似性为什么就不是一种符合呢? 我们知道,对事物的"什么性"的把握实际上就是对事物的本质的把握,因而也就是给出物的定义。但是,我们要问,难道定义不就是一种分离与结合的活动吗? 或者说,定义就没有真假吗? 如果定义有真假,那么,定义活动显然就与理智的分合活动相关。因为不进行分合活动的理智不会有真假问题。要进一步问的是,存在不进行分合的理智活动吗? 如果有,那只能是一种理智直观,但托马斯并没有走到这一步。

实际上,把真理限制在理智的分合活动中,因而限制在判断上,这是亚里士多德在真理问题上的一个基本观点。托马斯这里似乎更多的是在维护亚里士多德的真理观,而不是在论证自己的思想。按照他的基督教信仰背景,他更应主张真理既存在于理智当中,也存在于事物当中,因为事物即使不与人的理智符合一致,也一定与上帝的理智符合一致,也就是说,事物总是以真理的方式存在着。因此,不能笼统说真理或真的东西只存在于理智的分离与结合活动中。在这里,托马斯似乎没有明确意识到,当他在维护"真理只存在于理智的结合与分离的活动中"这一亚里士多德观点时,他所说的真理实际上只是一种知识论意义上的真理,只是知识层面上的真假问题。也就是说,只是"是什么(作为什么存在)"的问题,而不是"如何是(存在)?"的问题。只是在知识论层面上,真与假(错误)才与理智的分离或结合活动相关。一切假或错误都是由理智的分合活动产生的,因为理智的非分合活动也即直观本身不会产生错误或假象。在非分合的理智活动中,只有边界与遮蔽,而没有错误和假象。在存在论意义中,真理不是与错误或假象对应,而是与边界或隐蔽相对应。亚里士多德和托马斯也许为了说明错误或假知识的产生而把真理限定在理智的分离与结合的活动中。

第四节 "神圣学说"与证明之路

如何理解上帝的存在,一直是基督教神学-哲学的一个核心问题。

我们甚至可以说,有了这一问题,才有所谓基督教哲学。从哲学的角度来说,只有在信仰唯一的上帝的基础上,才会有这一问题;而从纯粹信仰的角度说,则只有在哲学背景下才会提出这个问题,因为对于最初的犹太基督徒来说,上帝作为唯一的神只需信仰,无需理解。

因此,这一问题的提出与回答对于哲学和信仰来说,都是一重大事件。它在根本上显示了哲学与宗教、理性与信仰之间的碰撞与沟通,而从更具体的文化史角度说,表明了希腊文明与犹太-基督文明之间的冲突与融合。这种碰撞与沟通一方面使基督教信仰逐渐走上了理性化的道路,至少使基督教信仰摆脱了一些宗教迄今没有摆脱的对"权威"的盲从与狂热;另一方面也极大地提升和丰富了哲学本身,使哲学开发出了新的问题与新的领域。用奥古斯丁的话说就是,信仰使哲学认识到了单凭理性所认识不到的东西。

实际上,在希腊哲学里,特别是在苏格拉底-柏拉图和亚里士多德那里,如何理解"神"就已是一个重要问题。[①] 虽然他们所思考的"神"与基督教的"上帝"有着根本性的区别,但是,他们对"神"的思考已在思想世界里坚定地打开了一个直面最高存在者的维度。而当基督教在以希腊化世界为其背景的罗马帝国境内流传开来的时候,不管是对于以希腊文化为其背景的异教徒来说,还是对于必须面对这种异教徒的基督教徒来说,如何理解那个全知全能而独一的上帝,都成了一个不可回避的紧迫问题。对于生活在哲学与多神教世界里的罗马异教徒来说,不管是要嘲笑、否定基督教那个独一的上帝,还是要接受、信奉这个上帝,都面临理解这个从未相遇的上帝的任务。同样,对于基督徒来说,要让自己的信仰穿越一个以哲学和多神教为其核心的异教世界,从而立足并改造这个异教世界,首先要担当起来的就是捍卫和理解作为独一者的上帝的绝对性。早期教父们大都自觉不自觉地利用希腊哲学来阐释基督教教义,其

---

① 有关这个问题的最新文献,可参见赵广明《理念与神——柏拉图的理念思想及其神学意义》,收入"纯粹哲学丛书",江苏人民出版社,2004。

根本目的就在于利用不得不面对的异教世界的资源来改造、教化异教世界,而其中最重要的一个问题就是如何理解异教徒所陌生的作为独一者的上帝。

不过,明确提出这一问题并作出系统回答的是奥古斯丁,他实际上开辟了一条理解上帝存在的"心学"道路。不过,这里首先要着重加以分析的是托马斯·阿奎那通过其"神圣学说"开辟的另一条道路,就是把信仰建立在"知识"基础之上的逻辑证明(demonstrabile/Beweisen)的道路。托马斯开辟的这条道路在中世纪经院哲学中几乎占据支配性地位。不过,把理解上帝的存在问题完全变成"证明"上帝的存在问题,始于"经院哲学之父"安瑟伦。他把奥古斯丁关于上帝存在的"心学"自明性转化成逻辑自明性,这就是他有名的关于上帝存在的本体论(存在论)证明。虽然托马斯否定了上帝存在的自明性(an sich bekannt),但是,他却完全接受了安瑟伦的启发而开辟出一条强硬的证明道路。

一 信仰以知识为前提

这条证明之路传达的实际上是一种乐观的理智主义神学信念:我们能获得关于上帝的知识——而正是这些关于上帝的知识先于一切信条而构成信仰的前提。托马斯在展开他的具体证明之前,满怀信心地写道:

> 以传承关于上帝的知识(Dei cognitionis/die Erkenntnis von Gott)为根本目的的神圣学说(sacrae doctrinae/die heilige Lehre)不仅论及上帝在其自身所是的东西(quod in se est/was Er in sich ist),而且论及上帝(如何)是事物的原则(开端和原因)和目的。就如前面(第1题第7条)所清楚表明的那样,我们试图展示这一学说,并且首先进行关于上帝的研究;其次研究理性被造物向上帝的运动(第2集);第三研究基督就他是人而言如何是我们努力投向上帝的道路(第3集)。而对上帝的考察性研究(Consideratio autem

Deo/die betrachtende Untersuchung über Gott）又分为三部分：首先我们将考察属于上帝之本质性的东西；其次考察属于个体（Personarum/Personen）间差异的东西（第 27 题）；第三考察被造物从其自身产生的东西。但是，就上帝的本质性来说，首先要考察的是，上帝是否存在（an Deus sit/ob Gott ist）？ 其次是他如何存在，或者更确切地说，他如何不存在？ 第三要考察的是上帝的行为，也即他的知识、意志和权能（第 14 题）。①

这里，托马斯明确表达了《神学大全》所要完成的使命就是展示一种"神圣的学说"，而这种神圣的学说的目的就在于传承关于上帝的知识。也就是说，在托马斯心目中，我们能够确立起一种关于上帝知识的"神圣的学说"。这个"神圣的学说"有三个部分，其中第二、三部分是研究理性被造物与上帝以及上帝之子耶稣基督的关系，它们分别构成了《神学大全》的第 2 集和第 3 集。构成"神圣学说"之第一部分的则是关于上帝本身的研究。这部分内容也就是《神学大全》里的第 1 集。它是"神圣学说"最根本的内容，也是我们关于上帝的知识的最根本的内容。按托马斯惯用的三分法，这部分关于上帝之本性的研究也同样被分为三部分，它们分别研究上帝是否存在、上帝如何存在以及上帝的知识、意志和权能。我们这里要详加分析的是托马斯关于对"上帝是否存在"这个问题的研究，因为对这个问题的研究构成了其他一切关于上帝之知识的前提。

关于"上帝是否存在"的研究，在托马斯这里也就是对"上帝是否存在"的证明（beweisen）。那么，我们首先要问：什么是"证明"？

这里，我要区分"证明"与"证实"（bestätigen）这两个不同概念。证明是相对于不自明的东西而言的，因为如果一个对我们来说是自明的东西，那么，就无需证明。这不仅意味着一个被当做有待证明的东西一定是一个不自明的东西，而且表明，有待证明的东西一定不是时间中可见证（Zeugen）的某一事物或事件，至少它不仅仅是可见证的具体事物或事

---

① 托马斯·阿奎那:《神学大全》1：2"前言"。

件,否则,它就无需证明,也无法证明。因此,人们不能通过亲历任何具体的事件或事物来直接确认、肯定这种有待证明的东西。我把那种通过亲历具体的也即时间中的属世事件或事物来直接确认、肯定某种非自明的东西的活动称为"证实"。显然,证明不是证实。耶稣的十二门徒亲历(亲眼看见)了耶稣复活这件事,但是,他们无法证明这件事。他们只能以事实的见证者(Zeuge)身份来确认、肯定这件事。证明既可以与具体的事实相关,也可以与事实无关。事实至多只构成证明的一个环节,但事实却构成了证实的全部基础,没有事实也就无所谓证实。相对于证实,证明在根本上是通过对概念的分析、演算来达到对非自明的东西的确认和肯定。也就是说,证明不是要在事实中,而是要在逻辑演算里见证非自明的东西。对上帝是否存在的证明,在根本上意味着试图通过逻辑演算来见证上帝的存在。

关于上帝存在问题的证明被托马斯分解为三个问题:(1)"上帝存在Gott ist"是否自明的?(2)"上帝存在"是否可证明的?(3)上帝是否存在?

我们首先分析前两个问题。对于第一个问题,托马斯是这样证明的:

(1)人们必须承认,一种东西是自明的,只有两种可能:一种是与我们无关而自明,一种是与我们相关而自明。宾词被包含在主词概念里的陈述就是自明的,如在"人是动物"这一陈述是自明的,因为"动物"(这个宾词)就是包含在"人"这一概念中。(2)只有大家都明白宾词和主词是指什么,陈述对大家才是自明的。这一点在证明的第一原理那里是很清楚的,第一原理所涉及的是一些没有人不明白的普遍概念,诸如存在和非存在(ens et non ens/Seindes und Nichtseindes)、整体和部分等。但是,如果一些人并不明白宾词和主词是指什么,那么,陈述虽然就其自身而言是自明的,但对那些人来说,它就不是自明的。所以,结果就会像波埃修所说的,存在一些对灵魂来说才是普遍的和自明的概念,但是却只对学者来说才是普遍的和自明的,比如"无形体的事物不存在于某个地方"这样的陈述就是如此。(3)所以,我认为,"上帝存在"这个陈述就其自身来说是自明的,因为宾(谓)词与主词是同一的:上帝即是其自己的存在(下面第3题第4条将说明)。但是,由于对于上帝(这个概念),人们并不知道它是指什么,所以,对人们来说,"上帝存在"这一陈述就不是自明的;这一陈述必须通过我们已明白熟知的东西得到证明,至少要通过在与(上帝的)自然的关联中为我们所知的东西,也即通过(上帝的)结果得到证明。①

对第二个问题,托马斯的证明是这样的:

> 必须承认,存在两种证明。一种是根据原因进行的证明,称为"因此之故的证明"。这无疑就是一种从在先原理出发的先验证明。另一种是根据结果进行的证明,称为"既然有某物的证明"。这也就是后验的证明,它首先从与我们处于关联中的东西出发。由于结果比原因更引人注意,所以,我们是从结果去进一步认识其原因的。从任意一个结果出发,只要我们越认识它,就越能证明存在着它的原因。因为结果依赖于原因,所以,结果必定设定了原因在先存在。因此,上帝存在,虽然对我们而言不是自明的,但是,根据我们所熟知的结果却是可证明的。②

托马斯对这两个问题的证明实际上已隐含着"证明之路"的一些基本观念。对我们来说,真正无条件自明的,只有分析判断和同语反复。因为它们只需通过形式化表达就可以得到直接的确认和肯定,而无需借助于任何实质性事实。换句话说,只有逻辑的东西才可能是无条件自明的,或者说,自明的东西只能是逻辑里的东西。实际上,这等于说只有形式的自明,而没有实质的自明。自明的东西不涉及内容或实质。上帝的存

---

① 托马斯·阿奎那:《神学大全》1:2:1。
② 同上书,1:2:2。

在显然不仅是形式,同时也是实质的。因此,对于我们来说,无论如何,"上帝存在"都不是自明的。

上帝存在虽然对我们而言不是自明的,因而需要通过证明才能得到我们的确认。但是,在托马斯看来,就"上帝存在"这个陈述本身来说,却是自明的。因为托马斯认为,在这个陈述中,主词"上帝/Deus/Gott"与宾(谓)词"存在/est/ist"是同一的/idem/identisch,因为上帝就是它自己的存在,上帝与存在是同一个东西。但是,把上帝与存在看做同一的,也就意味着把上帝定义为"上帝是存在"。这也就是所谓主词与宾词的同一。但是,任何宾词都必定是一个概念,也即是说,宾词所标明的东西一定是可被理智从质、量、关系等方面加以把握、规定的东西。因此,说上帝与作为宾词的"存在"同一,在根本上意味着上帝存在可被理智通过概念所把握。也就是说,上帝存在可通过概念来通达。这是上面的证明所隐含的另一个基本神学信念。

正因为上帝存在可由理智通过概念来达到,所以,在托马斯看来,"上帝存在"才不是信条(articuli fidei/Glaubensartikel),而是"知识"(cognition/Erkenntnis),并因而我们才会有关于上帝的"知识"。正是这些知识构成了一切信条的前提。托马斯在反驳第一种关于"上帝存在"不可证明的观点时,更为明确地表达了这一思想。

这种观点认为:"上帝存在"是一个信条,而信仰的事物是不可证明的,因为证明将产生知识。但信仰与知识无关,托马斯反驳说:

> 对于(上述)第一种观点,我要说:上帝存在,以及如《罗马书》1：19所说的那样,自然理性(rationem naturalem/die natürliche Vernunft)关于上帝所能知道的其他方面的东西,并不是信条,而是先于信条的东西。因为信仰以天赋的知识为前提,就如仁慈以天性为前提、完善以可完善为前提。不过,没有什么会妨碍本身是可证明和可知的东西被不理解证明的人当做可信的。[1]

———————————

[1] 托马斯·阿奎那:《神学大全》1：2：2。

并不是证明产生知识,而是因为是知识是可证明的。在托马斯这里,知识一定是可证明的,而证明则是知识之为知识的一个基本标准。只要能在自然理性的逻辑演算中得到证明的东西就可以被当做可靠的知识。在所有可证明的知识中,那种天赋知识,也就是自然理性或天赋理性关于上帝所能知道的一切知识不仅先于其他一切知识,而且先于一切信条。因此,这种天赋知识不仅是一切其他知识的前提,而且是一切信条的前提。"上帝存在"是自然理性关于上帝的一种知识,而不是一个信条。上帝就是通过这种理性知识来显明自己。正如《新约·罗马书》上所说:"上帝的事情,凡是人所能知道的,都对他们显明,因为上帝已向他们显明了。"①而在上帝的所有事情中,"上帝存在"是上帝显明给人类的一个最重要的事情,或者说,"上帝存在"是人类理性对上帝所能知道的一切事情中最重要的事情。所以,对人类来说,"上帝存在"是一个最根本的知识。正因为"上帝存在"是这样一种最根本而又可证明的知识,对上帝的信仰也才是可靠和正确的。

因此,在托马斯这里,知识在信仰中的作用得到了前所未有的强调:我们有关上帝的一切信条都是以我们有关上帝的那些可证明的知识为前提。简单地说,知识是信仰的前提。

这里需特别指出的是,我们拥有关于上帝的知识,但并不意味着我们能完全认识上帝。我们人类所能拥有的关于上帝的知识只能局限于人类理性关于"上帝的事情"所能认识的范围之内,也即限于上帝向我们人类理性显现的范围之内。而上帝显然并不仅仅是他向我们显现的那样。我们关于上帝的知识之所以是有限的,是因为所有这些知识都只有从作为上帝之结果的事物或事件出发才能得到证明。但是,结果与原因是不对称的:原因永远大于结果。所以,对结果的知识永远不可能穷究对原因的认识。

不过,托马斯这里要强调的是,我们不能因为不可能拥有关于上帝

---

① 《新约·罗马书》1∶19。

的全部知识而否定我们能够拥有关于上帝的知识。"我要说：从与原因不对称的结果，人们不可能得到有关原因的完善知识。但是，根据每一结果，人们仍可以清楚地证明，原因存在着。因此，从上帝的结果可以证明上帝存在，虽然我们从那些结果不能充分认识上帝的本质。"①我们的确不能拥有对上帝的完全认识，否则我们将与上帝同一。但是，我们仍能对上帝有所认识，因为我们能够认识被造物，而这些被造物作为结果显然是有原因的，从对这些作为结果的被造物的认识可以达到对原因（包括它们的最高原因）有所认识。

如果说我们可以根据对结果的认识而达到对上帝有所认识，那么，这也意味着，我们关于作为结果的被造世界的所有知识都有助于对上帝的认识。虽然我们对结果事物有再多的认识也并不能使我们获得对上帝的充分认识，但是，对每一结果事物的认识都会引领我们更清楚地认识上帝的存在。托马斯的这种知识观实际上使一切知识"神圣化"：一切知识都有益于对上帝的认识。神学与具体科学并没有严格界限。一切科学都间接地构成了神学知识，而上帝也在一切知识中或明或暗地显现自己。上帝的可信性似乎也在于知识的可靠性，而最终也就在于其可证明性。正如前面所说，信仰是以自然理性的自然（天赋）知识为前提。对这些知识（比如"上帝存在"）的证明，就是要确立这类知识的可靠性与真理性，从而为相信、信仰以这些知识为前提的信条提供基础。托马斯所要确立和展示的"神圣学说"在根本上就是要为信仰提供基础，以使信仰坚固可靠。

实际上，当托马斯把"上帝存在"当做一种需要证明且可以证明的知识时，也就否定了奥古斯丁理解上帝存在的"心学"道路，即通过走向心灵，敞开内心，便可接受上帝之光的照耀而直接见证上帝，从而显明上帝存在的自明性。

你指示我反求诸己，我在你引导下进入我的心灵，我所以能如

---

① 托马斯·阿奎那：《神学大全》1：2：2。

此，是由于"你已成为我的助力"。我进入心灵后，我用我的灵魂的眼睛——虽则还是很模糊的——瞻望着……永定之光。……谁认识真理，即认识这光；谁认识这光，也就认识永恒。唯有爱能认识它。①

对于奥古斯丁的"心学"之路来说，为了理解上帝存在，并无需特意的（逻辑）证明，而只需去实践——反求诸己而去爱"他者"。这并非意味着盲目信从。"信仰了才能理解"的真正意思是说，唯有爱上帝才能迎候上帝进入我的心灵而使我心明眼亮，从而见证上帝的神圣性与绝对性。

　　如果说"何为证明？"对于理解"证明之路"而言是一个关键问题，那么，对于理解"心学之路"来说，这个关键性问题就是"何为爱？"。为什么说"唯有爱能认识它（上帝之光）"呢？关于爱，《马太福音》说："'你要全心、全意、全智爱耶和华——你的上帝。'这是最大、最重要的诫命。其次的也相似，就是'要爱人如爱己'。全部律法与众先知的话都系于这两条诫命。"②在《马太福音》的作者看来，所有圣言的全部要义就一个字"爱"。爱什么呢？爱上帝，爱他人。但是，爱之所爱不同，爱的方式也不一样。对他人，要以像爱自己那样的方式去爱；而对上帝，则要以"全心、全意、全智"的方式去爱。而"全心、全意、全智爱上帝"之所以是首要诫命，是因为只有全心、全意、全智爱上帝，才能真正做到爱人如爱己，因此最根本的爱首先就是全心、全意、全智的爱。这种爱也就是奉献一切的爱。一切的什么呢？一切的关联物，一切的世俗物，简言之，一切的经验事物。奉献一切，也就是搁置一切，放手一切。剩下什么？既然从一切世俗物中解放出来，因此，剩下的就是开放的"生命"，就是纯粹的自由-自在的自身（Selbst an sich）。因此，从消极的角度说，爱也就是从经验-关联世界退回自身而守护于自在-自由。财迷心窍者不自在，色迷心窍者不自由，因而不会爱。从声色货利中退出身来，更确切地说，从经验世界

————————————

① 奥古斯丁：《忏悔录》7：10，周士良译，第 126 页，商务印书馆，1994。

②《新约·马太福音》22：37、40。

中退回到自身,也就是敞开"心窍",敞开思想,从而让他者自在。在这个意义,我们可以说,爱就是敞开的思想,换个角度说,爱就是"设身处地"地思想,就是思想着而让他者自由-自在。唯有从世俗关联物中解放出来而敞开心灵,才能设身处地地让他者作为像自己一样的自由存在者而自在地存在,这是爱人如爱己的根本要义。奥古斯丁的"先信仰后理解"真正说的就是通过爱来理解。因此,它并不是要人们盲目信从,恰恰是要人们通过敞开思想或心灵,也即通过爱,来迎候与见证神圣之光。对于爱,对于设身处地的思想来说,上帝的存在都是直接可见证的,用现代哲学家马丁·布伯(Martin-Buber)的话说,就是上帝是可直接与之相遇的。因此,"心学"之路也是一条人人之路——只要敞开心灵,或者说只要去爱,人人都可以与上帝相遇,都可以是上帝存在的见证者,而无需特殊阶层的人(如波埃修所说的"学者")来把上帝存在证明给大家看。

否定了奥古斯丁的"心学"道路,在某种意义上也就弱化甚至否定了上帝自我显示的可能性。因此,托马斯的证明之路传达出了另一个基本信念:上帝的存在不是他向我们显示出来的,而是由逻辑的演绎证明来显现的。因此,只有通过逻辑的演绎证明,才能理解和确认上帝的存在。虽然这种证明是一种后验的证明,因而必须以现实世界中我们所熟知的事物为依据,但是,现实事物只是我们通往上帝的出发点,我们并不能在现实的具体事物中直接领会、洞见上帝的存在。上帝存在的绝对性和神圣性是由逻辑证明在形式上的必然性来显明和担保的。在这个意义上,托马斯的上帝不是真正现实中的上帝,而是逻辑中的上帝,是由逻辑演绎给出的概念化的上帝。

二 通达上帝的五条道路

在托马斯的整个"神圣学说"中,最为著名的是他关于上帝存在的五个证明。这五个证明实际上构成了托马斯关于"上帝存在"是一知识,因而知识先于信条而且是信仰的前提这个基本观念的支柱。"上帝存在"之所以是一知识,就在于它是可以被系统证明的一个陈述。因此,这五个证明也最为深刻地体现了他的"证明"之路的基本信念,同时也最为集中地隐含着"证明"道路的问题。这五个证明的每个证明都包含着三个环节。为了分析的方便,我们将这五个证明详细引述如下:

> 关于上帝存在,可以有五种证明方法(Via/Weg)。第一种很明了的方法(道路)就是从运动出发的方法:(1)因为在这个世界里,有些事物在运动,这是确切无疑的,可被感性知觉所确定。而凡运动的事物总是为另一物所推动。因为除非存在被推动的可能性,否则无物会被推动而运动。但是,只要事物现实存在着,它就运动着。因为运动不是别的,就是把事物从可能性引向现实性。但是,不经由某一现实的存在者,就不可能将事物从可能性变成现实性。比如,火烧木柴,就是一个现实的热把一种可能的热变成了现实的热,火就是这样使木柴运动并改变它。但是,同一个事物在同一种关系下不可能同时既是现实的,又是可能的,而只有在不同关系下才能由可能性变为现实性。现实的热不可能同时是可能的热,而只能同时是可能的冷。所以,如果说某物在同一种关系和条件下既是推动者又是被推动者,或者说是自动的,这是不可能的。因此,凡运动的事物必定是被另一事物所推动。(2)所以,如果某物的运动是被动的,那么它本身就必定被另一事物所推动,而这个另一物又必定被其他事物所推动。但是,不能这样无限推论下去,因为这样就不会有第一推动者,因而也就不会有其他推动者。因为第二个推动者只有被第一个推动者(原因)所推动才会运动。比如,只有被手推动,手杖才会运动。(3)所以,必然要追溯到一个不被其他事物所推动的第一个推动者,大家知道,这个第一推动者就是上帝。
>
> 第二种方法(道路)是从有效因概念出发的方法。(1)因为我们发现,在感性可感知的事物里,存在一种会产生效果(结果)的原因秩序。但是,找不到自己是产生自己的效果因的事物,也不可能存在这样的事物,因为自己先于自己而存在,这是不可能的。(2)但

是,效果因也不可能无限地推下去,因为在整个有序的因果关系中,第一者是中间者的原因,而中间者(不管是多还是一)则是最后者的原因。如果去掉原因,也就去掉了结果。所以,在因果关系里,如果没有第一者,也就不会有最后者与中间者。而如果把因果关系无限地递推下去,那么也就没有第一因,因而既不会有最后结果,也不会有中间的因果关系。而这显然是错误的。(3)所以,必定要承认有一个第一效果因存在,人们称之为上帝。

第三种方法(道路)是从可能性与必然性出发的方法。(1)我们发现,事物中有些事物可能存在,也可能不存在,因为它们处在产生和消逝当中。因而,它们可能存在,也可能不存在。而所有这类事物不可能是永恒的,因为可能不存在的事物总会在某个时候不存在。所以,如果所有事物都可能不存在,那么,它们在某个时候就会曾是无。而如果这是真的,那么现在就会什么也没有。因为不存在的东西只有通过存在的东西才开始存在。所以,如果(在某个时候)不曾有存者存在,而某物却开始存在,这是不可能的,而说现在什么也不存在,这显然也是错的。所以,所有存在者不仅是可能的,而且其中有些存在者必定是必然的。(2)而凡必然的事物或者是从别的地方获得其必然性的原因,或者不是。在必然的事物当中,其必然性的原因显然不可能无限递推下去,这点就像上面已证明的效果因的情形一样。(3)所以,必然要承认,有存在者(存在)是必然的,它的必然性的原因不是来自别的地方,它倒是其他一切事物之必然性的原因。它就是大家所说的上帝。

第四种方法(道路)是从存在于事物中的等级出发的方法。(1)在事物中存在着诸如善、真和贵的差别。但是,事物在真、善、贵这些方面的差别的大小是由不同事物就它们接近那最高等级者的程度来体现的。比如,较热的事物更接近最热的事物。所以,存在着最真实、最美好、最尊贵的事物,也就是至高无上地存在着的事物。因为正如在(亚里士多德的)《形而上学》第 1 卷第 2 章里所说的那样,最真实(最高程度地真)的东西也就是至高无上地存在着的东西。(2)在同一种类中被称为最高级者,是所有同一类事物的原因。如火是最热的事物,它就是一切热的事物的原因。(3)所以,必定存在一个最完善的存在者,它是一切存在者存在、善和其他完满性的原因。我们称之为上帝。

第五种方法(道路)是从事物受(目的)引导出发的方法。(1)我们看到,有些没有思维的事物,比如,自然物体却是有目的地活动着:它们总是或者经常按同一种方式活动,以便达到最好的结果。由此可见,它们达到其目的并不是出于偶然,而是出于意图。(2)但是,如同箭是由箭手来引导一样,那些没有思维的事物除非它们受一个思维者和理性认识者的引导,否则,它们就不会去追求目的。(3)所以,存在一个有理性的认识者,一切自然事物因为它而有序地追求目的。这就是我们所说的上帝。①

这五个证明分别是从五个"事实"出发:即事物的运动、事物的因果关系、事物的产生与消逝、事物的完善性等级、事物的合目的性。托马斯把这五个"事实"当做被造世界里可被感知与确认的基本事实,因而是不容置疑的,而从不容置疑的事实出发完成的证明必然也是可靠的和可确认的。同时,由于这五个证明都是从这个被造世界的已知事实出发,因此,证明活动最后所证明的东西("上帝存在")也理所当然地被当做可确知的知识。这是托马斯在进行这五个证明时所确信的基本观念,它们既隐含着托马斯的上帝观,也包含着这种上帝观的真正问题。

由于这五个证明都是从作为结果的被造世界里的事实出发,因此,它们实际上都可以被归结为一种"后验证明",也即从结果的存在回推原因的存在。这意味着,这五个证明是建立在这样一个基本信念上:因果性关系这种观念是绝对可靠的。如果因果关系不是绝对必然的,那么这五个证明就都是无效的。但是,托马斯却从来没有追问过这种因果性观

---

① 托马斯·阿奎那:《神学大全》1:2:3。

念本身是否是可靠。

　　所以,这里我们首先要追问的是,我们如何具有因果性观念呢? 这只有两种可能。第一种可能是后天(验)获得的,这是休谟的答案。B 事物经常跟在 A 事物之后出现,这种现象的不断重复就在我们心灵中形成一种联想习惯:一旦出现 A,我们就会习惯地联想到 B,认为 B 也一定会出现,从而在 A 与 B 之间确立起固定的相续关系,也即因果性关系。在这里,因果性关系显然只是一种后验(后天)的思维习惯,它只具有主观必然性——我们不得不按这个思维习惯去观察、思考事物,至于作为客观对象的 A 与 B 之间是否有因果性,我们并不知道,因为我们无法摆脱我们的联想习惯。因此,我们至多只能根据我们的联想习惯对 A 事物给我们的印象与 B 事物给我们的印象之间作出因果性判断。也就是说,因果性观念只是我们用来解释、描述知觉世界的主观原则,它只能运用于知觉世界的事物,即印象或观念。显然,如果上帝的存在是客观的,而不是知觉里的一种印象,那么,就不能用仅仅是主观原则的因果性关系来证明上帝存在。即使我们退而认可用这种因果性观念去证明上帝存在,其结果也将如一切建立在此观念基础上的知识一样变得不可靠,因为谁能担保"习惯"不会改变呢? 因此,如果休谟的答案是正确的,那么,对上帝存在的后验证明就是不可靠的。不过,这里要强调的是,我们并不是要反驳托马斯的证明,而是试图揭示托马斯的"证明之路"所隐含的基本信念和深层困境。

　　第二种可能,如果与休谟相反,不是把因果性观念当做一种来自经验的心理习惯,而是像康德那样,把因果性观念理解为一种超验的(transzendental)知性概念,那情形又如何呢? 作为超验的概念,因果关系本身就构成了我们面对的客观的对象世界的条件要素,因为正是一切超验形式(直观形式与知性概念)使客观的对象世界成为可能的。我们的对象世界之所以是这样存在,而不是别样存在,就在于它只能在超验形式即直观形式与知性概念中被构造出来。因此,作为一种超验概念,因果性对于我们的对象世界才是有效的,也即是说,因果性概念才可以用来理解和认识客观事物的存在及其关系。那么,我们是否可以根据这种超验的因果概念去证明上帝的存在呢? 康德给出的回答却是否定性的。

因果观念不管是先验的还是后验的,都是认识的可能性前提,也即是说,它都是人作为认识主体所拥有的概念,只是对作为认识主体的人来说是有意义和必要的。因此,如果我们只能根据托马斯的五种证明去确认上帝存在,那么也就意味着,我们只是作为认识主体,作为概念(知性)存在者,才能理解和确认上帝存在,因而概念运动是我们显示上帝存在的唯一途径。换个角度说,上帝只对认识主体、只对概念的演绎者显明它的存在;而对于感性(并非动物)的人,对于活生生的生命之人,上帝的存在似乎永远是晦暗不明的。这是托马斯的"证明之路"(特别是这五个证明)所隐含的一个非常重要的神学信念。于是,上帝也就成了我们所要认识的对象世界的一个对象,而关于对象世界的一切科学认识最终也都将有益于对上帝的认识,而且也都将服务于对上帝的认识。因为科学所认识的一切对象都与那最高对象密切相关。在这个意义上,一切科学都可以视为通往托马斯所说的"神圣学说"(关于上帝之知识的科学)的道路。上帝作为对象世界的一个最高对象,我们关于他的知识当然有理由成为汇集其他一切知识的最高知识。其结果是:一切知识最终都服务于信仰而被纳入信仰。这是托马斯的"证明之路"开辟的神学传统的一个重要特征,我们权且把它称为"知识神学"或"理智神学"。对于理智神学来说,上帝与其说是绝对的自由意志,不如说是一个无所不知的理智体——拥有一切知识的绝对主体。实际上,这样的上帝根本上已是一个概念化、对象化了的上帝,而不再是本源-自在的上帝,不再是活生生的上帝。这是托马斯的"证明之路"带来的一个神学后果。特别值得指出的是,由于上帝只对进行概念运动的认识主体才显明它的存在,而感性的人、生命的人则似乎是远离上帝的,因此,我们有关上帝的知识(理智神学)有理由尽可能地忽略人的感性-生命存在,甚至有理由排斥、压制或否定感性生命。还有什么比妨碍我们获得神圣知识的东西更需要加以排除的吗？但是，人有信仰，并不是因为他只是一个认识者，一个只进行概念活动的理智体，而是因为他是一个整体的人、一个活生生的人——他的感性存在与其理智一样都是超验的，是一个超验的整体存在。这也是后人批评托马斯的一个重要方面。

不过，从哲学方面对托马斯的"证明之路"作出最强有力批评的是康德。在康德这里，诸如原因与结果、可能性与必然性等等这类被看做范畴的纯粹知性概念虽然可以运用于理解和认识我们面对的对象世界，但这个对象世界同时也就是在时-空中的经验世界。因为事物只有通过我们超验的感性形式即时间和空间，才能成为我们的对象。一个对象之所以是一个"客观的"对象，并非因为它独立于我们的感性之外，恰恰是因为它进入了超验的感性形式之中。因此，客观的对象世界同时就是我们经验(erfahren)到的世界，是一个经验的世界。因果概念等这些纯粹知性概念与其他一般知性概念如"运动"一样可以运用于这种经验世界，也只能用于这种经验的世界。这是康德对知性概念所作的一个严格限制。如果把这些纯粹的知性概念运用于经验领域之外，也即运用于不能在时-空中给予的对象上，那么，必然会导致空洞的玄思而出现自相矛盾(二律背反)。

但是，上帝显然不属于经验领域的存在，上帝不可能在时-空中给予我们。因此，康德从根本上否定了用因果关系等知性概念去证明或理解上帝存在的可能性。在康德看来，从因果概念出发，我们必然会得到一个最高原因的概念。但是，这只是对于纯粹理性来说才是必然的。知性所必然要追寻的永远只是具体的、现实的因果关系，只有纯粹理性才必然要在此基础上要求给出一个最高原因。也就是说，最高原因或终极原因首先只是一个理性概念，康德称为"超验的理念"(Die transzendentale Idee)。而"超验的理念从不允许有构造的使用(konstitutiver Gebrauche)，否则，它们就成了能给出某种对象的概念，而在人们这样理解超验理念的情况下，它们就只不过是些诡辩(辩证法)的概念。但另一方面，它们却有一种卓越而不可或缺的范导性作用(regulativer

Gebrauche），即引导知性朝向某种目的"①。也就是说，像最高原因或终极因这类概念作为超验的理念，并不能在时-空中给出相应的对象，或者说，不能在经验世界构造出它们的对象，因为它们已超出经验世界之外。因此，它们只是纯粹的概念。它们在理性中只起一种范导性作用，即把知性的局部统一引向整体性统一。

作为理性存在者，我们不得不承认存在一个终极的自由因，但它的存在却只是一种概念性的存在，也即它只存在于我们的思想中。我们并不能因为它存在于我们的思想（理性）中而进一步推论说，它存在于现实世界中即时-空中。在纯粹思想（理性）中的必然性存在，绝不意味着一定也是现实的存在。关于上帝存在的本体论（存在论）证明的核心，恰恰就在于从上帝在思想中的必然性存在推出上帝在现实的时-空世界中的必然存在。托马斯虽然反对本体论证明，但是，事实上他的五个证明恰恰是以本体论证明为基础的。用康德的话说，这些证明都可以视为"伪装的本体论证明"。因为这五个证明都存在着从有限事物到无限事物、从现实事物到单纯思想体的跨越，而这种跨越只有对于纯粹的理性来说才是必然的。也就是说，这五个证明虽然都是从时-空中的现实事物出发，但是，它们所推演出来的最终结果与被它们作为出发点的现实事物之间存在着一个被逻辑演算掩盖了的"理性的跳跃"。理性的这一跳跃一方面使证明活动达到其彻底性和完善性，另一方面则使证明活动完全脱离了现实领域而进入纯粹的思想体领域。因此，证明所达到的最后结果实际上只是思想领域的事物，而不是现实领域里的事物。也就是说，证明所达到的结果只必然地存在于思想当中，因而只是对于纯粹理性来说才是必然存在的，而并非必然现实地存在。而托马斯的五个证明由于都是从现实的事物出发，以至于使他误以为证明所达到的最后结果必然也是现实的存在，而没有意识到他的五个证明没有例外地都包含着理性的一个跳跃。因此，这五个证明实际上都隐含着本体论证，或者更确切

① 康德：《纯粹理性批判》A644，B677。

地说,都不自觉地以本体论证明为基础。

那么,本体论证明究竟在什么地方出了问题呢? 这个问题实际上也就是问:为什么不能从一个对象在纯粹思想(理性)中的必然存在,推出它在现实中的存在呢? 康德对本体论证明的批判之所以具有摧毁性,就在于他对这一问题给出了强有力的回答。在康德看来,一切关于对象的现实性存在的判断都是综合的,而不是分析的。因为如果一个对象存在于现实中,是现实的存在,因而是 existiert(实存),而不只是 ist(存在),那么,它就不只存在于概念中,而且必定首先存在于感性时-空中而能被直观。因此,关于此对象的现实性存在的判断显然不能从对概念的分析中得出来,而必须借助于感性直观。这在根本上意味着,仅仅存在于思想中的对象只是一纯粹的概念,从此概念分析不出它的现实存在。人们只有在感性经验中,才能把现实存在归给某一概念。也就是说,只有与感性材料相结合,概念才不只是作为单纯的形式存在于思想中,而是成了现实中一个客观对象存在着。"所以,关于对象的概念,不管它包含什么内容和多少内容,我们都必须走出概念之外,才能把实存(Existenz)归给这一对象。"①所谓走出概念之外,也就是走出纯粹的思想,走出形式而进入时-空感性领域,与感性直观呈现出来的杂多相结合。一个对象是否现实的存在,并不仅仅取决于它必然存在于思想中,而且取决于能否在感性经验中构造出这一对象。显而易见,我们无法在感性时-空中给出(构造出)诸如自由因或最高存在者这类对象。因此,我们也就不能断定它存在于现实中。

为什么只有能在感性经验中被给出来的对象才是现实的对象呢? 这与康德的感性论变革相关。在康德那里,感性本身是超验的,它拥有时间和空间这两种超验的直观形式。一切感性感觉活动都以这两种超验形式为前提,也就是说,一切感觉活动都是在时间和空间形式中进行的。一切事物要能被给予我们,也即能被我们所感知和表象,都必须通

---

① 康德:《纯粹理性批判》A601,B629。

过时间和空间这两种直观形式。所谓"现实/Wirklichkeit"，也就是对时间和空间这两种直观形式发生作用而产生的"效果/Wirkung"。因此，只有能对我们的感性直观形式产生作用的东西才是现实的，否则，就只是单纯思想里有的概念。康德把能在时间和空间中产生影响而显现给予我们的东西的存在称为实存（Existenz 或 Dasein）。

　　所以，在康德这里，实际上把现实的存在限制在经验领域，唯有能被经验到的事物才是现实的存在。就这个经验领域是在时间（与空间）中的领域而言，康德的这种限制是正确的。因为这意味着只有在时间中到来而能被直观的事物才是可经验的事物，因而才是现实存在的事物。在这里，时间的到来或展现实际上构成了事物真实存在的存在论基础。但是，就这一领域把纯粹思想、纯粹生命排除在外而言，这种限制则是需要加以检讨的。这里的关键在于康德把时间限制在感性领域，对时间的这种限制导致了康德不得不把活生生的纯粹思想、纯粹理性活动排除在时间之外，从而排除在现实领域之外。

　　这并非意味着康德对本体论证明的批评是错误的，他的批评仍是无可辩驳的：谁能在时-空经验中像给出一个具体对象那样给出一个最高存在者？在《纯粹理性批判》中，一方面由于康德引入了时间问题，使时间与存在问题联系了起来，因而能够从根本上否定对上帝存在的本体论证明，甚至可以说，从根本上否定了理解上帝存在的"证明"之路。而另一方面，由于康德把时间限制在感性-现象领域，从而陷入了理解纯粹理性（自在本体）的现实存在的困境。不过，他在《实践理性批判》和《判断力批判》中试图化解这一困境，这两大批判分别讨论两个基本问题：作为自由的纯粹理性存在者，人是如何在现实中行动？作为自由的纯粹理性存在者，人又是如何理解他遭遇到的世界？纯粹理性（思想）的现实性存在就体现在这种行动与"遭遇性理解"（审美判断）中。如果我们不是作为认识者，不是作为知性主体，而是作为纯粹的理性存在者，或者说，如果我们暂且放弃作为认识者的主体身份，而以独立自主的"自由人"身份出现，那么，我们的行动就是一种不可抗拒的自由行动,我们面对的世界就是一个令人惊讶的、神奇曼妙的世界。作为"自由人",我们可以从自己的行动中,从遭遇到的事物中洞见到神圣性,领会到上帝的绝对性。

在这个意义上,康德在批判关于上帝存在的"证明"之路的同时,给出了理解上帝存在的另一条道路——上帝只在思想中、在精神中。作为纯粹的理性(思想)存在者,我们在我们的行动中、在遭遇到的事物中直接就可领会上帝的神圣性。所谓作为纯粹的理性存在者,也就是放弃一切经验及其概念,放弃一切经验关联物,就此而言,我们前面理解的爱就是纯粹理性,去爱即依理性行动。在爱中领会上帝的存在,就是在理性的自律行动中洞见上帝的神圣性。因此,我们甚至可以说,康德在哲学上回应了奥古斯丁理解上帝的"心学"道路。

三 对"证明之路"的另类批评

由托马斯的"神圣学说"加以系统阐明的"证明之路",在整个中世纪的神学-哲学中具有强大的影响力。它一方面使信仰奠定在理性知识基础上,另一方面又使一切知识都被纳入信仰而服务于信仰。在这个意义上,我们可以说,托马斯的"证明之路"最为成功地完成和体现了哲学与宗教的沟通与结合。"证明之路"不仅是一种"见证"上帝的途径,也是哲学走向"新生"的道路。它的胜利不仅意味着以亚里士多德为代表的希腊哲学的胜利,而且标志着哲学走向新的深度与新的彻底性。因为这五个证明第一次系统地使理性递推到极致而不得不止息的地方,即自由因(包括自动因、自我目的因)。把理性引向包含着对一切因果关系的绝对统一的自由因,实际上使哲学从一个不同于奥古斯丁的"伦理学"维度的角度逼近了人的自由身份与自由存在。① 因为自由因作为理性追求与止息的地方,实际上是一个纯粹的思想体,用康德的话说就是一个理性理

---

① 关于奥古斯丁如何从伦理学维度阐明人的自由存在与自由身份,可参见本书第二章有关自由意志与原罪说部分。

念;达到自由因也就意味着理性达到自身理念而回到自身,而在根本上则标志着理性觉悟到自身的自由:理性自己就是开端,自己可以中断一切,也可以开始一切、决断一切。在这里,理性直接就是自由意志。不过,这一点在托马斯那里并没有得到明确的自觉,我们只能说,他的证明之路推动了这种自觉,从而推进了哲学迈向新的深度。

不过,对于信仰来说,以"知识"为信仰之前提的"证明之路"虽然促进了信仰的"理性化",促进了信仰得到理性的理解,因此,对于健康的、向善的信仰来说,"证明之路"甚至是不可或缺的。但是,当"证明"被当做理解信仰的主要途径甚至是唯一途径,那么,"证明之路"将不可避免地导致将信仰理智化而把上帝对象化的危险,出现像但丁在《神曲》里描述的那种信仰图景,而这最终将瓦解信仰本身;而对于哲学而言,"证明之路"在推动哲学走向新的深度的同时,也鼓励和加剧了哲学致力于追求一种既不证实也不可证伪的知识,亦即关于不可在时-空经验中被给予的对象(如上帝、灵魂等)的知识。这两个后果正是托马斯的"证明之路"在神学和哲学领域均遭后世诟病的地方。

近代学者对形而上学的批判,一个很重要的方面就是对信仰理智化的批判,对试图构造出一整套有关上帝存在、灵魂不朽、意志自由的知识体系的批判。这种批判在很大程度上使神学回到了奥古斯丁的"心学"道路。这也许就是为什么许多近现代宗教哲学家更愿意引奥古斯丁为同道的缘由。而"白银时代"的俄罗斯宗教哲学家(如别尔嘉耶夫、弗兰克、舍斯托夫等)之所以引起西方世界的兴趣和关注,也正因为他们在理解上帝存在的问题上,一开始就走上了回应或接近奥古斯丁的"心学"道路。他们几乎没有例外地对以托马斯为代表的中世纪理智神学持严厉的批判态度。这里,把俄罗斯宗教哲学家对托马斯的"证明之路"的批评视为一种"另类批评"。

对于"证明之路",别尔嘉耶夫甚至认为,像托马斯那样把"知识"作为信条与信仰的前提,从而以概念去理解信仰问题,将不可避免地把神学与信仰引上"客观化"道路,而信仰的客观化意味着信仰的堕落:这种客观化信仰不仅无助于人类的拯救,反而导致了对人类的全面奴役。[1]
而在马丁·布伯(Martin Buber)看来,信仰的客观化也就是通过逻辑概
念把活生生的"你"之世界转化为现成的"它"之世界,把与我们息息相关
的"永恒之你"转化为与我天壤相隔的"无限之它"。这种"无限之它"实
际上只是一概念"偶像",布伯把它称为"最高贵的虚妄或杜撰"
(Fiktion)。[2] 信仰这种"无限之它"与信仰虚假的"偶像"是一回事。

实际上,这意味着否定了托马斯的"证明之路"。对于别尔嘉耶夫来
说,人不可能在概念演绎中见证上帝的存在,作为概念演绎者,作为认识
主体,人永远不可能理解上帝。因为认识的主体并不是人的真正现实的
存在,不是人的真实身份,而是在客观化世界里的一种角色。但是,这种
"客观化世界不是真正的现实世界,它只是真正现实世界的一种能够改
变的状态"[3]。也就是说,人作为认识的主体这种角色是可以改变的,至
少不是本源的,而是派生的。作为认识的主体,"人"实际上也是一个客
体,一个受限制、被规定和被奴役的客体。

那么,人的真实"身份"是什么呢? 别尔嘉耶夫认为是"精神",即所
谓"个体人格"。"精神即自由,即人自身具有的拓展人的个体人格"[4],作
为这种个体人格存在是"人的最高本性和最高使命"[5]。作为精神或个体
人格,人才是真正的"主体":他永远处于主位,永远是自由的,因而永远
是开端和起源。而一旦失去主位而退入宾位,他也就不再是真正的主
体,不再是个体人格,而是沉沦为一个虚假的主体,即认识的主体,实际
上也是一个客体。所谓"退入宾位"也就是精神或"主体"向外抛出自己
以构成各种范畴和原则,从而不仅使人自己成了这些范畴和原则的承担
者和体现者,而且使世界被这些范畴和原则构造为一个客观的、坚不可

---

① 参见别尔嘉耶夫《人的奴役与自由》,徐黎明译,第45页,贵州人民出版社,1994。
② 参见马丁·布伯《我与你》,第21页,海德堡,第9版,1977。
③ 参见别尔嘉耶夫《我的末世论哲学》,黄裕生译,载于《哲学译丛》1991年第4期。
④ 参见别尔嘉耶夫《人的奴役与自由》,第49页。
⑤ 同上书,第4页。

摧的有序世界。这是精神或"主体"走出自己的一个方向,别尔嘉耶夫称为"客观化方向(道路)",一切客观现实都只是精神的这种客观化的结果。所以,"我不信奉所谓'客观'世界的坚实性和稳固性,不相信自然和历史的世界。客观的现实是不存在的,它只是意识的幻觉;存在着的只是由精神的某种意向所产生的现实的客观化"①。这个客观化的世界是科学认识的对象,也即作为认识主体的人的对象。在这个客观化的世界里,人永远不可能领会上帝的存在,永远不会与上帝"相遇"。因为上帝不会在这个作为"意识之幻觉"的客观化世界里出场。

相反,对于真实世界来说,也即对于个体人格,对于人的精神生存来说,上帝处处存在。只要守于主位,作为精神而存在,人就能显明上帝的存在,就能觉悟上帝的存在。因为精神并不仅仅在于为人自己谋划生活——这只是精神的客观化功能,而且更在于一个更高的使命,即不断超越自己,提升自己,完善自己。精神的这种不断超越自己的超越本性显示了一个更高的精神、更高的人格的存在,这就是上帝。如果没有这种更高人格的存在,人的精神就失去了超越的方向和意义,因此,也就不会有个体人格。也就是说,上帝是在人的精神中"出场"的,也只在人的精神中"出场"(显现)。在这个意义上,上帝的存在问题就是人的精神生存或精神体验的问题,换言之,我们只能在精神生存的自我拓展、自我提升中理解与见证上帝的存在,因而也就是说,只能从人的真实存在中寻找上帝存在的根据。这一思想被十分清楚地表达在一段独白中:

> 维护上帝存在的主要根据依旧是在人身上,在他的征途中揭示出来。在人类的世界中,有预言家、圣徒、殉道者、英雄、神秘直觉的人,有无私忘我地寻求真理和为真理服务的人,有创造真正的美和美好的东西的人,有禀承伟大热情和丰富精神的人。……所有这些并没有证明什么,但却表明最高的、神的世界存在,显示上帝的存在。神学和形而上学的理智概念游戏已令我十分厌倦,我只相信对

---

① 参见别尔嘉耶夫《我的末世论哲学》,黄裕生译,载《哲学译丛》1991年第4期。

上帝和天国存在的精神-经验的证明。①

因此,别尔嘉耶夫十分欣赏奥古斯丁关于"上帝比我自己更深藏在我心中"的思想也就并不奇怪。②所谓"上帝更深藏在我心中",就是说,上帝是最纯粹的精神存在,是更高的个体人格,我只有摆脱客观化世界而尽可能作为精神的存在,才能接近上帝,领会神圣。我的精神之所以为精神,我的心之所以为心,就在于它既是最真实、最本源的内在经验(erfahren)或体验,又完全超越于一切客观化事物,不执著于任何这样的事物,它是自在-自由的,具有超越的敞开性而能让……来相遇。因此,深藏在我心中的上帝也才既是超越的,又是在我的内在精神的自我敞开、自我提升这种体验活动中。

就上帝深藏于我心中而言,必须走向内心,才能见证上帝。而就我的心(精神)是超越于一切客观事物而言,走向内心的同时也就是摆脱客观化世界,切断精神的客观化道路而敞开内心,或者说让精神守护于主位而自在-自由。自由(Freiheit)就是摆脱和敞开,而敞开总是要向……敞开,或者说,总是要朝向……而让……出现(显现)。因此,自由本身就意味着一种"关系",意味着人在这个世界上不是绝对的孤独者。在他自由的精神中,在他敞开的内心(理性)里,总有一个他者在,总指示着一个他者在。

因此,走向内心,走向自由,是我们理解上帝存在的最可靠、最坚实的道路。这是别尔嘉耶夫以及弗兰克③等俄罗斯人的坚定信念。就上帝只在我们的精神中、只在我们的心里而言,我们与上帝的关系是一种活生生的关系,一种直接无间的关系。我们可以借用马丁·布伯的"我与你"的相遇(Begegnung)来理解这种关系。我与他者可以有"我-他"关系和"我-你"关系。只有在"我-你"关系中才是一种相遇。而我只有置身

---

① ② 别尔嘉耶夫:《我的末世论哲学》,黄裕生译,载《哲学译丛》1991 年第 4 期。
③ 有关弗兰克这方面的思想,可参见弗兰克《俄国知识人与精神偶像》,徐凤林译,学林出版社,1999。

于精神中，只有在全身心的爱中，我才能把他者当做"你"来相遇，而不是把他者当做对象来认识或利用。我们在与每一个具体的"你"的相遇中，都能洞见永恒之你的神圣性；我们也只有在与"你"的相遇中才能体认神圣性的存在。每一次相遇都是见证上帝存在的机会。而我们不仅可以与他人相遇，而且可以与他物相遇。也即是说，只要我置身于精神中，我随处都处于"我-你"关系中，即使此时我在世上踽踽独行。

因此，"相遇"概念充分表达了他者这一向度，表达了精神的超验性——摆脱限制而向他者敞开。这也就是为什么我愿意用"相遇"概念来理解"心学"道路的根据。对于"心学"道路来说，走向内心，并不是沉迷于自我，相反，走向真正的内心恰恰同时就是要走向他者，迎向他者，与他者相遇。在这个意义上，我们可以把理解上帝存在的"心学"道路看做"相遇"的道路。

第六章　经院哲学的分化与衰弱

第一节　极端的奥古斯丁主义者:波纳文图拉

当亚里士多德的学说在 13 世纪继续取得成功时,奥古斯丁主义也迸发出了新的活力,经历了它的第二个春天。亚里士多德学说不断增强的普遍化促进了圣奥古斯丁思想的复活。被亚里士多德学说的胜利所困扰的神学家们开始从奥古斯丁的著作中寻找哲学灵感,以抗衡亚里士多德的思想。不过,成功的奥古斯丁主义和奥古斯丁本人的学说并不完全一致,因为它是在一个新的土壤中成长起来的,并吸收了亚里士多德、阿拉伯哲学家和犹太哲学家的营养。然而,奥古斯丁还是在这种神学和哲学的新综合中打上了自己的烙印。

奥古斯丁的思想在 13 世纪的方济各会中得到了复活。圣弗朗西斯本来在创建修会之初无意于研究和教学,而是提倡苦修与躬身劳动。然而环境和宗教的压力使他改变了初衷,转而也像道明会(多明我会)那样致力于神学研究,并且把奥古斯丁的神学-哲学思想奉为圭臬。所以,方济各会的神学被称为奥古斯丁主义神学。英国人黑尔斯的亚历山大(Alexandre de Hales,1185—1245)在这个转变过程中是一个重要的人物。1236 年他加入方济各会的时候已经是巴黎的一位神学教授了,而后作为方济各会成员继续任教。他死后，按惯例指定一位方济各会成员担任他的教席。罗吉尔·培根曾描述的一部比一匹马还重的《神学大全》，传统上归于他的名下。在某种意义上，它是圣托马斯《神学大全》的先驱。然而，只是到了波纳文图拉才更准确地掌握了奥古斯丁主义的精神，而且成功地适应了经院哲学的时代，是对奥古斯丁的真正发展。历史上把他称为极端的奥古斯丁主义者。

波纳文图拉(Bonaventura)1221年生于意大利维泰博(Viterbe)附近的巴尼奥里(Bagnorea)，原名菲丹扎的约翰(Jean de Fidanza)，童年生病，诊断医治无效，然而圣弗朗西斯奇迹般地治好了他的病，还称他是Bona ventura(未来之宝)，故得名"波纳文图拉"。他可能于1238年加入"小兄弟会"(即方济各会)。他在巴黎大学跟随黑尔斯的亚历山大听课，后来称后者为教父和老师。1248年他获得了学士学位。1248—1258年在巴黎大学任教，并获得了自亚历山大以来留给方济各会的教席。1257年他和托马斯·阿奎那在同一天获得博士学位。1274年7月15日逝世。1482年被封为圣徒，1587年获得"六翼天使博士"称号。

在神学-哲学史上，人们通常更多关注托马斯·阿奎那，而忽视波纳文图拉，以致把后者看做是前者的补充或准备。这是因为人们没有直面波纳文图拉的作品造成的。正如吉尔松说：要想研究并真正理解圣波纳文图拉，第一个需要的条件就是直接面对他的作品，而不是像过去常做的那样，把他的作品看做有幸充当圣托马斯在同时代已完成了的思想的草图。[1]

圣波纳文图拉的理论实际上因其独有的精神气质而富有个性，其理论是循着他有意识选择的道路而通向一个完全确定的目的，这个目的就是上帝的爱，而引导我们通向上帝的路就是神学之路。哲学应该帮助我们实现我们的计划，循着前人的足迹，自愿地追随大师们的理论，尤其是他的教父和老师黑尔斯的亚历山大。波纳文图拉毫不犹豫地吸收一切

---

[1] 吉尔松：《中世纪哲学》，第439页，巴黎，帕约-里瓦热出版社，1999。

能补充前人不足的新理论。正是这种精神激发了他的主要著作《语录评注》(*Commentaire des Sentences*)及其他许多论著和小册子,也激发了代表作《心向上帝的旅程》(*Itinéraire de Pesprit vers Dien*)的写作,在这本书中他的学说得到了详细的阐述。

正如其代表作的书名所表明的那样,波纳文图拉的学说试图给出一条走向上帝的灵魂之路。在他看来,人的灵魂之所以产生,就是为了有一天能领会(理解)无限的善,即上帝,为了在上帝那里安息并享有上帝的喜悦。灵魂总是朝向这个最高的目标,虽然灵魂在俗界拥有不完善的知识,但这种知识却是确然可靠的,这就是信仰的知识。没有什么别的知识能给我们带来如此深切的不可动摇的信心。哲学所知的东西没有比信仰所信的东西更确然可靠。然而,启示真理中的信仰却是哲学思辨的源泉。在理性足以决断的地方,没有信仰的位置。而信仰则指向一个更高的、单凭理性无法决断的对象,并且只有信仰了这一对象,理性才能理解这个对象。然而信仰这一对象并不是通过理性,而是通过对这个对象的爱而使我们做出信仰的行动。不过,在坚定和巩固信仰的实践活动中,也需要哲学的沉思,因为通过爱而信的人需要获得信仰的理由。没有什么能比一个人理解了他所爱的东西更甜美的了。在这个意义上可以说,哲学就源于渴望享有信仰快乐的心灵的需要。

波纳文图拉认为,哲学和神学因其方法而彼此不同,但二者相辅相成,是通向上帝的两个向导。在他看来,如果我们的路是正确的,我们遵循的道路就是启示的光照的路,我们的全部生活只是对上帝的朝圣。他的整个哲学可以归结为试图向我们表明这样的一个宇宙,其中每个事物都向我们讲述着上帝,都是以自己的方式表现上帝并邀请我们面向上帝。如果生活只是一种向上帝的朝圣,那么,感性世界就是引导我们朝圣的路。路边的一切存在都是符号,向我们显示了谜一样的神秘,但如果我们仔细端详,信仰借助于理性就能在不同的文字下辨认出一个词,永远相同的一个词,永远一样的召唤,那就是"上帝"。在这里,哲学与神学实际上是难解难分的。当波纳文图拉强调哲学与神学在方法上的区别时,他实际上只是把哲学仅仅当做一种论证的活动;而当他突出神学对信仰负有理解的使命时,他实际上已把哲学的沉思功能转移给了神学。

在对《语录》评注的序言中,他说,神学的主题就是通过增加理性推理把可信的转变为可理解的。和他同时代的人一样,他认为抽象不会导致分离,理性和信仰的联结就是爱。人的灵魂注定要享受上帝的无限的善,这种至善通过信仰不能被人清楚地掌握。对一个理性的人,没有什么比理解他所坚信和深爱的东西是更值得渴求的。这样,由于神学产生于理解信仰的努力,一种新的理性的沉思就从中产生出来。在这个意义上,神学与哲学似乎都是产生于对享有信仰之快乐的渴望。

不过,神学的沉思发现自己面对着不同的对象。某些对象在论证的开始必然要求信仰,所以它们超出了人的理性能力而只属于神学沉思的领域。当出发点要么是信仰要么包含信仰的活动时,神学家仍然需要利用哲学,但他的结论却与哲学无关。相反,当自然理性能把握某个对象时,即使它可能是作为“可信的”对象给予人的,这个对象作为和一切理性沉思对象一样的东西仍保持着“可理解的”形式。总之,我们可以说,在波纳文图拉的心里,信仰领路而理性随从。

圣波纳文图拉的学说可以被描述为“通向上帝的灵魂之路”。它教导人是怎样通过其他事物而走向上帝的。首先,把可感的世界视为通向上帝之路;其次,把人视为被造物自然地向神圣的光和上帝开放,而把上帝视为通过他的整个光向人显示自己。这种学说的神秘主义倾向是很明显的。这表明,即使他在使用亚里士多德的语言时,也努力最大限度地保留奥古斯丁和丹尼斯(Denis)的思想。他不是第一个这样做的神学家,但他是以一个独特的、一致的系统方式这样做的人。

通过考察上帝的被造物可以发现上帝,因为事物的真理在于它们体现了最初的、最高的真理。在这些意义上,一切被造物都是迈向上帝的路。被造物在某些方面与上帝相似,但是这种相似只能是一种忠诚的相似(像)。如果用一个专业性的词描述,可以说这是一种“表达”的相像

(似),就像说的话表达它的意义一样。从这个观点考察,被我们叫做被造物的东西也就成了一种语言,整个宇宙只是一本书,其中,三位一体在每一页都能读到。如果一个人被问到为什么上帝用这种方案创造了世界,答案将非常简单:世界的存在没有别的原因,它只是对上帝的表达。也即是说,上帝是世界存在的第一因。他为了表达自身而创造了世界,上帝表达自身也是表达他对被造物的爱。所以,如果人们学会把世界作为一本书来读,那么世界就是作者的爱的提示者。

在从被造物通往上帝的历程中,有三个标志上升方向的阶段。第一阶段在于发现感性世界里上帝的影子和痕迹;第二个阶段在于在我们灵魂中寻找上帝的形象;第三个阶段超越了被造物并把我们带进认识上帝、崇拜上帝的神秘快乐中。①

借助于上帝在事物中留下的痕迹去发现上帝,就是开始"走进了上帝的道路"。波纳文图拉要求人们直接在运动中、在秩序中、在尺度中、在事物的机制中感知上帝的在场,认为无论从什么开始,我们都能达到上帝的存在。在波纳文图拉看来,对于一个净化了的心灵,每个物体及其每个方面都透露着造物主神秘的存在(在场)。这就是为什么《心向上帝的旅程》的一个重要使命就在于增强我们感知上帝的视点,去除我们视线上的蒙蔽,以便当我们恍然大悟时,我们在任何地方都能看见上帝。"事物的光辉向我们显示了他,如果我们不是盲人,如果我们不是聋子,它们就会大声呼唤他,而且将唤醒我们。实际上一个人在他的每一操作中不赞美上帝,他一定是哑了,不通过他的很多迹象而认识第一原则,他就是傻子了。"②

然而这还是上升的一个层次,被造物身上呈现出来的所有这些清晰性也仍然只是上帝的影子。相对于上帝通过给予我们的形象而给予更决定性的证明而言,通过感性世界向我们作出的说明,只不过是对我们

---

① 波纳文图拉:《心向上帝的旅程》,拉丁文-法文对照本,亨利·迪梅里译,第 27、29 页,巴黎,哲学图书出版社,1978。参见《中世纪心灵之旅》,薄林译,华夏出版社,2003。
② 同上书,第 43 页。

的心灵的练习而已。通过在我们灵魂中寻找上帝，我们才直接地转向了上帝自身；我们由此发现的不仅是影子、痕迹，而且是上帝的形象。

我们的理智或灵魂与永恒的真理自身相通，我们自身里有自然注入的上帝的形象。正如我们直接认识我们的灵魂和它的活动一样，我们不借助外感觉就能认识上帝。如果人们在灵魂里没有上帝存在的证据，那么这只能是我们这方面缺少反思的结果。由于感性事物与我们的各种欲望在上帝与我们之间有如一层纱幕，我们必须通过反思，才能穿破这层纱幕而直接见证上帝，从而证明上帝。实际上，如果欲念和感性事物没有在真理和我们之间安置一层面纱，证明上帝存在就变得明显地无用了。显而易见，这样的一位神学家会欢迎圣安瑟伦的本体论证明并且把它包含在自己的学说中。不过，能向我们自己的心灵去见证上帝只是"心向上帝的旅程"的第二阶段。我们必然能够超越"心向上帝的旅程"的第二阶段，而从神秘的静观中追求神圣存在的不可言说的欢乐。这也就意味着越出语言和概念的界限。但是，在跨越语言表达的限界时，我们也就离开了哲学。这里，波纳图文拉说，我们必须很少地容许语言而保证一切事物都是上帝的赠品，也就是圣灵的赠品。

通往上帝的旅程也是我们人类获得绝对确定的知识的历程。那么，为什么人的理智能达到一个绝对确定的知识（certitudinalis cognition）呢？这也是波纳文图拉探讨的一个重要问题。所谓绝对确定的知识有两个特点：关于被认识的客体，它是不变的；有关从事认识的主体，它是永无过错的。然而，人既不是一个无过错的认识着的主体，也不是他要达到的在本质上不变的客体。在波纳文图拉看来，如果人的理智拥有确定性，那是因为神圣理念本身是不变的、可理解的，并且能照亮人的理智。这个神圣理念并不会作为被看到的客体出现，因为这个理念就是上帝自己，他的形象是我们所看不到的。我们是在光中看见事物，但我们不能看见单纯的光本身。由于我们的理智只是上帝理智的反映，且与肉体相结合，所以，它本身是模糊不清的，只有在上帝的理智之光，也即神圣理念之光的照亮下，我们的理智才能看清事物。也只有在神圣理念之光的照亮下,我们看到的事物才是不变的、被完成的本质客体,而在此基础上有关它的知识才是绝对确定的知识。但是,这并不意味着人类能够拥有完整而绝对的知识,只有上帝拥有这种知识。我们所能拥有的只是一些有限的、不完整的知识,虽然这些知识是清楚而确定的,但仍是不完整的,因为它们并不是对神圣理念本身的认识。

第二节 "完整的亚里士多德主义"或阿维罗伊主义

我们讨论过的很多经院学者都是职业神学家,他们的哲学兴趣很强,对哲学的发展也做出了贡献,但是他们的初衷是为了神学而不是哲学。他们多是巴黎大学和牛津大学的神学院教授,有时也教哲学,写哲学文章,却以神学家的名义写作。在那个时代,因为他们的大部分哲学都包含在神学中,所以被叫做哲学化了的神学家。13 世纪亚里士多德著作的被发现促使产生了另一个经院学者团体,他们不再自称神学家,干脆就是哲学家了。在亚里士多德和阿维罗伊的启发下,他们要追随人的理性而轻视宗教的教诲。布拉班特的西格尔(Siger de Brabant,1240—约 1284)是他们的领袖,他说:"现在我们可以不管上帝的奇迹了,因为我们用自然的方式对待自然的事物。"[①]这种哲学和神学分离的态度在中世纪思想里是一种新的因素,它同传统的信仰与理性的和谐观相冲突。我们论及的经院学者都是巴黎文学院的哲学教授,他们的职责就是讲解亚里士多德的著作。亚里士多德在那时已经是被普遍接受的哲学家,并被奉为哲学的典范。因为阿维罗伊是被认可了的亚里士多德的评注者,所以毫不奇怪,他们常常按照阿维罗伊的方式解释亚里士多德的思想。由于哲学经院学者和阿维罗伊的紧密关系,他们一般被称为拉丁的阿维罗伊主义者。这不是说他们完全屈从于阿维罗伊的著述而不受其他人的影响,也不是说他们真的形成了一个严格的哲学派别。而是说,他们

---

① 莫勒:《中世纪哲学》,第 192 页。

和阿维罗伊一样渴望哲学从信仰中分离开来，使亚里士多德主义不受任何宗教的影响。他们也像阿维罗伊那样，毫不犹豫地提倡与信仰相反的哲学理论。为此，他们有时也被称为异端的亚里士多德主义者。13世纪公认的阿维罗伊主义的领袖是布拉班特的西格尔，他具有大胆的冒险精神，对权威无所畏惧，并有着相当敏锐的哲学天赋。另一位是西格尔的同道——达西亚的波埃修。不过，本节只介绍西格尔的思想。

布拉班特的西格尔大约在1240年前生于布拉班特的公爵领地的一个村庄里，1255—1260年在巴黎文学院(Arts Faculty of Paris)学习。在1260—1265年成为文学硕士(Master of Arts)。关于西格尔的生平详情我们所知甚少，对其生卒年也难以确定，但传闻他在1282—1284年访问意大利期间被他的秘书谋杀。此外，一个可靠的事实是，他在巴黎大学授课期间，曾参与了一场争论，争论集中在亚里士多德和阿维罗伊著作的使用问题上。我们知道，亚里士多德哲学里的一些原则与犹太教基督教《圣经》及穆斯林经书中的启示相对立。阿维罗伊提倡对某些《圣经》内容作比较式的理解，来消除"表面的"不同，同样，如果在深层的寓言意义上去理解，那么《古兰经》也与亚里士多德不相冲突了。在巴黎大学，被认为是阿维罗伊主义者的哲学家们，采纳了这种观念，并提出了"双重真理论"。按照这种理论，真理有两种：哲学真理和神学真理，它们可能相互冲突矛盾，但仍然都是真理。其实，阿维罗伊本人在其《决定性的论著》(*The Book of the Decisive Treatise*)中否定了这一理论，可惜拉丁阿维罗伊主义者们并不曾见到过这本书。

西格尔被巴黎的同事们视为拉丁阿维罗伊主义者们的领袖和双重真理论的首倡者。但是对这种评判，仍然存在一些可商榷之处。有人为他辩护，如托尼·多德(Tony Dodd)就认为对于西格尔，坚持哲学探索决不意味着他曾持有一种"双重真理"的观点。① 西格尔宣称只有一个真理，那就是启示的真理。在介绍那些和《圣经》相违背的亚里士多德学说

_____

① 多德：《布拉班特的西格尔的生活和思想》，第6页，埃德温·梅林出版公司，1998。

时,西格尔仅仅是转述了亚里士多德所说的一切而已。甚至当他介绍有利于亚里士多德反对《圣经》观点的证据时,他也宣称只是简单地遵循了亚里士多德的逻辑。比如说,在"关于世界永恒性的问题"中,其推论是按亚里士多德的方法进行的,被创造的世界必须是永恒的。但是,由于这一论证似乎和启示相对立,西格尔断言,理性论证最终要让位给启示信仰。

西格尔对亚里士多德的这种评注却不被巴黎的权威所理解和接受。在 1270 年,巴黎主教艾蒂安·唐皮耶(Etienne Tempier)①定了 13 条罪状,其中有 7 条是针对西格尔的。全文如下:

1. 所有人的理智是同样的,在数量上是同一的。

2. 说个人有理解力是错误或不恰当的。

3. 人的意志出于必然性意欲或选择。

4. 地上进行的一切都服从于天体的必然原因。

5. 世界是永恒的。

6. 根本没有第一个人。

7. 灵魂是活着的人的形式,随肉体朽灭而朽灭。

8. 灵魂与肉体分离之后不受有形之火磨炼。

9. 自由意志是消极的而不是积极的力量,它受欲望对象的必然支配。

10. 上帝不知道个别的事物。

11. 上帝不知道他以外的事物。

12. 人类行为不受上帝的天意的主宰。

13. 上帝不能赋予可朽可灭的存在不朽性、不灭性。②

---

① 有的书中也写做 Stephan Tempier,本文采吉尔松的写法和乔治·J. E. 格雷西亚和蒂莫西·B. 努恩编《中世纪哲学指南》的写法。

② 贝尔德和考夫曼编:《中世纪哲学》,第 316—317 页,普伦蒂斯-霍尔公司,1997(以下所引此书均为此版本)。

1272 年,唐皮耶在对亚里士多德哲学的另一个谴责中又提到了西格尔的名字。

1277 年,唐皮耶主教发表了 219 条谴责命题,其中被谴责的许多观点是西格尔的。然而,我们认为托尼·多德的评价更符合实际。他认为:"自 1270 年和 1277 年'大谴责'以后,在巴黎大学文学院,很多指向西格尔和他同事(如达西亚的波埃修)的否定性批评都是不公正的。"[1]数年后,但丁认为西格尔是不公正的牺牲品,应得到奖赏而进入天堂,所以把他写入了《神曲》,使之与托马斯·阿奎那、大阿尔伯特、比德(Bede)、塞维尔的伊西多尔(Isidore of Seville)等中世纪精神生活中的大人物齐名。

西格尔最初的哲学态度应该根据在 13 世纪 60 年代文学院尤其是在巴黎所发生的那些事情为背景来理解。亚里士多德的作品最初被正式列为艺术类的课程内容(1255 年在巴黎,更早在牛津),但在巴黎的大学课程中遭到基督教会的权威排斥。文学院教师被要求做关于这些作品的演讲,并对其内容作出忠实的解释。鉴于可得到的材料翻译质量太差,在理解学说时碰到了问题。文学院和神学院的教师于是利用阿维罗伊的评注以弄清对他们感到陌生而复杂的世界观之意义。阿维罗伊的逐字评注,利用了逍遥学派传统的所有参考文献,成为了最好的解释工具。文学院成了一个特别的文化间对话的论坛,使 13 世纪成为西方哲学最有生气的时期之一。文学院教师们写出了一些杰出的亚里士多德主义学术著作,其中一些人,如西格尔、波埃修发现献身于哲学本身就可以成为人生的目的,而不只是作为通向高深研究的一个步骤。在其早期作品中,西格尔专门探求如何尽可能忠实地解释亚里士多德的文本,用阿维罗伊学说之内在一致性的方法解决亚里士多德留下来的各种难题。

西格尔在其注解式的作品中表达了他自己的哲学观念。在他看来,作为一种自主的理性活动,哲学能够满足人类对组成人类完善之部分的

---

[1] 多德:《布拉班特的西格尔的生活和思想》,第 4 页,埃德温·梅林出版公司,1998。

真理的需要和对确定性的追求。虽然他主要的哲学工作在于忠实地解释亚里士多德的作品，但是他深知，哲学探索的目的不是文本的真理，而是存在的真理。

西格尔关注的主要问题是哲学和信仰的关系问题。阿奎那把亚里士多德哲学看做人类理性的伟大成就，是难以超越的理性工具，值得融合到基督教文化中。对阿奎那而言，信仰和亚里士多德哲学的调和是一项最根本的任务。这就是为什么托马斯在其论著《驳阿维罗伊主义者论理智的统一》(*On the Unity of the Intellect Against the Averroists*)中对西格尔作品的解读同这些作品所真正具有的意义完全相反的原因。

西格尔在其论著《论理智的灵魂》(*On the Intellective Soul*)中对托马斯的挑战予以回答。他宣称，他试图确定按照哲学家的文本应该说什么，而不是为了自己的兴趣来看作者想什么。因此，他努力要阐明的只是哲学家，即亚里士多德的意图，即使他陈述的东西与通过启示承传下来而不能用理性作出结论的真理相对立。不过在信仰和理性相冲突的情况下，西格尔宣称真理在信仰一边，所以，没有理由认为他曾赞同"双重真理"论。实际上，西格尔只是简单地坚持了哲学在其自身领域中的自主性，并对哲学和启示真理之间为什么会出现冲突作了详细解释。他解释说，与信仰对立的哲学命题只是一种可能的推理，多数情况下，命题居于由信仰提供的绝对真理和哲学命题之间的位置，而哲学命题的真值和范围是同作为前提的原则相关的。在这类情况下，否定冲突是多余的。实际上，哲学表现与信仰表现之间的冲突并不是同一水平的真理的对立。信仰真理只是唯一的，而哲学真理则不是唯一的，因为它是由人提出来的。亚里士多德不是唯一的哲学家，他的哲学也不是哲学中唯一的权威；更重要的是，所有哲学家都是人，都会出错，亚里士多德也不例外；人类的理性在处理分离的实体领域和第一原因的超越性时是尤其脆弱的，更容易陷入错误。当一般人没有理性工具来反驳这些与启示的真理相对立的哲学命题时，对他们来说坚持信仰是合理的，因为哲学家的权威不是绝对的。

　　在存在论问题上,西格尔接受了盛行于 13 世纪的温和实在论。这种实在论认为,个体的具体物才是实在的,它们的共同规定性是被理智抽象出来的,是潜在的普遍性,因此,普遍性只在思想的层次上才真实地存在。如果没有个体的人存在,对于命题“人是动物”是否为真的问题,就是无意义的。在实在性问题上,西格尔还考察了语言的因素。亚里士多德似乎提出过一个词表示一个概念的观点。而在西格尔看来,事物是词的初始对象,而不是概念的对象。普通词表示事物的本质,而不是其他在现实存在中伴随一物的规定性。本质是普通词的能指体系的基础。西格尔认为,词表示事物不仅是像它们所是的那样,也同时表述为它们被理解的样子。词不仅表示本质(普遍物),也表示被抽象的本质(普遍性)。

　　不过,正如 13 世纪其他重要神学-哲学家一样,存在论着重讨论的是作为第一哲学主题的作为存在之为存在这一问题。在西格尔看来,第一哲学也就是真正的形而上学。它的这一主题的真正核心是关于第一存在或第一因的存在问题。形而上学探讨的第一因是一切被引起的存在的原因。追寻“一”就是去问为什么上帝存在而不是不存在。因此,在西格尔这里,上帝是形而上学主题里的一部分。[①] 这样,形而上学就可以被称做“神圣科学”或“哲学神学”。西格尔认为“存在”(ens)是第一的、自明的、清楚的。“存在”(being)和“一”(unum)表示同一个东西,却不是同义的,因为“存在”表示一个有存在行动的(actus essendi)东西,而“一”(unum/one)表示一个在其自身中不可分的东西(indivisum in se)。

　　这个作为“一”的自明的存在就是上帝。上帝的存在对任何一个能把握其本质的人都是自明的,但对我们来说,这种本质又是超出我们的理智能力的,因而上帝的存在必须加以证明(demonstrate)。不过,他对于阿维森纳借助亚里士多德思想所做的物理学证明感到不满。西格尔试图通过“按照理性的解释”(resolutio secundum rationem),达到存在

----

① 埃尔岑:《中世纪哲学和超越》,第 394 页,布里尔出版社,1996。

(being)的超越概念;他又运用"按照物的解释"(resolutio sesundum rem)引向作为存在的存在的原因,达到一切被引起存在的第一原因,从而完成对上帝存在的证明。

实际上,西格尔认为,由于没有被造物是它自己的存在,而只是分有了存在,这就要求有一个存在的创造性的第一因。虽然西格尔所精心制定的一切证明都是后天的,因而只达到了上帝的存在,而不是他的本质,但是,这些证明的形而上学性质却允许推理出作为第一因的存在(being)的某些特性:它必须是一个存在(being)的纯行动,因此它也必须是简单的、永恒的,是"一"。这个第一原因认识它自身,而且这种知识是它的实体,就像亚里士多德曾证明过的那样,第一因的完善要求它的行动是自愿的,也即说第一因的存在行动是自由的,因而是一种真正的创造活动。在这个意义上,可以说西格尔的形而上学是创造主义的形而上学。

第三节 "七七禁令"

13 世纪 30 年代以来,亚里士多德的著作开始在巴黎大学讲授并逐渐被列为必修课程,亚里士多德的影响不断扩大,重要性不断提升,其地位甚至可以与施洗者约翰相比。如果说约翰是基督在恩典方面的先行者的话,那么,亚里士多德则是基督在自然方面的先行者。

亚里士多德之引入,特别是托马斯·阿奎纳所做的综合工作,可以看做是基督教进一步理性化的过程。这个过程是自由思想发展的过程,也是基督教理论自我成长的过程。所谓基督教理论的自我成长,也就是它摆脱保护、走向自立的过程,人们试图通过理性而不仅仅是借助教会来接受(理解)信仰:"经院哲学本身之所以已经产生,是由于人们渴望在理论上有参悟的能力,希望了解和寻求它所信仰者的理由。"[1]在经院哲学那里,哲学固然是神学的婢女,哲学研究什么、何以研究要由信仰来确

---

[1] 梯利:《西方哲学史》,伍德增补,葛力译,第 245 页,商务印书馆,2004。

定,因而其内容在很大程度上会受到限制甚至失去生气。但是在一个给定的界限内,人的理性仍然有自由活动的余地,理性被赋予了认识信仰的使命。企图用理性、用人的智慧来理解上帝、思考上帝,这是神学发展史上一个了不起的转变,这种转变不仅使得神学的理论化、神学和哲学的结合成为可能,而且磨炼了人的智慧,在一定程度上促进了自由思想的发展。

自由思想发展到一定程度就必定会与正统神学发生冲突。这里我们不能不提到阿维罗伊主义。这个被冠以阿维罗伊之名的主义,其真正的守护神是亚里士多德,而不是阿维罗伊。但是,作为亚里士多德在中世纪最杰出的注释家,阿维罗伊对亚里士多德的两点解释格外引人注目:一是独一灵魂论。该学说认为,人类不仅共有单一的能动理智,而且共有单一的被动理智,人一旦死了,只有这单一的理智才存在着,这样,个人的不朽就被排除掉了;二是关于宇宙永恒的学说。这个解释是与基督教神学的上帝创世说矛盾的。凡是接受和信奉这个理论的被称做阿维罗伊主义者,阿维罗伊主义在 13 世纪后期的巴黎大学相当活跃,它招致正统神学家的不满。1270 年 12 月,巴黎主教唐皮耶颁布了一道禁令,谴责了 13 条阿维罗伊主义的命题,包括人的理性的统一性、世界的永恒性、灵魂随肉体的消灭而消灭、神对个别事物的不可知性以及神不可能使有限物不朽等等。但是,这个禁令并没有阻止阿维罗伊主义的传播,阿维罗伊主义仍然在街头巷尾、在孩童面前秘密传布,由此导致了进一步的压制。1272 年,文学院的教授被禁止处理神学问题,1276 年,巴黎大学颁布了如下命令:"鉴于《圣经》严禁秘密集会进行训学,并认为此种集会之参与者乃余等参与智慧之敌,为公共利益计,必须反对某些别有用心人物之过于自信,余等兹决定并命令,望各系硕士或学士私下不得阅读任何有危险性之书籍……"[①]但所有这些措施都没有完全达到预期的效果,终于导致 1277 年更加严厉的再一次禁谕。这一年,教皇命令唐皮耶

---

① 转引自特拉赫坦贝尔《西欧中世纪哲学史纲》,于汤山译,第 133—134 页,上海人民出版社,1961。

进行严格调查。唐皮耶召集神学家们进行了热烈讨论,结果确定219个论题遭到谴责并禁止讲授,凡是继续持守这些主张的人,一律被开除教籍。这就是通常所说的"七七禁令",这个禁令是在3月7日作出的。世界的统一性、质料是个体化原则、天使的个体化等等都在宣禁之列,但关于实体形式的单一性在巴黎并未明令禁止。3月18日,紧接着巴黎的禁令之后,坎特伯雷大主教(Archbishop of Canterbury)在牛津发布了又一个禁令,这个禁令在巴黎的禁令之外加上了实体形式的单一性和质料的被动性。

"七七禁令"主要针对阿维罗伊主义,特别是西格尔和达西亚的波埃修的教导,他们的理论被指控为"双重真理论",因为他们主张在知识与信仰之间、哲学和神学之间存在着有意识的对立,而只有哲学家可以获得真正的幸福,只有哲学家是这个世界上最有智慧的人。禁令也涉及托马斯本人的一些观点,诸如世界的统一性、质料的被动性、天使的个体性等等。托马斯的观点被认为无法解释基督死后的身体与生前身体的同一性,因为在托马斯那里,唯一的实体形式(灵魂)在死时已脱离身体。

"七七禁令"的出台,一方面表明了13世纪后期亚里士多德主义特别是托马斯神学的影响不断扩大,另一方面也表明了托马斯的神学在当时并未完全获得正统的地位。在那个时代,托马斯是作为一个危险的革新者出现的,被认为"开辟了新的路径"①,他的神学观点之被完全接受是经受了一个过程的。直到1323年,天主教会才把他列为圣品;1567年,才宣布他为教会博士,而他的学说被宣布为官方学说则是1879年的事了。

"七七禁令"也意味着当时的神学争论已经到了非常激烈的地步,以至于不通过这种禁令的方式,靠正常的和公开的争论,正统的神学已经无法守住自己的地盘。但是禁令最多只能化异见于无形,而不能从根本上取消异见。相反,禁令出台后的20年,托马斯主义的信徒却明显增加,这导致了道明会的学者公开发表对于攻击托马斯主义者的答辩。到了1325年,巴黎主教不得不撤回巴黎禁令,而牛津的禁令也名存实亡了。

---

① 科普尔斯顿:《西洋哲学史》(二),庄雅棠译,第593页,黎明文化事业公司,1988。

第七章　约翰·邓斯·司各脱

　　约翰·邓斯·司各脱(John Duns Scotus,1266—1308),13 世纪方济各会(Franciscan Order)著名哲学家,司各脱主义(Scoticism)的创始人,有"精细博士"(Subtle Doctor)之雅称。他生活的年代相当于中国南宋末至元代初期,基督教第二次传入中国,时称"也里可温教"。《农桑辑要》的颁发、郭守敬的《授时历》、关汉卿和马致远的戏曲、黄道婆推广棉纺织技术以及突火枪的发明等,是此间重要的文化事件。关于司各脱的生平我们所知不详,甚至不能确切地说出他的出生年代和地点,而只能根据现有的较为可靠的资料进行推断。司各脱很可能出生于 1266 年,去世于 1308 年。他的名字中的 Scotus 表明他是苏格兰人,因为在 13 世纪末,Scotia 一词意指"英国北部"或者"苏格兰",而非后来所意指的"爱尔兰"。根据古代文献中他的名字的写法——有时写做"约翰·邓斯",有时写为"邓斯的约翰",我们推断"邓斯"既表明他的姓氏,又表明他的出生地。总之,学界公认的看法是司各脱出生于靠近北海和苏格兰-英格兰边界的博维克郡(Berwick)的邓斯(Duns)镇。1966 年,法兰西斯派在邓斯镇召开了纪念司各脱诞辰 700 周年的国际会议,并在该镇西北部的邓斯城堡的入口处立了一块纪念碑,上面这样写道:"约翰·邓斯·司各脱,精细博士,方济各会成员,1266 年出生于此。无论他的声名播向何处,他都在为邓斯和苏格兰这块生养他的土地增光。"同时,方济各会还在镇子的公园里竖立了思想家的青铜雕像,除了刻有与纪念碑上同样的字句之外,还用拉丁文写道:"一位伟人的精神在此呼吸。"[1]这一举动表明,至少在法兰西斯派内部对司各脱的出生时间和地点是取得认同的。

关于司各脱的求学和治学经历,我们比较确切地知道的事实是:1280 年司各脱加入方济各会,1291 年正式成为牧师。1288—1301 年之间,司各脱在牛津大学学习。在 1298—1299 这一学年中,司各脱首次讲述彼得·伦巴德(Peter Lombard)的《四书》(Sentences)。[2] 1302 年秋天司各脱在巴黎大学讲授《四书》。1303 年 6 月,因在教皇与国王的斗争中坚决地站在了教皇的一边,他与另外 80 名牧师被驱逐出巴黎,直到次年 4 月才获准返回。在巴黎大学的时候,他因提出"圣母纯洁受胎"说而闻名。1308 年,司各脱离开巴黎前往科隆,其中缘由我们无从确切地知晓,但他于同年 11 月 8 日在当地去世。在司各脱的墓志铭上刻有这样四句话:"苏格兰养育了我,英国接受了我,法国教育了我,科隆容纳了我。"[3]可以算做对他短暂一生的总结。

司各脱的思想有着相当鲜明的时代印迹,因此若想全面把握和理解他的思想,必须结合整个 13 世纪经院哲学的发展背景。13 世纪的经院

---

[1] 关于纪念碑和雕像这两件事的记述,可参考沃尔特编译《司各脱哲学文选》,印第安那波利斯,哈克特出版公司,1987(以下所引此书均为此版本);弗兰克和沃尔特编译与评注:《形而上学家邓斯·司各脱》(拉英对照版),第 1 页,珀杜大学出版社,1995(以下所引此书均为此版本)。

[2] 彼得·伦巴德(Peter Lombard)曾任巴黎主教,1160 年去世。他是出现在安瑟伦和阿奎那之间的最重要的神学家,亦被多种层次的权威奉为经院神学的奠基人。他所撰写的《四书》(Sentences)在中世纪大学神学系里一直被当做标准教材,地位仅次于《圣经》。从 12 世纪末至 16 世纪初这段时间里,几乎所有的神学家都对之作过评注,包括波纳文图拉、阿奎那、司各脱和奥康的威廉等,总数合计达 246 份。

[3] 拉丁原文为: 　　　　　英译为:

Scotia me genuit 　　　　Scotland generated me

Anglis me suscepit 　　　England received me

Gallia me docuit 　　　　France educated me

Colonia me tenet 　　　　Cologne holds me

参见司各脱《偶然性与自由》,A. 沃斯·雅克辰等译注,第 7 页,荷兰,克鲁威尔学术出版社,1994(以下所引此书均为此版本)。

哲学思想已经发生分化,呈现出传统的奥古斯丁主义与新兴的以亚里士多德思想为背景的托马斯主义相互对抗、彼此调和的局面。当时的教会仍然奉奥古斯丁主义为基本准则,教皇格列高利十世(Gregorius X,1271—1276)和洪诺留四世(Honorius Ⅳ,1285—1287)在思想主张上都更靠近奥古斯丁主义。①而托马斯·阿奎那所在的道明会(Dominican Order)已经接受了亚里士多德的主张,这一点预示着亚里士多德的思想步入基督教思想领域是不可避免的。司各脱所在的方济各会虽然仍奉行奥古斯丁主义,但是司各脱却接受了亚里士多德主义对基督教教义所发生的革命性的冲击这一事实,并以自己的方式作出了回应。他对亚里士多德的思想表示出了浓厚的兴趣,在著述中往往遵从 13 世纪的习惯,直接以"哲学家"称呼亚里士多德。更为重要的是,司各脱接受了亚里士多德提出和讨论问题的方式,在辩论和争论的过程中他还大量引用亚里士多德的术语和观点并以之作为"权威"。但是,司各脱的批判精神并未在此丧失,在诸如"偶然性""意志与自由"等问题上,他不仅毫不犹豫地表达出了自己与"哲学家"之间的分歧,而且对后者进行了批判,其立场更倾向于奥古斯丁主义。因此就上述问题而论,在一定程度上我们甚至可以说,司各脱的思想是借助新的术语和思想框架而对奥古斯丁主义的一种重述。换言之,他所讨论的是亚里士多德的问题,而给出的却是奥古斯丁主义式的答案。

司各脱是典型的、真正意义上的经院哲学家。之所以这么说不仅因为他留有大量的著作,所讨论的问题包括从神学、哲学到自然科学——其中包括几何学、机械学、光学和天文学等极其广泛的范围,而且还有一个更为重要的原因:他是一个兼收并蓄的思想家和时代的批判者,我们从他的著作中可以辨别出他所接受或者批判过的与他同时代或者在他之前的几乎所有的基督教哲学家。比如,代表着传统基督教哲学思想的

---

① 贝托尼:《邓斯·司各脱哲学的基本原则》(重印本),B. 博南西英译,第 17 页,康涅狄格,格林伍德出版社,1997。

奥古斯丁和安瑟伦；以新兴的亚里士多德主义为基础的大阿尔伯特和托马斯·阿奎那；以及试图整合柏拉图主义和亚里士多德主义的黑尔斯的亚历山大（Alexander of Hales）、波纳文图拉、根特的亨利（Henry of Ghent）。此外，阿拉伯哲人阿维森纳和阿维罗伊以及犹太哲学家阿维斯布朗（Avicebron）在他的著作中也时常出现。面对各种不同的流派和思想，司各脱表现出了一种学术的、不带个人情感偏见的客观态度。在此基础之上，他充分利用自己善于辨析概念和批判各种彼此对立的命题的能力，在对他人观点进行抽象的分析辨别的同时表达出自己的观点。在陈述自己的见解之时，司各脱说话从不绝对、不极端，而总是有所保留。总之，司各脱以其高度精致、细腻和抽象的思想特点巩固了他作为一个深刻且有创见的思想家和敏锐的批判者的地位。针对这种既兼收并蓄、又能慎思明辨的思想风格，西方有研究者指出，司各脱的思想在某种意义上代表着"经院哲学发展的顶峰"。[1] 这个评价似乎有抬高司各脱之嫌，因为倘若从哲学自身的发展水平来衡量，在思想构造的系统性和连贯性方面司各脱都远远逊色于托马斯·阿奎那。在我们惊叹他高超的辨析能力和有所保留的陈述方式之余，有时不免觉得，过分精微的区分容易导致所讨论问题的被忽略，思想方式的极度抽象则导致不被理解。这些不仅造成了我们理解司各脱思想的困难，而且多少也损害了其思想的价值。不过，司各脱在各种不同流派的思想激烈交锋的时代，能够以批判的目光仔细辨别和重新审视基督教思想史上的诸多问题，并提出了颇有见地的意见，这一点是很有意义的。

　　要想比较全面地把握司各脱的思想是相当困难的。这首先是因为司各脱的问题和思想只有放置在 13 世纪基督教哲学思想的大背景之下才有意义，而做到这一点谈何容易。其次，在司各脱为我们留下的卷帙浩繁的著作中存在着很多疑难之处。由于英年早逝，司各脱的绝大多数

---

① 哈里斯：《邓斯·司各脱》上卷，第 271 页，英国，布里斯托，瑟欧梅斯出版社，1995（以下所引此书均为此版本）。

作品都未能经过他本人的亲自校订，而是由其弟子们在他去世后根据草稿修订而成，故我们现在看到的著作中常有不连贯或者不明其意的句子和段落，前后矛盾之处亦不罕见，一个批判性的司各脱著作全集仍有待问世。在司各脱的所有著作当中有两部为学术界公认为代表作：一是司各脱晚期以自然神学为主题的《论上帝作为第一原理》（*De Primo Principio*），该文采用专题论文的形式，比较集中地反映出了他的形而上学和自然神学的思想；另一部代表著作就是他对彼得·伦巴德的《四书》所作的"评注"，但实际上它并不是就原书文本所作的"注释"和评论，而是司各脱对当时正在讨论的诸多神学和哲学问题所作的直接回应，其重要性和地位之于司各脱就如同《神学大全》之于托马斯·阿奎那。但是，由于司各脱曾先后四次在不同情境之下对《四书》作过评注，因此在这些不同版本之间存在前后不一致和矛盾之处也在所难免。这四次评注包括：1298—1299 年他的《牛津演讲》（*Lectura*）；1297—1300 年根据学生笔记修订而成的《剑桥演讲》（*Reportatio*）；经过司各脱本人亲自修订过并准备发表的《牛津评注》（*Opus oxoniense*，又称 *Ordinatio*），这是司各脱《四书》评注当中最为重要的部分；还有就是依据学生笔记修订而成的1302—1307 年间在巴黎大学的演讲稿《巴黎评注》（*Opus parisiense*，或者 *Reportata parisiensia*）。对这些版本之间的差别的研究仍在进行之中，本文所依据的是《牛津评注》的拉丁语-英语对照本。

　　鉴于上述原因，这里的讨论将主要以这两部代表著作为依据，以问题的形式展开，至于司各脱思想自身的历史性发展则不去涉及。司各脱并没有为我们留下如《神学大全》那样的体系，因此我们只能从他的著作中找到带有总结性质的"系统"。从目前所见的国外司各脱研究成果来看，对司各脱的思想整体所作的评价存在着不算小的差距。比如，在《天主教百科全书》（*The Catholic Encyclopedia*）中，司各脱被视为是一个"彻头彻尾的亚里士多德主义者"，其程度甚至超过了阿奎那。[1] 而贝托

---

[1] 参见《天主教百科全书》第 5 卷，罗伯特·艾普顿出版公司，1909。

尼神父(Efrem Bettoni)在其被认为是现代司各脱研究当中相当重要的《司各脱哲学的基本原则》(*Duns Scotus*：*The Basic Principles of His Philosophy*)一书中则认为,司各脱的思想是在奥古斯丁主义和亚里士多德主义之间所作的充满生机和活力的整合,不过在某些问题上他更靠近奥古斯丁主义。产生这种分歧的原因除了研究者的立场差异之外,另一个重要的原因就在于司各脱著作内容的丰富和变化。在此,我们就司各脱围绕着"有限存在的个人如何通达无限的上帝"这一经院哲学中的重大问题所展开的讨论而抽取出一个小"系统"。我们认为,在对这个问题的讨论中起支柱作用的是司各脱关于 being 概念的学说,该学说同时也是司各脱在哲学史上最有影响的学说。简言之,这里将从如下三个方面展开司各脱的哲学思想,它们是:(1) 自然认识论,自然理性能够获得哪些确切可靠的知识? (2) 存在论;(3) 自然神学(natural theology)。

第一节　司各脱的认识论

将司各脱的认识论放在第一节的位置是出于这样的考虑,经院哲学在阐明人类认识的方式和途径时形成了一套自己的术语,澄清和理解它们是理解经院哲学本体论的第一步,这一点对于全面把握司各脱的思想来说尤为重要。

司各脱并没有形成系统的认识论,他是在提出问题并且反驳他人的过程中展开自己关于人类知识论的思想的。对于经院哲学家来说,人类知识是被当做理所当然的事实,所以像"知识何以可能"这样的批判性的问题并不在他们的思考范围之内。司各脱接受了亚里士多德的主张,认为人类具有两种不同的认知能力,即感觉和理智。前者与感觉器官直接相关,它为理智带来以物质形象为形式的原始材料;理智则是非物质性的,它要对感觉器官所收集的基本信息进行"抽象""抽取"(abstraction),从而把它们变成可资理解的对象。经院哲学一般认为,理智在感觉器官所提供的信息的基础上将承担三个功能:(1) 单纯的理解,也就是在不作出肯定或否定的判断的情况下把握事物;(2) 直接性的判断,用经院哲学的术语来说就是"组合与区分"的行为,在此理智将对就主词所作的陈述进行肯定或否定的判断;(3) 推理行为,我们借助理智可以从某一命题中推导出其他命题。[1] 司各脱与经院哲学的这些观点基本保持一致,不过他所关心的不是"知识如何可能"的问题,而是"知识"的性质的问题,也就是说,"知识"是"自然的"还是"启示的"? 是"先天的"、与生俱来的还是以"后天的"方式获得? 是"真知、真理"还是"假象、意见"? 从这些问题的提出中我们不难看出,司各脱虽然在认识论问题上真心地接受了亚里士多德的主张,不过这一点并没有妨碍他恪守基督教神学立场。在那里,决定人类知识的最终因素应该是"上帝"。换言之,某物之所以可知并不是因为我们对它的认识,而是因为"上帝"赋予了它可知性,从而使之变得可知。而这么一来,司各脱所面临的问题也就是如何在神学立场与亚里士多德哲学之间取得一种平衡。我们看到,司各脱是经过了一番努力才达到这种平衡的。

　　司各脱认为,人类藉理性即可获得确定可靠的自然知识,所有的知识都是通过感觉而获得,并不存在什么先天性的、内在的知识,并且人类以理性途径所获得的这些知识就是真理。但对于人类而言,仅有理性和自然知识还不够,还需要通过启示的方式获得关于诸如"人类的目标"这类的知识,以完善我们的"知识结构"。在《牛津评注》中,司各脱所重点讨论的两个问题即可体现出他对自然知识的总体看法。第一个问题出现在该书的导言部分,他问道:"人在其现状之下是否需要某些受超自然启发而获得的知识?"[2]第二个问题出现在该书第1册第3节,即:"就我们所能知的主题而言,我要问的是,在此生此世,我们能否藉人类的理智而不需要永恒之光的特殊照耀自然地获得某种确定可靠的、纯粹的真

---

[1] 对经院哲学就理智功能的一般看法的总结可参见沃尔特编译《司各脱哲学文选》,第168—169 页。

[2]《牛津评注》"导言",选自同上书,第 446 页。

理?"①换言之,人类理智能否获得确定可靠的知识？司各脱对这两个问题都给予了肯定的回答,其答案构成了司各脱认识论的基本框架:启示性的知识对人来说非常必要,但这并不是说藉理智我们不能获得确定可靠的知识,而是相反。在具体展开司各脱的认识论的时候,我们将把提问的顺序颠倒一下,先从理智所能够获得的可靠知识入手,而后再讨论这类知识的局限性,以及为什么启示性知识对于人类来说是必要的。这个思路似乎更符合现代人的思维方式。

一 人类理智能认识什么

(一) 问题的提出:三种确定可靠的自然知识

司各脱不仅承认自然知识的可能性与可靠性,而且认为在自然知识的领域之中,所有的知识都源自感觉,并不存在什么与生俱来的观念或原理。与这种观点相对立的是柏拉图-奥古斯丁主义的路线,其代表人物即是司各脱的主要论敌之一——根特的亨利。不过,司各脱似乎并不承认亨利与奥古斯丁之间的思想关联,在反驳亨利的观点过程中,除大量引用亚里士多德的著作和观点外,他还通过对奥古斯丁的引证与诠释来极力割断这种思想关联。亨利的思想到底在多大程度上符合或背离了奥古斯丁的教导,这一点并非本章所能论及,在此我们只需明确的是,司各脱把他所反对的论点都归在根特的亨利名下。从司各脱竭力否认亨利与奥古斯丁之间的思想关联这一点来看,显然他很不情愿拂逆奥古斯丁这位为法兰西斯会所尊敬的导师,甚至往往利用"尽最大可能地对他人的言论给予最合理的解释"的诠释原则来为之挽回"面子"。② 这从一个角度反映了作为经院学者的司各脱的思想方式。

根据司各脱的叙述,根特的亨利把人类知识区分为两层,即"真理的表象"与"真理本身",前者需要人类理智的"单纯的理解行为",而后者则

① 对这个问题的讨论见沃尔特编译《司各脱哲学文选》,第97—132页。
② 此语出自《牛津评注》,参见同上书。

需要"判断"。所谓"真理的表象",即我们对某一存在者或事物的知识。亨利认为,理智能够藉自然的力量而拥有关于具体存在者的知识,只是这种知识是不确定、不可靠的。因为不仅我们认识的对象、那些具体存在的事物是变动不居的,而且就连人类的灵魂也极易犯错。换言之,人类藉理智只能企及"真理的表象",而不可能达到"确定可靠的、纯粹的真理"。那么再进一步说,人类的自然理性要想获得关于"真理本身"的知识就愈加不可能了。因为要想把握"真理本身",我们首先必须经过一个将"真理的表象"与"真理本身"相区别的过程。而这就需要我们对"真理本身"的价值进行判断,对此理智的自然力量根本无力完成,我们只能转而依靠"永恒之光"的照耀。在论及认识的原因的时候,亨利则直接引用柏拉图在《蒂迈欧篇》(Timaeus)中的观点,即存在着两种"原型"或"理念",被创造的和非创造的——永恒的、自在的。所谓"被创造的原型"事实上也就是指作为思想对象的"普遍存在",它源自存在着的事物并与之相关。这种原型有可能被抽象得十分"纯粹而普遍",但是,从对这种原型的观照中我们只能得到关于个别的存在事物的知识,而不能认识到"真理本身"。假如人类能够获得真理并且拥有确定的知识,其原因不能从那些"被创造的"原型中去寻找,不管这些原型有多么"纯粹和普遍",而只能从非创造性的也就是"永恒的""自在的"理念当中去寻找。在中世纪,这个"永恒的理念"也就是上帝,因为他是唯一符合"永恒"和"自在"的条件的原型,也是一切被创造出的本质的理由。换言之,上帝是人类得以认识的理由。①

可以看到,根特的亨利在事关人类知识和真理的问题上是走在柏拉图主义-奥古斯丁主义的思想道路之上的。他不承认人类单凭理性可以达至真理,反之,真理的获得必须有"永恒之光"的照耀。司各脱认为,亨利的观点将导致怀疑主义,从而使自然知识成为不可能。但是他又明确提出,这一切都与奥古斯丁毫无关系,因为奥古斯丁是承认来自感觉的

---

① 沃尔特编译:《司各脱哲学文选》,第 101—102 页。

知识和我们关于自身行动的知识的可靠性的,这一点曾使他避免被指责为怀疑主义。于是,司各脱针锋相对地提出,人类凭自然理性可以获得"确定可靠的、纯粹的真理"。首先他从区分和辨别"确定可靠的、纯粹的真理"的含义入手,认为这一说法至少包含三种情况:(1) 排除了所有的怀疑和欺骗的绝对可靠的、万无一失的真理;(2) 作为 being 之属性的"真";(3) 与某一"原型"或"理念"相"契合"的真理。[1] 但是无论在哪一种情况下,人类理智都能依靠自身的力量达至真理。在此他集中精力证明的是第一种含义之下的"真理",也就是说,人类理性有能力通过自身的力量,排除所有的怀疑和欺骗而达至真理的层面。不仅如此,司各脱还具体阐述了这些真理的种类。事实上他在同一文本中先后给出了两种不同的观点。说法之一,理性所获得的自然知识有四种,即:关于在无限制的意义上可知的事物的知识,比如三角形内角之和等于两直角之和;通过经验得来的知识,如月蚀;关于我们的行动的知识,如"我醒着";以及通过各种感觉而在现在时刻认识的事物,比如"那是白色的"。但是,在随后对怀疑主义所作的反驳过程中,司各脱又提出了第二种说法,认为存在着三种具有永久可靠性的自然知识,它们是:自明的原理和结论;来自经验的知识;关于我们自身行动的知识。[2] 在同一文本中出现如此大的差别是由于疏忽、抄写错误或是其他什么原因尚不可知。不过根据他的"四说论"以及相应的例子可以看出,第二和第四种知识当同属经验知识的范畴。所不同之处在于,像"月蚀"现象往往是建立在长期观察的基础上通过归纳而得出;而"那是白色的"这样的知识只是当下时刻感觉所把握的知识,由于这里所强调的是此种感觉知识的当下性和直接性,因此它更像古典哲学所说的"直接的知识"。在司各脱这里,这种"直接的知识"有"直观知识"的意思,又远远不及后者。说它像"直观知识",是因为它是以"一望而知"的方式而得到的知识;说它

---

[1] 沃尔特编译:《司各脱哲学文选》,第 120 页。

[2] 同上书,第 105—106 页。司各脱在《牛津演讲》中亦认为,理性可获得三种自然知识。参见弗兰克和沃尔特编译与评注《形而上学家邓斯·司各脱》(拉英对照版),第 125—133 页。

不及"直观知识",是因为在司各脱看来,"直观"认知方式是"最纯粹"、"最完美"的认知方式,它仅属"上帝"所有。我们人类不具备这种能力,所以做不到"全知全能"。司各脱举例说,像"三角形内角之和等于两直角之和"这个命题,上帝对它的把握方式是"直观的",而人类则只能通过对"三角形这个概念"本身进行"分析"而得出之。① 那么,司各脱所说的上帝的"直观"也就类似于现代哲学中的"本质直观",这种能力不为人类所具有,因为人类只能通过"感觉"获得关于物体在当下时刻所呈现给我们的样子,即"直接的知识"。再回到司各脱所说的自然知识种类的问题上来。如果我们把通过经验反复证明为真的知识和我们依靠感觉所得出的"直接的知识"共同纳入经验知识的范围的话,那么司各脱所说的关于确定可靠的自然知识的种类也就可以定为三类,即亚里士多德哲学意义上的"科学知识"、试验性的知识以及关于我们自身行动的知识。

那么,在司各脱看来,理智所获得的这三种自然知识的性质如何呢?司各脱指出,我们的自然知识归根到底是通过"感觉的方式"(by way of the senses)而获得的知识。② 所不同之处只是有些自然知识直接以感觉为"原因",有些则仅以感觉为"契机"。③ 需要加以说明的是,司各脱所说的以"感觉的方式"获得的知识与近代意义上的"感性知识"并不是一回事。他的自然知识当中的"自明原理的推论式的知识"正是近代意义上所说的"理智知识"。这也就是说,以"感觉的方式"所获得的自然知识就应该包括近代意义上的"感性知识"、"理智知识"以及我们对自身行动的"意识"。如果我们结合 13 世纪经院哲学的背景来看这个"感觉的方式",很显然,它十分鲜明地反映出了司各脱所受的亚里士多德哲学的影响。他藉"感觉的方式"强调的是,任何一种自然知识均有感性的来源,即便是"理智知识"亦不例外,以此他有力地反驳了把内在观念作为知识

---

① 沃尔特编译:《司各脱哲学文选》,第 129—130 页。
② 《牛津评注》"导言",参见同上书,第 455 页。
③ 同上书,第 106 页。

的先天来源的奥古斯丁主义传统。因此,当有人把司各脱定位于"经验主义者"的时候[1],我们必须小心地对这一术语的适用范围加以限定。也就是说,司各脱只是知识的来源问题上的"经验主义者"。他在知识的形成问题上给予感觉十分重要的地位,甚至还提到了试验的重要性。但是,他仍然对经验知识的可靠性心存疑虑,并且一直都把逻辑推理所得出的三段论知识置于经验知识之上。在考察经验知识可靠性的时候,他还把理智作为能够起到"去伪存真"作用的主要因素。这些事实都提醒我们,在阅读经院哲学的时候,我们必须小心地区别那些与近代哲学相似的术语和概念,不能简单地用我们所熟悉的近代哲学的术语和思维方法来套用经院哲学的概念。

下面将逐一介绍司各脱所认为的三种自然知识的内容。

（二）自明的原理和结论或者第一原理的可靠性

事实上,这里所讲的就是通过三段论证明而得到的可证明性的知识。我们知道,在司各脱生活的时代,亚里士多德的《后分析篇》和《形而上学》的重新发现已经为经院哲学带来了一场革命,其中《后分析篇》直接影响了司各脱对逻辑学和"科学知识"的态度和认识。[2] 所谓"科学知识"（scientia）是经院哲学取自亚里士多德的一个术语,它同时兼有"知识"（knowledge）和"科学"（science）的意思。亚里士多德把"知识"与"意见"区分开来,把"知识"看做是对"S 是什么"这一问题的回答,以"S 是 P"的命题方式写成。其意思是说,P 将必然地自 S 推导出来或者说"分析"出来。这种推出方式存在着两种可能性,或者所推出的 P 对于掌握了主词的含义的人来说是显而易见的,或者主词与谓词之间的必然的联系能够被加以分析。在亚里士多德看来,这样的"知识"也就是"科学",它永远为"真"。换言之,只有为真的事物才有可能成为"知识"的对象,"假的知识"这一说法本身就是矛盾的。司各脱显然全面地接受了这个

---

① 哈里斯称司各脱与托马斯·阿奎那同为"经验主义者",并且指出在这个问题上他们与奥古斯丁主义传统正相反对。参见哈里斯《邓斯·司各脱》(重印本)下卷,第 16 页。
② 同上书,上卷,第 120 页。

思想,他把三段论推理视为是优于一切数学原理、且适用于包括神学在内的一切科学的原理。这种推理必定属于可靠的、纯粹真理的范围。而决定三段论知识的可靠性的关键在于大前提即"第一原理"的可靠性。换言之,如果某个大前提是由"自明的"可靠原理组成,而推理过程亦是自明的,那么最后推出的结论也必然是可靠的。至于决定这个大前提的自明性的因素,亚里士多德认为是"努斯"(nous);而司各脱则认为,我们要看自然的"理智之光"能否对基本词项拥有确切的知识。换言之,词项是构成真命题的原因。如果答案是肯定的,则"理智之光"亦能保证将这些词项联结成一个真命题,构成一个真判断。这是因为词项本身的含义就已显示出它们能否被"恰当地"组合在一个命题当中,这种词项与命题之间的"契合性"对于理智而言是自明的。

值得注意的一点是,司各脱并不认为这种关于三段论推理的自明知识是"纯粹的"理智知识,也就是说它并非没有感觉活动卷入其中,只是感觉并不是产生这种三段论知识的"原因",而只是一个"契机"。其作用具体表现为,关于词项的知识是源自诸种感觉的,仅此而已。一旦理智从感觉当中获得了关于词项的知识,它就将藉自身的力量而对这些词项进行判断,并且将之组合成命题。甚至感觉的不可靠性也不会对三段论知识构成任何威胁,因为感觉在这里的作用只不过是"契机",是"引子",真正掌管生杀大权的还是理智,而理智恰恰能够凭借自身所具有的抽象能力对这些词项进行判断和重组。因此,即便词项所由之而来的诸种感觉全部是虚假的、带有欺骗性的,或者有的感觉为真、有的为假,司各脱很肯定地指出,理智也不会因此上当受骗,因为词项的知识对于理智而言永远是自明的。他举例说,如果一个天生瞽者在睡梦中奇迹般地获得了关于黑与白的影像,并且醒后依然保持着这种影像,那么理智就能够以抽象的方法使他形成"白不是黑"这样的命题和判断。①

---

① 沃尔特编译:《司各脱哲学文选》,第 109 页。

（三）试验性的知识或者感觉知识的可靠性

自古希腊以来人们一直对来自感觉经验的知识的可靠性持怀疑态度，但是司各脱认为，借助理智的"自然之光"我们能够获得来自感觉经验的"试验性的知识"，而且这种知识是确定可靠的。司各脱用"试验性"来概括经验知识很可能要归诸他所接受的牛津传统，这一传统重视数学和以试验为基础的自然科学教育，由此我们也似乎可以看到英国经验主义的影子。当然，从他对这种"试验性的知识"的根据的论述中，我们仍然很容易看到他坚执于理智认知能力的经院哲学认识论的特点。

与古希腊的认知传统一致，司各脱并没有否认来自感官的经验所可能有的欺骗性，而且他也深知经验知识的局限性。一个人既不可能亲身经历或感知世间的每一件事和物，亦不可能持续不断地感受或感知它们。因此，如果在这些限制之下还要获得可靠的感觉经验知识，我们应该具备两个必要条件：第一个条件是通过观察发现出现频率较高的现象，但这些现象只能被视为是"试验性的"知识，也就是说，在理智对之加以分辨和检验之前我们不能完全信任它们。第二个条件是说在关于事物因果关系的自明性命题的指导之下去追索那些出现频率较高的现象的原因。至于事物之间的因果关系的原理，司各脱是这样总结的："在绝大多数情况下出现的由一个非自由的原因所造成的结果，都是该原因的自然的结果。"[1]这里他比较了"非自由的原因"与"偶因"即"自由的原因"，认为前者根本无法在多数情况下产生出一个与由其形式所决定的、因而注定要产生的结果正相反对的结果。反之，一个"偶因"依其本性而言则可能产生或者不可能产生出一个与偶然结果正相反对的结果。因此，一个多次反复出现的结果不可能是由偶然原因引起的，引发它的必是一个自然的原因，即便它不是一个自由的原因。也就是说，如果某个现象时常出现，那么该现象就可以被视为是一个"自然的

---

[1] 沃尔特编译：《司各脱哲学文选》，第109页。

结果",而在一个"自然的结果"的背后必然存在着某个"自然的原因"。如果伴随某一频繁出现的现象的原因不止一个的话,理智则需要对它们进行分辨和判断,从而找出决定该现象的真正的"自然的原因"。倘若某种感觉受到欺骗,理智还应当排除该感觉的影响而只依赖于未受欺骗的感觉。

总之,感觉知识的可靠保证来自两个因素:(1)出现频率较高的感觉知识的多次验证,在这里感觉就是知识的动因;(2)理智就事物间的因果性所得出的自明原理,在此感觉只起到"契机"的作用。司各脱十分重视理智所具有的"去伪存真"的辨别能力的作用。在《牛津演讲》中,他曾就感觉知识与理智知识之间的关系作了专门的说明,尽管这种说明只能揭示人类认知的复杂过程中感觉与理智关系的一个侧面,但无疑值得我们重视。司各脱认为:"我们必须承认理智知识源自感知觉,因为理智是通过从可感觉物中进行抽象来理解它所理解的东西的。"[①]我们对可感觉对象的把握并不依靠感知觉,事实上这个理解的过程发生在理智对该对象的"抽象"过程之中。换用司各脱的术语,可感觉对象是一个"外在的客体"(res),理智将从中抽象-抽取出一个"思想对象"(species)。我们是通过对某一"思想对象"的理解才达到对"客观存在"对象的把握的。这里species一词的意思指的是理智对客观存在所做的一系列的"复制品"(copies),或者该客观存在留在头脑中的"意象"(images)[②],实际上它是与客观存在相对应、相关联的客体在思想中的存在,故我们将其译解为"思想对象"。无可否认,司各脱对人类认识环节的上述描写带有独断论的色彩,不过他借此所欲表达的意思是清楚的,即理智有能力清除感知觉所可能带来的欺骗性,从而保证感觉经验知识的可靠性。

虽然感觉经验知识被司各脱视为人类所能获得的自然知识的一种,但他并不看好经验知识,相反,他把源自经验的知识称做"最低级的科学

---

① 弗兰克和沃尔特编译与评注:《形而上学家邓斯·司各脱》,第127页。
② 对这个词的理解参见哈里斯《邓斯·司各脱》下卷,第18页。

的知识"①。因为单凭感觉获得的知识无法在事物本身与它显现在我们的感觉中的形态之间即在"真"与"貌似真"之间作出区分。② 事实上,当司各脱在事物的"客观实在"与该事物在我们的头脑中的存在,即"思想对象"之间作出区分的时候,他对感觉知识的可靠性的怀疑就已经开始了。再进一步讲,即使有了理智的参与,司各脱仍然怀疑,经验知识究竟是一种关于事物的"真正的知识"呢,还是由该事物的"本质"所决定的一种"可能的知识"?③ 至此可以看到,司各脱已经引出了一个在经院哲学内部引起观点分裂的问题:什么是决定知识的根本的、有效的原因? 是我们的灵魂还是事物的本质?

总体而论,经院哲学家们在人类知识的形成问题上是有共识的。他们采用了亚里士多德"四因说"的框架,认为人类认知行为的"物因"在于人的感觉或者理智,"式因"分别指感觉印象或理智印象,"极因"则表现在自然所赋予人类的完美,只有在"效因"问题上有所分歧。根据经院哲学史的一般说法,奥古斯丁主义把人类的知识和理解活动的根源归诸灵魂,而托马斯主义则把形成知识的根本原因归诸事物不变的本质。司各脱对上述两种观点都不满意,他主张同时把"灵魂"和"事物的本质"这两个因素共同作为知识产生的有效原因。对此,贝托尼神父指出,司各脱在知识的效因问题上走的是一条"中间道路",是对奥古斯丁主义和托马斯主义的一种调和。④ 如前所述,司各脱并不反对奥古斯丁,事实上他恰是运用了奥古斯丁自己的言论来反对一个从来就被视为是奥古斯丁主义者的人物根特的亨利。在《牛津评注》"导言"中,司各脱引用了奥古斯丁在《论三位一体》中的观点——"知识产生于认知者和被认知者",从而指出,灵魂在涉及自身的认知行动的时候具备足够充分的机能——活跃的、被动的兼而有之,但是灵魂内部却不具备能够取代客体作用的活跃

---

①③ 沃尔特编译:《司各脱哲学文选》,第 111 页。

② 同上书,第 118 页。

④ 贝托尼:《邓斯·司各脱哲学的基本原则》(重印本),B. 博南西英译,第 109 页,康涅狄格,格林伍德出版社,1997。

的机能。因为当灵魂并不仅仅要与自身发生关联而是要去面对客体的时候，就像一块"白板"，它等待着客体以其行动在上面书写印迹。根据司各脱的陈述，这个"白板说"出自奥古斯丁的《论灵魂》。① 不难看出，司各脱通过对灵魂的功能的区分，强调了"客体"在认知行动中的意义。顺着这个思路，当司各脱批判亨利以"可感觉事物的变动性"为由而提出"知识不可靠"的论调的时候，他则以一个相当于亚里士多德-托马斯主义的论点进行反驳，认为决定经验知识的根本在于感觉对象的"本质"。尽管感觉对象存在着一定的变动性，但是决定我们知识的根本原因并不在于感觉对象的变动不居性，而在于其"本质"，而这个"本质"恰恰是"不变的"。② 而从另一个方面说，当司各脱面对托马斯主义认识论的时候，他便以奥古斯丁主义的思想对之作出回应。简单地说，托马斯主义的认识论强调了一点，即认知行为是一个从潜能到现实的运动过程，其中人的理智是这一运动过程中的被动因素，因为它理所当然地被赋予了每一个人，而物体才是认知活动中的主动因素。对此司各脱指出灵魂在认知行动中具有无可取代的作用。灵魂不是"物质"，因而它是"不受限制的"，能够认识任何事物、爱任何事物。③ 如果对某一对象的认识将完全取决于该对象的"本质"，这一点只能说明物体本身的完美性，而无法说明理智和灵魂的完美性。总之，说司各脱在认知的效因问题上是走在一条"中间道路"上的观点是不甚准确的。从上面的引证中可以看出，司各脱确实吸收了亚里士多德-托马斯主义的观点，但是在总体上他更倾向于维护奥古斯丁主义，十分重视人的灵魂在认知活动中的作用。因此，就司各脱所走的"道路"而言，更准确的说法应该是，司各脱是在坚持奥古斯丁主义的前提下，积极地面对新兴的亚里士多德-托马斯主义哲学的挑战，并且努力吸收其中的有利因素，使之与传统的奥古斯丁主义融合起来。这一说法其实不仅适用于对司各脱就认知的效因问题所作的

---

① 《牛津评注》"导言"，见沃尔特编译《中世纪哲学文选》，第 460 页。
② 同上书，第 116 页。
③ 《牛津评注》"导言"，见沃尔特编译《中世纪哲学文选》，第 131 页。

总结,而且适用于对司各脱整体思想的总结。

再回到司各脱对经验知识的怀疑。如果单从表面出发,在关于事物的"真正的知识"和"可能的知识"之间的区分似乎已在暗示着关于"物自身"与我们所能认识到的物之表象之间的差别,并把我们引向对人类最终能否认识"物自身"的怀疑。自19世纪以来,不少哲学史研究者就试着把司各脱与康德进行比较。应该说,引发这种比较的由头不算少。比如,这里所说的就事物的"真正的知识"与"可能的知识"之间所作的区分,以及前述司各脱提出的所有自然知识均以"感觉的方式"而获得的观点等,都对哲学史家们构成了一种"诱惑"。对此,司各脱研究专家哈里斯(C. R. S. Harris)指出,这种比较因未能在经院哲学与启蒙哲学之间作出本质性的区别而显得缺乏根基,因而是"极不适当的",也是非常"表面化的"。① 这里仅举一个简单的例子。当司各脱把决定"真正的"或者所谓"可能的"知识的原因归诸事物本质的时候,他已经鲜明地体现出了经院哲学知识论的"客观主义"的立场,即以客体为主导的立场,而这一点恰恰是康德哲学所要批判和加以校正的东西。因此,我们完全同意哈里斯的意见,不能简单地将司各脱与康德哲学进行比较,而毋宁说,康德哲学并非空穴来风,它其实是在一种具有革命性的新的思维方式的变革之下对哲学史上已有的诸问题所作出的思考和回答。

(四)关于我们自身行动的知识的可靠性

除了源于自明原理的知识和来自经验的试验性知识之外,司各脱认为,我们还能够拥有对自己的行动的可靠知识,比如"我睡着了""我醒着"。而绝大多数这类知识和命题的确定可靠性就像自明原理的可靠性一样,它们不能从另一个在先的命题中求得证明,因为它们本身就是不证自明的。② 在此,我们可以很清楚地看到司各脱所受到的亚里士多德哲学的影响,而且他正是运用亚里士多德的观点来支持自己的主张。亚

① 哈里斯:《邓斯·司各脱》上卷,第107、271页。
② 沃尔特编译:《司各脱哲学文选》,第111页。

里士多德在《形而上学》中曾明确指出,一个证明的起点并不是另一个证明,我们必须从一个自明的前提出发,否则证明的行动将永远无法展开。① 换言之,并非任何事情都能用证明的方法找到一个其之所以如此的理由,就像"我"对我自己的行动的意识便无理由可寻,但这种意识却是确定无疑的。对司各脱来说,"我"的行动是在"我"的控制之下的,"我"能够确切地知道"我"在何处、"我"在做什么,而能够在"我"控制之下的行动是不会受到欺骗的。他说:"对我们来说,知道某人醒着比知道他正在反思他的行动更容易,知道他在睡觉比知道他不能对自己的行动进行反思要来得容易。我梦到了自己正在做梦,那么是谁经历着我在我的梦中反思着我的行动这回事呢?"② 显然,答案将落在"我"的头上,因为"我"的行动的主体是"我"自己,而"我"对自身的存在包括存在的状态以及"我"对这一切的自我意识都是不容怀疑的。如果连对"我"的存在及行动都要怀疑,那么必将陷入怀疑主义。司各脱对于怀疑主义者一向很不客气,认为他们只不过是做遁词而已,而且永远也不会被说服,事实上他们以此方式终止了与他人进一步交流的可能性。从司各脱对"我"的存在及行动的肯定并由此生发出的对怀疑主义质疑的思路当中,我们似乎已经看到了笛卡儿"我思故我在"的方法论意味。当然,两人的区别也是明显的。司各脱从其实在论立场出发,认为"我"的存在及存在的状态要先于"我"的思维,而且他并不否定除自明知识之外还有其他种类的确定可靠的知识。而笛卡儿则不仅把我们的认识限定在自明的真理以及从此前提出发通过逻辑推理出来的知识的范围之内,而且在其"怀疑一切"的原则之中,他只允许正在怀疑着的"我"作为该原则的唯一的剩余者。

在对事关我们自身行动的可靠知识的论述当中,司各脱除了引用亚里士多德来为自己的观点辩护的同时,还引证了奥古斯丁的观点。根据司各脱的引述,奥古斯丁认为,假如有人说"我知道我知道或者我知道我

---

① 参见亚里士多德《形而上学》,吴寿彭译,第 63、77 页,商务印书馆,1991。
② 弗兰克和沃尔特编译与评注:《形而上学家邓斯·司各脱》(拉英对照版),第 133 页。

活着",那么这人就不可能被欺骗,不管他多么频繁地去反思这种知识。奥古斯丁把像"我们活着"这类知识称为"第一性的知识",它们属于灵魂本身,因而永远都不会从我们的心智中消失。[1] 奥古斯丁在这里的意思是清楚的:关于"我"的知识直接来自"我"的灵魂,因而它是确定可靠的。而司各脱引证此段来强化自己的论点也表明,除了承认事物的本质决定人类的知识这一点之外,他并不排斥知识来源于灵魂的说法,至少是当我们欲获得关于自身行动知识的时候。

(五)自然知识的来源:"永恒之光""参与"之下的"理智"

至此,我们已经完成了对司各脱所总结的三种自然知识的陈述。在司各脱看来,它们代表着排除了怀疑和欺骗的可靠的真理,而不是如根特的亨利所说的"事物的表象",因而它们就是"纯粹的真理"。而且他还强调,人类在其现状之下仅凭理性即可获得它们,而不需要"永恒之光"的特殊照耀。司各脱明确指出,我们的"主动的理智"[2]是灵魂的官能,而且是灵魂中"最高贵的"官能,它体现在对于"纯粹真理"的认知和把握之上。[3] 不过,在司各脱看来,高于、优越于"主动的理智"的还有"意志"或者"爱的功能"。总而言之,如果我们藉理智不能获得纯粹的真理而需要"永恒之光"的照耀,就等于说理智的功能被剥夺,而我们灵魂的高贵官能也无从体现,这一点对于司各脱来说是无法接受的。

司各脱关于自然知识的观点是清楚的,也易于为现代人所理解。不过问题并没有结束,在他随后对亨利的批判以及展开对这种自然知识的最终来源的揭示过程中,司各脱表现出了经院哲学受后世人文主义者所

---

[1] 参见沃尔特编译《司各脱哲学文选》,第 105 页。

[2] 在经院哲学当中,理智被区分为"主动的"(active)和"被动的"(passive),依据出自亚里士多德《论灵魂》中一段晦涩的文字,因而它经受着多种多样的诠释。在奥古斯丁的"光照论"影响之下,这个"主动的理智"被等同于"上帝";而托马斯和司各脱则将之视为灵魂的属性和功能。所不同之处在于,托马斯认为"主动的理智"与"被动的理智"是根本不同的,而司各脱认为二者根本等同,只有"形式"上的差别。在司各脱看来,"主动的理智"是灵魂所展现出来的更为完美的结果。参见同上书,第 171 页。

[3] 同上书,第 122 页。

嘲弄的品性，比如独断和繁琐。他对亨利观点的反驳并没有使他就此而把"上帝"从自然知识的领域中排除出去。恰恰相反，他认为"'永恒之光'是所有可资思考的事物以及实践事物的终极目的的第一源泉"[1]。也就是说，所有理论的以及实践的第一原理都来自"永恒之光"。不仅如此，人类理智归根到底也不过是在"'永恒之光'的参与之下"的灵魂的功能而已。[2] 换言之，"神圣的理智"是人类理智和知识的最终源泉。人类理智之所以能够认识事物，从根本上说并不是因为人类理智的"高贵"，而是因为"神圣的理智"赋予了事物（其中包括词项）以可知性，从而使该事物变得可以理解。[3] 至此，司各脱对自然知识的终极来源问题的解释已经跃出哲学的范畴而进入了神学的领域，对此司各脱本人似乎也并不讳言。不过，"上帝"在自然知识的形成过程中所起的作用只是终极性的。这个意思是说，人类认知行动的最终根源将归诸"上帝"，因为理解是"上帝"赋予我们人类的。但是，就具体的认知行为而言，它仍是灵魂的一种有生命力的行为，是灵魂的活动方式（habitus）之一，即"理智的"方式（另外两种方式分别是"道德的"和"精神的"方式）。[4] 因此，司各脱仍然给予了自然知识以及人类理智的功能以相对的独立性。

在完成了对司各脱就人类理智所掌握的确切可靠的自然知识的论述之后，我们要问的是，经由理智所获得的自然知识对于人类生活来说是否充足？或者说，是否存在着人类理智所无法企及的事物，因而有必要转而求助于某种"超自然"的知识？在《牛津评注》"导言"部分司各脱讨论并回答了这一问题。

---

[1] 沃尔特编译：《司各脱哲学文选》，第 129 页。

[2] 同上书，第 131 页。

[3] 同上书，第 122—130 页。

[4] 对 habitus 一词，哈里斯主张译解为"活动方式"（modes of activity）。参见哈里斯《邓斯·司各脱》上卷，第 1 页。而沃尔特则"带有几分勉强"地用英文词 habit 来加以表达。参见弗兰克和沃尔特编译与评注《形而上学家邓斯·司各脱》（拉英对照版），第 29 页。

二　启示性知识的必要性

　　"启示性知识"是否必要？在展开对该问题讨论的时候，司各脱把"哲学家"与"神学家"的意见作为两大对立的阵营列出。其中，以亚里士多德为代表的哲学家否认了启示性知识的必要性。他们认为，就人目前的状态而言，他所需要的任何知识都能够通过"自然的原因"而获得。与此相反的是，神学家如根特的亨利则认为，自然理性不足以使人类获得"确定可靠的、纯粹的真理"，因而"永恒之光"的特殊照耀对于人类知识的建构是必要的。司各脱反对亨利的态度是鲜明的，他极大地肯定了以理智途径获得的自然知识的确定可靠性(真理性)。但同时他又认为，人的"自然能力"是有局限性的，"自然知识"亦然，因为归根到底它们都是以"感觉的方式"而获得的知识。为了更好地理解这一点，有必要涉及在中世纪思想背景之下所论及的关于人的"自然状态"的观点。所谓人的"自然状态"也就是指人的"沉沦状态"，即人的原罪状态[1]，人在此种状态之下所获得的知识绝不可能被视为是充足的和完满的知识。幸好人并不满足于这种"沉沦状态"，而是要力图达到一种"至福"(beatitude)的境地，也就"与上帝相遇照面"(face-to-face vision)的境界。这是人所有行动的最终目的和目标。[2]　司各脱认为，所有认知者都需要一种明确的关于他的行动目的和目标的知识，这不仅因为他是为了某一目标而行动，还因为人们的行动动力就来自该目标。但是，关于这个目标的知识恰是人们无法以自然的力量获得的，相反，人们必须以"超-自然的"(supernatural)方式获得之。这种方式超出了人的自然能力也就是理智能力之外，因而所得必定是"启示性的"知识。换言之，"自然知识"的终结便是"超-自然的"知识的开端。

　　对上述结论司各脱并没有给出任何证明。在他看来，人追求与"上

----

[1] 《牛津评注》"导言"，见沃尔特编译《中世纪哲学文选》，第 452 页。
[2] 同上书，第 449 页。

帝相遇照面"的"至福"境地是一个不证自明的事实,是人生的最终目的。但是,"至福"的获得又是我们的理智所无法预知、更无力决定的。"至福"的获得绝对不取决于人,而只取决于上帝的意志。处于"沉沦"状态下的人以其有限的自然理智不可能知晓上帝的自由意志的指向,司各脱用理智的方式证明了人类理智在事关人类生活的终极目标方面的局限性。他曾经这样说过:"至福是作为对上帝所接受的值得奖赏的善事的一种奖赏而被给予的。因此缘故,至福并不会从我们可能采取的任何一种行为当中带着自然的必然性而被产生出来;相反,它是上帝自由地给出的东西,上帝接受了冲着他而来的某种善行。对此以自然的方式是无法认识到的,而当哲学家们宣称上帝做任何事情都带着必然性的时候,他们在这个问题上犯了错误。"①

不难看出,作为神学家的司各脱与哲学家之间的对立和冲突是比较鲜明的。司各脱在此触及了基督教神学中的一个核心问题:个人的拯救。每个处在"沉沦"状态下的人(基督教徒)无一例外地希望获得拯救,因而他们将以"与上帝相遇照面"的"至福"为人生旨归,并且在此目标的驱动之下在此世"行善积德"。但是,正如《圣经》中所说的,"受到邀请的人很多,但是被选中的则很少"②。个人能否获得拯救并不取决于他在此世所行的善事,而只取决于上帝的意志。如果上帝接受了此人的善功并将之从"沉沦"状态下拯救出来,这是上帝对他的"恩宠"。但是上帝的"恩宠"不是以必然的而是以自由的方式达成,因为上帝拥有神圣的自由——理智的自由和意志的自由。这一点正是司各脱与"哲学家们"的最大分歧之所在。我们有理由相信,司各脱主要针对的是亚里士多德,虽然他在此使用的是一个复数形式的"哲学家们"。司各脱虽然认为个人能否获得拯救完全是"偶然的-自由的",也就是说他否认了必然性在个人拯救问题上的意义,但是他并不是无条件地、一概地否定必然性的

①《牛津评注》"导言",见沃尔特编译《中世纪哲学文选》,第 450 页。
②《新约·马太福音》22：14。

意义。从前面的论述中可以看出，司各脱显然承认了理智从自明的原理出发所进行的推论的"必然的"正确性。还有，我们可以肯定，司各脱对于上帝拥有"绝对的力量"以及"神圣的自由"这一点也是"必然的"。总而言之，司各脱否认"必然性"是为了强调上帝意志的自由性，从而突出人与上帝之间的绝对差别。而在另一方面，从"沉沦"者-信仰者的角度出发，否定个人获得拯救的"必然性"的意义旨在加强信仰的力量。因为真正的信仰当是个人对上帝无条件的爱，而不是理智化的前瞻和斤斤计较的算计。总而言之，从"至福"这一人生目标的设定到决定该目标之实现的非必然性，都超出了理智所能及的范围，它们属于"超-自然的"知识，因而也是"启示性的"知识。

但是，倘若我们从"知识"的严格定义出发，所谓"启示性的知识"事实上已经不再隶属于"知识"，而应归入神学信条的范畴。对此，司各脱是有清醒的认识的。他指出，事实上我们根本无法运用自然理性来获得任何"超-自然的"东西，但是，"超-自然的"知识对于人目前的生活来说却是完全必要的，这个结论的得出并非出自我们的理性，而是出自我们的"信念""信仰"，也就是对"至福"的信仰。由此他进一步认为："运用自然理性来反驳亚里士多德是不可能的。从信念出发进行的反驳论证根本不能算做是与哲学家所进行的辩论，因为哲学家是不会承认一个取自信仰的逻辑前提的有效性的。"[1]因此，那些以信仰为出发点而对亚里士多德所作的反驳和批判事实上只不过是"神学的信仰"，尽管某些批判也采用了理性推理的形式，但是在根本上它们无法说服更动摇不了哲学家。司各脱不仅意识到了"自然理性"与"信仰"之间的差别，还划清了各自的领地和范畴。他否认以"信仰"为出发点来反驳"自然理性"所得出结论的有效性，但是，他是否也反对通过"自然理性"的途径来达至"信仰"的可能性和可行性呢？答案是否定的。司各脱肯定了"自然神学"的思路，认为通过自然理性我们不仅有可能得到关于"上帝存在"的理性证

---

[1]《牛津评注》"导言"，见沃尔特编译《中世纪哲学文选》，第 448 页。

明,而且还有可能获得关于"上帝"的知识,即使这知识达不到"直观知识"的地步。由此可以说,无论是在人类知识的领域中还是在信仰的领域,司各脱都更多地肯定了"自然理性"的功能。即便当他把"人类生活的目的和目标"的问题从"自然理性"的能力范畴中排除出去并进而求诸"超-自然的"力量去解答的时候,我们仍然可以看到司各脱清醒的理性主义态度。他虽然把"自然理性"的来源归诸"上帝",把人生的最终目标设定为"与上帝相遇照面"这样的"至福"境地,但是他所思考的问题以及讨论这些问题的方式在根本上依然是"哲学的"。

　　顺着司各脱在"自然理性"与"信仰"之间作出区分的思路,在阐明了"自然理性"所能认识和不能认识的东西之后,下一步似乎应该行进到司各脱关于"信仰"问题的阐述,尤其是他关于自然神学的看法。不过,几乎每一个经院哲学家都面临着这样一个挑战,他们必须解决有限的人类理智是否能够、如何能够通达无限的"上帝"这一问题,尤其是他们必须在理性的层面而不是依靠"信仰"的手段来解决这一问题。司各脱对这一问题的解决是通过他的存在论而完成的,这种存在论事实上也就是他的哲学本体论。

第二节　Being 与 Existence 的区分:司各脱的存在论

　　司各脱关于存在(Ens;Being)的理论是其全部思想中最有价值的部分,它不仅关系到司各脱认识论的基本原则,也直接影响到对"有限的人类理智如何通达无限的'上帝'"这一经院哲学的中心问题的解决。从哲学史上看,对这一问题的回答存在着两条基本的思想路线,即奥古斯丁主义和托马斯主义。前者以柏拉图的"理念论"为基础,从人的精神和内在经验出发,在人的"灵魂"与至高无上的"上帝"之间建立起了一条理解的途径;而后者则在亚里士多德哲学的影响之下,把事物的存在当做我们认识的基点,希望能够从可感知的、有限的存在达到超出我们的感觉经验范围的、无限的存在即"上帝"。司各脱的存在论思想比较鲜明地体现出他所受到的亚里士多德哲学的影响,但是在某些问题的细节上他又表现出与托马斯主义的差异。

一　作为"存在者"的 Being

有限的人类理智如何通达无限的"上帝"? 这一问题其实隐含着另外一个问题:"人类理智的首要对象是什么?"司各脱并不是首次提出此问题的人,而是在反驳和批判前人的基础上给出自己的回答的。他的主要论敌依然是根特的亨利,同时他还对托马斯的理论提出了不同的见解。

亨利认为,"人类理智的首要对象"就是"上帝"。如果结合前面所说亨利对于人类自然知识一般看法的陈述,我们不难领会其思想的内在逻辑。既然我们的认知行为完全源自心灵的作用,那么心灵所对应的就应当是一种"至上的存在",也就是"上帝"。所以,这个提法在亨利的思想整体中是解释得通的。而司各脱在亚里士多德哲学的影响之下认为,人的认识无一例外将起步于个体的、具体的事物,即便是关于自明原理及其逻辑结论的理智知识也源于感觉。如此一来,"上帝"就不可能成为人类理智的首要对象。再进一步说,在司各脱看来,虽然我们能够以理智的方式认识"上帝",但我们认识到的"上帝"只能是与我们的理智能力相一致的"上帝"的"现状",而不是关于"上帝"的"自然而直观的知识"。① 不仅如此,我们对"上帝"的认识是通过"上帝"这一具有神圣本质的"至上存在"所"陈述"(显现)出来的"东西"来认识他的。② 也就是说,作为"至上存在"的"上帝"不可能成为理智的首要对象。如果我们再从司各脱以"至福"为人类目标的理论来审视这个问题,那么,把"上帝"视为是人类理智的首要对象的做法实际上等于将"上帝"当成了人类认识的起点,而这一点从根本上来说是错误的。因为"上帝"是人类所要追求的终

---

① 沃尔特编译:《司各脱哲学文选》,第 31 页。
② 司各脱:《论上帝作为第一原理》,阿兰·B. 沃尔特编译,芝加哥,法兰西斯先驱出版社,1965。

极目标,而非我们认识的起点。

应该说,司各脱从亚里士多德认识论角度出发所作的对亨利的反驳是相当有力的。不过,要想反驳托马斯的观点似乎就没有那么容易了,因为托马斯理论的出发点同样是亚里士多德哲学。于是,两人在关于"人类理智的首要对象"的问题上的主要分歧便来源于对亚里士多德哲学的不同理解。托马斯认为,人类理智的首要对象是"事物的本质"(quiddity of a material thing)①,而司各脱则把"存在"作为问题的答案。对造成这种认识上的差异的原因及其意义的分析是我们下面要讨论的问题。

从渊源上看,"什么是理智的首要对象"这一经院哲学的问题与亚里士多德哲学有着直接的关系。亚里士多德曾明确地对"首要"的含义进行过分析,指出它包含着三层含义,即在定义上为始、在认识次序上为始、在时间上为始。由此,亚里士多德进一步指出,我们对事物的充分认识必自"实体"(substance)始。② 不过,由于在亚里士多德的"实体"学说中存在着"第一实体"和"第二实体"的区分,对"认识必自'实体'始"就存在着不同的理解和解释的可能性。从亚里士多德经验主义认识论的角度出发,我们的认识应当始自"第一实体",也就是始自具体的、个别的事物。倘若从本体论的角度出发,则我们的认识当自"第二实体"始,也就是说,我们应先回答"S 是什么"之类的"怎是"的问题,先认清事物的"本质",然后才能认识具体的、个别的"实体"。在亚里士多德的"实体"学说中,关于"实体"的认识论意义和本体论意义是相互交织的,对它们的不同理解直接造成经院哲学内部的分歧。

我们先来看司各脱的理解。与亚里士多德一样,他认为所谓"首要的"(primary)认识对象,指在时间上和完满度上最先被认识的以及与人类理智的本质相契合的认识对象,这样的一个对象在他看来只能是"存

---

① 司各脱:《论上帝作为第一原理》,阿兰·B. 沃尔特编译,芝加哥,法兰西斯先驱出版社,1965,第 26 页。
② 亚里士多德:《形而上学》,吴寿彭译,第 125—126 页,商务印书馆,1991。

在"(Being)。而司各脱对这一概念同样采取了认识论的和本体论的解释。当他反驳托马斯以"事物的本质"作为"人类理智的首要对象"这一论点的时候,偏重的是"存在"概念在认识论层面上的含义。在认识论的层面上,Being 实际上相当于 a being 或者 a thing,即相当于现代哲学中的"存在者"(Seinende)。因此,说人类认识始自"存在",也就是说它将始自"存在者",始自一个个具体的存在物。我们知道,在亚里士多德那里,决定一个"存在者"之为"存在者"的原因在于其"实体"("本质",substance),所以认识一个"存在者"也就是要把握住其"实体"("本质"),换言之,就是要回答"S 是什么"的问题。可是问题在于,在认识的过程中我们的理智能否"直接地"把握住事物的"实体"("本质")呢? 显然,在认识论的层面上,当托马斯把"人类理智的首要对象"定于"物体的本质"的时候,实际上等于承认了我们的理智能够"直达"物体的"实体"("本质")。对此司各脱不同意,他认为在认识"实体"("本质")的过程中,这个"实体"("本质")并不会"直接地"触动我们的理智,触动理智的是可感觉的"偶然属性"(accident)。① 也就是说,若想进入某一"存在者"的"实体"("本质")的层面,我们必须从其"偶然属性"的层面入手。因为"偶然属性"是可感知的,与人类理智的能力相匹配。我们只有从这个"偶然属性"的层面通过"抽象-抽取"的办法上升到"实体"("本质")的层面。事实上这是一条从可感知的"现象"层面上升到"本质"层面的经验主义的道路。司各脱进一步论证说,唯一能够使我们从事物的"偶然属性"中"抽象-抽取"出关于它的"实体"("本质")的概念的就是"存在"概念。② 由此,司各脱坚持以"存在"作为人类理智的第一对象,从而彻底否定了托马斯的观点。至于托马斯是否如司各脱的反驳一样是从认识论的层面而提出自己的命题的,这一点在此并不重要。重要的是通过上述论证,使我们明确了司各脱对"存在"概念的一种"首要的"理解,即"存在"首先作为"存在者"出场。从本体论的角度出发,司各脱的上述论点不仅在其

---

①② 沃尔特编译:《司各脱哲学文选》,第 5 页。

内部能够解释得通,而且它还是有意义的。事实上,这一论点与亚里士多德在《形而上学》中所阐述的认识当始自"实体"的理论是一致的——我们必须先解决"怎是"的问题,然后才能认识具体的、个别的"是-存在者"。

现在的问题是,亚里士多德"实体"学说中所体现出的从"抽象"到"具体"的本体论思路是否在司各脱那里也得到了一定的回应? 我们说,当司各脱提出以"存在之为存在"作为形而上学知识的"适当的"对象的时候,实际上已经触及到了"存在"概念的本体论含义。

二 作为"存在"本身的 Being

在回答"什么是形而上学的适当的对象"这一问题的时候,司各脱面临着两位阿拉伯哲学家阿维森纳和阿维罗伊的对立意见:前者把"存在"作为问题的答案,后者则视"上帝"为形而上学的"适当的"对象。司各脱赞同阿维森纳的见解,否定并反驳了阿维罗伊的意见,认为"上帝"不可能成为形而上学的第一主题,因为以"上帝"为对象的当是"神学"。但是,这一点并不妨碍司各脱把形而上学抬高到人类通过自然理性的途径而在后天获得的"第一位的和最高的""科学知识"的地位。[①] 这种"科学"以追求世间的"最高原理"为目标,并且最终将形成关于它们的"理论知识"。[②] 只有明确了这一点,才能理解为什么司各脱要把"上帝"从世间的"最高原理"中括出去的原因。

司各脱说过:"如果所有的人天生就想去认识的话,那么他们最想知道的便是最伟大的科学知识。"[③]根据亚里士多德的见解,所谓"最伟大的科学知识"也就是"最可知"的知识,而"最真实"的也就是"最可知"的。[④] 司各脱显然接受了亚里士多德的这个思想,他把"最可知"的视为是"最

---

① 弗兰克和沃尔特编译与评注:《形而上学家邓斯·司各脱》(拉英对照版),第 23 页。
② 沃尔特编译:《司各脱哲学文选》,第 12 页。
③④ 弗兰克和沃尔特编译与评注:《形而上学家邓斯·司各脱》,第 19 页。

科学的"。不仅如此,他还为我们描绘出了两种"最可知的"事物。他说:
"或者是因为所有事物当中最先被认识的,倘若不认识它们就无法认识
其他事物;或者是因为这些事物是能够被确切地认识的。两者中任何之
一都是关于最可知的事物的科学知识。"[1]从这段话中我们可以清楚地看
出,首先,司各脱认为"最可知的"知识包括了他在其自然知识论当中所
阐述的三种以"感觉的方式"获得的知识,其认知途径是从作为"存在者"
的 Being 入手,经过了一条从该"存在者"的"偶然属性"出发最终"上升"
到其"本质"的经验主义的道路。

其次,司各脱还把关于世间万事万物的原理和原因的知识即形而上
学知识当做"最可知的"知识,从而体现了他对于"存在"概念的本体论含
义的把握。司各脱对形而上学的理解基本上追随着亚里士多德的主张,
也就是说,关于事物原理和原因的知识是一门"普遍的科学",但也是"最
可知"的。只有掌握了事物的原理和原因,我们才能认识事物其他的方
面,从而从根本上认识该事物。司各脱在这里似乎格外强调这门知识远
离感觉的特性。他分析了"形而上学"一词中所蕴涵的"超-自然学"的含
义,并将之称为"超验的科学"(transcending science),因为它关乎所有的
"超验者"(transcendentals)。[2] 而在所有这些"超验者"中,"存在"因其
外延最广泛同时又最具普遍性而成为这类观念中最为基本的一个。而
且它还是一个"不可再缩减的单纯的概念"(irreducibly simple concept),
涵盖了世间一切所能思想的和实际存在的事物,即使是"上帝"也能够被
"存在"概念网罗。根据司各脱的见解,人类理智就"上帝"所能形成的第
一个"恰当的"概念便是"上帝"是"第一存在者"(first being)。[3] 同时在
另一处他又指出,我们就"上帝"所形成的一个虽不那么完美却单纯的概
念,即"上帝"是一个"无限存在者"(infinite being)。[4] 我们知道,司各脱

---

① 参见亚里士多德《形而上学》,吴寿彭译,第 4 页,商务印书馆,1991。
② 沃尔特编译:《司各脱哲学文选》,第 2 页。
③ 同上书,第 11 页。
④ 同上书,第 27 页。

在"理想的神学"和"与人类有限的理智相适应的神学"之间作出了区分。"理想的神学"从起源到内容都是"超自然的",它们直接来自"上帝"自身。由于人类理智不具备"直观"把握"上帝"的能力,因而"理想的神学"超出了人类理智的能力范围。我们只能拥有"与人类有限的理智相适应的神学",而这门神学就是以作为"无限存在者"或者"第一存在者"的"上帝"为对象的。也就是说,"我们的神学"对"上帝"的认识是从"存在"概念出发,是人类以自然理性的方式而对最高存在所作的一种形而上学式的探索。

　　总而言之,"存在"概念在司各脱那里同时具有本体论和认识论两个层面的含义,而且他已经意识到了这二者之间的区分。从司各脱对形而上学的对象和内容的说明以及他对"理想的神学"和"自然神学"的区分中可以看到,他强调的是"存在"概念作为一个最为基本的"超验"概念所具有的"普遍性",而在这个意义上,"存在"概念就是"存在"(Sein)本身。而当司各脱把"存在"视为"人类理智的首要对象"的时候,尤其当他反驳根特的亨利和托马斯的观点的时候,他所讨论的"存在"则相当于"存在者"。它因其外延之广而适用于所有的"存在者",其中应当包括真实存在的"存在者"和可能存在的"存在者"。不过作为经院哲学家,司各脱似乎更为关注作为"存在者"的 Being 在逻辑层面和实在层面上的不同意义的区分,这一点是与基督教信仰对哲学的逼问分不开的。基督教信仰的主旨之一在于:"上帝"不仅仅是作为"第一原理""第一存在者"而存在着,"上帝"就是一个活生生的"他","他"曾以"人之子"的形象出现、生活在我们中间。因此,经院哲学家不得不考虑基督教上帝作为"无限的"和"第一性的""存在"的"实在性"的问题。而且这种"实在性"还必须在逻辑上讲得通,能够经受得住理性的检验,否则,上帝只是信仰的对象而不能成为哲学的对象。当"存在"概念指称着具有"实在性"的"存在者"的时候,实际上已经超出了逻辑意义上的 Being 的含义,而具有了Existence 的意思。也就是说,"上帝"作为一个自因的"存在者"从无限可能的或真实的"存在者"当中"脱颖而出"了。从司各脱对逻辑学与形而上学异同的分析中,可以更清楚地看到他在 Being 概念的逻辑层面和存在论层面上所作的区分。

三　Being 与 Existence 之分

把逻辑学和形而上学这两门科学区分开来是经院哲学中的一个问题。司各脱在亚里士多德的直接影响之下把所有自然知识分为"理论知识"和"实践知识"两大门类。其中,"理论知识"包括了与思想打交道的"理性的"、"推理的"(rationalis)知识,以及与事物打交道的"实在的"(realis)知识。前者包括了为中世纪学者所重视的"三艺"——逻辑学、修辞学和语法学,后者则按抽象程度依次包括了形而上学、数学和物理学。司各脱认为,逻辑学和形而上学是具有某些相通之处的不同的两门学科。其相通之处在于,形而上学和逻辑学都以"存在"为研究对象;而不同之处在于,形而上学所研究的"存在"(Being)是指已经"实存"(exist)了的或者可能"存在"的"存在",所要揭示的是"存在"的普遍条件以及"事物"的本质。所以,形而上学仍是在与"事物"打交道,属于"实在的"知识,尽管这里所说的"事物"并不是一个个具体而独特的"事物",而是具有"不变动性的"同时又能从林林总总的"事物"当中"分立"出来的"事物"。

再看逻辑学。在司各脱看来,逻辑学是兼跨并连接语法学和形而上学的一座桥梁。逻辑学与语法学都与字词打交道,只是语法学只研究字词本身的含义,而逻辑学则关涉字词在句子当中的意义。而从另一方面观之,逻辑学和形而上学都以"存在"为对象,看起来它们都在与"事物"打交道。不过,构成逻辑学对象的 Being 并非"存在论意义上(existential)的"Being,而是"概念性"(conceptual)的 Being。也就是说,逻辑学并不研究那些实际存在的"事物"以及它们之所以"存在"的根据,而只研究那些人类理性从现实存在的事物当中所找出的、构建出来的概念和观念。这里特别需要指出的是,司各脱是一个温和的唯实论者。他并不认为理性的概念能够直接产自头脑,而是认为它们都有现实的、实在的基础。他既承认概念是理智的思维形式,又认为这个形式具有实在的基础。总之,在司各脱看来,逻辑学是一门"形式"科学,所研究的只是人类认识的形式和思维的规律,所得出的也是"理性的"知识。从这一角度出发,逻辑学应当比形而上学更"纯粹"。

至此可以看到,所谓逻辑性的"存在"指的就是"概念性的"(ens rationis)存在,它并不代表实际存在的事物,而只代表人类理性从实际存在的事物当中所抽取到的普遍性的观念,比如"属""种""个体""因与果"等。这些概念把整个实际存在的世界网罗了起来,并使之成为思想的对象。"概念性的"存在是人的思维中最为普遍的决定因素,包括了所有可以思想的"存在",而这些"存在"却并不一定都能成为现实。与之相对的则是"存在论"意义上的"存在"代表的是"实在的"Being,是"客观的"(esse naturae)Being。由此,Existence 的问题就显现了出来,因为"存在论"意义上的 Being 实际上等同于标识着事物的"实在存在"的 Existence,这个 Existence 的外延应该"小于"逻辑性的 Being,因为人的思想力是无限的,但是并不是说所有能够思想到的东西都能够转化为现实的、实在的存在。

此外,"存在"概念在逻辑的和存在论层面上的意义区分还可以从经院哲学所构造的"第一意向性"(first intentions)和"第二意向性"(second intentions)的术语区分中反映出来。前者指示的是实存者或者实存者的某些实在的面向,而后者只代表某一概念的特性,二者是不同的。不过,"存在"概念在不同层面上的含义区分并不妨碍它作为一个概念所具有的"单义性"(univocation)。也就是说,"存在"概念的"逻辑的"和"存在论"意义上的意义区分只是该概念所具有的不同的"意向性"而已,是对同一个概念所作出的不同反映。于是,在讨论了司各脱对"存在"概念的不同层面的区分之后,现在就该转向司各脱存在论当中另一个重要问题,即 Being 的单义性理论。这个问题的解决直接关系到有限的人类理智将如何通达无限的"上帝"这一经院哲学的核心问题。

四 Being 的单义性问题

"存在"概念是否具有单义性？经院哲学家们对此问题的回答并不一致。与"存在"的"单义性理论"并存的另一种理论就是所谓的"类比说"，根特的亨利和托马斯都持后一种观点。产生这种分歧的根源仍然在于对亚里士多德逻辑学和形而上学尤其是范畴论的不同理解和诠释。

亚里士多德在《形而上学》中指出，事物之被称为"存在"，应分为"属性之存在"和"本体之存在"。其中，对"属性之存在"的研究也就是他所列出的 10 个范畴。范畴在亚里士多德对"存在"的讨论当中起着重要的作用，范畴有多少类，"存在"也就有多少类。[①] 而在另一处亚里士多德又说："一事物被称为'是'，含义甚多，但所有'正是'就关涉到一个中心点，一个确定的事物，这所谓'是'全不模糊。"[②]比如，不论我们说"保持健康"还是"产生健康"，这些种类繁多的说法都以"健康"为中心和原理。显然，亚里士多德为后世留下了理解和解释的余地。加之对于经院哲学家来说，"存在"的单义性问题不仅涉及范畴论，还直接关涉"造物主-上帝"以及被造物之间的关系，而后者又从逻辑上直接影响到有限的人类理智能否以及如何通达"上帝"的问题。

事实上这是一个长期困扰司各脱的问题，而他对该问题的回答在其整个著述生涯中亦存在着前后不一致。根据哈里斯的研究，司各脱早年在对亚里士多德逻辑学进行注解的时候认为，"范畴"这一说法本身已经把"单义性"的问题排除在外了。因为假如存在着单义性的"存在"，则这些范畴只会有 1 个而非 10 个。同时，在逻辑学的范畴之内，范畴的"单义性"又是在"同词异义"基础上而形成的"一"。也就是说，某个字词或者可以表示不同的意思，或者可以通过转换的方式表示其他的意思。[③] 但是司各脱注意

---

① 参见亚里士多德《形而上学》，吴寿彭译，第 94 页，商务印书馆，1991。
② 同上书，第 56—57 页。
③ 参见哈里斯《邓斯·司各脱》下卷，第 54 页。

到,这样的解释在本体论的层面上是行不通的,若硬行解释则后果严重。作为最为基本的超验观念,"存在"不仅构成了形而上学的基础,还是所有知识的基础,因此它只有在为"一"的情况下才说得通。于是,司各脱在后期的哲学和神学著作当中,尤其是当他把"存在"作为"人类理智的首要对象"的时候,明确地提出了"存在"概念的"单义性"的理论,认为这种单义性不仅存在于 10 个范畴之中,还存在于造物主以及被造物之间。

为了证明"存在"概念的单义性,司各脱首先对"单义性"的含义进行了界说。说某一概念具有"单义性",首先,指它具有自我同一性,那么,如果我们既肯定又否定它,必将构成矛盾。其次,一个单义性的概念应当能够具有充足的同一性而成为一个三段论的中项,由此,它能够把甚至是处于两个极端的东西连接起来,并使我们得以找出这两个极端当中的统一性。[1] 换言之,如果某个概念既能经受得住矛盾律的检验,同时又能在不卷入任何术语争端的情况下成为一个三段论的中项,那么这个概念就具有单义性。无疑,"存在"正是这样的一个概念。当"存在"指示着"存在者"的时候,无论这些"存在者"拥有多少变化,最终都脱离不了作为"存在者"的存在,其中包括了"上帝"这个处于"第一位"的"存在者"。不过,对于司各脱来说,"存在"的单义性理论所面临的最大挑战,是如何在既维持该理论的同时,又能够恪守基督教信仰当中"造物主"与"被造物"之间的"绝对的差别"。

我们知道,根特的亨利和托马斯都否认"存在"的单义性理论,而主张"类比说",认为我们只能用"类比"的方式来把握不同种类的"存在"。他们这么做的目的其实就是为了强调"上帝"与人的差别,强调"上帝"的超越性以及人类理智的有限性。比如,在亨利那里,用来描述造物主和被造物的"存在"概念是截然不同却可以"类比"的概念。在他看来,单纯的"存在"概念本身是"未受限制和制约的"(undetermined)却"可制约的"(determinable)。在此之下,标识着真实存在着的被造物的"存在"是"有

---

[1] 沃尔特编译:《司各脱哲学文选》,第 20 页。

所限制和制约"的"存在"的形式,而用以描述造物主的"存在"则代表了世间至高无上的存在者,它完全超越了任何的限制和制约,因而这种"存在"就是"未受限制和制约的"而且是"不可制约的"。① 由"存在"是否被制约这一点,亨利把被造物的"存在"与造物主的"存在"从根本上区分为两个不同的概念,以此保证了基督教信仰中对上帝与人之间的绝对差别的要求。司各脱满足这一基督教信仰的基本要求的方式是不同的。他并没有像亨利那样在造物主与被造物之间构造出两个不同的"存在"概念,而是在坚持"存在"概念的单义性的同时,又提出了一个颇为晦涩难解的所谓"存在的内在方式"(intrinsic modes of being)的学说来解决"上帝"的绝对性、超越性和完美性的问题。这个学说相当复杂而晦涩,在此我们只能把握住这么一个意思,即他在范畴形成之先另外设定了一个"无限存在"与"有限存在"的分野,从而有效地完成了"上帝-造物主"与被造物之间的区分。他说:"在存在被划分为十个范畴之前,它首先被划分为无限存在和有限存在,而后者即有限存在对十范畴而言是共同的。"②其中,"无限"和"有限"既非"存在"的"属性"(property),亦非它的谓词的属性,它们只是分别指示着"存在"的一种"内在方式"。③ 如此一来,作为"存在"的两种"内在方式","无限存在"与"有限存在"是具有单义性的。因为作为"超验者"的"存在"概念代表了对于造物主和被造物之间共同的东西。而当此之时,它们对于"无限"和"有限"是"漠不关心"的。④

但是,"存在"概念的单义性只在逻辑的层面上有效,在本体的层面上它们之间则有着本质的差别。"无限存在"只适用于对"上帝"的存在方式的描述,而"有限存在"则适用于所有的被造物。⑤"无限存在"是绝对的、完美的、"单纯而单一"(simple)的"存在",它自在自足,而且在其"存在"与"本质"之间存在着同一性。司各脱曾这样解释说:"我所说的'无限存在'的概念并不是一个如通常那样由主词及其属性所偶然地构

---

① 沃尔特编译:《司各脱哲学文选》,第170页。
②④ 同上书,第2页。
③⑤ 同上书,第27页。

成的概念，而是一个本质上为'一'的概念，它是一个带有一定程度的完美性也就是无限性的主词。"①这个意思是说，"无限存在"并不是由"无限"与"存在"组合而构成的复合概念，"无限存在"本身就是一个概念，其中"无限"是用来指示"存在"的"内在方式"。与此相对的是，用来描述被造物的"有限存在"则不具有这种"一"的特性，它只是"分有""存在"，因而它是"复合形式"的"存在"，并因此受到一定的限制。具体地说，"有限存在"将落入十范畴的划分之中，而且它还将受到"属""种""个体"等本质性概念的限制，与"无限存在"之间有着本质的差别。

总之，当司各脱面对以"存在"概念为基础的形而上学并以此作为他的自然知识论的基础的时候，他需要"存在"概念具有单义性，否则，我们根本不可能认识大千世界、芸芸众生，亦不可能在有限的人类理智与无限的上帝之间建立起一条通道。可以说，"存在"的单义性理论是为满足逻辑的需求而必然产生的。而当他看到这一理论有可能危及"上帝"的超越性存在的时候，他又不得不生造出一个"存在的内在方式"的理论，把"无限存在"和"有限存在"从本体的层面上区分开来，以此化解了他的存在本体论和神学世界观之间的潜在对抗。不难看出，司各脱并不想单纯地依靠"信仰"的力量来面对和接受基督教信条，而是更希望能够通过理性的方式为信仰找到合理的依据，为此他不折不扣地遵循了经院哲学的传统，建立了一个对"上帝"存在的理性证明的体系。他完成这个证明体系的第一步便是对"第一存在者"或"至上存在者"存在的证明。接着，他进一步证明了这个"第一存在者"即"上帝"的属性，证明了"上帝"具有至上的理智和意志，这一点是司各脱在上帝存在的证明问题上与其他经院哲学家不同之处。我们在此感兴趣的是司各脱作出如是证明的思路以及逻辑依据，而不是那些繁复的论点和冗长的论证过程。②

① 沃尔特编译：《司各脱哲学文选》，第 27 页。
② 司各脱对上帝存在的证明是相当复杂的。就此主题至少存在着四个不同的版本，根据写作的时间顺序它们分别是：《牛津演讲》《剑桥演讲》《牛津评注》以及专题论文《论上帝作为第一原理》中严格的形而上学式的证明。本章所依据的主要是《牛津评注》和《论上帝作为第一原理》。

五 对"第一存在者"(first being)存在的证明及其逻辑根据

司各脱完成对"第一存在者"存在的证明所依据的是他关于"存在"的理论,"存在"的单义性理论把造物主和被造物同作"存在者"看待,人类有限的理智对于"上帝"所能形成的恰当的观念便是上帝是"第一存在者"和"无限存在者"。在具体论证这个"第一存在者"和"无限存在者"存在的过程中,司各脱又提出了一个关于"存在"的属性的理论,从根本上保证了整个证明过程的逻辑可靠性。

司各脱认为,"存在"的属性有两种,一种是与"存在共存"的属性,它们分别是"一"(unum)、"真"(verum)和"善"(bonum)。既然它们与"存在共存",那么从逻辑上讲,这三个概念也就同是"超验者",而且它们可以与"存在"概念互换。① 不仅如此,这三个与"存在共存"的属性还是我们能够由"存在"概念直接得出的,因而它们都是"不可再缩减的单纯的概念",在"存在"与其属性之间没有任何其他的中项存在。② 所以,任何存在者都是"一",就其为"存在者"而言,它还是"真"的;而当它拥有"存在"之时,它也就是"善"的。

"存在"还有另一种超验的属性,即所谓"相对的属性"(disjunctive)。这个理论在司各脱证明"第一存在者"存在的过程中起到了关键的作用。首先,从定名上我们可以看出,所谓"存在"的"相对的属性"是以组或对的形式出现的,每一组所包括的都是处于两极的属性,它们应该构成一种"非此即彼"式的关系。从理论上讲这些组、对的数目可达至无限,不过司各脱只列出并讨论了其中主要的几组,包括"必然与偶然"(necessarium-Contingens)——在司各脱的术语中,"可能"就是现在所说的"偶然"的意思。③ "行动与潜能""无限与有限""纯粹与复合"等作为

---

① 沃尔特编译:《司各脱哲学文选》,第3页。
② 同上书,第8页。
③ 同上书,第44页。

"存在"的超验属性,每一组都将涵盖其间的全部存在。也就是说,某种存在或者是"有限的",或者是"无限的";或者是"必然的",或者是"偶然的",凡此等等。前述的与"存在共存"的属性是可以"直接地"从"存在"概念中推导出来的。与此不同的是,这些以组、对形式出现的"相对的"属性却无法以同样的方式推出。但是司各脱指出,我们能够从每一组、每一对中相对较不完美的一端的存在推导出相对完美的一端的存在。①这个推论的顺序只能是从"弱项"到"强项",而不能反向行之。这是一个"普遍的"原则,据此,当我们能够断定某些存在是"有限存在"的时候,我们必定能够推出"无限存在"的存在。同理,我们也可以从"偶然性"的存在中"必然"地推导出"必然性"的存在。简言之,"存在"的"相对的属性"中的"强项"可以由三段论的形式由"弱项"中推导出来。如此一来,司各脱也就不得不回答任何逻辑演绎都无法回避的一个问题,即如何保证大前提的真实可靠性的问题,具体说就是"弱项"的可靠性的问题。司各脱对这个问题的解决亦没有偏离亚里士多德的思路。同理,司各脱并没有而且认为也不必为像"偶然性存在"这样的大前提提供任何证明。在他看来,这类命题就是所谓的"首要的真理",它不能由一个"在先的"(a priori)证明,即旨在给出事实的理由的证明来加以证明。② 换言之,"存在"属性当中"弱项"的存在就是一个不证自明的"事实"。以"偶然性的存在"为例,司各脱难得以幽默的口吻说,凡否认这一"事实"的存在的人或者需要知识,或者需要感觉,再不就像阿维森纳所说的需要受一场肉体惩罚,直到他们承认,他们并非必然地要受到这场折磨时为止。③ 在此我们再一次看到司各脱重视感觉经验的思想特点。他用合理的经验性命题作为逻辑演绎的自明前提,体现了经验主义的倾向。

　　在解决了大前提的自明性之后,如何解决逻辑推演当中的小前提的可靠性就成了当务之急。具体地说,司各脱为什么强调这个逻辑推演的

---

① 沃尔特编译:《司各脱哲学文选》,第 8 页。
②③ 同上书,第 9 页。

顺序应当是"从弱项到强项"而不是正好相反？其实从常识出发是不难理解这其中的道理的。如果我们承认"存在"有高下之分，那么任何高级存在都并不需要低级存在来证明它自身存在的意义，因为它本身就是自己存在的意义。倘若这个存在的等级和因果的序列被推至极点，也就是说被推至"第一存在者"和"无限存在者"，这个道理愈加明显。因为"第一存在者"应当是自在存在者，它不仅以自身作为自己存在的根据，而且还是万物产生的根据。司各脱的这个理路无疑受到了亚里士多德哲学的深刻影响。亚里士多德认为，万物皆有原因，而且这个因果的系列不可能无穷无尽，因此我们能够从现存的、有限的存在者存在的事实当中推论出"第一因"存在的必要性。而从认识论的角度说，个体"先于"普遍，所有的认识都始自感觉，始自对个体、个别的存在者的把握；现存的、有限存在者是我们认识的起点。因此，这个推论的合理顺序只能是"从弱项推强项"，而不可能相反。

应该说，司各脱关于"存在"的"相对的属性"的理论不仅仅构成了其本体论的重要部分，还成了司各脱对上帝存在所作证明的逻辑依据。对上帝存在作出理性证明是基督教哲学家所从事的重要工作之一，它既是理性对于信仰的挑战和要求，也是基督教信仰寻求合法化和普遍化的重要手段。司各脱不仅很乐意地接受了理性的这种挑战，还因把自己的证明工作置于存在论的框架之内，从而使之具有了严格的本体论基础。他把"上帝"置于具有单义性的"存在"概念所涵盖的范围之内，并且通过"从弱项推强项"的所谓"后天证明"的路径，从有限的存在者的世界入手，从而推导出"第一存在者"的存在，并在此基础之上进一步证明了这个"第一存在者"的"无限性"，最终以理性的方式确立了"上帝"的存在。尤其是在《论上帝作为第一原理》一书中，司各脱甚至尝试着以严谨的形而上学态度去建构一个关于"绝对存在"的存在的证明体系，以充足的本体论依据显示出作为"第一原理"的"上帝"的存在。他首先从"上帝所陈述的存在"即有限存在者的世界中寻找突破口，并从形而上学的层面上对"存在"作出了等级划分，也就是他所说的有限世界中的"本质性秩序"。以此为前提,他通过严格的类似数学证明的办法推论出一个"绝对存在"的存在以及这种存在的必然性(必要性)。

司各脱在此所展示出的这种以存在论为基础的并向形而上学体系"靠拢"的证明方式,再一次使我们面对研究中世纪哲学史时所无法回避的一个问题,即神学与哲学尤其是与形而上学之间的关系。从认识论的角度观之,这个问题可以归结为:"人类有限的理智能否以及如何通达至高无上的'上帝'?"这是经院哲学家们最为关切的问题,同时也是他们所有的哲学努力的最终旨归,至少在哲学与神学彻底分离为两门独立的学科之前是如此。根据前述,我们已经可以清楚地看到司各脱所具有的"自然神学"的思想。当司各脱完成了对人类理智所可能把握的自然知识的种类的总结之后,他从与"上帝相遇照面"这一人生终极目标出发,提出了"超-自然的"知识即启示知识对于人生的必要性。不过在希腊理性主义传统的熏陶之下,他认为启示知识并非通达"至福"的唯一途径,我们有限的理智有可能在一定程度上认识"上帝",司各脱还努力以理性的方式来证明上帝存在,并为这种证明寻找坚实可靠的逻辑依据。下面我们将对司各脱"自然神学"的思想作专门的分析。

第三节　司各脱的自然神学

"自然神学"是一个含义复杂的术语。在此我们主要取其中两层意思:从广义的角度出发,取"自然"与"启示"相对的含义,故"自然神学"仅指以理性的手段而无需借助启示即可获得关于"上帝"和神圣秩序的知识的思想路径;从狭义的角度观之,该术语则仅指对上帝存在所作出的理性思考。① 司各脱本人并没有使用过该术语,但我们可以清楚地从其存在论思想中看到他在理性与"上帝"之间所建立起来的通道。不仅如此,司各脱还对上帝存在作出过严谨的理性证明,其中包括了对上帝属

---

① 对"自然神学"这一术语的含义的总结,可参见利奇蒙德《神学与形而上学》,朱代强、孙善玲译,第3页,四川人民出版社,1997。

性的证明。鉴于此,我们可以放心地运用"自然神学"这一术语来概括司
各脱以理性的方式通达"上帝"的各种尝试。

一 哲学与神学的关系

在一定的意义上,基督教教会是古代希腊罗马文化的保存者,它从
一开始就把希腊的形而上学精神和罗马的法律与基督教的启示结合在
一起,使哲学与神学之间形成了一种彼此融合的状态。到 12 世纪初,哲
学和神学的这种关系受到挑战,并开始显示出分别。不夸张地说,亚里
士多德哲学的重新发现对这种分化过程起了至为重大的作用。当《后分
析篇》以其科学的分析和严格的推理过程而揭示出哲学自身的界限和有
效性范围之时,启示与理性似乎就不大可能以融合之态共同出现在同一
个体系之中了。此后,在经过了阿贝拉尔、圣维克多的雨果(Hugo of
St. Victor)、波纳文图拉、大阿尔伯特一直到托马斯·阿奎那和司各脱,
我们看到,哲学与神学逐渐分离成为两门不同的"科学"。从基督教神学
的角度来看待这一事件,应该说这是神学在接受了理性的挑战之后所进
行的一次自身重构的结果。司各脱正是在这样的背景之下就神学与哲
学的关系提出了自己的见解。

司各脱认为,神学与形而上学是两门不同的科学,而这种分野表现
为其对象和方法的不同。前面说过,司各脱保持了与亚里士多德的一致
性,以"存在之存在"作为形而上学的首要对象,而"上帝"才是神学的首
要对象。必须注意的是,神学在司各脱那里有着"理想的神学"和"对我
们而言可能的神学"的区分。所谓"理想的神学",也就是我们应该按照
"上帝"自身的样子来认识"上帝",而这一点绝对超出了理性的范畴。要
想认识这个"三位一体"的"上帝",人类的自然理性显然无能为力,因此
我们必须转而依靠启示的力量。从本质上说,启示知识就是"超-自然"
的知识,主要表现为两个方面:一方面,启示的内容,即"与上帝相遇照
面"这一人生之终极目标是自然理性所无法透视的,因此我们只能仰赖
上帝的恩典;另一方面,自然理性的最终来源是"超-自然的",是"上帝"

最终保证了自然知识的可靠性和真理性，因为"上帝"是所有能够保证自然知识的可靠性的第一原理和自明原理的终极提供者。由此司各脱认为，人类的自然理性无论如何都不可能真正地"穿透"上帝的存在，不可能去认识"上帝"自在自足的样子，而这一说法又与"上帝"和人之间存在着绝对的差别这一基督教教义是一致的。在司各脱看来，"上帝"的这种自在的存在状态以及理性与之的差距绝妙地由"上帝"就自己的身份所作出的睿智回答"我是我所是"而传达了出来。他说，这个回答揭示了"上帝的神圣的名字"，因为"上帝"意味着"存在的全部"。① 所以，对于人类有限的理智来说，"我们无法认识上帝的本质自身"②。看来司各脱对于理性自身所具有的局限性，尤其是在认识"上帝"的时候所具有的局限性已经有了充分的意识。但是人类理智的这种局限性并不能说明上帝的存在及其神圣本质的缺陷，相反，只能反衬出有限的理智与"上帝"这种自我同一的存在之间的差距。他说，不能因为我们的头脑无法把握"上帝"的本质就认为关于这种本质的知识对于所有的人而言都是不可知的，至少它对于"上帝"自身来说是显明的。③ 也就是说，"上帝"的存在及其真理性是向"上帝"自身"开显"的，它是自明的，而这一点其实是"上帝"的"全知全能性"的基本体现。

但是，"上帝"的自我同一性和超越的存在也并非截然地否定了人类理性在不依靠启示的作用下以自己的方式在一定的程度上对"上帝"的存在以及神圣秩序的把握的可能性，于是乎就有了与我们的理智能力相匹配的"我们的神学"，也就是"自然神学"。它以"无限存在者"为"首要对象"，因为人类理智所能获得的关于"上帝"的"最完美的"并且是"纯粹的"观念就在于说"上帝"是"无限存在者"。④ 同时，在另一处文本中司各

① 司各脱：《论上帝作为第一原理》1：2，阿兰·B. 沃尔特编译，芝加哥，法兰西斯先驱出版社，1965。
② 沃尔特编译：《司各脱哲学文选》，第 26 页。
③ 同上书，第 31 页。
④ 同上书，第 27 页。

脱又说,我们关于"上帝"的第一个"适当的"观念是说"上帝"是"第一存
在者"。① 这是否一个矛盾的说法呢？我们注意到,司各脱在对"第一存
在者"和"无限存在者"这两个观念进行描述时有一个细小的限制词上的
差别。如果我们排除因笔误或者写作年代不同而造成的前后不一致的
可能性,应该说这种区分是有用意的。在司各脱对上帝的存在作出证明
的时候,他首先是证明"第一存在者"的存在,然后再去证明该存在者具
有"无限性"。这说明了"第一存在者"应当是理智就"上帝"所获得的第
一个"适当的"观念。不过,正如司各脱已经明确指出的那样,"第一存在
者"是一个复合概念,而"无限存在者"则是一个在本质上为"一"的概念,
其中"无限"指示着存在的"内在方式",所以"无限存在者"是一个"完美
而纯粹的"观念。善于对不同概念之间的细微差别作出区分是司各脱的
特点,同时也是他获得"精细博士"之雅称的主要原因。

从以上的分析可以看出,"理想的神学"与"我们的神学"不仅不同,
而且还有高下之分。"理想的神学"以标志着"全部的存在"本身的"上
帝"为对象,其真理性只对"上帝"这一具有自我同一性的存在者具有透
明性。而我们的理智所能企及的"自然神学"则以"无限存在者"为对象,
这个概念虽然是一个在本质上为"一"的概念,但远不如"存在"概念自身
完美。② 事实上,"我们的神学"就是形而上学的一部分,因为我们所能认
识的"上帝"是在"存在"概念所涵盖的范围之内。如果我们从"上帝"与
人各自不同的认知方式来看,司各脱以"直观"来统称"上帝"的认知方
式,以"抽象"来指称人的基本认知方式。而且他认为,"直观的"方式明
显要优于"抽象的"方式,因为前者是一种"看"的能力,而后者则只是一
种运用概念和推理的方式的认知能力。只有"上帝"才具有这种"直观"
的能力,"上帝"能"看到"并且"看透"一切,但是人类却不可能在此生此
世"以自然的方式获得关于'上帝'的直观知识"。③ 我们所能获得的关于

---

① 沃尔特编译:《司各脱哲学文选》,第 11 页。
② 同上书,第 27 页。
③ 同上书,第 31 页。

"上帝"的观念都是"概念性的",这些观念是存在以"在后的"(posterior)方式、通过我们的感觉和理智的作用呈现给我们的。至于一个人能否最终"看"到"上帝",则有待于启示的降临,取决于神的恩典而非自然理性的力量。我们看到,在人能否最终获得"福祉"的问题上,司各脱返回到了信仰主义的立场,认为只有启示和信仰的途径才能解决这个问题。

从"理想的神学"与"自然神学"的区分中我们还能够更好地理解司各脱坚持以所谓"后天的"而不是"先天的"方式来证明上帝存在的原因。这不仅仅是一个有关不同的证明方法的问题,还是一个"上帝"的自然知识得以确立的理性根据的问题。否认以"先天的"方式来证明上帝的存在,意味着否认了"上帝存在"是一个与生俱来的内在观念,否认了"上帝存在"对于我们而言是一个不证自明的命题,甚至还否认了安瑟伦所设计的从单纯的概念推导出存在的证明方式的有效性。严格地讲,"上帝存在"只能是一个以"后天的"方式进行证明的命题,因为我们的理智不可能拥有关于"上帝"的自在本性的观念,而只能通过认识"上帝"所创造出的有限世界来认识"上帝"所显现给我们的本性。也就是说,我们的证明应当从被造物的世界开始,从"上帝"这个意味着"全部存在"的"存在"所陈述出的"存在"开始。由此,我们从有限的结果推至无限的原因,从被造物的有限的完美推出造物主的无限的完美。不过,司各脱对"先天证明"的否定并不彻底,比如,在证明"无限存在者存在"的命题的时候,他认为,单从这一命题的词项的本性出发我们也能完成对该命题的证明,只是我们不这么做而已。①

总之,在神学与哲学的关系的问题上,司各脱与托马斯有着诸多相通之处,甚至并没有人们所想象的那样因为他们各自身为法兰西斯派与多米尼克派的"官方博士"而应该具有的差别那么大。他们都受到了亚里士多德哲学及其理性主义精神的熏染,主张使神学独立于哲学,使它们各自拥有不同的领地。同时,他们又都坚持把启示和自然理性共同作

---

① 沃尔特编译:《司各脱哲学文选》,第36—37页。

为真理的双重源泉。他们都希望并且努力地在使神学成为一门"科学知识"，因为只有使神学具有了知识的形态，我们才有可能在信仰之外开辟出一条以理性通达"上帝"的途径。有意思的是，托马斯和司各脱都有所谓"理想的神学"和"自然神学"的区分，而且都承认在"自然神学"与形而上学之间存在着交叉重叠，认为"自然神学"就是形而上学的一个分支。不过，他们之间的分歧也是明显的，托马斯是一个彻底的理智主义者，他似乎更强调神学的科学性，指出神学不仅是"实践"的，还是"理论的"，为此他写出了《神学大全》，构造出了关于"上帝"的思辨体系。而司各脱在无可否认地受到理智主义的深刻影响的同时，又比较多地表现出意志主义者的思想特点，并且在理智与信仰的关系问题上显示出偏向信仰主义的立场。这一点突出地表现在他关于神学是一门"实践科学"的理论之中。

二　作为"实践科学"的神学

虽然司各脱致力于使神学成为一门"科学知识"，但是善于慎思明辨的他也意识到，与数学、形而上学等科学相比，神学是一门有着特殊研究对象的"科学"，作为一种知识形态无疑有其特殊性和局限性。比如，从认识者的角度出发，我们只能认识到作为"无限存在者"的"上帝"，而不是"三位一体"的"上帝"，我们的理智根本无法穿透"上帝"的本质性存在。神学的这种特殊性和局限性促使司各脱进一步思考神学自身的特点和它优于其他科学知识的长处，最终他提出了神学是一门"实践科学"（scientia practica）的主张，以此弥补神学作为一种"科学知识"的不足和"缺陷"。在此，我们似乎又到了一个诱使人们将司各脱与康德进行比较的地方。出于前述同样的理由，我们认为这种比较是相当表面化的，但是，司各脱强调神学的"实践性"这个思想本身却在基督教神学史上具有重大的意义。

用"实践科学"来描述神学的做法并非司各脱的首创，他的法兰西斯派前辈兼牛津学人罗吉尔·培根（Roger Bacon）和理查德都曾采用了同样的描述方式。初看上去,"实践"这个词似乎很容易使人想到"实用的""应用的"层面,因此在"实践科学"与"理论科学"之间似乎也有了高下之分。但是,司各脱不仅没有轻视"实践科学"的意思,而且当他用该术语来描述神学的时候,甚至有把"实践科学"置于"理论科学"之上的倾向。

司各脱认为,所谓"实践"指的是来自不同于理智机能的意志机能的行为。这种行为应该"后于"认知的行为,也就是说应该紧跟理智行为而到来。因此只有那些源自意志、在正确的理性引导之下的并因而具有合理性的行为才能被称为"实践"。[1] "实践"是受意志驱动的、合理的行为,因此带有一定强制的、命令的意味。此外,"实践"还具有合目的性的意思。亚里士多德就曾说过,"实践是包括了完成目的在内的活动"[2]。同样,司各脱也指出,主体的任何行为无一例外地是冲着某个目的而来的,并且都出于对实现该目的的愿望。[3] 藉此司各脱真正想说明的是,"实践知识"与"理论知识"是两种方向不同的知识类型。其中,"理论知识"着重于求知,除此之外并无其他的目的;而"实践知识"则侧重于有目的的行动,是为了保证人能够实现其最终目标的一种知识。于是,当司各脱用"实践科学"来描述神学的时候,他首先就是从人的终极目标的角度出发,而这个目标就在于人应该去爱"上帝",爱"上帝"正是出于意志的自由行为。如此一来,人与"上帝"的关系问题的重心也就不再是去认识"上帝"是什么,虽然从一开始我们就知道这种认识不可能是全面、完整的,而是要以个体切身的行动去爱"上帝"。由此司各脱认为,任何把神学划分为"理论科学"的人都忽视了我们应当以爱"上帝"为人生最终目标的事实。[4] 这一点是他强调神学作为"实践科学"的第一个意义。

此外,当我们要去采取行动、要去爱"上帝"的时候,在普遍的意义上说,我们是不会在涉及最终目标的问题上犯错的,但是具体到单个的行

---

① 参见哈里斯《邓斯·司各脱》上卷,第 90 页。
② 亚里士多德:《形而上学》,吴寿彭译,第 178 页,商务印书馆,1991。
③《牛津评注》"导言",见沃尔特编译《中世纪哲学文选》,第 449 页。
④ 参见哈里斯《邓斯·司各脱》上卷,第 92 页。

为,由于受动机、环境或者情势的影响,我们还是有可能会在某些细节上犯错。于是我们就需要一种准则性的、指导性的知识来规范我们的意志,而神学恰恰能够承担起这个职责,因为它是决定那些源于人类意志中的正确与错误的第一原则的最终源头。应该说,使神学成为人类行为的准则和指导性知识是把神学视为"实践科学"的另一个意义。

可以看出,司各脱不仅没有轻视"实践科学"的意思,倘若从他的这一主张所体现出的信仰主义和意志主义的思想倾向来看,我们甚至可以说,至少就神学这一特殊知识形态而言,司各脱实际上是把"实践科学"置于"理论科学"之上的。面对神学,司各脱一再重申其"超自然"的属性,他把"热爱上帝"作为人的终极目标,把"上帝"作为保证一切理智知识的真理性的最终源泉。从这个角度出发,神学应当是最为神圣的"科学知识"。与此同时,司各脱还强调神学的"实践性",强调人在其自由意志的引领之下的行动的力量,从而把神学塑造成一门指导人如何在热爱"上帝"的终极目标之下确立起个人的合理行为规范的科学,以人对"上帝"的爱和由这种爱而采取的自由的行动来弥补人对于"上帝"的知识的不足。再进一步说,倘若从意志与理智关系的角度出发,司各脱认为意志高于理智,这一点对于"上帝"和人同样适用。那么很显然,"实践科学"就应该高于"理论科学",因为"实践"与人的意志在本质上密切相关。

司各脱关于神学是一门"实践科学"的主张在一定程度上削弱了神学作为"科学知识"所应该昭示出的那种理性必然性的力量,并且从侧面强化了启示知识在我们认识"上帝"过程中不可替代的作用,这也就等于强化了信仰的力量。从根本上说,在事关"上帝"的问题上最为重要的并不是我们能否获得关于自在存在着的"上帝"的知识,而是要以个人的行动去热爱"上帝",并且以此作为人生的最终目标。理智与信仰的关系问题一直是基督教思想史上的重大问题,而对这一问题的讨论几乎可以说形成了信仰主义与理智主义两大对立的派别。司各脱对这两大派别的主张均有所取舍:一方面他努力尝试着以 13 世纪的理性主义精神来重新理解甚至改造基督教神学,希望把神学提升为一门"科学知识";另一方面他的批判性的头脑又使他不可避免地表现出了对这种"科学知识"及其适用范围的怀疑,并使他在一定程度上返回到信仰主义和古代意志主义的立场之上。对于司各脱的这一立场,我们可以从他对偶然性问题的讨论中得到更鲜明的印象。

三 偶然性与意志主义

(一)存在中的偶然性及其根源

司各脱不经过充足的论证就不会轻易接受任何一个命题。在面对何谓"科学"的问题的时候,尤其是神学之为"科学"的时候,他也是如此。首先,司各脱无法回避亚里士多德为"科学"所定的四个条件,即:能够提供确定性的知识形态;其对象是必然的;有证据可以提供;以三段论的形式展开。如果以上述标准来衡量神学的话,神学似乎不能被称为严格意义上的"科学"。其次,司各脱亦无法无视基督教的创世传统,这一传统的基本主张认为世界是"上帝"自由创造行为的产物。也就是说,"上帝"所有的被造物都是偶然的,因此神学应该把偶然性的真理包括在内。显然,这与亚里士多德的观点是冲突的,因为在亚里士多德看来,世界由必然性所控制,而所谓"科学"也就是要去认识必然的、永恒不变的东西,所以"科学"应当将偶然性排除在外。为解决这一冲突,司各脱不得不对神学中所包含的偶然性作出进一步的解释。他认为,亚里士多德所强调的只是研究对象的"必然性",但这一点并不能保证整个学科都具有"必然性"。① 相反,以必然存在为对象的学科有可能拥有偶然性的内容,神学恰恰就是这样一门学科。以理想状态下的神学而论,不仅其对象"上帝"作为至高至善的存在是必然的,而且其自在自足的真理也是必然性的。因为"上帝"的神圣本质自身就是其必然真理的根据,尽管这种真理性不对人类理智开显。同时,神学中还应包含偶然性的内容,其中主要表现在两个方面:必然存在的"上帝"创造出来的世界是偶然的,人能否得到

① 参见哈里斯《邓斯·司各脱》上卷,第 97 页。

拯救是偶然的。这两方面最终都将取决于"上帝"的自由意志。以此方式,司各脱在尽量保持基督教创世传统和亚里士多德哲学之间平衡的前提下,成功地化解了神学中包含偶然性内容的问题,维护了神学的"科学性"。不过,倘若我们承认神学中包含偶然性的内容,那么,神学之为"科学"无论如何都无法满足亚里士多德所列条件中最后一个,即其真理以三段论的形式被推演出来。偶然性真理的根据不在别的,而在于"上帝"的自由意志,因此这种真理有可能被感觉、被意识到,但绝不可能通过演绎的方法被推导出来。可想而知,当司各脱把神学称为一门"科学"的时候,他多少带有几分疑虑和勉强。[1]

不难看出,司各脱对神学之为"科学"的所有顾虑都集中在世界的偶然性问题之上,而这一点正是他与托马斯和亚里士多德产生分歧的地方。具体地说,这种分歧表现在两个方面:一是"偶然性"的定义;二是偶然性产生的根源。

亚里士多德与巴门尼德一样,都把"非变动性"与"必然性"同等对待,只是在巴门尼德的本体论当中没有偶然性的位置。因为在他看来,"存在"是不变的、必然的,而所有的变化和偶然都只是感官受到欺骗后的产物。与巴门尼德不同,亚里士多德把"变动"引入了存在,从而把事物的变动的、偶然的存在状态引入了本体论,并且在"变动"与"偶然"之间画上了等号。由于所有的变动都发生在时间之中,于是亚里士多德所说的"偶然性"就是指事物在时间的流程当中相继出现的运动变化的状态,而这种变化本身仍是必然的。对此司各脱提出了完全不同的见解。前面说过,司各脱认为,与"必然"相对反的并不是"偶然",而是"可能"。[2]而"偶然"(contingens)的意思在他看来是这样的:"用'偶然的'一词我并不是指不是必然的或者并不总是存在的事物,而是指那些当其发生之时,其反面亦有可能同时出现的事物。这也就是为什么我并没有说某物

---

① 参见哈里斯《邓斯·司各脱》上卷,第 88 页。
② 沃尔特编译:《司各脱哲学文选》,第 44 页。

是偶然的,而只说某物是**以偶然的方式被产生出来的。**"①与亚里士多德不同,司各脱所强调的"偶然性"不是某物在时间的流程之中的变化轨迹,而是在某物存在的同时间之内,存在着与该物的现存状态相反的另一种存在状态的可能性。如果我们从逻辑可能性的角度出发,司各脱的意思似乎是说,事物的存在状态存在着无数的可能性,而在逻辑层面上这些可能性都是"现实的"。但是在"存在论"层面上,并不是所有的可能性都能被转化为现实性,而是说存在着某些目前尚未甚至将来也不会被转化为现实的可能性。另外,那些被转化为现实性的可能性都是以"偶然的"方式被产生出来的,而未转化为现实的那些可能性则继续保持其可能性的存在状态。因此,荷兰有一组研究人员从模态逻辑的角度出发,把司各脱关于偶然性的理论称为"同时的偶然性"(synchronous contingency),并使之与亚里士多德提出的所谓"时间之流中的偶然性"(diachronic contingency)相对。② 事实上,只有"同时的偶然性"才是真正意义上的偶然性,因为"偶然性"所指示的正是与事物当下的存在状态正好相反的另外一些可能的存在状态。由此我们说,司各脱关于偶然性的理论所开启的是可能性世界的大门,是自由的大门,因为他把偶然性产生的根源归于上帝和人的自由意志。换言之,我们只有在"上帝"和人的自由意志的理论框架之内才能更好地理解司各脱这一理论的意义。

在"偶然性"产生的根源问题上,司各脱与亚里士多德以及托马斯之间存在着重大分歧。在亚里士多德看来,存在中包含着一个必然性的因果关系的系列,而这种因果的必然性毫无疑问地将依赖于"第一因"的必然的行动。亚里士多德虽然承认了偶然性的存在,但是他认为偶然性只存在于低级的存在者当中,而否认作为"第一推动者"的神是以偶然的方式产生结果的。托马斯几乎重申了亚里士多德的上述主张,他也认为"第一因"与必然性相连,而"偶然性"因为是存在中的一种"缺陷"而只能

---

① 沃尔特编译:《司各脱哲学文选》,第55页。黑体为原文本所有。
② 司各脱:《偶然性与自由》,第24—25页。

由在因果链上次于"第一因"的其他原因产生出来。根据司各脱的叙述，托马斯甚至动用了基督教神学的命题来强化这一主张。托马斯认为，作为世间至善至美、"众因之因"的"上帝"不可能成为存在中的"缺陷"的原因，也就是说，"上帝"不可能成为原罪和偶然性的直接原因。[①] 对此，司各脱针锋相对地提出了反驳意见。他说："存在中何以有偶然性是因为它源自'上帝'，而'上帝'之为偶然性的来源又是因为上帝的意志。"[②]现在的问题是，司各脱为什么会这么说？

在讨论司各脱的存在论思想的时候，我们已经说过，司各脱视"世界的偶然性的存在"为一个不证自明的命题，一个只需调动感觉就能把握的事实。但是，对于存在中的偶然性的根源，他并没有免去证明的方法。事实上他的三个证明都直接反驳了托马斯的主张。首先，司各脱指出，在因果关系链上，"第一因"发生作用的方式将顺次传递下去，也就是说，如果"第一因"以必然的方式发生作用，那么所有的原因都是必然的；而假如说我们承认了世间存在着偶然性，那么因果链上的"第一因"则必定是以偶然的方式发生作用的。[③] 其次，从因果关系链的等级出发，司各脱认为"第一因"明显优于其他等级的原因，而正是这一点强化了"第一因"发生作用的方式在传递时的不间断性。也就是说，"第一因"的优越性保证了它不可能既产生出必然的结果，又引出偶然的事物。[④] 所以，"第一因"是以偶然的方式发生作用的。最后，司各脱还从"人的灵魂是上帝直接创造的结果"这一被广泛接受的神学命题出发，从所谓"创造"事实上就是以偶然的方式被产生的观点出发，再度证明了"第一因"发生作用的方式的偶然性。[⑤] 总之，在司各脱看来，作为第一因的"上帝"产生结果的方式是"偶然的"，而这个"偶然性"的根源在于"上帝"。

① 司各脱:《偶然性与自由》,第 88—90 页。
② 同上书,第 140 页。
③ 同上书,第 90 页。
④ 同上书,第 92 页。
⑤ 同上书,第 94 页。

在此我们不难看出,司各脱与托马斯最大的不同就在于,司各脱从根本上不认为"偶然性"是存在的"缺陷"的。相反,根据司各脱的存在的属性理论,"可能性""偶然性"与"必然性"同为存在的属性,在根本上依赖于"上帝"。此外,司各脱还通过把"偶然性"的根源归诸"上帝"和人的意志的方法,使"偶然性"成为自由的行动的表现和结果,进一步使之摆脱了作为存在中的"缺陷"的指责。司各脱曾多次在不同的地方说过:"偶然的行动的唯一来源或者是意志,或者是与意志相伴随的事物。"①事实上,从作为世界因果系列上的"第一因"的"上帝"的自因性、以自我为目的和自我满足性的特点中就可以看到,这样的"上帝"的行动应该是自由的,而不是必然。强调世界的偶然性及其与"上帝"的自由意志的关系并不是对"上帝"的贬低,相反,它恰恰反衬出"上帝"行动的多样性和"全能性"。应该说,"上帝"至高无上的和全能的存在首先表现在其存在的必然性之上,表现在"上帝"所拥有的"必然的"属性之上。这属性包括两个方面:"上帝"是全知全能、至善至美的;"上帝"拥有理智和意志。

"上帝"至高无上和全能的存在还表现在"上帝"行动的自由性之上,也就是说,作为必然存在的"上帝"完全有能力以偶然的方式行动并引出偶然性的结果。如果我们从人与"上帝"的关系的角度来审视这个问题,"上帝"是世界的偶然性的根源之一说明了我们与"上帝"之间有着永远无法弥合的差距,如此说,人类有限的理智永远也无法"参透"上帝的意志及其行动的指向。所以,对于我们来说,更为重要的不是去认识"上帝"是何种面目,而是要以自己的行动去爱"上帝"。即使在事关人的最终拯救的问题上,我们也只能在爱和信仰的支撑之下最终等待着"上帝"恩典的降临。应该说,从司各脱提出神学是一门"实践科学"起,一直到他把世界的偶然性的根源归诸"上帝"的自由意志,他的根本出发点都是信仰主义的。显然,在面对传统的意志主义的时候,司各脱明显地表现出了与奥古斯丁主义思想之间的密切关系。事实上,他在接受亚里士多

———————————

① 沃尔特编译:《司各脱哲学文选》,第54页。

德哲学的问题和提问方式的同时,最终又回到了奥古斯丁主义的路线之上。

（二）意志主义

"上帝"作为第一存在者是受理智和意志驱动的,这一点在司各脱那里不仅是一个结论,还经过了类似于"上帝"存在的证明那样的论证过程。① 在此我们所关心的问题是,"上帝"的理智和意志之间的关系是什么？只有搞清楚这个问题,才能明确司各脱说世界偶然性的根源在于"上帝"的意志而非理智的原因。

1. 理智与意志的关系

司各脱指出,对于"上帝"而言,理智的认识行为要"先于"意志的行为。他说:"任何事物在能够为着某一目的而被意愿之前,它必须先被认知。于是,在我们能够把'第一存在者'构想为是意志的拥有者和众因之因的 A 之前,必须先把这个 A 构想成是认知者,因为如果没有这样的知识的话,这个第一因则不可能成其为一个原因。"②必须注意的是,司各脱这里所说的"先于"并不是一个时间范畴,他的意思其实是说,在"上帝"那里,意志不能对认知活动构成任何限制。"上帝"是全知全能的,"上帝"的理智不受任何事物的限制,因此一切可知的事物在本质上都必然地将成为"上帝"的理智的对象,并且成为"上帝"知识的内容。根据司各脱的神学观,"上帝"关于所有可知事物的知识从本性上讲应该"先于"这些事物的存在。③ 某一事物是否具有"可知性"(esse intelligible)并不取决于这些被造物自身,而是取决于"上帝"是否决定给予它们以"可知性"。换言之,事物的"可知性"将完全依赖于"上帝"的神圣理智,它们之所以可知是因为"上帝"认识它们。从本质上说,"上帝"对某物的认识不仅是必然的,还是"中立的"。④ 也就是说,"上帝"在认识这些事物的时候

---

① 具体的论证过程可参见沃尔特编译《司各脱哲学文选》,第 52—61 页。
② 同上书,第 59 页。
③ 同上书,第 61 页。
④ 同上书,第 142、162 页。

并没有考虑到它们的"真伪"。说某物为"真"在司各脱看来就是说该事物已从"逻辑的可能状态"转化为"真实的存在状态"。① 于是,在绝对的意义上我们应该说,"上帝"的理智必然能够认识到所有处于逻辑可能性状态之下的事物,而且这种认识的范围在逻辑可能性的层面上是无止境的,决定并且实践着从"逻辑的可能状态"到"真实的存在状态"的转变的力量在于"上帝"的意志。在这个转化过程中,"上帝"的意志并不能引起其理智的丝毫变化。正因为如此,司各脱才提出了"上帝没有'实践知识'而只有'理论知识'"的观点。② 如果此处的"实践知识"与前述"神学是一门实践知识"中的"实践知识"的意义并无二致的话,那么,"上帝"的知识与其实践行为之间就不存在直接的对应关系;"上帝"的知识是对其本性的一种展示,这种知识是必然的,并且对于"上帝"的意志不起任何作用。之所以如此,是因为"上帝"的意志仅仅依靠自身就能够决定正确的方向,并不需要用某种知识来规范和指导其意志及行为。假设上帝拥有"实践知识",那么将产生出两种可能:或者上帝的行为是必然的,而这一点有悖于上帝的自由意志;或者上帝的行动与他的知识发生冲突,而这又与上帝的本性相矛盾。

至此可以说,理智和意志的关系在"上帝"那里的表现与在人类身上的表现完全不同。表面观之,无论是"上帝"还是人,理智都"先于"意志,但这个"先于"的含义却不尽相同。对于人类来说,理智"先于"意志具有时间上的意义,也就是说,人在采取行动之前应该听从理智的指导。而就"上帝"而言,这个"先于"只意味着理智活动的必然性。从一方面说,意志活动并不需要理智的指导;而从另一方面说,意志的自由也无法干涉理智活动的必然性。因此,如果说上帝只有"理论知识"而无"实践知识",那么对于人类来说,即便是绝对必然的真理也能够成为人类的"实践知识"。这个意思是说,它们应当且能够起到指导个体行动的作用。

---

① 司各脱:《偶然性与自由》,第 162 页。
② 同上书,第 104 页。

比如,上帝作为"三位一体"的存在是必然的真理,它虽然超出了人类理智的范围,但它仍然是人类的一种"实践知识",是我们应该用信仰和爱去寻找的东西。

总之,理智和意志作为驱动"上帝"的两种不同的功能,彼此独立,各司其职,其中的一方不能对另一方造成影响。具体说,意志的自由行为无法改变理智认识的方式及内容的必然性。正因如此,司各脱才坚持认为,世界的偶然性的根源在于"上帝"的意志而非理智。

不过,"上帝"的意志并不是世界偶然性的唯一根源。司各脱指出,人类意志也是引起某些偶然性事物的原因。[1] 根据基督教世界观,人类是"上帝"的影像,因而人类在很多地方都与"上帝"有相似之处,同时他们之间又存在着本质的差别。如果我们承认人类意志在一定程度上也是世界的偶然性的根源,也就等于承认了人类意志的自由性,只是"上帝"的意志与人类意志的运作方式及其特点在根本上是不同的。对这一点的考察,有助于我们更好地理解司各脱关于"同时的偶然性"理论的意义。

2."上帝"的意志与人的意志的比较

在司各脱看来,人类意志的自由表现在"不同的行为"之上,就像"意愿与不意愿"、"爱与恨"。[2] 显然,只有当意志的行为在同一时间之内针对同一对象的时候,这个说法才有意义。也就是说,在当下时间内就对象 A 而言,人类意志的自由表现在它能够在爱 A 或者恨 A 之间作出选择。人类意志所引发的这种非此即彼的行动的可能性(不管是逻辑的还是实在的)受到了现代哲学的高度重视,尤其是对选择行为发生的瞬间所蕴涵的紧迫性以及这种选择所造成的后果的意义等方面,现代哲学作过诸多阐发。司各脱意识到人类意志所引发的选择行为的自由性,不过,他认为这种自由并不完满,较之"上帝"的神圣意志所体现的自由,人类意志的自由只能算做一种"缺陷"。司各脱理解之下的真正意义上的

---

[1][2] 司各脱:《偶然性与自由》,第 108 页。

自由应该是能够同时并存多样可能性的自由，也就是他的"同时的偶然性"理论所昭示的自由。在这个理论框架之下，人类意志的自由只能代表着"时间之流中的偶然性（可能性）"，它不过是一种意志行为的"变化"，而且这种"变化"有两种表现方式。第一，人类意志的自由不可能在同一时间之内就同一对象产生出或爱或恨的行为，爱或恨的行为只可能在不同的时间中相继发生；如此一来，人类意志的自由就表现为在时间之中的变化。第二，对于人类意志来说，不同的对象要求产生出不同的意志行为，或者说，每一个意志行为都将局限于特定的对象。也就是说，为了应对不同的对象，人类意志必须分解出不同的意志的行为，而这一点只能相继发生，或者说在不同的时间之内完成。回到同一例子上来，人可以在这一时间之内爱 A，而在另外的时间之内转而爱 B。

与此不同的是，"上帝"意志的自由表现为它能够"与不同的对象"发生关联，并产生出相反的结果。[1] 只要能够满足"无矛盾"的条件，这些结果就都能作为"逻辑的可能性"而存在，尽管此时并无现实的存在与之对应。[2] 神圣意志与相继性无关，因而它排除了"变化"，这一点是"上帝"意志与人类意志之间最为根本的差别。"上帝"是"一"，其意志也是单一的、永恒的，所以不会因不同的对象而分解出不同的意志的行为。神圣意志有能力在同一时间之内与不同的对象 A 和 B 同时发生关联，比如，在同一时间之内既爱 A 又爱 B。当此之时，其单一的意志行为仍保持不变。对此，司各脱曾这样总结说："神圣意志只能产生出一个意志行为，而它能够以这个单一的意志行为与不同的对象发生关联。正因为神圣意志的对象的多样性的缘故，这个单一的意志行为超出了人类（被造物）的多种的意志行为，如同他的单一的认知行为超出人类所有的认知行为一样。"[3] 显然，"上帝"的意志所体现出的自由度要比人类意志的自由度宽泛得多。

---

① 司各脱：《偶然性与自由》，第 124 页。
② 同上书，第 116 页。
③ 同上书，第 124 页。

不仅如此,神圣意志的自由还表现为在当下时间内就同一对象而言的多种可能性的行动同时并存的自由。如果我们考虑到神圣意志"能动性"(operational),那么,就对象 A 而言,神圣意志可以既意愿之又不意愿之,既生产出又不生产出之。司各脱举例说,"上帝"意志的单一行为可以意愿一块石头的存在,同时还可以意愿一块石头不存在,或者不去意愿一块石头的存在。[①] 由于"上帝"的意志能够允许多样的逻辑可能性并存,而且这些可能性不一定非要转化为现实性不可,因此它与人类意志必须要作出非此即彼的选择时所体现出的自由有着很大的不同,要比人类意志的自由更加完美。不过就神圣自由的此种表现而言,这里仍然存在着一个问题,对此司各脱似乎并没有意识到。这个问题是说,我们只有在逻辑的和本体的框架之内来看待这种自由的表现才是可理解的和有意义的。如果跳出逻辑可能性的层面而到达现实存在的层面,那么面对同一对象 A,即使是"上帝"也存在着要在诸多的"逻辑的可能性"之中作出一个非此即彼的选择的问题,比如是爱还是恨。我们认为司各脱在阐述人类意志的自由的时候着眼于现实存在的层面,而论及神圣意志的自由的时候则转而从逻辑的和本体的层面出发,因此他强调的只是"上帝"的神圣意志所蕴涵的无限的逻辑可能性,而忽略了从这种逻辑可能性向现实性转换的环节。

司各脱关于偶然性和意志自由的理论有其深远的意义。他意识到了人类的世界并不完全受必然性的支配,我们生活的世界中存在着偶然性,而且这个偶然性的根源就在于"上帝"的自由意志。由此,司各脱不仅消除了对于偶然性和可能性之为存在"缺陷"的指责,而且从逻辑的和本体的层面上开辟了多样的可能性世界同时并存的"可能性"。同时,司各脱在建立起一个偶然性的生存世界的时候并没有把必然性及必然的真理完全排除在外。相反,在他看来,"上帝"的存在及其诸多关系都是必然的。而且正是这个自身具有必然性的"存在者",才开辟出了一个充

---

① 司各脱:《偶然性与自由》,第 126 页。

满可能性和自由的生机勃勃的世界。

第四节 司各脱主义和司各脱主义者

司各脱的思想在历史上曾受到误解和指责。比较突出的事例包括他曾被天主教徒和新教徒指责为有异端思想;而在经院哲学内部,他又因其带有毁灭性质的批判和过于精细的区分而被认为是导致了经院哲学的衰退。更为严重的是,司各脱曾因在教权与君权的斗争中持有鲜明的维护教皇的立场,这引起了 16 世纪英国宗教改革者和人文主义者的严重不满,于是他们对司各脱精致而有时略显繁琐的思维和写作方式大加嘲弄,其最终结果是他的名字 Duns 在被写做 Dunce 之后进入了英语词汇之中,成为"笨瓜""智力迟钝之人"的同义词。① 但在教会内部,对司各脱的各种指责从未得到认可。相反,他所极力倡导的"圣母纯洁说"不仅被除多米尼克派外的其他所有教派接受,而且在教皇庇护九世(Pius Ⅸ,1846—1878)的倡议下最终被写入了教规。1710 年,教皇乌尔班八世(Urban Ⅷ,1623—1644)颁布法令,宣布恢复司各脱的名誉,称他为"圣徒"。此项活动于 1906 年再次获得确认。

尽管历史上存在着对司各脱思想的多种误解,但是他的思想最终仍然得到了相当广泛的传播,并且对哲学和神学的发展起到了积极的影响,这种影响主要表现在法兰西斯派内部。事实上在司各脱离世后不久,他就被法兰西斯任命为官方"博士",地位相当于托马斯·阿奎那在多米尼克派中的地位。同时,他的学说和主张亦被吸收并写入法兰西斯派会章的总则部分,以之与日益强大的多米尼克派相抗衡。② 另外,除法兰西斯派之外,赞赏司各脱的思想主张的世俗教授和其他教派人士亦大有人在,他们主要集中在英国、爱尔兰和西班牙。不过,并不是所有的法

---

① 在《韦伯斯特大词典》中,明确指出 Dunce(a Dunsman)一词来源于经院哲学家司各脱,该词首次出现于 1577 年。

② 根据司各脱文集的整理者瓦丁的说法,这一事件应发生在 14 世纪前半期。

兰西斯派牧师都支持司各脱，就像并非所有的多米尼克派成员都支持托马斯·阿奎那一样。法兰西斯派中有人更愿意接受波纳文图拉的主张，另有一部分人则倾向于接受在司各脱、波纳文图拉和阿奎那的思想基础之上所形成的一种折衷主义。应该说，法兰西斯派内部并没有形成一个统一的、名副其实的司各脱主义流派，其会下的教师和牧师也从未受到要去传播司各脱主义思想的指示。司各脱的弟子们基本上是在"走自己的路"，其中最为突出的便是奥卡姆的威廉（William of Ockham），他甚至成为司各脱激烈的反对者。不过，在能够称得上是司各脱的弟子的值得一提的著名人物有如下三位。

弗兰西斯·梅朗（Francis Mayron，故于 1327 年），他著述甚丰，尤其因为把一种持续一整天的学术论辩的方法引入巴黎大学而闻名（actus sorbonicus）。

安东尼·安德里（Antonius Andreae，故于 1320 年），他是名副其实的司各脱弟子。据说他曾撰写论文数篇，并将之归于司各脱名下。

尼古拉斯·鲍维（Nicolaus Bovet，故于 1360 年），他曾到过北京，死时身为马耳他的主教。

但从真正严格的意义上讲，只有到了 15 世纪末至 16 世纪初这段时间，作为一个哲学和神学体系的司各脱主义流派才得以形成。因为在这段时间内对司各脱的著作的收集、整理以及评注工作才真正开始。到 17 世纪初期，司各脱主义得到了广泛的认可，在巴黎、罗马等地都有司各脱主义者的身影，这种情况一直延续到 18 世纪。据说司各脱主义的影响力一度大于托马斯主义。我们看到，先后有两位司各脱主义者成为教皇，他们是亚历山大五世（Alexander Ⅴ，1409—1410 年在位），他曾对司各脱对伦巴德的《四书》评注作过注释；以及西斯克特五世（Sixtus Ⅴ，1585—1590 年在位）。此外，17 世纪的司各脱主义者、爱尔兰人瓦丁（Luke Wadding，故于 1657 年）对于司各脱思想的传播功不可没。他与另外几个爱尔兰学者一道编辑整理了司各脱的全部著作共 12 卷，并于 1639 年在里昂出版。1891—1895 年，威夫斯（Vivès）在巴黎再版了这套文集(还加上了一部目前可以肯定的伪作)。自1950年起又出现了一个新的批判性的司各脱著作的版本,即梵蒂冈版。

　　到19世纪,司各脱主义的影响开始衰落,原因之一是法兰西斯派的势力几乎在所有的国家中均呈现下降之势。而另一个原因则在于,当时有几任教皇都极力倡导托马斯主义的主张,这一点多多少少对司各脱主义的影响和传播造成了不利的影响。但时至20世纪,司各脱的思想却走出了法兰西斯派内部,开始受到现代哲学的关注。司各脱关于个体当中的"共同本质"是构成普遍性概念的基础的主张,该主张不仅在14世纪唯名、唯实之争中成为重要议题之一,还得到了美国逻辑学家兼哲学家查尔斯·皮尔斯(Charles Sanders Peirce,1839—1914)的高度重视。[1]他称司各脱具有中世纪最伟大的思辨头脑,同时也是"有史以来最为深刻的形而上学家"。对现代西方哲学影响极深的海德格尔也于1915年藉讨论司各脱范畴论的论文《司各脱的范畴论及其意义》(*Die Kategorien-und Bedeutungslehre des Duns Scotus*)获得了弗莱堡大学的讲师资格。这些都从一个侧面反映出司各脱的思想在今天仍有它可资阐发的意义。

---

[1] 查尔斯·皮尔斯,美国逻辑学家、哲学家,早年求学于哈佛大学,1871—1874年在哈佛大学任教时曾组织"形而上学俱乐部",1877年退职后一直过着隐居生活,直到去世。皮尔斯生前只发表过两篇论文《信念的确立》和《怎样弄清我们的观念》,死后由其弟子整理出版6卷本文集。

下　篇

第八章 中世纪的共相问题之争：唯名论与实在论（上）

中世纪哲学大致是指从 400 年到 1400 年继古希腊哲学之后到文艺复兴时期的西方哲学。中世纪哲学的根本问题大致有两个：基督教与哲学的关系问题和作为哲学之基础的形而上学问题即何物存在问题。就前一个问题而言，中世纪哲学的总体纲领就是以安瑟伦的著名神学箴言"信仰寻求理解"（fides quaerens intellectum）为神学旗帜，试图在哲学-神学的问题领域以各种形式证明基督教与哲学理性之间的协调一致性，这种证明贯通于整个中世纪哲学。[①] 就后一个问题而言，关于何物存在这个形而上学问题并不是一个单一的问题，而是由许多属于逻辑学、语言哲学、本体论和认识论等诸多问题并围绕着概念与实在、思想与存在之间的关系这一线索共同交织而组成的一个家族，在这个家族中，最重要的、也是最富有争议并对后中世纪西方哲学发展产生巨大影响的一个核心问题成员就是"形而上学共相问题"（the

---

[①] 正是基于对中世纪哲学中关于哲学与神学相互交织性问题的考量，法国现代哲学史家吉尔松将整个中世纪哲学界定为"基督教哲学"。关于吉尔松的基督教哲学概念的讨论，请参见张继选《吉尔松的基督教哲学概念》，收于《哲学门》第 5 卷，第 2 册，湖北教育出版社，2004。

Metaphysical Problem of Universals)。① 正是基于对这个问题的不同回答区分出实在论与唯名论两大著名哲学阵营。

"共相"(universalis)这个术语,就词源来说,来源于拉丁文短语unum versue alia,其字面意思是指"一对多"。当然,"一"与"多"是根植于古希腊哲学的经典问题。所谓"多"是指"显象的多样性",而"一"是指"实在的统一性"。"一对多"的问题,也就是对于多样性的显象来说,是否存在着一个单一的、构成其存在根基并具有统一性的实在。多样性的显象即感性的具体事物都是个别物即殊相,从我们关于由个别物所构成的这个世界的普通经验,我们发现,一方面,这些个别物彼此是不同的,另一方面它们在类别、关系和性质上也有相似或相同之处,这就是在当代形而上学领域里所说的"属性一致现象"(the phenomenon of attribute agreement)。② 就前者而言,引出的问题是:究竟是什么原则或原因使一个别物不同于另一个别物? 这就是所谓"个别化问题"(the problem of individuation);而就后者而言,问题是:个别物之间的相似性或相同性也即共同性的根据是什么? 如果若干个别物之间的确在某一方面存在着共同性,那么,这种共同性的特征可被归属于其中每一个别物,它具有对个别物的可谓述性。在整个中世纪哲学中,关于共相问题的争论都毫无例外地恪守亚里士多德在《解释篇》(De Interpretatione)中对"共相"这个术语的经典定义,亚里士多德认为,可谓述性是共相的定义特征:

> 在实际的事物中,有些是共相,有些是殊相(所谓共相,我指的

---

① 形而上学共相问题之所以重要,是因为它本质上涉及一般哲学的基本问题,即思想与存在的关系问题;而它之所以富有争议,是因为几乎所有的中世纪哲学家针对这同一个问题都在细节上持有极为不同的观点。据后来文艺复兴时期的著名人文主义者爱拉斯谟(Desiderius Erasmus,1466—1536)说,在中世纪,关于共相问题的争论在某些场合甚至变得如此激烈,以致争论双方情绪异常激动,双方不仅破口大骂,而且拳打脚踢。参见阿姆斯特朗《共相:一个坚定己见的导论》,第6页,西景出版公司,1989。

② 洛克斯说:"我们的经验的一个无所不在的特征是一种我将称之为属性一致的现象,也就是属性、种类和关系这样的事物之间的一致。"(洛克斯:《实体与属性:本体论研究》,第3页,D.雷德尔出版公司,1978。)

是这样的东西，按其性质，它是对许多事物的谓述，而殊相则没有这样的谓述。例如，人是一个共相，而卡里亚斯其人是一个殊相)。①

从亚里士多德的共相定义可以看出，共相的可谓述性是指共相作为一种普遍属性可归于某事物。如在命题"卡里亚斯是人"中，当说到卡里亚斯时，我们就是在将"人"这个"属"即共相归于"卡里亚斯"这个殊相，命题中谓词"人"就是对主词"卡里亚斯"的谓述。显然，殊相词项"卡里亚斯"不能谓述任何别的东西。比如，我们不能说"某某东西是卡里亚斯"，除非这里主词就是卡里亚斯本身。然而，如果"卡里亚斯"这个词项充当谓词，那么这个命题中的系词就是在同一性意义上被使用，而不再有其谓述作用。殊相词项之所以不能作为谓词而起谓述作用，是因为它所指称的是具有"非例示性"(non-instantiability)的殊相或个别物，它们不能被分割为其他个别物而仍旧保持同一属类。与殊相不同，共相具有可例示性，某些个别物可以一同例示同一个共相。实际上，共相的可谓述性和可例示性都只是从语言层面对"共相"这个术语的说明和解释，它们是"共相"这个术语的定义内涵。根据这样的内涵规定，共相是许多个别所例示的一个单一而普遍的东西，是数目上为多的个别所共同具有的性质。总之，共相是共同的性质。

严格地说，这些定义性的规定并未完全触及共相问题的实质。正如在中世纪哲学中普遍要求至少从概念上区别开"本质"(定义)与"存在"一样，"共相"的定义与共相问题不同，后者在根本层面上涉及的是本体论问题：共相是否在实在上存在？这才是严格意义上的共相问题。② 正

---

① 巴恩斯编：《亚里士多德全集》第 1 卷，第 27 页，牛津修订译本，普林斯顿大学出版社，1984。也可参见亚里士多德《范畴篇·解释篇》，方书春译，第 60 页，商务印书馆，1997。
② 当代中世纪哲学专家格雷西亚认为，共相问题可以从本体论、认识论、形而上学和存在物的性质这四个方面来理解。参见格雷西亚《形而上学及其任务：探求知识的范畴基础》(第177—180 页，纽约州立大学出版社，1999)。当我们从共相问题引出实在论与唯名论之间的分野时，格雷西亚认为它们分别有四个不同的含义。实际上，除开认识论含义外，其他三个含义本质上没有什么重要的分别，而它们的认识论含义又是最成问题的，因为共相问题恰恰涉及的是共相是否独立于心灵(因而也独立于心灵的认知)而在实在上存在。即使承认共相问题的认识论含义，它也是派生的。

是对这个问题的不同回答,区分出了实在论与唯名论。一般地说,在中世纪哲学的共相问题的争论中,争论的双方都认可亚里士多德的第一实体学说,并且拒斥柏拉图的形式学说,即首先承认殊相或个别物是在心灵之外而独立存在的。在这个共同的前提之下,实在论者认为,共相也是独立于心灵或理智而在实在上存在,也就是说,共相具有实在性。当然,在拒斥柏拉图的形式分离说的前提下,共相就是存在于个别物之中(温和的实在论);而唯名论者认为,唯有个别物是独立于心灵或理智而在实在上存在。共相则不是,共相没有实在性,只有观念性,也就是说,共相只是作为概念存在于心灵或理智之中(概念论),或者共相只是普遍的或一般的词项(词项论)。实在论肯定共相在实在上(在心外)存在,它不仅是数目上为多的个别所共有的性质,而且是实在的性质。共相是共同而实在的性质。实在论一般区分为极端的或夸张的实在论与温和的实在论;它们作为实在论都肯定共相在实在上(在心外)存在;区别在于,前者认为共相不仅存在于心外,而且与个别相分离而存在于个别之外,后者认为共相存在于心外的个别之中。柏拉图的共相理论(理念论或形式理论)是最典型、最标准的极端的实在论。他认为,共相是心外并且独立于个别的实在,是个别事物共同分有的一种实在的性质,是作为摹本的个别事物所模仿的原型。

第一节　波埃修对形而上学共相问题的解释

一　亚里士多德的实体与共相理论

亚里士多德的共相理论是温和的实在论的始作俑者,他的实在论是建立在他的实体学说的基础之上的。亚里士多德把"实体"定义为这样的东西,它既不谓述任何东西,也不寓于任何东西之中:

> 实体——在最严格的、第一性的和最根本的意义上被称为实体的东西——乃是那种既不述说一个主体又不存在于一个主体之中

的东西，例如某个个别的人或个别的马。在第一性意义上被称为实体的东西所在于其中的诸属被称为第二实体；同样，这些属所隶属于其中的种也被称为第二实体。例如，某个个别的人包含于人这个属之中，而动物是这些属所隶属于其中的种。所以，这些东西——人和动物——被称为第二实体。①

根据这个定义，只有满足非谓述性和非依附性即独立自存性标准的东西才是第一实体。显然，亚里士多德认为，个别物，如某个个别的人或个别的马，满足第一实体的标准，因此，这些个别物是第一实体。就个别物不存在于其他任何非实体性的范畴属性来说，它们是独立存在的，在实在上存在，具有实在性。种属即共相显然不满足"非谓述性"之标准，所以它们不是第一实体。然而，种属不存在于主体之中，它们满足非依附性标准。亚里士多德说："不存在于主体之中，这是一切实体的共同特征。"②所以，种属也是实体。如果说个别是第一实体，这是因为它是基本的主体，既然属比种、种属比其他非实体性范畴属性更接近（尽管不是）基本主体，种属则是第二实体。此外，种属之所以是实体，乃是因为它们与非实体的范畴属性对主体的谓述不同，当它们谓述第一实体时，它们能够揭示第一实体之"所是"即本质。"如果说殊相更好地满足了主体标准的话，那么主体则似乎更好地满足了本质标准；所以，即使它们作为实体是第二性的，但作为本质可以是第一性的。"③种属的本质第一性是其不同于其他非实体范畴的重要特征。

个别物是第一实体，因为它们是基本主体；种属是第二实体，因为它们仍然是主体，尽管不是基本主体，但接近基本主体并能揭示第一实体的本质。个别物是第一实体，这是亚里士多德实体学说的核心原则。其本体论意义在于，这个原则肯定了个别具有首要的实在性。

---

① 巴恩斯编：《亚里士多德全集》第 1 卷，第 4 页，牛津修订译本，普林斯顿大学出版社，1984。
② 同上书，第 6 页。
③ 欧文：《亚里士多德的第一原理》，第 81 页，牛津大学出版社，1988。

　　然而,对于亚里士多德的共相理论来说,最根本的问题是,共相是否在实在上存在? 既然亚里士多德的实体理论已经表明,唯有个别才是基本主体,才是第一性意义上的独立存在物,因而具有实在性。那么,亚里士多德的共相问题就可以转化为共相是否存在于个别之中因而同个别一样具有实在性。

　　亚里士多德在《范畴篇》(Categories)中,根据"述说一个主体"和"在一个主体"这双重谓述关系,区分出四种类型的东西:(1) 既不述说也不在一个主体的东西;(2) 述说却不在任何主体的东西;(3) 既述说也在某个主体之中的东西;(4) 在主体之中但不述说主体的东西。属于第一类的东西当然就是第一实体即个别或殊相,而根据亚里士多德关于共相的谓述性之定义,属于第二类的东西即种属、种类和第三类东西,即非实体性范畴、属性和关系都是共相,因为它们都能够谓述数目上为多的个别。值得注意的是,作为共相的属性是指一般的属性,而不是存在于某个主体之中的属性,后者既存在于某个主体之中,它就是特殊属性,也就是殊相,而不是共相。①

　　亚里士多德共相理论的复杂之处在于,种属一方面作为共相谓述主体,另一方面又不在主体之中:

　　　　至于第二实体,显然,它们不在主体之中;人述说作为主体的个别的人,但并不在一个主体中:人不在个别的人中。同样,动物也述说作为主体的个别的人,但动物并不在个别的人中。②

种属是第二实体,如上所述作为实体,它们的共同特征是不在主体之中,也就是说,作为属的人并不在作为个别的人之中。亚里士多德解释说:

　　　　所谓"在一个主体中",我的意思是指,不是作为部分而在某东西之中,而是指离开了它所在于其中的东西便不能存在。③

----

① 参见格斯里《希腊哲学史》第 6 卷,第 143 页,剑桥大学出版社,1990。
② 巴恩斯编:《亚里士多德全集》第 1 卷,第 6 页,普林斯顿大学出版社,1984。
③ 同上书,第 3 页。

非实体性的范畴即属性存在于主体之中,也就是说它们不是独立存在的,而是存在于第一实体即个别之中。既然第一实体具有实在性,那么存在于其中的属性作为共相也具有实在性。然而,种属不在主体之中,意味着它们能够离开主体即第一实体而独立存在。如果是这样的话,那么它们作为共相似乎就是独立于个别而存在。显然,这正是柏拉图的共相学说。所以,有人认为,当亚里士多德把种属看做是第二实体时,他"事实上就是复活了柏拉图主义,他自己永远不能完全从柏拉图主义里摆脱出来"①。在柏拉图那里,共相是独立并先行于个别而在实在上存在,个别依附于共相而获得其派生的、不完全的实在性。然而,在亚里士多德这里,当我们注意到相对于第二实体和其他非实体性范畴,第一实体在范畴中所享有的中心地位和作用时就会发现,亚里士多德与柏拉图在共相理论上是根本不同的。亚里士多德明确强调,第一实体之所以比包括第二实体在内的其他任何别的东西更是实体,是因为第一实体是其他任何别的东西的基本主体。而作为基本主体,第一实体不存在于任何别的东西之中,因而第一实体是独立存在的。如果第一实体不是独立存在的,也就是说,如果它们是依赖于别的东西而存在,那么即使这些别的东西不是第一实体的主体,它们的存在对于别的东西就同样是基本的。②这就是说,它们和第一实体的存在是相互依赖的,而这无异于瓦解了第一实体作为基本主体的首要的、根本的地位。因此,无论如何,第一实体在第一性意义上是独立存在的。这就是亚里士多德的个别物的本体论的基本原则。显然,这与柏拉图主张共相在实在上存在的共相本体论形成了鲜明的对照。在这一点上,亚里士多德绝不是在复活柏拉图主义,相反,他的实体学说恰恰是对柏拉图共相论的一种反动。亚里士多德关于实体的第一性与第二性的区分表明,在实在存在的意义上,第二实体即种属共相不可能比第一实体即个别物更是主体。这就是说,亚里士多

---

① 威廉·涅尔和玛莎·涅尔:《逻辑学的发展》,张家龙等译,第84页,商务印书馆,1985。
② 参见欧文《亚里士多德的第一原理》,第82页,牛津大学出版社,1988。

德的共相理论是建立在他的个别物的本体论基础之上的。根据这种关系，我们可以说，尽管亚里士多德断言种属不在主体之中，因而这一断言与第一实体的本体论地位之间存在着内在的紧张关系，但是根据他的个别物的本体论原则，与第一实体在第一性意义上的独立性相比较，包括种属在内的任何其他东西都在派生意义上是依附性的。独立性与依附性之间的对照本身表明，没有前者，就没有后者；没有个别物的独立存在，也就没有个别物所属的种属的存在。亚里士多德说：

> 这样，所有其他东西要么述说作为主体的第一实体，要么在作为主体的第一实体之中；所以，如果第一实体不存在，那么其他任何东西就不可能存在。①

尽管种属作为(第二)实体不在作为基本主体的第一实体之中，但是它们在本质上谓述第一实体。在亚里士多德看来，如果第一实体不存在，那么作为谓述第一实体的种属共相就不可能存在。在这里，亚里士多德关于第一实体的独立性和第二实体对第一实体的依附性的断言通常被理解为肯定，种属共相存在于个别物中。第一实体是独立的存在物，具有第一性意义的实在性，种属共相依附于第一实体而存在，因而同第一实体一样具有实在性。这就是亚里士多德的共相理论。在解决形而上学共相问题时，亚里士多德虽然不同意柏拉图将共相与个别物分离的立场，但仍然肯定共相的实在性，显然亚里士多德的共相理论完全等同于他的实在论。然而，再一次与柏拉图坚持共相与个别物相分离这一极端实在论的立场不同，亚里士多德的共相理论是建立在他的个别物的本体论原则之上的，他认为共相依附于个别物而存在，所以，他的实在论是温和的。

柏拉图的共相理论就是他的理念论。根据这种理论，共相是独立于例示共相的个别而存在，而个别则是共相的不完善的摹本。柏拉图共相

---

① 巴恩斯编：《亚里士多德全集》第 1 卷，第 5 页，普林斯顿大学出版社，1984。

的范例就是数学对象的普遍性质，如关于圆的几何性质并不依赖于任何个别的或经验的圆，后者根本不可能具有严格意义上的圆的性质，只有几何圆本身即圆的理念才具有普遍的圆的性质即圆的共相。亚里士多德反对柏拉图的共相理论，认为只有个别才是独立存在的，而共相仅仅依存于个别而存在。如果说柏拉图的共相范例是几何的普遍的性质的话，那么亚里士多德的共相范例则是生物学上的自然种类性质。按照亚里士多德的共相理论，个别的动物和植物属于一定的种类即属，而不同的属又属于一个单一的种，种属依存于个别，而多个个别是种属的例示。亚里士多德反对柏拉图共相理论的一个直观的理由是，共相既然是个别的共同性质，它们就不能与个别相分离而独立存在。他在柏拉图晚期对自己的共相理论进行反思的基础上，提出了著名的"第三人论证"(the third man argument)，反驳柏拉图的共相理论。根据柏拉图的共相理论，共相(如人)是多个个别(人)的共同性质。这意味着在多个个别(人)之间的关系中，它们才具有一个共同的性质即共相。没有所有个别之间的关系，就没有一个共同的性质即共相。然而，在亚里士多德看来，柏拉图共相理论的问题在于，一旦对于多个个别(个别的人)确立一个共相(人)后，这个共相又与其中的个别之间又存在一种关系，既然新的关系是在个别与第一个共相之间确立的，这种关系不同于个别之间的关系，所以建立在新的关系基础之上又存在另一个共相。这样，就会在个别(个别的人)与共相(人)之间又出现一个新的共相(第三人)，以至无穷。显然，根据柏拉图的共相理论，在个别之外设立共相，其论证的推进将导致无限回退。亚里士多德揭示了柏拉图的共相理论所包藏的根本问题，所以他拒绝了柏拉图的极端的实在论，否弃了柏拉图式的共相。然而，亚里士多德依然是个实在论者，他依然承认共相作为个别的本质的存在。只是他认为，共相依附于个别物而存在，而根据他的个别物的本体论原则，个别物具有第一性意义的独立性。尽管如此，亚里士多德的共相理论或实在论仍然有其自身的问题和困难。

如前所述，亚里士多德认为，一切实体的共同特征是它们都不在主体之中。他解释说，某某东西"在主体之中"，是指它离开了它所在于其中的东西便不能存在。反过来说，某某东西"不在主体之中"，是指它不依附于任何别的东西，它自身就是主体，是独立存在的东西即实体。根据实体的这个共同特点，种属即共相，作为第二实体，就是独立的而不是依附性的存在物。不仅如此，亚里士多德还明确指出，作为属的人和作为种的动物都不在作为个别物的人之中。如果不考虑共相当其不存在于个别物之中而仅存在于理智或心灵之中这一可能性的话，这当然表明，亚里士多德的共相理论在较小的程度上具有回归柏拉图主义的倾向：共相被归设在个别物和理智之外的先验领域。这种倾向在亚里士多德的本体论内部则表现为个别物的本体论原则与共相的本体论原则之间的冲突。这是亚里士多德共相理论的基本难题之一。

二　波埃修对共相问题的解释

尽管共相问题分别在柏拉图和亚里士多德那里得到了不同形式的肯定的回答，但它作为一个哲学问题并引起广泛而持久的讨论则是起始于中世纪，并且激发这场关于共相问题的旷日持久的哲学讨论的关键性人物是被斯图沃特（H. F. Stewart）和莱德（E. K. Rand）称为"最后一个罗马哲学家和第一个中世纪神学家"的波埃修。[1] 但是，波埃修似乎并不是真正意义上的一个承前启后式的哲学家，因为虽然他试图将古希腊哲学的基本观念特别是亚里士多德哲学传送给早期中世纪哲学，但他并没有提出自己的哲学思想，他的成就在于翻译和评注亚里士多德的逻辑学著作。正如著名中世纪哲学史家约翰·马伦邦（John Marenbon）所指出："虽然波埃修是一个基督徒，用拉丁文写作，但他属于一个可直接追溯到普罗提诺，并最终到亚里士多德和柏拉图的传统。然而，作为一个晚期古代哲学家，波埃修的重要作用是有限的。他的大部分想法和论证都来源于他对古希腊思想资源的掌握，他自己的贡献更多的在于选择、

---

[1] 参见格雷林编《哲学2》，第527页，牛津大学出版社，1998。

组织和表述各种观点,而没有原创性思想。"①既然如此,那么,为什么波埃修又被认为是为随后中世纪哲学家讨论共相问题提供了出发点呢?②仅就共相问题而言,波埃修的重要性在于,他通过自己对亚里士多德和柏拉图哲学思想的理解,借助波菲利所提出的问题,以经典形式制定了一直沿用至今的所谓"共相问题"(the Problem of Universals)。并且在制定这个问题中,他所用的术语和表述方式已经深深地扎根于 13 世纪以前的形而上学文献之中,对波埃修的一般哲学思想持反对意见的人也无法放弃,甚至无法修正这些术语和表述方式。无论如何,波埃修以制定问题的形式将柏拉图和亚里士多德的形而上学共相学说陈列在一起,试图建立它们的统一协调性,从而为随后中世纪进一步讨论共相问题提供了一个非常重要的契机。

　　中世纪讨论共相问题所依据的经典文本就是波埃修的《〈波菲利的亚里士多德《范畴篇》导论〉评注》(A Commentary on Porphyry's Isagoge)。我们知道,亚里士多德在其《范畴篇》中提出了著名的十范畴,其中实体或本体这个范畴在范畴体系中占有中心地位。波菲利在其《导论》中将实体这个范畴看做最高的种,在其下根据属差可以划分出不同等级的属。就"实体"范畴来说,作为种可以分为"有形体的东西"与"无形体的东西"两个不同的属。而"有形体的东西"又可分为"有生命的东西"和"无生命的东西"……照此可以一直划分下去,直到不能划分的最低的属即个别出现。这就是所谓"波菲利之树"(the tree of Porphyry)。波埃修将波菲利的《导论》译为拉丁文,并对其作了释义,完成了《〈波菲利的亚里士多德《范畴篇》导论〉评注》。正是在这个评注中,波埃修在转述波菲利所提出的问题时写道:

　　　　他说:关于种和属,现在我不说它们是否独立存在,是否仅仅寓于单纯的理智之中;如果独立存在,它们是有形体的还是无形体的;

---

① 马伦邦编:《中世纪哲学》,第 11 页,劳特利奇出版社,1998。
② 参见格雷林编《哲学 2》,第 529 页,牛津大学出版社,1998。

以及它们是与感性事物相分离还是寓于感性事物之中并与感性事物相一致。这类问题是最高级的问题,需要花很大的功夫研究。①

这是一则关于中世纪形而上学共相问题最著名的也是最经典的文本。在这里,波埃修所转述问题就是所谓"波菲利问题",这些"问题一起构成了哲学史家所说的'共相问题'(the Problem of Universals)"②。让我们根据波埃修的文本来详细考察一下形而上学共相问题的基本结构。

首先,我们知道所谓"种"和"属"在概念上可以理解为这样的表达式:当一个表达式用于指属于某一类型的某些而不是所有东西,并且不能用于不属于该类型的所有东西,那么该类型就是"种"。而这个表达式所指示的所有并只有这些东西的子类就是"属"。如在关于人的定义中,可用"理性的动物"来表示"人",其中"动物"这个类型就是"种",而子类人就是"属"。实际上,"种"与"属"的区分是相对的③,都可以泛称为"一般"或"共相",它们与"个别"的区别则是绝对的,因为根据谓述理论,"种"和"属"都可以作为谓词用来谓述个别,而个别不能谓述别的东西。在通常的用法中,"种"和"属"似乎总是被当做逻辑学上的概念来使用,但是共相问题则涉及作为概念的"种"和"属",即"种属概念"(genus- and species-concepts),是否在心灵之外有相对应的指示之物存在,即"种属事物"(genus- and species-things)是否在实在上存在。中世纪的唯名论则否定种属的实在性,认为它们只是一般词项,或者只是通过思维的抽象作用所形成的概念,而作为实在论的形而上学共相理论肯定,不仅种属概念存在于我们的心灵或理智中,更重要的是,种属事物在实在上存在。此外,即使种属具有实在性,进一步的问题是,与个别相联系,种属究竟是在个别之中还是在个别之外? 显然,对这个问题的回答,在一定的意义上就是在柏拉图和亚里士多德的实在论之间作出选择。

---

① 麦克恩编译:《中世纪哲学家原著选编》,第91页,查尔斯·施克莱伯纳父子出版公司,1929。
又见《西方哲学原著选读》上卷,第227页,商务印书馆,1988。
② 哈肯特编:《中世纪哲学家》,第113页,盖文研究出版公司,1992。
③ 马伦邦编:《中世纪哲学》,第478—479页,劳特利奇出版社,1998。

尽管波埃修和波菲利都认为"种属问题"是非常高深的问题,"很多聪明人都试图解决它,但许多人都未曾解决得了"①,但是问题本身已经暗示出了如下几种可能的答案:(1) 种属仅仅寓于理智之中;(2) 种属独立存在(即存在于理智之外)并是有形体的;(3) 种属独立存在并是无形体的,而且与感性的事物相分离;(4) 种属独立存在并是无形体的,而且寓于感性事物之中,与它们相一致。在这四种答案中,其中第一个显然是唯名论的答案;第二个为阿贝拉尔的老师罗色林所坚持,他认为种属即共相只是一种"说话的声音"(flatus vocis),因为这个观点太极端而在中世纪几乎未赢得多少支持,甚至连阿贝拉尔也不同意这种观点;第三个答案当然就是柏拉图的共相理论;而最后一个就是亚里士多德的实在论的基本立场。从波埃修的《评注》文本,我们已经知道了共相即种属问题主要涉及种属是否存在,如果存在,其存在方式是什么? 我们也知道了对共相问题有四个可能的答案,但波埃修对问题的进一步讨论表明,这四个答案似乎都不令人满意,而且他似乎也没有开辟其他解决途径的可能,因而看起来共相问题的确是艰深难解的形而上学问题。

波埃修首先认为,共相并非是独立存在的。这样,他实际上就拒绝了上述关于共相问题的后三个可能的答案。波埃修否认共相存在的论证思路是这样的:如果种属即共相在实在上存在,那么,它们作为存在的东西要么在数目上是"一",要么是"多",但波埃修论证说它们既不可能在数目上是"一",也不可能是"多",所以,没有这样的东西存在。

那么,种属即共相为什么既不可能在数目上是"一",也不可能是"多"呢?

第一,种属即共相不可能在数目上是"一"。共相的根本特征在于它是多个个别事物的共同性质,也就是说,它对于数目上多个个别来说是共同的或共有的。可是,究竟应在何种意义上来理解共相的"共有性"呢? 当我们说某东西是被共有的,可以从各种不同的方式来理解:(1) 共

①《西方哲学原著选读》上卷,第 228 页,商务印书馆,1988。

有的东西之为共有,是因为它同时为它的部分所共有,如若干人占据一个房间的各个部分,他们所占据的这些部分共同享有或组成一个共同的整体房间,但它不可能整体地被共有;(2)共同的东西之为共同,是因为它在不同的时间为不同的事物所享有;(3)它在同一时间为所有的事物所共有,然而并不构成共有它的事物的实体。① 但是,波埃修认为,种不可能在上述任何一种方式上被共有,"因为它必须以这样被共有:它是全部地并且同时在个别之中(it is in the individuals wholly and at one time),它们能够构成并形成那些共有它的事物的实体"②。波埃修的意思是说,如果种被多个个别共有,那么它被共有的方式只能被理解为是它必须同时全部并完全地寓于数目上不同的个别之中。果真如此,它就不是数目上的"一"。因为比如某个东西为两个个别所共有,那么它就必须全部存在于这两个个别之中,而这两个个别在数目上是"多",所以被它们所共有的那个共同的东西就不能是数目上的"一"。正如没有任何一个个别能同时存在于两个地方一样,共相也不能以如此方式存在,所以它不是数目上的"一"。根据玛里琳·麦克科德·亚当斯(Marilyn Mccord Adams)的分析,共相不能是数目的"一",这里含有的假定是:"如果 A 在时间 t_1 全部在 x 之中,B 在时间 t_1 全部在 y 中,并且 x 完全在 y 之外,那么,A 就是完全在 B 之外并在数目上是与 B 有分别的。"③ 她的意思是,x 和 y 是在数目上完全有分别的两个个别,如果 A 和 B 同时全部分别在 x 和 y 之中,那么 A 与 B 就不可能在数目上"同一的"。

第二,种属即共相不可能在数目上是"多"。如果共相在数目上不是"一",那么,它是不是"多"呢? 假定种在数目上是多,那么,这里在不同的层级上仍旧存在着一个"共有问题":在多个种之间必然有一种共同的东西。可是,我们如何理解这种"共同性"呢? 首先,根据前面关于非数目同一论证,一个种不可能被多个种所共有,因为不可能有一个被共有

---

① ② 贝尔德和考夫曼编:《中世纪哲学》(哲学原典第 2 卷),第 140 页。
③ 亚当斯:《奥康》第 1 卷,第 6 页,圣母大学出版社,1987。

的、数目上为"一"的种存在于多个种(数目上为"多"的种)之中。波埃修说:多个种"具有某种相似的东西,而不是相同的"①。多个种之间不能共享一个同一的种,最多只存在相似性的东西。根据亚当斯的分析,两个不同但相似的东西,其相似性可以作这样的理解:"如果 x 是与 y 相似的,那么必须有某东西 z(在这里 z 不同于 x 或 y),而就这个东西来说,x 与 y 才是彼此相似的。"②如果一个动物(种)与另一个动物(种)是相似的,那么,它们之间就有另一个东西即"动物性",由于这个东西,它们才是相似的。但由此会引出进一步的并且是类似的问题:一个动物的动物性与另一个动物的动物性是相似的,而且这两种动物性是就第三种东西即其动物性而言是相似的。……这样,"寻找理由的工作就会无限地(in infinitum)进行下去,因为这个过程是没有止境的"③。而如果这样的话,也就"不存在最后的种了"④。没有最后的种,实际上也就根本没有了"种"本身,因为种的特征在于"一"对"多",即"高一级"的"一"对"低一级"的"多"(属或个别)⑤,如果种在数目上是"多",就会出现这样的问题:与种的一般规定相反,"低一级"的种反而对"高一级"的"多",这也不满足"波菲利之树"的划分结构。总之,在波埃修看来,种在数目上也不可能是"多"。

波埃修得出结论说:"因此之故,种既不是一(one),因为它是共有的;也不是多(many),因为还要为许多种寻找另一个种。由此可以看出,种绝对不存在。"⑥

如前所述,在波埃修看来,如果种属在实在上不存在,这意味着上述关于共相问题的后三种可能的答案都被拒绝。那么,第一个答案又怎么样呢? 这个答案是说,种属仅仅存在于单纯的理智之中。如果我们把"理智之中"与"理智之外"(在实在上)看做是两个相互排斥但又一起穷

---

① ③ ④ ⑥ 贝尔德和考夫曼编:《中世纪哲学》(哲学原典第 2 卷),第 140 页。

② 亚当斯:《奥康》第 1 卷,第 7 页,圣母大学出版社,1987。

⑤ 在这里,所谓"高一级的",我的意思是指种就其一般性而言高于属或个别的方式,在这个意义上高一级的种对低一级的东西来说就是波埃修所说的"最后的种"(the last genus)。

尽了所有可选择的项的话,那么,根据上面的分析,既然种属在实在上不存在,波埃修本来应该承认种属就只可能存在于理智之中了。果真如此,波埃修就是在维护唯名论的立场。如果再考虑到波埃修否认共相在实在上存在,那么,我们会感到非常奇怪:既然波埃修能够作出明确的唯名论的选择,为什么又认为种属是十分高深的问题并反复加以讨论呢?然而,事实上,波埃修也不接受那个唯名论式的答案。这个答案涉及一个至关重要的术语:"种属概念或观念";如果种属仅仅存在于理智之中,那么这里所说的种属就首先是种属概念或观念。但是,一切观念——如果不是空洞的,总是关于某种东西的观念,用波埃修的话来说,"没有对象内容(subject)就不可能形成一个观念"①。按照波埃修的说法,观念的形成方式有两种:一是,观念是按事物本身构成的方式而从事物形成;二是,观念不是按事物本身构成的方式而从事物形成。②我们可以用认识论中的符合论的真理观来理解这两种方式:要么观念与事物的结构相一致,要么观念与事物的结构不一致。在前一种情况下,与事物结构相一致的观念就是真理,但这要求首先确立事物在实在上的存在并与观念完全相对应,但根据前面的分析,波埃修认为,种属事物是不存在的,所以种属观念不可能是真的。这就转到后一种情况:种属观念就其存在于理智之中而言因与事物的结构不一致因而是假的。这样,实际上,波埃修也不满意上述第一个答案。

如果波埃修转述波菲利的问题是真正的问题,上述关于这个问题的四种可能的答案是唯有的选择,那么,看起来,波埃修全部拒绝了这些可能的答案这一事实似乎表明,种属即共相问题的确是较为高深的问题,现有的答案虽是唯有的,但都不令人满意。尽管如此,我们注意到,一方面波埃修是一位新柏拉图主义者,他受柏拉图的共相学说特别是其认识论学说影响颇深;另一方面,波埃修《评注》中以欣赏的态度简述了亚里士多德的门徒亚历山大在共相问题上所作的理解。所以,在共相问题的

---

①② 贝尔德和考夫曼编:《中世纪哲学》(哲学原典第2卷),第140页。

讨论中，波埃修根本意图似乎在于表明：共相问题虽很复杂，但柏拉图的极端的实在论和亚里士多德的温和的实在论是两个相互对立而又最有可能被优先考虑的形而上学共相理论。

亚里士多德的实在论或共相理论对波埃修的影响，主要表现在波埃修在他的《评注》中对阿伏罗底西亚的亚历山大（Alexander of Aphrodisias）沿着亚里士多德的实在论而对共相问题所作的解释的肯定。如前所述，亚里士多德的实在论的共相理论认为，个别或殊相在实在上存在，而属性和作为"第二本体"（实体）的种属在某种意义上存在于个别之中，因而也是实的。然而，在亚里士多德的实在论中一直存在一个含糊不清的问题，这个问题就是：普遍的共相是以何种方式存在于个别之中的呢？亚里士多德颠覆了柏拉图的共相理论，不能容忍把个别的性质即共相设定在与个别本身相分离的一个不同的独立领域，并在保留知识对普遍性和实在性要求的同时，坚持认为共相只能存在于个别之中。这样，亚里士多德就把共相的普遍性与个别的个别性之间的对立置放在一个更加狭窄和困难的理论探索领域，从而使共相的存在问题在理论上变得比以往任何时候都更加尖锐和复杂。

在回答前述关于种属问题所提出的第一个答案中，波埃修认为种属观念就其存在于理智之中而言必然是假的，并以此拒绝了种属存在于理智的可能性。但根据波埃修在《评注》中对亚历山大的评述，亚历山大则认为，当种属观念表象事物时，观念未必一定是假的。亚历山大把观念表象事物的方式分为两种：一是，借助于理智的结合或组合而形成的观念，这类观念可能是真的，如把房屋的各个部分的观念组合起来而形成房屋的观念，该观念因能表象房屋本身而是真的；但也可能是假的，如把黄金的观念和山的观念结合就形成"金山"的观念，该观念因没有实在的对象因而是假的。二是，借助于分解和抽象而形成的观念，这类观念未必是假的或空洞的。亚历山大认为，种属观念就是通过第二种方式形成的。这就是说，种属观念是通过思维的抽象和分解作用而形成的，既然抽象和分解是属于心灵或理智的思维活动，所以，没有心灵或理智，也就没有这样的观念。但特别重要的是,被分解和抽象的东西也就是这类活动所指向的对象,则是在心灵之外并以个别的形式存在。正如波埃修对亚历山大观点的复述:"既然种和属是思想,因此它们的相似性是来源于它们所存在于其中的个别(individuals),正如人性(humanity)的相似性是来源于彼此有别的个别的人一样,这种相似性被心灵所构想并真正感知就形成了属;而当考虑不同的属的相似性时——这种相似性只能存在于属本身或属于属的个别之中,这样相似性就构成了种。"①这意味着,种属是思想性的东西,因为它是思想或心灵抽象和分解作用的结果。但它也存在于思想或心灵之外,因为思想或心灵的分解和抽象的对象是存在于思想和心灵之外的个别。"苏格拉底"和"柏拉图"都是个别的人,他们都是具有实在性的个别,从这些个别的人中我们可以通过思想的抽象活动形成一个抽象的相似观念"人性"即人的观念,这个观念就是"属"。通过类似的方法,我们可以从不同的属(人和马)形成"种"的观念(如动物)。"因此,种属存在于个别之中,但它们是被思想的共相。"②种属就其来源于个别而言是单一性的,而就其现成的存在形式而言具有思想的普遍性。从这个意义上说,"单一性"和"普遍性"这两重不同的规定即属性都可归属并应用于种属,也就是说,这两重相反的特征都可以被种或属这同一主体所拥有。然而,这并不是说,种属在同一种意义上既是单一性的也是普遍性的。"对于种和属也就是对于单一性和普遍性来说,只有一个主体,不过,在一种方式上当其被思维时,它就是普遍的,而在另一种方式上当其在它所在的事物中被感知时,它又是单一的。"③总之,根据波埃修的评介,亚历山大的共相观念就是:种属即共相是思想中的共相,但它们也在实在上存在于个别之中。这当然也就是亚里士多德的共相理论。波埃修对亚历山大的共相观念的详细评介,似乎可以被视为是他对亚里士多德共相理论的认同,然而,作为一位新柏拉图主义者,波

---

① 贝尔德和考夫曼编:《中世纪哲学》(哲学原典第2卷),第141—142页。
②③ 同上书,第142页。

埃修也提到柏拉图的共相观念,并就亚里士多德的共相学说作出声明说:"但是,我们竭力贯彻亚里士多德的意见,是基于这样的理由:绝不是因为我们赞同他的意见,而是因为这本书是为《范畴篇》写的,而亚里士多德是该著作的作者。"[1]因此,正如我们前面所指出的那样,波埃修在《评注》中对共相问题的讨论,其意图并不在于阐述自己的共相学说,也不在于赞同他所评介的某一具体观点,而在于借波菲利提出种属问题并表明种属即共相问题是一个非常复杂的问题,尽管它曾经沿着柏拉图和亚里士多德的实在论方向被广泛讨论过,但问题并没有得到令人满意的解决。晚期中世纪哲学继续针对波埃修所转述的共相问题进行了更为深入的讨论,这可被视为是对波埃修讨论共相问题的意图的一种领悟和回应。

第二节 阿贝拉尔的唯名论

一 作为唯名论思想先驱的阿贝拉尔

在11—12世纪的中世纪,波埃修所讨论过的亚里士多德式的温和的实在论一直占据着主流的立场。但是,由于这种实在论肯定共相是经过理智或思维抽象而得出的一种概念,其实在性的基础仅仅在于概念与理智之外的个别事物的联系,所以,是一种包含着唯名论倾向的实在论,是一种混合的共相论。实际上,整个中世纪的唯名论与实在论的争论在某种意义上都是对亚里士多德式的实在论的再解释。正是在这种解释中,分出了更加明确的唯名论者与实在论者。因为他们的共相论都坚持与亚里士多德式的实在论在一些原则上大致保持着某种连续性。其中特别重要的是,他们都认为,唯有个别的事物才是实在存在的——正是这个本体论原则,使得唯名论与实在论都与柏拉图的极端实在论分道扬镳。此外,他们也都认为,严格意义上的共相即能够谓述许多个别事物的东西都是概念。他们的关键分歧在于,实在论者认为,这些概念在心

---

[1] 贝尔德和考夫曼编:《中世纪哲学》(哲学原典第2卷),第141—142页。

灵或理智之外的个别事物中有其指示的普遍的或共同的性质存在,也就是说,存在着实在的共相。这是极端的实在论与亚里士多德式的含糊的实在论的一个根本分野,而唯名论者则否认有任何普遍的或共同的性质在实在上论存在。

中世纪的唯名论与实在论的争论大致经历了两个重要的阶段:一个阶段是在 12 世纪,发生在阿贝拉尔与罗色林和香蒲的威廉(William of Champeaux,1070—1120)之间的争论。在这个阶段,由于罗色林和威廉没有留下详细的原始材料,也由于阿贝拉尔对唯名论的发展更加系统,所以,通常认为,在这场争论中,阿贝拉尔的唯名论明显地占据了上风。另一个阶段是在 13 世纪,邓斯·司各脱发展了一种精致的实在论,而在 14 世纪初,奥康主要通过对司各脱的实在论的批判,秉承阿贝拉尔的唯名论路线,建立了更加系统的唯名论哲学思想。这是中世纪实在论与唯名论之间的争论达到高潮的阶段。然而,在这个阶段,虽然奥康对各种形式的实在论特别是司各脱的实在论进行了系统的批判,但是,由于没有代表司各脱实在论立场的人物的回应,所以,很难说在司各脱的实在论与奥康的唯名论之间,哪一方取得了确定的胜利。毋宁说,其争论高潮的历史意义仅仅在于,共相问题的复杂性经过司各脱的实在论与奥康的唯名论,在更根本的层次上,得到了系统、深入的展示,它的理论蕴涵在中世纪达到了所能达到的最高层次。

我们将看到,虽然奥康的唯名论哲学思想更加系统深入,但他的唯名论从根本原则上依然遵循的是阿贝拉尔的唯名论原则。因为他们都恪守唯名论的基本原则:共相是寓于心灵或理智中的概念或语词,心灵或理智之外没有任何普遍的或共同的性质存在。从这个意义上说,阿贝拉尔是唯名论的先驱。

阿贝拉尔的研究者一般将他的昆西时期作为分界,划分为早期著作和晚期著作。[1] 按照这样的划分,阿贝拉尔讨论共相问题的两部重要的

---

[1] 参见克雷格总编《哲学百科全书》第 1 卷,第 9 页,劳特利奇出版社,1998。

逻辑学著作《逻辑初步》(*Logica Ingredientibus*，1120)和《逻辑:回应朋友的请求》(*Logica，Nostrorum Petitioni Sociorum*,1124)被分别看做是早期著作和晚期著作。尽管如此,至少在共相问题上,我们不认为阿贝拉尔的唯名论思想有任何实质性的变化。《逻辑初步》实际上包含四个评注:关于波菲利《导论》(*Isagoge*)的评注,关于亚里士多德《范畴篇》和《解释篇》的评注,以及关于波埃修《论主题差异》(*De Topicis Differentiis*)的评注。其中关于波菲利《导论》的评注是我们这里阐述阿贝拉尔唯名论思想所依据的主要文本。

阿贝拉尔对中世纪哲学的主要贡献是复兴了 12 世纪初的哲学热潮,为共相问题提供了逻辑学和语言哲学基础,从而使共相问题首先成为一个语言谓述问题,而不是形而上学问题。阿贝拉尔与后来的奥康一样,维持唯名论的消极立场,坚定不移地拒斥承诺有任何普遍的事物(共同性质)的实在存在。阿贝拉尔在共相问题上的具体立场是,种属共相是普遍的词项,因为只有词项才能满足亚里士多德共相的定义,才能在语言命题中起谓述作用。而没有任何与这些普遍的词项相对应的普遍的事物在实在上存在,唯一在实在上存在的东西只是个别的事物。这就是阿贝拉尔的唯名论。

二　阿贝拉尔与罗色林、威廉的争论

在我们关于世界的普通经验中,我们总是相信所看到的事物都是具体的,是个别的,它们在我们的心灵之外实实在在地存在着,是实在的个别事物。然而,同样是在普通经验中,我们也使用一般的语词和观念来描述这些实在的个别事物,说这个个别人是一个人,是一个动物,那个个别的人同样是一个人,是一个动物。这里,作为谓词的"人"和"动物",都是普遍的或一般的语词或概念,它们是用来述说"这个个别的人""那个个别的人"。既然在普通的经验判断中,我们不可避免地使用很多普遍的词项和概念,那么,我们自然会问,这些普遍的词项和概念是否有意义?也就是说,它们是否有普遍的事物或共同的性质作为其指示的对象？此外，在科学中，所有的知识都是由普遍的命题组成，而这些命题含有普遍的概念和词项，科学知识的普遍性就依赖于这些词项和概念的普遍性。然而，如果这些词项和概念在心灵或理智之外没有普遍性的对象即实在的共相或共同的性质，为其提供实在的或客观的基础，那么，科学知识似乎就变成了理智的任意虚构。这当然就是怀疑论者的基本直观。然而，如果我们确信普通的经验判断和科学知识的客观实在性，那么，至少从表面上看，似乎需要肯定共相或共同性质在心灵或理智之外存在。显然，这就是实在论的基本立场。也许出于日常直观，更有可能是因为受新柏拉图主义的影响，实在论在早期中世纪的哲学发展中首先取得了一定的优势地位。当早期的实在论者着意于强调共同性质的实在存在时，他们认为某一类的个别事物都有一个共同的实体即共同的本质，而这些个别事物之间的差异的性质属于非必要的偶性，这样，即使偶性脱离实体而不再存在，但实体依旧继续存在。这种超越日常直观（肯定个别事物的实在性）的实在论就是柏拉图主义的实在论即极端的实在论。

在早期中世纪，柏拉图主义的极端的实在论者的著名代表人物是爱尔兰人约翰·斯格特·爱留根纳。在伪狄奥尼修斯（the Pseudo-Dionysius）的新柏拉图主义的影响下，爱留根纳在《论自然的区分》（De Divisione Naturae，该著作被称为"中世纪第一个伟大的哲学体系"[1]）这部著作中，在坚持基督教神学的基础上，也摆明了他的柏拉图主义的极端实在论立场。爱留根纳把"自然"分为四类，他说：

> 在我看来，自然可以依据四种差异性而区分为四种类型：第一种区分为能创造而又不被创造的自然；第二种区分为被创造而又能创造的自然；第三种区分为被创造而又不能创造的自然；第四种区分为既不能创造又不被创造的自然。[2]

所谓"能创造而又不被创造的自然"当然就是上帝。爱留根纳认为，上帝

---

[1] 洪德里希编：《牛津哲学指南》，第249页，牛津大学出版社，1995。
[2] 贝尔德和考夫曼编：《中世纪哲学》（哲学原典第2卷），第150页。

是一切事物的原因,而其本身没有原因;一切事物来自于上帝的创造,上帝从虚无中创造了一切事物的存在。上帝是第一动力因。此外,上帝也是一切事物的归宿和目的,他不能被创造,但也"不需要主动地作用事物"①,所以,上帝也是"既不能创造又不被创造的自然"。上帝是一切事物的最高目的因。显然,这样的上帝观属于正统的基督教神学。所谓"被创造而又能创造的自然"被爱留根纳称为"神圣的理念",也就是"始因",它们构成了一切被创造物即物质世界中的具体事物的本质。它们之所以是被创造的,是因为它们导源于上帝的话语。而之所以是能创造的,是因为始因通过赋予一切被创造物以本质而创造它们。这种"神圣的理念"就是柏拉图的理念或"型相"。而"被创造而又不能创造的自然"就是物质世界中的具体事物,它们因为分享了它们的型相而存在。爱留根纳的自然的区分的观念首先属于基督教神学思想,其核心原则就是创造者即上帝与被创造物即具体事物之间的绝对区别。然而,在基督教神学思想的基础之上,爱留根纳的区分也显露出了他的柏拉图主义的极端实在论思想。这突出表现在"型相"与"具体事物"即个别的关系上:作为个别的本质的型相是脱离并先行于个别而存在。同时,爱留根纳也将自然区分为存在的事物与非存在的事物,而在物质世界中变化着的个别事物被他归为非存在的领域。这就是说,作为具体事物的本质即型相是独立存在的,它们虽来源于上帝的话语但独立于人心而存在;而个别的事物本身没有实在性,只有分享了它们的普遍的型相才有不完善的存在。虽然爱留根纳没有明确涉及共相问题,但是,他的自然的区分的神学观念明显地蕴涵着柏拉图主义的极端实在论的哲学思想。

　　罗色林(Roscelin,1050—1120)是中世纪第一个针对柏拉图主义的极端实在论对共相问题提出自己明确看法的哲学家。然而,非常可惜的是,他的著作都已经遗失,现存只有他致阿贝拉尔的一封信,而对他关于共相问题的观点的了解,一般需要借助于圣安瑟伦、阿贝拉尔和索尔兹

---

① 赵敦华:《基督教哲学 1500 年》,第 214 页,人民出版社,1994。

伯里的约翰(John of Salisbury,1115—1180)等人的间接讨论。根据这些讨论,罗色林认为,只有个别的事物才是实在存在的。毫无疑问,罗色林肯定个别的实在性的立场明显是针对柏拉图主义实在论的,这是从普通直观上拯救个别事物的实在性,反对将感性的、具体事物虚无化的一种自然而朴素的反应。从哲学史上来说,罗色林的立场积极地回应了亚里士多德个别物的本体论原则,即无论共相是否在实在上存在,个别在第一性的意义上首先在实在上存在。这个本体论的原则也是其后中世纪几乎所有唯名论者和实在论者共同持有的一个基本立场。此外,根据安瑟伦的记述,罗色林也认为,共相是单纯的语词(flatus vocis)。[1] 这就是罗色林的唯名论的基本论点——实际上,也是整个中世纪唯名论的基本纲领。

　　亚里士多德在《解释篇》(*De Interpretatione*)中给共相所下的著名定义是:"所谓共相,我指的是这样的东西,按其性质,它是对许多事物的谓述。"[2]尽管根据亚里士多德本人的谓述理论,这里的谓述首先是指形而上学的谓述。[3] 但是,对于唯名论者来说,形而上学的谓述并非理所当然的,逻辑的或语言的谓述依然是可能的。在日常普通的判断和科学命题中,我们需要对存在着的具体事物即个别作出描述,比如说"苏格拉底是人""柏拉图是人"等等。在这些判断或命题中,我们使用了谓词"人",用它来述说或描述许多个别(如"苏格拉底"和"柏拉图")。既然同一个谓词"人"可以用来述说许多不同的个别人,这个谓词就是一个普遍的谓词,就是亚里士多德所说的"共相"。至少根据亚里士多德的个别物的本体论原则,个别是在心灵或理智之外在实在上存在,是实在的个别物。所以,在这两个语句中,主词有其指示的对象即苏格拉底其人和柏拉图其人,他们都是实在存在的个别的人。那么,谓词即语言共相是否也有其指示的对象,并且这样的对象是实在存在的呢? 也就是说,共相是否

---

[1] 参见科普尔斯顿《哲学史》第 2 卷,第 143 页,纽约,纽曼出版社,1950。
[2] 巴恩斯编:《亚里士多德全集》第 1 卷,第 27 页,普林斯顿大学出版社,1984。
[3] 参见刘易斯《亚里士多德的实体与谓述》,第 4 页,剑桥大学出版社,1991。

在实在上存在? 例如,在这里,语言谓词"人"是否指示某种"共同的人性"(属)且它在实在上存在呢? 当然,种属、性质和关系词项都能够满足亚里士多德的共相定义,但是在中世纪共相问题的讨论中,一般只关注种属共相。波菲利在《亚里士多德〈范畴篇〉导论》(*Isagoge, Introduction to Aristotle's Categories*)中问道:"种属是实在的(real),还是仅仅寓于单纯思想之中(situated in bare thought alone)?"①这就是所谓著名的"波菲利问题"(Porphyry's Problem)。

现在,罗色林对波菲利问题的回答非常明确:种属共相只是单纯的语词(flatus vocis)。首先,罗色林否认共相在实在上存在。考虑到他只肯定个别在实在上存在的立场,他的共相学说首先反对柏拉图主义的极端的实在论;其次,既然共相只是语词,那么,共相也不能存在于个别之中,即使他承认个别在实在上存在。因此,罗色林也反对温和的实在论。最后,既然共相是单纯的语词,也就是说,是单纯的语言名称或词项,而没有任何与这些名称相对应的普遍的性质在心灵或理智之外存在,所以,在共相问题上,罗色林坚持唯名论(或词项论)的立场,是一个唯名论者或词项论者。那么,罗色林是不是一个极端的唯名论者呢? 要回答这个问题,需要作一些猜测性的分析。首先,非常明确的是,罗色林认为共相只是语词,而不是实在上存在的东西,他只是否认共相在实在上存在。其次,既然共相是谓述许多个别的词项,这样的词项是普遍的词项,实际上也就是概念。那么,罗色林是否认为普遍的词项或概念是存在于心灵或理智之中呢? 由于缺乏进一步的原始资料,对于这个问题无法得到准确的回答。如果罗色林词项论也蕴涵着(至少没有排斥)普遍的词项或概念是存在于心灵或理智之中的,那么,罗色林的唯名论实际上就是概念论。当然,真正的概念论者不仅认为共相作为普遍的词项或概念存在于心灵或理智之中,而且具有一定意义(尽管在如何解释词项或概念的

① 斯佩德编译:《中世纪共相问题原著选编:波菲利、波埃修、阿贝拉尔、邓斯·司各脱和奥康》,第1页,哈克特出版公司,1994(以下所引此书均为此版本)。

意义问题上,概念论又与实在论更密切地交织在一起),要不然,它们就是空洞或虚假的共相。然而,我们依然无法知道罗色林更进一步的看法。当罗色林说共相只是 flatus vocis(单纯的语词)时,这里拉丁词flatus vocis 按其字面的意思理解,指说出某个语词时"呼出的声音"。如果共相只是纯粹的"声音",并且没有任何实在的意义,那么,罗色林的看法就可以理解为"极端的唯名论"。然而,正如马伦邦所指出的那样,在早期中世纪,vox(声音)既可指有意义的声音,亦可指无意义的声音:

> 依照普里西安(Priscian)的做法,12 世纪的语法学家和哲学家也借助修辞举隅法,用 vox 来指人和其他动物通过和音所产生的声音,这些声音可以是无意义的声音,也可以是有意义的声音。①

这就是说,即使我们把罗色林的共相理解为单纯的声音,依然无法断定他心目中的共相究竟是指有意义的声音还是无意义的声音。因此,我们没有确切的根据认为罗色林的唯名论是否"极端的唯名论"。也许有必要指出的是,"极端的唯名论"(ultra-nominalism)这个术语本身多少有些令人误解,暗示出仿佛唯名论可以区分为"极端的唯名论"和"温和的唯名论"。实际上,如果共相只是毫无意义的声音,就失去了基本的谓述功能;如果是有意义的声音和语词,它就是寓于心灵或思想中的概念,这时唯名论就是概念论。从这个意义上说,真正的唯名论其实都是概念论。当然,正如我们将在奥康那里所看到的那样,如果有必要进一步区分出语词的约定意义与概念的自然意义,那么,狭义的唯名论与概念论依然有明确的区别。

如果说罗色林的唯名论的立场尚包含着某些不确定的因素,那么,阿贝拉尔与罗色林的争论则进一步廓清了唯名论的立场。罗色林是阿贝拉尔最早的一批老师之一,阿贝拉尔与他的老师在神学问题上进行过相当激烈而辛辣的争论。然而,在共相问题上,与阿贝拉尔同他的另一

---

① 马伦邦:《阿贝拉尔的哲学》,第 176 页,剑桥大学出版社,1997。

位老师威廉之间的争论相比,阿贝拉尔同罗色林之间的争论,与其说展示了他们之间更多的分歧点,不如说是澄清了他们之间的共同点。也许争论的意义就在于,阿贝拉尔比罗色林更明确地发展了唯名论的哲学思想,从而使唯名论在中世纪的哲学发展中获得了更加稳固的思想地位。

首先,阿贝拉尔同意罗色林的唯名论原则,认为共相是 flatus vocis,是普遍的语词,而不是任何普遍的事物。阿贝拉尔说:"没有任何事物或事物的集合似乎可以通过单一的方式谓述多,而这样的谓述正是共相的基本特征所要求的。"①实际上,根本不存在任何普遍的事物。也就是说,共相并不是实在存在的东西,在心灵或理智之外,唯一实在存在的是个别的事物,这些个别事物没有任何实在的共同性质。阿贝拉尔与罗色林的共同一致的立场似乎要实现一个共同的目标,就是要把逻辑学和语义学从实在科学特别是形而上学的重负中释放出来,而让逻辑学和语义学专注于语言命题,而不是实在的事物。这对于其后中世纪逻辑学和语义学的发展具有十分重要的理论意义。在具体的共相问题上,阿贝拉尔和罗色林都认为,共相问题首先是一个语言谓述问题,而不是形而上学谓述问题。然而,要维持语言谓述而又不承诺普遍的事物的存在,需要首先解决语言谓述中的谓述词项即共相的意义问题,要不然谓述就蜕变为空洞的胡说。正是在这个问题上,阿贝拉尔比罗色林更清楚地知道唯名论所面临的真正挑战是什么。

罗色林说,共相是 flatus vocis。我们前面已经指出过,flatus vocis 就其字面意思是指说出语词时所呼出的"声音",而且声音可以区分出有意义的声音和无意义的声音。我们不清楚罗色林所说的"声音"是否指有意义的声音。可以说,罗色林为阿贝拉尔留下了一个悬念。阿贝拉尔在他的早期著作《逻辑学初步》也认为共相是"声音"(voces)。② 不过,voces 既然是指说出某个语词的"声音",所以,一般稍作转义,将其翻译

① 斯佩德编译:《中世纪共相问题原著选编:波菲利、波埃修、阿贝拉尔、邓斯·司各脱和奥康》,第 29 页。
② 参见马伦邦《阿贝拉尔的哲学》,第 176 页,剑桥大学出版社,1997。

为"语词"。阿贝拉尔早期的说法显然延续了他的老师罗色林的称谓。然而,同样在《逻辑学初步》中,阿贝拉尔坚持认为,没有任何事物能够作为共相而起谓述功能。为了消除对普遍事物的本体论承诺,阿贝拉尔认为共相不是普遍的事物,而是 voces;然而,voces 不管被理解为"声音""语词"甚至是"呼气",它们都是某种可感的物理的东西,是一种感性的实体,是某种"事物"。那么,当说 voces 是共相的时候,难道不是在用"事物"作为共相去谓述多吗?为了彻底消除"事物"作为共相的误解,当阿贝拉尔强调 voces 是共相时,他总是强调,作为共相的 voces 不是"声音"或"语词"本身,也就是说,不是作为某种物理的东西,而是作为具有意义的声音或语词。因此,在阿贝拉尔这里,voces 总是 voces significativae(有意义的声音);"声音"或"语词"是意义的承担者。在后期著作《逻辑:回应朋友的请求》中,似乎为了刻意强调他与罗色林的区别,也为了澄清共相的意义内涵,他用 sermones 取代了 voces。其实,sermones 的意思是指"语词"或"言语",与 voces 并无本质的区别,只是用明确的"语词"取得含糊的"声音",以便凸显唯名论的原则:作为谓述语词即共相,它总是有意义的语词。

显然,阿贝拉尔与罗色林之间对共相问题的讨论与其说是争论,不如说是协调立场共同发展。然而,阿贝拉尔与他的另一位老师香蒲的威廉之间的争论则是一场真正论战。在这场论战中,阿贝拉尔取得了明显的优势,他不仅迫使威廉修正其极端的实在论立场,而且使极端的实在论在整个中世纪中再也没有了扎根的理论土壤。这也决定了晚期中世纪邓斯·司各脱要想恢复实在论,必须采取精细而温和的形式。当然,阿贝拉尔的胜利对于他自己的唯名论立场的意义在于,他坚定不移地消除了那种尝试以普遍的事物或共同性质作为共相的实在论的企图。这构成了阿贝拉尔的唯名论的消极立场。

香蒲的威廉是一个柏拉图主义的实在论者。他认为,共相是普遍的实体。共相是普遍的,因为它是许多个别所共有的本质;共相是实体,因为它是实在存在的东西。这就是说,共相是实在存在的普遍的事物。例如,人性是所有个别的人所共同具有的普遍的实体或本质;所有的个别的人在本质上都是相同的,因为他们都具有共同的人的本质即人性。同样,所有的个别的人都是动物,因为他们都具有共同的动物的本质即动物性。威廉认为,各个个别之间的差异仅仅在于它们各自的偶性即非必要的属性。苏格拉底与柏拉图具有共同的人性之本质,而他们之间的差异在于他们各自的个性特征。威廉认为,我们之所以能够用普遍的语言词项作为谓述词项即共相,来谓述个别的事物,就是因为这些普遍词项有其指示的普遍事物即共同的实体为对象。这就是说,共相是"实在的事物",而不仅仅是语词。① 阿贝拉尔把威廉的实在论观点概括如下:

> 有些人这样理解"普遍的事物"(universal thing),以至于认为本质上同一的实体寓于事物之中,而这些事物通过各种形式而彼此区别开来。这种实体就是单个物寓于其中的"质料的本质"。它本身是一,只有通过它的次一级的性质(inferiors)才是有分别的。如果这些形式碰巧与它相分离,那么,在这些事物之间根本没有任何分别,因为实际上它们仅仅因为形式的差别而有所分别。质料在本质上是完全相同的。②

如果某一属内的所有个别具有共同的实在的本质,它们的区别仅在于各自的偶性的话,那么,既然偶性是个别的非必要的性质,即某个个别可以失去某些性质,亦可以获得某些性质,这就意味着共同的本质可以脱离个别而独立存在。显然,这就是柏拉图主义的极端的实在论。这种实在论特别强调个别之间具有实在的共同本质,可以称为"同一本质理论"(identical-essence-theory)。我们将看到,在阿贝拉尔的猛烈批判之下,威廉修正了他的"同一本质理论",用所谓"非差别理论"(non-difference-theory)取而代之。但是,阿贝拉尔并没有放过这种其实质依然为实在论

---

① 参见克雷格总编《哲学百科全书》第 9 卷,第 729 页,劳特利奇出版社,1998。
② 斯佩德编译:《中世纪共相问题原著选编:波菲利、波埃修、阿贝拉尔、邓斯·司各脱和奥康》,第 29 页。

的理论。

阿贝拉尔对威廉的实在论进行了毫不妥协地批判。首先,阿贝拉尔认为,如果某一属内的所有个别具有一个共同的本质,那么,这种本质如何能够存在于所有个别之中呢?这些个别在数目上是多,那么,在空间上是不连续的存在物。如果一个共同的本质要存在于所有这些个别之中,那么,它要么部分地存在于个别之中,要么全部存在于个别之中。如果本质是部分地存在于某一个别之中,那么,这个个别就只能具有"残缺的本质",就不是一个完整的个别;如果本质是全部地存在于某个个别之中,那么,所有其他的个别就因失去了本质而不复存在。因此,阿贝拉尔认为,各个个别之间根本不存在所谓共同的本质。其次,威廉认为,所有的个别都有相同的实体,其差别仅在于各自的偶性。在阿贝拉尔看来,这意味着除去偶性之外,所有的个别事物都是相同的,因为它们都是同一个实体。既然上帝也是(神圣的)实体,那么所有的事物就是上帝。"这样的学说最终导向了泛神论(pantheism)。"①泛神论与正统的基督教神学原则是背道而驰的,因为后者坚持造物主(上帝)与被创造之物存在着根本的区别,而且上帝是独立于被创造之物而存在。最后,威廉认为某一属内的所有个别都具有共同的本质,而其差别仅在于不同的偶性加诸不同的个别,从而使一个个别成为一个个别。但是,形式或偶性也是普遍的,这样,所有的形式或偶性也和实体一样都是共同的了。阿贝拉尔说:"因此,个体的形式就不可能有任何差别了,因为它们本身并不是有分别的,正如它们的实体是没有分别的一样。"②当形式或偶性加诸实体就是共相加诸共相,而这样并不如威廉所愿,偶性加诸实体可以产生有区别的个别。③

阿贝拉尔对威廉最有力的批判,是认为威廉的实在论包含着内在矛

① 科普尔斯顿:《哲学史》第 2 卷,第 147 页,纽曼出版社,1950。
② 斯佩德编译:《中世纪共相问题原著选编:波菲利、波埃修、阿贝拉尔、邓斯·司各脱和奥康》,第 29 页。
③ 参见莫勒《中世纪哲学》,第 62—63 页。

盾。我们还会看到,这种以揭露实在论内在矛盾的形式来批判其立场的策略,也是晚期中世纪奥康针对实在论所采取的策略。

根据威廉的实在论,某一属或种类的所有个别具有共同的本质或同一实体,而所有个别之间的区别在于它们各自有分别的形式或偶性。例如,苏格拉底与布朗威尼(一头驴的名称)具有同一实体或本质即动物性,苏格拉底不仅是一个动物,也是一个个别的人;布朗威尼不仅是一个动物,也是一个个别的驴。它们之间的区别就在于它们各自所具有的个别性即偶性或形式。在阿贝拉尔看来,既然布朗威尼的形式不是布朗威尼(因为偶性不是实体),既然布朗威尼的形式和质料合起来也不是布朗威尼(这等于说,一个身体与已经是身体的东西合起来是身体),这样,如果苏格拉底与布朗威尼具有共同的实体,意味着除开各自的形式之外,凡在苏格拉底之中的东西也就是在布朗威尼之中的东西。阿贝拉尔认为,由此导致这样荒唐的结果:苏格拉底是布朗威尼。阿贝拉尔的推论是这样:

> 凡是在除开苏格拉底的有区别的形式的苏格拉底之中的东西,就是在除开布朗威尼的有区别的形式的布朗威尼之中的东西。但是,除开布朗威尼的有区别的形式,凡是在布朗威尼之中的东西就是布朗威尼。因此,凡是在除开苏格拉底的有区别的形式的苏格拉底之中的东西就是布朗威尼。但是,如果是这样的话,那么,既然苏格拉底本身就是除开苏格拉底的有区别的形式的东西,因此,苏格拉底本身就是布朗威尼。①

实际上,如果苏格拉底与布朗威尼具有共同的实体,其区别在于它们各自的形式,那么,在阿贝拉尔看来,既然苏格拉底的形式是理性,布朗威尼的形式是非理性,那么这种同一理论的更明显的矛盾就在于,它将两个相反的东西(理性与非理性)应用于同一个东西(实体)上,这等于说,

---

① 斯佩德编译:《中世纪共相问题原著选编:波菲利、波埃修、阿贝拉尔、邓斯·司各脱和奥康》,第 29 页。

同一个东西既是 a, 又不是 a。

在阿贝拉尔的猛烈批判之下, 威廉被迫放弃了"同一理论", 但是, 仍继续维持一种较为缓和的实在论的立场, 这就是所谓"无差异理论"。根据这种理论, 威廉认为, 在某一种或属内的所有的个别虽然没有一个共同的本质或实体, 它们依然是同一的或相同的, 其同一性在于它们彼此之间没有差异。阿贝拉尔将这种观点表述如下:

> 既然这些人以这样的方式想把所有的事物看做是彼此有分别的: 没有任何事物与其他某个事物分享本质上相同的质料, 或者本质上相同的形式, 然而, 它们依然在事物中保留有某一共同的东西, 所以, 他们把那些是具体的事物称为"相同", 不是在本质上的"相同", 而是在无差异上(indifferently)的"相同"。比如, 本身是具体的一些单个的人, 他们称其为"在人的方面的相同"——就是说, 他们在人性上并非不同。①

这种观点是相当微妙的。与威廉的同一理论不同, 这种无差异理论认为, 每一个别都有它们自己的本质, 各个个别的本质在数目上不是同一的, 它们没有一个共同的本质。但是, 威廉认为, 这些个别之中仍有某一普遍的或共同的东西——当然, 这就是实在的共相, 因而它们依然是"相同的", 因为它们在"某事物"方面没有差异。比如, 苏格拉底与柏拉图都有各自的本质, 他们之间没有一个共同的本质, 苏格拉底的本质在苏格拉底, 而柏拉图的本质在柏拉图, 但是苏格拉底与柏拉图依然是相同的, 其相同之处在于他们在"某事物"方面并非有什么差异。这里所谓"某事物", 就是指"人"或"人性", 也就是说, 他们在"人"或"人性"上并无差异。所以, 苏格拉底和柏拉图是相同的, 在他们之中存在着"实在的共相"。根据阿贝拉尔的分析, 威廉的论证可以解析为积极的和消极的两个方面, 但是这两个方面的解析都无法达到承诺"实在的共相"的目的。首

---

① 斯佩德编译:《中世纪共相问题原著选编: 波菲利、波埃修、阿贝拉尔、邓斯·司各脱和奥康》, 第 34 页。

先,从积极的方面来看,说苏格拉底与柏拉图在某事物方面并无差异,这等于说,苏格拉底与柏拉图在"某事物"方面是相同的。可是,这里的"某事物"究竟是指什么呢? 当然,是指人。然而,阿贝拉尔说:

> 如果苏格拉底与柏拉图在这个事物上是相同的,这里这个"事物"是"人",而除了苏格拉底或其他人之外没有其他事物是人,那么,苏格拉底与柏拉图的相同之处就必须要么在苏格拉底本身上,要么在别的个别人身上。但是,在苏格拉底身上,他恰恰是与柏拉图有分别的,而在别人身上情形显然也是一样的,因为苏格拉底不是别人。①

阿贝拉尔的意思非常明确:如果两个个别 a 和 b 在"某事物"方面是相同的,那么,这个"事物"要么是 a,要么是其他个别,但是,无论是 a 还是另一个个别,它们都是与 b 有分别的个别。因此,a 与 b 没有"实在的共相"。在这里,值得特别注意的是,正如我们将要看到的,阿贝拉尔在维护自己的唯名论立场时所面临的一个特殊的困难就是要解决语词共相所要求的相似性概念,而在这个关键的问题上,阿贝拉尔解消了这里所说的"某事物",清除了这个实在论的"暗礁",从而为他的唯名论的相似性概念的提出铺平了道路。

其次,从消极的方面来看,根据威廉的看法,苏格拉底与柏拉图虽然没有共同的实体或本质,但是他们在人或人性上并非不同。阿贝拉尔认为,如果是这样的话,那么,"在这个意义上,也可以说,苏格拉底与柏拉图在石头上并非不同,因为他们两个人都不是石头"。显然,从消极的方面来说,苏格拉底与柏拉图可以在无限多的事物上都并非不同。阿贝拉尔认为,苏格拉底与柏拉图在人方面并不比在其他事物方面有更多的一致之处。这样,如果要说他们之间有更多的一致,就必须附加一个前提:他们都是人,因为他们在人上并非不同。这显然是一个循环,一致性的

---

① 斯佩德编译:《中世纪共相问题原著选编:波菲利、波埃修、阿贝拉尔、邓斯·司各脱和奥康》,第 37 页。

问题依然无法解决。

阿贝拉尔对索松的约瑟林(Joscelin of Soissons)的集合论的实在论也进行了批判。根据约瑟林的集合论的实在论,所有个别事物的集合是实在的共相,这样的共相可以谓述集合中的每一个个别。根据阿贝拉尔的概括:

> 有些人认为普遍的事物仅仅是许多事物的集合。他们根本不把苏格拉底和柏拉图本身称为一个"属",而是把所有的人的集合称为人的"属",把所有的动物的集合称为动物的"种",等等。[1]

阿贝拉尔认为,在命题中,种属词项可以谓述它们所表示的所有个别事物,但集合意义上的种属,无论就其全体还是就其部分来说,都不能谓述集合中的每一个个别。比如,我们不能说"柏拉图是一个集合的全体"。集合的部分不能谓述单个的事物,阿贝拉尔引证波埃修的话说,因为"共相应当作为整体而在它的每一个单个物中"[2]。

阿贝拉尔对实在论的批判所确立的一个基本观点就是,认为在心灵或理智之外,除了实在存在的个别事物之外,根本不存在任何普遍的或共同的事物。显然,阿贝拉尔的批判为他唯名论的观点首先奠定了一个消极立场:既然没有任何实在的普遍或共同的事物,共相绝不是实在的事物。阿贝拉尔认同罗色林的唯名论的观点,认为共相只是语词。阿贝拉尔说:

> 既然我们已经表明了,事物无论就其本身,还是就其集合来说,都不能称为能谓述多的"共相",所以,接下来,就可以将这种普遍性仅仅归诸语词(words)了。[3]

---

[1] 斯佩德编译:《中世纪共相问题原著选编:波菲利、波埃修、阿贝拉尔、邓斯·司各脱和奥康》,第 37 页。
[2] 同上书,第 35 页。
[3] 同上书,第 37 页。

三　唯名论

亚里士多德把"共相"定义为:共相是指能够对许多事物加以谓述的东西。如果说亚里士多德这里所说的谓述是指形而上学的谓述的话,那么,当阿贝拉尔把共相归诸普遍语词时,他的谓述则是指逻辑的或语言的谓述。形而上学的谓述与逻辑的谓述的区别就在于,前者承诺有普遍的事物作为普遍的谓述词项所指示的对象,而后者没有这样的承诺,尽管谓述词项依然是有意义的词项。显然,这两种谓述理论的区别也就是实在论与唯名论之间的根本区别所在。阿贝拉尔虽然坚持逻辑的或语言的谓述理论,但是,他在对共相的定义上依然遵循亚里士多德的定义模式,认为语词共相就是对许多个别事物的谓述。阿贝拉尔的定义是:

> 一个普遍语词是这样的词项,根据它的施加(invention),它适合于逐一谓述许多事物。[1]

首先,既然同一个语词可以谓述许多不同的个别事物,所以,这样的谓述词项是普遍的语词即共相。从纯粹语法的角度来说,语词可以区分为"特殊词项"即"专名"和"普遍词项"即"通名"。但是,特殊词项只能谓述"一",即只能谓述主词本身,如苏格拉底是苏格拉底;只有普遍词项才可以谓述"多",即谓述许多不同的事物,如普遍词项"人"可以谓述许多个别的人:苏格拉底是人、柏拉图是人等等。所以,只有普遍的词项才是能谓述"多"的共相。实际上,普遍性是谓述词项的内在特征。语词即名称,一个名称的功能在于指称(或命名);"根据阿贝拉尔的用法,一个语词'指称'(nominat)某一事物,当且仅当这个事物属于该语词的外延之内。"[2]根据这个定义,一个普遍的语词指称所有属于其外延之内的事物。这些事物实际上就是一个普遍词项所谓述的许多个别的事物。因此,阿

---

[1] 斯佩德编译:《中世纪共相问题原著选编:波菲利、波埃修、阿贝拉尔、邓斯·司各脱和奥康》,第37页。

[2] 马伦邦:《阿贝拉尔的哲学》,第184页,剑桥大学出版社,1997。

贝拉尔的"指称"的概念与他的谓述理论是紧密联系在一起的。

其次,在这个共相定义中,阿贝拉尔所说的"施加",可以简单地将其理解为一种"关系"或"根据",依照它,一个普遍的语词才可以被施加到它所指称的个别事物上。也就是说,依照某一"施加",一个普遍的语词才能够谓述它所指称的许多个别事物。在没有进一步阐述阿贝拉尔的意义理论特别是他的相似性概念之前,为了简单起见,也许将这里所说的"施加"可以大致理解为有根据的"约定"。

根据阿贝拉尔的共相定义,一个简单的谓述命题就是:Sn 是 P。这里的 P 指一个普遍的谓述语词即谓语,Sn 指 P 所指称的所有个别事物(在命题中 Sn 是不同的主词,它们指称许多不同的个别事物),P 谓述 Sn。从纯粹语法或句法的观点来说,我们可以任意构造一些没有语法错误的谓述命题,如"苏格拉底是石头""苏格拉底是人"。这里,一个是用"石头"这个普遍词项谓述苏格拉底,一个是用"人"这个普遍词项谓述苏格拉底。前一个命题没有错误是因为它满足一般的语法或句法的规定。但是,阿贝拉尔认为,从"辩证学"即逻辑学的观点来看,这个命题则是错误的,或者说是无意义的,因为用阿贝拉尔的话来说,命题的构造违背了"事物的性质",缺乏"事物状态的真理性"。阿贝拉尔将语词的联结区分为:

> 如果一个句法的联结指示一个完整的判断,那么它就是一个良好的联结,不管这个判断是否这样;而我们这里所关心的是就谓述而言的联结,这种联结关涉到事物的性质,并指示事物的状态的真理性。①

显然,阿贝拉尔真正关心的不是纯粹的句法谓述,而是逻辑谓述,其区别在于:前者的词项联结并非总是有意义的联结,而后者是有意义的联结。这里至关重要的是谓述词项的意义问题。实际上,前面所提到的"名称

---

① 斯佩德编译:《中世纪共相问题原著选编:波菲利、波埃修、阿贝拉尔、邓斯·司各脱和奥康》,第 39 页。

的指称""施加"以及"谓述",都涉及谓述语词的意义问题。这个问题就是:虽然某一个普遍词项谓述许多个别的事物,但是,究竟是什么原因使得某个词项能够谓述这些个别事物,而不是其他个别事物,从而使这个词项的谓述成为一个具有确定意义的谓述? 就普遍词项的指称来说,也涉及意义问题:某个普遍词项为什么只能指称这些而不是那些个别的事物? 而就"施加"来说,其问题也一样。

对于一个实在论者来说,谓述词项的意义问题似乎是不难解决的,因为实在论者认为某一类个别事物具有共同的实体或共同的本质,即使在命题中充当谓述功能的东西是语言词项,但是这些词项的意义在于它们指示个别事物的共同本质,因此,谓述词项能够谓述所有那些具有共同本质的个别事物。然而,对于唯名论者阿贝拉尔来说,正如他对香蒲的威廉的实在论的批判所显示的那样,他坚定不移地清除了实在论者对实在的共同事物的本体论的承诺,这样一来,正如阿贝拉尔所说,"就引起了对共相的意义的怀疑"①。如果共相词项没有意义,共相词项没有确定的指称和施加,使得它能并且只能谓述它所指称的个别事物,那么,即使它能谓述许多个别事物,这样的谓述也是任意的,是不确定的。而如果是这样的话,那么,纯粹句法的谓述与逻辑的谓述就没有了区别,最终也就没有逻辑的谓述。显然,共相词项的意义是逻辑谓述的内在要求,它是唯名论者所要解决的最重要的问题,唯名论的立场是否能够得到维持在很大程度上完全依赖于是否能够成功地解决这个问题。

然而,究竟如何理解共相词项的意义呢? 特别是当我们说一个共相词项意指某某东西的时候,这究竟是什么意思呢? 阿贝拉尔以"人"这个共相词项为例说:

> 例如,"人"这个语词指称许多单个的人是基于一个共同的原因:他们都是人(它之所以被称为一个"共相"就是由于这个原因)。

---

① 斯佩德编译:《中世纪共相问题原著选编:波菲利、波埃修、阿贝拉尔、邓斯·司各脱和奥康》,第40页。

它也构成某种理解,一种共同的理解,而不是特定的理解——就是说,这样的一种共同的理解,这种理解关涉这些单个的人,而它构想着他们的共同的相似性。①

从这里我们可以看出,首先,就共相语词的指称问题而言,一个共相语词之所以能够指称它所指称的个别事物,并且只能指称这些个别事物,是基于一个共同的原因。或者说,正是由于这个共同的原因,一个共相语词仅仅指称这些个别事物。实际上,这里所谓的"指称"本身就涉及共相语词的意义。因为阿贝拉尔说:"在某种意义上,这些共相通过指称各个不同的事物而'意指'(signify)它们。"②此外,一个共相就是谓述许多个别事物的普遍语词,而它之所以能够谓述并只能谓述这些事物也是基于一个共同的原因。其次,除了一个共同的原因之外,共相语词也在理智中造成一种理解,一种共同的理解,也就是说,理智能够通过自身的理解活动构想或思维许多事物的共同的相似性,即形成一种相似性的观念。当然,这种相似性观念的形成除了理智的理解活动之外,也需要以一个共同的原因为根据,否则理智的思维就是纯粹的虚构。

显然,共相词项的意义问题主要涉及"一个共同的原因"和理智的理解或思维这两重要素。所以,根据马伦邦的解释,在阿贝拉尔这里,"一个共相语词'意指'某某东西"可以理解为这样的模式:

"意指 x"(对某人来说),在阿贝拉尔看来(更一般地说,从阿贝拉尔以后,在中世纪的讨论中),其意思是指"在某人中造成对 x 的一种精神理解活动",或者更简单地说:"在某人中造成一种对 x 的思想。"(to cause a thought of x in someone)③

就是说,当某个人在命题中使用一个普遍语词作为谓述词来谓述个别事物时,这个共相语词对于他来说,意义就在于有某种共同的原因,在他的

①② 斯佩德编译:《中世纪共相问题原著选编:波菲利、波埃修、阿贝拉尔、邓斯·司各脱和奥康》,第 41 页。
③ 马伦邦:《阿贝拉尔的哲学》,第 182 页,剑桥大学出版社,1997。

理智中,造成一种对这些事物的理解或思想。当然,这样的理解或思想
就是他通过理解或思维活动所构造出的关于事物的共同的相似性的观
念。但是,至关重要的问题是,究竟是什么共同的原因造成了如此这般
的理解或思维呢? 阿贝拉尔说:

> 首先让我们仔细考虑这个"共同的原因"(the common cause)。
> 单个的人都是具体的、彼此有分别的,因为他们在各自的本质和形
> 式上彼此不同,尽管如此,这些单个的人是相同的,因为他们都是人
> (agree in that they are men)。我不是说,他们"在人上"(in man)是
> 相同的,因为没有任何事物是人,除非它是具体的。我是说,他们在
> "是一个人"上(in being a man)是相同的。①

正如前面已经指出的,无论是共相词项的指称,还是共相词项的谓述,以
及共相词项所意指的东西在理智中造成的对这些东西的理解,总之,共
相词项的意义问题,都涉及"一个共同的原因"。我们已经看到,阿贝拉
尔明确认为,这个所谓"共同的原因"就是个别事物之间的相似性。例
如,就"人"这个共相词项而言,我们之所以能够用它谓述许多个别的人
(而不是别的个别事物,如这块石头),是因为只有所有个别的人才具有
相似性:他们都是人。如果基于一个共同的原因一个共相才是共相的
话,那么,现在我们可以更明确地说,一个共相之为一个共相,其根据就
在于,这个共相词项基于个别事物之间的相似性而"施加"于这些有相似
性的个别事物上,从而它能够谓述这些个别事物。然而,相似性概念在
阿贝拉尔这里还只是一个"悬设",关键的问题是,作为一个仅仅承认个
别事物的实在存在的唯名论者,阿贝拉尔将如何确立个别事物的相似性
这个概念呢? 首先,正如阿贝拉尔批判香蒲的威廉的实在论特别是他的
"同一理论"所表明的那样,阿贝拉尔认为个别事物没有共同的实体或本
质。相反,每个个别都有其各自不同的本质(在这一点上,阿贝拉尔认

---

① 斯佩德编译:《中世纪共相问题原著选编:波菲利、波埃修、阿贝拉尔、邓斯·司各脱和奥康》,
第41页。

为,威廉的"非差异理论"肯定个别事物都有各自不同的本质是正确的,所以,他说这种理论更接近真理①),因此,相似性问题不能诉诸事物的本质来加以解决。其次,根据威廉的"非差异理论",个别事物是相同或相似的是因为它们在"某事物"上并非是有差异的。从积极的观点看,就是说个别事物是相似的,因为它们在"某事物"上是一致的或相似的。但是,阿贝拉尔认为,既然个别事物在"事物"上是相似的,而一切"事物"都是具体的,无论就其本质还是形式来说,"事物"都是具体而有区别的,诉诸在其上个别事物有相似性的"事物"不仅不能解决相似性问题,反而说明了个别事物之间的具体性和差异性。以个别人的相似性问题为例,在阿贝拉尔看来,当我们说个别人是相似的,其共同的原因不是他们在"某事物"(在"人"上)是相似的,从上面的引文可以看到,阿贝拉尔说,这是由于没有这样一个"事物",它能够是人——因为人都是具体的、有分别的(在这样具体而有分别的人上,显然,个别的人之间所显示出来的东西与其说是相似性,不如说是差异性)。

如果个别事物的相似性不是在"事物"意义上的相似性,那么它们相似性的原因是什么呢? 就个别人的相似性问题来说,阿贝拉尔认为,个别人之间的相似性的原因在于:这些个别人都是人,或者说,这些个别人"在是人上"(in being a man)是相似的。前一个说法多少有些令人感到奇怪,它等于说:这些个别人之所以是相似的,是因为他们都是人。这似乎是说:这些个别人是相似的,是因为他们是相似的。看起来,这样对原因的描述要么是同义语反复,要么作为对相似性概念的论证,则是一种非法的"窃题"论证。然而,实际上并非如此,这是阿贝拉尔的相似性概念的最独特之处。既然阿贝拉尔将这两种关于原因的说法看做一回事,为了避免不必要的误解,我们将着意于对后一种说法的分析。阿贝拉尔说,个别的人"在是人上"是相似的。这里,显然在用语上,阿贝拉尔用

---

① 斯佩德编译:《中世纪共相问题原著选编:波菲利、波埃修、阿贝拉尔、邓斯·司各脱和奥康》,第 33 页。

"在是人上"取代了威廉的"在人上"(in a man)。这虽然是一个细微的用语上的区别,但是这种区别却蕴涵着唯名论与实在论之间的重大分歧,真可谓"差之毫厘,谬以千里"。鉴于这种区别的重要性,阿贝拉尔反复强调:"'是人'本身不是'一个人',也不是任何其他事物。"(Now *being a man* is not a man or any other *thing*.)[1]"一个人"(a man)当然就是一个"事物"——其实,这个事物就是这个人。但是,"是人"(being-a-man)不是一个事物,当然也不是"一个人"(a man),即 being-a-man ≠ a man。那么,这个"是人"的东西究竟是什么呢? 阿贝拉尔说:"某个人的'是人'——这不是一个事物,我们称其为'人的状态'(the status of man)。我们也称其为一个名称施加于许多单个的人的'共同的原因'(the common cause of the imposition)(就这些单个的人是彼此相似的而言)。"[2]"是人"是"人的状态",即"是一个人"的"状态"(the status of being a man),而这种状态本身不是"一个人"。这种"状态"就是一个共同的原因,根据这个原因,共相词项或名称能够"施加"到许多特定的个别事物上,进而根据这样的"施加",共相词项能够谓述许多特定的个别事物。也就是说,这种"状态"是一个共相之所以成为共相的原因。"状态"是一种原因,"状态"和原因都不是"一个事物"。阿贝拉尔说:

> 我们常常用"原因"这个术语来指那些不是任何事物的东西。例如,我们说:"他遭到责打,因为他不想去法庭。"在这里,"他不想去法庭"是作为一个"原因"而发生,它没有任何本质。[3]

"遭到责打"是一个事物,因为按照亚里士多德的范畴理论,"遭受"是属于一种范畴即偶性,也就是属于一种事物(范畴即事物的分类)。但是,这里的原因"不想去法庭"则不是任何事物。总之,阿贝拉尔反对实在论的立场,认为个别事物之间的一致性或相似性不在"事物"上,他提出了

---

[1] 斯佩德编译:《中世纪共相问题原著选读:波菲利、波埃修、阿贝拉尔、邓斯·司各脱和奥康》,第41页。
[2][3] 同上书,第42页。

自己的唯名论的相似性概念,认为个别事物之间的一致性或相似性,在于"事物的状态"上。他用"事物的状态论"取代了实在论的"事物论"。根据这种状态论,阿贝拉尔说:

> 既然不可能有在一个事物上的一致性,因此,如果某些事物之间有一致性的话,那么,这种一致性必须依据某某不是任何事物的东西来理解。这样,苏格拉底与柏拉图就在"是人"上是相似的,正如一匹马与一头驴在"不是人"上是相似的一样。[①]

个别事物之间的相似性的原因在于它们的"状态",或者说,基于它们的"状态",它们才是相似的。根据这种"状态论的相似性论",一个共相语词之所以能够谓述某一类个别事物,是因为这些个别事物之间是相似的,而它们之所以是相似的,是由于它们的"状态"。事物的状态是一个共相语词谓述事物的原因。

值得注意的是,共相语词与其原因在概念上是有区别的,尽管它们是紧密联系在一起的。一个共相语词当然是一个名称,是一个普遍的名称。名称的功能在于指称个别的事物,一个普遍名称所指称的许多个别事物就是这个普遍名称的外延。那么,一个普遍的名称为什么能够"施加"于它所指称的这些个别事物呢? 这个问题显然要求名称的施加具有一个共同的原因。现在我们已经知道,阿贝拉尔认为这个共同的原因不在于"事物",而在于"事物的状态"。此外,阿贝拉尔反复指出,一个共相语词的意义是通过指称来确立的[②],意义总是与指称联系在一起的,因为一个普遍的名称如果没有指称,也就没有许多个别的事物,而如果没有许多事物,一个语词就不能谓述多,而一个不能谓述多的语词就根本不是一个共相语词。在这个意义上,阿贝拉尔说:"事物本身的多样性是名

---

① 斯佩德编译:《中世纪共相问题原著选编:波菲利、波埃修、阿贝拉尔、邓斯·司各脱和奥康》,第42页。
② 同上书,第41、45页。

称的普遍性的原因,……没有任何一个共相不包含许多事物。"①一个共相语词之所以能够谓述它所谓述的许多事物,是因为这些事物具有共同的相似性,而它们的相似性就在于它们的状态。

基于上述考虑,需要特别指出的是,共相语词的逻辑功能是谓述个别事物,而且是谓述许多个别事物,而不是谓述事物的"状态",尽管它能够谓述许多个别事物的共同原因在于这些事物的"状态"。因此,我不同意有的学者对阿贝拉尔的解释,根据他们的解释,共相语词不是谓述事物,而是谓述事物的单一的或共同的状态:

> 阿贝拉尔说,共相表述的是众多事物共处的"状态"(status),状态是事物的存在状态,它不能与事物存在相分离而存在,因此,它不是实在论所主张的实体。状态也不是本质。阿贝拉尔说:"我们不求助于任何本质。"比如,在"苏格拉底是人"这句话中,"是人"表述苏格拉底的存在状态,而不指称任何实体、本质。阿贝拉尔说:"'是人'不等于'人'或任何事物。"意思是:共相虽然是一个名词,但它的逻辑功能却不是名称,即不是指称事物、属性,而是一个命题的谓语表述。②

首先,阿贝拉尔反对实在论,认为众多的个别事物之间没有任何共同的实体或共同的本质。其次,阿贝拉尔说,事物的状态本身不是事物——当然,也不是本质。这些都是没有问题的。他们说:"阿贝拉尔说,共相表述的是众多事物共处的'状态'(status)。"这里没有给出阿贝拉尔说这句话的出处,至少根据阿贝拉尔关于共相的定义,论者一定是误读了阿贝拉尔的主要意旨。如果共相表述或谓述的是众多事物共处的"状态",既然"状态"不是事物,也就是说共相不是谓述事物。这显然违背了阿贝拉尔关于共相的定义:共相是谓述许多事物的语词。此外,我们可以用共相语词谓述许多个别的事物,如用"人"这个语词谓述柏拉图、苏格拉底等等,说"柏拉图是

---

① 斯佩德编译:《中世纪共相问题原著选编:波菲利、波埃修、阿贝拉尔、邓斯·司各脱和奥康》,第 56 页。

② 赵敦华:《基督教哲学 1500 年》,第 269—270 页,人民出版社,1994。

人""苏格拉底是人"等等。在阿贝拉尔看来,"人"这个共相语词之所以能够共同地谓述柏拉图和苏格拉底,是因为他们在"是人"上是相似的,即基于它们的状态。更精确地说,柏拉图和苏格拉底都"是人",因为他们在"是人"上是相似的或一致的。在这里,前一个"是人"是谓述意义上的用语,而后一个是"状态"意义上的用语。论者显然混淆了两个用语上的区别。在前一个用语中,"人"是一个共相语词;在后一个用语中,"是人"是一个单一的用语,它指"人的状态",或更一般地说,指"事物的状态"。一个共相语词与它的原因是有区别的。所谓"共相的原因",就是那种使一个共相成为一个共相,即成为一个具有普遍性的语词的东西,而这显然要求许多事物,进而许多事物的状态作为一个共同的原因,使这个共相能够谓述这些事物。从这个意义上说,任何一个单一的事物不可能有所谓其"状态"。当我们说"苏格拉底是人"时,是在用"人"这个共相谓述苏格拉底这个个别的人(即个别事物),而不是谓述"苏格拉底的状态",因为就苏格拉底这个单个的人来说,根本不存在所谓状态。当然,之所以"人"这个共相能够谓述苏格拉底和其他个别的人,是基于"人的状态"。

前已有述,阿贝拉尔认为,共相语词的意义是通过指称来确立的。但是,在阿贝拉尔看来,语词的意义与指称是有区别的,指称涉及语词的外延即众多个别事物,而意义不仅在宽泛的意义上涉及个别的事物,而且也涉及语词在使用该语词的人的理智中的一种"理解"。阿贝拉尔说:

> 当名称所指的主体事物被摧毁,名称就不再谓述许多事物时,我们说名称就根本不是共相。这样,名称就对任何事物不是共同的(因为没有任何事物存在了——引者)。例如,当所有玫瑰不再存在时,"玫瑰"这个名称的情形即是如此。但是,即使如此,由于这个名称(在理智中造成的——引者)理解,它依然是有意义的,尽管它没有指称。要不然,"没有玫瑰"这个命题就不存在了。[①]

[①] 斯佩德编译:《中世纪共相问题原著选编:波菲利、波埃修、阿贝拉尔、邓斯·司各脱和奥康》,第53—54页。

显然,阿贝拉尔的意思不是说共相不是一个名称,而是说当一个名称没有所指称的事物时,一个名称就不再是共相了,因为没有许多事物,共相就不再有谓述多的功能了。因此,共相就是名称,名称所指称的事物就是它作为共相所谓述的事物。尽管如此,共相语词的意义与指称并不是一回事,因为一个没有指称的名称并不是没有意义。阿贝拉尔说,要不然一切关于存在的否定命题就没有意义了。这里的关键问题不是说,好像只有在一个名称没有指称时,它才是有意义的,而是说一个共相或名称的指称与意义是有所区别的。如果一个语词不是作为名称而指称众多个别事物,它就不是能够谓述多的共相语词。但是,共相语词的意义并不仅仅在于它的指称。阿贝拉尔说:"共相语词并不意指孤立的事物。"①共相语词的意义还涉及"理解"。

实际上,在前面我们已经指出,共相词项的意义问题主要涉及"一个共同的原因"和理智的"理解"或"思维"这两重要素。关于"一个共同的原因",我们已经作了详细的阐述,现在让我们来分析语词意义的"理解"要素。

当某个人在命题中使用一个普遍语词作为谓述词来谓述个别事物时,这个共相语词对于他来说,其意义就在于有某种共同的原因,在他的理智中,造成一种对这些事物的理解或思想。那么,由共相语词所造成的理解或思想是关于什么东西的理解或思想呢? 也就是说,共相词项所意指的东西是什么呢? 值得注意的是,这里问题涉及的是一个普遍语词所引起的思想,因此,这样的思想相应地也必须是普遍的或共同的。尽管共相语词作为名称有众多个别事物作为其指称,尽管共相语词的意义即它所意指的东西是与个别事物联系在一起的,但是,普遍语词并不意指这些具体而孤立的事物。对于一个特殊语词来说,它的指称就是某个具体的事物,意义与指称可以说是相同的:其意义就在于所指称的这个

---

① 斯佩德编译:《中世纪共相问题原著选编:波菲利、波埃修、阿贝拉尔、邓斯·司各脱和奥康》,第54页。

事物,因为由这个特殊的语词所引起的思想就是关于这个事物的思想。但是,对于一个普遍语词来说,它的指称与意义显然是不同的:它指称众多个别事物,但并不意指这些具体的事物。阿贝拉尔举例说,如我们用特殊词项"苏格拉底"说,"苏格拉底正坐在这所房间里","苏格拉底"这个词能够在说出这个语句的人的心目中产生一种思想,而且这种思想就是关于苏格拉底其人(一个具体事物)的思想。然而,当我们用一个普遍语词"人"说"(一个)人正坐在这所房间里",即使碰巧就是苏格拉底正坐在这所房间里,即使这个语句中的"人"指代(借用后来奥康的术语)"苏格拉底",但是,作为一个普遍的语词,这里的"人"既不意指苏格拉底(个别事物),也不意指任何普遍的事物。不意指苏格拉底,是因为"人"是一个普遍的语词,它不意指任何具体的事物;不意指任何普遍的事物,是因为阿贝拉尔反对实在论,坚信根本不存在任何普遍的事物。因此,阿贝拉尔说:

> 这样,"人"和其他任何普遍语词似乎都不意指任何东西,因为它没有建立对任何事物的理解。但是,看起来,不可能没有任何理解而没有其构想的对象(a subject thing)。因此,波埃修在《评注》中说:"每一个理解都来源于对象,它要么作为事物所是的样子,要么不是(因为没有任何理解能够不来自于某一对象)。"[1]

阿贝拉尔这段话不太好理解,这里需要作些必要的解释。这段话是他在讨论关于共相语词的意义的疑问时提出来的,意思是说,既然普遍语词不意指任何东西,因此,"共相似乎完全不适合有意义"[2]。但是,他紧接着说:"其实并非如此。"[3]我们这里特意要解读的意思主要有两点。首先,阿贝拉尔认为普遍语词不意指任何东西,其意思并不是说普遍语词没有意指的对象("其实并非如此"),而是说它们不意指任何"事物"(既然阿贝拉尔否认有任何普遍的事物,那么这里所说的"事物"当然是指

---

[1][2][3] 斯佩德编译:《中世纪共相问题原著选编:波菲利、波埃修、阿贝拉尔、邓斯·司各脱和奥康》,第41页。

"个别事物"),普遍语词所造成的理解不是关于"事物"的理解,"事物"不是理解的对象。这可以说是阿贝拉尔的意义概念的消极内涵。其次,一个语词意指某某东西,除了前面所说的"一个共同的原因"外,还涉及一种"理解"或"思想",而在这里阿贝拉尔说得很清楚,理解总是要涉及对象,也就是理解的内容。阿贝拉尔在这里引述波埃修的话说,理解的内容要么与事物的样子一致(真理解),要么不一致(假理解)。但不管是一致还是不一致,理解总有它的内容或对象。这样,我们最终会问:那么,一个普遍语词所造成的理解,它的对象是什么呢? 我们看到,阿贝拉尔对这个问题的回答,最终解决了普遍语词的意义问题。正是对共相语词的意义问题的回答,也显示了阿贝拉尔的唯名论实质:阿贝拉尔的唯名论就是概念论。

首先,"理解"是理智的一种功能。阿贝拉尔认为,心灵具有两种能力:感性和理智,感性属于身体的机能,它只能感觉物体或在物体中的东西,而理智不是身体的器官的机能,它的对象也不是物体,它能凭藉理解而构造关于事物的相似性的图像,并将其保持在心灵之中。[①] 因此,即使物体不再存在了,没有了关于物体的感觉——至少没有了当下的感觉,关于物体的理解,也就是物体的相似性图像依旧能够保持在心灵之中。正如前面提到的,这就是为什么阿贝拉尔说,当一个名称不再有指称的对象时,仍然在心灵中维持一种理解,因而依然是有意义的原因。现在,我们特别关心的一点是,在阿贝拉尔看来,理智通过理解旨在获得关于事物的相似性图像,这种相似性图像就是理解的对象,也就是它的内容。"与一个共相名称相伴随的理解构想着关于许多事物的一种共同的、模糊的图像。"[②]这样的图像之所以是共同的,是因为它关于许多事物的相似性图像,而之所以是模糊的,是因为它并不维系于某一确定的事物。既然它是理智之中的共同的精神图像,它也就是一个共同的概念。这个

----

① 斯佩德编译:《中世纪共相问题原著选编:波菲利、波埃修、阿贝拉尔、邓斯·司各脱和奥康》,第42页。

② 同上书,第44页。

概念就是理解或思想的对象——是由一个共相语词所引起的理解的对象,因而就是共相语词所意指的对象。这就是说,共相语词的意义就是关于众多事物的共同概念。

但是,现在的问题是,既然概念是由理智通过它的理解活动而构造的精神图像,那么,这样的图像是否虚构的、空洞的、主观任意的? 如果不是,那么这样的图像的客观实在的基础是什么? 首先,理解是由一定原因造成的,这种原因就是"事物的状态"。这种原因不是理智在其内部任意发动的,因此,理解不是任性的胡思乱想。其次,共同的精神图像总是关于众多事物的图像,虽然它是由理解构造的,但这种理解是以"事物"为实在的基础。从这种意义上说,没有"事物"就没有理解的对象和内容(尽管事物本身不是理解的对象)——实际上,也就没有了理解本身。当然,理解所构造的图像或概念并不关涉某一具体事物。最后,也是最重要的,概念是理解借助"抽象"而形成的,而这种抽象是以"事物"的某一特征(尽管不是某一事物的全部特征)为实在基础的。阿贝拉尔说:

> 如果某人不是按照一个事物所是的样子来理解一个事物,因为他是依照事物所没有的某一性质或特征而专注于事物,那么这种理解当然是空洞的。但是,抽象却并不是这样的。因为当我专注这个人,仅仅依照实体或物体这个性质,而不同时依照动物或人或识字的能力时,我当然专注的仅仅是在那个性质中的东西。但我没有专注于它所具有的全部特征。[1]

显然,在阿贝拉尔看来,抽象的实在基础在于理解所抽取并保留的东西是事物所具有的特征,而合理的抽象无需抽取并保留某一事物的全部特征,因为这样抽象不能形成一个"共同的"概念。正是在"共同性"的意义上,理解需要自身的构造。

---

[1] 斯佩德编译:《中世纪共相问题原著选编:波菲利、波埃修、阿贝拉尔、邓斯·司各脱和奥康》,第48页。

　　既然抽象具有一定的实在的基础,那么由抽象所构造的概念就不是一个虚构的概念,相反,它是有实在内涵的概念。同时,既然概念是由理解抽象而形成的精神图像,那么,它就不是一个完全的实在概念,而是包含着理解因素在其中的一个逻辑概念。既然这样一个逻辑概念是共相语词的意义,那么,如果我们问共相语词究竟是什么意思,即它的意义是什么,其自然的答案就是:共相语词意指心灵中的概念。这就是阿贝拉尔的所谓共相的共同概念论的意义理论。根据这种意义理论,共相的名称或语词最终就是概念。既然普遍的语词就是能够谓述众多个别事物的共相,而共相就是意指心灵中的概念,那么,也可以说,共相就是能够谓述众多个别事物的概念。因此,阿贝拉尔的唯名论也就是概念论。

　　通常认为,唯名论与概念论是有区别的,唯名论就是那种将普遍的名称或语词作为共相的理论,而概念论就是那种将理智通过抽象而形成的概念作为共相的理论。但是,这种区别遗忘了共相语词的意义问题,而如果不考虑这个意义问题,那么,正像阿贝拉尔所说的那样,命题的谓述就只是纯粹的语法或句法的谓述,而不再是逻辑的谓述。然而,一旦考虑到共相语词的意义问题,正如我们已经看到的那样,既然共相语词意指概念,那么,至少在把有意义的语词作为共相的情况下,唯名论实际上就是概念论。当然,在次要的方面,我们也须注意到,语词本身与语词的意义依然是有区别的,一个语词就其本身来说,毕竟是一种刻写的文字或听到的声音,是一种可感的物理的东西,是一种"事物",但是它的意义不是一种事物,它关涉使用语词或听到语词的人的心目中的某种"思想"或"理解"。这也就是为什么阿贝拉尔决定用 sermones 来取代罗色林的含糊不明的 flatus vocis 的原因。

第九章 中世纪的共相问题之争：唯名论与实在论（下）

第一节 邓斯·司各脱的形而上学实在论

中世纪的实在论是对种属共相是否在实在上存在这一共相问题作出肯定回答的一种形而上学理论。尽管共相问题起源于古希腊哲学中的"一对多"的问题，并且柏拉图和亚里士多德分别站在各自本体论的立场都肯定共相在实在上存在，但是共相问题作为一个独立的形而上学问题则起始于早期中世纪著名的波菲利问题。波埃修首先对波菲利问题作出了详尽深入的讨论，在这种讨论中引出了一种至今仍有广泛影响的所谓共相抽象论。这实质上是一种在坚持亚里士多德的个别本体论原则的前提之下，认为"共相"作为概念是理智抽象的结果，而其实在的基础在于它对理智之外的个别的关联性的共相理论。我们认为，这种亚里士多德式的共相论因其内部存在着数目的统一性与实在性的紧张而无法真正满足严格的实在论原则，是一种暗含着概念论倾向的实在论。在分析亚里士多德式实在论的基础上，我们在这里要更深入地考察邓斯·司各脱的共相论，以及构成其理论基础的形式的区别学说和共同性质学说。司各脱克服了共相抽象论的内在困难，将其共相论建立在共同性质学说的基础上，从而提出了一种深度的、地道的实在论。司各脱的实在论是对亚里士多德实在论的一种精细而实质性的发展。

实在论就是肯定"共相"在实在上存在的一种形而上学理论。上一章曾述及,"共相"(Universalis)这个术语,就拉丁文词源来说,来源于拉丁文短语 unum versue alia,其意思是指"一对多"。当然,"一"与"多"的问题是根植于古希腊哲学的经典问题。所谓"多"是指"显象的多样性",而"一"是指"实在的统一性"。对于多样性的显象来说,"一对多"的问题,即是否存在着一个单一的、构成其存在根基并具有统一性的实在。多样性的显象即感性的具体事物都是个别物即殊相,从最普通经验我们发现,尽管这些个别物彼此是不同的,但它们在类别、关系和性质上也有相似或相同之处,这就是在当代形而上学领域里所说的"属性一致现象"(the phenomenon of attribute agreement)。① 属性的一致性当然是指许多事物在种类、属性和关系等方面具有可重复的和共同的属性,这样的属性就是共相。从哲学的层面考察这样的属性所引出的根本问题是:共相是否独立于心灵或理智而在实在上存在? 这就是所谓"共相问题"。柏拉图和亚里士多德分别从不同的角度对这个问题作了肯定的回答。柏拉图认为,共相不仅独立于心灵或理智,而且独立于个别而在实在上存在。亚里士多德也认为共相在实在上存在,但他不同意柏拉图之处在于,作为事物的共同性质的共相不能与事物本身相分离而存在,共相必须在本体论上依附于个别而存在,个别或个体对共相具有本体论的首要性。② 正因为如此,亚里士多德的实在论是温和的实在论。尽管共相问题在柏拉图和亚里士多德那里已经得到了明确的回答,但作为一个独立的形而上学问题,它发源于中世纪。在中世纪,共相问题获得了两个截然相反的答案,由此分梳出实在论与唯名论。尽管如此,中世纪唯名论

---

① 洛克斯说:"我们的经验的一个无所不在的特征是一种我将之称为属性一致的现象,也就是,属性、种类和关系这样的事物之间的一致。"(洛克斯:《实体与属性:本体论研究》,第 3 页,D. 雷德尔出版公司,1978。)

② 罗斯说:"个体实体的首要性是亚里士多德思想中最确定的观点之一。正是在这一点上,亚里士多德与柏拉图的学说分道扬镳。"(罗斯:《亚里士多德》,王路译,第 27 页,商务印书馆,1997。)

者和实在论者都坚持亚里士多德个别物的本体论原则。唯名论者肯定共相只是概念或普遍的词项,实在论者遵循亚里士多德的实在论,肯定共相在实在上存在。然而,在如何解释共相在实在上存在这个问题上,亚里士多德式实在论者似乎又有回归唯名论的倾向。在早期中世纪,波埃修对亚里士多德实在论的讨论显示了亚里士多德实在论所包藏的重重困难,这些困难引发了晚期中世纪司各脱对共相的性质作了更深入的探究,发展了一种更精致的形而上学实在论。

一　共相抽象论的问题

实在论是对"共相问题"作出肯定回答的一种形而上学理论[1],而唯名论则是对共相问题作出否定回答,仅仅肯定个别物实在性的一种形而上学理论。如果某一类个别物之所以属于如此这般的类,是因为属于这个类的所有个别具有共同的性质,那么,这种共同的性质就是它们所共有的类性,基于这种类性,这些个别物才成为属于一类的个别物。实在论与唯名论之间的根本分歧就在于对这个问题的回答:这种共同性质或类性究竟是一个由心灵或理智通过抽象得出的概念,或者说,它究竟是等同于语言上的一个普遍词项,而在理智和语言之外实际上只存在数目上不同的个别,还是即使理智能够抽象一个概念,或在语言上存在着普遍词项,但这样的概念或普遍词项所对应的共同性质在理智和语言之外亦即在实在上存在,就是说,这种共同性质是独立于理智或心灵而在实在上存在? 唯名论肯定前者,否定后者;而实在论肯定后者。极端的实在论在肯定共同性质即共

---

[1] 《剑桥哲学辞典》对形而上学实在论的定义是:"首先,有实在的对象存在(通常这种观点涉及的是时空对象);其次,实在的对象是独立于我们关于它们的经验或知识而存在;再者,实在的对象具有各种属性,且形成各种关系,而这些属性和关系是独立于我们借以理解它们的那些概念,或者独立于我们借以描述它们的那种语言。"(奥迪编:《剑桥哲学辞典》,第488页,剑桥大学出版社,1995。)如果把实在的对象宽泛地理解为独立于心灵(独立于我们借以描述和理解这些对象的语言和概念)的任何对象,那么这个定义就是宽泛意义上的形而上学实在论。如果把实在的对象局限于时空对象即经验对象(即个别和依附个别的共相),那么这个定义指的就是亚里士多德式的实在论;如果把实在的对象理解为先验的对象(即与个别相分离的共相或理念),那么它指的就是柏拉图的实在论即极端的实在论。

相在实在上存在的同时,却舍弃了个别物的实在性;而温和的实在论既肯定个别物的实在性,也肯定共相的实在性,认为共相之所以具有实在性,是因为它存在于实在的个别物之中。极端的实在论与温和的实在论分别发源于柏拉图的理念论和亚里士多德的个别物本体论。

中世纪的唯名论者和实在论者尽管在共相问题上持有截然相反的立场,但从主流倾向来说,他们都拒绝了柏拉图理念论中关于共相与个别相分离的设想①,认为不管共相是否具有实在性,至少个别物是独立于理智而在实在上存在;他们之间的分歧仅在于,共相是否独立于理智而在实在上存在。我们知道,肯定个别物的独立存在正是亚里士多德个别物的本体论的基本原则,所以,亚里士多德的本体论是中世纪唯名论与实在论的共同前提。当然,仅就亚里士多德个别物的本体论而言,它只涉及肯定个别物的实在性,并未触及共相是否具有实在性的问题。然而,当亚里士多德在肯定个别物是第一实体,而其他任何东西,包括第二实体即种属,也就是共相,以及非实体范畴即属性,都在本体论上依附于第一实体而存在时,他同时也引出了自己的共相理论:如果没有个别物作为第一实体而存在,共相就不可能在实在上存在:

> 这样,所有其他东西要么述说作为主体的第一实体,要么在作为主体的第一实体之中;所以,如果第一实体不存在,那么其他任何东西就不可能存在。②

亚里士多德这里所说的"述说第一实体的东西"就是共相。他在《解释篇》中给共相所下的著名定义就是:"所谓共相,我指的是这样的东西,按其性质,它是对许多事物的谓述。"③值得注意的是,在亚里士多德这里,共相的谓述总是指形而上学的谓述,而不是指语言上的可谓述。F. A. 刘易斯说:

---

① 参见克雷茨曼等编《剑桥晚期中世纪哲学史》,第 411 页,剑桥大学出版社,1982(以下所引此书均为此版本)。
② 巴恩斯编:《亚里士多德全集》,第 5 页,普林斯顿大学出版社,1984。
③ 参见罗斯《亚里士多德》,王路译,第 27 页,商务印书馆,1997。

我们现在的谓述观念仅仅是语言学上的谓述,这样,主词和能谓述主词的东西总是语言的东西:一个语法主词和一个谓词。与此对照,对亚里士多德来说,主词是本体论上的一个东西,而不是语言学上的一个东西,并且能谓述的东西也常常不是语言上的东西:它不是一个谓词,而是一个谓性(a predicable,这个词通常也译为"谓词",既然刘易斯在这里想将它与语言谓词区别开来,所以我将它译为"谓性",其意思是指谓词所指示的实在的性质——引者注)。我们可以说,一个谓词(一个语言词项)在语言上谓述它的主词;而一个谓性(一个形而上学的东西)在形而上学上谓述它的主体。①

即使我们从语言上来理解亚里士多德的谓述理论,根据实在论的真理观或意义理论,正如主词指称主体即个别一样,语言学的谓词指称形而上学的谓性即普遍性的实在,因为正如格斯里(W. K. C Guthrie)所说:"在亚里士多德看来,除非我们能够把一个语词与我们希望用这个语词所表达的实在联系起来,否则我们不可能正确地使用这个语词。"②亚里士多德的逻辑学总是与他的形而上学联系在一起的。

既然谓述个别物的共相是以个别物的实在存在为前提,那么,亚里士多德的共相理论就可简单地表述为:共相是存在于个别物之中的。③

---

① 刘易斯:《亚里士多德实体与谓述》,第 4 页,剑桥大学出版社,1991。
② 格斯里:《希腊哲学史》第 6 卷,第 139 页,剑桥大学出版社,1990。
③ 这只是亚里士多德个别物的本体论对他的共相理论的一个蕴涵。实际上,亚里士多德说:"至于第二实体,显然,它们不在主体之中;人述说作为主体的个别的人,但并不在一个主体中:人不在个别的人中。同样,动物也述说作为主体的个别的人,但动物并不在个别的人中。"(巴恩斯编:《亚里士多德全集》第 1 卷,第 6 页,普林斯顿大学出版社,1984。)这似乎又表明,作为第二实体的种属共相是独立于第一实体(主体)而存在的。正因为如此,有人认为,当亚里士多德把种属看做二实体时,他"事实上就是复活了柏拉图主义,他自己永远不能完全从柏拉图主义里摆脱出来"(威廉·涅尔和玛莎·涅尔:《逻辑学的发展》,张家龙等译,第 42 页,商务印书馆,1985)。根据亚里士多德的这段话,显然,涅尔的评论是很中肯的。这涉及亚里士多德实体理论的内在矛盾,这里我们集中讨论的是共相问题,而在这个问题上亚里士多德的根本原则是:如果第一实体或本体不存在,那么其他任何东西就不可能存在。正是根据这个原则,一般认为,"第二本体寓于第一本体而不同它分离"(汪子嵩等:《希腊哲学史》第 3 卷上,第 161 页,人民出版社,2003)。

显然,亚里士多德的共相理论是以他的个别物本体论为前提的,由此,当他肯定共相在实在上存在时,他的实在论就是温和的实在论。值得特别注意的是,至少在《范畴篇》中,亚里士多德对共相的核心论断是:如果第一实体不存在,那么其他任何东西就不可能存在。严格地说,这个论断本身并不是他的共相理论的原则,毋宁说是他的共相理论的本体论前提。当然,通常对亚里士多德共相理论的理解正是从这个前提出发的,而这个本体论前提的一个自然蕴涵就是:如果有共相的话,那么必须在本体论上依附于第一实体即个别。然而,共相在本体论上对个别的依附性可以被理解为:共相在本体论意义上存在于个别之中;但是,这不必也不是唯一的理解方式,正如我们将在波埃修的讨论里所看到的那样,共相也可以被理解为:共相在抽象论的意义上存在于个别之中。

如果说亚里士多德个别物的本体论为中世纪共相问题的争论设定了共同的前提,那么他的温和实在论则为中世纪共相问题的争论设置了一个更加困难的问题。根据亚里士多德的温和实在论,个别物是独立于心灵或理智而在实在上存在,共相不可能离开个别物而存在。也就是说,共相是存在于个别之中的,既然个别物是独立于心灵或理智而在实在上存在,那么存在于其中的共相也同个别物一样也具有实在性。然而,根本的问题是:共相如何能够存在于个别物之中呢?

中世纪唯名论者与实在论者关于共相问题的争论所基于的基本哲学框架是柏拉图和亚里士多德的形而上学思想,不过,真正把共相是否在实在上存在作为一个确定的形而上学问题提出来,则源于波菲利在对亚里士多德《范畴篇》所作的《导论》(*Isagoge*)中对种属共相的实在性的追问:"种属是实在的(real),还是仅仅寓于单纯思想之中(situated in bare thought alone)?"[1]

---

[1] 斯佩德编译:《中世纪共相问题原著选编:波菲利、波埃修、阿贝拉尔、邓斯·司各脱和奥康》,第1页。波菲利对亚里士多德的《范畴篇》写了两个评注,一个写给戈达利乌斯(Gedalius),篇幅更长,也更有系统性,但现已失传;另一个篇幅较短,是按苏格拉底式问答法格式写成的,被用做教学讲义,并得以保存下来(但保存的文稿并不完整)。参见伊万杰里欧《亚里士多德〈范畴篇〉与波菲利》,第7页,布里尔-莱登出版社,1988。

这就是所谓著名的"波菲利问题"(Porphyry's Problem)。波埃修在《〈波菲利的亚里士多德《范畴篇》导论〉评注》中,首先转述了波菲利问题,并详细讨论了三种可能解决问题的途径,最终没有提出肯定的结论。然而,正是波埃修对波菲利问题的详细讨论揭示出了亚里士多德温和实在论的复杂性,而对这种复杂性的进一步解析构成了中世纪唯名论与实在论之间争论的基本问题域。亚里士多德认为,共相存在于个别之中。波埃修没有断然拒绝这种共相理论,但是他发现在如何理解共相存在于个别之中这个问题时存在着难以克服的困难。首先,种属共相是属于该种属的许多个别所共有的,这里"种属对多个个别的共同性"意味着,当种属存在于个别之中时,它们本身作为整体而不是某一部分必须同时在所有这些个别之中,并构成它们的本质。波埃修说:

> 种应当在这样的方式上是共同的:不仅它的全部是在所有单个物之中,并是同时在所有单个物之中,而且它能够构成并形成那些共有它的东西的实体。[①]

然而,如果种以这种方式在多个个别之中,那么种就不能是数目上的一,因为它在数目上为多的个别之中;而如果种不是一,也就失去了对所有个别的共同性。[②] 包括属在内的其他共相也如此。这就是亚里士多德温和实在论的困难所在。显而易见,种属共相存在于个别之中这个断言之所以存在困难,是因为种共相只有全部同时存在于所有个别之中,它才具有对属于它的所有个别的共同性,并且由于在个别之中而具有实在性。然而,如果它存在于数目上为多的个别之中,那么,在数目上为多的个别之中的共相就不可能具有数目的同一性。

看起来,真正的困难在于,种属共相的数目上的同一性与实在性之

---

① 斯佩德编译:《中世纪共相问题原著选编:波菲利、波埃修、阿贝拉尔、邓斯·司各脱和奥康》,第22页。

② 波埃修在他的讨论语境中是想表明种属既不是一,也不是多,所以种属不是实在的共相,因为凡是实在的东西在数目上要么是一,要么是多。但在这里,波埃修实际上也暗示出了共相存在于个别之中这个断言的不可能性。

间不可能达到一致。既然如此,要绕开这种不可能性,就必须将数目的统一性与实在性分离开来。既然种属共相的定义性规定在于它们对属于它们的多个个别具有统一性或共同性,那么,唯一的选择只能是,放弃种属共相就其在实在的个别之中存在的意义上的实在性。在亚里士多德的本体论语境中,放弃这种特定意义上的实在性并不意味着要割舍种属共相在任何意义上与实在的个别之间的联系。亚里士多德个别物的本体论依然是他的共相理论的基础,放弃种属共相就其在实在的个别之中存在的意义上的实在性,并不必然回归到柏拉图的先验实在论。

在这里,有必要注意到我们前面提到的亚里士多德的共相理论的本体论前提与它的蕴涵之间的区别。这个本体论前提,就是如果第一实体不存在,那么其他任何东西就不可能存在。共相的内在性质在于它们对属于它们的多个个别或第一实体的可谓述性或能谓述性(predicability),如果个别不在实在上存在,共相也就没有谓述的主体,而没有谓述的主体,谓述就成为不可能。这意味着,共相或共同的性质没有形而上学的归属性。因此,共相必须在本体论上依附于个别。① 这种本体论的依附性的一个蕴涵就是,共相在实在上存在于个别之中。我们已经看到,在波埃修的讨论中,这个蕴涵包含着共相不可能兼具数目的统一性或同一性与实在性。共相本体论的依附性的另一个蕴涵则是,共相本身并不在实在上存在于个别之中,因而不具有在实在的个别之中存在的意义上的实在性,这意味着共相作为概念存在于心灵或理智之中。然而,既然共相在本体论上依附于实体即个别,那么共相作为概念必须在心灵或理智之外的个别中有其实在的基础,尽管它本身作为理智的东西即概念并不存在于个别之中。共相是理智对心灵之外的多个个别之间相似性的抽

---

① 亚里士多德在《范畴篇》中强调第一实体即个别是其他一切别的东西(包括共相即第二实体和非实体性范畴)的主体,旨在论证第一实体为什么是第一的,也就是回答第一实体为什么是最严格意义上的实体。他说:"正因为第一实体是其他一切别的东西的主体,它们才被称为最严格意义上的实体。"(巴恩斯编:《亚里士多德全集》第 1 卷,第 5 页,普林斯顿大学出版社,1984。)但是,如果我们把理解的焦点集中在"其他一切别的东西",特别是集中在种属共相问题上,亚里士多德的论证反过来也阐明了共相在本体论上对个别的依附性。

象,它们作为概念存在于心灵之中,但并不是纯粹观念性的,而是在心灵之外的个别之中有其实在的基础。这就是广为流传的所谓共相抽象论。波埃修在《评注》中第一次比较详细地讨论了这种共相抽象论。在《评注》中,波埃修最后讨论的一种共相理论是阿伏罗底西亚的亚历山大对共相的看法,而亚历山大是一位最忠实的亚里士多德主义者,所以,波埃修对亚历山大共相论的讨论实际上是对亚里士多德共相理论的分析。波埃修经过分析后得出结论说:

> 因此,像这样的事物存在于有形体的事物和感性的事物之中,但是它们可以脱离感性的事物而被理解,这样,它们的性质得以专注,它们的区别性的独特性得以理解。既然如此,当种属被思想时,它们的相似性就是来源它们所存在于其中的单个的事物。例如,从彼此不相似的单个的人,得出人性的相似性。这种通过心灵所思想并真实地被专注的相似性就是属。同样,当思考这些不同的属的相似性时(它们的相似性只能存在于这些属或属于它们的个别之中)就形成了种。①

种属共相是心灵通过思想抽象而形成的相似性概念。一方面,如此抽象的种属存在于心灵之中,因而是概念;另一方面,它们又来源于心灵之外、以单个形式在实在上存在的个别。由理智或思想抽象得出的种属是共相,具有普遍性,而作为思想抽象的实在根据的个别是单个物,具有单个性。普遍性和单个性归属于同一个主体即种属。"这个主体在一种方式上,当被思想时,就是普遍的;而在另一种方式上,当其在其中有其存在的事物中被感知时,就是单个的。"②

普遍性与单一性虽可归属于种属,但是它们不能在同一种方式上归属于种属。正是在这里,抽象共相论的问题出现了:当我们问种属共相

---

① 斯佩德编译:《中世纪共相问题原著选编:波菲利、波埃修、阿贝拉尔、邓斯·司各脱和奥康》,第24页。
② 同上书,第25页。

是否独立于心灵而在实在上存在也就是在心灵之外的个别中存在时,如果回答是肯定的,那么共相就具有实在性,然而在这种情况下,具有实在性的种属共相只能具有单一性(个别性),而单一性是个别物的性质。当我们问种属共相是否具有普遍性时,如果回答是肯定的,那么共相就具有数目的统一性,然而在这种情况下,具有数目统一性的种属共相只能存在于心灵之中,而在心灵中的共相是概念。如果认为在心灵之中的概念仍然在心灵之外的个别中有其实在的基础,并且概念与实在的联系是通过心灵的抽象来实现的,共相就是抽象的结果,那么这就意味着没有心灵通过思想的抽象活动,也就没有共相。这样的共相抽象论难道不是把共相建立于心灵思想活动的基础之上吗? 如果是这样的话,那么,从最严格的意义上说,抽象论的共相只是心灵中的概念,共相抽象论不是实在论,而是概念论。从这个特定的层面来说,至少经过波埃修解释的亚里士多德共相论是一种隐蔽的概念论,而不是明显的实在论。① 只有当我们考虑到亚里士多德和波埃修的共相抽象论强调共相对个别的依附性,而个别在实在上存在,并且抽象的共相在个别中有其实在的根据时,他们才被称为温和的实在论者。实际上,亚里士多德总是被认为是

---

① 值得注意的是,根据波埃修的讨论,仅仅就亚里士多德的共相是建立在心灵的思想抽象活动的基础上而言,我说亚里士多德是概念论者。赵敦华在《基督教哲学 1500 年》中评论波埃修的种属共相论时指出:"波埃修的答案有两点值得我们注意。首先,他肯定了种和属在心灵之外的实在性,即,外部事物的性质之存在;其次,他认为种和属的存在不是独立的,因而不属于'实体'范畴,而属于'属性'范畴。……这两点构成了后来称之为'温和的实在论'的基本观点。"(赵敦华:《基督教哲学 1500 年》,第 185 页,人民出版社,1994。)即使波埃修同意亚里士多德的共相理论(实际上,他在《评注》中对亚里士多德的观点持中立的态度),正如我们已经指出的那样,当他肯定种属在心灵之外的实在性时,种属概念所指对的东西只是单一性的个别。至于"实体"与"属性"之区别,当然是亚里士多德的个体本体论的核心原则,也是他的共相理论的前提。这个区别意味着主体(实体)拥有属性,或者说属性被主体所拥有,因而是依附于主体的;而它对于共相理论的意义在于,唯有个别(基本主体即第一实体)是独立存在的,而共相是依附于个别而存在。我们知道,甚至像阿贝拉尔那样的概念论者也承认个别的独立存在。其实,个别在实在上存在,这是整个中世纪温和实在论与概念论或唯名论的共同前提。当然,强调概念在心灵之外的实在性,以及它对个别的依附性,确实表明波埃修具有实在论的倾向。所以,在波埃修和亚里士多德那里,当共相问题的讨论已经非常深入,并变得非常细微的时候,要明确区分开概念论与实在论的界限虽并不困难,但并无实际的意义。关键的问题是,共相如何能依附于个别,并在个别中获得其实在性?

一个温和的实在论者。

这里我们真正关心的问题不是亚里士多德和波埃修的共相理论究竟是概念论还是实在论，而是试图通过波埃修对亚里士多德的共相论的解释，来揭示这种学说所潜藏的理论困境。

如前所述，在共相存在于个别之中这个断言中，主要的问题是种属的数目的同一性与实在性之间存在着紧张关系。为解决这个问题，波埃修尝试从抽象论的角度把同一性归于心灵中的概念，把实在性归于心灵之外的个别，并通过心灵的思想活动建立概念的实在性。科普尔斯顿在阐述亚里士多德的共相理论时说：

> 共相是实在的，它不仅在心灵中有实在性，而且也在事物中有实在性，尽管在事物中的存在并不蕴涵着它在心灵中所具有的那种形式的普遍性。属于同一属的各个个别都是实在的实体，但它们并不分有一个客观共相，后者在属于该属类的所有个别中，在数目上是相同的。这种属的本质（this specific essence）在该属类的每一个个别中在数目上是不同的；但是，另一方面，就属来说，它在该属类的所有个别中，是同一的（就是说，它们在属上是同样的），这种客观的相似性是抽象共相的实在的基础，而共相在心灵中具有数目的同一性，并能以不同的方式谓述属类的所有成分。①

这里所说的"数目上同一的客观共相"是柏拉图的共相，之所以在数目上是同一的，是因为它并不在数目上为多的个别之中，而亚里士多德的共相即属的本质在个别中，在数目上不是同一的，而是不同的，因为正如波埃修指出的那样，属之全部不可能既同时在所有数目上为多的个别之中，又在数目上是同一的；但是，在心灵中抽象的共相具有数目的同一性，正因为如此，它才为所有个别所共有，也就是说，它可以谓述数目上不同的个别。亚里士多德共相的实在基础在于，它存在于个别之中，而

---

① 科普尔斯顿：《哲学史》第 1 卷，第 301 页，纽约，纽曼出版社，1985。

在个别之中,它就在数目上不能是一。对于每一个个别来说,个别存在于心灵之外,因而是实在的,同时它在数目上是一①,而对于所有个别来说,它们在数目上是多。与此相对照,对于共相来说,数目的同一性与实在性不可能同时兼得。经过波埃修在《评注》中的讨论,这两者的不一致与其说是一个困难,不如说是一个公理,而且是自波埃修之后中世纪唯名论者与实在论者都坚持的一个公理。② 显然,坚持这个公理就意味着对柏拉图共相论的拒绝;同时也意味着,共相数目的同一性不可能归于心灵之外实在存在的东西,而只能归于心灵中的概念。抽象的共相"在数目上是同一的",对于心灵之外同属的所有个别是共同的。

我们在讨论共相存在于个别之中这个断言时说,面对共相数目的同一性与实在性之间一致的不可能性,为了保持共相的定义性规定,即对于多来说它是一,我们必须放弃它在个别中存在意义上的实在性;然而,我们也强调了亚里士多德共相理论的本体论前提,即共相也必须依附于个别。由此,在波埃修那里,就引出了所谓抽象共相论,而根据抽象论,共相终于获得了同一性——数目的同一性,但是,具有数目的同一性的共相却只能以概念的形式存在于心灵之中。尽管共相抽象论试图以思想的抽象建立概念与个别的联系,由此确保共相的实在性,但是,无论如何,这样的共相是依赖于心灵的思想抽象,没有心灵就没有这样的共相。这就是亚里士多德实在论的难题。

二　形式的区别与共同性质

亚里士多德既为中世纪唯名论与实在论的争论设置了永久性的前

---

① 格雷西亚在《早期中世纪的个别化问题引论》一书中对中世纪个别化问题所涉及的诸多术语作了非常清晰的解释。关于数目的统一性,他说:"数目的统一性就是属内的每一个个别的分立的统一性;它之所以被称为数目的,是因为要成为一个个别就是要成为一个东西……"(格雷西亚:《早期中世纪个别化问题引论》,第25页,哲学出版社,1988。)
② 在中世纪,根据对共相问题的相互对立的回答,分梳出温和实在论和唯名论,而其最著名的代表人物分别是邓斯·司各脱和奥康,他们都认为:"要使数目上仅仅为一个事物的东西同时寓于很多在实在上不同的个别之中,这是不可能的。"特威戴尔:《司各脱与奥康:中世纪共相之争评注》,第396页,埃德温·麦伦出版社,1999(以下所引此书均为此版本)。

提,也为实在论留下了一个难题。中世纪最深刻也是最细微的实在论者当推邓斯·司各脱。作为一个实在论者,司各脱坚持严格意义上的实在论立场,认为共相是以事物的共同性质(natura communis)为根基,而这种共同性质必须具有实在性,并且是独立于心灵或理智而在实在上存在。这意味着他不会接受亚里士多德式的共相抽象论,因为抽象论的问题是,它没有承诺事物的共同性质的实在存在,而把共相看做理智的抽象活动的结果,这明显包含着舍弃实在论立场的倾向。在司各脱看来,抽象论本身并没有什么问题,但是它要成为真正的实在论,就不仅必须肯定共相在理智或心灵之外的个别有其实在的基础,而且更重要的是,它在个别之中有某种共同性质作为共相的实在性基础。司各脱在肯定共同性质独立于理智而在实在上存在的前提下,并没有退回到柏拉图的实在论立场上,而是继续坚持把亚里士多德的个别物的本体论原则作为他的实在论前提,这个前提决定了司各脱的实在论是温和的实在论。

给定三个个别:苏格拉底、柏拉图和这一条线。我们可以说,苏格拉底与柏拉图在他们都是人(属)这一点是相同的,人是他们共有的共相,根据抽象共相论,这个共相是理智从这两个个别中抽象而得到的。由此,我们可以说,苏格拉底不同于柏拉图的程度(尽管这两个个别在人性上是相似的或相同的,但仍存在着个别的差异)要比苏格拉底不同这一条线要小;既然各个个别之间的数目的差别都是同样的,不存在程度的不同,那么,如果没有独立于理智的、实在的和非数目上的差别,苏格拉底与柏拉图的不同就不可能小于苏格拉底与这一线的不同。如果是这样的话,那么理智就没有任何根据从苏格拉底与柏拉图之间、而不是从苏格拉底与这一条线之间抽象出相似性的共相。司各脱说:

> 如果一切实在的统一性是数目的统一性,那么一切实在的差异性就是数目的。然而,后件是假的。其实,一切数目的差异就其是数目的而言都是同样的。这样(如果一切实在的统一性是数目的统一性的话——引者加),所有的事物就会有同样的分别。所以,在这

样的情况下,理智就不可能从苏格拉底和柏拉图抽象出共同的东西,如同它不能从苏格拉底和一条线中抽象出共同的东西一样,并且一切共相就都是理智的一种纯粹虚构。①

这不是说共相抽象论本身是错误的,而是说这种理论必须以进一步肯定共同性质即非数目的统一性东西的实在存在为基础。因此,司各脱认为,除非肯定在心灵之外有某种实在的共同性质,它具有非数目的、实在的统一性,否则,心灵的抽象就是任意的,也就是说抽象失去了实在的基础。

亚里士多德个别物的本体论的首要意义是,肯定个别是独立于心灵而在实在上存在。对于属于一个属的每一个个别来说,它们在数目上都是一;而对于所有个别来说,它们在数目上是多。司各脱所说的"事物的共同性质"是指所有这些个别所共有的性质;他也肯定这种共同的性质在实在上存在,这当然是指它不能存在于心灵中,而是指它存在于所有这些个别中。既然并且当它存在于数目上为多的个别中,那么它在数目上就是"多"(注意:这并不是说"共同性质""本身"在数目上是多),而不是一。既然它是为数目上为多的个别所共有的,那么尽管它在数目是多,但仍有实在的统一性。显然,这种实在的统一性不是数目的统一性。一个个别所具有的统一性是实在的数目的统一性。既然共同性质是在个别之中(它"本身"不是个别),而一个个别的统一性是数目的统一性,因此,共同性质的本体论特质在于它具有"小于"数目的统一性;"这种较小的统一性(lesser unity)本身属于性质"②。这里所说的"小于"是指"特殊化的程度小,因而一般的程度更多"③。

值得特别注意的是,在司各脱那里,当说"共同性质"存在于数目上为多的个别之中,它在数目上就是多时,并不是说"共同性质"本身在数

---

① 斯佩德编译:《中世纪共相问题原著选编:波菲利、波埃修、阿贝拉尔、邓斯·司各脱和奥康》,第62页。
② 同上书,第63页。
③ 弗兰克和沃尔特编译与评注:《形而上学家邓斯·司各脱》(拉英对照版),第196页。

目上是多。同样,当它存在于数目为一的一个个别之中时,并不是说它本身在数目上是一。司各脱引证阿维森纳所说的"马性"(equinity)作为共同性质为例说:

> 马性仅仅是马性。就其本身来说,它既不是一,也不是多;既不是普遍的,也不是特殊的。我的理解是:它从本身来说不是因数目的统一性而是一,也不是因与该统一性相反的多样性而是多。它在实际上既不是普遍的——与此相反,某某东西就其是理智的对象而言是普遍的——它本身也不是特殊的。①

其实,"马性仅仅是马性"这个命题就是司各脱实在论的根本基础。如果司各脱能够证明,马性本身在数目上既不是一也不是多,在性质上它本身既不是普遍的,也不是特殊的,那么当然他同时也就是证明了马性仅仅是马性这个命题。可是,既然这两对特征的每一个特征都与它相对的特征是相反的,那么司各脱的断言首先遇到一个逻辑上的困难:它是不是违背了排中律因而是一个矛盾的断言呢? 根据排中律,对于某个主体来说,在任何一对相互矛盾的谓词中,至少有一个谓词可谓述这个主体(主词所指示的主体)。而根据矛盾律,最多只有一个谓词可谓述它。也就是说,根据这两个逻辑规律,在一对相互矛盾的谓词中,有并且只有一个谓词可谓述主体。马性要么是一,要么是多;要么是普遍的,要么是特殊的。可是,为什么司各脱说这四个谓词都不可谓述马性这个主体呢?关键的问题是,当司各脱说马性不具有这两对特征时,他是就马性本身也就是就马性的本质本身而言的。马性本身作为一种本质,它的定义中只含有本质的特性,而不含有任何非本质的东西即偶性。比如,就"普遍性"这一特征而言,正如阿维森纳所说:

> 马性的定义是与普遍性的定义分开来的,普遍性也不包含在马

---

① 斯佩德编译:《中世纪共相问题原著选编:波菲利、波埃修、阿贝拉尔、邓斯·司各脱和奥康》,第63页。

性的定义中。马性有一个定义,而这个定义无需普遍性,它是那个普遍性被偶然加诸其上的东西。[1]

其他特征也如此。显然,这并不是说这些特征不能归属于马性,而是说当它们归属于马性的时候,只是作为偶性而归属于马性。区分开本质或定义与偶性之后,我们就可以看到司各脱的上述断言并没有矛盾,正如我们说马性既不是白性的也不是非白性的,而没有矛盾一样。如果说马性本身是白性的,那么非白性的马就不是马;而如果说马性本身是非白性的,那么白性的马就不是马,这显然是荒唐的。白性和非白性都是马性的偶性,而不是马性本身的规定。[2]

　　事物的共同性质如马性就其本身来说既不是普遍的,也不是特殊的;它在性质上先行于普遍性和特殊性。然而,共同性质并不单单停留在抽象的本质规定的层面,也在实际上存在;事实上,它要么存在于理智之中,要么存在于理智之外的个别之中。离开了理智和个别,共同性质

---

[1] 转引自沃尔特《邓斯·司各脱的哲学神学》,第 72 页,康奈尔大学出版社,1990。

[2] 阿维森纳和司各脱的"马性仅仅是马性"命题与中国古代公孙龙的"白马非马"命题是完全相同的。公孙龙说:"马者所以命形也,白者所以命色也,命色者非命形也,故曰白马非马。"(《白马论》)如果马的本质或定义是指"具有 x 形体的动物",那么凡是满足这个定义的动物都被称为马,既然白、黑、黄马都满足这个定义,那么它们当然都是马。然而,就马本身即马的本质或定义来说,既然它不含色的规定,所以从马性本身来说,不能说白马是马,而只能如公孙龙所说,"白马非马"。因为如果将白色纳入马的定义,将马定义为"具有 x 形体且为白色的动物",那么凡不满足这个定义就不是马,这样黑、黄马就不是马了。公孙龙当然明白白马是马,但是他更深刻地洞察到马性本身与具体的马即这个白马之间的区别。当然,公孙龙没有适当的概念工具阐述这种区别的性质。马的定义本身不含有色的规定,马本身不是白的,马可以是白的,但当把白色归于马时,白色不是马的共同性质,而是马的偶性。阿维森纳和司各脱说"马性仅仅是马性",而公孙龙说"独以马为有马者耳"时,这两个说法几乎在字句上不差分毫。由此,我们可以说公孙龙的白马论蕴涵着非常思辨的实在论思想。只可惜,我们常常被"相互联系"(相互联系不等于没有区别)和"外延"(实际上,不是先有外延的类,而是马性即共同性质为这样的类提供实在的基础)之类的含糊说法遮蔽了哲学分析的视线,甚至当公孙龙说"是白马之非马审矣"时,有人认为这句话是"流于诡辩了"(北京大学哲学系中国哲学教研室编:《中国哲学史》,第 98 页,北京大学出版社,2002)。我不知道,"人的定义(人)不是白人",或换用公孙龙的句式"'白人'非'人'(人的定义或本质)",还是"人的定义(人)是白人"或者"'白人'是'人'(人的定义或本质)",这两种说法之间哪个是诡辩甚至是荒唐的?

就根本不可能存在。当它存在于理智之中时,它能够获得普遍性,而当它存在于个别之中时,它能够获得特殊性。再一次需要注意的是,正因为它本身既没有普遍性,也没有特殊性或单个性,它本身先行于它们,在性质上对于能够成为普遍的或单个性是中立的,所以,当它实际上存在时,才能够在理智中获得普遍性,而在个别中获得单个性。如果共同性质本身是普遍的,那么它就不可能成为特殊的。同样,如果它本身是特殊的,那么它就不可能成为普遍的。

共同性质本身不是特殊的,但能够成为特殊的。不仅如此,共同性质也在实在上存在。毫无疑问,共同性质实在性的基础就在于存在于个别之中。既然如上所述,共同性质具有少于数目的统一性,而个别或殊相在数目上是一,具有数目的统一性,那么当共同性质在个别之中时,它不是构成个别的唯一的形而上学要素,个别要成为个别,还需要另一个形而上学要素。此外,"既然在某个种或属中,可以有不止一个殊相,因此,性质不可能是殊相的唯一的形而上学要素;也必须要有个别化原则,以便将一个殊相与另一个殊相区别开来"[1]。这个个别化原则就是司各脱所说的"区别性的东西",也就是一个个别的"这个性"(haecceitas)。司各脱说:

> 因此,除了在这个个别和那个个别中的性质外,还要在首要的意义上有某些区别性的东西(diverse items),通过这些东西,这个个别与那个个别,以及在这个方面的这个一与在那个方面的那个一,才得以区别开来。它们不是否定性的东西(negations),⋯⋯也不是偶性,因此,有某些积极的东西从其本身规定着性质。[2]

个别的形而上学结构包含两重要素:共同性质和"这个性";通过前者,在同一个属内的一个个别与另一个个别具有属的统一性;通过后者,

---

[1] 克雷茨曼等编:《剑桥晚期中世纪哲学史》,第 411 页,剑桥大学出版社,1982。
[2] 斯佩德编译:《中世纪共相问题原著选编:波菲利、波埃修、阿贝拉尔、邓斯·司各脱和奥康》,第 102 页。

一个个别与另一个个别得以区别开来。个别的"这个性"之所以是这个个别的肯定性的实在要素,而不是否定性要素,是因为具有"这个性"的个别与另一个个别的区别不在于它没有与之相区别开来的那个个别的特征,而是恰恰它具有它的"这个性"而与另一个个别区别开来;它之所以不是偶性,是因为它是个别实体的实在要素,而实体在本质上先行于偶性,这也就是说,偶性不是个别化原则。然而,必须指出的是,尽管共同性与"这个性"是构成一个个别的两重要素(更准确地说,是两类实在或形式),但是,在实在上,共同性质与"这个性"并不是两个有分别的东西,相反,它们在实在上是同一的,这是因为共同性质所在的个别与"这个性"所在的个别是同一个个别,而个别之作为个别,如司各脱所说的那样,就在于"这个性"规定共同性质,使共同性质成为一个个别。也就是说,"这个性"作为一个收缩因子,将共同性质收缩为一个个别。既然唯有"这个性"才在数目上是一,才具有特殊性,所以通过"这个性"而被收缩为一个个别的共同性质在数目上是一,并具有特殊性。

如前所述,司各脱同意阿维森纳说"马性仅仅是马性",认为共同性质既可在个别之中,也可在理智之中,但它本身对于能够成为这两种存在状态是中立。就此而言,司各脱的立场只是在重复阿维森纳的观点。然而,与阿维森纳不同,司各脱认为,共同性质不仅是中性的,更重要的是,它是共同的。"因此,在司各脱的共相本体论中,我们找到的是一种共同性质的学说,而不是阿维森纳的中立的学说。"[1]说性质不仅是中立,而且也是共同,就是说共同性质不只是能够存在于个别或理智之中,而且它既能够在个别中被"这个性"个别化而具有特殊性,也能够在理智中被概念化为完全的共相;所谓共同性就是对于个别化和概念化是共同的。其实,司各脱与阿维森纳之间的关键区别不是"共同性质"学说与"中立性质"学说之间的差别,而是司各脱在"共同性质"学说的基础上所

---

① P. 金:《司各脱论形而上学》,见威廉姆斯编《剑桥邓斯·司各脱指南》,第110页,剑桥大学出版社,2003。

提出的独特的个别化学说,也就是说,共同性质具有"可收缩性",而这种学说是阿维森纳所没有的。

共同性质本身在数目上既不是一,也不是多,它本身具有非数目的统一性。它既不是普遍的,也不是特殊的。然而,当它存在于个别之中时,就被数目上为一并具有特殊性的"这个性"收缩为数目上为一并具有特殊性的个别,而在数目上不同的个别中,它被不同的"这个性"收缩为不同的个别。人性在苏格拉底中在数目上是一,而在其他不同的人中在数目上是多。

共同性质与"这个性"在实在上是同一的,它们具有实在的同一性。具有实在的同一性的两个东西在逻辑上不可以分离开来,正如个别(在同一个属内)不可以分割一样。但是,毕竟它们的定义不同:共同性质不是"这个性",或者说,"这个性"不是共同性质。这就是说,它们在概念上不同。然而与纯粹出于理智的原因而造成的概念的区别(如"晨星"与"暮星"的定义之间的区别)不同,共同性质与"这个性"的定义(如果"这个性"能够被定义的话)之间的区别有实在的基础。司各脱认为,在同一个事物(个别)之中的两个具有实在的同一性的实在或形式之间在定义或概念上的区别的实在的基础,就在于它们之间存在着形式上的区别。司各脱说:

> 因此,凡是共同的而又是可规定的东西,仍然能够被区别(不管它在多大程度上是一个事物)为若干形式上有分别的实在(several formally distinct realties),而在其中,这一个实在并非在形式上是那一个实在。这一个实在在形式上就是具有单一性的东西,而那一个实在在形式上就是具有(共同——引者所加)性质的东西。这两类实在不可被区分成"事物"与"事物",……宁可说,当它们在同一个事物中,不管是在一个部分,还是在一个整体中,它们总是属于同一个事物而在形式上有分别的实在。[1]

司各脱在这里特别强调,"这一个实在"即个别性或这个性(个别化

---

[1] 斯佩德编译:《中世纪共相问题原著选编:波菲利、波埃修、阿贝拉尔、邓斯·司各脱和奥康》,第107页。

原则)与"那一个实在"(共同性质)在实在上是一个并且是同一个事物。这就是说,它们都是在同一个个别之中,并且在实在上彼此不能区分。尽管如此,它们在定义或概念上是有分别的,而这种分别的实在的基础就是它们之间在形式上的分别。"在性质(natura)与这个性(haecceitas)这两个因素之间,有一种形式的区别,它是 a distinctio a parte rei,是这样一种区别,它不仅在根源上是概念的,而且是建立在一种在实在本身上的客观根据的基础之上。"①当代著名的中世纪哲学研究专家亚当斯将司各脱的形式区别更清晰地定义如下:

> x 与 y 是形式上有差别的或不是形式上的同一的,当且仅当:
> (1) x 和 y 存在,或者存在于在实在上是一个并且是同一个事物的东西(res)之中;(2) 如果 x 和 y 能够定义(在严格的亚里士多德的意义上,依据种加属差),那么 x 的定义不包含 y,并且 y 的定义不包含 x;(3) 如果 x 和 y 不能定义,那么假如它们是可定义的话,那么 x 的定义不会包含 y,并且 y 的定义不会包含 x。②

它们具有实在的同一性,是因为它们彼此不可分割(甚至全能的上帝也没有办法将其分割开来,也就是说,它们在逻辑上不可分割),并在同一个事物即个别之中;但它们的定义不同,而这种不同的实在的基础就在于它们在形式上不同。值得注意的是,当我们说 x 与 y 不是在形式上同一的事物的时候,并不是说 x 与 y 不是同一个事物,而仅仅是说它们不是在形式上相同的。正如说"人并不必然地是白人"一样,这里否定词所否定的是"必然地",而不是"白人"(不是说"人必然不是白人")。"司各脱是在副词(formaliter)的意义上谈论'形式上的区分',而不是在

---

① 哈里斯:《邓斯·司各脱》第 2 卷,第 95 页,英国,布里斯托,瑟欧梅斯出版社,1995。
② 克雷茨曼等编:《剑桥晚期中世纪哲学史》,第 415 页,剑桥大学出版社,1982。实际上,"这个性"即个别化原则是不可定义的,因为它是不可进一步分析的终极的实在。但这只是就肯定的定义而言的,其实如果否定的定义也是定义的话,那么至少可以把"这个性"定义为:"这个性"不是"共同性",或不是"那个性"。然而,司各脱认为"这个性"是一种肯定的或积极的实在,所以严格地说,"这个性"是不可定义的。

名词(forma)意义上谈论'对形式的区分'。"①严格地说,否定词是要否定作为模态算子的"形式上",因为这样就不大容易由形式上的区别而造成复多性或复合性之存在的本体论承诺:毕竟它们具有实在的同一性。共同性质与个别化原则("这个性")都不是由纯粹理智造成的东西,都是实在存在的形式,因而都具有实在性;它们存在于同一个事物之中,这意味着它们中的任何一个都不可能与它们所在的同一个事物相分离,因而它们具有实在的同一性。尽管如此,它们的定义不同,它们之间存在着概念的差别。既然它们具有实在的同一性,而它们的概念(或定义)有区别,这说明它们在概念上的区别是出于理智的原因,然而由理智所造成的概念区别如果不是主观的,那么概念区别必须有实在的基础,司各脱认为,概念区别的实在的基础就在于形式的区别。显然,从认识论的角度来看,形式的区别的作用就在于确保那些有区别的概念的客观基础。正如司各脱研究专家沃尔特所说:

> 采用这一区别主要是为了确保概念的客观性这一认识论目的,这些概念表达了关于某一实在的部分洞识但并非全部真理,而这一实在在实在上并没有不同的部分。②

共同性质与个别化原则("这个性")之间的形式的区别是司各脱实在论的终极的本体论基础。没有形式的区别,就没有司各脱温和的实在论,因为如果共同性质与个别化原则("这个性")之间没有形式的区别,既然在一个个别中它们具有实在的同一性,那么这实际上也就意味着,个别在形式上没有一种与个别性相区别的共同性质,也没有与共同性质相区别的个别性,更不存在共同性质被个别性收缩为一个个别的问题,宁可说,一个个别之所以是一个个别就因为它作为个别是一个基本的事实。而众所周知,认为个别是一个不容进一步分析的基本事实,这恰恰是唯名论的基本直观。

---

① 赵敦华:《基督教哲学 1500 年》,第 473 页,人民出版社,1997。
② 沃尔特:《邓斯·司各脱的哲学神学》,第 29 页,康奈尔大学出版社,1990。

三　形而上学实在论

让我们回到共相问题上。如上所述,在司各脱这里,共同性质本身具有非数目统一性即小于数目的统一性,既不是数目上的一,也不是数目上的多;既不是特殊的,也不是普遍的。然而,当它存在于个别之中而被"这个性"个别化为个别时,因为"这个性"本身在数目上是特殊的,所以共同性质本身虽是中立的,但也能够是数目上的一(被"这个性"所收缩),也能够是数目上的多(被不同的"这个性"所收缩)。同样,共同性质当其存在于理智之中时,也能够是普遍的,也就是说它能够是可谓述个别的共相。首先,必须注意到,虽然共同性质能够在理智中经过概念化而成为具有普遍性的完全共相,但正如前面已经指出的,司各脱反复强调,共同性质本身没有普遍性[1],它本身不是共相。如果它本身是普遍的,那么就不能被个别化;如果它本身即在它的定义中包含着普遍性,那么它就不能谓述任何一个个别,因为没有一个个别是普遍的。其次,共同性质就其实在存在而言也不是完全的共相,因为存在在个别之中的性质被个别化而成为数目的一并是特殊的,但具有特殊的东西不可能谓述数目上为多的个别。由此可见,无论就其本身还是就其在实在上存在而言,共同性质都不可能成为完全的共相。因此,它要成为完全的共相,必须成为理智的对象,必须存在于理智之中。

共同性质只有存在于理智之中才能取得普遍性,达到完全的共相。这当然意味着理智的概念化活动或抽象活动是形成共相的原因,没有理智,就没有共相。司各脱认为,当共同性质成为理智的对象、理智对共同性质加以理解时,理智需要双重概念化活动,并由此最初生成形而上学的一阶概念,最终生成逻辑的二阶概念。这个逻辑概念就是完全的共相。司各脱说:

---

[1] 斯佩德编译:《中世纪共相问题原著选编:波菲利、波埃修、阿贝拉尔、邓斯·司各脱和奥康》,第64页。

但是,不仅性质本身对于在理智中的存在与对于在一个殊相中的存在是中立的——并且它也可以是普遍的和是特殊的或单个的。甚至当它确实具有在理智中的存在时,它并不在首要的意义上具有普遍性。即使它是在普遍性之下(如在理解它的方式之下)被理解,普遍性也不是它的首要的概念的一个部分,因为普遍性不是形而上学概念的一个部分,而是逻辑概念的一个部分。根据他的看法(编译者斯佩德在此作注说,不知道这里所指的"他"是谁——引者),逻辑学家考虑的是被应用于第一意向的第二意向。因此,最初的理智化是性质的理智化而没有任何共同的被理解的方式……①

这里有必要首先对司各脱所说的"意向"一词作简要的解释。"意向"(intentio)这个术语来源于阿维森纳②,司各脱在使用这个术语时赋予了它四层含义:意志活动、倾向性、形式的理智物(ratio formalis)和概念。③ 其中,后两者与我们这里讨论的问题有关。实际上,"意向"本身具有双重特性,一方面作为具有意向的东西是在理智中的思想即概念,另一方面这种思想又指涉它之外的东西。当性质最初存在于理智中时,理智以各种活动和方式理解它的思想内容,由于在起初阶段这些方式和活动都是彼此分立的,所以,理智对于这些思想内容所形成的概念尚未完全脱去特殊性,这样的概念就是不含普遍性的形而上学概念,形而上学概念就是第一意向概念。任何概念本身无论如何都离不开理智,都是理智的认知活动的产物。然而,意向概念虽在理智之中,但理智能够通过它指涉理智之外的事物即"形式的理智物"。实际上,意向本身就是"形式的理智物"。根据特威戴尔(Martin Tweedale)的解释,

"意向"(intentio)与"理智物"(ratio)实际上是同义词,两者的意

---

① 斯佩德编译:《中世纪共相问题原著选编:波菲利、波埃修、阿贝拉尔、邓斯·司各脱和奥康》,第64页。
② 参见特威戴尔《司各脱与奥康:中世纪共相之争评注》,第520页。
③ 同上书,第608页。

思都指事物可能具有的某种特征,……某个是一种理智物的东西,就其存在来说,它不必依赖于思维,尽管称之为一种理智物当然暗含着它至少是思维的潜在的对象。①

意向作为概念,它在理智中,是理智的对象,这个概念所指涉的对象未必一定是心理的东西,而是其存在不依赖于心理或理智的东西。在这种意义上,"第一意向"指涉就是理智之外的事物即"心外的性质"(the extramental nature)。② 当理智统合它的各种分立的理解活动或方式,中立地构想各种分立的思想内容时,理智就脱去了各个思想内容的特殊性,形成了具有普遍性的逻辑概念即第二意向的概念。作为概念,它离不开理智活动,并且更深地依赖于理智。而作为意向概念,它指涉自身之外的东西即第一意向。"这个包含普遍性的概念是第二意向,就是说,是一个概念的概念(a concept of concept)。"③逻辑概念比形而上学概念更多地依赖理智,更多地出于理智的原因。既然唯有逻辑概念才是能够谓述多个个别的共相,而逻辑概念更深地根植于理智活动,所以,我们可以说,没有理智的抽象活动,就没有共相。正如莫勒(Armand Maurer)所说:

> 仅仅当共同性质以概念的方式存在于理智之中,抽去个别,它才可谓述许多主体。它必须通过理智的抽象能力,好比说,释放开它与个别联系的纽带,然后才完全满足共相的条件。总之,共相仅仅存在于理智之中。④

共相是存在于理智之中的概念。在理智活动中,从"性质"(与"这个性"具有实在同一性的性质)经形而上学概念到逻辑概念,是一个脱除特殊性,实现对一切个别的中立性,从而形成一个具有完全普遍性的逻辑

---

① 特威戴尔:《司各脱与奥康:中世纪共相之争评注》,第 608 页。
②③ 格雷西亚编:《经院哲学中的个别化:晚期中世纪和反改革运动,1150—1650 年》,第 276 页,纽约州立大学出版社,1994。
④ 莫勒:《中世纪哲学》,第 234—235 页。

概念的概念化过程。最终形成的逻辑概念就是共相,唯有这样的共相才能满足亚里士多德共相标准即能够对属内的一切个别加以谓述。当我们说"苏格拉底是人,柏拉图是人"的时候,这里的"人"就是一个普遍的逻辑概念,是一个完全的共相,它可以中立地、无关乎任何一个个别而谓述所有的个别人。

前面已经指出,根据亚里士多德的"共相"定义,严格意义上的共相是指能够谓述数目上为多的个别的形而上学性质,而实在论是对共相是否在实在上存在这个问题作出肯定回答的一种形而上学理论。在司各脱这里,只有存在在理智中的逻辑概念才是完全的共相,才能够谓述数目上为多的个别。既然能够谓述个别的共相是作为概念而存在于理智之中的,有人可能会认为,在司各脱看来,共相只是概念,是存在于理智中的概念,也就是说,共相并不是独立于理智而在实在上存在,由此有人可能说,司各脱的共相理论其实是一种概念论,而不是实在论。的确,从表面上看,当司各脱认为具有谓述功能的共相只是理智通过抽象活动而形成的具有普遍性的概念时,这看起来也是一种"抽象共相论",似乎与我们在波埃修那里所见到的那种亚里士多德式的抽象共相论没有什么不同。在讨论波埃修的亚里士多德式共相理论的时候,我们曾经说过,这种抽象共相论因为将共相建立在理智抽象活动的基础之上,实际上具有隐蔽的概念论的倾向。必须承认,仅仅就共相是一种具有普遍性的逻辑概念而言,也就是说,仅仅就逻辑概念是理智的产物而言,司各脱的共相论与亚里士多德式的抽象共相论确实是一致的。尽管如此,这两种表面上一致的共相论却有实质上不同的本体论基础,正是基于它们本体论基础的不同,一个共相论是实在论,却是暗含概念论倾向的实在论;而另一个共相论是实在论,却是深度的、地道的实在论。

亚里士多德式共相论的本体论基础实际上就是个别物本体论,即唯有个别才在第一性的意义上存在。个别之所以是个别在于它具有个别性,即特殊性或单个性,这样的单个性在实在上存在。正如波埃修对亚里士多德主义者亚历山大的共相论所作的解释,由理智或思想抽象得出的种属是共相,具有普遍性;而作为思想抽象的实在根据的个别是单个物,具有单个性。从最广泛的意义上说,司各脱的实在论也是建立在亚里士多德个别物的本体论基础之上的,司各脱也认为个别在第一性意义上存在。然而,司各脱实在论的独特之处在于,他认为个别具有双重形而上学形式结构:共同性质与个别化原则;而共同性质,如前所述,具有实在的(非数目的)统一性,所以具有实在性的共同性质是司各脱共相论的本体论基础,但这个基础是亚里士多德式的共相论所没有的。这就是这两种实在论的根本区别所在。当然,有人可能会提出反对意见说,既然司各脱认为,共同性质与个别化原则具有实在的同一性,那么,共同性质当其实在存在时,是存在于个别之中,也就是说,它被个别化原则收缩成为一个个别,因而具有个别性或单个性。而在这一点上,司各脱的共相论的实在基础,依然像亚里士多德式的共相理论一样,是实在的单个性。诚然,如果我们仅仅看到司各脱的实在的同一性的观念,很难将他的共相论与亚里士多德式的共相论区别开来。但是,我们不要忘记,司各脱在肯定共同性质与个别化原则的实在的同一性的同时特别强调,它们之间存在着形式的区别。正是在这种形式区别的基础上,在形式上与个别化原则相区别的共同性质构成了司各脱的共相论的实在基础。既然共同性质就其本身而言是先行于理智的,具有实在性,那么,司各脱的共相论虽然肯定完全的共相作为概念是由理智产生的,但其产生的实在的基础是具有实在性的共同性质,因此,司各脱的共相论是实在论。共同性质本身不是共相,但"它是共相的物理的基础"[1]。从这个意义上说,"因为共相是多中之一,所以它是共同性质,而后者本身并不适合谓述多。这样的共相就是物理的共相(the physical universal)"[2]。从这里可

---

[1] 贝托尼:《邓斯·司各脱哲学基本原则》,B. 博南西英文编译,第 56 页,天主教美洲大学出版社,1961。

[2] 同上书,第 57 页。贝托尼在这里将司各脱的共相归纳为三重含义:物理的共相、形而上学的共相和逻辑的共相。也可参见赵敦华在《基督教哲学 1500 年》中的评论性的三重区分。(赵敦华:《基督教哲学 1500 年》,第 471—472 页,人民出版社,1994。)

以看出,司各脱的形式的区别对于确立他的实在论具有十分关键的作用,这就是为什么我们在前面说形式的区别是司各脱实在论的终极基础。

在把司各脱的共相论与亚里士多德式的共相论区别开来之后,还需要进一步弄清楚,就司各脱的共相论本身而言,究竟在什么意义上共同性质是共相论的实在的基础? 首先,如上所述,完全的共相是逻辑的概念,是概念的概念;概念是理智抽象或构造的结果,概念存在并依赖于理智,而概念的概念则更加依赖于理智。然而,完全的共相同时是第二意向的概念,概念的意向性表明,它指涉它之外的东西,就是说,第二意向的概念指涉形而上学概念即第一意向概念,而后者又指涉理智之外的性质。因此,作为完全的共相的逻辑概念通过形而上学的意向概念而与实在的性质联系起来,这种联系为理智之中的共相提供了实在的基础。其次,完全的共相是理智通过摆脱个别性活动而以中立的方式所构造的概念,因此共相具有中立性(indifference)或未规定性(indeterminateness)。所谓"中立性"或"未规定性",在这里当然是指共相对个别的特殊性的中立性或未规定性,而这显然就是说共相是普遍性的。正因为如此,它才能无关乎某个特殊的个别而能够普遍地谓述任何具有共同性质的个别。当然,这里所说的"中立性"或"未规定性"是理智构造或抽象的结果,是概念的特性。然而,概念的"中立性"或"未规定性"虽出于理智活动,但理智活动的实在的基础恰恰就在于,当共同性质成为理智的对象时,理智所理解的共同性质本身具有"中立性"或"未规定性"。概念的"中立性"或"未规定性"实在的基础就是实在的共同性质本身所具有的"中立性"或"未规定性"。前已有述,共同性质的中立性就是指它本身虽不是普遍的,但当存在于理智之中时,它能够成为普遍的。

众所周知,亚里士多德在《解释篇》中认为共相的定义性特征在于它的可谓述性,而它之所以具有可谓述性,是因为与第一实体即个别不同,它不是"这个"(a this)而是"这类"(a such):

一切实体似乎都表示某一"这个"(a this)。至于第一实体,毫无疑问,它们的每一个都表示某一"这个";因为被揭示的事物是个别,并是数目上的一。但是,至于第二实体,虽然从名称的形式来看——当我们谈到人或动物时——第二实体似乎同样也表示某一"这个",其实并非如此。宁肯说,它表示某一"这类"(a such, poion ti),因为主体不像第一实体那样是一,人和动物是被用来述说许多事物的。[1]

第一实体即个别是"这个",而第二实体即种属共相是"这类"。共相既不是"这个",也不是"那个"等,而是"这类",它是某一"非这个"(not-this)。正因为如此,它才能够中立地、普遍地谓述"这个""那个"等等。所以,"这类"可定义为:"x是这类,当且仅当x不是这个。"[2]"这类"的这个定义更明显地显示它对"这个"的中立性:"这类"就是"非这个"。当司各脱说完全的共相是"中立的"时,他的共相完全满足亚里士多德的共相定义的要求。当然,共相是概念,共相的中立性就是概念的中立性。但是,概念的中立性的实在基础恰恰是共同性质的中立性。司各脱说:

> 在实在上存在着共同的东西,它本身不是某一"这个"(this)。因此,成为"非这个"(not-this),这与它本身并非不相容。但是,共同的东西不是现成的共相,因为它缺少共相据以成为完全普遍的那种中立性,就是说,缺少这样的中立性,据此它本身作为恰恰同一的东西通过某种同一性而谓述每一个个别,这样每一个个别就是它。[3]

---

[1] 巴恩斯编:《亚里士多德全集》第1卷,第6页,普林斯顿大学出版社,1984。这里需要注意的是,在巴恩斯编《亚里士多德全集》(牛津修订版)中,亚里士多德的《范畴篇》采用的是阿克里尔(J. L. Akrill)的译文,该译文没有用"a such",而是用"a certain qualification",仅就这个词而言,我改用了特伦斯·欧文(Terence Irwin)的引文译文。(欧文:《亚里士多德的第一原理》,第79页,牛津大学出版社,1998。)秦典华将该处的词译为"某种性质"。(亚里士多德:《工具论》上册,第10页,中国人民大学出版社,2003。)从实质意思上说,这些译文用词没有任何差别。

[2] 刘易斯:《亚里士多德的实体与谓述》,第34页,剑桥大学出版社,1991。

[3] 斯佩德编译:《中世纪共相问题原著选编:波菲利、波埃修、阿贝拉尔、邓斯·司各脱和奥康》,第66页。

这里所说的"共同的东西"就是共同的性质,它本身不是"这个",它本身对"这个"是中立的。正因为如此,当它成为理智对象的时候,通过理智的活动才能够成为现实的"非这个",也就是说成为"这类"。就它本身来说,当然,它的中立性可以说是潜在的,而通过理智活动,这种潜在的中立性构成了概念化的、现实的中立性,即具有普遍性的"这类"。这样,"这类"就可用来谓述"这个""那个",说"这个"是"这类","那个"是"这类"。比如说"苏格拉底是人、柏拉图是人",这里,"人"就是"这类",而谓述不同的主体的"这类"是同一的。总之,共同性质的中立性是共相的中立性或普遍性的实在的基础。

实在论是肯定共相在实在上存在的一种形而上学理论。司各脱认为虽然作为逻辑概念的完全的共相是理智抽象的结果,但是理智抽象的实在的基础在于共同性质的实在性。司各脱的共相论是建立在他共同性质的学说的基础之上,他肯定共同性质在实在上存在,并且它是一种具有小于数目的统一性的实在的东西。因此,司各脱的共相论是一种严格意义上的形而上学实在论。司各脱克服了亚里士多德式实在论内部存在的困难,发展了中世纪形而上学实在论。

第二节 奥康的唯名论思想

一 引言:本体论的原子主义

在中世纪哲学中,自波菲利提出种属共相问题,以及波埃修对这个问题的广泛讨论之后,肯定共相在实在上存在的实在论者与否定共相在实在上存在的唯名论者便围绕着波埃修所设定的著名问题论域展开了持久、深入的争论。12世纪的阿贝拉尔率先明确地坚持唯名论立场,而大阿尔伯特和托马斯·阿奎那坚持温和的实在论立场。这场旷日持久的争论最终于14世纪初在邓斯·司各脱的实在论与奥康的唯名论之间达到了高潮。司各脱克服了经过波埃修解释过的亚里士多德式实在论,特别是与这种实在论紧密联系的共相抽象论的困难,发展了一种更加精致也更加严格的形而上学实在论,而奥康则主要针对司各脱的实在论,沿着阿贝拉尔的路线①,将唯名论的哲学思想推向了更高的层次。

威廉·奥康(William Ockham)于1285年出生于英国伦敦西南部的萨里郡的奥康村庄。他在14岁以前就加入了方济各会,并在伦敦的一所方济各会学校学习哲学。1306年2月26日被任命为伦敦南瓦克的圣玛利亚方济各会的副执事。他于1309年去了牛津大学学习神学,经过5年学习后,开始开设《圣经》讲座(1315—1317),随后又开始讲授彼得·伦巴德的名著《箴言集》(Sentence)。这个讲座的学生笔记经讲座人授权整理成所谓"记录稿"(Reportatio),其中第一部经过奥康亲自修订,整理成所谓"修订稿"(Ordinatio),这就是著名的《伦巴德〈箴言集〉第一部分评注》(Scriptum in Liberum Primum Sententiarum)。正是在这部"修订稿"中,奥康在批判实在论的基础上系统地阐述了自己的唯名论哲学思想。而其余三部"记录稿"就是《关于〈箴言集〉第二、三和四部的问题集》(Quaestiones in Libros Sententiarum II-IV)。从1317年到1328年,他又在牛津和伦敦研究和讲授亚里士多德的逻辑学和物理学,并初步完成了他的《逻辑大全》(Summa Logicae)。在这短短的十几年间,奥康以惊人的智慧和毅力发展了一整套具有原创性的神学和哲学思想体系。他的哲学思想对后来西方哲学的影响是深远而持久的。从14世纪20年代到16世纪,在整个欧洲各个大学都在讨论他的哲学思想,而他的哲学思想所体现出的那种对"健全的现实感"的追求,以及逻辑和语言分析精神也融入了当今哲学,构成了当代哲学精神的重要因素之一。

奥康的核心哲学思想就体现在他对由波菲利和波埃修所留给中世纪的所谓共相问题的回答。他坚持亚里士多德个别物的本体论原则,认为唯有个别在实在上存在;共相只是存在于理智之中的语词和概念,它

---

① 参见洪德里希编《牛津哲学指南》,第546页,牛津大学出版社,1995。

们的意义就在于它们作为符号表示的许多个别事物的相似性,而这种相似性反映在理智中就是关于事物相似性的共同概念。这就是奥康的唯名论哲学思想。当然,唯名论是奥康的哲学思想的核心,但并非全部。实际上,奥康建立了一个含括神学与哲学的庞大而复杂思想体系。我们之所以说奥康有一个神学和哲学的思想体系,是因为尽管他的神学-哲学思想内容丰富多样,但它们都贯穿一个稳定而单一的原则,这可以概括为造物主与被造之物之间的区别原则。从表面看起来,这似乎只是一个普通的神学原则,然而,我们看到,当这个神学原则被运用于实在事物的存在时,也蕴涵着他的唯名论哲学思想原则。

最近,著名中世纪哲学史家阿曼德·莫勒出版了一部关于奥康哲学的专著,这部著作的题目是《奥康的威廉哲学》(*The Philosophy of William of Ockham in the Light of Its Principles*)。从书名可以看出,莫勒的目的是想根据奥康的哲学原则来理解他的哲学。他在该书的引言中说:

> 本研究的目的是要辨析奥康哲学所从出的原则和主要观念。每一位希望到达具有某种程度系统性思想的哲学家或具有哲学头脑的神学家都依赖某些或明或暗的原则,以赋予其思想以结构和融贯性。毫无疑问,奥康向我们表明了他的原则是什么,以及他是如何理解这些原则的。其中主要的原则就是他相信上帝的绝对的能力和自由,以及被造世界的完全偶然性。唯有上帝是绝对必然的,甚至我们世界的物理和道德规律都是偶然的。[1]

造物主即上帝与他所创造的世界之间存在着根本的区别,被造之物是有限的,上帝是全能的、无限的。这个区别原则也可称为上帝全能原

---

[1] 莫勒:《奥康的哲学》,第7页,教皇中世纪研究所,1999。莫勒认为,支配奥康哲学思想的另一个原则就是所谓"奥康剃刀"(Ockham's Razor),也就是思想简单性或经济性原则(参见同上书,第7页)。不过,"奥康剃刀"通常被理解为一种方法论原则,而不是本体论原则,因为它本身仅仅要求在解释原则上用尽可能少的东西来解释尽可能多的东西,而在本体论上并没有限制应当承诺什么样的存在物。所以,这个原则并不是实质性的。由于这个学理上的理由,也由于篇幅的限制,我们在此并没有讨论著名的"奥康剃刀"。

则。现在撇开这个原则的神学意义不说,仅仅就它对唯名论哲学思想的意义来说,它揭示出了构成奥康唯名论哲学思想的直接原则——本体论的原子主义(或称"原子论的本体论")。众所周知,奥康唯名论是建立在他对实在论批判的基础之上的,而他对实在论批判的一个重要论据就是,他认为实在论违背了上帝的全能原则。实在论认为,在同一个属中,所有个别都有一个共同的性质,这个性质是每一个别的共同且同一的部分。如果是这样的话,那么,全能的上帝要摧毁比如任何一匹个别的马,他必须消灭这匹马与其他马所共同具有的性质,而这样他同时就必须摧毁所有个别的马。这就是说,如果实在论是对的,那么,全能的上帝就无法摧毁一匹个别的马而不同时摧毁所有个别的马。但事实恰恰相反,全能的上帝能摧毁一匹马,而让其他马继续存在。因此,从这个上帝全能原则引出的一个哲学原则就是:一切实在存在的事物在逻辑上都是彼此独立的。这个纯粹哲学原则被著名的奥康哲学专家玛里琳·麦克科德·亚当斯看做奥康在攻击实在论、建立自己的唯名论时所使用的核心思想武器之一。她在《奥康》一书中说:

> 奥康对温和实在论的讨论最终被证明是关于同一性与区别的相互冲突的直观之间的一场战斗,在这场战斗中,相互冲突的各方不得不暴露出他们的战争机器,并且在这里有一些伤亡,但没有明显的胜利者。奥康的武器库里储备有三样主要武器。首先,有这样一个观念,……这就是,某一个属的任何一个殊相的存在在逻辑上都是独立于该属的任何其他殊相的存在。这个观念的辅助性推论就是坚持认为,没有任何殊相有任何共同的或普遍的东西作为它的构成要素之一。①

在同一个属内的每一个个别的存在在逻辑上都是彼此独立的。正如亚当斯指出的,这个原则意味着个别在实在上没有共同的或普遍的性

---

① 亚当斯:《奥康》第 1 卷,第 67 页,圣母大学出版社,1987。

质。亚当斯提到的另外两样"武器"分别是"非矛盾律"和反个别化原则。① 实际上,这三个原则都是上帝全能原则的一个自然蕴涵。就"非矛盾律"而言,从上帝的全能原则,我们知道上帝能够做一切逻辑上可能的事情,他不能做逻辑上不可能的事情,显然,上帝的能力本身就蕴涵着"非矛盾律";而就"个别化原则"而言,既然从原子论引申的一个推论是个别在实在上没有共相或共同性质作为其构成要素,那么自然也就不存在能够被个别化原则所多重化的共同性质了,这也就是说,在奥康看来,根本不存在邓斯·司各脱所说的个别化问题。总之,在奥康这里,支配他的唯名论哲学思想的基本原则可以归结为本体论的原子主义。我们将看到,无论奥康在对实在论的批判中,还是他在对唯名论的维护中,他的本体论原子主义都发挥着十分关键的作用。

二 对实在论的批判

奥康的唯名论首先是建立在他对实在论批判的基础之上的。我们知道,实在论认为,共相是独立于心灵或理智而在实在上存在的事物。奥康把这种实在论的观点看做"哲学上最糟糕的错误"②。既然实在论者认为,共相在实在上存在,而奥康要从哲学上消除这种实在论的错误,那么,他自然就得坚持共相并不在实在上存在,实在上存在的只是个别,共相只是作为语词或概念而存在于理智或心灵之中,尽管它们具有自然的意义(natural significance)。奥康对共相问题作出了否定的回答,这就是奥康的唯名论。显而易见,奥康对实在论的批判本身就是他唯名论哲学思想的组成部分。

---

① 参见亚当斯《奥康》第 1 卷,第 66 页,圣母大学出版社,1987(以下所引此书均为此版本)。
② 奥康:《亚里士多德〈解释篇〉评注》,见《奥康哲学著作集》第 2 卷,第 363 页,方济各会研究所,1967—1988。

奥康对共相问题的讨论散见于他的许多哲学和神学著作①,不过,他对实在论的批判和他对唯名论的维护则集中体现在他的《伦巴德〈箴言集〉第一部分评注》,其中第 2 区别、第 4—8 个问题,是奥康系统讨论共相问题的核心文本。奥康在这部著作中要讨论的主要是这样一个神学问题:"是否有某种对上帝和被造之物而言是单义而共同的东西,并同时在本质上谓述这两者?"②奥康说,既然这个问题涉及单义和普遍性质的知识③,所以有必要首先探讨关于普遍性质的问题即共相问题。奥康首先对各种各样的实在论观点进行了详尽的考察和批判,然后提出了自己的唯名论观点。实在论的总体原则是认为共相在实在上存在,但在这个一般原则之下,随着实在论者对共相的实在性的不同认定,分梳出不同的实在论观点。根据实在论者对共相的实在性由最强到最弱的强调,奥康依次在第 4 个到第 7 个问题中作出了详细的考察和批判。

(一) 对柏拉图实在论的批判

奥康要考察和批判的第一种类型的实在论,就是他在第 4 个问题中所阐述的实在论,他把这种实在论的观点描述为:

> 关于这个问题,有一种理论认为,一切单义的共相是某种存在于心灵之外的东西,它在实在上寓于每一单个物之中,并属于每一单个物的本质;在实在上与每一单个物,以及任何其他共相是有分别的;正如普遍的人是真正在心灵之外的东西,在实在上存在于每

---

① 奥康讨论共相问题的主要著作有:(1)《亚里士多德〈范畴篇〉评注》(*Expositio in Librum Praedicamentorum Aristotelis*),奥康在该著作中从唯名论的角度对亚里士多德的十范畴作了解释;(2)《波菲利五谓词论评注》(*Expositio in Librum Porphyrii de Praedicabilibus*),该文讨论的主题是共相;(3)《亚里士多德〈解释篇〉评注》(*Expositio in librum Perihermenias Aristotelis*),该文主要讨论了概念在理智中的存在问题;(4)《逻辑大全》(*Summa Logicae*),该著作是奥康的语义学与逻辑学著作,分两个部分,第一部分涉及词项理论(与共相问题直接相关的论题主要在这个部分),第二部分涉及命题理论;(5)《伦巴德〈箴言集〉第一部分评注》,其中第 2 区别、第 4—8 个问题,是奥康最集中也是最广泛讨论共相问题的核心文本。我们对奥康的唯名论哲学思想的分析研究主要依靠这部分文本。
②③ 斯佩德编译:《中世纪共相问题原著选编:波菲利、波埃修、阿贝拉尔、邓斯·司各脱和奥康》,第 114 页。

一个人之中,并在实在上与每一个人、普遍的动物和普遍的实体是有区别的。①

根据奥康的概述,这种实在论的特点是:(1) 共相在实在上存在;(2) 共相在实在上存在于每一个别之中;(3) 共相是某一个别与其他个别所共有的本质部分;(4) 共相与个别(以及其他共相)之间存在着实在的区别。奥康没有指明究竟是谁持有这样的实在论的观点,只是说有人曾将这种观点归于邓斯·司各脱②,他暗示这种观点其实并不是司各脱的看法。当然,这的确不是司各脱的观点。我们知道,司各脱认为,共相——不如说作为共相的实在基础的共同性质与个别的个别化原则因而也与个别具有实在的同一性,而不是像这里所说的它们之间存在着实在的区别。恰恰因为这种实在论主张共相与个别之间存在着实在的区别,所以当它肯定共相在实在上存在时,它是一种最强意义上的实在论。一般认为,"奥康似乎心目中把他的同时代人瓦尔特·伯尔莱(Walter Burley)作为这种意见的持有者"③。尽管如此,我们认为,这种实在论实质上属于柏拉图的实在论(Platonic Realism)。其实,奥康在讨论亚里士多德的定义问题时似乎也暗示说,这属于柏拉图的理论。④ 柏拉图认为,共相在实在上存在,共相是构成个别的本质,并且与个别存在着实在的区别,因而与个别相分离而存在。显然,奥康这里陈述实在论恰恰满足柏拉图的极端的实在论的原则。因此,我们把奥康对这种实在论的批判视为对柏拉图实在论的批判。当然,如果这种观点可归诸瓦尔特·伯尔莱的话,那么,这说明伯尔莱的实在论就是柏拉图式的实在论。

奥康在提出自己的反对意见之前,首先站在这种实在论的立场上,

---

① 斯佩德编译:《中世纪共相问题原著选编:波菲利、波埃修、阿贝拉尔、邓斯·司各脱和奥康》,第 115 页。

② 大概是昂维克的威廉(William of Alnwick),参见同上书,第 149 页。

③ 莫勒:《奥康的哲学》,第 65 页,教皇中世纪研究所,1999。

④ 参见斯佩德编译《中世纪共相问题原著选编:波菲利、波埃修、阿贝拉尔、邓斯·司各脱和奥康》,第 129 页。

试图理解这种实在论进行自我辩护所可能提出的理由。他说："有许多理由可支持这种理论。"①他替这一理论列举了大约 13 条理由，随后对它们作了逐一的反驳。

维护这种实在论的主要理由是，如果没有某种共相在实在上存在，那么，对实在存在的东西就不可能定义；而如果没有关于实在存在的东西的定义，那么，就没有任何东西谓述个别实体。同时，如果没有实在存在的共相，就没有实在的或客观的科学知识。

奥康提到的这些理由都是与亚里士多德在《形而上学》中关于定义和科学的看法有关。在亚里士多德那里，"定义陈述其主体的本质(essence)"②，涉及不变的普遍性质即本质，而个别不仅是具有单个性的实体，而且是可变的感性实体，所以，亚里士多德说："感性的个别实体既没有定义，也没有证明。"③也就是说，只有普遍的实体即种属才是可定义的。同时，只有普遍的实体即种属才能谓述个别实体即个别。此外，亚里士多德在《后分析篇》中说："感官知觉必定是关涉特殊的，而知识则是对普遍的认识。"④在奥康看来，这种实在论从表面看起来似乎是适应了亚里士多德关于定义和科学的要求，因为如果只有个别是实在存在的，而没有与个别相区别的普遍的实体即种属共相，那么，定义和科学知识就失去了实在的对象。为了理解这种理论，奥康说："因此，除了单个的实体以外，还有另一种实体，它就是在首要的意义上是可定义的东西。但是那另一种实体不可与感性的东西相分离，因为根据大哲学家(亚里士多德)在同一处的看法，这样一种独立的实体是不可定义的。所以，那

① 参见斯佩德编译《中世纪共相问题原著选编：波菲利、波埃修、阿贝拉尔、邓斯·司各脱和奥康》，第 115 页。
② 格斯里：《希腊哲学史》第 6 卷，第 147 页，剑桥大学出版社，1990。
③ 巴恩斯编：《亚里士多德全集》第 2 卷，第 1641 页，普林斯顿大学出版社，1984。也见亚里士多德：《形而上学》，见《亚里士多德全集》第 7 卷，苗力田译，第 183 页，中国人民大学出版社，1997。
④ 亚里士多德：《后分析篇》，余纪元译，见亚里士多德《工具论》上册，第 303 页，中国人民大学出版社，2003。

另一种实体属于一个单个物的本质。"①除了存在着个别实体之外，还必须有某种可定义的实体即共相，并构成了个别的本质，由此，共相也才能够从本质上谓述许多个别。实在存在的共相也是科学的对象。为了理解这种实在论，奥康说："实在的科学涉及心灵之外的真实的事物，这就是为什么实在的科学有别于理性的科学的原因。但是，没有任何科学在首要意义上是关于单个的事物。因此，除了单个的事物之外，在心灵之外还存在着某种事物。"②科学不是关于单个实体即个别的知识，科学知识总是普遍的，它是关于共相的知识，而且科学知识如果不是心灵的虚构，那么，它的对象即共相必须是在心灵之外存在的事物。

尽管如此，奥康认为，"这种观点绝对是错误和荒唐的"③。首先，就定义问题而言，奥康认为，定义实际上是对普遍词项的定义，因而无需任何实在的共相作为定义的对象。奥康说：

> 比如说，"理性的动物"是一个定义；这个定义在首要的意义上是关于"人"这个词项的定义，因为它在首要和适当的意义上谓述这个词项。定义所谓述的东西只是"人"这个词项所谓述的东西；并且当"人"这个词项具有人称的指代（personal supposition）时，对于"人"这个词项所谓述的一切事物而言，这个定义（如果它以人称的方式指代的话）也谓述它。④

当我们用"理性的动物"来定义"人"时，如说"人是理性的动物"，这个定义是对"人"这个词项的定义，而不是对实在的普遍的人的定义。在这个定义公式中，定义谓述"人"这个词项（主词），而不是对实在存在的普遍的人谓述，也就是说，这里的谓述是语言的谓述，而不是形而上学的谓述。当然，在这个定义公式即命题中，"人"这个词项也有它的人称指

---

① 斯佩德编译：《中世纪共相问题原著选编：波菲利、波埃修、阿贝拉尔、邓斯·司各脱和奥康》，第115页。
② 同上书，第116页。
③ 同上书，第119页。
④ 同上书，第132—133页。

代。从最广泛的意义上说，"指代（suppositio）意思是指，好比说，取代另
一个东西的位置"①。而关于"人称的指代"，奥康说："一般地说，当一个
词项表示它所指示的对象的时候，我们就有了人称的指代。"②奥康所说
的"指代"总是指在一个命题中各个词项（主词和谓词）表示它们所指示
的东西，而同一个词项在不同的命题里可以指代不同的东西。在"人是
理性的动物"这个定义或命题中，"人"这个词项指代所有个别的人。奥
康特别强调："它并不指示共同的东西（something common）。"③也就是
说，"人"这个词项并不指代某种普遍的或共同的人性，只指代个别的人，
谓述所有个别的人。比如当"人"这个词项指代"苏格拉底"这个词项，而
这个词项反过来又指称"苏格拉底"其人即个别，那么，就可以说"苏格拉
底是一理性动物"，这样，上述定义就可以谓述"人"这个词项所谓述的东
西即谓述个别的人。

　　实际上，当奥康说定义只是以词项为对象时，他所说的定义是指名
义的定义，而不是实质的定义。定义是对本质的定义，但正如后来洛克
所说的，本质可区分为名义的本质与实质的本质。奥康通过他的指代理
论的转换，取消了共同的性质即实在的本质，从而使定义完全转化为对
词项名义的定义。在这样的定义中，当然就无需承诺共同性质或共相的
存在了。

　　就实在的科学来说，也无需有共相或共同性质的存在。奥康认为，
实在科学的对象是命题，而不是共相或共同的性质。他说："要知道，任
何科学，不管它是实在的，还是理性的，就其是关于被认识的东西而言，
只是关于命题的。"④他甚至直接认为："关于这样的命题的知识就被称为
'实在的科学'（real science）。"⑤当然，奥康认为，命题中的词项有所指

---

① 伯奈尔编译：《奥康哲学著作集》，第 64 页，哈克特出版公司，1990。
② 同上书，第 65 页。
③ 同上书，第 66 页。
④ 斯佩德编译《中世纪共相问题原著选编：波菲利、波埃修、阿贝拉尔、邓斯·司各脱和奥康》，
　　第 136 页。
⑤ 同上书，第 137—138 页。

代。只不过理性的科学即逻辑学所涉及的命题中的词项指代概念,而实在的科学命题里的词项指代实在存在的个别事物,正因为如此,这种科学才是实在的。

根据奥康的理解,柏拉图式的实在论是要通过肯定共相的实在存在而为定义和实在科学提供实在的根据。然而,奥康认为,定义和实在科学的直接对象不是实在存在的共相,而是语言词项,虽然词项并不是空洞的、任意设立的,而是具有人称指代功能——当然也有指称功能。① 这就是说,语言词项是具有实在意义的,但是它们所指称的对象只是实在存在的个别。由此,奥康在消解共相问题的同时也能够继续维护定义和实在的科学的合法地位。

如果说奥康从定义和实在科学的对象出发对柏拉图实在论的批判是外在批判的话,那么,当奥康深入柏拉图实在论的基本结构,应用本体论的原子主义原则而对柏拉图的实在论的批判则可以视做一种更强有力的内在批判。如上所述,根据柏拉图的实在论,共相在实在上存在,而且它在实在上与个别是有分别的。共相与个别具有实在的区别是这种实在论的最根本原则。当代著名奥康哲学专家亚当斯在考察瓦尔特·伯尔莱文本的基础上,指出了伯尔莱之所以引出这一实在论原则的基本理由:

> 援引亚里士多德的观点,伯尔莱同奥康一样也坚持认为,同一的不可分辨性是实在事物之间区别的首要标准。伯尔莱接着指出,"一切共相都存在于多之中",但"没有一个殊相存在于多之中";"共相是被定义的",但"没有一个殊相是被定义的";共相是证明科学的主体,而殊相不是。……伯尔莱的结论是:共相是在实在上与殊相有分别的。②

---

① 奥康关于人称指代与指称的关系的看法,参见赵敦华《基督教哲学 1500 年》,第 500 页,人民出版社,1997。
② 亚当斯:《14 世纪早期的共相》,见克雷茨曼等编《剑桥晚期中世纪哲学史》,第 423 页。

根据同一的不可分辨性原则,既然共相是"F",而殊相即个别是"非F",那么共相与个别之间存在着实在的区别。如前所述,根据奥康的理解,他所考察和批判的这种实在论目的是为了维护定义和实在科学的实在基础而要求肯定共相的实在存在,因为唯有共相才是可定义的,才是科学的对象,而个别是不可定义,也不是科学的对象。然而,根据同一的不可分辨性原则,恰恰是由于这些理由,引申出了这种实在论的最根本的原则:共相与个别之间存在着实在的差别。我们在前面说过,正是考虑到这个原则,这种实在论才被归于柏拉图的实在论。因此,要充分理解奥康对柏拉图实在论的批判,有必要具体考察奥康对这个实在区别原则的批判。

不过,在详细考察奥康对柏拉图实在论的基本原则的批判之前,我们需要简略地辨析一下奥康所考察和批判的这种实在论究竟是极端的实在论,还是温和的实在论? 当然,讨论这个问题的目的不是要怀疑这种实在论是否可归于瓦尔特·伯尔莱,而是要澄清当这一实在论被归于伯尔莱时,他究竟是一个柏拉图式的极端实在论者,还是像亚当斯所认为的那样,是一个温和的实在论者。我们知道,奥康在《伦巴德〈箴言集〉第一部分评注》中对各种形式实在论批判的自然顺序是依照实在论者对共相的实在性由最强到最弱的强调方式进行的,而被归于伯尔莱的实在论是最强意义上的实在论,因为这种实在论强调存在着一种与个别有实在区别的共相。因此,当我们把这种实在论归于伯尔莱时,就意味着伯尔莱所持有的理论是一种最强意义上的实在论,也就是说是一种极端的实在论。然而,亚当斯在其被广泛引用的著名论文《14世纪早期的共相》中,却将奥康要考察和批判的第一种实在论标称为"瓦尔特·伯尔莱的温和实在论"(Walter Burley's moderate realism)①,但她在这里没有明确解释为什么奥康所陈述的理论是温和的实在论。后来,在迄今为止被认为是关于奥康哲学的最系统的研究专著《威廉·奥康》中,她继续将奥

———————————

① 亚当斯:《14世纪早期的共相》,见克雷茨曼等编《剑桥晚期中世纪哲学史》,第422页。

康所批判的这种类型的实在论看做伯尔莱的温和的实在论。[①] 不过,她说,普遍实在的事物可能存在而没有任何特殊实在的事物(实际上是共相与个别之间的实在区别的一个直接蕴涵),这个结论"太接近于柏拉图主义"[②]。但她又说,这种实在论肯定"共相确实存在于殊相之中,而这在柏拉图看来是不可能的事情"[③]。显然,这就是亚当斯将伯尔莱的实在论看做温和的实在论的根据。我们从前面已经看到,根据奥康对伯尔莱的实在论的表述,共相与个别之间的实在的区别(第4点),以及共相存在于个别之中(第2点),这两点都是这种实在论的基本观点。首先,正如亚当斯也承认的,根据实在区别的原则,这种实在论显然是柏拉图实在论。因为它一方面肯定共相在实在上存在,另一方面肯定这种实在存在的共相与个别具有实在的区别,这意味着共相有可能与个别相分离而存在。其次,当这种实在论肯定共相存在于个别之中时,如果它要避免与实在的区别原则直接产生矛盾,那么,共相存在于个别之中只能被理解为共相作为个别的本质而被个别部分地所分有,而这种"分有"意义上的存在依然属于柏拉图实在论的概念范畴。因此,奥康所考察和批判的这种实在论虽被归属于伯尔莱,但在理论类型上属于柏拉图极端的实在论。当然,在奥康对这种实在论的表述中,他没有使用"分有"这样的用语,当他理解这种实在论关于共相存在于个别之中这个主张时,他说共相即本质"内在于"个别之中。不管伯尔莱本人的实在论是否属于极端的实在论,但至少奥康心目中的伯尔莱的实在论是柏拉图式极端的实在论。

下面让我们集中讨论奥康对支配伯尔莱极端实在论的基本原则,即共相与个别之间存在着实在的区别的批判。

首先,正如亚当斯所指出的,根据伯尔莱和奥康都认可的实在的区别原则——这就是后来所说的"莱布尼茨法则"(Leibniz's Law),即"同

---

① 参见亚当斯《奥康》第1卷,第29页,圣母大学出版社,1987。
② 同上书,第1卷,第29页。
③ 同上书,第1卷,第30、33页。

一的不可分辨原则"。既然有很多属性要么属于共相，要么属于个别，至少有一种属性不是共相与个别所共有的，所以，共相与个别之间存在着实在的区别。其次，根据奥康的解释，两个事物如果存在着实在的区别，就可以彼此分离而存在。奥康说：

> 先行于与其有实在区别的另一事物的一切事物能够无需那另一事物而存在。但是，依照你们（伯尔莱实在论的支持者——引者注）的看法，这种普遍的事物是先行于并在实在上有别于它的个别物。因此，普遍的事物能够存在而无需单个的事物。[1]

两个事物的实在区别意味着它们存在的彼此可分离性，存在的可分离性是实在区别的标准。这实际上是亚里士多德在《论题篇》中提出的一个实在区别的标准："还要知道如若没有另一个东西，一个东西是否能够存在；因为如果是这样的话，那么，这两个东西就不是同一的。"[2]亚里士多德经常利用这个标准来理解实体与偶性之间的逻辑关系。偶性是实体可有可无的性质，实体可以与偶性相分离而存在，并且实体在本性上先行于偶性，所以，实体在逻辑上能够无需偶性而存在。奥康把这个标准应用到共相与个别之间的关系，当然就意味着，如果共相与个别之间存在着实在的区别，那么在逻辑上就存在着这样两种可能性：共相可以没有个别而存在；个别可以没有共相而存在。这样，不管被造之物是否有能力将它们分离开来，使其中一个存在而另一个不存在，既然它们之间存在着分离的可能性，那么至少能够做一切逻辑上可能的事情的全能的上帝可以将它们分离开来，使其中一个存在，而另一个不必存在。奥康说：

> 当与另一些东西在实在上有分别的某个东西能够在自然的进

---

① 斯佩德编译：《中世纪共相问题原著选编：波菲利、波埃修、阿贝拉尔、邓斯·司各脱和奥康》，第 124 页。

② 巴恩斯编：《亚里士多德全集》第 1 卷，第 256 页，普林斯顿大学出版社，1984。也可参见亚里士多德《工具论》下册，第 512 页，中国人民大学出版社，2003。

程中存在,而无需就单个而言的这另一些东西中的任何一个东西,并且它在本质上不依赖它们中的任何一个东西,那么,至少通过神的能力,它就能够存在,而无需就其总和而言的所有这些东西。但是他们(这种实在论的支持者)的看法,如果没有任何给定的单个的人,"人"所表示的普遍的事物能够在实在上存在。因此,借助神的能力,普遍的事物能够存在而无需一切单个事物。①

比如,就人而言,如果普遍的人与个别的人在实在上有分别,那么,它们的存在在逻辑上就是彼此可分离的,这样,至少全能的上帝就能够创造一个普遍的人,而不必创造任何个别的人。或者,上帝能够创造个别的人,而个别的人不必有普遍的人性作为它们的本质。既然这种实在论主张共相与个别存在着实在的区别,而由这样的前提导致了"没有普遍人性的个别人"和"没有个别人的普遍的人"这样的荒唐事态,那么,这就自然证明,共相与个别之间并没有实在的区别。当然,这并不意味着奥康会因此接受这样的断言,即共相与个别具有实在的同一性;奥康对待这种实在论立场的更根本的态度,是拒绝承认有任何与个别在实在上有区别的共相在实在上存在,他坚定地认为,唯有个别才在实在上存在。因为如果仅仅满足于承认共相与个别之间存在着实在的同一性,当认为个别没有实在性时,这种实在的同一性依然停留在柏拉图实在论的立场上。②

值得特别指出的是,严格地说,"没有普遍人性的个别人"和"没有个别人的普遍的人"这样的可能性虽与经验的事实不相符合,因而是荒唐的,但这毕竟是逻辑上可能的事情。上帝事实上没有创造出"没有普遍人性的个别人"和"没有个别人的普遍的人",但是,他在逻辑上依然能够进行如此这般的创造。恰恰因为共相与个别的分离在逻辑上是可能的,所以,能够做逻辑上可能的事情的上帝如此创造,这是可能的。这样,我们可以说,在可

① 斯佩德编译:《中世纪共相问题原著选编:波菲利、波埃修、阿贝拉尔、邓斯·司各脱和奥康》,第 124 页。
② 参见格雷西亚《早期中世纪个别化问题引论》,第 35 页,哲学出版社,1988。

能世界中,存在着"没有普遍人性的个别人"和"没有个别人的普遍的人"。如果奥康只是满足于从逻辑上反对实在论,那么,至少这里的反对意见显然在逻辑上并不是非常严格的。然而,奥康的论证虽旨在反对实在论,但他并不是要瓦解任何意义上的东西的实在存在,相反,他真正关心的问题依然是本体论问题:究竟什么东西才是实在存在的? 既然这两种"可能的人"——上帝能够创造但是并未创造的事态——实际上,是思想无矛盾而构想的东西,那么,它们就不是"实在的人"。由此可见,实在论设定了普遍的东西即性质与个别具有实在的区别,而由这一前提导致了无本体论承诺的结果。因此,如果要有本体论承诺的话,就必须否定性质与个别之间存在着实在的区别。但是,否定这种实在的区别有两个自然蕴涵:一是,共相与个别具有实在的同一性,在这种情况下,否定依然承诺了这种实在论所主张的普遍的东西在实在上存在这一观点,只是它与个别具有实在的同一性;二是,不仅它们之间没有实在的区别,而且根本不存在某种与个别具有实在区别的东西。显然,只有在这种蕴涵的前提下,实在论对普遍东西的本体论承诺才能够被消除,消除这样的承诺自然就暗含了唯有个别存在这一本体论结论。这当然是奥康反对实在论希望要到达的结论。

为了避免"没有普遍人性的个别人"和"没有个别人的普遍的人"这样荒唐的经验事态,正如奥康所陈述的那样,这种实在论不仅主张共相与个别之间存在着实在的区别,而且强调共相或共同性质存在于个别之中并构成了个别的本质(第3点)。当然,这种性质只是个别的一个构成要素,个别尚需另一要素即个别化要素(要不然,个别本身就是一个属或一个属只有一个个别)。根据奥康对这种实在论的理解:

> 依照他们(这种实在论的支持者)的看法,一个个别增加某种东西到性质上;这种被增加的特征是这样的东西,它与普遍的东西一道构成了某种本身是一的东西。[1]

---

[1] 斯佩德编译:《中世纪共相问题原著选编:波菲利、波埃修、阿贝拉尔、邓斯·司各脱和奥康》,第124页。

这种被增加的特征就是在数目上不同的个别中将属内的同一性质个别化为不同的个别的东西。这里涉及到个别的个别化问题。放下这个问题不谈,就性质是构成个别的本质的东西而言,既然性质是内在于个别并作为一个部分构成一个别的本质部分,并且这样的性质是属内所有个别所共有的性质,那么可以说,没有本质,就没有个别。这样,当上帝创造一个属内的个别时,本质也就是同时被创造了,而在创造另一个别时,这个有待创造的个别的本质已经先行存在了。也就是说,当上帝创造了一个属内的第一个别后,至少其余的个别的本质都已经先行存在了。这样,当上帝创造其余的个别时,这些个别的创造就是由先行存在的东西所生产,这显然违背了上帝从虚无创世的原则。因此,在坚持上帝从虚无创世的原则下,奥康认为,就根本不存在所谓先行于个别并构成个别的本质的共同性质——实际上,根本没有内在的本质即实在存在的性质。奥康说:

> 某个属的一个个别可以新近被创造,而不管在同一属中有多少其他个别继续存在、更早被创造或生产。但是,神圣的创造是绝对从虚无的创造,这样,就没有对一个事物是本质并内在于该事物的东西在实在的存在中是先行于这个事物的。因此,在任何个别中,没有任何非多重化的、先行存在的东西是属于该个别的本质,如果该个别是新近被创造的话。要不然,对该事物是本质的东西就会先行于它,因而它就不会是被创造的。所以,没有任何普遍的东西属于那些个别的本质。①

奥康这里是用上帝从虚无创世这一神学原则,论证没有任何普遍的东西属于个别的本质。如果设定普遍的本质的存在,那么,就会有先行的本质的存在,而这将违背上帝从虚无创世的神学原则。然而,严格意义上的上帝从虚无创世的神学原则,是指先行于上帝的创世活动,没有

---

① 斯佩德编译:《中世纪共相问题原著选编:波菲利、波埃修、阿贝拉尔、邓斯·司各脱和奥康》,第124页。

任何东西存在,任何东西的存在都是上帝创造的结果,而这里所说的"先行本质"依然是上帝创造的结果。从更彻底的层面来说,当上帝在创造属中的其他个别时,并没有违背创世的神学原则。实际上,根本的问题是,当上帝创造某个别时,他连同这个别而创造的本质对于其他尚未被创造(也可能永远不会被创造)的个别来说是一个先行的部分。这样当上帝创造其他个别时,就会导致这样的矛盾:内在于个别的东西又是先行于个别的。因为内在于个别的东西是指这样的东西,个别所在之处,也就是它所在之处,这显然与它先行于个别而存在是相互矛盾的。此外,当上帝尚未创造其他个别时,先行的本质又设定这样的可能性:存在着"本质的人"即"没有个别人的普遍的人"。这同样与本质对个别的内在性相矛盾。当然,这也与经验的证据不相符合。所以,这种实在论关于本质存在之前提就必须予以拒绝。

同样,如果这种实在论主张共同的性质是同一个属内所有个别所共有的同一本质并内在于每一个别,那么,当上帝毁灭某一个别时,就必然会毁灭所有的个别,因为内在于他要毁灭的个别之中的本质是构成所有其他个别的同一本质。正如上帝要毁灭一个等边三角形,他必然同时要毁灭一个等腰三角形一样。奥康说:

> 此外,每一个单个的事物能够被毁灭,而它根本没有依赖于其上的任何其他单个的事物无需被毁灭或摧毁。因此,这个人可以被上帝所毁灭,而任何其他的人不必被毁灭或摧毁。但是,在毁灭以后,没有任何内在于事物的东西依然维持其实在的存在,无论是在其自身,还是在任何别的事物之中。所以,没有普遍的东西为这个人和另一个人所共有。因为要是那样的话,它会被毁灭(这个人被毁灭之后),因而没有任何其他人会依照其全部的本质而继续存在。这样,每一个人会同时被毁灭,因为当任何一个部分被毁灭时,整体也就被摧毁了。[1]

---

[1] 斯佩德编译:《中世纪共相问题原著选编:波菲利、波埃修、阿贝拉尔、邓斯·司各脱和奥康》,第124页。

首先,当然也很显然的是,奥康这里所说的"毁灭"或"摧毁"是属于上帝的绝对能力范围的活动,因而属于逻辑上可能的事情。其次,当奥康说任何一个部分被毁灭,整体也就被摧毁了时,他显然假定,任何个别之整体与其内在的部分(如果有这样的部分的话)之间具有必然的逻辑关系,这似乎暗含着整体与部分没有实在的区别。最后,如果有所谓普遍的东西存在,那么它对于属内的所有个别必须是同一的。根据这些前提和假定,奥康所要批判的实在论的基本观点,即存在着普遍的东西并为某个属内的所有个别所共有,就会导致矛盾。因为如若上帝决定毁灭某一个别,如"苏格拉底"其人,当他毁灭内在于苏格拉底之中的普遍的东西即人性时,也就毁灭了苏格拉底,而内在于苏格拉底之中的普遍的东西即人性,也就是内在于"柏拉图"其人之中的同一人性,上帝毁灭苏格拉底的同时,也必然会毁灭柏拉图,以及所有个别的人。这样,(a)当苏格拉底死亡时,柏拉图不可能不死亡;然而,实际的实在事态是,"每一个单个的事物能够被毁灭,而它根本没有依赖于其上的任何其他单个事物无需被毁灭或摧毁",苏格拉底死亡后,柏拉图没有死亡。根据实际性蕴涵可能性的原理,(b)当苏格拉底死亡时,柏拉图可能不死亡。显然,论题(a)与论题(b)之间存在着矛盾。既然这个矛盾源于伯尔莱的柏拉图式的实在论所设定的关于存在着普遍的东西即实在的共相这一前提,所以,接受(b)而拒绝(a)直接意味着我们必须否定实在论的前提:在实在存在的各个个别之间,根本不存在共同的性质。

如果在实在存在的各个个别之间或之中,根本不存在共同的性质,那么,这就意味着各个别在逻辑上是彼此独立而存在的。这就是奥康的所谓本体论原子主义。这似乎表明,奥康的本体论原子主义是他批判实在论而引申出的一个结论。我们已经看到,这个结论导源于接受(b)而否定(a)的结果。论题(b)是引进一个经验证据的结果;接受(b)而拒绝(a),并不是说我们要用一个经验证据来消解一种逻辑的可能性,而是说这个经验证据蕴涵着另一种逻辑的可能事态。既然它是可能的,那么,根据上帝的全能原则,上帝就能够毁灭一个个别,而让其他个别继续存在。

显然,对于实在存在的个别来说,这个神学原则蕴涵着这样的意义:凡是实在存在的东西都是在逻辑上彼此独立的。这似乎又表明,奥康的本体论原子主义是他反对实在论的一个前提。奥康在批判实在论的论证中始终如一地坚持上帝全能的神学原则,而这个原则无非是说,凡是不矛盾的事情都是可能的事情,也就是说,这个原则实质上就是支配可能世界的逻辑法则,即"不矛盾律"(the principle of non-contradiction)。这样,奥康在批判实在论中所采取的论证策略就是:本体论的原子论—反实在论的纯粹逻辑推论—本体论的原子论。从奥康维护原子论的角度来说,这种策略显然是循环论证。如果我们说奥康的循环论证并没有证明什么,因为要证明的东西其实已经在论证所依据的前提里被先行预设了,那么,我们就必须设想是否有这样一种可能性:作为前提的本体论的原子论尚不是最基本的前提。如果是这样的话,可能的基本前提要么蕴涵着奥康的本体论的原子论,要么没有这样的蕴涵。在前一种情况下,循环继续存在;而在后一种情况下,论证就不可能进行下去,因为它的前提已经承诺了非原子论的东西。因此,我们倾向于认为,与其说奥康的论证策略是一种循环,不如说奥康的反实在论的论证始终如一地坚持他的本体论的原子论立场。根据这样的立场,一切在实在上存在的东西都是个别的事物,并且各个个别的存在在逻辑上是彼此独立的。在奥康看来,本体论的原子论仅仅承诺相互独立的个别的存在,这样的个别之所以是个别,是一个不容进一步分析的基本事实,所以他的本体论的原子论是他的反实在论论证的最基本前提。

从上述考察可以看出,奥康主要是依据上帝全能的原则来反驳伯尔莱的柏拉图主义,其实这个神学原则本身只是"不矛盾律"的变体形式。从表面上看,当奥康运用这个神学原则来反对实在论时,似乎仅仅是在用不矛盾律来反驳实在论关于普遍的东西实在存在这个基本立场。我们知道,不矛盾律仅仅适用于可能本体论,即关于何物是可能存在的理论,而不适用于实在的本体论,即关于何物是实在存在的理论。根据前者,凡是不包含自相矛盾的东西都是可能存在的,而包含自相矛盾的东西是不可能存在的；尽管不可能存在的东西同时也不是实在存在的，但可能存在的东西却不必是实在存在的东西。实在论肯定普遍的东西在实在上存在，不管它是否在实在上存在，至少它可能存在。这种可能性恰恰满足上帝全能这一神学原则。因此，仅仅用这个神学原则来对付实在论关于普遍的东西在实在上存在这个断言，不仅不能反击它，反而是在支持它。实在论不仅仅肯定性质（普遍的东西）在实在上存在，而且肯定它与个别具有实在的区别，甚至就实在的区别而言，上帝的全能原则也不能驳倒它。实际上，奥康所描述的实在论的完整的观点，是事物的性质在实在上存在，它存在于个别之中，与个别具有实在的分别，并构成个别的内在本质。根据这个描述，这种实在论的立场存在着内在的矛盾是显而易见的：一方面，它明确主张，性质与个别具有实在的区别，这意味着性质与个别可以在实在上相互分离；另一方面，性质是内在于个别并构成它的本质，这意味着，一个属内的所有个别都与它们的共同性质没有实在的分别。既然这种实在论的观点出现了内在的不一致，那么，当奥康进一步引进经验的证据说某一个别可以被毁灭，而另一个别能够继续存在，这样根据上帝全能原则，奥康自然会得出结论认为，共同的性质与个别没有实在的区别。

正如前面已经指出的，消除共同性质与个别实在的区别有两种蕴涵，一是，既然共同性质与个别没有实在的区别，那么也就不存在与个别具有实在区别的共同性质；二是，既然共同性质与个别没有实在的区别，那么，它们之间具有实在的同一性，这又蕴涵着这样的可能性：依然存在着共同性质，只是它与个别或个别性具有实在的同一性。这说明实在论能够以不同的形式继续维持它的根本立场：共同性质在实在上存在。正如我们已经看到的那样，邓斯·司各脱恰恰就是在坚持共同性质与个别化原则之间具有实在的同一性这一前提下，确立了他的形而上学实在论。当然，在共同性质与个别化原则实在的同一性前提下，既然司各脱实在论的基础是他的共同性质学说，那么，他需要在不同的意义上将个别化原则与共同性质区别开来，这种区别就是形式的区别。司各脱的实在论的终极基础就是他的形式的区别。因此,面对司各脱的实在论,奥康如果要彻底摧毁实在论的根基,需要解消司各脱实在论所依赖的形式的区别理论。这正是奥康在《伦巴德〈箴言集〉第一部分评注》第 2 区别、第 6 个问题中要完成的一项更加艰巨的任务。

(二) 对邓斯·司各脱实在论的批判

我们已经详细考察和讨论了邓斯·司各脱的实在论。这种实在论对波菲利的共相问题的回答是非常明确的:种属共相是独立于心灵或理智而在实在上存在。当然,司各脱坚持亚里士多德个别物的本体论,认为个别具有首要意义的存在,共相的实在性就体现在它存在于个别之中。所以,司各脱的共相论是一种温和的实在论。亚里士多德在《解释篇》中关于共相的经典定义是:"所谓共相,我指的是这样的东西,按其性质,它是对许多事物的谓述。"①根据这个定义,严格意义上的共相就是指这样一种普遍的东西,能够谓述数目上为多的个别事物。在司各脱这里,满足亚里士多德共相定义的东西就是具有普遍性的概念,唯有这样的概念才能谓述许多个别。这种概念就是"完全的共相"(a complete universal),它是理智活动的产物,是理智的对象,并只存在于理智之中。然而,存在于理智中的概念是以共同性质为实在的根据的。当我们说司各脱的共相论是实在论的时候,并不是说能够谓述个别的概念存在于个别之中,因而共相具有实在性,而是说完全的共相作为概念,是以实在的共同性质为实在的根据的。因此,司各脱的实在论以他的共同性质学说为基础。共同性质是个别的形而上学构成要素之一,另一要素是个别化原则即差异因子(这个性)。一个确定的个别就是由它的差异因子将它的共同性质收缩为单个事物的结果,这意味着"性质"与"差异"之间具有实在的同一性(the real identity);在同一个别中,它们在逻辑上彼此不能分离而存在。尽管如此,它们各自的定义不同,其中一个的定义不包含另一个的定义,这种定义区别的实在基础就在于它们之间存在着形式的

---

① 巴恩斯编:《亚里士多德全集》第 1 卷,第 27 页,普林斯顿大学出版社,1984。

区别(the formal distinction)。正是在这种形式的区别的前提之下,作为共相实在基础的共同性质才得以在形式上被确立。没有形式的区别,也就没有与个别化原则相区别的共同的性质。司各脱认为,共同性质就其本身来说,既不是特殊的,也不是普遍的。但它能够或者成为特殊的,或者成为普遍的。当它存在于个别之中时,它就成为特殊的;而当它存在于理智之中时,它就成为普遍的,它就是完全的共相。然而,就其先行于理智而在本身的状态中,共同性质在实在上是共同的,是不完全的共相。它是完全共相的物理的或实在的基础。

奥康清楚地知道,既然司各脱的实在论是建立在他的共同性质学说的基础之上,而共同性质又是在形式的区别这一前提下确立的,所以,形式的区别是司各脱的实在论的根本前提。奥康在《伦巴德〈箴言集〉第一部分评注》第2区别、第4个问题中,考察和批判了伯尔莱的柏拉图式实在论,否定了这种实在论关于性质与个别之间存在着实在的区别这一核心原则。在奥康看来,实在论者似乎仍然能够在坚持性质与个别性实在的同一的前提下,在较弱的意义上区别性质与个别性,从而达到继续维护实在论立场的目的。实际上,司各脱一方面认为性质与差别具有实在的同一性,另一方面认为它们之间存在着形式的区别,而且他的实在论就是以形式的区别为前提的。因此,在第6个问题中,奥康对司各脱实在论批判的核心在于全力瓦解他的实在论前提,运用不矛盾律解消司各脱的形式的区别。

奥康所讨论的第6个问题是:共相是否在实在上存在于心灵之外,与个别有分别,尽管不是实在的分别? 显然,司各脱的实在论对这个问题作了肯定的回答。根据司各脱的实在论对这个问题的回答,奥康把司各脱的实在论清楚无误地概述如下:

> 关于这个问题,据认为,在心灵之外的事物之中,存在着性质,它与差异在实在上是同一的,而差异将它收缩为一个确定的个别;但它在形式上与那种差异是有分别的。这种性质本身既不是普遍

的,也不是特殊的,宁可说,它是存在于事物之中的不完全的共相,而根据它在理智之中所具有的存在,它又是完全的共相。因为我相信这种理论是"精细的博士"(邓斯·司各脱——引者注)的理论,他在判断的精细上超越了所有其他人,所以,在不改变他自己在各处用词的情况下,我在这里想清楚地描述出他在各处详尽制定的理论之全貌。①

从奥康的这段话可以看到,首先,奥康对司各脱的实在论的概括完全符合司各脱自己的实在论立场,而且他特别突出了司各脱实在论的核心要点:共同性质存在于心灵之外,因而具有实在性;性质与个别化原则即"差异"具有实在的同一性;然而,它们之间存在着形式的差别。其次,在奥康看来,司各脱关于共相问题的意见,在其判断的精细上超过了所有其他实在论者,因此,为了避免可能的误解,需要十分谨慎地对待司各脱阐述自己的实在论观点所使用的词句。这表明,一方面,奥康对司各脱本人是十分尊重的,另一方面,奥康相信,比较而言,司各脱的共相论是最值得严肃对待的一种实在论。此外,在这里,值得指出的是,自波菲利提出共相问题以来,中世纪的实在论者与唯名论者展开了旷日持久的争论,尽管这些争论在具体的细节问题和不同的发展阶段上呈现出复杂多样的学说格局,但是直到 14 世纪,实在论的阵营最终在司各脱的实在论中达到了中世纪所能达到的最高理论深度,而唯名论阵营则在奥康的唯名论中达到了更高和更系统的层次,这样当奥康站在唯名论的立场上批判司各脱的实在论时,这种批判实际上就将唯名论与实在论的争论推向了中世纪的高潮。从这个层面来说,我们在这里考察奥康对司各脱的实在论的批判,这对于理解整个中世纪的争论的学说性质具有十分重要的意义。

对于司各脱的上述实在论观点,奥康说:"我们可以从两个方面来论

---

① 斯佩德编译:《中世纪共相问题原著选编:波菲利、波埃修、阿贝拉尔、邓斯·司各脱和奥康》,第 153 页。

证反驳这种理论。"①第一个方面就是,奥康试图通过解消司各脱的形式的区别,反驳司各脱共同性质学说即共同性质在实在上存在;第二个方面是,奥康认为,即使假定有形式的区别,司各脱共相理论也存在着内在的矛盾。

1. 解消形式的区别

根据司各脱的形式的区别,先行于理智——也就是说,在实在上——的共同性质与"个别化原则"(奥康所说的"差异")具有形式的区别,但是,它们作为同一个事物的两种形而上学的形式要素,具有实在的同一性。与此相反,奥康认为,如果共同性质与差异具有实在的同一性,那么,它们之间就不可能具有形式的区别。因此,奥康反对司各脱形式的区别的一个简洁的口号就是:无实在的区别,则无形式的区别。既然问题的关键涉及到"区别",所以,奥康对司各脱的形式的区别首先以考察一般意义上的区别为出发点。奥康说:

> 首先,因为在被造之物中,除非某些事物在实在上是有分别的,它们不可能在形式上有所不同。因此,如果性质在任何意义上与收缩性的差异有区别,那么,它们必须要么(a)作为事物与事物之间;要么(b)作为理性的存在(a being of reason)与理性的存在之间;或者,(c)作为实在的存在与理性的存在之间而是有区别的。②

奥康这里所说的"事物与事物之间"的区别是指"实在的区别",而"理性的存在"是指"概念的存在",因为概念只能存在于理性或理智之中。这样,"理性的存在"与"理性的存在"之间的区别就是概念的区别。所谓概念的区别是指概念所表示的东西之间的区别是由理智造成的。至于"实在的存在"与"理智的存在"之间的区别,奥康认为,它根本上是混乱的。③既然区别的一方是理性的存在,这种区别实质上是一种理性的区别即概

①② 斯佩德编译:《中世纪共相问题原著选编:波菲利、波埃修、阿贝拉尔、邓斯·司各脱和奥康》,第156页。
③ 参见亚当斯《奥康》第1卷,第19—20页。

念的区别。因此,奥康在这里实际上认为,如果性质与差异之间有任何区别,那么,这种区别要么是实在的区别,要么是概念的区别。显然,司各脱认为性质与差异之间的形式区别不是事物与事物之间的区别①,因为这样的区别是实在的区别。而与此相反,司各脱认为它们具有实在的同一性,而不是实在的区别。此外,司各脱也不认为性质与差异的区别属于理性的存在与理性的存在之间的概念性的区别。因此,奥康说:

> 第一个选择(a)被司各脱所否认,第二个选择(b)也被他所否认,这样,当然就只有第三个选择(c)了,所以,与个别在任何意义上有区别的性质就只是一种理性的存在了。②

说性质是一种理性的存在,就是说性质只存在于理智中,而不是像司各脱所说的那样,是先行于理智并在实在上存在。这样,奥康一开始就不仅回避了司各脱的形式的区别,而且将司各脱的性质还原为理性的存在。显然,这种还原是以奥康自己的本体论为前提的。根据奥康的本体论,任何东西的存在要么是实在的存在,要么是理智的存在,不可能有任何其他存在方式。因此,奥康一开始对司各脱的性质的还原,如果没有进一步的论证,就存在着窃取论题之嫌。

首先,就司各脱的性质与差异之间的形式的区别而言,奥康认为,任何两个东西若是有区别(不管这种区别是实在的区别,还是形式的区别),那么至少有某一个特征或属性不为它们所共有。这个区别标准实际上就是:没有差别就没有区别——反过来说,这个标准就是后来莱布尼茨的"不可区分的同一"原则。根据这个原则,对于任何两个东西 x 和 y,以及任何一个特征或属性 P,如果 P 为 x 和 y 所共有,那么 x 与 y 就是同一的,用符号表示就是:$(\forall P)(\forall x)(\forall y)[(Px \equiv Py) \supset (x = y)]$;反过来说,如果 P 不为 x 和 y 所共有,也就是说,如果 P 为 x 所具有而不为 y

---

① 斯佩德编译:《中世纪共相问题原著选编:波菲利、波埃修、阿贝拉尔、邓斯·司各脱和奥康》,第 107 页。
② 同上书,第 156 页。

所具有，或者 P 不为 x 所具有而为 y 所具有，那么，x 与 y 就是有分别的。现在，把这个区别标准应用到性质与差异时，如果像司各脱所说的那样，性质与差异是有区别的，那么在奥康看来，这意味着，总是有某个东西（P）能够属于性质而为真，但它不属于差异。

然而，就司各脱说性质与差异不是一个事物与另一个事物之间的区别，而是属于同一个事物（ST）而言，奥康又采用不矛盾律说，同一个东西（P）不可能既属于同一个事物（ST），又不属于它（ST）。这意味着，如果坚持性质与差异是有区别的，那么它们就不能属于一个事物（one thing）。如果是这样的话，那么性质与差异之间的区别就是一个事物与另一个事物之间的区别了，而这种区别是实在的区别。显然，根据不矛盾律，只有拒绝性质与差异之间有任何差别的前提下，它们才能够属于同一个事物，具有实在的同一性。在奥康看来，所有这些都充分说明，如果没有实在的区别，就没有形式的区别。这就使司各脱陷入相互排斥的选择之中：要么维护实在的同一性，这样，就不得不放弃形式的区别；要么维护形式的区别，这样，就不得不放弃实在的同一性。实际上，这也说明，当司各脱认为性质与差异具有实在的同一性而又有形式的区别时，他的形式的区别的学说存在着内在的不一致性。奥康说：

> 如果性质（a nature）与收缩性的差异（the contracting difference）在一切方面并不相同，这样，某种东西就能属于一个而为真，而不能属于另一个。但是，在被造之物中，同一个东西不可能既属于又不属于同一个事物而为真。因此，它们不是一个事物（not one thing）。小前提是显然的，因为（如果同一个东西能够既属于、又不属于同一个事物而为真），就被造之物来说，证明事物的区别的一切方法就会失却。但矛盾是证明事物的区别的最强有力的方法。[1]

---

[1] 斯佩德编译：《中世纪共相问题原著选编：波菲利、波埃修、阿贝拉尔、邓斯·司各脱和奥康》，第 156 页。

既然司各脱认为,性质与收缩性的差异具有形式的区别,那么,总是有某种东西属于性质,而不属于差异,或者属于差异,而不属于性质。例如,"共同性"属于性质,而不属于差异;"特殊性"属于差异,而不属于性质本身。因此,就形式的区别而言,司各脱当然会接受"不可分辨的同一"原理作为形式区别的标准,自然也会同意奥康说:"某种东西就能属于一个而为真,而不能属于另一个。"既然司各脱认为性质与差异属于同一个事物,那么,在奥康看来,这里的差别就意味着"某种东西(P)既能属于一个事物(ST)而为真,又不能属于该事物(ST)而为真"。这显然是一个矛盾。因此,根据矛盾律,既然 P 不可能既属于 ST 又不属于 ST,那么,在维持区别的前提下,前一个 ST 与后一个 ST 就不可能是同一个事物,而只能是两个不同的事物。然而,针对奥康的批判,司各脱可能会提出反驳说,只要我们细心地区别开"一个事物的不同形式"与"具有不同形式的一个事物",根据矛盾律,将 P 应用于前者,即应用于(一个事物的)不同形而上学形式构成要素,而不是像奥康那样,错误地应用于(具有不同形式的)一个事物,那么,我们依然能够说:"某种东西(P)能属于一种形式而为真,而不能属于另一种形式而为真。"这样,在同一个事物中,依然能够继续维持性质与差异的形式区别。

在上述引文中,奥康所说的小前提就是矛盾律:同一个东西不可能既属于又不属于同一个事物而为真,亦即相互矛盾的两个谓词不可能谓述同一个主词而同为真。奥康认为,矛盾律是证明事物的区别的最强有力的方法,这当然是没有问题的。例如"存在"(being)与"不存在"(non-being)是相互矛盾的两个谓词,"如果 a 存在,而 b 不存在,那么由此必然得出结论:a 不是 b。因此,对于任何相互矛盾的东西都是如此"。奥康这里说"a 不是 b"当然是指"a 在实在上不是 b";而且可应用于 a 和 b 的任何相互矛盾的谓词都表明,a 和 b 在实在上是有区别的。反之,如果相互矛盾的两个谓词能够谓述同一个主词而同为真,那么就没有办法证明事情的区别了。司各脱认为,性质(N)与差异(D)具有形式的区别。在奥康看来,N 与 D 的区别蕴涵两个自明的命题:"N 是'P'"和"D 是'非

P'"。既然谓述 N 和 D 的谓词是相互矛盾的,那么,N 不是 D,亦即"性质"首先在实在上不是"差异",而不管它们是否有形式的区别。然而,既然司各脱认为 N 与 D 具有形式的区别,那么,他可能会回应奥康说,"N 是在形式上'P'"和"D 不是在形式上'非 P'"。在这两个命题中,从表面上看,"P"与"非 P"是相互矛盾的两个谓词,不过只有把它们当做第一性的谓词(即无条件或绝对谓词)时,它们才是相互矛盾的,也就是说它们是"第一性的矛盾谓词";但是,实际上,在这两个命题中,有一个副词修饰语"形式上",它"在模态"或"方式上"对系词"是"作了某种限制,说"……'不是'在形式上……",并不等于说"……无条件地或绝对地'不是'……",而是说"在某一方面'不是'"。① 这样,经过模态化解,这两个谓词就不再是相互矛盾的谓词,而是能够同时应用于它们的主体,即作为事物的形而上学构成因素的有区别的形式。这样,由这两个命题引出的结论就不是"N 不是 D",而是"N 不是在形式上 D"。既然在司各脱那里,否定词限定的是副词"在形式上",如果取消否定词对副词的限定,那么,"N 是 D",也就是说,如果不考虑模态词,性质与差异在实在上是同一的。然而,奥康意识到了司各脱可能会提出的反对理由,他说:"一切矛盾的东西都同样地是矛盾的。"②奥康的意思是说,正如第一性矛盾谓词是相互矛盾的一样,模态谓词如果是矛盾,就同样是矛盾的,它们不能减弱矛盾本身。这样,正如通过第一性的矛盾谓词能够证明它们所应用其上的两个主体是在实在上不同的,那么,相互矛盾的模态谓词同样能证明性质与差异是在实在上不同的。

总之,奥康主要是运用矛盾律,解消了司各脱形式的区别。既然这一区别是司各脱的实在论的根本前提,那么,这在奥康看来,既然形式的区别不能确立,那么,司各脱的实在论也就失去了其立足的基础。

---

① "模态"(modality)通常指模态命题所描述的事态或事物所具有的特征,这是这个词的派生用法,从根本上说,模态是指命题或语句描述对象(主体)的方式。在中世纪,模态语句分析已经被广泛采用。参见克雷茨曼等编《剑桥晚期中世纪哲学史》,第 347 页。
② 克雷茨曼等编:《剑桥晚期中世纪哲学史》,第 156 页。

2. 实在论的内在矛盾

如前所述，奥康批判司各脱的实在论采取了两种策略，一种是直接解消司各脱的实在论的基础即性质与收缩性差异的形式的区别；另一种则是，即使假定形式的区别，司各脱的实在论也是错误的。奥康说："可以按第二种方式反驳上述理论。即使有这样的(形式的)区别，这种理论也是不对的。"①假定形式的区别，奥康认为，司各脱的实在论立场依然存在着内在的矛盾，这样，通过揭露其中的矛盾，也能同样达到他对实在论的批判目的。现在，让我们从奥康的这一策略来考察奥康对司各脱实在论的批判。

我们知道，司各脱的形式的区别是他的实在论的根本前提，正因为有这样的前提，司各脱才能确立共同性质的实在性，而共同性质又直接构成了他实在论的基础。司各脱认为，性质是共同的，而且它是先行于理智，因而不仅是共同的，而且在实在上是共同的。此外，司各脱也认为，共同性质本身不是特殊的，即本身不是具有特殊性的个别，但它在实在上能够成为一个别，因为当它与个别化原则结合时，它可被个别化原则收缩成一个具有单一性的个别。也就是说，在实在上，性质是单一的或特殊的。奥康则反驳说，既然"在实在上是共同的"与"在实在上是单一的或特殊的"是相互对立的属性，而相互对立的属性不可能应用于同一个东西，所以，奥康认为，在实在上根本不存在司各脱所说的共同性质；或者，当司各脱肯定共同性质在实在上存在时，他的实在论的立场就存在着内在的矛盾。奥康用来反驳司各脱的实在论的原则依然是矛盾律：

> 每当相互对立的一对东西中的一方在实在上属于某一东西，这样，对立的这一方真实地、在实在上按共约而属于这个东西(不管对立的这一方是通过自身，还是通过别的东西而与这个东西相关联)，

①　参见斯佩德编译《中世纪共相问题原著选编：波菲利、波埃修、阿贝拉尔、邓斯·司各脱和奥康》，第 158 页。

只要这个东西持续存在,且没有变化,那么剩下的另一方就不在实在上属于这个东西。实际上,这另一方绝对不属于这个东西。[①]

如果在实在上"F"属于某一东西 A,那么,"非 F"就不可能属于同一个 A。这当然就是矛盾律。司各脱认为,共同性质要么存在于理智或心灵之中,要么存在于心灵之外的个别之中,当它存在于个别之中时,它在实在上就被个别化原则(这个性)收缩而成为一个别,也就是说,当它实在存在时,它就是个别,是数目的一。在奥康看来,既然实在的个别具有单一性,或单一性的统一性即数目的统一性,那么,根据上述矛盾律,在心灵之外即在实在上,就不可能有任何东西是共同的,也不可能有任何东西具有与单一性的统一性相反的统一性。也就是说,在心灵之外,就不可能有任何东西具有共同性。奥康说:

> 根据你(司各脱——引者注)的观点,在心灵之外的一切事物都在实在上是单一的,是数目的一,即使一种本身是单一的,而另一种仅仅通过被增加的东西而是单一的。因此,在心灵之外没有任何事物在实在上是共同的,或者是具有与单一性的统一性相反的统一性的一。所以,在实在上,除了单一性的统一性之外,没有任何统一性。[②]

既然在心灵之外,在实在上只有单一的东西,那么,在实在上就不可能有共同的东西。既然在实在上只有单一性的统一性的东西,那么,在实在上,就不可能有非单一性的统一性。要不然,就违背了矛盾律。

> 如果有人说,这两种统一性在实在上不是相互对立的东西;同样,单一性和共同性在实在上不是相反的,那么就会出现相反的情形:如果它们在实在上不是相互对立的,那么,从任何一种对立中,

---

① 参见斯佩德编译《中世纪共相问题原著选编:波菲利、波埃修、阿贝拉尔、邓斯·司各脱和奥康》,第 158—159 页。
② 同上书,第 159 页。

就不可能得出结论说,在实在性方面,这两个东西不可能在首要的意义上结合在同一个事物中。这样,就没有任何办法充分地反驳下述结论:同一个事物既是因为这个统一性而为一,也是因为那个统一性而为一;并且这是由于在一切方面都是相同的东西而产生的;以及同一个事物既是单一的,也是共同的;而且这也是由于在一切方面都是相同的东西而产生的。①

简而言之,如果单一性的统一性与性质的统一性之间、单一性与共同性之间,在实在上不是相互对立的,那么就会引出这样的结论:同一个事物既是单一的,又是共同的。在奥康看来,这当然是矛盾的。由此,既然司各脱也认为,在心灵之外,在实在上一切东西都只是单一的东西,奥康认为,那么在实在上就根本不存在被称为共同性质的东西。

此外,司各脱认为,共同性质具有"较小的统一性"(lesser unity),而当共同性质在实在上存在时,它存在于个别之中;也就是说,当它与个别化原则结合时,就被个别化原则收缩为一个别,而一个别仅仅具有数目的统一性(numerical unity),即一个别在数目上是一。奥康认为,司各脱所说的这两种统一性之间存在着矛盾。他的推理如下:

> 此外,每当后件不是自相一致时,其前件也不是自相一致的。现在有如下两个推论:一个是,"a 仅仅由于较小的统一性而是共同的或是某一东西,因此,与较大的统一性(a greater unity)相反的多(数目的多——引者)是与 a 相容的"。另一个是,"a 是具有较大统一性的一,因此,相反的多(数目的统一性——引者)是与 a 不相容的"。然而,命题"数目的多是与 a 相容的"与命题"数目的多是与 a 不相容的"是不相一致的。因此,命题"a 是具有较小统一性的某一东西"与命题"a 是具有较大统一性的某一东西"也是不相一致的。根据你(司各脱——引者)的观点,命题"a 是具有较大统一性的某一

---

① 参见斯佩德编译《中世纪共相问题原著选编:波菲利、波埃修、阿贝拉尔、邓斯·司各脱和奥康》,第 159 页。

东西"是真的,因为你说某一性质是数目的一。这样,命题"a 是具有较小统一性的某一东西"就是假的;这里总是把 a 假定为性质,而你说正是这种性质具有较小统一性的某一东西。这个假定是显而易见的,因为你说:"与较大的统一性相反的多是能够与较小的统一性结合在一起,而没有矛盾。但是,这个多不能与较大的统一性结合,因为两者彼此并不相容。"①

奥康在这里论证,司各脱的两个基本断言:性质是具有较小统一性的东西与性质是具有数目统一性的东西是不相一致的。首先,奥康认为,司各脱坚持性质具有较小的统一性,而较小的统一性与较大的统一性是相反的,这样,根据相互对立的统一性不能应用于同一东西这一矛盾律,性质就不可能具有较大的统一性。同时,较大的统一性又是与数目的多相反的,那么,根据同样的矛盾律,性质能够与数目的多相容。其次,司各脱也认为,性质在实在上是数目的一,具有数目的统一性。数目的统一性也就是较大的统一性——实际上是最大的统一性。在奥康看来,既然较大的统一性即数目的一是与数目的多相反的,因此,性质在实在上不可能是数目的多。根据奥康的推理,这里的矛盾是显而易见的:性质既是数目的多,又不是数目的。既然这个矛盾是由上述司各脱的两个断言(性质是具有较小的统一性的东西与性质是具有数目的统一性的东西是不相一致的)引起的,这说明这两个断言是矛盾的。奥康的推理可以简化为:

(1)a 具有较小的统一性,因此,a 能够是数目的多(因为凡是具有较小的统一性的东西能够是数目的多);

(2)a 具有数目的统一性,即 a 是数目的一,因此,a 不能是数目的多;

(3)所以,a 不能既具有较小的统一性,又是数目的一。

---

① 参见斯佩德编译《中世纪共相问题原著选编:波菲利、波埃修、阿贝拉尔、邓斯·司各脱和奥康》,第 159 页。

根据奥康的推论,可有如下类比推论[1]:

(1) a 是一个人,因此,a 能够是黑的;

(2) a 是白的,因此,a 不能是黑的;

(3) 所以,a 不能既是一个人,又是白的。

从这个类比推论来看,"是黑的"能够与 a 共存。既然"是黑的"是与"是白的"相矛盾的,那么"是白的"就不能与"是黑的"共存。但由此并不能推论出:有某种东西不能既是一个人又是白的。由这样的前提只能推论出,没有一个人既是白的又是黑的。同理,"是数目的多"能够与 a 共存或结合。既然"数目的多"是与"数目的一"即数目的统一性相反的,那么,"是数目的多"就不能与"是数目的一"即"数目的统一性"共存。然而,司各脱可能会提出反对意见,但由此并不能推论出:有某种东西不能既具有较小的统一性,又是数目的一。由这样的前提只能推论出:如果有某种东西具有较小的统一性,并且当它在实在上是数目的一时,那么,它就不能同时也是数目的多。奥康意识到了这里的反对意见,他说:

> 假定有人说这种论证形式是无效的,因为(1)黑与一个人相容(goes together),而(2)黑不与白的东西相容。然而,一个人是白的,这样,(3)a 是一个人且是白的。[2]

尽管如此,在奥康看来,由(1)和(2)推出(3)并不是有效的,因为严格的推论要求将这两个前提中出现的"相容"一词按同一意义来加以理解,而如果这样的话,奥康认为,这个词所在的两个命题就不能同时为真。所以,(3)依然是无效推论。奥康解释说:

> 这是无效的,因为要是把两个命题中的"相容"这个词按同一个意思来理解,那么这两个命题中的一个是假的。如果按实际的方式(actually)来理解"相容",那么,如果苏格拉底是白的话,"黑与苏格

---

① 参见特威戴尔《司各脱与奥康:中世纪共相之争评注》,第 800 页。

② 斯佩德编译:《中世纪共相问题原著选编:波菲利、波埃修、阿贝拉尔、邓斯·司各脱和奥康》,第 159 页。

拉底相容"就是假的；但是，如果按潜在的方式(potentially)来理解"相容"，那么，"黑(blackness)不是与白的东西(the white)相容"就是假的；因为黑能够与白的东西相容，正如白的东西能够是黑的或具有黑性。因此，尽管黑不与白相容，然而它并非不与是白的东西(what is white)相容。这样，它就并非不与白的东西相容，因为"白的东西"与"是白的东西"这两个词项是可以互换的。①

奥康在这里说，"相容"这个词可以从"实际上"和"潜在上"两个层面来理解，而在这两层面上，"相容"在上述两个前提中的意思是不同的，因此，这两个前提性命题总有一个是假的。首先，从"实际上"的层面来理解：假定苏格拉底实际上是白的。既然"白"与"黑"是相反的，苏格拉底不可能是黑的，因为苏格拉底不可能既是白的又是黑的。这就是说，"黑与苏格拉底相容"是假的，即(1)是假的。其次，从"潜在上"的层面来理解：尽管苏格拉底实际上是白的，即白性在苏格拉底之中，但是，在逻辑上，苏格拉底有可能失掉白性，而成为黑的。这就是说，从逻辑的可能性来说，"黑"能够与苏格拉底(是白的东西)相容，即使"黑"与"白"不相容。这就是说，(2)是假的。按照类比，(1)是假的，这意味着，数目的多实际上不能与数目的一相容；而(2)是假的，这意味着，数目的多只是在潜在上能够与数目的一相容。

然而，具有讽刺意味的是，"数目的多实际上不能与数目的一相容"，以及"数目的多只是在潜在上能够与数目的一相容"，这恰恰是司各脱共同性质学说的重要内涵之一。根据司各脱的共同性质学说，共同性质具有较小的统一性，但是，性质在实在上存在，而且当它实在存在时，它在实在上是与个别化原则同一的，它就是数目的一，具有数目的统一性。也就是说，它是"这个"，而不是"那个"，因此，在实在上，它与数目的多是不相容的。然而，司各脱说："在实在上存在着共同的东西，它本身不是

---

① 斯佩德编译：《中世纪共相问题原著选编：波菲利、波埃修、阿贝拉尔、邓斯·司各脱和奥康》，第159—160页。

某一'这个'(this)。因此,成为'非这个'(not-this),这与它本身并非不相容。"①正因为性质本身不是"这个",它才能够与"非这个"即"那个"相容,也就是说,它能够是数目的多。苏格拉底的性质即人性(共同性质)与苏格拉底的个别化原则结合而使人性在苏格拉底中被收缩为一个别即苏格拉底。苏格拉底是这个人,是数目的一,他不是另一个人,因此,在苏格拉底中人性是数目的一,而不是多。然而,正如在苏格拉底中的白性在逻辑上有可能失去而被黑性替代一样,苏格拉底中的人性能够失去苏格拉底的个别化原则,而与另一个别化原则(如柏拉图的个别性)结合,这样,人性就成为另一个别(柏拉图)。因此,性质能够与数目的多相容。用奥康的话来说,性质在潜在上能够与数目的多相容。

经过这样的解释,本来致力于批判司各脱共同性质学说的奥康似乎又站到了司各脱的实在论的立场上了。然而,问题并非这样简单。奥康非常清楚,尽管性质在潜在上能够与数目的多相容,但这种相容性是建立在这样的逻辑的可能性上:性质可以与某一个别的个别化原则相分离而与另一个别的个别化原则相结合。但是,根据司各脱的观点,性质与个别化原则在实在上是同一的,即它们具有实在的同一性,而具有实在同一性的两个东西在逻辑上是不可能分离的。所以,在奥康看来,即使数目的多与具有较小统一性的性质在潜在上是相容的,但在司各脱那里,矛盾依旧存在。奥康论证说:

　　此外,司各脱说——"与较大的统一性相反的多能够与较小的统一性相容而没有矛盾",这似乎与另一说法不相容,即司各脱说,性质与个别差异不是实在的不同。如果某两个东西在实在上是同一东西,那么,通过神的能力,凡是能够是它们中的一个的东西,也能够是另一个。但是这个个别差异不能是数目多个实在的区别性的东西。因此,性质——它在实在上与这个收缩性的差异是同一

① 斯佩德编译:《中世纪共相问题原著选编:波菲利、波埃修、阿贝拉尔、邓斯·司各脱和奥康》,第66页。

的——也不能是实在的多个东西。所以,除开这个收缩性的差异,性质也不能是任何东西。这样,性质就不能在其本身容许有多而不矛盾。①

司各脱认为,性质与个别化原则尽管在形式上是有区别的,但在实在上是同一的。而奥康认为,既然这两者具有实在的同一性,那么,它们彼此在逻辑上就不能分离。这样,对于比如苏格拉底这个个别来说,在苏格拉底中的人性与苏格拉底的个别化原则(收缩性的差异)就是同一的。与"黑与白的东西相容"不同,在逻辑上,在苏格拉底中的人性不可能存在于某一事物之中而他的个别化原则不存在于该事物之中。也就是说,凡是个别化原则所在的事物也必然是性质所在的同一的事物,可以称之为"同在原则"。然而,苏格拉底的个别化原则只存在于某一确定的个别即"这个"中,它不可能存在于"那个"之中。这意味着,个别化原则不可能存在于数目的多之中。根据"同在原则",性质也不能存在于"那个"之中,也就是说,不能存在于数目的多之中。尽管性质既不在"那个"之中,也不在多之中,因而在潜在上性质对"那个"和"多"是共同的,但是,在实在上它不是共同的,因为它在实在上不能存在于多之中。要不然,性质就与"同在原则"相矛盾了。

尽管如此,司各脱仍然会坚持说,根据同在原则,性质与个别化原则存在并且只能存在于同一事物之中,但是在同一事物中有两种相互区别的形式,其中一种形式(个别化原则)是某一确定的个别所特有的,但另一形式(性质)则不是特有的,相反,它对数目上为多的个别是共同的。正因为性质与个别化原则之间存在着形式的区别,所以,性质能够与不同的个别化原则相容。由此看来,奥康用矛盾律这一神圣的武器来攻击司各脱的共同性质学说,其成功与否最终完全取决于他能否解消司各脱的形式的区别。

---

① 斯佩德编译:《中世纪共相问题原著选编:波菲利、波埃修、阿贝拉尔、邓斯·司各脱和奥康》,第160页。

（三）奥康的唯名论

中世纪实在论与唯名论之间的争论源起于对波菲利问题的讨论。所谓波菲利问题就是："种属是实在的(real)，还是仅仅寓于单纯思想之中(situated in bare thought alone)？"[1]实在论者认为，种属共相是独立于心灵或思想而在实在上存在，而唯名论者则认为，种属共相仅仅存在于心灵或思想之中，在实在上存在的东西只是个别事物。这是中世纪实在论与唯名论之间的争论的根本分歧所在。奥康基于他对各种形式的实在论的批判认为，在心灵或思想之外，没有任何普遍性或共同性的东西即共相在实在上存在，只有特殊性的或单个性的东西即个别在实在上存在。因此，奥康对波菲利的共相问题的回答自然就是，共相仅仅存在于思想或理智之中。这就是奥康的唯名论哲学思想的基本原则。当然，我们将看到，在这个基本原则之下，奥康的唯名论哲学思想还包含着更深广的理论内涵。

1. 一种彻底的个别物哲学

奥康认为，在心灵或思想之外，一切存在的东西都是个别。这就是奥康个别的本体论原则。这个原则贯穿于奥康的全部哲学思想，是奥康哲学思想的最确定的特质。也许正因为如此，当代最权威的奥康哲学专家亚当斯认为，奥康的哲学实际上就是"一种关于单个物的哲学(a philosophy of the singular)"[2]。亚当斯的这个颇有特征的断言是十分中肯的。

不仅如此，我们甚至认为，在整个西方哲学史中，奥康哲学是一种最彻底的个别物的哲学。考虑到亚里士多德的第一实体学说，有人可能会认为，实际上早在奥康之前的亚里士多德就已经提出了个别物的本体论原则，这个原则就是：个别是最严格意义上的实体，是第一实体，是第一性意义上的实在存在的东西。因此，奥康的"个别物的哲学"只不过是对

---

[1] 斯佩德编译：《中世纪共相问题原著选编：波菲利、波埃修、阿贝拉尔、邓斯·司各脱和奥康》，第1页。
[2] 参见莫勒《奥康的哲学》，第541页，教皇中世纪研究所，1999。

亚里士多德实体理论的回归而已。然而,需要指出的是,仅仅就亚里士多德第一实体理论本身而言,说奥康的"个别物的哲学"是对亚里士多德第一实体理论的回归,这在较小的程度上当然是可以理解的。但是,更进一步分析表明,在坚持个别物的本体论原则上,奥康的"个别物的哲学"远比亚里士多德的第一实体理论更加彻底。亚里士多德的第一实体理论有相当复杂的蕴涵,他说:"如果第一实体不存在,那么其他任何东西就不可能存在。"①我们在解释亚里士多德实在论的时候,将他的这句话理解为:如果共相存在,那么,它必须依附于第一实体即个别而存在。这至少表明,亚里士多德的第一实体理论已经为他的共相理论预设了本体论的前提(尽管我们在讨论司各脱的实在论的时候,经过对比分析认为,亚里士多德的实在论在为共相确立实在的基础方面存在着内在的困难)。实际上,亚里士多德反对柏拉图理念论对超验实在的设定,认为唯有第一实体即个别才在第一性的意义上实在存在,但是出于对认识论中关于知识的实在性与普遍性的考虑,他依然要求肯定共相的实在性,因为普遍的和客观的科学不能以个别为对象,只能以实在而普遍的东西即共相为对象,尽管在他那里认识论的考虑与个别的第一性的存在之间存在着众所周知的困难。② 无论如何,亚里士多德依然是个实在论者。正如欧文所说:

> 因此,亚里士多德接受形而上学实在论,并拒绝唯名论,因为他相信共相是真正存在的东西,它们与殊相,以及应用于殊相的名称和概念是不同的。③

如果说在司各脱看来,亚里士多德建立形而上学实在论的努力是一种沿着正确的方向但未获成功的尝试,那么在奥康看来,这种努力就是一种沿着错误的方向且注定会失败的尝试。实际上,从奥康对实在论的

① 巴恩斯编:《亚里士多德全集》第1卷,第5页,普林斯顿大学出版社,1984。
② 参见汪子嵩等《希腊哲学史》第3卷上,第162页,人民出版社,2003。
③ 欧文:《亚里士多德的第一原理》,第78—79页,牛津大学出版社,1990。

批判中可以看出,奥康实际上一直在努力表明,任何形式的实在论都注定会遭遇内在的矛盾而不能自立。亚里士多德个别物的本体论之所以需要承诺共相的实在存在,是因为亚里士多德出于对认识对象的考虑。然而,正如我们在考察奥康对伯尔莱的柏拉图式实在论的批判时所看到的那样,由于奥康将实在的科学的对象看做命题,他不需要有类似于亚里士多德关于认识论上的顾虑,因此,与亚里士多德不同,奥康能够毫无顾虑地将关于个别的实在存在的立场贯穿彻底,发扬真正意义上的"个别物的哲学"。

奥康的"个别物的哲学"不仅明确而彻底地肯定一切在实在上存在的东西是个别,而且坚持认为,一切在实在上存在的东西都是彼此有分别因而是相互独立的东西。就是说,任何两个个别的存在都是在逻辑上彼此独立的,不管它们在事实上是如何共同存在的。这就是奥康的本体论的原子论,是奥康在批判实在论的论证过程中所引出的一个基本结论。它的根据是显然的:既然个别与个别之间不存在任何共同的东西,既然全能的上帝能够摧毁一个别而让另一个别继续存在,所以,每一个别都是独立于任何其他个别而存在的。奥康的本体论的原子论是其"个别物的哲学"的最富特色的学说。这种原子论贯穿于奥康的整个哲学和神学思想①,尤其是对其认识论有更直接的影响。奥康的本体论的原子论也对近代哲学特别是莱布尼茨的单子学说和休谟的因果学说产生了重要的影响。莱布尼茨把单子看做非广延的实体,是存在物的本体。每一个单子都是独立的形而上学的点,因而单子与单子之间不存在任何实在的关系。这就是说,因果关系的推论不可能应用于解释事物之间的相互作用(当然,除了单子是独立的单元外,莱布尼茨也认为,单子之间没有因果关系的理由是单子没有广延)。因此,为了维护事物的动态连续性原则(某一事物发生变化,另一事物也会发生相应变化),莱布尼茨诉诸单子的内在发展原则,最终诉诸预定和谐理论,来解释事物的变化,而

---

① 参见赵敦华《基督教哲学 1500 年》,第 517 页,人民出版社,1994。

不必引进因果作用的观念。显然,在这里,莱布尼茨遵循了奥康的独立存在的原子论思想。只不过莱布尼茨的单子是非广延的实体,而奥康的个别是具有广延的物质实体。难怪莱布尼茨说:奥康的学说是"最与近代哲学精神相和谐的学说"①。至于奥康本体论的原子论对休谟的因果学说的影响,可以从休谟驳斥传统形而上学因果理论而提出的一项重要理由中看出:

> 一个原因的观念与存在开端的观念的分离显然对想像力来说是可能的;因而这些对象的实际的分离是可能的,因为这种分离不蕴涵矛盾,也没有任何荒唐之处。所以,这种分离不可能被依据单纯观念而作出的任何推理所驳倒,而没有依据观念的推理,就不可能证明一个原因的必然性。②

休谟反对传统的形而上学因果理论,认为依据观念间的推理关系根本无法证明原因与结果之间有必然联系,因为原因的观念与结果的观念,特别是被称为原因的事物与被称为结果的事物都是相互独立的,因而是无矛盾而可分离的。我们知道,最终休谟认为因果必然联系基于心理学的自然联想。

2. 共相是概念

奥康对波菲利的共相问题的回答,是共相仅仅存在于思想或理智之中。这当然就是他唯名论哲学思想的基本原则。然而,这不是一个单一的原则,实际上包含着丰富多样的理论内涵,其中一部分是消极的内涵,而另一部分是积极的内涵。首先,奥康对实在论的批判是从消极的立场回答了波菲利问题:在心灵或理智之外没有普遍的或共同的东西存在,即共相不是实在存在的东西。由此,假定共相与个别构成一个完整的存在论域(实际上,中世纪的唯名论者与实在论者都毫无例外地接受这样的存在论域)引出的积极结论就是:在心灵或理智

---

① 转引自莫勒《奥康的哲学》,第 544 页,教皇中世纪研究所,1999。
② 休谟:《人性论》,塞尔比-比格编,第 79—80 页,牛津大学出版社,1958。

之外,只有个别是实在存在的。这就是奥康的所谓"个别物的哲学",这种哲学当然也是奥康唯名论哲学思想的一个构成部分。其次,奥康仍然需要从积极的立场来回答波菲利的问题,澄清并阐述"共相究竟是什么"。不言而喻,对这个问题的回答将是构成奥康唯名论哲学思想的实质性部分——实际上,奥康狭义的或真正的唯名论哲学思想就取决于对这个问题的回答。奥康对共相问题的回答是非常明确的:共相是存在于心灵或思想中的东西,是普遍的思想性内容。归根结底,共相是"思想性或精神性的名称"(nomina mentalia, mental names)。这是奥康的共相理论最确定的特征。所以,奥康的共相论是唯名论(nominalism)。既然共相是名称,而名称问题必然涉及名称的意义,奥康认为唯有概念才具有自然的或确定的意义。所以,奥康的共相论或唯名论决不是一种宽泛意义上的唯名论,更不是极端的唯名论,而是一种概念论。从更根本的层面来说,奥康的共相论是一种概念论的唯名论(conceptualist nominalism)。

根据奥康的个别物的哲学观念,在心灵之外实在存在的都是个别,没有任何共相是存在于心灵之外的。个别的实体是单一的,是数目的一。这也就是说,"没有任何一个共相是这样的实体,它是单一的,是数目的一"①。要不然,我们就会得出这样荒唐的结论:苏格拉底是一个共相。如果在心灵之外实在存在的东西都是具有数目的一的实体,那么,共相就只是存在于心灵中的东西,即共相是"心灵的内容"或"心灵的意向"(intentio animae)。因此,奥康在《逻辑大全》(Summa Logicae)中清楚明晰地得出结论说:

> 从这些文本和许多其他文本可以清楚地看到:共相是一种具有这样的性质,以致可谓述许多事物的心灵的内容(universale est intentio animae nata praedicari de multis)。这也可以通过理性加以确证。所有的人都认为,一切共相都可谓述许多事物。但是只有心

---

① 伯奈尔编译:《奥康哲学著作集》,第 35 页,哈克特出版公司,1990。

灵的内容和约定的符号而不是实体,才具有能够谓述的性质。因此,只有心灵的内容或约定的符号才是共相。①

这一段话集中反映了奥康对"共相是什么"这个问题的正面看法,正是在这里,奥康的唯名论思想得到了鲜明的体现。显然,奥康认为,共相具有两个最重要的规定:共相是心灵的内容——也就是说,共相是心灵的概念;共相具有谓述许多事物的功能。既然这两重规定是奥康的唯名论思想的核心理论内涵,所以,需要对它们进行详细的讨论和分析。

首先,共相是心灵的概念。从上述引文可以看出,关于这个命题,奥康用的拉丁文原文是:"univerale est intentio animae."我们的引文是从伯奈尔(Philotheus Boehner)的拉丁文与英文对照本中的英文翻译过来的,伯奈尔将 intentio animae 译为 a mental content,将英文翻译过来当然就是"心灵的内容"。不过,按照拉丁文也可译为"心灵的意向"。intentio 是从阿尔-法拉比(Al-farlabi)和阿维森纳阿拉伯文术语引进的一个拉丁文术语,在中世纪,它被普遍用来指一切属于心灵或理智中的东西,从这个方面来说,intentio animae 可以被译为"心灵的内容";另一方面,在中世纪,通常认为心灵或理智中的东西总是有所指的,也就是说,心灵的内容具有意向性,或者不如说,它们本身就是心灵中的意向,因此,intentio animae 当然也可译为"心灵的意向"。所谓心灵的意向也就是心灵的概念。在实际上所使用的语言(在奥康看来,这种语言严格地说不是"自然语言",而是约定的或习俗性的语言)中,一切名称或语词(如果它们要有意义的话)都是有所指的,都是关于某某东西的名称或语词,从这个方面来说,语词与心灵的内容类似,语言也有意向性。② 反过来说,心灵的内容也与语词或名称相似,所以,"心灵的内容"也就是"心灵的名称或语词"。由心灵的名称或语词所组成的命题就是"心灵的语言"(mental language)。即使我们认为在实际的语言中,语词或名称仅

---

① 伯奈尔编译:《奥康哲学著作集》,第 37 页,哈克特出版公司,1990。
② 参见洪德里希编《牛津哲学指南》,第 577 页,牛津大学出版社,1995。

仅具有指称,而不像心灵那样具有意向性,但我们说"心灵语言"具有意向性,这应该是没有争议的。① 从更一般的层面说,既然"符号"(sign)的功能在于它能指向它之外的某某东西,因此,心灵的意向也就是心灵的符号。奥康认为,心灵的符号就是心灵的概念。

心灵的内容在同等的意义上可被归结为"意向""名称""语词""符号"或"概念"。既然奥康认为共相是心灵的内容,所以,共相也就是心灵中的"意向""名称""语词""符号"或"概念"。然而,在奥康这里,不管共相如何称谓,其共同特征在于,它们都在心灵中有其存在(Being)。共相作为概念存在于心灵之中,这是共相的本体论特征。

从本体论上说,共相与个别都是存在的东西,都有其存在。所不同的是,个别存在于心灵之外,具有实在的存在(real being),而共相存在于心灵之中,具有非实在的存在(non-real being)。然而,值得特别注意的是,在奥康这里,共相虽然在心灵中有其非实在的存在,但是,共相作为意向,具有

---

① 在当代哲学语境中,"意向性"这个概念来源于布伦塔诺(Franz Brentano),并因为胡塞尔对它的使用而开始流行起来。其意思是指心灵的内容或状态对对象的指向。布伦塔诺试图区分开物理的东西与意识或心理的东西,认为所有并且只有意识状态或心理状态才具有意向性,这种意向性是心灵或意识的区别性特征。根据布伦塔诺的区分,物理的声音(口语的表达)和物理的文字似乎是没有意向性的,它们(如果要有意义)只有指称性。当然,意识的意向性与语言的指称性具有明显的区别,因为前者不仅涉及意识状态对对象的指向,而且涉及这些状态的主体对这种指向的理解,而物理的语言本身似乎没有这样的特征。然而,根据当代分析哲学的传统,语言是逻辑的语言,是思想的语言。这种把语言与思想联系起来的观念必然会提出这样的问题:语言的指称性与意识或思想的意向性有何关联? 实际上,弗雷格(Gottlob Frege)对一个名称或语句的"指称"(reference)与"意义"(sense)的区别恰恰表明了语言不仅仅具有指称性(传统的意义理论),也有"意义";而正如达梅特(Michael Dummett)所解释的那样,对这种"意义"的把握涉及说话者的"某种理解的因素"(an ingredient of understanding)(格雷林编《哲学 2》,第 730 页,牛津大学出版社,1998)。我相信,这种理解因素最终可追溯到思想状态或意识状态的主体即说话者对指向的理解。中世纪的奥康对于语言的指称性与心灵的意向性的关系问题的理解是非常明确的:语言的指称性根植于心灵的意向性。顺便指出一点:其实,布伦塔诺 1874 年提出"意向性"概念只不过是对中世纪广泛使用的"intentio"这个术语的恢复而已,而这个术语最终源于两位阿拉伯哲学家阿尔-法拉比和阿维森纳所使用的两个术语"ma'qul"和"ma'na"。"相关意义上的'意向'是与已经出现在阿尔-法拉比(Al-farlabi)和阿维森纳(Avicenna)的著作中的两个概念相联系的;在他们的著作中,这两个概念是与这两个词相关的:'ma'qu'和'ma'na',这两个词都被译为拉丁文'intentio'。"(克雷茨曼等编:《剑桥晚期中世纪哲学史》,第 47 页。)

意向性,能够指向某些别的意向,最终所有意向间接地或直接地指向心灵之外的事物。或者说,共相即心灵的名称、语词或概念(心灵或理智的活动)因具有指称性或指代性而与心灵之外的实在的个别相关联,"心灵自身的理智的活动被称为心灵的状态。按其性质,这些活动指示心灵之外的实际事物或指示心灵之中的其他东西"[①]。也就是说,共相作为心灵的语词是有意义的语词——而且是有自然的而不是约定的意义的语词。因此,与心灵中那些虚构的东西或主观的或心理的东西不同,共相在心灵中仍有其客观的存在(objective being)。正如奥康哲学著作的编译者伯奈尔所说:

> 概念没有实在性,而作为思维活动的对象,只有逻辑的存在。或者,依照中世纪的语言来说,概念没有"主观的存在"(esse subiectivum),却有客观的存在(esse obiectivum)。[②]

共相作为概念虽仅仅存在于心灵之中,却是客观的存在;共相作为心灵中的语词或名称是具有自然意义的语词或名称。由此可以清楚地表明,奥康唯名论与早期中世纪罗色林的唯名论甚至与阿贝拉尔的唯名论或概念论是根本不同的:奥康的语词或概念在首要的意义上是心灵的语词或概念,而不是普通语言交往中的约定语词或概念。奥康的语词或概念不仅具有意义,而且具有本然的或自然的意义,而不是约定的因而在某种程度上是任意的意义。

共相存在于心灵之中。然而,恰恰就共相的本体论特性而言,奥康认为,共相也是个别或单个物——当然是存在于心灵中的单个物。既然共相是普遍的东西,是普遍的概念或语词,为什么又说它是个别或单个

---

① 伯奈尔编译:《奥康哲学著作集》,第44页,哈克特出版公司,1990。

② 同上书,伯奈尔所写的"导言",第29页。值得注意的是,在奥康这里,"主观的存在"与"客观的存在"这两个术语正好与现代哲学中相应术语的含义相反,"主观的存在"实际上是指"主体的存在",依照亚里士多德的本体论,真正的主体是心外的个别物,所以,这里说的"主观的存在",实际上是指心外的个别物的存在,相当于现代意义上的"客观的存在"。而奥康所说的"客观存在",则是指"在心灵中的存在"。然而,这种存在,即概念的存在,并不因此是主观的,更不是虚构的,而是客观的,因为心灵中的概念有其客观的意向根据。

物呢? 这里有必要区分两个问题:共相的谓述功能与共相的本体论特性。共相的普遍性在于,它能够谓述许多事物,而它之所以仍然是单个物,是因为作为一个存在的东西它本身在数目上是一。奥康认为"单个物"这个术语有两层含义:一是,从本体论上说,一个单个物是一,而不是多;二是,就谓述功能来说,一个单个物不能够谓述多,而只能谓述一即谓述其本身。根据第一层含义,一个共相即一个概念或语词当然是"一个"东西,而不是"多"。所以,共相也是单个物。奥康说:

> 首先,我们必须意识到,"单个物"是从两层含义上来理解的。在一种含义上,"单个物"这个名称表示的是任何是一个事物,而不是多个事物的东西。如果这样理解的话,那么,那些认为共相是某种心灵的性质,可谓述许多事物(指示这些许多事物,而不是指示其自身)的人,就不得不说,一切共相在真正而实在的意义上都是单一的,是数目的一。正如一切语词,不管它如何依据约定而成为共同的,它在真正而实在的意义上都是单一的,是数目的一,因为它是一个东西,而不是多个东西,所以,同样的,指示心灵之外多个事物的心灵的内容也在真正而实在的意义上是单一的,是数目的一,因为它是一个东西,而不是多个东西。在另一种含义上,"单个物"这个名称被视做是这样的东西,它是一而不是多,并且它不具有这样的性质,以至能成为多个事物的一个符号。如果"单个物"从这层含义来理解,那么,没有一个共相是单一的,因为一切共相都具有这样的性质,以至能成为多个事物的一个符号并能谓述之。①

暂且撇开谓述问题不说,奥康在这里明确肯定共相就其本体论的存在而言是单个物,是数目的一。考虑到奥康认为在心灵之外存在的东西也是单个物即个别,可以说,在本体论的层面上,一切存在的东西,不管是在心灵之外还是心灵之中,都是单个物即个别。"与唯名论的要求相

---

① 伯奈尔编译:《奥康哲学著作集》,伯奈尔所写的"导言",第33页,哈克特出版公司,1990。

一致,奥康的意义理论不容许任何除单个物之外的东西,无论是在心灵本身之内,还是在心灵之外的外部世界。这实际上是奥康的语义学的最显著的特征。"①实际上,这也是奥康的"个别物哲学"的重要特征,这个特征表明,奥康的唯名论是非常彻底的唯名论,因为奥康在本体论上拒绝承诺任何"普遍的东西"的存在。

其次,共相是能够谓述许多事物的心灵的概念或语词。实际上,一个共相之所以是共相即普遍的东西(概念或语词),就在于它能够谓述许多事物;或者,用当代形而上学的术语来说,一个共相能够被许多事物所例示。② 这是共相的根本性质,是共相的定义性特征。从前面的引文可以看到,奥康说:"所有的人都认为,一切共相都可谓述许多事物。"奥康当然也认同这个关于共相的定义。实际上,这个定义就是亚里士多德在《解释篇》给出的经典定义,前面已经在多个场合引述到它。这里特别需要指出的是,在亚里士多德的共相定义中,当说共相谓述许多事物的时候,其意思是指,这些许多事物同时具有共相所表示的普遍性质。例如,在这两个命题中:"a_1 是 A"和"a_2 是 A",A 是对 a_1 和 a_2 谓述,这就是说,a_1 和 a_2 共同具有 A 所指称的普遍性质。实际上,这里在对亚里士多德的共相定义的解释中,一开始似乎就不可避免地承诺了——至少是暗含地承诺了——实在论的解释立场。因此,一般认为,在亚里士多德那里,共相的谓述指形而上学的谓述(metaphysical predication)。③ 与这种谓述理论相联系的是实在论的真理观,如洛克斯(Michael J. Loux)所指出的:"谓词指称共相,并且使一个主谓语句为真的东西就是主语词项的指

① 潘纳西奥:《语义学与心灵语言》,收于斯佩德编《剑桥奥康指南》,第53—54页,剑桥大学出版社,1999(以下所引此书均为此版本)。
② 参见洛克斯《当代形而上学导论》,第34—40页,劳利特奇出版公司,1998。
③ 参见刘易斯《亚里士多德的实体与谓述》,第4页,剑桥大学出版社,1991。尽管如此,正如在讨论司各脱的实在论时所指出的那样,至少经过波埃修所解释过的亚里士多德式的实在论,它虽然承诺共相具有形而上学的可谓述性,但在如何确立共相的形而上学性质上,这种实在论似乎并没有获得成功。

称对象例示了作为其谓语词项的指称对象。"①然而,由于奥康坚定不移地拒绝了作为谓词的指称对象的存在即共相的实在存在,当奥康采纳亚里士多德的共相定义时,他仅仅保留了作为谓词的共相和它的谓述功能。也就是说,在奥康这里,共相的谓述是指逻辑的或语言的谓述,而不是形而上学的谓述。这表明,自亚里士多德以来,奥康继阿贝拉尔之后,再一次明确地坚持要求将逻辑学与形而上学分离开来,在中世纪哲学的限度内,实现了趋向逻辑-语言哲学的"转向"。罗素对于奥康将逻辑学与形而上学分离开来的主张给予了积极的评价,认为在奥康之前逻辑学与形而上学混杂不分,似乎妨碍了纯粹逻辑的发展,这是一个错误,而奥康纠正了这个错误。②

共相存在于心灵之中,属于心灵的内容,是心灵的概念。因此,共相是内在于私有的心灵及其思维活动。这意味着,作为属于心灵内容的共相是不可能直接以外在可感的方式加以理解的,换言之,唯有以私有的思维方式、内在而原生地产生思维内容的第一人称的主体,才能够直接理解它们。心灵的概念是心灵语言的基本构成要素,心灵或精神概念对第一人称主体的"直接内在性"表明,心灵语言具有后来笛卡儿式的"第一人称权威性"(the First Personal Authority)。③ 尽管如此,与后来维特根斯坦(L. Wittgenstein)的"私人语言论证"(the Private Language Argument)所证明的结论相反,在奥康看来,心灵语言或私人语言不仅是可能的,而且对所有拥有心灵或思维的人来说是共同的和自然的。正如 C. 潘纳西奥在讨论奥康的语义学理论和心灵语言时所说:

> 概念既是精神的,它们对于任何人都不是直接可感的——至少在现实世界不是——除开那个在其私有的思维过程中,以内在的方式产生这些概念的人以外。但是,既然概念是以原初的方式、作为

---

① 洛克斯:《当代形而上学导论》,第 27 页,劳利特奇出版公司,1998。
② 参见罗素《西方哲学史》上卷,何兆武等译,第574页,商务印书馆,1997。
③ 参见古腾普兰编《心灵哲学指南》,第 291 页,巴兹尔·布莱克维尔出版公司,1994。

自然过程的结果被获得的,它们依然在一个人与另一个人之间是相似的,并以同一的方式被组织起来。尽管心灵语言不是一种公共交流媒介,但它在潜在上对所有的人是共同的。心灵语言先行并构成了一切合理性的语言表达的基础,并为之提供了意义。[1]

在奥康看来,心灵语言是原生的、内在的和自然的,是不可直接以外部可感的方式加以表达的。但是,它能够间接地通过外部可感的约定语言,以不完善的、派生的方式加以表达。那么,内在的心灵语言与外部的约定语言的关系是什么呢?

亚里士多德在《解释篇》中将语言区分为三种形式:口语、文字和心灵内容(即在心灵中的符号),并对它们之间的关系作了简单说明。他说:

> 口语是心灵内容的符号,文字是口语的符号。正如文字对所有人不是共同的一样,口语也不是。但是,它们都首先是心灵内容的符号,而这些内容对于所有的人来说是相同的。[2]

波埃修赞同亚里士多德关于三重语言的区分,而奥康根据波埃修和亚里士多德的区分传统,同样将语言区分为这三类。"语言有三重:口语、文字和概念语言。"[3]口语是由人的嘴说出的言语组成的,对于人的耳朵是可听的;文字是刻写在物质材料上的语词,对于人的眼睛是可视的;而"概念语词只能存在于心灵之中,不能从外部加以表达"[4]。概念语词或由概念语词构成的语言是不可感的。口语、文字和概念都是符号,而作为符号,它们的功能在于指示符号之外的某种东西。符号所指示的东西就是符号的意义。奥康认为,概念是第一性的、自然的符号,当它指示事物的时候,具有自然的意义。而口语和文字是第二性的、约定的符号,

---

[1] 斯佩德编:《剑桥奥康指南》,第53页。

[2] 巴恩斯编:《亚里士多德全集》第1卷,第25页,普林斯顿大学出版社,1984。也可参见亚里士多德《解释篇》,秦典华译,见《工具论》上册,第49页,中国人民大学出版社,2003。

[3][4] 伯奈尔编译:《奥康哲学著作集》,第47页,哈克特出版公司,1990。

当其指示事物的时候,只有约定的意义。从最根本的层面来说,意义(Signification)首先是心灵语言的语义学属性,是建立在自然的指示关系基础之上的,所谓自然的关系就是心灵之中自然的符号(概念)与符号所指示的心灵之外的事物之间存在的指示关系。口语和文字(约定符号)虽然也指示事物,但是它们与它们所指示的事物之间仅仅存在着间接的指示关系:口语首先是通过与概念建立约定的关系并通过这种关系指示概念所指示的同一事物;文字则是通过与口语建立约定关系并通过这种关系而指示口语、进而概念所指示的同一事物。"因此,概念是在第一性和自然的方式上指示某事物,而语词是在第二性的方式上指示同一事物。"①

需要指出的是,在奥康的同时代,关于语词的指称对象问题存在着一番争论:究竟(口语和文字中的)语词的指称对象是心灵中的概念,还是心灵之外的事物呢? 这番争论源于对亚里士多德《解释篇》中关于"口语和文字首先是心灵内容的符号"(见上述引文)的解释。② 显然,亚里士多德认为,语词首先是心灵内容的符号,语词的指称对象首先是心灵的内容即概念。但是,按波埃修和托马斯·阿奎那的解释,语词在第一性的方式上指称概念,只有在第二性的方式上指称事物。与此相反,司各脱认为,一般的语词是实在的事物的符号,因此,语词总是指称实在的事物;既然语词是一般的,那么,相应地,它们指称共同的实在的事物,也就是司各脱所说的共同的性质。这种语词指称理论当然与司各脱的实在论是一致的。奥康不同意波埃修和托马斯·阿奎那而同意司各脱的解释,认为语词首先是指称实在的事物,而不是心灵内容即概念。但是,基于对司各脱的实在论的批判,奥康认为在心灵之外唯一存在的实在的东西是个别事物。所以,与司各脱不同,奥康认为,语词首先指称的是心灵之外的实在的个别事物。奥康说:

---

① 伯奈尔编译:《奥康哲学著作集》,第 48 页,哈克特出版公司,1990。
② 参见莫勒《奥康的哲学》,第 16—17 页,教皇中世纪研究所,1990;以及亚当斯《奥康》第 1 卷,第 72 页,圣母大学出版社,1987。

我说,口语语词是从属于心灵概念或内容的。但我的意思并不是说,如果"符号"这个词就其真正的含义来理解,那么口语语词在真正和第一性意义上是心灵概念的符号;而是说,语词被应用是为了指示心灵概念所指示的同一事物。①

总之,奥康认为,口语和文字中的语词首先是指称或指示心灵之外的个别的事物,而不是心灵的内容即概念。当然这种指称是约定的,因为它们需要首先与概念建立联系才能指称概念所指称的同一的个别事物。

语词和概念都指示心灵之外的个别的事物,都是个别事物的符号,并谓述这些数目上为多的事物,因而它们具有功能上的普遍性,也就是说,它们都是共相。然而,语词共相与概念共相之间的区别是明显的,并且我们将看到这种区别对于更精确地理解奥康的唯名论是非常重要的。如上所述,概念作为符号与它所指示的事物之间存在着自然的、确定的指示关系,因而其意义是自然的、确定的,而非约定的。而语词作为符号与它所指示的事物之间存在着约定的、不确定的指示关系,因而其意义是约定的、不确定的。奥康说:

> 一个概念或心灵印象自然地指示它确实指示的东西;另一方面,口语和文字语词仅仅通过任意约定而指示任何东西。由此,引申出另一个区别:我们可以任意改变口语和文字语词的指示符号,但概念语词的符号不可由任何人随意改变。②

亚当斯解释说:

> 毫无疑问,当奥康说口语和文字符号具有意义是"由于意愿的施加"或语言使用者的随意性时,他是要强调,首先,作为语言符号的某一类型的声音或文字与它们所指示的事物之间没有或不必有逻辑或因果的必然联系;其次,正是通过语言共同体的习俗,才建立

---

① ② 伯奈尔编译:《奥康哲学著作集》,第48页,哈克特出版公司,1990。

了声音类型和文字类型与被指示的事物之间的约定联系。①

语词是约定的符号,各个民族语言(我们通常所说的自然语言)也是约定的语言,因为某种共同的内容可以通过不同的民族语言系统来加以表达。这种共同的内容就是奥康所说的心灵语言。在这里,约定语言与心灵语言之间的区别类似于当代语言哲学中关于"语句"与"命题"之间的区别。②

普遍的语词和概念当其谓述许多事物的时候,都是具有谓述功能上的普遍性,都是共相。但是,语词只具有约定的意义,而概念具有自然的意义。后者具有确定的谓述关系,而前者没有。正因为如此,奥康非常谨慎地说:"现在,我不用'共相'来指约定的符号,而用它来指在自然上是共相的东西。"③普遍的语词也是共相,但是它们的谓述性是不确定的,因为这样约定的语词的意义是可以任意改变的。如果仅仅考虑到普遍的语词是能谓述许多事物的共相,那么这样的共相论实际上是极端的唯名论。然而,当奥康十分小心谨慎地将语词与概念区别开来,认为虽然它们都可以谓述许多事物,但是,唯有概念具有自然的意义,因而具有确定的谓述性,从而将真正的共相归于概念时,奥康的共相论显然属于概念论。因此,更准确地说,既然奥康认为只有具有确定的自然意义的概念才是真正意义上的共相,所以,奥康是一个概念论者(a conceptualist)。对于奥康在共相论的哲学性质的定位上,基于上述分析和考察,我们完全同意亚当斯的说法:

> 既然奥康将共相在第一性的意义上等同于具有自然意义的名称和概念,因此,不太令人误解的说法就是,关于共相,奥康是一个概念论者,而不是一个唯名论者。④

---

① 亚当斯:《奥康》第 1 卷,第 72 页,圣母大学出版社,1987。
② 参见格雷林《哲学逻辑导论》,第 14 页,布莱克维尔出版公司,1997。
③ 伯奈尔编译:《奥康哲学著作集》,第 37 页,哈克特出版公司,1990。
④ 亚当斯:《奥康》第 1 卷,第 73 页。

当然,这并不意味着奥康不是一个唯名论者,恰恰相反,奥康毫无疑问就是一个典型的唯名论者!然而,当我们说奥康是一个唯名论者时,这种哲学定位依然很宽泛、笼统。特别是考虑到奥康也认为约定的语词是共相而说他是一个唯名论者时,很容易让人误解他是一个极端的唯名论者。因此,特别考虑到奥康对语词与概念的区别,更准确的哲学定位应当是:奥康是一个唯名论者,并且是一个唯名论的概念论者。其实,亚当斯有时也使用"唯名论的概念论者"这样的提法。[1] 在唯名论的限度内,强调奥康是一个概念论者,其主要目的是为了将奥康与那种认为共相只是没有确定意义的语词的极端的唯名论者区别开来。然而,这种区别似乎也暗含着某种实在论的倾向:与语词不同,概念具有自然的意义,这种自然意义的基础就在于,它依赖于实在的相似性关系。因此,伯奈尔甚至亦将奥康的概念论称为"实在论的概念论"。[2]

　　3. 概念意义的实在基础:实在的相似性

　　波菲利经典的共相问题是要追问:共相究竟是存在于心灵之中,还是在心灵之外存在? 前面已经详细考察了奥康对这个问题的回答。简而言之,奥康认为,共相作为概念仅仅存在于心灵之中。从本体论的层面来看,奥康认为,任何存在的东西,不管是存在于心灵之中的东西还是存在于心灵之外的事物,都是数目上为一的单个物,它们都是个别。就是说,共相也是个别物。然而,从谓述功能的层面看,存在于心灵之外的个别事物除了谓述自身之外不能谓述多,实在的个别不是共相。此外,奥康对实在论的批判表明,在心灵之外除了个别之外,根本不存在任何普遍或共同的东西。这就是说,能谓述许多事物的东西(共相)不可能是实在的东西。因此,奥康得出结论认为,唯有名称才是共相,因为唯有名称才能谓述许多事物。所以,奥康的共相论是一种唯名论,奥康是一个唯名论者。当然,奥康所说的"名称"包括口语名称和文字名称(可统称

---

[1] 参见亚当斯《奥康》第1卷,第109页,圣母大学出版社,1987。
[2] 参见伯奈尔《奥康的实在论与概念论》,见拜泰特编《论奥康文集》,第156—174页,方济各会研究所,1958。

为"语词"),以及心灵名称即"概念"。奥康特别强调概念与语词之间的区别,认为概念具有确定的、自然的谓述关系,而语词只有约定的谓述关系,因此,严格地说,唯有概念才是真正意义上的共相。支配这种区别的根本原则,是语词只有约定的意义,而概念具有自然的、确定的意义。

现在的问题是,概念具有自然的、确定的意义的根据是什么呢? 当然,一个概念的意义就在于它所指示的事物,这种意义的基础就是概念与事物之间的自然指示关系。可是,概念作为共相具有谓述功能上的普遍性,那么,具有普遍性的概念如果要有意义,是不是指示同样也具有普遍性的事物呢? 如果是这样的话,奥康的概念论似乎同时就必须承诺实在论的立场:在心灵之外存在着具有普遍性的事物即实在的共相或共同的性质。这当然是奥康的概念论所不能容忍的,因为奥康竭尽全力批判实在论,就是要拒绝对实在的共相或共同性质的承诺。然而,如果具有普遍性的概念没有任何相对应的普遍性的事物作为其指示的对象,这样的概念似乎就是空洞的。

看起来,在如何理解概念的自然意义的问题上,奥康的概念论似乎陷入了两难的境地。波埃修在讨论种属共相的时候已经提出了同样的问题。根据波埃修的讨论,如果种属存在于理智或心灵之中,那么,要么理智对种属的理解(这种理解相当于种属概念)是根植于理智之外的事物本身的构成状况,要么不是根植事物本身的构成状况。在前一种情况下,波埃修说:"种属就不仅仅在理智中被设定,它们也在真实的实在中存在。"①在波埃修之后,阿贝拉尔也提出了同样的问题。阿贝拉尔是早期中世纪著名的概念论者,坚持认为在心灵之外没有普遍的事物存在,共相只是一个普遍的语词。阿贝拉尔说:

既然共相似乎没有任何(其自身能加以谓述的、普遍的)主体事物(subject thing),或者似乎没有确立一种对任何事物的理解,那

---

① 斯佩德编译:《中世纪共相问题原著选编:波菲利、波埃修、阿贝拉尔、邓斯·司各脱和奥康》,第1页。

么,首先就存在着对共相的意义的怀疑。①

实际上,普遍语词或概念的意义问题是一切严肃的唯名论者所面临的一个共同问题。因为当一个唯名论者否定任何普遍的事物的实在存在,肯定共相只是一个语词或概念时,共相作为语词或概念如果不沦为空洞的、无意义的纯粹的声音符号,它注定要面临着如何解决普遍的语词或概念究竟能够指示什么东西这个核心的意义问题,否则,语词和概念在谓述关系中就完全失去了最低限度的确定性,从而使唯名论的基本立场无法得到维持。当然,作为唯名论者,阿贝拉尔和奥康都认为,既然在心灵之外不存在任何"实在的共相",语词和概念的意义就在于它们所指示的"许多个别的事物"。显然,这种唯名论的意义理论处理掉了实在论的意义理论(语词和概念指示心灵之外实在存在的共同性质),然而,它并没有因此获得清晰的立场,相反,同时加重了自身的理论负担。关键的问题是,即使语词和概念指示个别事物,我们依然不清楚某一个普遍的语词或概念究竟指示哪一类个别的事物? 或者说,究竟哪一类个别事物能够为某一个语词或概念所表示? 也就是说,究竟是什么东西使语词和概念与它们的指示对象之间存在着确定的、自然的指示关系? 当然,如果语词和概念与它们所指示的个别事物之间仅仅存在着约定的指示关系,那么,这里的问题就没有什么实际意义,因为这种指示关系既是约定的、可以任意改变的,也就没有任何确定性。然而,既然奥康强调概念与语词的区别,认为语词的意义是约定的,而概念的意义是自然的,并且唯有具有自然意义的概念才是真正意义上的共相,那么,对于奥康来说,概念与它所指示的事物之间的指示关系的确定性问题就显得尤为突出和重要。

首先,奥康认为,心灵或理智中的概念指示心灵或理智之外实在存在的个别事物。这是奥康的概念的意义理论,实际上也是他的唯名论的

---

① 斯佩德编译:《中世纪共相问题原著选编:波菲利、波埃修、阿贝拉尔、邓斯·司各脱和奥康》,第40页。

最一般的原则。其次,奥康对实在论的批判表明,在心灵或理智之外根本不存在任何普遍性的东西。这意味着概念并不指示实在的共相或共同的性质,因为在实在上根本不存在这样的共相或共同的性质。这是奥康反对实在论实际上也是他唯名论的消极立场。因此,当某一个概念表示某一类个别的事物时,如果这种表示关系是自然的、确定的,而不是约定的、任意的,那么,这个概念所表示的这类个别事物必须具有某种自然的、确定的"共类性",也就是"共属性"或"共种性"。因为如果没有这样的"共类性",能够为这个概念所表示的个别事物即概念的外延就会被任意扩大或减少,这样,概念就失去了确定的、自然的意义。显然,一个概念所表示的许多个别的事物的"共类性"是建立在所有并且只有这些个别事物之间存在的"相似性关系"基础之上的。没有相似性,就没有共类性。因此,奥康概念的自然意义问题最终必须诉诸概念所表示的许多个别事物之间的相似性这一原则才能得到彻底的理解。

然而,一般地说,承认许多个别事物之间存在着相似性,这是实在论的基本观点,因为实在论者通常就是诉诸相似性概念来肯定共相的实在存在。那么,作为唯名论者的奥康又如何能够诉诸相似性的概念来确立概念的自然意义呢? 看起来,奥康关于概念的自然意义的观点面临着相当复杂的理论处境:一方面,奥康批判了实在论的立场,解消了实在的共相问题。如果说,相似性概念是确立实在共相的必要工具的话,那么,奥康本应当拒绝相似性原则;然而,另一方面,为了维护概念的自然意义的观点,他又必须依赖于这个原则。奥康摆脱这个困境所采取的一个基本信念是:肯定个别事物之间的相似性而不必承诺实在论的立场。

柏拉图的实在论就是以相似性原则为其出发点的。柏拉图在《会饮篇》(*Symposium*)中论证说,任何具体的美(个别的美)都是一个共同的美的共相的不完善的摹本。我们首先发现一切个别的美都是有限的、不完善的美,然而,这些个别都是美的,一个别的美是与其他个别的美相似的。正是这种美的相似性使我们确信,不管个别的美是多么的不完善,美本身则在一切方面是同一的东西。这样,从对个别的美的领悟出发,在本体论上就承诺了一个相似的或共同的美的共相的实在存在：

> 就这样，当原先那种对美少年的爱引导着我们的候选人通过内心的关照到达那种普世之爱时，他就已经接近终极启示了。这是他被引导或接近和进入爱的神圣的唯一道路。从个别的美开始探求一般的美，他一定能找到登天之梯，一步步上升——也就是说，从一个美的形体到两个美的形体，从两个美的形体到所有美的形体，从形体之美到体制之美，从体制之美到知识之美，最后再从知识之美进到仅以美为对象的那种学问，最终明白什么是美。[①]

实际上，根据柏拉图的实在论，所有个别的美之所以在"是美的"这个属性上是相似的，是因为每一个个别的美都与美的共相相似，而美的共相则是独立于个别的美而在实在上存在。这种柏拉图主义的相似性模式可以更一般地概括如下：对于任何两个以上的个别，a，b，……n，如果它们都是相似的，那么，就意味着总是存在着某种共同的东西 C 以及关系 R，这样，这些个别的每一个都与 C 处在关系 R 之中，而且恰恰由于它们与 C 存在着关系 R，它们彼此才是相似的。这里的 C 就是独立存在的共相。这种实在论的相似性理论的关键之处是，两个个别的相似性关系在本体论上承诺了第三项共相的实在存在。[②] 司各脱的实在论虽然舍弃了外在的"第三项"，但仍坚持内在的"第三项"即共同性质的实在存在，认为这种性质具有非数目的、实在的统一性。

奥康贯彻自己的唯名论原则，坚定不移地反对有任何除两个个别之外的"第三项东西"的实在存在。他认为，任何两个个别之间的一致或相似仅仅在于这两个个别本身，而不在于任何除这两个个别之外的东西。奥康以"苏格拉底"与"柏拉图"这两个个别的人为例：

---

① 《柏拉图全集》第 2 卷，王晓朝译，第 254 页，人民出版社，2003。

② 柏拉图的实在论的相似性原则甚至在当代哲学中也得到大力维护。例如，罗素在《哲学问题》中认为，相似就是共相，而且共相的存在"并不有赖于被思维，也不有赖于以何方式为心灵所觉察"。而关系共相"既不在空间之中也不在时间之中，它既非物质的也非精神的，然而它却是某种东西"。参见罗素《哲学问题》，何兆武译，第 80 页，商务印书馆，2000。

苏格拉底和柏拉图相一致的程度按他们本身（by themselves）要多于苏格拉底与这头驴相一致的程度，而不关涉一切别的东西。……苏格拉底与柏拉图之间的一致性要大于苏格拉底与这头驴的一致性，但这并不是由于任何与他们有任何分别的东西的缘故，毋宁说，他们按其本身（by themselves）而有更多的一致。①

两个个别之间的一致性，或者它们之间的相似性（它们之间的一致性的程度多于其中一个个别与第三个个别之间的一致性的程度），仅仅出于这两个个别本身，而不是任何别的东西。这意味着，奥康将两个个别之间的相似性或一致性理解为两个个别之间存在的两项关系，这样，奥康就从唯名论的立场上处理掉了柏拉图实在论的三项关系（即两个个别与共同性质之间的三项关系）和司各脱的共同性质。② 这就是说，奥康肯定个别事物之间的相似性而不必承诺那种除开有相似的个别事物之外的共相的实在存在。

奥康坚持从个别事物本身来理解它们之间的相似性，这种相似性概念具有如下特点：

首先，既然个别事物之间的相似性仅仅在于它们本身，这种相似性概念拒绝了任何除有相似的个别事物之外的东西的实在存在。尤其是针对实在论，它否定了柏拉图的共相和司各脱的共同性质。这就是说，奥康确立了唯名论的相似性原则。

其次，既然相似性仅仅依赖于有相似的个别事物本身，而不依赖于其他任何东西，所以相似性也不是理智通过抽象、比较或概括的结果，不是由理智活动造成的。奥康说："撇开一切理智，依据事物的性质，苏格拉底与柏拉图之间依然有比苏格拉底与这头驴之间更大的一致性。"③正因为相似性是存在于有相似的个别事物本身之中的一种关系，而不是

---

① ③ 斯佩德编译：《中世纪共相问题原著选编：波菲利、波埃修、阿贝拉尔、邓斯·司各脱和奥康》，第 188 页。

② 参见亚当斯《奥康》第 1 卷，第 111 页，圣母大学出版社，1987。

由理智通过抽象活动造成的,所以,相似性不是一种主观、任意约定的,而是实在的或客观的关系。

> 相似性被称为一种实在的关系,这是因为这样的事实:一个白的事物,按这个事物的性质,是与另一个白的事物相似的,而且这不是由理智造成的,正如苏格拉底是白的、柏拉图是白的,这不是由理智造成的一样。①

当然,理智可以通过它的抽象活动抽象出相似性概念,但是这种概念是以个别事物的实在的相似性为基础的。相似性是一种实在关系。这样的相似性概念恰恰为奥康概念的自然意义提供了实在的基础。

最后,相似性是一种内在的关系。既然相似性仅仅依赖于有相似的个别事物本身,而不依赖于其他任何东西,因此,与柏拉图的相似性原则不同,在奥康这里,个别事物之间的相似性不是一种外在并独立于有相似的个别事物的关系。因为如果相似性是一种外在的、独立的关系,就等于是在有相似的个别事物之外承诺了第三项东西的存在。也就是说,这种关系就是独立存在的东西,而这正是柏拉图的实在论的基本立场。如果两个东西是白色的,那么,白性就是这两个东西本身的相似性。奥康认为,白性的相似性在逻辑上不可能与两个白的东西本身相分离。奥康说:"上帝不能创造两个白的事物而不创造两个相似的事物,因为相似性就是两个白的事物本身。"②全能的上帝能够做逻辑上一切可能的事情,如果上帝不能创造两个白的事物而不创造两个相似的事物,那么,这说明,存在两个白的事物而没有白性的相似性,这在逻辑上是不可能的。也就是说,相似性是两个事物本身的一种内在的、逻辑的关系。

奥康的相似性概念表明,相似性根植于有相似的个别事物本身,属于一种内在关系范畴,而且是独立于理智的抽象活动,因而是一种实在的而不是主观约定关系。前面已经指出,作为自然的共相,概念是一种

---

① 转引自亚当斯《奥康》第 1 卷,第 113 页,圣母大学出版社,1987。
② 转引自同上书,第 112 页。

自然的符号,表示许多个别的事物,概念的自然意义就在于它所指示的个别的事物。概念的自然意义问题最终必须诉诸概念所表示的许多个别事物之间的相似性这一原则才能得到彻底的理解。根据奥康的相似性概念,相似性是一种实在的关系。根据这个相似性概念,许多个别的事物之所以具有共类性,就在于它们本身的相似性。也就是说,正因为它们本身具有相似性,才能够构成一类事物,而作为共相的概念的自然意义就在于,它以自然的、确定的方式指示并且仅仅指示这一类有实在的相似关系的个别事物。

　　然而,概念是存在于心灵中的概念,是心灵的语言和符号,而它所指示的有相似性的个别事物是存在于心灵之外的。如果概念能够指示它所指示的许多个别的事物,那么,概念与事物之间必须要确立一种联结关系,而且这种关系必须同样是自然的,而不是主观约定的。只有这样,概念才是表示许多事物的自然的符号,才是具有自然意义的符号。实际上,在中世纪,意义这个观念主要来源于波埃修对亚里士多德《解释篇》中关于"语词是心灵内容的符号"的理解,而正如斯佩德所说:

　　　　"意指"(to signify)某种东西,就是要"确立一种对它的理解"。"意指"的心理学色彩类似于现代的"意谓"(to mean)的心理学色彩。尽管如此,意义不是意谓。一个语词意指某种东西,而语词使人想到这种东西,因此,与意谓不同,意义属于一类因果关系。①

这就是说,只有概念或符号与它所意指事物之间存在一种理解上的因果关系,这样的符号才是自然的符号,或者说这样的概念才具有自然的意义。所谓理解上的因果关系,就是指对符号或概念的理解从因果上造成了对它所意指的事物的理解。事实上,奥康正是在这个意义上来理解符号与事物之间的关系的,他说:

　　　　在一种含义上,符号意指任何这样的东西,一旦它被理解,它能

---

① 斯佩德:《词项语义学》,收于克雷茨曼等编《剑桥晚期中世纪哲学史》,第188页。

使我们知道别的东西;但是,它并不是在第一次就使我们知道某种东西,……它仅仅能使我们实际上知道某种东西,而这种东西是我们按习惯的方式已经知道了的。依照这种方式,一个语词就是自然的符号,而任何结果至少是它的原因的符号。①

首先,奥康在这里明确指出,一种符号要成为自然的符号,对符号的理解与对符号所意指的东西(许多个别的事物)的理解之间必须要维持一种因果关系,一种理解在因果上产生另一种理解或认识;其次,这种理解与理解之间的因果联系并不是某些具体的理解活动初次发生就可以形成的,相反,最初理解关系的建立是基于习惯性的联想。既然最初的关系是建立在习惯性的联想的基础之上的,那么最初形成的关系当然不是自然的,而是约定的。然而,根据奥康的相似性原则,既然许多事物之间存在着相似关系,而且这些相似性是实在的,那么,多重理解活动最终会在概念与它所意指的、有相似的许多个别事物之间建立一种自然的因果关系。根据这种自然的因果关系,对一个概念的理解就在理解者的心灵中自然产生对一切相似的个别事物的理解。实际上,作为自然符号的概念决不是先行存在于心灵之中的,而是最初借助于习惯性的联想,在对事物的理解与对心灵之中关于事物的思想图像的理解之间的双重互动的理解中形成的。正是在这种意义上,奥康认为,作为自然符号的概念即共相,实际上就是一种理解活动或认知活动本身。奥康在1322年到1327年完成的《争议问题集》(*Quodlibeta Septem*)中说:

因此,我断定第一意向和第二意向在真正的意义上都是一种认知活动(an act of knowing),因为凡是由一个 fictum 能解决的问题都由认知活动可以解决;因为正像一个 fictum 一样,一种活动就是对象的相似性,它可以意指和表示心外的事物,它能够是一个命题中的主词和谓词,能够是一个种、属等等。②

---

① 伯奈尔编译:《奥康哲学著作集》,第49页,哈克特出版公司,1990。
② 转引自莫勒《奥康的哲学》,第509页,教皇中世纪研究所,1999。

在这段话中,我们需要首先清楚,奥康所要表达的最确定的立场是,作为共相的概念就是一种认知活动或理智活动。这是奥康关于概念的性质的最终观点,一般称之为"理智活动理论"(the Intellectio Theory)。然而,如果要彻底理解奥康这段话的全部意思,有几个重要的问题需要澄清。

首先,奥康这里所说的"意向"是指一切心灵中的东西,这种东西是能够指示别的东西的一种自然符号。实际上,这里的"意向"就是指心灵中的概念,也就是共相,这一点前面作了详细阐述。意向或概念就是心灵或精神命题的基本构成要素,正如文字语词是约定语言命题的基本构成要素一样。第一意向是指这样的概念,它作为符号能够指示符号之外的别的东西,如"人"这个概念指示所有个别的人。而第二意向则是第一意向的符号。逻辑概念"种"和"属"就是第二意向,能够谓述所有的种和属,如动物是一个种、人是一个属等。总之,这里所说的第一意向和第二意向都是指概念,也就是指共相。

其次,奥康提到的"fictum"与"认知活动"的对比,涉及奥康对普遍概念(共相)性质的看法,而且涉及奥康看法前后期的发展和变化。这是一个重要而独立的问题,有必要作简单说明。前面已经指出,共相就其谓述功能而言是普遍的,能够谓述许多个别的事物。但就其本体论而言,存在于心灵之中。然而,存在于心灵之中的概念究竟具有怎样的性质呢? 奥康对这个问题的讨论经历了一个明显的发展变化过程。起初,奥康认为,概念是一种不同于认知活动或理智活动的但作为理智的对象而存在于理智中的东西,它没有实在性(reality),但具有一种客观的存在(esse objectivum),而不是一种主观存在(esse subjectivum)。作为理智或思维的对象,它是一种构想的东西,即 fictum。这个拉丁词,从字面上理解指"虚构",可在奥康的哲学语境中,它不是指一般意义上的"虚构",而是一种"精神图像"或"逻辑图像"(a mental or logical picture)。[1] 奥康

---

[1] 参见《奥康哲学著作集》中伯奈尔所写的导言,第 29 页,哈克特出版公司,1999。

在 1317 到 1319 年完成的《伦巴德〈箴言集〉第一部分评注》即所谓"修订稿"中说:

> 更有可能说,共相不是任何具有主观存在的实在的东西,无论是在心灵之中,还是在心灵之外。毋宁说,它仅仅具有在心灵之中的客观存在。它是一种 fictum,它在客观的存在中有其存在,像外在的事物在主观的存在中有其存在一样。[①]

这就是奥康最初关于概念或共相的性质的观点:共相是在心灵中有其客观存在的一种 fictum,通常称为"Fictum 理论"或"客观存在理论"(the objective-existence theory)。在这里需要特别注意的是,奥康所说的"主观存在",是指谓述的主体的存在,即所谓"主观存在"。既然谓述的主体是个别的事物,那么,这种存在就是指在心灵之外的个别事物的存在,而这种存在实际上是一种实在的存在,相当于现代意义上的"客观存在"。既然概念存在于心灵之中,那么,它当然没有这种"主观的存在"。奥康说共相具有一种"客观存在",而这里所说的"客观存在"是指在心灵中的存在,之所以是客观的存在,是因为共相并不是一种任意的虚构,而是 fictum。作为理智或思想的对象,它具有某种实在性,这种实在性相当于现代意义上的意向对象所具有那种实在性。值得注意的是,奥康在"修订稿"中也考察了四种关于概念的性质的意见,其中第一条意见就是所谓的"理智活动理论"。他说:"第一种理论可能是,共相是心灵的概念,这种概念实际上就是理智活动本身。"然而,如果概念或共相是一种理智的活动,那么,这种活动的对象是什么呢?正如莫勒所指出的,这时的奥康对于如何解决这个问题尚存在一些困难,正因如此,奥康对理智活动理论并没有作出决定性的选择。[②] 可以说,这时,奥康的根本思想倾向依然是坚持他的"Fictum 理论"。

[①] 斯佩德编译:《中世纪共相问题原著选编:波菲利、波埃修、阿贝拉尔、邓斯·司各脱和奥康》,第 218 页。

[②] 参见莫勒《奥康的哲学》,第 497—498 页,教皇中世纪研究所,1999。

后来，在 1320 到 1323 年完成的《亚里士多德〈解释篇〉评注》中，奥康在继续坚持"Fictum 理论"的同时，开始倾向于接受"理智活动理论"。他说：

> 可能还有一种意见，根据这种意见，概念等同于认知活动(the act of knowing)。在我看来，这种意见在所有其他意见中是更有可能的一种意见；所有其他意见都认为，这些概念在实在上存在于作为主体的心灵之中，如同心灵的各种性质。①

最终，奥康放弃了"Fictum 理论"或"客观存在理论"。正如前面所引述的，奥康在 1322 到 1327 年完成的《争议问题集》中，保留并坚持了先前曾犹疑未定的"理智活动理论"。前面已经指出，根据"理智活动理论"，奥康认为，共相或概念就是一种理智的活动或认知的活动本身。这种理论的意义就在于，它肯定共相或概念是一种理智的活动，而理智的活动是寓于精神实体中的一种性质。此外，每一个这样的理智活动本身都是一个个别，也就是说，概念或共相，就其本体论的存在而言都是个别。尽管概念即共相在谓述功能上是普遍的，因为它们能够谓述许多个别的事物，但是，在本体论上，它们都是作为个别而存在于心灵或理智之中的。根据理智活动理论，概念或共相的本体论性质更加明确：概念或共相是一种理智的活动，而每一个理智的活动也是个别。显然，这种理论实际上是奥康的彻底的个别物哲学的核心构成部分。

---

① 伯奈尔编译：《奥康哲学著作集》，第 43 页，哈克特出版公司，1990。

第十章　文艺复兴时期的哲学

　　我国较早的一部研究文艺复兴的专著《欧洲文艺复兴史》开篇这样写道："当十五六世纪时，欧洲诸民族间，发生一种运动；起源于意大利，传播于英法，而终极于日耳曼；是为中古时代与近世时代之蝉蜕。历史学家名之曰 Renaissance，译者再生也。东人则译为文艺复兴。"①这个说法简要地勾勒出了文艺复兴发生的时间、地点及 Renaissance 这个词的含义，今天看来这个概括也还是相当精当的，除了时间上或可上推到 14世纪。这个时期相当于中国明朝的中后期直至清初，这也是中国人的观念世界发生根本性变化的时期。王阳明的心学流行于世，以议政、参政为首归的东林书院建立于无锡，为黄宗羲、顾炎武、李贽等人对皇权专制制度推进到有史以来首次系统的反思、批判准备了思想空间。为平民写作和写作平民的小说、戏剧领一时风骚，诸如《水浒传》《西游记》《牡丹亭》《金瓶梅》等均出自这一时期。对民生、民本、民事的强调和彰显，对皇权家天下的反思和批判，是这一时期中国思想世界的全新气象。所以，就观念史而言，这一时期更对应于欧洲文艺复兴加速其到来的时代。令人遗憾和深思的是，中国这一时期的观念革命却无果而终。"文艺复

---

① 蒋方震：《欧洲文艺复兴史》"导言"，第 1 页，商务印书馆，1921。

678

兴"这个词最早出现于意大利人文主义者瓦萨里（G. Vasari, 1511—1574）的著作《从奇马布埃到当代最优秀的意大利建筑家、画家和雕塑家传》①（1550），但是在这里，复兴还仅仅指艺术的复兴，瓦萨里使用该词的本意是"再生"（rinascita），指艺术的死而复生。他指出，在这部书中，读者可以"比较容易地认识到在我们这个时代艺术复兴和她向完美发展的进步"。19 世纪初，rinascita 转译为法文 renaissance 而广为流行。明确地用"文艺复兴"来指代一个历史时期的是法国历史学家米什莱（J. Michelet, 1798—1874），1855 年，他用"文艺复兴"（La Renaissance）命名他的《法国史》第 7 卷，将 15 世纪以来仅指文学和艺术再生的思想转化成了一个界定人类现代性的时代观念，其标志是"对人和世界的发现"。而他发明的这句响亮的口号日后成了布克哈特（Jocob Burckhardt, 1818—1897）的名著《意大利文艺复兴时期的文化》（*The Civilization of the Renaissance in Italy*）的主题。究竟什么是"文艺复兴"？就字面意思来说，这个词的含义就是"重生"，反映了 1350—1600 年间有影响的思想家和作家公开地否定"中世纪"（这个词当时还未使用）、崇尚古代的倾向。狭义的观点认为，它基本上是一场意在恢复古代哲学和艺术价值的运动；广义的观点则认为，这是一个由个人到社会都产生了新的理想和观念的时期，一个发现和飞跃的时期，在这个时期，新发明都和往昔的"黄金时代"联系起来，以证明自己的价值。丹尼斯·哈伊则把布克哈特在《意大利文艺复兴时期的文化》中对文艺复兴本质的理解概括为："文艺复兴揭开了现代世界的序幕，它使意大利人成为'现代欧洲的长子'。个人主义，对名誉的崇拜，古物的复苏，'充分和完全的人性'得到发现和阐述，一个新社会的建立，在这个社会中任何人可以凭藉知识或政治才能升到最上层的阶级中去。"②当代俄国哲学家霍鲁日（Сергей Сергеевнч Хоружий）认为人们通常是在三种含义上使用"复兴"

---

① 这部著作经常被简称为《意大利艺术家列传》《名人传》《艺苑名人传》《大艺术家传》等。

② 哈伊：《意大利文艺复兴的历史背景》，李玉成译，第 256 页，生活·读书·新知三联书店，1988。

这个词,即:科学含义、逻辑含义、字面含义。就科学含义讲,复兴属于历史范畴,即这样一种现象:新文化将以前的文化或文化时期之一视为自身的典范;掌握其遗产,接受其原则、方针和类型特点。在通常的逻辑含义上,复兴即是新生、再生、再现或复活,而有鉴于遭到的失败、危机或灾难,复活是必不可免的。第三种含义是字面上的,它用做兴旺、生机盎然和蓬勃发展的同义语。① 14—16 世纪的文艺复兴似乎兼有这几方面的含义,从任何单一的方面来理解都是片面的。在形式上,它表现为古典文化的复兴,"没有古典文化的复兴,虽然现象的本质可能没有什么不同,可是它们都是伴随着和通过这种复兴才向我们实际表现出来的"②。在基本精神上,它表现为人文主义,提倡以人为中心,以"人性""人道""人权"反对教会主张的"神性""神道""神权",它坚持这样的信念:"在命运面前,人不是束手无策的,他们有着创造性的能力,一旦释放出来,就可以掌握局面。"③在内容上,表现为文学、艺术、宗教、哲学、科学、政治等各个领域的巨大成就。正如恩格斯所说:"这是人类以往从来没有经历过的一次最伟大的、进步的变革,是一个需要巨人而且产生了巨人——在思维能力、激情和性格方面,在多才多艺和学识渊博方面的巨人的时代。"④这一时代所具有的进步意义是毋庸置疑的,这些进步包括:非宗教的人文主义兴起,提出了重视语法修辞和道德哲学的教育观点,与中世纪形而上学的经院哲学针锋相对;发展了的历史观念和对古籍的发掘与考证,为"新学问"打下了基础;印刷术的发明带来了文化的广泛传播和思维方式的改变;新大陆的发现和哥白尼的革命,在宇宙和地理两方面打破了传统的空间概念;新教改革运动使中世纪基督教遭受沉重的打击,统一的基督教会不复存在,理性精神和个人的自由得到了更多强调。

---

① 参见霍鲁日《20 世纪斯拉夫主义思想的变化》,载《哲学译丛》1996 年第 1—2 期,第 23 页。
② 布克哈特:《意大利文艺复兴时期的文化》,何新译,第 175 页,商务印书馆,2002。
③ 布洛克:《西方人文主义传统》,董乐山译,第 280 页,北京三联书店,1997。
④《马克思恩格斯选集》第 4 卷,第 261—262 页,人民出版社,1995。

第一节 文艺复兴的基本精神或何为人文主义

自布克哈特的《意大利文艺复兴时期的文化》发表后,在相当长的一段时间里和在相当多的人的心目中,人文主义即使不是文艺复兴的同义语,也至少是它的标签或主要特征。但是,这种观念在 20 世纪受到了巨大挑战,一些专攻这一时期的史学家极力否认文艺复兴与人文主义的同一性,在这些人看来,一方面,"人文主义"一词无法涵盖从 1350 到 1600 年发生在欧洲的诸多事件,如宗教改革、反宗教改革和宗教战争等等;另一方面,人文主义也不是文艺复兴时期独有的现象,它也同样存在于启蒙运动时期,存在于 19 世纪和 20 世纪。但是,直到现在,似乎还找不到一个词比人文主义更能代表文艺复兴的基本精神。人文主义固然不能与文艺复兴画等号,但它至少是"文艺复兴的第一个面貌"①。问题在于:什么是人文主义?

一 人文学科、人文主义者、人文主义

什么是人文主义? 这的确是个问题。作为一场历时甚久、影响广泛的运动,人文主义没有统一性,也不是一成不变的,如果说今天关于人文主义有什么共识的话,也许这就是共识。阿伦·布洛克说,人文主义是"一种宽泛的倾向,一个思想和信仰的维度,一场持续不断的辩论。在这场辩论中,任何时候都会有非常不同的、有时是互相对立的观点出现,它们不是由一个统一的结构维系在一起的,而是由某些共同的假设和对于某些具有代表性的,因时而异的问题的共同关心所维系在一起的"②。《蒙田》一书的作者伯克(Peter Burke)说:"有些人文主义者仰慕恺撒大帝,有的则赞美刺杀恺撒的布鲁特斯。"有些人认为"入世有为的生活比

① 科普尔斯顿:《西洋哲学史》(三),陈俊辉译,第 330 页,黎明文化事业公司,1988。
② 布洛克:《西方人文主义传统》,董乐山译,"绪论"第 3 页,三联书店,1997。

出世静观的生活更高一筹……而有些可能意见正好相反";"有些人致力于修辞学,有些则钻研哲学,这两派之间有许多冲突。有些人文主义者师法柏拉图,有些服膺亚里士多德(虽然和学院学者不同,他们是用希腊文研读其作品),其他则推崇斯多葛学派者……"[①]克利斯特勒(Paul Oskar Kristeller,1905—1999)说:"如果我们比较一下不同的人文主义者所做的工作,就会得出这样的结论:他们的观点和思想是非常不一样的,而他们的共同特征则表现在一种在教育、学问和文体方面的理想上,表现在他们研究的问题和兴趣范围上,而不是表现在他们忠于任何一套特定的哲学或神学的观点上。"[②]

看来,要搞清楚人文主义的真实含义,有必要做点正本清源的工作。"人文主义"虽然被经常用来指称文艺复兴的基本精神,但是这个词并不出现于文艺复兴时期。直到 19 世纪初,才由一个德国教育家在一次关于古代经典在中等教育中的地位的辩论中,杜撰了 humanismus 一词,而把这个词用于文艺复兴则是 1859 年的事了。[③] 但是,"人文主义者"(humanista,即英文的 humanist)这个词却可追溯到 15 世纪后期,它是学生们用来称呼教他们古典语言和文学的教师的,而这些教师所教的科目在文艺复兴时代的名称是 studia humanitatis,英文译为 the humanities,就是人文学科。studia humanitatis 这个词早于 humanista,后者来自前者。在古罗马作家如西塞罗和格利乌斯的著作中就出现过"人文学科"这个词,文艺复兴时期的学者正是从他们那里把这个词继承过来,但是与代表一种高等普通教育的古代用法不同,人文学科在文艺复兴时期具有了比较确切的含义,它包括五个科目:语法、修辞、诗歌、历史和道德哲学。而人文主义者就是从事这些学科的教师和学生,或者说是这些学科的职业代表。许多人文主义者的兴趣虽然不拘泥于这些学

---

① 彼得·伯克:《蒙田》,林启藩译,第 8 页,联经出版事业公司,1983。
② 克利斯特勒:《意大利文艺复兴时期八个哲学家》,姚鹏、陶建平译,第 4 页,上海译文出版社,1987(以下所引此书均为此版本)。
③ 布洛克:《西方人文主义传统》,董乐山译,第 5 页,生活·读书·新知三联书店,1997。

科,但是"人文主义者的专门领域是一个有明确规定的、有限的研究领域,它包括某种学科群,而排除别的学科群"①。任何学习这些科目的人都要阅读和翻译重要的拉丁文著作和少量的希腊文著作,这是在整个16世纪和以后的时期里对"人文主义"学科的总的理解。按照克利斯特勒的研究,这五门学科在当时都有其特定的含义。语法既包括语言的形式规则,也包括作为学习所有其他学科而必须掌握的首要工具——拉丁文的语法基础。而研究诗歌的目的之一是教会学生阅读和理解古典拉丁文诗歌,之二是学会写拉丁文诗歌。修辞学(演讲术)几乎与诗歌具有同样的重要性,它主要是对古代拉丁文散文的研究、学习和模仿,书信和演讲是它的两个主要分支,与诗歌相比,具有很强的应用性。对历史的研究也主要出于两个目的,一是为演讲积累素材,二是模仿,以便为王侯树碑立传。

人文学科的第五个领域是道德哲学。道德哲学在各人文学科中占据着最重要的位置,其他各科都服务于美德的增进。但是,道德哲学并非人文主义的同义语。如前所述,文艺复兴和人文主义并非同一事物的两种名称,它们有重合的地方,但更有各自的地盘。就哲学与人文主义的关系来说也有类似之处。许多人文主义的作品与哲学根本不搭界,而许多哲学著作又与人文主义完全不沾边。作为哲学家的人文主义者或者说作为人文主义者的哲学家,其数量可以说是非常有限的。人文主义不是一个哲学运动,文艺复兴时期的哲学也并不全都表现于人文主义当中。人文主义者的大部分著作不是哲学的,而是文学的。许多著名的人文主义者在哲学上没有做出过什么重要的贡献,而在哲学上做出了贡献的思想家们却并不能简单地被贴上人文主义者的标签。

由此可见,照现在的观点来看,人文学科大致有这样一些特点:一是基础性。为了能够"摆脱"中世纪,回到古典,就必须有能力阅读古典,阐释古典,或者以古典的方式进行创作,这样,古典语言(拉丁语、希腊语)

---

① 克利斯特勒:《意大利文艺复兴时期八个哲学家》,第183页。

就成了必备的修养,训诂就成了必备的功夫,没有这种修养和功夫,就只能生活在中世纪的阴影下,就不会发掘新的材料,就不会找到新的支撑,就不会有新的气象和新的局面。二是精神性。人文主义者虽然也要靠他们的一技之长谋生,但这些人文学科基本上都不是应用性的,它们无法直接创造财富。但是它们标志着一个人的修养,一个人是否有古典文献的训练,是否有诗歌或演说方面的才能,是否关心历史或道德问题,成为一个人在精神上是否高贵的一把标尺。但是要指出的是,现在看来这些非应用性的、超功利的学科,如果与中世纪的经院哲学相比,则又具有了相当的现实性,它们在与人们日常生活的相关性上已经迈出了重要一步,因此,文艺复兴时期的人文主义也被称做世俗主义。今天,当我们讨论人文精神时,实际上与当时的语境已经有了巨大的差别,作为一种社会思潮或思想运动的人文主义在文艺复兴时期无疑是号召人回归现实,关注真实的生活,关注人的感性世界;而今天对人文精神的讨论实际上带有相反的旨趣,那就是人不能太关注自己,人不能沉溺于感性的世界,人应当有一点出世的情怀,应当葆有一点神性。如果说在文艺复兴时期人文主义的矛头是指向过分的"神性",是要把人拉回到地面,拉回到现实的世界中来;那么,今天的人文精神要反对的则是人的过分"堕落",是要把人提升到人的高度,并重新建立与上帝的某种关系。它们有一点是相同的,这就是都要力图恢复人的本来面目,使人成为人,既不要把人神化,也不要把人魔化,让人成为人就是对人的最大拯救。人面对着两个世界,一个是神性的世界,一个是世俗的世界,他不能完全投入任何一个,又不能完全脱离任何一个,他必须在两者之间保持适当的张力,既要"躲避崇高",又要抗拒"堕落"。

二 人文主义和人

所谓的人文主义,的确与人相关。"重视道德问题和人的问题,尤其重视人的尊严和人在宇宙中的地位,似乎与人文主义者的中心信念是密切相关的。"①但是,这种对人的关注本身并不构成为一门人的科学或人的哲学或人学,它存在于人文学科的各个分支中,特别是道德哲学中。人文主义就是人文学科的精神,而人文学科,按照布鲁尼(Leonardo Bruni, 1370—1444)的定义:它是使人成为一个完整的人的手段。人文主义实际上就是在上述人文学科的兴起和发展中孕育出来的一种新的精神或者气象。它不是任何意义上的一种运动,也不是一种哲学思潮,它只是一种区别于教会神学的世俗文化。如果说人文主义作为一种主义包含着什么明确的主张,那么,这种主张也一定是十分宽泛的,因为人文主义的学科基础是宽泛的。从"人文主义"这个词的字面意义看,它似乎表明了对人的尊严和价值的肯定,对人的无限能力的一种信仰。但从历史上来说,这只是人文主义的间接的或引申的含义。人文学科的开设和教授激活了人们的思想,把人们从中世纪经院哲学的沉闷气氛中解放出来,把人们从对神的关注重新拉回到对世俗生活、对人自身的关注,客观上加深了人对自身的认识,肯定了作为个体的人的价值。

　　最早开始强调重视人的人文主义者是人文主义的第一个伟大代表,经常被称为"人文主义之父"的彼特拉克(Franceso Petrarch, 1304—1374,一译佩脱拉克),在其拉丁文著作《秘密》中,他大声疾呼:"我不想变成上帝,或者居住在永恒中,或者把天地抱在怀抱里,属于人的那种光荣对我就够了,这是我所祈求的一切,我自己是凡人,我只求凡人的幸福。"他坚决主张人以及人的问题应该是思想和哲学的主要对象和关心点。彼特拉克之所以重视道德哲学,之所以批判亚里士多德主义的经院科学,正是因为他的对手们提出的问题是毫无用处的,而真正重要的问题却被他们忽视了,在彼特拉克看来,这个问题就是灵魂问题。他说:"我恨自己,因为我仍然赞赏尘世之物,我早该从非基督教哲学家(即塞涅卡)那里了解到,除了灵魂以外没有任何东西值得赞赏,对伟大的灵魂来说,没有任何东西是伟大的。"彼特拉克并不认为人以外的那些事物是

---

① 克利斯特勒:《意大利文艺复兴时期八个哲学家》,第 29 页。

虚构的,他只是要表明,如果只去了解动物的习性,而忽略了人的本性和人生的目的、意义,那么这种"获得了整个世界而失掉自我"的知识对人是没什么教益的,他要像苏格拉底那样把哲学重新从天上拉回人间,拉到人自身。彼特拉克之后,这个传统实际上就牢牢地确立起来了,这也就确立了人文主义最基本的原则。这个原则在后来的人文主义者那里不断得到确认和证明。费奇诺(Marsilio Ficino,1433—1499)的宇宙论图式(等级体系)把人的灵魂置于中心位置,从而试图为他关于人的尊严的学说提供形而上学的根据。而皮科(Giovanni Pico,1463—1494)在他的那篇著名的《关于人的尊严的演讲》(*Oratio de Hominis Dignitate*)中发挥了关于人的尊严的思想,与费奇诺不同的是,皮科不是在宇宙等级体系中给人确定一个特殊的地位,而是要使人脱离这个等级体系,在他看来,人按照自己的选择,可以占据从最低到最高的任何生活的等级。皮科的不同凡响之处在于它不仅强调了人的尊严,而且把这种尊严与人的自由联系起来,这使他的思想成为从古代哲学走向近代哲学的桥梁和通道。

对人的讴歌和对人的问题的重视并不局限于哲学家,它几乎成了当时整个社会的一种思潮和风尚。意大利文艺复兴的先驱但丁这样说:"人的高贵,就其许许多多的成果而言,超过了天使的高贵。"莎士比亚在其名著《哈姆雷特》中对于人作为"宇宙的精华,万物的灵长"的热情赞美更是尽人皆知。皮科甚至号召人文主义者在罗马城召开一次"关于人的尊严的大会",声讨教会的神学统治。所有这些都表明,文艺复兴时期虽然不存在一门严格意义上的关于人的科学,但是所有的人文学科却都浸透着人的精神,所有的人文学科的学习和传授,无论就其过程还是就其结果而言,都有力地促进了人的自我意识的觉醒,在这个意义上,可以说所有的人文学科又都是关于人的尊严和自由的学科。

如前所说,人文主义者重视人的精神生活,重视提高人的道德修养和确立人的绝对尊严,但这并不意味着他们摒弃感性世界和世俗生活。恰恰相反,他们十分重视现实生活,十分追求尘世的享乐。禁欲主义受到了强烈的挑战,享乐不再被认为是不道德了,正如莫尔(Thomas More)所言,享受尘世生活的幸福是人生最大的本色,人的一切行为,应该以快乐及幸福为最终目的。爱拉斯谟(Desiderius Erasmus,1465—1536)说:"如果没有欢乐,也就是说没有疯狂的调剂,生活中哪刻哪时不是悲哀的、烦闷的、不愉快的、无聊的、不可忍受的?"[①]意大利文艺复兴的著名研究者丹尼斯·哈伊这样写道:"15世纪初,佛罗伦萨的人文主义思潮总的倾向是为了适应尘世的生活。人们隐讳地有时也是公开地抛弃与超物质的宗教结合在一起的禁欲主义原则。那些多少世纪以来一直宣扬天主教苦行主义的修士和神父,现在也开始追随不同样板的圣徒。尘世间取得的成就和知识,以及尘世的道德是同禁欲主义的生活相矛盾的。"[②]

不过,人文主义者的这种幸福观或人生观不应当被理解为不顾一切地去追求肉体的快乐。虽然爱拉斯谟曾以赞赏的口吻引用古希腊诗人索福克勒斯(Sophocles)的话"最愉快的生活就是毫无节制的生活",但这只是一种夸张的说法,是对中世纪教会极度压抑人的情感、欲望、自由的一种反抗和反叛,他们并没有把精神快乐和幸福对立起来,也没有把理性从他们的道德世界驱逐出去。莫尔借乌托邦人之口说:并非一切快乐都配称做幸福,只有真正高尚的快乐才构成幸福。人们在应该追求什么和应该避免什么的问题上听从理性的吩咐。但什么是理性的呢? 莫尔认为,理性的就是人性的,理性的就是自然的,屈从于禁欲主义的清规戒律恰恰违背了理性,因为它放弃了自然界对人的恩赐,这既是对自然的不敬,也是对自己的损害。

三 人文主义和宗教神学

文艺复兴是个新的时期,它有别于中世纪;而人文主义是文艺复兴

---

① 《从文艺复兴时期到十九世纪文学家及艺术家有关人道主义人性论言论选集》,第29页,商务印书馆。
② 哈伊:《意大利文艺复兴的历史背景》,李玉成译,第133页,生活·读书·新知三联书店,1988。

时期的新世界观,它有别于旧世界观,旧世界观主要是宗教的、神学的,而新世界观则主要是世俗的、人的。人文学科之被命名为人文学科,人文主义者之被称呼为人文主义者,实际上已经昭示了时代精神、社会风尚的根本变革:人而不是神成了那个时代的主题。正如有的学者所指出的那样:"'人文学科'这个名称的出现,不仅指学术方向的改变,实际上意味着一种新的世界观代替了旧的、宗教神学的世界观。"①

人文主义首先而且主要是针对以当时的天主教会的经院哲学为代表的宗教神学,这种说法大抵是不错的。但是把人文主义与宗教根本对立起来,认为二者水火不容则是违背历史事实的。克利斯特勒指出:"人文主义者并不站在自己的立场上来反对宗教和神学;毋宁说,它创造了大量的与神学和宗教共存的世俗学问、文学和思想。"②这个评价是中肯的,人文主义既非必然是宗教的,也非必然是反宗教的,二者更像是一种平行的关系。人文主义者所做的工作实际上是"对古典著作和基督教进行调和,也就是要在上帝的身旁安排另一尊神——古典著作的位置"③。人文主义者对古典文化怀有浓厚的兴趣,但这并不是以牺牲宗教或放弃宗教信仰作为代价的。相反,在一些人文主义者如彼特拉克那里,宗教信仰和宗教虔诚占据着核心地位。他说:"我的心灵的最深处是与基督在一起的。"④"为了真正地进行哲学探讨,我们首先必须热爱和崇拜基督。"⑤在他看来,做一个真正的哲学家就是做一个真正的基督徒。彼特拉克的例子清楚地表明,做一个基督教人文主义者是可能的,一个人文主义者是能够在不丧失其基督教信仰的前提下来反对经院哲学的,是能

---

① 朱龙华:《意大利文艺复兴》,第 27 页,商务印书馆,1964。原文为"人文学",此处为了前后译名的统一,修改为"人文学科"。

② 克利斯特勒:《意大利文艺复兴时期八个哲学家》,第 193 页。

③ 张椿年:《从信仰到理性——意大利人文主义研究》,第 61 页,台湾新北,淑馨出版社,1994。

④ 彼特拉克:《论他自己和许多其他人的无知》,转引自克利斯特勒《意大利文艺复兴时期八个哲学家》,第 12 页。

⑤ 彼特拉克:《关于上帝琐事的信札》(*Epistolae Rerum Familiarium*),转引自克利斯特勒《意大利文艺复兴时期八个哲学家》,第 12 页。

够把自己的古典学识和宗教信仰调和起来的。这样,所谓的"文艺复兴人文主义是异教的或者反基督教的"说法就站不住脚了。我们这里还应提到的是另一个著名的人文主义者瓦拉(Lorenzo Valla,1407—1457)。瓦拉因为其《论自由意志》(De Libero Arbitrio)这篇著名的对话而成为一个引人注目的哲学家。但是即使在这部著作中,瓦拉也还是使哲学服从信仰。他指出,宗教和神学不应该依靠哲学的支持;神学家不应该把哲学当做神学的姐妹甚至当做神学的庇护者。他不是以一种新的、更好的哲学的名义,而是以宗教和信仰的名义反对经院哲学。一方面,瓦拉比中世纪经院哲学家们似乎更彻底,强调宗教无需哲学(理性)的证明,另一方面,瓦拉又给了理性以中世纪不曾有过的地位,《论自由意志》被誉为理性思想的纪念碑。但是,瓦拉真正要做的是要把宗教和哲学分开:它们互不依附,但也不互相排斥,双方各行其道。在今天的许多人看来,这似乎不够彻底,但是这已足以把人文主义和中世纪经院哲学区分开来。从理性对宗教的依附到理性的自足发展所迈出的并不是一小步。人文主义者并不一般地反对宗教,并不意味着中世纪和文艺复兴之间没有清楚的界限,也不意味着"宗教的重要性依然是第一位的"。

四 人文主义和中世纪

与上述问题相关的一个问题是人文主义乃至一般意义上的文艺复兴与中世纪的关系。文艺复兴是历史发展的断裂吗?或者换个角度说,中世纪是历史发展的断裂吗?这个问题是有意义的,它既涉及对中世纪的理解,又涉及对文艺复兴的理解。今天,把中世纪当做黑暗时代的看法已经受到强烈挑战,中世纪不再被看做对古希腊哲学的背叛,仿佛历史的列车在这里误入歧途,进入一片沼泽地。中世纪并非与古希腊毫无关联,它正是从古希腊那里接受了思维的基本原则和技术;文艺复兴也并非要从人们的记忆中抹去中世纪,似乎它是人类历史不堪回首的一页。甚至在20世纪上半叶,俄国的宗教哲学家舍斯托夫(Лев Шестов)就曾明确地指出:"没有从自然理性所达到的自明真理出发的希腊哲学,就没有中世纪哲学；没有接受了和包含着圣经启示的中世纪哲学，就没有近代哲学和现代哲学。"①

强调人文主义的中世纪前提很容易被误解为抹煞文艺复兴所带来的根本变革及意义。但是否认了中世纪的因素，文艺复兴就既不可能出现也无法理解。我们承认文艺复兴的中世纪前提并不意味着传统上与文艺复兴密切联系的每个方面同样可以在中世纪找到，或者文艺复兴的每一件有价值的事情基本上都是中世纪的。文艺复兴是一个新世纪，它在许多领域的创造性成就完全越出了中世纪的范畴，它与中世纪有连续性，但这是一种处于转变中的连续性；它与中世纪有断裂，但这不是一种突然的断裂。无论如何，从中世纪的经院哲学是无法直接产生出人文主义的，后者不是前者的必然结果。但在中世纪可以找到三个对人文主义有所贡献的传统，这就是中世纪意大利的口授与宣讲技术；对语法、诗歌和古罗马作家的研究；对古典希腊语言、文学和哲学的研究。口授技术在中世纪的教育和学术中占有重要地位，这项技术主要和写信这个实际目的相关。最初主要是为了训练教会和宫廷里的秘书学会起草公函和商务信件，后来也发展到私人通信中，并逐渐产生了对措辞和文体标准的关注。宣讲技术是在 13 世纪发展起来的，它把口授的范围扩大了，因而也更加重要。研究这项技术的目的是要借助于规则和范本来撰写公共演讲。人文主义者在他们工作的某些重要方面继承了中世纪的口授传统。第二个前提是有关古典拉丁文学研究的。但是这个领域的研究一直是北方学校(特别是法国)自加洛林王朝以来的强项，直到 13 世纪，它才在意大利兴盛。从那时起，古典手稿和注释以及模仿之作在意大利大量出现，与日俱增。并且，诗歌和罗马古典作品的教授也被纳入意大利大学的课程。最后一个因素是希腊文的研究。希腊文对于重在发现和复活古典传统的文艺复兴来说，重要性是不言而喻的，人文主义者在这个领域的研究构成了他们贡献的一个重要部分。但是，这个贡献在一

① 舍斯托夫：《雅典和耶路撒冷》，徐凤林译，第 185 页，浙江人民出版社，2000。

定程度上要归功于拜占庭的中世纪。在整个中世纪,希腊东部都或多或少保持着希腊古典学术的传统,那里的人们一直讲授、阅读古典希腊文,并用古典希腊文写作。

由此可以看出,在某种意义上,中世纪是文艺复兴总的准备和基础。但是,文艺复兴的这个前提是在经院哲学和神学的传统中找不到的。文艺复兴之所以为新世纪,并不在于它与中世纪毫无共同之处,而是说中世纪的中心问题在文艺复兴时已经淡出中心,文艺复兴的中心问题恰恰与中世纪的边缘画面相关。曾经中心的成了边缘的,曾经边缘的成了中心的。文艺复兴的革命意义正在于完成了这种途径转换,这也就意味着开辟了一条新的道路。

五 人文主义与古典文化

梁启超在为蒋方震著的《欧洲文艺复兴史》写的序言中指出:"文艺复兴者,由复古而得解放也。"①这个概括是相当精辟的,它不仅指明了文艺复兴的两个鲜明特征:复活古典文化和解放人性,而且指出了二者的相关性。诚然,文艺复兴或者人文主义的全部特点不是用一两句话所能阐明的,但是,通过复活和接续古典文化来表达、展示和寄托人文主义者的追求的确是文艺复兴的一个显著特点。布克哈特正确地指出,没有古典文化的复兴,欧洲各民族文化的兴起和臻于成熟或许也是可能的,而那个时期出现的各种思想倾向也不是不可以想象的,但是这一时期的诸多成就正是伴随和通过这种复兴才向我们实际表现出来的。② 这样说并不意味着中世纪不了解古典文化,而是说中世纪"不能从当时真实的历史环境出发来理解这些作品。虽然维吉尔或亚里士多德在中世纪已为人熟知,但人文主义才算是真正地发现了古代人,人文主义把维吉尔送

---

① 蒋方震:《欧洲文艺复兴史》"导言",第1页,商务印书馆,1921。
② 参见布克哈特《意大利文艺复兴时期的文化》,何新译,第175页,商务印书馆,2002。

回到他的时代,使他置身于他所处的世界中"①。"正是在对待过去的文化,对待历史的问题上所持的态度,明确地确定了人文主义的本质。这种态度的特征并不在于对古代文化的特殊赞赏或喜爱,也不在于更多地了解古代文化,而是在于具有一种明确的历史观。"②按照加林(Eugenio Garin)的看法,所谓发现古代世界,实际上就是重新估量自身同古代世界之间的距离,而这样做的前提是先把自己与古代世界区分开来。这样做的意义在于把历史还给历史,按历史的本来面目认识历史,而不是按照后人的眼光来剪裁历史、曲解历史。这其实并不是一个简单的工作,按照克罗齐(Benedetto Croce,1866—1952)的观点,一切历史都是当代史,我们不可能摆脱当下的情境而"进入历史",我们总是带着有色眼镜来看待历史,历史之所以对我们是有意义的,历史之所以是我们的历史,不仅在于我们能从历史中抽身出来,也在于我们总是身不由己地以这种或那种方式掉进历史,正像历史会进入我们当下的生活一样,我们当下的生活也会进入历史。当下一面要拼命摆脱历史,一面又无可挽救地与历史纠缠在一起。

历史常常被等同为传统,而传统又常常被等同为一种牵制人的惰性力量,每当历朝历代的统治者需要维护和加强他们的统治时,无一不是借尸还魂,希望从已逝的久远的过去寻找他们合法性的根据。但历史也是一种解放的力量,正如马克思所说,让古人复活,是为了赞美新的斗争。文艺复兴时期的人文主义者就不顾一切地投身到历史、投身到古代中。历史之所以具有这种神奇的功效,不在于历史的正确,而在于历史的模糊性,历史的模糊性给了后人解释的空间,每个人都以自己的解释来排斥他人的解释,以为自己的解释才是唯一正确的解释。历史越是久远,解释的空间越大,也就越有力量。对于文艺复兴的人文主义者来说,古希腊、罗马世界的确是一个宝藏,这个巨大的宝藏让他们轻易地就摆脱了中世纪的纠缠,从这个刚刚过去的历史中抽身出来。"人们从古代

①② 加林:《意大利人文主义》,李玉成译,第14页,生活·读书·新知三联书店,1998。

发现的是一个世俗的文明世界,那里没有教会,没有手握神权与政权这两把剑的教士统治阶级;它的宗教没有规定武断的信条,要所有的人照此思考一切天上的、人间的事。人们从诗歌和艺术中看到的希腊宗教,是自由和美的宗教。在诗人和哲学家笔下所表现的,是一种高尚的、美的精神,它与最好的基督教教义相比,也毫不逊色。"①

　　对古典文化的热衷,在当时最负盛名的人文主义者彼特拉克那里表现得非常明显:"彼特拉克一生中都是古代拉丁文作者热心而勤奋的读者:他抄写、搜集和注释他们的著作,并试图订正他们的原文,设法吸收和采用他们的文体和观点。当他遇到西塞罗给维罗纳的阿提康斯(Atticus of Verrona)的信时,他重新发现这些在过去许多世纪几乎无人知晓的古典原著,这样就推动了一系列类似的再发现。……阅读古代拉丁文作品,参观罗马古迹,使彼特拉克像其他许多意大利人文主义者一样也激起了对罗马共和国和罗马帝国伟大政治的怀念……"②这种对古典文化的学习、恢复和整理,是人文主义运动最显著的表现之一,也是整个新时代被冠以"文艺复兴"的最主要的原因。但是学习古典文化,首先遇到的是语文问题,尤其是希腊语的问题,因为古代哲学主要来源于古希腊人而不是古罗马人。在这方面,人文主义者成了拜占庭学者的传人,他们把希腊的手稿从东方带到西方的图书馆,并且对希腊古典原著进行了抄写、印刷和解释,在研究方法上,他们借鉴了语法上的和历史学上的方法。这样,希腊的学术成就就逐渐广为人知。但是,最早的人文主义者薄伽丘和彼特拉克对希腊文的学习并不成功,他们对希腊文的掌握只能用一知半解来形容。尽管如此,他们对希腊著作的热情却没有稍减,"彼特拉克拥有并以有如宗教的虔诚态度小心地保存着一部自己不能读的希腊文荷马诗集"③。到 14 世纪末,"萨留塔蒂(Salutati)在几个佛罗伦萨大商人的帮助下,请来了一位造诣很深的希腊学者赫雷索罗那

① 穆尔:《基督教简史》,郭舜平等译,第 209—210 页,商务印书馆,2000。
② 克利斯特勒:《意大利文艺复兴时期八个哲学家》,第 8 页。
③ 布克哈特:《意大利文艺复兴时期的文化》,何新译,第 183 页,商务印书馆,2002。

（约1350—1415）。他在佛罗伦萨开了为期四年的希腊文讲座,掀起了一个学习希腊文的高潮"①。希腊语乃至翻译工作的重要性在爱拉斯谟致威尼斯的印刷商阿尔杜斯·曼努提乌的一封信中可见一斑:"就名望而言,毫无疑问,阿尔杜斯·曼努提乌这个名字将会在文学后辈之中被口耳相传。在他们记忆中的你和你现在一样,不仅被钦佩,而且被热爱;因为你怀着极大的热情投身于优秀作品的复原与出版工作。……你致力于一种高贵的事业,比起你自己,这事业对别人更有利。我被告知,你正在编辑希腊语的柏拉图文集,而学术界正以极大的兴趣期待着这本书。"②对此,布克哈特有一段公正的评价:"如果不是由于那个时代的几个收集家不遗余力、不怕困难地来从事搜求的热情,我们一定只能拥有我们手中现在所有的文学作品的一小部分,特别是希腊人的文学作品。"③

古典文化的复兴弥漫于整个欧洲,但是这种复兴的程度以意大利为最。"在欧洲的其他地方,人们有意识地和经过考虑地来借鉴古典文化的某种成分,而在意大利则无论有学问的人或是一般人民,他们的感情都自然而然地投向了整个古典文化那一方面去,他们认为这是伟大的过去的象征。"④重返古代世界,重温希腊和罗马文化,成了他们生活的目的和理想,只有在那里,他们才能找到他们精神生活的源泉和基础,他们才能发现反抗中世纪的手段和力量。

总之,人文主义者通过对古典文献的多年孜孜不倦的搜罗和研究,使得这类文献在当时大量增加。与此同时,人文主义者对拉丁语、希腊语,在一定程度上还有希伯来语进行了广泛的研究和探讨,把古典拉丁语与中世纪拉丁语区分开来成了当时人文主义者的一项重要工作,爱拉斯谟等人"恢复了西塞罗和罗马文学'黄金时代'的其他代表人物的古典

---

① 朱龙华:《意大利文艺复兴》,第56页,商务印书馆,1964。
②《文艺复兴书信集》,李瑜译,第2页,学林出版社,2002。
③ 布克哈特:《意大利文艺复兴时期的文化》,何新译,第183页,商务印书馆,2002。
④ 同上书,第168页。

拉丁语,他们只用拉丁文进行写作,这也是反对经院学术的一种斗争形式,因为经院学术的著作是用笨拙的、难懂的中世纪拉丁文写的"①。被誉为"最后一位能够被毫无保留地归为人文主义者"的瓦拉在其声名卓著的《拉丁语是优雅的语言》(*Elegantiae Linguae Latinae*,1444)中宣称,他的目的是要恢复拉丁语被野蛮人破坏之前所特有的光荣和纯洁性,这部著作确定了古罗马拉丁语在语法、措辞和文体等许多方面的正确使用法,许多个世纪以来,它一直被作为拉丁语文体学的教科书。

强调文艺复兴对古典文化的重视,并非说中世纪切断了与过去的联系。相反,正如布鲁克尔所言:"这种对古典文化的兴趣和对其文学遗产的熟悉,并不是一种全新的现象;它有一段很长而未曾间断的历史,一直可追溯到古典时代。中世纪的欧洲从未丧失其对古代罗马的向往,它也从未完全放弃对罗马文学的学习研究。好多准备从事教会职务的学生,在中世纪的文法学校中都是通过学习李维和贺拉斯的文章而读懂拉丁文的。"②如果我们承认中世纪不是一片废墟,那么我们也应该承认它的古代前提,承认中世纪的成就与古代世界的相关性。中世纪不仅从古罗马继承了拉丁语、拉丁文学,而且继承了许多古老的城镇,"罗马、比萨、热那亚、里昂、马赛、科隆、伦敦无一不是罗马人的遗产"③。"经院学者不仅逐渐地从罗马的作家那里吸收了大量的材料,而且也吸收了古代的风格,从爱因哈德那个时期以来就看到了有意识的模仿痕迹"④。此外,伴随着城市的兴起和商业活动的扩大,中世纪也继承了罗马法并对其进行了深入的研究。彼特拉克和其他人文主义者对罗马著作的崇尚是与中世纪的教育对拉丁语的语法的学习和一些古典作家作品的阅读作为学校教育的核心分不开的。在对待古典文化的问题上,中世纪和文艺复兴

---

① 索柯洛夫:《文艺复兴时期哲学概论》,汤侠生译,第9页,北京大学出版社,1983。
② 布鲁克尔:《文艺复兴时期的佛罗伦萨》,朱龙华译,第326页,生活·读书·新知三联书店,1986。
③ 张椿年:《从信仰到理性——意大利人文主义研究》,第10页,台湾新北,淑馨出版社,1994。
④ 布克哈特:《意大利文艺复兴时期的文化》,何新译,第167—168页,商务印书馆,2002。

的区别只在于复兴的规模和学习的态度,文艺复兴以中世纪不可能具有的广度、深度和热情复活了古典文化,把古典文学视为智慧的来源,在自己的诗歌和散文中采用古代文风,模仿古典作品的优雅和博学,成了文艺复兴人文主义者引以为荣的事。克里斯特勒的生动描述大概最能反映人文主义者对古代世界的感情:1341 年,当彼特拉克"在卡皮托利戴上诗人桂冠时,他认为古罗马的荣耀在自己身上得到了复活"①。这种对古代世界的陶醉和无限向往无疑是中世纪的知识分子所不具有的。

第二节　文艺复兴时期的哲学:哲学重新独立的尝试

在文艺复兴时期,要找到一个像柏拉图或者康德那样纯粹的或者专业的哲学家是困难的。文艺复兴时期究竟是否具有哲学上的重要性,这的确是一个经常容易引起争论的问题。科学史家萨尔顿(Sarton)把人文主义者称做是一些"狂妄的业余爱好者",认为"无论从科学上还是从哲学的观点上看,文艺复兴都是一个无可置疑的退步"。② 在他看来,中世纪的经院哲学虽然愚钝,却是诚实的,而标志文艺复兴时期特点的哲学,即佛罗伦萨的新柏拉图主义,从寻求现实价值的角度来看,则是一些思想非常空泛的浅薄混合物。哲学史家布鲁诺·纳尔迪(Bruno Nardi)更认为:"如果我们真的要探索近代哲学的起源,则必须双脚跳过人文主义时期。"③而文学史家比拉诺维奇则说:"在一片思想的混乱中,专业的哲学研究缺乏哲学和修辞学上的尖锐性。"④这些过分偏激的批评倾向于把文艺复兴式的哲学说得一钱不值,并不符合历史事实。问题在于如何理解哲学。的确,如果我们完全按照一些现代思想学派来解释哲学的内容和任务,那么本来会构成哲学史重要组成部分的过去思想的广大领域不

---

① 克利斯特勒:《意大利文艺复兴时期八个哲学家》,第 8 页。
② 加林:《意大利人文主义》,李玉成译,第 2 页,生活·读书·新知三联书店,1998。
③ 转引自同上书,第 2 页。
④ 转引自同上书,第 2—3 页。

得不淡出哲学史。但是,如果我们并不认为只有柏拉图、亚里士多德、托马斯·阿奎那和笛卡尔的哲学才是哲学,那么可以说文艺复兴时期不仅有哲学(没有文艺复兴时期的哲学,我们就无法理解培根、笛卡尔与阿奎那、奥卡姆之间的联系和区分),而且这一哲学为理解这一时期的文学、艺术、宗教和科学提供了重要的借鉴和根据。文艺复兴时期固然没有产生出一流的哲学家,但它也并非哲学的废墟。文艺复兴时期的哲学是古代哲学向近代哲学转变必不可少的中间环节,可以说,没有文艺复兴,就没有近代哲学。那么,文艺复兴在哲学上的重要性究竟何在呢?

文艺复兴对后世哲学的贡献和影响当然是多方面的。从总体上看,这种影响可以概括为两类:一是对古典哲学的复兴,二是文艺复兴时期哲学家自己的哲学思想,特别是自然哲学的思想。

这里我们将只涉及古典哲学的复兴,其中又着重于柏拉图主义和亚里士多德主义以及关于灵魂问题的讨论。

一 柏拉图主义和亚里士多德主义

文艺复兴在很大程度上是一个承前启后的时代,在哲学上尤其如此,这一时期的哲学家比较完整地接受了古希腊、罗马世界的哲学遗产,同时又为近代哲学奠定了基础。哲学家们对古典文化的重新发现、翻译和整理为后来的哲学家提供了一个无限广阔的平台,使得他们不仅能够读到亚里士多德著作的译本和阿奎那的著作,而且能读到亚里士多德的原著以及柏拉图和其他希腊哲学家的原著或译本。与拉丁文的命运不同,在整个中世纪,希腊文教育在西方任何地方都没有延续和保存下来,懂希腊文的学者为数很少,西方的图书馆里几乎没有希腊文的书籍,而从 11 世纪到 14 世纪早期之间,从希腊文译成拉丁文的原著要么是关于神学的,要么局限于受阿拉伯人影响的希腊文化领域,即科学和伪科学、亚里士多德哲学和一些新柏拉图主义哲学。在文艺复兴时期,希腊文的教育被引入西方的大学和中学,逐渐地开始了对整个古希腊文献的传播、研究、翻译和解释。"那些从前已经知道的、主要是关于亚里士多德的哲学资料,被人们用新的文体和术语来重新翻译,人们获得了进入希腊原著的途径。此外,大批其他人的著作和作品第一次被译成拉丁文:柏拉图和新柏拉图主义者的大部分著作(这些著作在中世纪只有其中的很少一部分流入西方);亚里士多德著作的希腊注释者的书(这些书以前只能得到一个小小的选集);后期斯多葛主义的代表爱比克泰德(Epictetus)和马尔库·奥勒留(Marcus Aurelius)的著作;第欧根尼·拉尔修(Diogenes Laertius)的著作(他提供了古代所有学派特别是伊壁鸠鲁的资料);塞尔斯都·恩披里可(Sextus Empiricus)的著作(这些著作是关于怀疑论的主要资料,他的一些较短的文章在 13 世纪才翻译过来,没有引起多少重视);普鲁塔克(Plutarch)和琉善(Lucian)这样一些系统性较差的作家的著作(他们在文艺复兴时期及其以后,成为最受人喜爱的人);最后还包括属于奥甫斯(Orpheus)、毕达哥拉斯、赫米斯·特里斯梅季塔斯(Hermes Trismegistus)和琐罗亚斯德(Zoroaster)的不足为信的伪作(这些著作曾广为传播,是古代后期许多哲学和神学的观念的重要传播渠道)。此外,还有大量的希腊诗歌、演讲和史书,大量希腊科学和伪科学的著作以及早期基督教神学的著作(所有这些著作都含有哲学思想,并且在当时是第一次得到并且又可充分地加以吸收的完整的材料)。"[1]正是通过这种持久和艰苦的努力,才使得现代西方的学者不仅有可能熟悉希腊的科学著作或亚里士多德的著作,而且有可能熟悉其他的希腊哲学家、诗人、演说家和历史学家,甚至还熟悉大部分希腊早期基督教会领袖的文献。文艺复兴时期的学者们通过重新发现和理解古代拓宽了自己的视野,使得大量死的文献活起来,重新回到历史,成为当时和后来人们精神生活的一部分。与此同时,他们也很重视拉丁文的学术成就,可以说这些拉丁文学术成就与希腊文的典籍具有同样的重要性,但是拉丁文在中世纪并没有经历一个"断裂"的过程,对拉丁文语法的研究和对罗马古典作家的著作的阅读,是一个自古以来就保持完好的传统。

---

[1] 克利斯特勒:《文艺复兴时期八个哲学家》,第 28—29 页。

文艺复兴时期的人文主义者所做的只是设法改革拉丁文的书面用法,使其纯洁化,尽量接近古代的古典用法。此外,与中世纪相比,人们能够阅读和研究的古罗马原著也大大增加了。正是因为拉丁文作品的重要和流行,模仿像西塞罗这样的作家的作品也成为时尚。从某种意义上说,今天的人们都是文艺复兴的受益者,今天可能得到的所有古希腊原始文献在那时已基本为人知晓了。正是由于文艺复兴时期教师和学者们的努力,古典时期的著作和精神才在如此大的规模和深度上保存下来。

古典哲学的复兴在很大程度上动摇了亚里士多德的绝对权威。但亚里士多德并非被人们遗忘或丢弃在一边,而是失去了那种"一统天下"的地位,古代世界恢复了它的多样性,亚里士多德只是这多样性中的一样。柏拉图被发现了,西塞罗被发现了,塞涅卡被发现了,许多在中世纪不为人知的哲学家被发现了。彼特拉克就把柏拉图看做最伟大的哲学家,认为他比亚里士多德还要伟大,这种观念正确与否还在其次,重要的是它有力地冲击了中世纪的基督教神学,打破了经院哲学的禁区,使得古希腊世界真正敞开。因此,与其说彼特拉克相信柏拉图的某些观念,不如说是他要以新的权威取代旧的权威,柏拉图是哲学宗师,这成了彼特拉克的一个坚定的信念。亚里士多德不是前无古人后无来者的神圣权威,他的观点不是不可以挑战的,他的言论也不是检验真理的标准。批判亚里士多德本身并非彼特拉克的目的,他旨在向只求措辞过细的析理、细致的辨别和说些模棱两可的话的经院哲学发起冲击,因此,"彼特拉克的'柏拉图主义'是一个纲领,而不是一个学说"[1],学术的意义不如思想史、文化史的意义那样大。与其说他在柏拉图那里发现了什么新观点,不如说他确立了一个开端,为后来的发展指明了道路。对于亚里士多德,彼特拉克强调的是恢复其本来面目,认为中世纪对亚里士多的翻译和研究歪曲了亚里士多德,这样就指明了一种看待亚里士多德的新态度,后来的人们开始根据希腊文本并结合其他希腊哲学家进行研究,并

---

[1] 克利斯特勒:《意大利文艺复兴时期八个哲学家》,第11页。

且有了亚里士多德著作的新译本。正是在这个意义上,克利斯特勒说:"彼特拉克是文艺复兴时期亚里士多德理论的先知,正像他是文艺复兴时期柏拉图理论的先知一样。"①

在古典哲学复兴的浪潮中,柏拉图主义的复兴最为引人注目,其追随者也最多,在亚里士多德的权威受到动摇之后,柏拉图被确立为新的旗帜,事实上,人们正是通过复兴和抬高柏拉图来贬低亚里士多德的。"一些人文主义者在研究和复兴古代文化的过程中,热衷于柏拉图的文学和对话体的写作方法,特别羡慕和颂扬苏格拉底-柏拉图时代希腊的自由思想和自由讨论的学术气氛。他们于是抛开亚里士多德,到柏拉图的著作中寻找与经院哲学不同的思想和学问。"②拜占庭的哲学家和神学家柏列顿(George Gemistus Plethon)用希腊文写的《论柏拉图和亚里士多德的著作的区别》就力图证明:是柏拉图而非亚里士多德才应当成为教会的理论基础。柏列顿是一个柏拉图主义,或者准确地说是新柏拉图主义的坚定支持者,他的思想和活动对柏拉图学园的建立起了决定性的影响。柏拉图学园于1459年在佛罗伦萨诞生,科西莫·美迪奇和费奇诺(Marsilio Ficino,1433—1499)是这个学园的关键性人物,他们邀集了许多精通古希腊文学和哲学遗产的拜占庭学者和哲学家从事柏拉图主义的翻译、注释、研究和宣传工作。由于这个学园的活动,柏拉图主义的影响大大增强了,柏拉图的哲学被认为是人类精神的最高成果,它有助于更加纯净、更加完备地理解神圣的本源。回到柏拉图主义,成了这个学园响亮的口号。高扬柏拉图主义的另一个重要原因是更新基督教的需要,柏拉图学园力图将柏拉图的学说与基督教相结合,使得基督教在柏拉图哲学的基础上完善化。费奇诺有一部著作的标题就是《柏拉图的神学》,在这部著作中,他把灵魂不朽看做柏拉图主义的主旨,也看做自己学说的主旨,只有灵魂不朽,人才有可能分

---

① 克利斯特勒:《意大利文艺复兴时期八个哲学家》,第12页。
② 车铭洲:《西欧中世纪哲学概论》,第185页,天津人民出版社,1982。

享上帝的荣耀，才有可能直接洞见上帝，从而人的生命和人的一切努力才不是白费。在费奇诺看来，真正的宗教和真正的哲学从根本上说是一致的，前者是基督教，后者是柏拉图主义，柏拉图主义的任务就是证实和支持基督教的信仰和权威，而基督教的利益也只有靠复兴柏拉图主义才可能实现。

柏拉图学园的另一个重要人物是乔万尼·皮科，这位三十岁刚出头就去世的哲学家是 15 世纪的一位杰出的人文主义者，他在语言学方面有极高的造诣，不仅通晓希腊语和拉丁语，还懂得大多数欧洲语言和迦勒底语、阿拉伯语、古犹太语等东方语言。作为费奇诺的学生和朋友，皮科重视并熟悉柏拉图，但他并没有像费奇诺那样试图复兴柏拉图哲学或者让柏拉图哲学凌驾于其他哲学之上，他要做的只是调和柏拉图主义和亚里士多德主义，这位天才人物不仅熟悉中世纪的亚里士多德主义的传统，也熟悉犹太和阿拉伯思想的资料。与许多人文主义者不同，皮科对经院哲学基本上持一种同情态度，他在 1485 年同威尼斯的著名人文主义者莫劳·巴巴罗（Hermolai Barbari, 1454—1493）的通信中对中世纪哲学家进行了赞美和辩护，认为在这些哲学家的著作中有不少有价值的思想和内容，他并不认为他们是未开化的和野蛮的，他倾向于在人文主义和经院哲学之间持一种公正的态度，应该客观地评价中世纪哲学的贡献。皮科怀有这样一种深刻的信念："所有已知的哲学和神学学派及思想家都具有某种真实和可靠的洞见，这些洞见可以彼此调和起来，因而值得重新提出和辩护。"[1]在他看来，所有的思想家都为真理做出了一份贡献，我们应该做的是深入研究每一位思想家的思想而又不受其中任何一位的束缚；从所有理论中选取适合自己思想的东西并加以改造；每位能够称得上哲学家的人都有与众不同的贡献，但每位哲学家都不是全能的。皮科的调和论成为通向后来的宗教和哲学的宽容理论的台阶，他不仅广泛引用亚里士多德及其希腊语、拉丁语、阿拉伯语的追随者的材料，

---

[1] 克利斯特勒：《文艺复兴时期八个哲学家》，第 72 页。

还是第一个使用希伯来神秘哲学文献的基督教学者,他的努力使得希伯来神秘主义的传统受到了重视,从而使以口传为主要形式的希伯来神秘主义获得了一种与《圣经》并驾齐驱的权威。

在古典哲学的复兴运动中,与皮科同时代的彭波那齐(Pietro Pomponazzi,1462—1525)是另一个值得注意的人物。但是,他既与旨在复兴柏拉图主义的费奇诺不同,也与把柏拉图与亚里士多德等量齐观的皮科不同,彭波那齐是亚里士多德主义的直接产儿,并且他把我们又引向亚里士多德。作为亚里士多德主义的杰出代表,彭波那齐的出现证明了即便是在彼特拉克等人文主义的强大攻势下,亚里士多德主义也并未完全退出历史舞台。彭波那齐在其《论灵魂不死》(De Immortalitate Animae)一书中,反对柏拉图传统,并对阿拉伯注释家阿维罗伊对亚里士多德的解释提出了批评,认为其偏离了亚里士多德的真实思想,而他所要做的工作则是正本清源,回到亚里士多德。

不过,这几个哲学家对待柏拉图和亚里士多德的态度让我们思考这样一个问题:那就是扬柏抑亚或者扬亚抑柏或者将二者一视同仁在当时为什么成了如此重要的一个问题? 这究竟是一个什么性质的问题,除了反对或者维护经院哲学的需要,这种争论是否还有别的意义? 如果考虑到人文主义者与人文学科的相关性,亚里士多德主义与逻辑学、自然哲学的相关性,那么这种分歧与近现代意义上的科学与人文之争是否有某种共同之处?

二 文艺复兴时期哲学家关于灵魂问题的讨论

这个问题是文艺复兴时期柏拉图主义的代表和亚里士多德的代表争论的主要问题之一。对这个问题的争论并非凌空蹈虚,而是有很强的现实性。灵魂不死实际上是来世问题,而来世之所以重要,是因为关涉此世:如果灵魂有死,德行还是否可能? 救赎还是否可能? 人的尊严还是否可能? 鉴于这个问题的极端重要性,文艺复兴时期的主要哲学家大都对这个问题作了专门的论述。下面就以作为柏拉图主义的主要代表费奇诺和作为亚历山大主义的主要代表彭波那齐在这个问题上的分歧阐述双方在取向上的根本不同。

作为这种争论的一个背景,在此先简单地交代一下亚里士多德的解释者阿维罗伊和亚历山大在这个问题上的意见分歧并非多余。阿维罗伊认为,灵魂分为个别人的灵魂和所有人共同的灵魂,前者随着个人肉体的死亡而消失,后者可以离开身体而独立活动,因而前者是寄生的,从而是有死的,后者是自主的,因而是不死的。不死的灵魂是最高的灵魂或者说灵魂中最高的部分,它就是人类的理性或者叫理性灵魂。而亚历山大及其追随者则走得更远,他们否认人的任何灵魂不死,包括灵魂的理性部分。

这当然不能让柏拉图主义的追随者接受,在他们看来,要回答灵魂死与不死的问题,必须回到柏拉图去,澄清由亚里士多德及其解释者带来的混乱,只有这样,才能正确和完备地理解神圣的本原。费奇诺的著作《柏拉图的神学》其副标题就是"论灵魂不死",在该书中他对柏拉图的灵魂不死学说从神学上进行了注释,并且把人的灵魂的性质和作用问题作为他的宇宙论的一个环节加以阐述,他认为宇宙的等级结构由上而下是上帝—天使—灵魂—天体—动物—植物—无形状的原初物质,在这个宇宙结构中,人的灵魂是有形的物质世界和神圣的非尘世世界之间的中间环节,应该在灵魂中去寻找万事万物的普遍联系,它有上通下达的功能:一方面支配着物质和实体,另一方面又能上升到天使和上帝。人的灵魂可以进行沉思(认识),正是通过沉思活动,它得以离开人的肉体和身体之外的具体事物,进入无形的纯粹的理智世界,这样,"从前某个时候从最高神圣统一派生出来的全部存在的等级仿佛又回归这个神圣统一"[1]。在费奇诺看来,上升到天使和上帝是人的灵魂的基本任务,在这种上升中,无形的东西的实在性,观念的和上帝自身的实在性被发现和证实。如果取消了这种可能性,人的全部生存就失去了意义,他就会沦为纯粹自然的存在物;如果没有这种上升,人在宇宙中的地位和尊严就无从落实,人就成了未能实现其最终目的的不幸存在物。

---

[1] 索柯洛夫:《文艺复兴时期哲学概论》,汤侠生译,第34页,北京大学出版社,1983。

彭波那齐是经常被贴上亚历山大主义标签的人物,他最著名的著作是 1516 年完成的《论灵魂不死》,这部著作的出版在当时引起了轩然大波,遭致许多哲学家和神学家的强烈反对。他在这部著作中一一驳斥了当时在灵魂不死问题上流行的观点,首先是阿维罗伊的观点。在彭波那齐看来,认为理智可以脱离肉体完全是无稽之谈,是不符合我们的经验的,没有肉体提供的知觉和想象,人的理智就会一无所知,仅此一点就足以证明理智是不能与肉体分离的。彭波那齐批驳的第二种观点是柏拉图的两种灵魂说。这种观点认为,每个人都有两种灵魂,一种是不死的,一种是有死的。彭波那齐驳斥说,一切思想和认识的主体只能有一个,在同一个人身上不可能区分出两种性质完全不同的灵魂。彭波那齐批判的第三种观点是托马斯·阿奎那的。阿奎那认为,人的灵魂只有一个性质,是绝对不死的,只是在某些方面是有死的。彭波那齐认为,这种观点虽然与《圣经》一致,但是它未必在自然推理的范围内成立,同时也并不符合亚里士多德的本意。第四观点正好与第三种观点相反,认为人的灵魂只有一种本性,是绝对有死的,只是在某些方面不死。这正是他要维护的观点。

彭波那齐用了相当大的篇幅来反对灵魂不死论,并不厌其烦地对可能遭到的反驳一一进行了回应。彭波那齐为什么如此不遗余力地专注于这个问题?是出于纯粹的理论兴趣吗?是一种经院哲学的继续吗?是一种智力游戏吗?似乎都不是。彭波那齐的出发点和归宿可以归结为一句话,那就是:维护理性的自主性,而这种自主性,在他看来,并不妨碍道德问题,并不妨碍善恶的奖惩。

作为一种信仰的灵魂不死是无法反驳的,它来自《圣经》,但这并不意味着它可以得到理性的辩护。彭波那齐所要强调的是:没有任何自然理由足以证明灵魂不死,这个问题在纯粹人的基础上是不能确定的,它必须交给上帝解决。但是,如果坚持灵魂是有死的,立即就可想到的一种反驳是:如果没有来世,此世的善恶如何得到评判和报应?如果一切都在当下了结,如果对善恶没有最终的奖惩,人类道德生活的动力和依据从何而来？没有灵魂不死的世界是一个没有最后审判的世界，是一个抽调了绝对尺度的世界，从而是一个对人来说丧失了追求的世界，又从而是一个一切都可能、一切都允许的世界，上帝如果允许这样的世界存在，上帝如果对善恶听之任之，这样的上帝还能否称得上是善良的？而上帝的善良是无可怀疑的，因此一切的如果似乎都不存在，反对灵魂不死的理由统统土崩瓦解。但是问题并没有这么简单。在彭波那齐看来，一个灵魂会死的世界仍能够是一个有尺度和标准的世界，一个灵魂会死的世界仍能够是一个道德的世界，因为一个灵魂会死的世界仍旧是一个有奖惩的世界。彭波那齐的理由很简单：美德本身就是对美德的奖赏，而且是最重要的奖赏；恶德本身就是对恶德的惩罚，而且是最严厉的惩罚。这种内在的无法免除的奖赏和惩罚比任何外在的偶然的奖赏和惩罚更为根本。同时，行善而并不期望奖赏，比起期望奖赏的善行，是更大的美德，并且因为这种不抱期望而实际上得到了更大的报答。同样，没有受到外在惩罚的恶行比受到了外在惩罚的恶行受到了更大的惩罚，因为内在于罪恶本身的惩罚是比任何形式上的惩罚都要严厉得多。最后，彭波那齐由此甚至进一步推出：那些断言灵魂有死的人比那些断言灵魂不死的人更好地维护了美德的概念。

彭波那齐关于美德的理解似乎并不新鲜，我们在柏拉图的《理想国》和斯多葛派的学说中可以读到几乎完全相同的论述。但是，彭波那齐的不同寻常之处在于他在不损害宗教信仰的前提下有效地捍卫了理性的自主性，在某种意义上已经开了近代哲学的先声，这种贡献应该得到充分的估量。当然，彭波那齐的思想由于其某种程度上的二重真理论的色彩，不可避免地会遭到唯物主义者和天主教教会的双重夹击，每一方都觉得他不够彻底，每一方都觉得他不是"自己人"，但正是在这种夹缝中，彭波那齐却开辟了一条既不迷失在信仰中又不堕落在俗世中，既不失掉对神圣之物的敬畏又不抗拒自然规律的道路。这条道路在今天的唯物主义者看来虽然似乎还不是科学的道路，但历史地看，它竟成为一条自由之路。我们可以以克利斯特勒对他的大段评价作为有关他的这一部

分的结束语,因为没有什么评价比这种评价更中肯、更深刻的了:

> 彭波那齐属于这样一类思想家的行列,他们试图在理性与信仰、哲学与神学之间划出一条清楚的界限,以便在自己的研究领域中确立理性和哲学的自主权,而不为任何信仰的要求、任何不以理性为基础的主张所动摇。我们所有这些不仅在科学上而且在哲学上都与理性有利害关系的人,是应该感谢上述观点,并热烈地接受它的。如果我们抱有一种并非基于理性的信仰,那么,起码应同它保持距离,以免它干扰理性的指导。如果我们没有这种信仰,至少能够在理性的活动范围之外容忍其他人怀有这种信仰,并且认识到不能容许在我们感到自由舒畅的区域之中让别的什么东西介入。事实上存在着许多信仰,我们也许不能分享别人的信仰,别人也许同样不能分享我们的信仰,我们甚至可以不赞同任何信仰。但是,毫无例外,我们所有的人都会分享理性及理性获得的成果,我们应该关心的是,尽力扩大理性范围,决不允许缩小理性的作用。当然我们的生活和我们个人本身,并不完全是由理性决定的,而且我们越是深刻意识到这一点越是好。但是,理性是我们仅有的一种工具,借助于它可以给我们在生于其中、死于其中并且在四面八方受其包围的庞大黑暗的混沌世界中带来一线光明和秩序。[1]

第三节　宗教改革与理性权利

对于基督教来说,16 世纪是一个非同寻常的时期,这个时期发生了基督教历史上的第二次大分裂——新教从罗马天主教中分离出来[2],"它

---

[1] 克利斯特勒:《意大利文艺复兴时期八个哲学家》,第 108—109 页。

[2] 也有研究者认为这是第三次大分裂。前两次分别为:1054 年东方与西方教会的大分裂;1378—1417 年,先有两位教皇后有三位教皇的中世纪教皇之争。参见奥尔森《基督教神学思想史》,第 400 页。

为后来发展起来的现代西方基督教的许多特征奠定了基础"①。通常用来指称这一时期的术语是"宗教改革"(the reformation)②,尽管像"文艺复兴""启蒙运动"等用来指称某一特定历史时期的术语一样,对"宗教改革"这一术语不仅有各种各样的理解,而且有各种各样的批评,但是一个同样无可置疑的事实是:也正像称谓其他历史时期的"文艺复兴""启蒙运动"等术语一样,这一术语比其他用来称谓同一历史时期的术语更广泛地流行和被接受。宗教改革运动是 16 世纪西欧最有社会影响的重大事件,这个运动的基本追求一方面按照他们自己的历史学家的说法是要恢复真正的基督教信仰,另一方面如果照罗马天主教会的看法,是要进行一次反叛和革命,是一种把宗教世俗化的尝试。从地理上来说,宗教改革主要用来指称西欧的改革运动;从内容上来说,它涉及这一地区的基督教会在道德、神学和建制上的改革;从主要人物来说,有路德、茨温利(Huldrych Zwingli 或 Ulrich Zwingli,1484—1531)、加尔文(Jean Calvin,1509—1564)等;从其产生的派别上来说,主要有路德宗(Lutheranism)、改革宗(the Reformed Church,亦称加尔文派)、再洗礼派(Anabaptism,亦称激进改革派,the radical reformation)、安立甘宗(Anglican,即英国教会)四大流派;从历史后果来说,它使基督教产生革命性的变化,自此之后,不再存在一个能够统一西方社会的单一的教会了,基督教进入宗派主义的时代。

宗教改革是一个叫马丁·路德(Martin Luther,1483—1546)的人揭开序幕的,而直接的起因则是赎罪券的问题。赎罪券的实践牵涉晚期中世纪教会的整个苦行赎罪制度,很难说哪儿没有赎罪券,但是这种被广泛发行并普遍接受的赎罪券,却很难用基督教的基本教规明确解释,也

---

① 麦格拉斯:《基督教概论》,马树林、孙毅译,第 293 页,北京大学出版社,2003。
② 虽然在 12 世纪的西欧教会曾出现类似的改革努力,但通常不用"宗教改革"一词来称谓它。

找不到神学上的根据。① 而且,对于购买者来说,一张赎罪券究竟有何真正作用,它究竟是赦免罪过还是赦免犯罪行为应得的惩罚? 存在着很大的意见分歧。赎罪券引发的问题不仅仅是教会对人民的搜刮和敲诈勒索,更严重的是,它使人们热衷于那种虚假的得救保证,一个罪人"只要付出一张教皇票(Papal Ticket)的价钱,只要履行教会法规要求履行的任何善功就可以免受惩罚,同时也实现了上帝的义。这可能算不上神学上的赦罪观,但它的确同样地破坏了'普通人'的天良……正是赎罪券的这个实际道德后果,而不是这个理论在神学上的解释,激发路德提出抗议"②。1517 年 10 月 31 日,路德在维登堡的万圣教堂(卡斯特勒教堂)的大门上贴出了他的《九十五条论纲》,"它简直就是九十五下重击,击中了使许多人良心麻木的教会的巨大弊端"③。这个论纲借助于印刷术的传播使得路德在短短几个月内成为德国的民族英雄,路德对教皇的质问具有振聋发聩的力量:"教皇若确实有权把任何人从炼狱释放出来,那他为什么不本着爱心(这是一件至圣的事情),并灵魂至高无上的需要,把炼狱里的所有灵魂释放出来,使那地方空无一人呢? 在道德上,这是最佳理由。"④在路德看来,赎罪券不仅无助于得救,而且是贻害无穷的,因为它"藉着转移人对爱心的注意并引致错误的安全感而阻碍救恩"。

路德的神学包含了许多方面,作为一部哲学史著作,这里无法也不必去一一考究它们,我们所关心的是路德的神学所体现的基本精神。

斯坦麦兹(David C. Steinmetz)把路德的思想概括为:"福音并非'拿出你的美德来,我就会为它加上恩典的冠冕',而是'尽管你犯罪作恶,我

---

① 虽然波纳文图拉和托马斯·阿奎那在这方面做了许多工作,但是他们承认仅仅把此看做他们的责任和义务,如托马斯·阿奎那就这样说:"整个教会不能谬误,……整个教会称许并实行赎罪券,故赎罪券有某种效力,……因为说教会的某种作为徒劳无益,是惑人的邪说。"(托马斯·阿奎那:《神学大全》)
② 林赛:《宗教改革史》上册,孔祥民等译,第 200 页,商务印书馆,1992。
③ 同上书,第 200 页。
④ 马丁·路德:《九十五条论纲》,载马丁·路德著作翻译小组译《马丁·路德文选》,第 498 页,中国社会科学出版社,2003。

仍要对你大发怜悯'。"①用路德自己的话说就是："谁有信,谁就什么都有;谁没有信,谁就什么也没有。"②奥伯曼(Heiko Oberman)称赞："路德的发现不仅是崭新的,且是闻所未闻的;它也揭开了基督教的伦理构造。长久以来,教会不分青红皂白就把奖赏与公德视为人类行动的基本动机,但它们的有效性现在完全被铲除了。教会的教义曾把善行断然当做是不可或缺的,但现在已经把它的《圣经》根据完全抹煞。这种180度的大转变,所触及的层面远远超出个人的信心和公义;生活的整个层面都受到影响,因此应该重新加以考虑。在未来的对抗与冲突的整个期间,只有一个目标:揭开这个发现所具有的意义,并且确保它们引起广泛的注意。"③

路德的这个发现真是"闻所未闻"吗?《罗马书》不就明明白白地写着"神的义,因信耶稣基督加给一切相信的人,并没有分别。因为世人都犯了罪,亏缺了神的荣耀,如今却蒙神的恩典,因基督耶稣的救赎,就白白地称义"吗? 早在1000多年前,伟大的奥古斯丁不就不遗余力地捍卫了"神恩独作说"吗? "天主教的经义注疏从不忽视这点,人文主义者,尤其是勒费弗尔,也重申过这点。"④这确实不假,"唯独依靠恩典、因信称义"虽然是路德神学的核心,但并非路德的发明,与其说路德的贡献是发明了什么,不如说是重新发现了什么,他把被遗忘了1000多年之久的传统恢复和强化了。也正因为他的神学并非他个人的"发明",而是有着《圣经》的牢固根据,他才能掀起一场风暴。路德对此毫不忌讳:"我们只有藉着基督才能得救,乃是上帝宣布最清晰明确的信条。"⑤"我们教会教导人:人在上帝面前不能凭自己的能力、功劳或善行称义,乃是因基督的缘故,借着信,白白地得称为义,就是相信因基督的缘故得蒙恩宠,罪得

---

① 斯坦麦兹:《语境中的路德》,第41页,布卢明顿,印第安那大学出版社,1986。
② 马丁·路德著作翻译小组译:《马丁·路德文选》,第7页,中国社会科学出版社,2003。
③ 奥伯曼:《介于上帝与恶魔之间的路德》,沃利泽-沙尔兹巴特译,第154页,纽约,双日出版社,1992。
④ 穆尔:《基督教简史》,郭舜平等译,第234页,商务印书馆,2000。
⑤ 马丁·路德著作翻译小组译:《马丁·路德文选》,第142页,中国社会科学出版社,2003。

赦免。"①称义是整个基督教教义的要点,它"不是许多教义之中的一个,而是信仰之基本和主要的教条。关于这个教条,教会若不是站立得住,就是失败;教会的整个教义,都是根据这个教条而定"②。不同派别的基督徒都主张这个教义,路德的学说能够在基督教世界引起一场革命,能够在那么短的时间内引起那么大的共鸣,不在于对称义的强调,而在于对如何称义的阐述。正是这一点,把新教神学与罗马天主教神学区分开来:

> 中世纪基督徒体验的称义,是一股外在力量,这股力量源自超感觉世界,借助道成肉身,经由教会的各种制度、教会的祝圣、各种圣礼、忏悔和各种善行等许多渠道而流经其身的;这是由他与围绕着他的一个超感觉组织相联系在一起而产生的某种感受。路德心中经验到的"因信称义"是这位始终是基督教信徒的个人经验,他在磨炼自身之信时得到上帝圣恩的保证,所谓自身之信就是他凭借上帝赐予的信才能利用基督的公德而获得的一种经验。③

路德要强调的是,无需借助其他任何东西,单单靠着"信"就可"称义",恩典是"白白给予的",神的公义就是指神以恩典和纯粹的怜悯使我们因信称义。"人唯独相信基督赎罪公德方能得救。单单十字架已足以除去他的罪。"④保持称义的唯一条件,就是不断相信、再相信。灵魂只要有信,没有善功,也能靠上帝之道称义、变得圣洁,赋有真诚、平静、自由,并充满一切优点,从而真正成为上帝的孩子。"对路德来说……信心代表从心里接受神的应许,并且把赌注完全投注在它上面。"⑤"人称义、得救,不是因行为,也不是因律法,乃是因上帝的道,就是说因上帝所应许

---

① 马丁·路德著作翻译小组译:《马丁·路德文选》,第 55 页,中国社会科学出版社,2003。
② 奥尔索斯:《马丁·路德的神学》,第 225 页,转引自奥尔森《基督教神学思想史》,第 421 页。
③ 狄尔泰:《哲学史档案》第 3 卷,第 358 页,转引自林赛《宗教改革史》上册,孔祥民等译,第 384—385 页,商务印书馆,1992。
④ 雪莱:《基督教会史》,刘平译,第 267 页,北京大学出版社,2004。
⑤ 奥尔索斯:《马丁·路德的神学》,第 44 页,转引自奥尔森《基督教神学思想史》,第 423 页。

的恩典与信,使荣耀归于上帝,他救我们并不是因我们所行的义,乃是照着他的恩典并因他恩典的道,只须我们相信。"①一言以蔽之,路德所要做的工作就是要切断"善功"与"称义"之间的关联。在他看来,"不但人在成义前做的任何事,都谈不上任何善功,而且成义的人一生所做的事,也没有一件谈得到任何意义或任何程度的善功,或使他有权从上帝手中取得任何报酬。唯一的善功是属于基督的,是上帝把它归给信徒的"②。"基督徒在信里就有了一切,再不需要什么行为使他称义。"③把一切都归于上帝,这实际上等于把教会、事功、圣事置于一个次要的或者与"称义"无关的位置,人在通向上帝的道路上减少了一个不必要的环节,去除了一道管教,人的活动空间变大了。因此,可以说,宗教改革秉持的基本精神是自由的精神,它带给后世最大的财富也是自由的精神。黑格尔说:"伟大的革命是在路德的宗教改革中才出现的,出现在这个时候:从无休止的冲突里面、从顽强的日耳曼性格经受过并不得不经受的那种可怕的管教里面,精神解放出来了……"④

因信称义是路德宗教改革的第一个原则,但是,路德的"因信称义"所遭到的一个可以想见的批评是这种学说反对行善、鼓励做恶。对此,路德的回答是:"因信称义"反对的只是那种认为靠善功可以博取恩典、想不要基督而凭人力找到通往上帝的路,而不是对善功本身的反对。"我们的善功不能使我们与上帝和好,或配得免罪、蒙恩、称义;这些事单因信而得,就是我们相信因基督的缘故被接入恩宠之中;唯有他是所设立的中保和挽回祭,父借着他才与我们和好。"⑤他引用《圣经·以弗所书》说:"你们得救是本乎恩,也因着信,这并不是出于自己,乃是上帝所赐的;也不是出于行为,免得有人自夸。"但是,上帝并不反对行善,相反,

①马丁·路德著作翻译小组译:《马丁·路德文选》,第20页,中国社会科学出版社,2003。
②穆尔:《基督教简史》,郭舜平等译,第236页,商务印书馆,2000。
③马丁·路德著作翻译小组译:《马丁·路德文选》,第8页。
④黑格尔:《哲学史讲演录》第3卷,贺麟、王太庆译,第376页,商务印书馆,1996。
⑤马丁·路德著作翻译小组译:《马丁·路德文选》,第60—61页。

一个有信的人还会自然流露出善行,信心会改变一个人,使他结出义的果子来:"单因信才可以白白地得蒙赦罪,而且既借信得了圣灵,我们的心就更新了,并有了新的情意,这样才能行出善事来。"①因此,因信称义不但不禁行善功,而且对此大加赞许。路德所要强调的是:一个人是否行善以及善行的多少与"称义"无关,因此,要人们不要太执著于善行,不要把善行作为"称义"的阶梯或者向上帝讨价还价的筹码。

路德宗教改革的第二个原则是确认《圣经》的权威。精神的解放是从教义的解放开始的,所谓教义的解放,就是准予每个人以自己的方式理解教义的权利,教义不再是铁板一块,对教义的阐释不再是某个人或某些人的特权。真正的权威是《圣经》,正如路德在一次公开讨论会上所宣告的:"教皇、宗教会议等,其言行绝不能保其无过失,唯一之正确者,《圣经》而已。"在《圣经》面前人人平等,在这个绝对的权威面前,教皇并不比普通信徒优越,他无权把自己对《圣经》的理解强加给别人,他无权把自己的理解说成是唯一正确的理解。《圣经》权威高于人类的所有权威,《圣经》中神的启示是唯一最高权威。《圣经》"这位皇后必须大权在握,所有人民都应该顺服,向她称臣。教宗、路德、奥古斯丁、保罗,甚至天上的天使,都不可以担任导师、法官或统治者,只能作圣经的见证、门徒并认信者"②。

"与罗马的教会相反,路德把圣经放在比圣传更高的平台上,成为所有信念和习俗的法官。唯有与圣经符合的圣传成分,才可以保留下来。"③但是,与其说争论的实质是圣经的最后权威,不如说是解释圣经的权威,罗马教会一向将此当做它的专利,宗教改革的领袖们决意取消教会的这种垄断权。在他们看来,上帝的话是唯一准则,所有的基督徒对此都有同样的解释权。放松教义控制,准许个人在一定程度上可以自由

---

① 马丁·路德著作翻译小组译:《马丁·路德文选》,第62页,中国社会科学出版社,2003。
② 路德语,转引自奥尔森《基督教神学思想史》,第417页。
③ 同上书,第418页。

地根据圣经作出自己的判断①,这是宗教改革的一个重要目标,应该说这个目标是达到了,这个成果给人类的思想带来的解放作用是难以估量的,它不是在某个局部、某个枝节、某个时段有意义和价值,而是人类在其自我解放的历程中需要也值得一再回首的伟大时刻和伟大事件。从哲学发展的角度来说,其最重要的后果就是酿造了德国古典哲学,在一定意义上可以说,德国古典哲学是德国宗教改革的产物。海涅(Heinrich Heine,1797—1856)对路德的宗教改革曾一再激情高歌:"自从路德说出了人们必须用圣经本身或用理性的论据来反驳他的教义这句话以后,人类的理性才被授予解释圣经的权利,而且它,这理性,在一切宗教的争论中才被认为是最高的裁判者。这样一来,德国产生了所谓精神自由或有如人们所说的思想自由,思想变成了一种权利,而理性的权能变得合法化了。"②"理性的权能"实际上就是自由思想的权利,就是要把理性置于迷信之上,把思想置于权威之上。诚然,不再迷信教皇或教会的权威只是为了确立圣经的权威,而非取消任何权威,但这已经是了不起的进步。权威让位于更神圣的事物,让位于信仰本身了。诚如马克思所说:"**路德战胜了虔信造成的奴役制,是因为他用信念造成的奴役制代替了它。他破除了对权威的信仰,是因为他恢复了信仰的权威,他把僧侣变成了世俗人,是因为他把俗人变成了僧侣。他把人从外在的宗教笃诚解放出来,是因为他把宗教笃诚变成了人的内在世界。他把肉体从锁链中解放出来,是因为他给人的心灵套上了锁链。**"③应当说马克思的这段话是十分深刻的,它不仅指明了路德宗教改革的核心:恢复信仰的权威(人人都有信仰的权利,人人都可以以自己的方式去信仰,人人都可以以自己的方式去理解信仰的对象),而且指出了宗教改革的一个客观后果:宗教的世俗化。路德的改革把宗教从教堂的仪式延伸到整个社会生活中,这意味着宗教不再是专门的人在专门的时间于专门的场合所干的专门的事,

① 参见丹皮尔《科学史》,李珩译,第 250 页,商务印书馆,1975。
② 海涅:《论德国宗教和哲学的历史》,海安译,第 42 页,商务印书馆,2000。
③ 马克思:《黑格尔法哲学批判导言》,《马克思恩格斯选集》第 1 卷,第 10 页,人民出版社,1995。

对上帝的信仰体现于我们的一言一行中,对上帝的侍奉体现于我们的日常生活中,上帝不在教堂,他就在我们的身边,在我们的心中。这似乎会削弱信仰的神圣性和严肃性,其实不然,它恰恰使得信仰变得真实,使得生活变得神圣。真正的基督徒,首先应做到内心信仰上帝,只有内心真正信仰上帝了,才会有真正的爱心,才能有真正善良的行为,才能得到上帝的拯救。只靠圣职、祈祷、斋戒、施洗、忏悔赎罪、捐献等外在的"事功",只会造就假模假样的伪君子,它不是教人们靠近了而是远离了上帝。"宗教改革,实为当时一大革命事业,举1500年以来种种教会仪式条例为之一扫而空。如地狱、圣德、教皇与教会、弥撒、神像、圣母、圣迹等,凡福音所无者,一律去之,而余者为圣经与祈祷二事耳。"①这样,俗人和僧侣之间的区分就被消除了,每个人都可以直接和上帝发生关系,不必再通过媒介,也不必再有圣母和圣徒了。

路德神学的第三个基本原则是:信徒皆祭司。信徒皆祭司可以说是因信称义和圣经权威原则的逻辑引申。在中世纪教会,祭司作为罪人与神的中保,处于一种特殊的属灵地位上,他们被认为具有超自然的大能,可以赦免人的罪行并且施行圣礼。路德的改革则通过把每一位真信徒都提升到祭司的地位,把教士和平信徒拉到同一水平线上,从而从根本上把这个中保取消了。"不应允许有人置身于上帝与人的灵魂之间;也没有必要让他们这样做。只要宗教的职位和特权一旦去除,俗人就能与教士居于同样的地位,因为俗人与教士同样有机会以信直接接近上帝,而且两者都有义务履行他们肩负的在他们同胞中推动上帝之国前进的责任。所有信奉上帝的俗人'都有资格出现在上帝面前,为他人做祈祷,相互传授有关上帝的真理……'""教会中教士和俗人之间的区别并非在于前者是宗教生活中一个高等宗教级别,而后者则属于低等身份的人的这一信以为真的事实。教士与俗人的不同仅仅在于他们是被推举出来

---

① 蒋方震:《欧洲文艺复兴史》,第125页,商务印书馆,1921。

执行一定的任务；但是职司并没有使它的担当者真的比别人更加神圣。"①

　　路德的改革实质上是要人们抛弃中介，跳出形式，摆脱樊篱，用自己的灵魂直接面对上帝。天主教的那些繁文缛节，不仅无助于人们走向信仰，反而会制造障碍，遮蔽信仰，掩盖人们的真实想法。直接信赖上帝本来是上帝亲自赋予信徒的权利，可是中世纪教诲却宣扬获得拯救必须要有一位教士作中介，"正是这种普遍接受的起中介作用的教士的权力牢牢控制着欧洲，使任何一个基督徒都不能有自由。通向上帝的道路处处都被教士堵死，或者认为能被堵死。教会本应指出，借基督献身的上帝是每个信徒都能接近的，但他却用阻止入内的三重围墙将上帝所在的圣地的内殿团团围住"②。路德的改革实际上肯定并提升了信仰的自主性，它把善行与"事功"分离开来，认为对"善"来说，重要的不是形式，善是不拘形式的，善不是做给人们看的，有善心才可能有善事，而一件事是否成为善事，不在于其表现为什么，而在于其是否出于善心，"善的行为如不具有精神的实在性在其中，就不再是善的"③。同时，善与"事功"的分离正使得善与人们的日常生活关联成为可能，善走出了仪式，却进入了生活，因而善不是被取消或限制了，而是扩展了。宗教走出了教堂也并非宗教的消失，而是使得人们的世俗活动也具有了宗教的意义。马克斯·韦伯在其名著《新教伦理与资本主义精神》中曾对马丁·路德提出的"天职观"作了深刻的剖析，认为"天职"(beruf)这个概念带有宗教的意味，它意指"上帝的呼召"，包含着对人们日常活动的肯定评价。也就是说，宗教的世俗化标志着宗教真正进入了人们的生活，成为人们生活的一部分。以前宗教尽管也很重要，但它与生活是相对割裂的，宗教是宗教，生活是生活。现在，宗教不再是教堂内的事务了，而是步入寻常百姓家，与世俗生活不可分离了。人们的世俗生活就此蒙上了神圣的光辉，宗教是

① 林赛：《宗教改革史》上册，孔祥民等译，第 380 页，商务印书馆，1992。
② 同上书，第 376 页。
③ 黑格尔：《哲学史讲演录》第 3 卷，贺麟、王太庆译，第 379 页，商务印书馆，1996。

生活的宗教,生活是宗教的生活。宗教的世俗化同时也是世俗生活的宗教化。宗教和生活之间的屏障被拆除了,这个屏障在先前曾被看做是桥梁,看做人们从世俗走向神圣的阶梯,看做信仰的载体,看做行善的主要方式,但现在当这个承载着善、信仰、良心、神恩的"事功"被简化之后,人们发现自己并非被上帝疏远了,而是有了直接走向上帝的可能。这不仅是路德改革的路向,也是加尔文改革的路向。在加尔文看来,"基督已经公开显现,用不着仪式作模糊不清的模写,所以废除仪式以后,真理更加焕然一新"。与其沉迷于那些宗教形式,不如建立内心的教会,教会的形式主义也已成为束缚人们的锁链,非打破不可了。"现在已经认识到宗教应当是在人的精神中存在的,并且得救的整个过程也应当是在他的精神里面进行的,他的得救乃是他自己的事情,他借它而与自己的良心发生关系和直接面对上帝,而不需要那些自以为手中握有神恩的教士们来做媒介。"①按照加尔文的预定论,那些教父、牧师、先知乃至罗马教会和罗马教皇都不是什么权威,相反,他们有时候会暴露出惊人无知的一面,让他们或他们的著作来管制我们而不是服侍我们恰恰违背了神的旨意。美化自己,把自己看做基督的化身实际上就是想以自己来代替基督,以自己的权威来代替基督的权威,结果真正的上帝不见了,教会以上帝之身和上帝的名义号令四方,真正的上帝被遗忘了、隐匿了、放逐了。在加尔文看来,权威只有一个,就是上帝和《圣经》,上帝的圣灵是真理的唯一源泉,《圣经》中的教理都是出于神意,对上帝的认识,只能求之于《圣经》,任何上帝和《圣经》以外的权威都是冒牌货、骗子和敌基督。而如果有人抱怨《圣经》含义晦涩,加尔文会与路德作出同样的回答:天下没有明白晓畅如《圣经》者。加尔文把罗马天主教直接称为"基督的主要仇敌"②,认为教皇正是"教会中那可诅咒和可憎恶的头"③。

① 黑格尔:《哲学史讲演录》第3卷,贺麟、王太庆译,第376页,商务印书馆,1996。
② 金陵神学院托事部:《基督教历代名著集成》第二部,第六卷,第31页,香港,基督教辅侨出版社(以下所引此书均为此版本)。
③ 同上书,第二部,第六卷,第33页。

加尔文在反对罗马天主教时,比较系统地阐发了他的"因信称义"的教理,这个教理最核心的主张是"因信得救,不靠事功",无论是路德宗还是改革派都坚持这一点。但是,在路德那里,"他始终把因信称义看做是与神的律法、义务、善功、美德等观念对立的,而且认为这种对立是相互排斥的"①。他比较强调得救的主观保证:得救的唯一条件是全心全意信赖福音的应许。而在加尔文那里,则"根据对保罗的严格解释,倡导了一种客观的称义学说。他认为称义就是'上帝接受了我们,让我们取得他的欢心(恩典),因而把我们看成义人'"②。如前所述,"因信称义"说在反对教皇和教会的权威中起了积极的作用。但是,这个理论也面临着一些自身的难题,特别是当它与预定论纠缠在一起时,就不可避免地带有一些宿命论的色彩。预定论的出发点是把一切都归诸上帝,认为一切都是上帝的安排和命令,一切都在上帝的掌握之中,"世界所发生的一切都是出于上帝无可测度的旨意"③,宇宙的万事万物都是上帝以自己的智慧预定的,他预先决定了要做什么,并执行了他的决定。这个决定是一劳永逸、永世不变的。加尔文的预定论把世间的一切看做上帝的旨意,不仅排除了人的作用,排除了偶然性的位置,也给"恶"的解释带来了困难。罗马天主教正是抓住这一点对加尔文进行攻击,因为如果上帝预先决定了将谁纳入他的救恩中,将谁纳入灭亡的行列,那么人在世间的行动还有何意义?既然一切都被预定了,人何必辛苦奔波?既然上帝的恩典没有条件,人何必建功立业?既然上帝的旨意不可改变,人何必弃恶从善?加尔文的理论固然打击了罗马天主教的救赎论和教会制度,但是"因信称义",即只靠信仰不靠功德获取神的恩典的思想无疑会取消人的责任和自我救助的动力。正是在这一理论缺口上,罗马天主教大做文章,认为加尔文的"预定论"和"因信称义"会让人无所作为,听天由命;会怂恿人作恶;会把烧杀奸淫等行为归诸上帝。这当然是对加尔文的误解,因

①② 穆尔:《基督教简史》,郭舜平等译,第250页,商务印书馆,2000。
③ 金陵神学院托事部:《基督教历代名著集成》第二部,第四卷,第131页。

为加尔文同时强调人不能以必然犯罪为借口,就认为上帝喜欢人的罪恶,除了公正、清白、纯洁,上帝不接受任何别的东西。人的苦难只能归于人自己,人必须承担起人类之恶,必须为此负责任,在任何情况下,人都应该努力工作,应当在生命中去追求善,"上帝自永恒所命定的,并不妨碍我们照上帝的旨意为自己筹划办事"①。在加尔文看来,善功虽然在称义上没有什么地位,但在我们的生命中却十分有地位。做一个正直的人,做一个向善的人,做一个勤奋的人,并不是为了救赎,而是为了现实的生活与成功。从这个意义上说,加尔文赋予现实生活本身以意义,现实的劳作不是为了来世,不是为了救赎,而是本身就有其价值的。尽管上帝的预定不能改变,但人们依然应该积极地生活,应该公正地行动,应该纯洁地做事。"在指出人在其所留存的东西中没有任何是善的时候,在指出最悲惨的必然性围绕在人的周围的时候,仍然要教导人去热望他所没有的善和他所失去的自由;应当唤醒人用更踏实的勤奋而不是以假定人有最大的力量来克服懒惰。"②同时,人的世俗活动又不完全隔绝于宗教,因为人在尘世间的勤勉和积极的活动,也是在完成上帝交给人的使命,是在实现上帝的愿望,为上帝增添荣光。马丁·路德"把工作视为不仅讨上帝喜悦更是一种侍奉上帝的呼召(天职)。……基督徒做何种工作没有分别,只要他所做的是为了荣耀上帝。工作的意义从'什么'、'怎样'转向'为什么'。工作本身不是目的而是人们在每天的生活中荣耀上帝和服侍人的差事"③。这样,日常生活就获得了一种神圣性,或者如黑格尔所说:"神性被带进了人的现实生活中"④,所有的工作都具有了一种精神上的意义。这样,每个人的工作就不仅是一己之事,而是在扮演着人类这个大家庭中的一个重要的角色,在完成上帝托付给他的一份使命;这样,职业就意味着天职,忙碌也获得了谋生以外的意义。积极的

① 金陵神学院托事部:《基督教历代名著集成》第二部,第四卷,第133页。
② 周辅成编:《西方伦理学名著选辑》上卷,第493页,商务印书馆,1964。
③ 斯米特:《基督教对文明的影响》,汪晓丹、赵巍译,第179—180页,北京大学出版社,2004。
④ 黑格尔:《哲学史讲演录》第3卷,贺麟、王太庆译,第377页,商务印书馆,1996。

生活才是上帝赞许的生活,积极的生活才是道德的生活,因为诚如马克斯·韦伯所分析的:上帝应许的唯一的生存方式,不是要人们以苦修的禁欲主义超越世俗道德,而是要人们完成个人在现世里所处地位赋予他的责任和义务。黑格尔将此解释为"人跟他自己的和解",他说:"那本来很快活而且精力充沛的人,当他享受着生命中的事物时,也能够问心无愧、心安理得地享受;以生活本身为目的而加以享受,已经不再被认为是应当禁止的了,正相反,僧侣式的遁世绝欲倒是被人摒弃了。"[1]人在他的产品和作品里获得了满足。

马丁·路德和加尔文的宗教改革所宣扬的每个人都可以通过读《圣经》取得自己的信仰,无需其他中介,他就可以直接表达对上帝的爱并领受上帝的恩惠,实际上取消了教士阶级和教会的特权,把教士阶级拉回到普通人的行列中,或者说把普通人上升到了"神人"的高度,这不仅包含着自由的精神,而且具有平等的理念。这种自由平等的精神不仅体现在个人的信仰上,而且体现在民族国家上。在这里,信仰从罗马的大一统中挣脱出来,打上了民族国家的烙印。这种烙印不仅体现在民族国家企图摆脱罗马教会的掠夺和控制,而且体现在他们(特别是加尔文)企图以民主共和制来改革教会的努力中。加尔文根据共和制度的理念批驳了教阶制的荒谬性:教阶制规定教皇的权力凌驾于一切人之上,整个世界的统治权交给一个人,在他看来,这是毫无根据的,因为教皇是人不是神,而人的智慧和能力都是有限的,他不可能以一己之力君临天下,傲视万物。加尔文主张应从世俗教徒中选举教会管理人员,由教士代表会议管理宗教事务,而且教职人员彼此之间以及教职人员同信众之间,必须始终保持平等的关系,即使教会的头,在职位上他比别人重要,也必须给别人发表意见的机会,他自己要服从信众兄弟组成的大会。[2]

信仰常常会被认为是与知识对立的,似乎信仰排斥知识,知识有害

---

① 黑格尔:《哲学史讲演录》第3卷,贺麟、王太庆译,第380页,商务印书馆,1996。
② 参见车铭洲《西欧中世纪哲学概论》,第270页,天津人民出版社,1982。

于信仰。但在加尔文那里,"信仰不是在于无知,乃是在于认识"①,罗马教会所谓的"真理是在错误中,光明是在黑暗中,真知识是在愚昧中"②纯属谬论,是把人导向毁灭之路。知识和信仰的连接,一方面表明了对绝对原则的遵从,另一方面也表明了对自己的信念。人要与上帝发生关系,这是必然的和必需的,没有这种关系,没有这个最高的原则,人的行为的合法性就无从保障;但是在这种关系中,人的心和灵魂要在场,"在人的内心深处就设定了一个地方,它才是最重要的,在其中他才面临着他自己的上帝;而只有在上帝面前他才是他自己,在他自己的良心中,他能够说他是自己的主宰。他的这种当家作主的感觉应当不能被别人所破坏;任何人都不应唐突冒犯而去插足其间"③。人和上帝的这种关系不仅解放了人,也解放了上帝。人的解放意味着人发现了自己、确认了自己,意味着人消除了外在性,克服了异化;上帝的解放一方面意味着上帝不再需要对人的罪过负责,另一方面也意味着在解除了教会设置的层层障碍之后,上帝向人的灵魂直接敞开了,上帝不仅离人更近了,也更加真实了。所谓的通达上帝的媒介实际上阻隔了人和上帝的交流,使人和上帝的面孔都变得模糊不清。这个屏障既是程序上的、仪式上的,也是语言上的。在这个意义上,路德把《圣经》翻译成德文④不仅是对基督教和德语的贡献,也标志着德意志民族向精神自由又迈出了重要一步,黑格尔对此评价甚高:"如果一个人用外国语来表达或意想那与他最高的兴趣有关的东西,那么这个最初的形式就会是一个破碎的生疏的形式。因此,这种对于进入意识的第一个步骤的侵害,首先被取消了;在这方面,这种在有关自己的事务中作自己的主宰、这种用自己的语言说话和思维的权利,同样是一种自由的形式。这是无限重要的。如果

---

① ② 金陵神学院托事部:《基督教历代名著集成》第二部,第五卷,第 61 页。

③ 黑格尔:《哲学史讲演录》第 3 卷,贺麟、王太庆译,第 379 页,商务印书馆,1996。

④ 路德并非第一个把《圣经》翻译成德文的人,最早的译本可以追溯到乌斐拉(Ulfilas)把《圣经》译为哥特(Gothic)方言。但是路德的译本被誉为是"无与伦比的","超越了千年的传统"。参见罗伦培登《这是我的立场》,陆中石、古乐人译,第 304 页,译林出版社,1995。

没有把圣经翻译成德文,路德也许未必能完成他的宗教改革;并且如果缺少这个形式,不以自己的语言去思维,那末主观的自由就会不能存在。"①

　　总之,宗教改革并非一个孤立的事件,亦并非文艺复兴运动的中断或终结,其本身就是文艺复兴运动的一个部分,它的精神与文艺复兴的基本精神是一致的。太因氏在其英国文学史中说:宗教改革与文艺复兴乃一表一里、一正一反,换言之,即同流而异趣,一本而二干。它们都是因对现状不满而复古,又因复古而对现状愈加不满,一则指望借助人文主义者等通晓古典文化人士的努力,廓清中世纪经院哲学的迷雾,使希腊、罗马的文学、美术、哲学大放异彩;一则希冀通过回到《圣经》等原典,越过天主教教皇和教会的樊篱,人人以自己的灵魂直面上帝,彰显基督教的真义。它们所信赖的都是古典文献,一则以古文研究哲学科学(非宗教的),一则以古文研究宗教。但是,就具体的追求和它们的内容来说,二者又大相径庭,文艺复兴复的是希腊、罗马之古,宗教改革复的是耶稣之古。前者的目标是"离宗教而入自然,崇现在,尊肉体",后者的目标是"尊未来,黜自然,以禁欲刻苦为事,而返之原始之真正基教也"。②甚至从宗教改革最初的动因和表现来看,它似乎还是文艺复兴的反动。从地理上来说,文艺复兴和宗教改革的重心一在意大利,一在德国,这种地域上的分别并非一种偶然现象,其中虽有政治、经济等方面的重要原因,但价值观、道德理想和民族性情方面的差异也是不可忽视的深层因素。意大利文艺复兴,特别是人文主义运动,对荣誉、尘世快乐甚至肉体快乐的追求,随心所欲的生活方式,以及审美上的自然主义,都是为向来关心道德问题的北方所不能接受的。在后者看来,人生最大的自由和最高的境界就是为上帝而牺牲自己。德国虽同样有人文主义运动,但其内容和表现与意大利很不相同。第一,意大利的

---

① 黑格尔:《哲学史讲演录》第 3 卷,贺麟、王太庆译,第 379—380 页,商务印书馆,1996。
② 蒋方震:《欧洲文艺复兴史》,第 107 页,商务印书馆,1921。

人文主义由贵族提倡,而德国的人文主义则主要发展于学校,贵族宁好犬马不喜诗文,人文主义者主要是一些从意大利留学归来的人士。第二,意大利的人文主义发展成为一股强大的民族精神潮流,其势浩荡,不可阻挡,前后绵延200余年,而德国人文主义的流行遇到了强有力的反抗,仅维持了50年(1470—1520)。第三,意大利人文主义的影响波及全体国民,几乎对所有人的人生观都发生了深刻的影响,而德国的人文主义其影响仅限于学者当中,直到宗教改革,才对全体国民有所触动。第四,意大利的人文主义在教会和世俗世界一同进行,其间并无大的分化,而德国的人文主义则有国民的、神学的、学问的差别,在国民当中,又有倾向于意大利和倾向于德国化的差别,有的激进,有的保守,相互征战。①

尽管意大利的人文主义和德国的人文主义(当然还有法国、英国和其他北欧国家)有诸多不同,尽管意大利的文艺复兴和德国的宗教改革在具体内容上也相去甚远,对后世的影响千差万别,但是从文艺复兴和宗教改革的初衷和后果来看,二者实际上可以说都使人的生活朝着世俗化的方向迈出了重要的一步:虽然意大利文艺复兴根本没有打算去直接挑战和革新教会和教义,人们可以继续葆有原来的信仰,但仅仅过一种宗教的生活已经不是生活的全部甚至也不是生活中最重要的部分了,意大利的人文主义者以一种对尘世生活的直接赞美,以一种对古典世界的真情向往,以一种对语法、修辞、诗歌、历史和道德哲学等人文学科知识的研究和传授,在宗教生活之外开辟了一条并不反对信仰但也并不刻意投靠信仰而是与宗教生活平行的道路;而宗教改革(德国、法国、瑞士等)则把矛头直接指向罗马天主教会,以《圣经》为旗帜,以"因信称义"为武器,让个人自己的内心直接面对上帝,让宗教和信仰与人们的日常活动直接关联,而开辟了一条让世俗生活充满神意,让世俗生活和宗教生活统一起来的道路。我们也可以从另一种意义上把文艺复兴和宗教改革

---

① 蒋方震:《欧洲文艺复兴史》,第114—115页,商务印书馆,1921。

称为个性的解放道路,文艺复兴自不待言,宗教改革在很大程度上把信仰变成个人的事,二者都使中世纪的团体生活、牺牲精神告一段落,个人开始被允许有自己独立的声音,过自己独立的生活了。

第四节 承前启后的自然哲学

文艺复兴时期的自然哲学,大体上说来可以分为在时间上前后相继的三种体系。先是从古代和中世纪流传下来的亚里士多德主义的自然哲学,中间经过一种在柏拉图主义复兴运动影响下产生的、比较侧重于玄学思想和神秘经验的自然哲学,最后发展到一种深受柏拉图主义和毕达哥拉斯主义中的数理哲学以及古希腊数学家阿基米德科学方法影响的自然哲学。从这最后一种自然哲学里面,产生了近代自然科学的第一批成果。这三种自然哲学前后相继发展的时候,欧洲社会在政治、经济、思想和文化的各个领域里发生着剧烈的变动。在大变动的局势中,变化得最快的现象之一,就要算人们对自然界的看法了。[1]

古代和中世纪的欧洲人,虽然不是有些人想象的那样是"足不出户"的,他们活动的范围终究不能和以地理大发现著称的文艺复兴时期的人相比。随着中世纪历次十字军东征,海运和陆路交通的发达,文艺复兴时期欧洲人的地理知识比起以前各个时代来,可以说扩大了很多倍。在古代和中世纪,天文学和气象学知识不完善,航海工具简陋,欧洲人的船只仅仅是航行在靠近陆地的沿岸地区,很少漂向海洋深处。这是西方自古以来最主要的航海方式,所谓"巡滨而漂海"。受这种方式的制约,水

---

[1] 我们也得知道,在文艺复兴时期的哲学家里,也有对自然问题不感兴趣的。比如,人文主义运动先驱彼特拉克,还有宗教改革运动的主角之一爱拉斯谟就是如此。彼特拉克在学问上的入手处是所谓"人文学"(studia humanitatis),他把自己一生的精力主要花在古籍的访寻、收藏和校勘上,很少注意到身边自然界的重要性。所以,他会说不究人事而专骛研究自然,是玩物丧志。与彼特拉克一样,爱拉斯谟主要也是一个人文学者。他在其代表作之一《颂愚》里,把最刻毒的一些话送给了当时的自然哲学家(以及数学家)。

手们也就很少有多日不见陆地的时候。可这时就不一样了,依靠改进了的天文学和气象学知识,在指南针的帮助下,他们开始把船开向茫茫的大洋之中,既见到了北极的冰山和长夜,又看到了热带的沙漠和丛林。明末入华传教的耶稣会士高一志介绍西洋前时的地理发现说:"盖天地之广,古者分为三区而已,曰欧罗巴,曰亚细亚,曰利未亚。然百余年之前,从西游海,新逢他地,则古所未闻,因又加二洲,曰亚墨利加,曰墨加辣尼加,以成五大洲矣。至论各洲各地之容人居止,古者多疑赤道,及南北二极下之地皆无人居,以甚暑甚寒故也。然航海者,每周全地,验处处有人,足知先说之非是也。"①

古人眼界不广,于自然现象的解释上,往往有错误发生。如红海得名因缘,古人仅凭臆说,未经实勘其地,产生了很多奇怪的说法。直到文艺复兴时期,航海者亲履其地,才得其真相。高一志说:"惟近世西人航是海者,就视则见红,汲出则甚清,讨究其故,竟知海底多产珊瑚,因致有红色,实非红也。"②在陆地之上,位于欧洲中部的阿尔卑斯山,古代和中世纪人因为常常看到山间风雪陡至的景象,就以为它是山神和妖魔的窟宅,从来没有人鼓起勇气上去一探究竟。可到了 16 世纪末,阿尔卑斯山已经有 47 处绝顶被人攀爬过了,既没有天使也不见魔鬼。在这些"登山运动"的积极参与者里面,就有对自然现象有不倦好奇心的大美术家、热心观察自然现象的列奥那多(Leonardo da Vinci,1452—1519)。③

摆在人们眼前的这种"海阔天空"的新世界,使欧洲的东方传教和殖

---

① 明末入华耶稣会士高一志:《空际格致》卷上"地水高卑之较"条。

② 高一志:《空际格致》卷下"海之源派"条。

③ 《文艺复兴六论》,第 58—59 页,"哈珀火炬"丛书,1962。另外,算来当是欧洲文艺复兴晚期的中国明末大旅行家徐霞客(1586—1641),据法国耶稣会司铎、史学家裴化行(P. Henri Bernard)考证,"似于徐公(按:指明末保护入华耶稣会士、改宗天主教的徐光启)暨耶稣会传教士有所接触,其游历之宗旨,实欲为中国打倒人所崇拜五岳圣山之重大迷信"(参看方豪神父《徐霞客与西洋教士关系之探索》,载《方豪文录》,上智编译馆,民国三十七年,第 91—98 页)。此说若实,则徐霞客登山的目的,或与文艺复兴时期列奥那多等人攀登阿尔卑斯山相同。又,列奥那多生于佛罗伦萨和比萨之间的芬奇村,所以世人通称为"芬奇村人(da Vinci)列奥那多(Leonardo)"。旧译有时径称他为"达·芬奇",是错误的,不从。

民事业迅速发展起来。传教和殖民的事业，也打开了学者的眼界。在新的大陆、岛屿和海洋上，他们认识了许多前所未见的动植物。[①] 欧洲原有的动植物命名法，本来是尽量参照已有的希腊和拉丁古书里的旧名。到了这个时候，人们感到旧名有局限，开始大胆地采用当地土名。过去人们关心动物和植物，是因为一些古典作家，比如亚里士多德或者普林尼(Pliny)提到过它们，不是对它们本身有什么兴趣。这就是说，动物学家和植物学家考订和辨认希腊拉丁作家提到的动植物，目的不在研究动植物本身，而在校读训释古书里的难字，所谓"多识鸟兽虫鱼之文"。到了文艺复兴时期，学者们才把目光从"名"转移到"实"。渐渐地，各种地方动物志和植物志也开始有人编纂了。在中世纪，植物园多为修道院所经营。到文艺复兴时期，帕多亚、波伦亚、莱顿、牛津、巴黎等地的大学里，也开始有了自己的植物园。这些植物园以尽量多收不同品种的植物为要务，去那里参观的人，对大自然的鉴赏力不知不觉之间也提高起来。园艺这门学问，就是在这种背景下出现的。动物的驯养，植物的采集、种植和培育，使绘图成为最重要的研究方法。为求图画描绘得逼真，学者们对动植物的观察越来越深入细致，这就带动了美术的发展。在列奥那多手里得到空前发展的美术，与这种趋势是有关系的。观察变得深细了，必然又会教人们发现动植物间的关系，这又引向动植物分类学和形态学的研究，直到后来瑞典的林奈(Linnaeus，1707—1778)总其大成。[②]

　　动物学和植物学知识的积累，带动了医学的发展。事实上，文艺复兴时期研究植物学的人，主要是医生。他们很多人就是夏天到室外采集

① 明末入华耶稣会士邓玉函(J. Terrentius，1576—1630)为文艺复兴晚期德国大数学家、博物学家，与伽利略曾同为意大利灵采研究院(意译"山猫研究院")院士，与开普勒也曾会面。刘侗、于弈正《帝京景物略》中说："玉函尝中国草根，测知叶形花色，茎实香味，将遍尝而露取之，以验成书，未成也。"(转引自方豪神父《中国天主教史人物传》，第1册，第128页，香港公教真理学会、台中光启出版社，1967。)这段话很好地说明了文艺复兴时期欧洲学者对植物界新发现品种的态度。
② 克伦比：《从奥古斯丁到伽利略》第2卷《中世纪晚期和近代早期科学》，第267—273页，"海尼曼教育"丛书，1979年两卷合刊本。

标本,冬天则躲在屋里解剖。文艺复兴时期最早编出的一些植物学书籍,大多与药草有关,实用性很强。中世纪的医学,主要是依赖阿拉伯人著作的拉丁文译本,比如阿维森纳的《医药大全》,或是从阿拉伯文译本辗转翻译的古希腊医学家盖伦和希波克拉底(Hippocrates)的著作。随着古代学问复兴,能读希腊文原版书的学者多起来了,他们发现古希腊医学经过阿拉伯人一道手续,受到窜乱的地方实在太多了。于是,文艺复兴时期的医学家就来尽量绕开阿拉伯人,开始直接校勘、翻译古希腊人的医典,纠正前人的错误。他们的这种进步,一开始只是语文学方面的,结果是只出现了更好的希腊文刊本和拉丁文译本,至于书本外面的、实在界里的人体生理、药草性能,还落在他们眼界之外。所以,有的学者就说,文艺复兴时期医学只是反东方的、反阿拉伯文化的、语文学的,而非实验的、临床的、生理学的,只能纠正阿拉伯学者和拉丁翻译家的错误,还不能直接研究自然本身。[1] 不过,与这些重视语文学研究的医学家和医生同时行医济世的,还有像帕拉切尔苏斯(Paracelsus[2],原名 Theophrastus Bombast von Hohenheim, 1493—1541)、哈维(William Harvey, 1578—1657)和瓦萨里乌斯(Andreas Vesalius, 1514—1564)这样一些人。帕拉切尔苏斯重视新药物的实验,敢于当众烧毁盖伦和阿维森纳的著作。哈维发现了人体血液循环,写了《心血运行论》。[3] 瓦萨里乌斯抵住世俗的压力,通过解剖人体,绘出了第一册人体内部解剖图。有了解剖学和生理学的正常发展,病理学才能摆脱旧时玄学的束缚,为现代医学走上科学的正轨做好了准备。

地理发现、动植物采集和医学实践,只不过是文艺复兴时期欧洲人在自然观方面获得很大进展的一部分领域而已。我们还没有提到文艺

[1] 克伦比:《从奥古斯丁到伽利略》第2卷《中世纪晚期和近代早期科学》,第273—289页,"海尼曼教育"丛书,1979年两卷合刊本;乔治·萨顿:《文艺复兴时期的古代中世纪科学观》,第49—51页,宾夕法尼亚大学出版社,1955。
[2] 切尔苏斯(Celsus)是古罗马名医,"帕拉切尔苏斯"这个名字的意思就是"超过(para)切尔苏斯"。
[3] 威廉·哈维:《心血运动论》,黄维荣译,收录于"万有文库"第一集,商务印书馆,1929。

复兴时期改变人们自然观最深的一件事，就是波兰天文学家、数学家哥白尼（Nicolaus Copernicus，1473—1543）在《天体运行论》（*De revolutionibus Orbium Coelestium*）里提出的日心说。日心说纠正了天文学上因固守地心说而造成的很多沿袭甚久的错误[①]，让人类开始重新确定自己在茫茫宇宙中的位置，迫使他们反省从中世纪继承下来的亚里士多德主义的自然哲学。

但是，亚理士多德主义的自然哲学，由于有教会的提倡，不但在中世纪，就是到了文艺复兴时期，仍代表自然哲学的主流，受到大多数人的崇信。它主要依据一整套不是得自经验事实的概念体系，对自然万象的结构，及其产生和消失的原因进行一种玄学的描述、分类和解释。它特别使用"目的因"概念。目的因始见于柏拉图的《斐多篇》，中世纪亚里士多德学派自然哲学继承此说，用它来解释所有自然现象，而实际上不但没有达到任何解释的作用，反而在思想上造成混乱，产生了一种含混、懒惰和空洞的学风。哲学家杜威（John Dewey，1859—1952）讽刺说，16、17两个世纪的自然科学的改革家们一致以为，"目的因"是自然科学得不到正常发展的"主因"。[②] 经过很多世纪的发展，亚里士多德主义自然哲学的内部有不小的变化和调整，但总的来说，还是没有超出亚理士多德原有的规模。过去，学者间有一种意见，就是觉得这种自然哲学，虽然在文

[①] 入华耶稣会士罗雅各（James Rho）在其《五纬历指》卷一里谈论过哥白尼学说与古代托勒密学说的异点："其（按：指古今新旧两说）不同者，古曰五星之行，皆以地心为本天之心。今曰五星以太阳之体为心。古曰各星自有本天，重重包裹，不能相离，而天体皆为实体。今曰诸圈能相入，即能相通，不得为实体。古曰土、木、火星，恒居太阳之外。今曰火星有时在太阳之内。"又，同书同卷："问：古者诸家曰，天体为坚为实，为彻照，今法（按：指新传入的西洋历法）火星圈，割太阳之圈，得非明背昔坚之成法乎？自古以来，测候所及，追天为本，必所造之法，与密测所得略无乖爽，乃为正法。苟为不然，安得泥古而违天乎？以事理论之，大抵古测稍粗，又以目所见为准则更粗；今测较古，其精十倍，又用远镜（按：指望远镜）为准，其精百倍。是以舍古从今，良非自作聪明，妄逸迪哲。"参看德礼贤神父（Pasquale M. D'Elia，S. J.）的小书《远镜》第55—56页，及第101—102页注释179，哈佛大学出版社。

[②] 约翰·杜威：《哲学之改造》，第68页，纽约，亨利·霍尔特图书公司，1920。此书第三章全是谈文艺复兴时期自然哲学的，虽属"过时"的老书，毕竟是名家手笔，仍值得一读。关于"目的因"学说最清楚、最简要的说明，参看司退斯《宗教与近代世界》第一部，第二章，李本考特书局，1952。

艺复兴时期传布最广,得到绝大多数人尊信,可它内里讲的却是古希腊人的自然哲学,相对于文艺复兴时期的新思想来说是落后的,对近代自然科学的产生也没有给予积极的影响,甚至成了近代自然科学发生的一个主要障碍。所以,在文艺复兴时期的自然哲学里面,应该是没有它的位置的。这种流行的观点,一直到20世纪的50年代,美国哲学史家、自然主义哲学家小兰德耳(John Herman Randall, Jr., 1899—1982)著《帕杜亚学派与现代科学之发生》(*The School of Padva and the Emergence of Morden Science*, Padova, 1961)一书后,才受到一定程度的质疑。小兰德耳在意大利搜集了许多材料,证明在15和16世纪意大利北部的帕杜亚大学里,教自然哲学、医学和逻辑学的亚里士多德主义教师早已领悟到近代自然科学重视科学观测、实验和数学方法的研究态度。

为什么近代科学方法最先会出现在帕杜亚大学里呢? 小兰德耳说,在15和16世纪,意大利北部包括帕杜亚在内诸自由城市商业十分发达,这种社会现实影响到大学和学术界,就是鼓励人们做一种自由和批评的研究。在这种风气之下,物理学和医学等世俗学科获得了很快的发展,势头逐渐盖过神学。在这方面,威尼斯和帕杜亚两地最为突出。在当时意大利的自由城市里,威尼斯一地反教皇和反教权之声最高,专门提倡教学和研究上的独立自由精神。特别是在1405年帕杜亚并入威尼斯以后,这种自由精神也随之输入帕杜亚。一时间,帕杜亚成为意大利研究世俗学问的中心及欧洲各国学者辐辏之地。文艺复兴时期最著名的一些自然哲学家和科学家,如库萨的尼古拉(Nicolaus Cusanus, 1401—1464)、卡尔丹诺(Girolamo Cardano, 1501—1576)、哥白尼和哈维,都是帕杜亚的毕业生,而伽利略(Galilio Galilie, 1564—1642)则在帕杜亚担任过很长时间的数学教授。

另外,在巴黎大学和牛津大学这类欧洲北方学府里,从中世纪以来神学系一直占据至高无上的位置,传统学科七艺(前三艺是修辞、文法和逻辑,后四艺是天文、几何、音乐和数学)的学习,最后都归于神学。但是,在位于欧洲南部的帕杜亚大学里,情况就完全不同了。在帕杜亚大学,人们学习七艺,不是为读神学,而是为习医学而做预备的。而且,帕杜亚的教师,一般都是医科毕业生。所以,帕杜亚大学就偏重于亚里士多德讲物理学、自然史和科学方法论一类作品的注释和讲习。而它的神学系,则对这类世俗学科毫无影响。[1] 这样,帕杜亚大学师生理解的亚里士多德,自然就不同于巴黎大学和牛津大学师生的理解。小兰德耳这些试图为亚里士多德主义翻案的研究,虽然在学者之间还有争论,却是很有启发性的,值得我们注意。

亚里士多德主义的自然哲学,毕竟属于文艺复兴以前的时代,不在本章介绍的范围之内。显然,随着自然科学的日益发展和社会思想的逐渐开明,亚里士多德主义自然哲学逐渐暴露出它的缺点。有一些哲学家看到它有这些缺点,干脆将它放弃,转而从数学运算和观察实测中寻找解释自然的方法。他们可以说是近代自然科学的始祖。还有一些哲学家,则回到亚里士多德的老师柏拉图那里,看柏拉图主义能否提供一种新的自然哲学。这些哲学家的代表人物,是库萨的尼古拉、卡尔丹诺、帕特里齐(Francesco Patrizzi,1529—1597)、康帕内拉(Tommaso Campanella,1568—1639)和布鲁诺(Giordano Bruno,1548—1600)。他们中间最重要的,是库萨的尼古拉和布鲁诺。他们的学说有一些共同点,就是带有很强烈的泛神论色彩,把自然解释成一个自本自源的、有灵魂的、活的实体,在空间和时间上都是无限的。有的学者见他们的学说有很强的神秘主义倾向,曾经建议称他们为自然哲学上的"神秘主义的柏拉图主义者",而称列奥那多和伽利略这类强调数理因素的人为"几何学的柏拉图主义者"。不管这种说法能够解释多少事实[2],确实说出了库萨的尼古拉和布鲁诺一派自然哲学的一大特点。

早在中世纪的时候,就一直有人试图在做复活柏拉图主义的工作。到了文艺复兴时期,这种柏拉图主义的复兴运动,才由费奇诺完成。费

---

[1] 小兰德耳:《帕杜亚学派与现代科学之发生》,第25—26页,帕杜亚,1961。
[2] 欧仁·伽林:《意大利文艺复兴时期的科学和市民生活》,彼得·蒙兹译,第96—97页注释14、130,"船锚丛书",纽约,双日出版社,1969(以下所引此书均为此版本)。

奇诺翻译过很多柏拉图的著作,还在佛罗伦萨城郊成立了一所"柏拉图学苑",在他身边聚集了一大批志同道合的学人,共谋柏拉图主义的复兴。可是,费奇诺最关注的问题不是在自然哲学方面,而是在伦理学和神学上面。他与库萨的尼古拉比起来属于后辈,他们之间没有学说授受的关系可寻。① 而布鲁诺则时常引用尼古拉的作品。所以,谈文艺复兴时期自然哲学里的柏拉图主义传统,一般以库萨的尼古拉和布鲁诺为代表。

但是,费奇诺翻译的各种与柏拉图主义有关的著作,却对文艺复兴时期自然哲学家产生了直接的影响。库萨的尼古拉读过新柏拉图主义哲学家普罗克鲁斯(Proclus)和相传为使徒时代从圣保罗受洗的雅典大法官狄奥尼修斯(Dionysius the Areopagite)所作的各种神秘主义著作。② 当然,他读的不是费奇诺的译本,是旧译。但是,布鲁诺读的上面两人的书,就是费奇诺的译本(新译)。除了翻译过柏拉图的很多作品以外,费奇诺还翻译、注释了相传是古代神秘主义哲学家赫米斯·特里斯梅季塔斯写的《秘语集》(Corpus Hermeticum)。这套《秘语集》,近代学者早已考订其为后人伪造。但是,在中世纪和文艺复兴时期,因为校勘考据之学还没有像现在这样发达,所以人人都相信《秘语集》是真书。这套书和雅典大法官狄奥尼修斯的书一样,影响极大,它所解释的新柏拉图主义哲学,在权威性上甚至不在柏拉图本人的著作之下。③ 布鲁诺就深受这本书影响,在自己的作品里还常常加以引用,而他引用的本子,就是费奇诺的译本。此外,他也看过费奇诺翻译的柏拉图和其他新柏拉图主义者的书,以及费奇诺给《秘语集》作的注释。不过,费奇诺多看重《秘语集》这类书里对神学问题的说明,而布鲁诺则藉它来发挥自己的自然哲学思想。④

---

① 克利斯特勒:《文艺复兴思想和美术丛论》,第 94 页,普林斯顿大学出版社。

② 克利斯特勒:《文艺复兴思想探源》,第 130 页,哥伦比亚大学出版社,1979。

③ 在这一点上面,《秘语集》有点儿像我国佛教史上的伪书《大乘起信论》。

④ 叶慈:《布鲁诺神秘思想探源》,第 250—251 页,劳特利奇与基根·保罗出版社,1964。

亚里士多德主义者持"五大说"，在干冷的"土"、冷湿的"水"、湿热的"气"、干热的"火"之外，还立有一个"第五大"即"以太"。"月下世界"或地界，由前"四大"构成，充满生灭成坏，是芸芸众生所处忧悲苦恼的世界。"月上世界"或星界天体，则是由以太构成的，无生灭成坏，是圆满寂静的清凉世界。彗星虽似从"月上世界"来的"天外来客"，但是因为它有生灭成坏，所以其出现可以预示人间的灾变。"月上世界"的运动形式，是最高级的圆周运动。"月下世界"的物体作直线运动，轻者清轻上升，以苍穹为归趣，重者浊重下降，至地面停止。这个说法，正好与柏拉图主义相反。从柏拉图的《蒂迈欧篇》来看，他认为月上、月下两个世界都是由同样的"四大"造成的，根本没有什么"第五大"。只是因为"月上世界"以"火大"的性质和数量偏多偏胜，所以在表面上才显得是有异于"月下世界"。这个观点，从圣奥古斯丁、毕德（Bede）主教、爱留根纳、圣安瑟伦，到沙尔特学派贡彻的威廉（William of Conches）、邓斯·司各脱和奥卡姆的威廉，一直为中世纪柏拉图主义者信奉。到了文艺复兴时期，库萨的尼古拉继承中世纪柏拉图主义的传统，完全否认"月上世界"和"月下世界"之间在根本构成和运动形式上有区别，为文艺复兴时期自然哲学反亚里士多德主义运动开了一个好头。库萨的尼古拉的这种宇宙观，又被布鲁诺完全接受过去。实际上，地面物体和天体不但构造相同，而且遵行同一种运动规律，这也是近代天文学的一个基本理论。[1] 比如上面提到的彗星，按照现代科学的理论，其所遵循的运动规律，不仅与支配恒星和行星的运动规律完全一样，与支配地面物体运动的规律也没有丝毫差别。[2]

严格些说，布鲁诺并不像许多人想象中的那样，代表着近代科学的新精神，反对亚里士多德主义和经院哲学的自然观。至少，这种观点过于简单化了。布鲁诺原来是一个多明我会的修士，后来因为哲学主张与

---

[1] 叶慈：《意大利人对文艺复兴与宗教改革的贡献》，第151—160页，劳特利奇与基根·保罗出版社，1983。

[2] 罗素：《宗教与科学》，第6版，第45—48页，牛津大学出版社，1956。

修会的信条发生冲突,就被开除出多明我会。多明我会出过经院哲学的两位大人物,一个是大阿尔伯特,另一个就是大阿尔伯特的学生圣托马斯·阿奎那。他们师生两人的书,一直是多明我会修士日常学习教义教理和修身养性的课本。布鲁诺自然熟读大阿尔伯特的书,还经常赞美圣托马斯,虽然受了被革出门庭的惩罚,一生还是以出身于多明我会而感到自豪。不过,他赞美大阿尔伯特和圣托马斯,却是看重他们身上与《秘语集》契合的地方,与近代托马斯主义者的出发点不同。对亚里士多德,他主要是厌恶他学说的呆板和他身上的书蠹气,远不能及《秘语集》里开示的玄秘义理。同样,布鲁诺不喜欢数学,还指责过哥白尼身上不脱数学家的习气。他对数学的指责,一方面固然是由于他数学不太好,另一方面主要还是因为在他眼里数学也是书蠹气寄存的地方,不能语于大道。

在 1583 到 1585 年间,布鲁诺旅居英国。他在英国写的一篇对话《玄学夜话》(*La Cena de le Ceneri*),专为答复牛津学者对自己信奉哥白尼学说一事的质问而作。布鲁诺在书里仅视哥白尼为一数学家,还说他并不能完全理会日心说的真正意义。有一位学者问布鲁诺,地球绕太阳旋转,其因何在? 布鲁诺的答复,并未引证哥白尼的数学证明,却逐字照抄了《秘语集》里的文句,说生命的本原是在运动着,宇宙间万物未有不动者,地球也不能例外,所以它必须绕着太阳转动。1588 年,布鲁诺流落到布拉格,写下《反数学家论》(*Articuli Adversus Mathematicus*)。书中提到他对数学厌恶至极,因为数学仅是学究拿来向人炫耀的玩意儿,不能教人窥见自然界的奥秘。布鲁诺的这篇文章,点缀着许多魔术图形符号。这些图像和符号,布鲁诺称为"相数学"(mathesis),认为它们才能揭开一切秘密,可以代替数学。

布鲁诺对数学的反感,和他对《秘语集》的推崇,说明他后来拥护哥白尼学说,并非因为他觉得哥白尼在求得日心说的数学演算和经验数据方面要比前人更加完满和精确,反倒是因为哥白尼的日心说或地动说,暗合了布鲁诺一生中一直穷索不已的古代神秘主义哲学和玄秘法术里的自然哲学传统。布鲁诺的一生，可以说都是在试图为了恢复这个传统而积极活动。当时的欧洲人也多视他为"魔法师""通灵者"，而非哥白尼或伽利略那样的数学家和实测家。布鲁诺后来在罗马受宗教法庭审判，到最后遭火焚之刑，论其实际，与他所持自然哲学的观点并无直接关系，反倒与他竭力想要恢复的古代异教哲学和法术有关。简言之，当时罗马教廷烧死的布鲁诺，实际上还不能完全算是一个深通哥白尼学说的自然哲学家，而主要是一个"魔法师"或"妖人"。称布鲁诺为近代自然科学的"殉道士"，是 17、18 和 19 世纪以来，自然科学在文化领域里面变得越来越重要以后才产生的一种说法，有情感上的根据，却无多少文献的根据。过去的学者解释布鲁诺的自然哲学，就是因为多从他与近代科学的关系上着眼，所以研究起来往往发现与事实材料扞格不通。直到 20 世纪，英国出了个专门研究文艺复兴历史、文艺和哲学的大家叶慈女士（Frances Yates，1899—1981），换了一个角度，专从布鲁诺与古代神秘主义和法术的关系上来研究，原来难以讲通的地方，才一一有了比较合理的解释。

　　这类有柏拉图主义倾向的自然哲学家，除了日耳曼人库萨的尼古拉之外，好像都是意大利人。其实不然。文艺复兴时期的柏拉图主义自然哲学，还有一个日耳曼学派。它的主要人物有阿各里帕（Heinrich Cornelius Aggripa von Nettesheim，1486—1535）、帕拉切尔苏斯、范·海尔蒙（John Baptist van Helmont，1577—1644）、维格尔（Valentine Weigel，1533—1588）和雅各布·波墨（Jokob Boehme，1575—1624）。这些日耳曼自然哲学家有一个共同特征，即都持一种神秘主义天人合一的宇宙观，认为人体为一小宇宙，其内部各种成分与身外的大宇宙有一一对应的关系。大宇宙的变化，可以影响到小宇宙，而通过对小宇宙的控制，可以改变大宇宙的运行。这个思想是从中世纪继承下来的。中古学者以人身各器官拟配七曜十二宫，以阴阳燥湿之体液论讲说病原学，以为药物的形色数量有特殊的神秘意义。这些人里，以帕拉切尔苏斯的主张最为奇特。他曾经说过自然界是一个大药材铺子，而天主则像一个药材铺掌柜。① 这些日耳曼自然哲学家多是炼金术和法术的信奉者。因此还有人说,文艺复兴既是学问的复兴,也是法术的复兴。这些特征在与他们同时代的大多数意大利自然哲学家身上是没有的。

文艺复兴时期这种不重数学和实测因素的柏拉图主义自然哲学,在具体细节上面,对亚里士多德主义的自然哲学也有很多订正。这里再来举几个具体的例子,以见其一斑。先说名词概念的增减方面。对亚里士多德主义的"五大说",特莱肖(Bernardino Telesio,1509—1588)另立"三大说",帕特利齐则建立"四大说",数目内容都有增损。特莱肖不仅像帕特里齐一样反对亚里士多德主义,还反对柏拉图主义,却影响过康帕内拉和布鲁诺,算是这一类自然哲学家里的一个异例。帕特利齐把自己的哲学完全建立在经验主义之上,认为自然只能通过感觉和观察获得了解。他这种经验主义,曾经得到培根的赞赏。不过,培根同时也说,帕特利齐所立的这种新的"四大说",其可信度和可靠性并不比亚里士多德主义的旧说好。这是因为,他虽然自称信任感觉和观察,但是在他对自然观察实验之前,已经先凭空发明了这么一套理论。② 在这种情况下,到底是"五大说""四大说"还是"三大说"更有优点,就很难说了。再如名词概念的新旧代替。比如,在处理自然哲学上最重要的术语"空间"时,特莱肖第一次使用"spatium",废除了前人一直使用的"locus"。③ 我们看英文的哲学书,哲学家说到"空间"或"空间的"时,都用"space"和"spatial",而不用"locus"和"local",这都是因为文艺复兴时期自然哲学上发生的变化所致。还有名词概念含义的新解释。自然哲学家对有些亚里士多德主义的常用术语尝试作了新的解释。这些解释,若就历史学和语文学而论,不一定符合原来的意思,但是从哲学思想发展而论,却是"歪打误撞"地推动了后来某些新学说的形成。所以,它们未尝不是一种进步。比如

---

① 荣格:《全集》第15卷,第10页,劳特利奇与基根·保罗出版社。
② 帕林森主编:《劳特利奇书局哲学史》第4卷《文艺复兴和十七世纪唯理论》,第57—58页,劳特利奇出版社,1993。
③ 克利斯特勒:《意大利文艺复兴时期八个哲学家》,第103—104页。

自然哲学里"实体"（substantia）一词，原指一个句子中的主词所指的任何一件东西，比如苏格拉底、灵魂等等。可是，后来经布鲁诺之手，"实体"却变成了天主专有的一个名称。与此相应，"偶性"（accidentia）一词，从原来的放在"苏格拉底"和"灵魂"等词后面的"有死的""不朽的"等等，改为专指天主身外的一切造物。换言之，亚里士多德派视为"实体"的许多东西，到了布鲁诺这里，反而都成了"偶性"。"实体"新获得的这个意思，对后来斯宾诺莎哲学有不小的影响。[①] 这是名词概念内涵变化的一个例子。最后是新的名词概念的提出。近代西方哲学里常见的一些概念，都是经过文艺复兴时期这类自然哲学家的提倡而变得流行起来的。比如莱布尼茨哲学里的"单子"（monad）一词，在布鲁诺的作品中早就出现了。有的西方哲学史家推测，因为莱布尼茨与文艺复兴时期自然哲学家范·海尔蒙之子小范·海尔蒙（Francis Mercury van Helmont，1618—1699）来往密切，而小范·海尔蒙就曾经提倡过"单子论"，可能莱布尼茨就是直接从他那里知道了"单子"，或者是小范·海尔蒙推荐他读了布鲁诺的书以后知道的。[②] 不管怎么说，莱布尼茨的单子论与布鲁诺是有关系的。这是文艺复兴时期的自然哲学引进的某些新的名词概念，对近代哲学发生直接影响的一个例子。

但是，人们会问，这类自然哲学家在名词概念上作的这些变化，究竟有多大意义呢？如果它们本来就是思辨上的产物，到底能够反映出多少自然的真相呢？确实如此。仅仅依靠改变某些名词概念的定义，或者通过增减一定数量的名词概念，文艺复兴时期的自然哲学，与中世纪的亚里士多德主义自然哲学相比，变化并不明显。但是，还是有一些学说具体细节上发生的变化，使我们可以发现一种新思想的萌芽。比如，在帕特利齐的自然哲学里，"冷"和"热"是被看成完全不同的两种性质。这种"冷"和"热"，当然不是简单的"冷水"的"冷"和"热

---

① 克利斯特勒：《意大利文艺复兴时期八个哲学家》，第 132 页。
② 考普斯顿神父：《西方哲学史》第 3 卷《中世纪晚期和文艺复兴早期哲学》，"印象丛书"，第 78、269 页，1963。

水"的"热",而是这类具体东西的一种抽象,抽象到形而上学层次上的两个概念。但是,他的这种抽象,是受当时社会上对冷、热现象的常识性看法影响的。这种未经批评的常识性看法,与近代自然科学把冷和热看成是同一种东西的两种不同方式的表现这种思路完全不同。[1] 哲学家曼佐尼(Jacopo Manzzoni)对冷和热的看法,与帕特里奇不一样,接近近代自然科学的立场。受新柏拉图主义哲学家普罗克鲁斯影响,曼佐尼曾经想把柏拉图主义的数理哲学和德谟克里特的原子论哲学结合在一起,用来说明冷和热的差别只不过是因为物质微粒之间形成的角度的钝锐不同造成的。[2] 曼佐尼这种主张,很接近毕达哥拉斯主义和柏拉图主义用数理范畴解释宇宙构成的思想。毕达哥拉斯学派的费洛劳斯(Philolaus)和写《蒂迈欧篇》(此篇文字的作者非苏格拉底,而为毕达哥拉斯派学者蒂迈欧)时的柏拉图,在解释地、水、火、风的物相差别时,已经将其溯源于物质微粒形体(如正四面体、正立方体、正八面体、正十二面体、正二十面体)面数多寡比例之不同。[3] 曼佐尼做过伽利略的老师。伽利略受过他这种数理主义影响,也是有一定的可能的。

哲学家怀特海(A. N. Whitehead)说过,古今数学、物理学有三次大变化,都与波和振动问题有关。由此毕达哥拉斯学派从琴弦振动中声高和琴弦长短成比例中领悟出自然规律可以用数学来表示,近代物理学对各种声光振动现象的研究,和现代物理学中的量子波动说。而后两次变化,在理论原则上都可以说是脱胎于最早的毕达哥拉斯主义。[4] 我国的《周易》里本来有曲成万物的成语,曾经有中国学者认为这里的"曲"字,与《周髀算经》里的"勾、股、弦"有关。在西方世界,"勾股定理"据说最初是毕达哥拉斯主义者发现的,于是又有中国学者认为毕达哥拉斯主义

[1] 爱德温·亚瑟·伯特:《近代物理科学形而上学基础史探》,第5页,伦敦,1925。
[2] 欧仁·伽林:《意大利文艺复兴时期的科学和市民生活》,第95、112、133—134页。
[3] 司退斯:《古希腊哲学探微》,第37—38、209页,麦克米伦图书有限公司,1928。又毕达哥拉斯学派反对地心说,为哥白尼、伽利略和开普勒的先驱,为学界共识,无劳赘述。
[4] 参见怀特海《科学与近代世界》,第39页,新美书局,1949。

"凡百事物皆模效数理"的主张,与《周易》"曲成万物"的道理有相通之处。① 这种比附,可能很有问题。但是,它又很有启发性。如果我们把"曲成万物"的"曲"字,藉作"乐曲"的"曲"②,或者声波、水波"弯曲"的"曲",那么毕达哥拉斯主义数理哲学的精义,实在可以用"曲成万物"这四个字来概括。如果我们再想到伽利略之父为当时著名的音乐家,伽利略最早的一个科学发现(钟摆振动周期性原理),就与波和振动问题有关,那么他在思想上与毕达哥拉斯主义的关系,不是显得很有意味吗?波和振动问题是数学和物理学的一个直接汇合点,也是毕达哥拉斯主义里面最原始、最有生机的东西。大自然不但是一本用数学字母写的书,也是用数学音符谱的曲。

伽利略是"近代科学之父",代表了文艺复兴时期自然哲学发展的最后一个阶段。这一阶段的自然哲学有两个特点,首先是刚才说过的柏拉图主义和毕达哥拉斯主义的数理主义,其次是古希腊几何学家和力学家阿基米德的科学方法。从与近代自然科学的关系来看,阿基米德可以说是一个比柏拉图和亚里士多德更重要的人物。作为近代自然科学的核心的力学,可以说就是从阿基米德开始的。阿基米德的力学研究,对文艺复兴时期自然哲学家来说,主要提示了一种研究自然最好的方法。严格说来,近代自然科学里所谓的观察,不是"今日格一物明日格一物",而是有选择、有重点的观察;而所谓实验,也不是一般的"从错误和失败中学习"的盲动的实验,而是在一种有控制的条件下所进行的自觉的实验。这种观察和实验的方法,阿基米德早就使用过了。阿基米德写过一本书,叫《平面平衡论》。他在书里提出过有名的"杠杆原理",是后来牛顿力学的基础。阿基米德研究力学,不直接从事实物测量,而是用数学方法,研究头脑中理想的量。研究开始时,他先建立假设。这些假设,或者是欧几里得几何范围内自明的原理,或者能以简单的实验证实。他又从

---

① 章太炎:《訄书·清儒》,转引自周予同编《中国历史文选》下册,第 318—319 页,上海古籍出版社,1980。

② 希腊文"乐曲",就是英文里的"宇宙和谐"的"和谐"(harmony)的字源。

这些假设开始,导出它们可能内含的结论。这些结论有的看似不可思议,违反常识,可是阿基米德却能用实验证明它们的确可以在现实中复演出来,产生实在的效果。他发现"杠杆原理",就遵循了这个过程。他先从数学上推论出,在某一种条件下如何设计一种新的杠杆,就能使人举起他原来靠手所不能举起的重量。接着,他就在现实条件下设计出这种杠杆,用实验让人们亲眼看见可以用很小的力,通过特别设计的杠杆,举起或推动原本根本无法移动的重物。实验的结果证明了理论的正确,而理论也指导了实验的进行。阿基米德思想在中世纪的传承,和它在文艺复兴时期的重光,是西方哲学史和科学史研究上的大题目,兹不赘述。关于文艺复兴时期自然哲学家对他的接受问题,只要记住两点就可以了。其一,在列奥那多的藏书中,据说就有一部阿基米德的《平面平衡论》写本。其二,伽利略曾经认为,阿基米德"神鬼莫测",他的学识古今无匹。①

　　数学方法和观测实验方法相结合的最好的例子,很好地体现在天文学家和数学家对哥白尼日心说的修正过程中。日心说的成立,多根据旧有天文观测数据。哥白尼的新贡献,在于给这些旧数据一个新的数学说明。由于观测工具不善,旧数据有些地方也不能完全证明新理论。"工欲善其事,必先利其器。"丹麦天文学家第谷(Tycho Brahe,1546—1601)立即开始改进天文仪器,发明了象限仪(quadrant)和六分仪(sextant)。这也是偏重数学说明的哥白尼一直忽略的一个环节。第谷加大了天文观测仪器的体积,对观测过程中造成误差的因素也做了很充分的估计。用改进的仪器,第谷发现了"第谷新星"(Tycho's nova),用观测数据证明它是一颗恒星,而非普通彗星。在望远镜发明以前,第谷仅凭简单仪器进行实测,还能获得许多重要发现和数据,这是很不容易的。他提出自己的宇宙模型说,认为地球依然应是宇宙的中心,太阳和月亮围绕它旋转,而其他行星则围绕太阳运行。这种观点对哥白尼日心说有所修正,

_____

① 欧仁·伽林:《意大利文艺复兴时期的科学和市民生活》,第 94—95、104、135 页。

对旧时托勒密地心说有所保留,是一种调和折中的主张。德国天文学家开普勒(Johannes Kepler,1571—1630)是第谷的学生、事业继承人,既是很好的数学家,也是优秀的天文实测家,身兼哥白尼和第谷之长。他后来能发现"行星运行三大定律",应该不是偶然的。另外,开普勒也是一个很彻底的毕达哥拉斯主义者。

不过,天文实测毕竟是开普勒贡献最大的领域。只有在伽利略身上,实测和数学才得到最完满的结合。不过,伽利略在天文实测上也很有贡献。他用自己改装过的望远镜,观察到前人无法看到的无数天文现象。他又继承阿基米德的思想,以数学讲力学,为后来牛顿发现"力学三大定律"做了准备。数学里的图形、数字和定理,不仅仅是一种研究自然的方法和工具,实为天主藉以书写大自然这本书时所用的字母、标点和文法。借助力学和望远镜,伽利略把天文学从古代、中世纪和文艺复兴早期的天象几何描述学,带到了近代的动力天文学。从第谷到伽利略,重实测的精神一直就未中断过。唯有伽利略,一面重实测[①],一面又不放弃数学和力学的推演,所以所获独多,远远超越前人。他以自然科学研

---

① 伽利略用他改进过的望远镜,发现木星等有卫星,天河为无数星辰所成。伽利略的天文物理学说,在其生前就经明清之际入华的耶稣会士输入中国。伽利略有自己的地动说,如《古今图书集成·历象汇编·历法典》卷六五《历法总部·五纬历指一·总论》:"问:宗动天之行若何? 曰:其说有二。或曰宗动天非日一周天左旋于地内,絜诸天与俱西也。今在地面以上,见诸星在行,亦非星之本行,盖星无昼夜,一周之行而地及气火通为一球,自西徂东,日一周耳。如人行船,见岸树等,不觉己行而觉岸行。地以上人见诸星之西行,理亦如此。是以地之一行,免天上之多行,以地之小周,免天上之大周也。"此即伽利略之说。后有一说为耶稣会士辩驳伽利略之说者,此处暂不介绍。关于木星等有卫星,同上书卷七七《历法总部·历法西传》曰:"第谷殁后,望远镜出,天象微妙,尽著于是。有加利勒阿于三十年前创有新图,发千古星学之所未发,著书一部。自后名贤继起,著作转多,乃知木星旁有小星四,其行甚疾,土星旁亦有小星二,金星有上下弦等象,皆前此所未闻。且西旅每行至北极出地八十度,即冬季为一夜。又尝周行大地,至南极出地四十余度,即南极星尽见,所以星图记载独全。""加利勒阿"即伽利略,"著书一部"即伽利略于1601年发表的《星宿使者》。关于天河之说,同上书同卷《新法历书·历指》卷三《恒星》之三曰:"问:天汉何物也? 曰:古人以天汉非星,不置诸列宿天之上也。意其光与映日之轻云相类,谓在空中月天之下,为恒清气而已。今则不然,远镜既出,用以仰窥,明见为无数小星。"参见方豪神父《伽利略与科学输入我国之关系》和《伽利略生前望远镜传入中国朝鲜日本史略》二文,载《方豪文录》,第287—292、292—294页;《远镜》,第53—54、101页及注169、178,哈佛大学出版社。

究为基础总结出的自然哲学观点,也就结束了古代亚里士多德主义的自然哲学传统,提炼了文艺复兴时期其他自然哲学家的柏拉图主义和毕达哥拉斯主义思想,为近代自然科学奠定了很坚实的基础。

　　总的来说,在整个文艺复兴时期,自然哲学作为一个独立的学科是在逐渐走下坡路的。随着近代自然科学十分迅速地发展,自然哲学面临着一种很尴尬的命运。与自然科学结论相违背的自然哲学,比如亚里士多德主义自然哲学,已经被淘汰出了知识领域。对自然科学方法和观念有积极贡献的自然哲学,比如柏拉图主义和毕达哥拉斯主义的数理哲学,又都被完全吸收进自然科学里面,失去了它们原来独立的地位和价值。从 17 世纪到 20 世纪这 400 年里,自然哲学虽然还是不断出现在许多科学家和哲学家的著作里,但是,它要不本身就是自然科学,比如牛顿的力学体系;要不就是受到曲解的自然科学,比如谢林(Friedrich Wilhelm Joseph von Schelling, 1775—1854)和黑格尔的自然哲学。而现代哲学里的自然哲学,比如维也纳学派石里克的自然哲学以及后来分析哲学家谈的自然哲学,与其说是古代、中世纪和文艺复兴时期那种传统的关于自然的哲学,毋宁说是关于自然科学的哲学,或者说是科学的逻辑句法。无论怎么看,传统的自然哲学从文艺复兴时期以来逐渐失去它的独立地位。因此,如果我们把文艺复兴时期自然哲学的历史,说成是从它里面孕育出近代自然科学时所经受的一段"阵痛",应该不会离真相太远吧。

主要参考文献

一 外文著作

1. Adams, Marilyn McCord. *William Ockham*. Vol. I. University of Notre Dame Press, 1987

亚当斯. 奥康(第1卷). 圣母大学出版社, 1987

2. Aertsen, Jan A. *Medieval Philosophy and the Transcendentals*. E. J. Brill, 1996

埃尔岑. 中世纪哲学和超越. 布里尔出版社, 1996

3. Althaus. *The Theology of Martin Luther*

阿尔特豪斯. 马丁·路德的神学

4. Aquinas Thomas. *De ente et essentia*. Das Seinde und das Wesen ed., Franz Leo Beeretz, Reclam, 1979

托马斯·阿奎那. 存在者与本质(拉德对照本). 弗朗茨·莱奥·贝雷茨编译, 雷克拉姆出版社, 1979

5. Aquinas Thomas. *De veritate*. ed. Albert Zimmermann, Felix Meiner, 1986

托马斯·阿奎那. 论真理(拉德对照本). 阿尔伯特·齐默尔曼编译, 费利克斯·迈纳出版社, 1986

6. Aquinas Thomas. *Die Gottesbeweise*. tr. Horst Seide. Felix Meiner Verlag, 1986

托马斯·阿奎那. 关于上帝的证明. 霍斯特·塞德译, 费利克斯·迈纳出版社, 1986

7. Aquinas Thomas. *Summe der Theologie*.

托马斯·阿奎那. 神学大全

8. Arberry, Arthur J. *Avicenna on Theology*. Hyperion Press, 1979

阿尔拜里. 阿维森纳的神学. 许珀里翁出版社, 1979

9. Armstrong, D. M. *Universals: An Opinionated Introduction*. Westview Press, Inc., 1989

阿姆斯特朗. 共相: 一个坚定己见的导论. 西景出版公司, 1989

10. Audi, Robert ed. *The Cambridge Dictionary of Philosophy*. Cambridge University Press, 1995

奥迪编. 剑桥哲学辞典. 剑桥大学出版社, 1995

11. Augustin. *Der freie Wille*. Ferdinand Schöningh-Paderborn, 1961

奥古斯丁. 论自由意志(德译本第 3 版). 斐迪南·舍宁-帕德波恩出版社, 1961

12. Augustin. *vom Gottesstaat*. Wilhelm Thimme, 1955

奥古斯丁. 上帝之城. 威廉·蒂梅的德译本, 阿尔特米斯出版社, 1955

13. Avicenna. *Le Livre de Science*. traduit par Mohammad Achena et Henri Massé. Paris, Les Belles Lettres, 1955

阿维森纳. 科学书(第 1 卷). 穆罕默德·阿什纳和亨利·马塞译, 巴黎, 美文出版社, 1955

14. Bacon, Roger. *Compendium of the Study of Theology*. edition and translation by Thomas S. Maloney, E. J. Brill, 1988

培根. 神学研究纲要. 托马斯·S. 马洛尼译, 布里尔出版社, 1988

15. Bacon, Roger. *The Opus Majus of Roger Bacon*. translation by Burke Robert Belle. Thoemmes Press, 2000

培根. 大著作(2 卷本). 罗伯特·B. 柏克译, 瑟麦斯出版社, 2000

16. Baird, Forrest E. and Kaufmann, Walter ed. *Medieval Philosophy*. Prentice-Hall, 1997

贝尔德和考夫曼编. 中世纪哲学. 普伦蒂斯-霍尔出版公司, 1997

17. Barnes Jonathan. *The Complete Works of Aristotle*. 2 Vols. The Revised Oxford Translation. Princeton University Press, 1984

巴恩斯编. 亚里士多德全集(牛津修订译本, 两卷本). 普林斯顿大学出版社, 1984

18. Bettoni, Efrem. *Duns Scotus: The Basic Principles of His Philosophy*. translated and edited by Bernardine Bonansea. The Catholic University of America Press, 1961

贝托尼. 邓斯·司各脱哲学基本原则. B. 博南西英文编译, 美洲天主教大学出版社, 1961

19. Bettoni, Efrem. *Duns Scotus: The Basic Principles of His Philosophy*. translated by Bernardine Bonansea and Connecticut. Greenwood Press, 1997

贝托尼. 邓斯·司各脱哲学的基本原则(重印本). B. 博南西英译本, 康涅狄格译, 格林伍德出版社, 1997

20. Boethius. *The Consolation of Philosophy*. with an English translation by S. J. Tester. Harvard University Press,1973

波埃修. 哲学的安慰(拉丁语-英语对照本). S. J. 特斯特英译,哈佛大学出版社,1973

21. Boethius. *The Theological Tractates*. with an English translation by H. F. Stewart and E. K. Rand,and S. J. Tester. Harvard University Press,1973

波埃修. 神学论文(拉丁语-英语对照本),H. F. 斯图尔特,E. K. 兰德和 S. J. 特斯特英译,哈佛大学出版社,1973

22. Bonaventure, Saint. *Itinéraire de l'Esprit vers Dieu*. trad. par Henry Duméry. Paris,Librairie Philosophique, 1978

波纳文图拉. 心向上帝的旅程(拉丁文-法文对照本). 亨利·迪梅里译,巴黎,哲学图书出版社,1978

23. Bréhier, Émile. *Histoire de la Philosophie*. tome premier. Paris, Presses Universitaire de France,1951

布雷耶. 哲学史第1卷. 巴黎,法国大学出版社,1951

24. Bridges, John Henry. *The Life and Work of Roger Bacon*. London, williams&Norgate,1914

布里奇. 罗吉尔·培根的生平与著作. 伦敦,威廉姆斯-诺盖特公司出版,1914

25. Bridges, John Henry. *The Life and Work of Roger Bacon*. Williams SL. Norgate,London,1914

布里奇. 罗吉尔·培根的生平与著作. 威廉姆斯和诺盖特公司,1914

26. Carabine. *The Unknown God*. Louvain,Peeters Press,1995

卡拉比纳. 未知的上帝. 卢汶,皮特出版社,1995

27. Châtelet,François ed. *La Philosophie Médiévale*. Librairie Hachette,1972

沙特莱主编. 中世纪哲学. 阿歇特出版社,1972

28. *Complete Philosophical and Theological Treatises of Anselm of Canterbury*. translated by Jaspers Hopkins and Herbert Richardson. the Arthur J. Banning Press,Minneapolis,2000

安瑟伦哲学和宗教论文全集. 霍普金斯和理查德森译. 明尼阿波利,阿瑟·J. 班宁出版社,2000

29. Copleston,F. C. *A History of Medieval Philosophy*. London, Methuen & Co Ltd. , 1972

科普尔斯顿. 中世纪哲学史. 伦敦,梅休因和科公司,1972

30. Copleston,Frederick. *A History of Philosopy*. London,The Newman Press, 1950

科普尔斯顿. 哲学史. 纽约,纽曼出版社,1985

31. Corbin,Henry. *Histoire de la Philosophie Islamique*. Édition Gallimard, 1986

科尔班. 伊斯兰哲学史. 伽利玛尔出版社,1986

32. Craig,Edward ed. *Encyclopedia of Philosophy*. Routledge,1998

克雷格总编. 哲学百科全书. 劳特利奇出版社,1998

33. Dodd,Tony. *The Life and Thought of Siger of Brabant*. The Edwin Mellen Press,1998

多德. 布拉班特的西格尔的生活和思想. 埃德温·梅林出版公司,1998

34. Dronke, Peter. *A History of Twenlfth-century Western Philosophy*. Cambridge University Press, 1988

德龙克. 12 世纪西方哲学史. 剑桥大学出版社,1988

35. Duns Scotus. *A Treatise on God as First Principle*. translated by Allan B. Wolter. Chicago,Franciscan Herald Press,1965

司各脱. 论上帝作为第一原理. 阿兰·B. 沃尔特编译,芝加哥,法兰西斯先驱出版社,1965

36. Duns Scotus. *Contingency and Freedom*. translated & commented by A. Vos Jaczn,etc. The Netherlands,Kluwer Academic Publishers,1994

司各脱. 偶然性与自由. A. 沃斯·雅克辰等译注,荷兰,克鲁威尔学术出版社,1994

37. *Duns Scotus. Philosophical Writings*. edited and translated by Allan B. Wolter. Indianapolis,Hackett Publishing Company,1987

沃尔特编译. 司各脱哲学文选. 印第安那波利斯,哈克特出版公司,1987

38. *Duns Scotus. Philosophical Writings*. edited and translated by Allan Wolter, 1962

沃尔特编译. 邓斯·司各脱哲学著作选辑(拉英对照版). 托马斯·纳尔逊父子公司,1962

39. Evangeliou, Christos. *Aristotle's Categories and Porphyry*. E. J. Brill, Leiden. The Netherlands,1988

伊万杰里欧. 亚里士多德《范畴篇》与波菲利. 荷兰,布里尔-莱登出版社,1988

40. Evans, G. R. *Philosophy and Theology in the Middle Age*. Routledge,1993

伊文斯. 中世纪哲学和神学. 伦敦/纽约,劳特利奇出版社,1993

41. Frank,William A. and Wolter,Allan B. ed. *Duns Scotus, Metaphysician*. Purdue University Press,1995

弗兰克与沃尔特编译与评注. 形而上学家邓斯·司各脱(拉英对照版). 珀杜大学出版社,1995

42. Gilson, E. *The Spirit of Medieval Philosophy*. translated by A. H. C. Downes. London,1936

吉尔松. 中世纪哲学精神. 唐斯英译,伦敦,1936

43. Gilson,Etienne. *History of Christian Philoaophy in the Middle Ages*. New York,Random House,1955

吉尔松. 中世纪基督教哲学史. 纽约,兰登书屋,1955

44. Gilson，Étienne. *La Philosophie au Moyen Age*. Paris，deuxième édition Payot &Rivages，1999

吉尔松. 中世纪哲学. 巴黎，帕约-里瓦热出版社，1999 年第 2 版

45. Goodman，E. Lenn. *Avicenna*. Routledge，1992

古德曼. 阿维森纳. 劳特利奇出版社，1992

46. Gracia，J. E. Jorge and Noone，B. Timothy. *A Companion to Philosophy in the Middle Ages*. Blackwell Publishing Ltd. ，2003

乔治·J. E. 格雷西亚和蒂莫西·B. 努恩编. 中世纪哲学指南. 布莱克维尔出版社，2003

47. Gracia，Jorge J. E. *Introduction to the Problem of Individuation in the Early Middle Ages*. Second Revised Edition. Philosophia Verlag，1988

格雷西亚. 早期中世纪个别化问题引论(修订第 2 版). 哲学出版社，1988

48. Gracia，Jorge J. E ed. *The Individuation in Scholasticism：The Later Middle Ages and the Counter-Reformation*，*1150—1650* . State University of New York Press，1994

格雷西亚编. 经院哲学中的个别化：晚期中世纪和反改革运动，1150—1650 年. 纽约州立大学出版社，1994

49. Grayling，A. C. *An Introduction to Philosophical Logic*. third Edition. Blackwell Publishers Ltd. ，1997

格雷林. 哲学逻辑导论(第 3 版). 布莱克维尔出版公司，1997

50. Grayling，A. C. ed. *Philosophy* 2. Oxford University Press，1998

格雷林编. 哲学 2. 牛津大学出版社，1998

51. Guthrie，W. K. C. *A History of Greek Philosophy*. Vol. Ⅵ. Cambridge University Press，1990

格斯里. 希腊哲学史(第 6 卷). 剑桥大学出版社，1990

52. Guttenplan，Samuel ed. *A Companion to Philosophy of Mind*. Basil Blackwell Ltd，1994

古腾普兰编. 心灵哲学指南. 巴兹尔·布莱克维尔出版公司，1994

53. Hackett Jeremiah ed. *Medieval Philosophers*. Gale Research，Inc. ，1992

哈肯特编. 中世纪哲学家. 盖文研究出版公司，1992

54. Hadot，Pierre. *Philosophy as A Way of Life*. Oxford，Blackwell，1995

阿多. 哲学作为一种生活方式. 牛津，布莱克维尔出版社，1995

55. Harris，C. R. S. *Duns Scotus*. Volume Ⅱ. Bristol，Thoemmes Press，1995

哈里斯. 邓斯·司各脱(上下卷). 英国，布里斯托，瑟欧梅斯出版社，1995

56. Heidegger，Martin. *Einführung in die Metaphysik*. Max Niemeyer，1958

海德格尔. 形而上学导论，第 6 页. 马克斯·尼迈尔出版社，1958

57. Hick，John. *Classical and Contemporary Readings in the Philosophy of Religion*. Prentice-Hall，Inc. ，1990

希克编. 宗教哲学古今文选. 普伦蒂斯-霍尔公司,1990

58. Honderich, Ted ed. *The Oxford Companion to Philosophy*. Oxford University Press,1995

洪德里希编. 牛津哲学指南. 牛津大学出版社,1995

59. Hugh. *The Didascalicon of Hugh of St. Victor*. translated by Taylor Jerome. New York, Columbia University Press,1991

雨果. 圣维克多的雨果的讲授学. 杰罗姆·泰勒译,纽约,哥伦比亚大学出版社,1991

60. Hume,David. *A Treatise of Human Nature*. Edited by L. A. Selby-Bigge. Oxford University Press,1958

休谟. 人性论. 塞尔比-比格编,牛津大学出版社,1958

61. Ibn,Sina. *Remarks and Admonitions Part one*: *Logic*. translated by Shams C. Inati. Pontifical Institute of medieval Studies, 1984

伊本·西纳(阿维森纳). 评论和告诫·第1部·逻辑,沙姆斯·C. 艾纳蒂译,教皇中世纪研究所,1984

62. Inglis,John. *Spheres of Philosophical Inquiry and the Historyiography of Medieval Philosophy*. Leiden Boston Köln,Brill,1998

英格利斯. 哲学探讨的范围和中世纪哲学史学. 波士顿-科隆-莱登,布里尔出版社,1998

63. Irwin, Terence. *Aristotle's First Principles*. Oxford University Press,1990

欧文. 亚里士多德的第一原理. 牛津大学出版社,1988

64. Ivry, L Alfred. *Al-kindi's Metaphysics*. State University of New York Press,1974

伊弗里. 铿迪的形而上学. 纽约州立大学出版社,1974

65. Jeauneau,Edouard. *La Philosophie Médievale*,Paris,P. U. F. ,1963

若诺. 中世纪哲学. 巴黎,法国大学出版社,1963

66. John of Salisbury. *Policraticus*. edited and translated by Cary J. Nederman. Cambridge University Press, 1990

约翰(索尔兹伯里的). 论政府原理. C. J. 内德曼编译,中国政法大学出版社2003 年影印剑桥大学出版社 1990 年版

67. Jolivet, Jean. *Abélard ou la Philosophie dans le Langage*. Universitaires Fribourg Suisse,1994

若利韦. 阿贝拉尔或语言中的哲学. 瑞士弗莱堡大学,1994

68. Knonles, David. *The Evolution of Medieval Thought*. Longman,1988

诺尔斯. 中世纪思想的发展. 伦敦和纽约,朗曼公司,1988

69. Knowles, David. *The Evolution of Medieval Thought*. Second Edition. Longman,1988

诺尔斯. 中世纪思想的发展(第 2 版). 伦敦和纽约,朗曼公司,1988

70. Kretzmann，Norman ed. *Cambriage History of Later MedievalPhilosophy*. Cambridge University Press，1982

克雷茨曼等编. 剑桥晚期中世纪哲学史. 剑桥大学出版社，1982

71. Lewis，Frank A. *Substance and Predication in Aristotle*. Cambridge University Press，1991

刘易斯. 亚里士德的实体与谓述. 剑桥大学出版社，1991

72. Lindberg，David C. ed. *Roger Bacon's Philosophy of Nature*. Oxford，Clarendon Press，1983

林德伯格编译. 罗吉尔·培根的自然哲学. 牛津，克拉伦登出版社，1983

73. Loux，Michael J. *Metaphysics：A Contemporary Introduction*. Routledge，1998

洛克斯. 当代形而上学导论. 劳特利奇出版公司，1998

74. Loux Michael J. *Substance and Attribute：A Study in Ontology*. D. Reidel Publishing Company，1978

洛克斯. 实体与属性：本体论研究. D. 雷德尔出版公司，1978

75. Maimonides，Moses. *The Guide for the Perplexed*. translated by M. Friedlander. Geoge Routledge& Sons Ltd. ，1910

迈蒙尼德. 迷途指津. M. 弗里德兰德译，中国社会科学出版社 1999 年影印乔治·劳特利奇父子公司 1910 年版

76. Marenbon，John. *Later Medieval Philosophy*. London，Routledge，1991

马伦邦. 中世纪晚期哲学. 伦敦，劳特利奇出版公司，1991

77. Marenbon，John. *The Philosophy of Peter Abelard*. Cambridge University Press，1997

马伦邦. 阿贝拉尔的哲学. 剑桥大学出版社，1997

78. Marenbon，John ed. *Medieval Philosophy*. London，Routlegde，1998

马伦邦编. 中世纪哲学. 伦敦，劳特利奇出版社，1998

79. Marshall，S. Nash. *Participation and the Good：A Study in Boethian Metaphysics*. New York，The Crossroad Publishing Company，2000

马歇尔. 分有和善：波埃修形而上学研究. 纽约，十字路口出版公司，2000

80. Maurer，Amand. *Medieval philosophy*. New York，Random House，1962

莫勒. 中世纪哲学. 纽约，兰登书屋，1962

81. Maurer，Armand. *The Philosophy of William of Ockham in the Light of Its Principles*. Pontifical Institute of Mediaeval Studies，1999

莫勒. 奥康的哲学. 教皇中世纪研究所，1999

82. Mcevoy，James. *Robert. Grrosseteste*. Oxford University Press，2000

麦克沃伊. 罗伯特·格罗塞特. 牛津大学出版社，2000

83. McInerny，R. *Boethius and Aquinas*. Washington D. C.，The Catholic University of America Press，1990

麦金纳尼. 波埃修和阿奎那. 华盛顿, 美国天主教大学出版社, 1990

84. *Medieval Philosophers*. edited and translated by Richard Mckeen, Charles Scribner's Sons, 1929

麦克恩编译. 中世纪哲学家原著选编. 查尔斯·施克莱伯纳父子出版公司, 1929

85. Moran, Dermot. *The Philosophy of John Scottus Eriugena*. Cambridge University Press, 1989

莫兰. 爱留根纳的哲学. 剑桥大学出版社, 1989

86. Nasr, Seyyed Hossein. *Three Muslim Sages*. Harvard University Press, 1969

纳什尔. 穆斯林三哲人. 哈佛大学出版社, 1969

87. Oberman, Heiko. *Luther: Man Between God and the Devil*. trans. Eileen Walliser-Scharzbart. New York, Doubleday, 1992

奥伯曼. 介于上帝和恶魔之间的路德. 沃利泽-沙尔兹巴特译, 纽约, 双日出版社, 1992

88. O'Meara, D. *The Structure of Being and Search for the Good: Essays on Ancient and Early Medieval Platonism*. Vermont, Ashgate Publishing Company, 1998

奥米拉. 存在的结构和对善的探求: 论古代和中世纪早期柏拉图主义. 佛蒙特, 梣树门出版公司, 1998

89. O'Mera, J. J. *Eriugena*. Dublin, Hely Thom Limited, 1969

奥米拉. 爱留根纳. 都柏林, 希利·汤姆公司, 1969

90. Reagan, E. Charles. *Paul Ricoeur: His Life and His Work*. The University of Chicago Press, 1996

里根. 保尔·里克尔: 生平和著作. 芝加哥大学出版社, 1996

91. Rijt, De. *La Philosophie au Moyen Age*. Leiden E. J. Brill, 1985

里日特. 中世纪哲学. 莱登, 布里尔出版社, 1985

92. Rosemann, Philiph W. *Understanding Scholastic Thought with Foucault*. New York, St. Martin's Press, 1999

罗斯曼. 和富科一起理解经院思想. 纽约, 圣马丁出版社, 1999

93. Russ. J. *Historie de la Philospophie*. Paris, 1985

吕斯. 哲学史. 巴黎, 1985

94. Schoedinger, Andrew B. ed. *Readings in Medieval Philosophy*. Oxford University Press Inc., 1996

休丁格编. 中世纪哲学读本. 牛津大学出版社, 1996

95. Schufreider, Gregory. *Confessions of a Rational Mystic: Anselm's Early Writings*. Purdue University Press, 1994

舒弗雷德. 一个理性的神秘主义者的自白: 安瑟伦的早期作品. 珀杜大学出版社, 1994

96. Siger de Brabant. *Questines in Metaphysicam*. ed. William Dunphy. Edition de l'Institut supérieur de philosophie, 1981

西格尔. 形而上学问题. 威廉·邓菲编辑, 哲学高等研究院, 1981

97. Southern, R. W. *Saint Anselm and His Biographer*. Cambridge University Press, 1963

萨瑟恩. 圣安瑟伦和他的传记作者. 剑桥大学出版社, 1963

98. Spade, Paul Vincent ed. *Five Texts on the Mediaeval Problem of Universals*: *Porphyry, Boethius, Abelard, Duns Scotus, Ockham*. translated and edited by Paul Vincent Spade. Hackett Publishing Company, Inc., 1994

斯佩德编译. 中世纪共相问题原著选编:波菲利,波埃修,阿贝拉尔,邓斯·司各脱和奥康. 哈克特出版公司, 1994

99. Spade, Paul Vincent ed. *The Cambridge Companion to Ockham*. Cambridge University Press, 1999

斯佩德编. 剑桥奥康指南. 剑桥大学出版社, 1999

100. Steinmetz, David C. *Luther in Context*. Bloomington, Indiana University Press, 1986

斯泰麦兹. 语境中的路德. 布卢明顿, 印第安那大学出版社, 1986

101. *The Prayers and Meditations of St. Anselm with the Proslogion*. translated by Sister Benedicta Ward. Penguin Book, 1973

圣安瑟伦的祈祷和沉思. 本笃会修女沃德英译, 企鹅出版社, 1973

102. Tillich, Paul. *A History of Christian Thought*. Simon and Schuster, Inc., 1968

蒂利希. 基督教思想史. 西蒙和舒斯特出版公司, 1968

103. Tweedale, Martin M. *Scotus vs. Ockham—A Medieval Dispute Over Universals*, Volume II: *Commentary*. The Edwin Mellen Press, 1999

特威戴尔. 司各脱与奥康:中世纪共相之争评注. 埃德温·麦伦出版社, 1999

104. Ueberweg. *Historory of Philosophy*. translated by G. S. Morris, 4 th German edition. Charles Scribners Son, New York, 1903

宇伯威格. 哲学史(德文第4版). G. S. 莫里斯译,纽约,查尔斯·斯克里布纳父子出版公司, 1903

105. Weber, Alfred. *Histoire de le Philosophie Europeenne*. Paris, 1905

韦伯. 欧洲哲学史. 巴黎, 1905

106. Weinberg, Julius R. *A short History of Medieval Philosophy*. Princeton University Press, 1964

温伯格. 中世纪哲学简史. 普林斯顿大学出版社, 1964

107. *William of Ockham. Philosophical Writings*. translated by Philotheus Boehner. Hackett Publishing Company, 1990

奥康. 奥康哲学著作集(拉英对照版). P. 伯奈尔编译,哈克特出版公司, 1990

108. Williams, Thomas. ed. *The Cambridge Companion to Duns Scotus.* Cambridge University Press, 2003

威廉姆斯编. 剑桥邓斯·司各脱指南. 剑桥大学出版社,2003

109. Wippel, John F. and Wolter, Allan B. ed. *Medieval Philosophy: from St. Augustine to Nicholas of Cusa.* New York, The Free Press, 1969

威佩尔和沃尔特编. 中世纪哲学:从圣奥古斯丁到库萨的尼古拉. 纽约,自由出版社,1969

110. Wolter, Allan. *The Philosophical Theology of John Duns Scotus.* Cornell University Press, 1990

沃尔特. 邓斯·司各脱的哲学神学. 康奈尔大学出版社,1990

111. Wulf, De. *An Introduction to Scholastic Philosophy.* translated by P. Coffey. New York, Dover Publications Inc. , 1956

吴尔夫. 经院哲学导论. P. 科菲译. 纽约,多佛出版公司,1956

112. Wulf de Maurice. *History of Medieval Philosophy.* translated by Ernest C. Messenger, Ph. P. Thomas Nelson and Sons Ltd. , Toronto and New York, 1951

吴尔夫. 中世纪哲学史. 欧内斯特·C. 梅辛杰译,多伦多/纽约,托尔斯·尼尔森和子孙出版公司,1951

113. Флоровский Г. *Восточные отцы церкви.* Москва, 2003

弗洛罗夫斯基. 东方教父

114. Мейендорф. *Протоиерей Иоанн: Введение в святоотеческое богословие.* Клин, 2001

梅延多夫. 教父神学导论

115. Карсавин Л. *Святые отцы и учители церкви.* МГУ, 1994

卡尔萨文. 教父与教会圣师

116. Жильсон, Э. *Философия в средние века: От истоков патристики до конца XIV века.* Москва, 2004

吉尔松. 中世纪哲学:从教父学源头到14世纪

117. Лосский, В. *Богословие и боговидение.* М. 2000

弗·洛斯基. 神学与见神

118. Григориий, Нисский. *Об устроениечеловека.* Санкт-Петербург, 2000

尼斯的格列高利. 论人的构成

119. *Мистическое богословие восточной церкви.* М. 2001

东方教会神秘神学(著作选集)

二　中文译著和著作

1. 安东尼·肯尼. 阿奎那. 黄勇译,中国社会科学出版社,1987
2. 奥尔森. 基督教神学思想史. 吴瑞诚,徐成德译,北京大学出版社,2003
3. 奥古斯丁. 忏悔录. 周士良译,商务印书馆,1994

4. 奥古斯丁. 独语录. 成官泯译,上海社会科学院出版社,1997

5. 柏拉图全集(四卷本). 王晓朝译,人民出版社,2003

6. 彼得·伯克. 蒙田. 林启藩译,联经出版事业公司,1983

7. 别尔嘉耶夫. 人的奴役与自由. 徐黎明译,贵州人民出版社,1994

8. 波纳文图拉. 中世纪心灵之旅. 薄林译,华厦出版社,2003

9. 布克哈特. 意大利文艺复兴时期的文化. 何新译,商务印书馆,2002

10. 布鲁克尔. 文艺复兴时期的佛罗伦萨. 朱龙华译,生活·读书·新知三联书店,1986

11. 布鲁诺. 论原因、本质与太一. 商务印书馆,1983

12. 布洛克. 西方人文主义传统. 董乐山译,生活·读书·新知三联书店,1997

13. 车铭洲. 西欧中世纪哲学概论. 天津人民出版社,1982

14. 陈康论希腊哲学. 商务印书馆,1995

15. 丹皮尔. 科学史. 李珩译,商务印书馆,1987

16. 弗兰克. 俄国知识人与精神偶像. 徐凤林译,学林出版社,1999

17. 弗洛伊德. 摩西与一神教. 李展开译,生活·读书·新知三联书店,1989

18. 傅乐安. 托马斯·阿奎那基督教哲学. 上海人民出版社,1990

19. 傅有德等. 现代犹太哲学. 人民出版社,1999

20. 哈伊. 意大利文艺复兴的历史背景. 李玉成译,生活·读书·新知三联书店,1988

21. 海德格尔. 路标. 孙周兴译,商务印书馆,2000

22. 海涅. 论德国宗教和哲学的历史. 海安译,商务印书馆,2000

23. 汉斯·昆. 基督教大思想家. 包利民译,社会科学文献出版社,2001

24. 黑格尔. 哲学史讲演录. 贺麟,王太庆译,商务印书馆,1996

25. 加林. 意大利人文主义. 李玉成译,生活·读书·新知三联书店,1998

26. 蒋方震. 欧洲文艺复兴史. 商务印书馆,1921

27. 金陵神学院托事部编. 基督教历代名著集成. 香港,基督教辅侨出版社

28. 科普尔斯顿. 西洋哲学史. 陈俊辉、庄雅棠等译,黎明文化事业公司,1988

29. 克利斯特勒. 意大利文艺复兴时期的八个哲学家. 姚鹏,陶建平译,上海译文出版社,1987

30. 勒戈夫. 中世纪的知识分子. 张弘译,商务印书馆,1996

31. 雷立柏. 古希腊罗马与基督宗教. 社会科学文献出版社,2002

32. 利奇蒙德. 神学与形而上学. 朱代强,孙善玲译,四川人民出版社,1997

33. 林赛. 宗教改革史. 孔祥民等译,商务印书馆,1992

34. 罗伦培登. 这是我的立场. 陆中石,古乐人译,译林出版社,1995

35. 罗斯. 简明犹太民族史. 黄福武,王丽丽等译,山东大学出版社,1997

36. 罗斯. 亚里士多德. 王路译,商务印书馆,1997

37. 罗素. 西方哲学史. 何兆武等译,商务印书馆,1997

38. 罗素. 哲学问题. 何兆武译,商务印书馆,2000

39. 马丁·路德文选.马丁·路德著作翻译小组译,中国社会科学出版社,2003

40. 马克思恩格斯全集(第一卷).人民出版社,1995

41. 马克思恩格斯选集.人民出版社,1995

42. 迈蒙尼德.迷途指津.傅有德,郭鹏,张志平译,山东大学出版社,1998

43. 麦格拉斯.基督教概论.马树林,孙毅译,北京大学出版社,2003

44. 穆尔.基督教简史.郭舜平等译,商务印书馆,2000

45. 穆萨威.阿拉伯哲学.张文健,王培文译,商务印书馆,1996

46. 普鲁塔克.希腊罗马名人传.陆永庭,吴彭鹏等译,商务印书馆,1995

47. 塞尔茨.犹太的思想.赵立行,冯玮译,上海三联书店,1994

48. 舍斯托夫.雅典和耶路撒冷.徐凤林译,浙江人民出版社,2000

49. 圣经(中英对照本).中国基督教协会

50. 斯米特.基督教对文明的影响.汪晓丹,赵巍译,北京大学出版社,2004

51. 索柯洛夫.文艺复兴时期哲学概论.汤侠生译,北京大学出版社,1983

52. 特拉赫坦贝尔.西欧中世纪哲学史纲.于汤山译,上海人民出版社,1961

53. 梯利.西方哲学史.伍德增补,葛力译,商务印书馆,2004

54. 汪子嵩等.希腊哲学史(第3卷).人民出版社,2003

55. 王晓朝主编.信仰与理性:古代基督教教父思想家评传.东方出版社,2001

56. 威廉·涅尔和玛莎·涅尔.逻辑学的发展.张家龙等译,商务印书馆,1985

57. 韦尔南.希腊思想的起源.秦海鹰译,生活·读书·新知三联书店,1996

58. 文艺复兴书信集.李瑜译,学林出版社,2002

59. 西方哲学原著选读(上、下).商务印书馆,1988

60. 雪莱.基督教会史.刘平译,北京大学出版社,2004

61. 亚里士多德.范畴篇·解释篇.方书春译,商务印书馆,1997

62. 亚里士多德.工具论(上、下).中国人民大学出版社,2003

63. 亚里士多德.形而上学.吴寿彭译,商务印书馆,1991

64. 亚里士多德全集(第7卷).苗力田译,中国人民大学出版社,1997

65. 伊本·西纳(阿维森纳).论灵魂.北京大学哲学系译,商务印书馆,1963

66. 张椿年.从信仰到理性——意大利人文主义研究.台湾新北,淑馨出版社,1994

67. 张荣.神圣的呼唤——奥古斯丁的宗教人类学研究.河北教育出版社,1999

68. 赵敦华.基督教哲学1500年.人民出版社,1994

69. 周辅成.西方伦理学名著选辑(上卷).商务印书馆,1964

70. 朱龙华.意大利文艺复兴.商务印书馆,1964

人名索引

后　记

　　本卷由黄裕生设计全书的章节结构,并与其他七位作者共同撰写。具体分工如下:绪论、第二章、第五章黄裕生撰写;第一章徐凤林撰写;第三章赵广明撰写;第四章、第六章第一节和第二节周迈撰写;第七章王齐撰写;第八章、第九章张继选撰写;第六章第三节和第十章第一节、第二节、第三节马寅卯撰写;第十章第四节高山杉撰写。

　　秉承全书总主编给各卷分主编以充分表达各自观点的自由之精神,本卷主编也给予本卷作者们以各自风格表达各自最想表达的研究成果的自由空间,并不在各方面强求统一,而只要求在全书的总体构思与基本思路上保持一致。本卷的写作放弃了面面俱到的追求,而采取有所侧重的原则,也就是把重点放在作者对对象最有研究或最有心得的部分。我们还尝试把贯穿整个中世纪哲学的共相问题专门列出,以单独章节加以集中讨论。此外,我们在每个重要人物的生平中加入了中国历史坐标。这些尝试既可能使本书具有一些新的特点,也可能给本书带来一些明显的缺点。

　　本书的写作从 2003 年年初完成奥古斯丁部分到 2005 年 7 月 21 日写下导论的最后一个字,先后跨越了四个年头。这期间首先应当感谢的是全书的两位总主编对本卷主编和作者们的信任和支持。叶秀山先生十多年来关于宗教与哲学的思考和陆续发表的相关论著曾给本卷主编许多启发,使本卷主编有勇气和信心在六年前接受主持本卷的工作。王树人教授曾把他陆续发表的一些作品让本卷主编阅读,使本卷主编多有获益。当然,最应感谢的是本卷七位作者们在这期间的通力合作,没有他们严谨而精诚的合作,本卷不可能如期与读者见面。这里还要提及的是,周迈博士为本卷作了人名索引和主要参考文献目录。江苏人民出版社的王保顶先生和周文彬先生为本卷的编辑做了许多细致而艰辛的工作。周文彬先生始终关注本卷的写作工作,他那种与作者同甘苦的理解态度令人感动。在中国社会科学院哲学研究所博士后流动站工作的许为勤博士曾阅读过本卷的部分书稿,并提出了一些中肯的意见。刘小枫教授、谢地坤教授、王路教授和张荣教授曾向本卷主编提供过一些重要的西文材料。在此一并向他们表示感谢!

黄裕生

2005 年 7 月 21 日